Gion Condrau
DER MENSCH UND SEIN TOD

Gion Condrau

Der Mensch und sein Tod

certa moriendi condicio

Kreuz Verlag

überarbeitete Auflage
des 1984 im Benziger Verlag Zürich und Einsiedeln erschienenen Werkes
© Kreuz Verlag AG Zürich 1991
Umschlaggestaltung: Jürgen Reichert, Kornwestheim
Satz: Typobauer, Ostfildern
Druck: Stuttgarter Druckerei
Bindung: Großbuchbinderei Fikentscher, Darmstadt

ISBN 3 268 00109 2

Inhalt

Das Wappen des Todes
Albrecht Dürer, 1503, Kupferstich
Graphische Sammlung der ETH Zürich

Für Placi Bundi, Bistgaun Cathomas, Josef »Beppo« Cavelti,
Hanspeter Hueni, Peter Rutishauser, Julius »Joe« Schmid,
Martin Stern, Emil »Mike« Tobler und Dino Torriani

Vorwort zur ersten Auflage

Der Mensch steht zur Gewißheit seines Todes immer in einem – individuell unterschiedlichen – Verhältnis. Dieses bestimmt denn auch weitgehend seine Einstellung zum Sterben. In neuester Zeit ist die Problematik um Sterbehilfe, Euthanasie, Selbstmord und Lebensverlängerung wieder, wie seit langem nicht mehr, zu einem zentralen Thema der öffentlichen Diskussion geworden. Die Möglichkeiten der modernen Medizin, der naturwissenschaftlich-biologischen Forschung mit ihren lebensverlängernden Techniken haben es mit sich gebracht, daß der Tod weitgehend seiner »Menschlichkeit« beraubt und zu einem letztendlichen Versagen der Wissenschaft geworden ist. Nun melden sich die Gegenkräfte: Es wird ein Recht auf den je eigenen Tod, ein Recht auf den »natürlichen« Tod gefordert, vor allem aber ein Recht auf ein menschenwürdigeres Sterben, als dies in der Anonymität moderner Krankenhäuser gewährleistet ist.

Martin Heidegger hat das Verhältnis des Daseins zu seiner Endlichkeit ein »Sein zum Tode« genannt. Diese Aussage bezeichnet den wohl zentralsten Aspekt menschlicher Existenz. Seit Anbeginn der Menschheit, so müssen wir annehmen, haben die Gewißheit des Sterblichseins und die Frage nach dem Tod nicht nur den einzelnen beschäftigt, sondern auch die kulturelle Entwicklung der Völker bestimmt. Letztlich enthält das »Sein zum Tode« die Überzeugung, daß Tod und Leben ineinander verwoben sind, das heißt zusammengehören. So schien es mir angebracht, die Einstellung der neuzeitlichen Naturwissenschaft und Medizin, aber auch jene der Theologen, Philosophen, der Dichter und Künstler aller Zeiten, einschließlich die des heutigen, nach dem Sinn seines Lebens forschenden Zeitgenossen unter den von Heidegger als »Sein zum Tode« bezeichneten Aspekt zu stellen. Daß dies ein nur ausschnitthafter, unzulänglicher Versuch sein muß, wurde mir klar, als ich die bereits ganze Bibliotheken füllende Literatur zum Todesproblem zu überblicken versuchte. Immerhin hoffe ich, einige Anregungen vermitteln zu können. Den einen mögen sie genügen, andere werden sie zu weitergehendem Nachdenken und Studium motivieren. Vor allem ist mir im Verlauf der Niederschrift dieser Gedanken eines klargeworden: Die Frage nach dem Sterblichsein und nach dem Tod bleibt offen. Aber vielleicht müssen wir lernen, mit Fragen zu leben, auf die es keine Antwort gibt.

So bleibt mir, jenen zu danken, die mich motiviert haben, dieses Buch zu schreiben. Es sind dies meine Eltern und Verwandten sowie die Freunde, die mir das Sterben vorgelebt haben und denen dieses Buch gewidmet ist; es sind dies auch meine Patienten, die mir, in jahrelanger psychotherapeutischer Auseinandersetzung mit dem Sinn ihres Lebens, Einblick in das menschliche Verhältnis zur Sterblichkeit vermittelten. Danken möchte ich auch Dr. med. Regula Witzig, die mir bei der Suche und Auswahl des Bildmaterials behilflich war. Vor allem schulde ich Dank meinem langjährigen

9

Freund Theo Schöb, der mir sein ganzes hervorragendes altphilologisches und philosophisches Wissen zur Verfügung stellte. Zu danken habe ich Helmut Kindler und Wolf Keienburg, die mich erstmals aufforderten, zuhanden ihrer groß angelegten Enzyklopädie »Der Mensch« mich mit dem Thema auseinanderzusetzen, sowie dem Benziger Verlag und der Punktum AG in Zürich für die Betreuung des Werkes. Nicht zuletzt gilt mein Dank meiner Sekretärin, Frau Theres Aeschlimann, die noch und noch Seite um Seite wieder und immer wieder neu schreiben mußte, bis das Manuskript endgültig vorlag. »Endgültig« ist allerdings lediglich das Leben, nie aber ein Buch über das Leben, schon gar nicht ein Buch über den Tod. Dies möge der Leser bedenken, falls ihm dieses oder jenes einfällt, das zu schreiben der Autor unterlassen hat, obwohl es möglicherweise von großer Wichtigkeit sein könnte.

Herrliberg, im Herbst 1984

Vorwort zur zweiten Auflage

Seit der ersten Auflage dieses Buches hat sich in unserer Welt Wesentliches ereignet. Die damals noch bestehende globale Bedrohung durch wirtschaftliche, politische und militärische Machtpotentiale ist zumindest vorläufig gebannt. Wir haben den Zusammenbruch des größten Teiles einer marxistisch orientierten Ideologie miterlebt, die Wiedervereinigung einstmals getrennter, aber zusammengehörender Staaten einerseits, die Loslösung und Nationalisierung unorganisch zusammengefügter politischer Gebilde andererseits ist weitgehend Tatsache geworden. Bereits glaubte ich, auf die Darstellung globaler militärischer Bedrohungen in der zweiten Ausgabe dieses Werkes verzichten zu können, als sich neue Krisenherde entfachten, der Nahe Osten zu brennen begann. Es ist offenbar nicht möglich, die Weiterentwicklung in naher oder ferner Zukunft mit einiger Sicherheit abzuschätzen. Jede Aussage, die heute gemacht wird, kann morgen überholt sein. Dazu kommen andere Sorgen: die Umwelt, die »friedliche« Nutzung der Natur bis zu deren Zerstörung, die Zunahme bislang unbekannter Krankheiten wie Aids, die Unsicherheit im Bereich der Nahrungsmittelversorgung, des Energie- und Stromverbrauchs usw.

Trotzdem: Die Menschheit scheint langsam vernünftig zu werden. Damit ist aber auch der Versuch einer irrationalen »Todesvermeidung um jeden Preis« aufgegeben. Der Mensch besinnt sich auf seine »Endlichkeit«, nicht um diese tatenlos und gleichgültig zu akzeptieren, sondern um aus solcher Erkenntnis Motivation für sein Leben zu schöpfen. Sich mit der Endlichkeit des Daseins auseinanderzusetzen bedeutet, das Leben zu bedenken. Ein Buch über den Tod ist ein Buch über das Leben.

Die Zweitauflage des vorliegenden Werkes ist vollständig überarbeitet und verbessert worden. Dazu haben vor allem drei Personen Wesentliches beigetragen: Professor Dr. Siegfried Schmid und lic. phil. Theo Schöb, beides Altphilologen und persönliche Freunde, dann vor allem Frau Dr. phil. Dörthe Binkert, die Lektorin des Kreuz Verlages. Ihnen gilt in erster Linie mein Dank für ihre wertvolle, zeitraubende und engagierte Mitarbeit. Dem Kreuz Verlag möchte ich dafür danken, daß er mit der Übernahme des zuvor bei Benziger erschienenen Buches die Möglichkeit geschaffen hat, einen weit größeren Leserkreis anzusprechen.

Herrliberg, im Herbst 1990
Gion Condrau

Initial H mit Totentanzdarstellung
Hans Holbein der Jüngere, um 1525, Holzschnitt
National Gallery, London

STEFAN ANDRES

AN DEN TOD

Wenn du mich triffst, sprich leise,
Als wär ich dir bekannt;
Und von der langen Reise
Sag nichts, gib mir die Hand.

Ich weiß nicht, ob ich bange,
Zeigst du mir dein Gesicht;
Vielleicht kenn ich's schon lange.
Vielleicht auch kenn ich's nicht.

Du bist so schwer zu nennen,
O Tod, ich nenn dich Weib;
Damit ich im Erkennen
Still zu dir sage: bleib!

Vielleicht wird Liebe wehen
Um uns, bin ich bereit,
Dann zeug ich im Vergehen
Mit dir: Unsterblichkeit.

Aus: Der Granatapfel, München 1950

certa moriendi condicio –
das fest bestimmte Los des Sterbens
(aus der praefatio defunctorum)

Einleitung

Fragen nach dem Sinn des Lebens und Sterbens sind vermutlich in dieser oder jener Form gestellt und beantwortet worden, seit es dem Menschen möglich geworden ist, über sich selbst nachzudenken. Nicht von ungefähr gebraucht man dafür den Ausdruck »seit Menschengedenken«. In kaum einer Zeitepoche zuvor jedoch befand sich die Menschheit in einer derartigen geistigen Unsicherheit wie heute. Es scheint auf die wesentlichsten Fragen des Menschen, gleich welcher Kultur, keine gültigen Antworten mehr zu geben. Zumindest darf kaum mehr eine Institution, eine Gesellschaft, eine Ideologie, schon gar nicht eine bestimmte Philosophie oder Theologie für sich in Anspruch nehmen, die einzig richtige zu sein und die volle Wahrheit zu besitzen. So etwa, wie es schon Pascal formulierte: Die Wahrheit ist älter als die Meinungen, die man über sie hat. Menschliches Leben ist in seiner Sinnhaftigkeit zum privaten Anliegen des Individuums geworden. Die Widersprüchlichkeit der Wissenschaftler und der Denker überläßt den einzelnen seiner eigenen einsamen Entscheidung, sofern er nicht unbesehen eine Glaubens- oder Wissensmeinung zu seiner eigenen macht. Es dürfte unbestritten sein, daß in unserer heutigen Welt das Angebot an Deutungen über den Vorgang des Sterbens und das Wesen des Todes vielfältiger ist als je zuvor. Sterben und Tod sind Gegenstand der Wissenschaft geworden. Der Sterbende ist nicht mehr ein Kranker wie irgendein anderer; er bedarf einer besonderen Hilfe, eben der »Sterbehilfe«. Der Tod ist nicht mehr ausschließliches Phänomen theologischer oder philosophischer Diskussionen; er muß sich der Beweiskraft wissenschaftlicher Kriterien stellen. Eine neue Wissenschaft vom Tod ist entstanden: die »Thanatologie«.

Biologische und psychologische Untersuchungen sollen das Geheimnis des Todes lüften. Ein »mysterium mortis« ist in einer Welt, in der nur die rationale Erkenntnis und die meßbaren Resultate naturwissenschaftlicher Forschung Wirklichkeitscharakter besitzen, undenkbar. Mögen auch der »Todestrieb« Freuds und der »Thanatotropismus« Szondis ausgedient haben, so bleiben doch der Erforschung des Lebens und Sterbens noch ungeahnte Möglichkeiten. Bis heute jedoch wissen wir kaum mehr über den Tod als zu irgendeiner Zeit unserer Weltgeschichte. So mag es nicht erstaunen, wenn den Menschen angesichts seines Sterblichseins alle Theorien und Spekulationen im Stich lassen; wenn er bei aller Gottes- und Wissenschaftsgläubigkeit den eigenen Tod fürchtet, das Wissen um Sterben und Tod seiner eigenen Existenz abwehrt und in die Geschäftigkeit des alltäglichen Lebens flüchtet. Daran dürften auch die Ergebnisse neuester Jenseits- und Reinkarnationsforschungen nichts ändern. Abgesehen davon, daß der Anspruch auf Wissenschaftlichkeit bei all diesen Untersuchungen noch keineswegs gesichert ist, bietet auch die Aussicht auf eine Wiedergeburt, auf ein »Leben nach dem Tode« dem Ängstlichen kaum Trost. Eines jedoch steht fest: Die neuere, von der Psychologie und Psychotherapie inaugurierte Literatur über Sterbenserlebnisse stößt auf größtes Interesse. Sie ziert die Bestsellerlisten in gleicher Weise wie die sogenannte Trivialliteratur, die von jeher das große Geschäft mit dem Tod gemacht hat. Im gleichen Maß nämlich, wie der Mensch sich vor seinem eigenen Sterbenmüssen fürchtet, fasziniert ihn das Sterben anderer; dies besonders dort, wo der Tod in seiner unmenschlichen Form, der gewalttätigen, geschildert wird. Der Tod, als das *Ende* menschlichen Daseins, bedeutet in eins Angst und Faszination. Ist der Tod aber wirklich *nur* das Ende? »To be, or not to be, that is the question«, läßt Shakespeare Hamlet ausrufen. Sein *oder* Nichtsein, lautet die Frage, in welcher deutlich Leben und Tod als Alternativen einander gegenübergestellt werden. Denn der Todesschlag ist

> »Das unentdeckte Land, von des Bezirk
> Kein Wandrer wiederkehrt«.

Der Tod, das Land »ohne Wiederkehr«? Im assyrischen Epos »Ischtars Höllenfahrt« ist davon die Rede, und bereits Hiob (16,22) kündigt an, in wenigen Jahren den Pfad zu beschreiten, »auf dem man nicht wiederkehrt«. Ob mit »Tod« das Reich der Hölle, der Hades oder das Paradies gemeint ist – immer geht es um die Frage, ob eine Rückkehr möglich sei oder nicht, eine Rückkehr wohlverstanden in das Leben. In der Dialektik Leben *oder* Tod ist diese Frage entschieden.

> »Denn grausig sind die Tiefen
> Des Hades und entsetzlich
> Der Weg hinab; von drunten
> Kehrt niemand je zurück.«

So dichtete der griechische Lyriker Anakreon um 580 vor Christus; und in einem altägyptischen Lied heißt es:

> »Wir wissen von niemandem,
> der aus dem Totenreich herauskam.
> Unser Dasein war umsonst;
> Hernach werden wir sein wie die,
> die nie gwesen sind;
> ...
> Es gibt keine Wiederkehr für den Tod.«
> (Hahn, 1975, 18)

Das »Land ohne Rückkehr« finden wir auch im Gilgamesch-Epos:

> »Zum Land ohne Rückkehr, dem Bereich der Ereschkigal,
> richtete Ischtar, die Tochter des Mondgottes, ihren Sinn.
> Ihren Sinn richtete die Tochter des Sîn
> zum finsteren Hause, dem Wohnsitz der Göttin von Erkalla,
> zum Hause, aus dem niemand herauskommt, der es betrat,
> zum Wege, dessen Begehen ohne Rückkehr ist,
> zum Hause, (in dem) der es betritt, des Lichtes entbehrt,

wo Staub ihre Nahrung, Lehm ihre Speise,
sie Licht nicht sehen, im Dunkeln sitzen,
wie Vögel mit einem Flügelkleide bekleidet sind,
auf Tür und Riegel Staub lastet.«
(»Ischtars Höllenfahrt«, zit. nach H. Schützinger, 1978, 48)

Selbst in den Liedern um den Tod Buddhas, nachgedichtet von K. E. Neumann, wird
die Endgültigkeit besungen:

»Und nimmer gibt es Wiederkehr,
Kein Gott umgarnt, kein Himmel hemmt,
Der Lebensbronnen ist verbraucht,
Und nimmer gibt's ein Wiedersehen.«
(Hahn 1975, 69)

Der Tod gilt als ein Schlaf, aus dem es kein Erwachen gibt. So wird denn auch der Tod
oft als Bruder des Schlafs angesehen.

Das von Heidegger geprägte »Sein zum Tode« wäre demnach der Übergang in
einen »Schlaf ohne Erwachen«, ein »Weg ohne Rückkehr«, modern ausgedrückt eine
Einbahnstraße, eine Sackgasse, denn von ihrem Bestimmungsort führt kein Weg
zurück in das Leben. Der pessimistische Unterton der zitierten Aussagen ist nicht zu
überhören. Eine Rückkehr müßte jedoch gar nicht erwünscht sein, wenn der Weg ins
Paradies führte, in ein »gelobtes Land«, das den Menschen das »Tal der Tränen«
vergessen ließe. Davon aber ist hier nicht die Rede. Was uns hinter dem Tor erwartet,
das sich nur einmal öffnet und wieder schließt, wissen wir nicht. So bleibt ein Gefühl
des Unheimlichen, Verborgenen, Unerklärbaren, das jedem Versuch des rationalen
Erkennens widersteht, immer aber präsent ist und den Menschen zur Besinnung über
das Sein zwingt.

Sind »Sein« und »Tod« aber nicht zwei sich widersprechende Phänomene? Gehört
das *Sein* nicht *in* das Leben, der *Tod* nicht in den Bereich *nach* dem Leben? Oder meint
das »Sein zum Tode« schlicht das »Sterben«, also jene Grenzerfahrung des Daseins, in
welcher dieses sich bereits vom Leben trennt, aber noch nicht beendet ist?

Vermutlich greifen diese Fragen am Wesentlichen vorbei, nämlich an der Feststellung, daß der Tod unabdingbar zum menschlichen Sein gehört; daß menschliches Sein
ohne Tod undenkbar, das Sein mit dem Tod so verbunden ist, daß dieses tatsächlich
ein Sein *zum* Tode genannt werden darf. Das heißt, man kann vom Da-Sein nicht
sprechen, ohne den Tod einzubeziehen. Man kann aber auch vom Tod nicht sprechen,
ohne das Sein mit einzubeziehen. So wird der Versuch, das Sein zum Tode einer
Analyse zu unterziehen, unversehens zur Besinnung über die menschliche Existenz,
zur Sinnfrage des Lebens überhaupt. Denn der Mensch, und soweit wir wissen nur er,
weiß um sein Sein. Nur er hat, wie Martin Heidegger sagt, ein primäres »Seinsverständnis«, ein ursprüngliches, wenn auch zumeist nicht reflektiertes Grundwissen um
seine Existenz, so sehr, daß dieses Seinsverständnis selbst eine »Seinsbestimmtheit des
Daseins« ist (1927, 12). Jeder von uns weiß, daß er *ist*. In jeder Aussage über uns und

Sic transit gloria mundi
Vanitas-Stilleben, um 1750, Deckfarbenmalerei
Sammlung Jansen, Darmstadt

16

die Welt ist das »Sein« mitenthalten. »Wir sind hier oder dort« meint nicht nur eine räumlich feststellbare Ortsbezeichnung, sondern vorrangig, daß wir *sind*. Sonst könnten wir uns weder hier noch dort befinden, wohnen oder aufhalten. Das Wissen um unser Sein ist uns jedoch derart selbstverständlich, daß wir weder im alltäglichen Leben noch in den Stunden der Muße und der Besinnung darüber nachdenken. »Selbstverständlich« heißt doch, daß sich etwas von sich aus versteht und keiner weiteren Erklärung bedarf. Selbst die abendländische Metaphysik hat sich diese »Selbstverständlichkeit« zu eigen gemacht. Nicht von ungefähr beklagt sich Heidegger darüber, daß die Seinsfrage in Vergessenheit geraten sei, obwohl sie von Platon und Aristoteles noch lebendig gehalten wurde. Man sage, »Sein« sei der allgemeinste und daher undefinierbarste, ja leerste Begriff. Damit sei das, »was als Verborgenes das antike Philosophieren in die Unruhe trieb und in ihr erhielt, zu einer sonnenklaren Selbstverständlichkeit geworden, so zwar, daß wer darnach auch noch fragt, einer methodischen Verfehlung bezichtigt wird« (das. 2). Spätestens nach »Sein und Zeit« kann aber die philosophische Besinnung über das »Sein« nicht mehr umgangen werden. Das Werk und dessen spezielle Auseinandersetzung mit den Fragen, die bisher als »selbstverständlich« aus dem Denken unserer Zeit ausgeklammert wurden, erhielten eine Bedeutsamkeit, die den Diskussionsrahmen der wissenschaftlichen Philosophie bei weitem sprengte. Selbst wer nie »Sein und Zeit« gelesen hat, findet sich nicht mehr mit der Selbstverständlichkeit des Seins ab. Nicht das Buch hat den modernen Menschen wieder in die Seinsfrage gebracht; es hat höchstens dem Denkenden, und gerade zur rechten Zeit, die Grundlage aufgewiesen, auf der sein »Seinsverständnis« beruht. Wenn dieses nämlich eine «Seinsbestimmtheit des Daseins« ist, muß es von jedem *bedacht* werden, der sich mit dem Sinn seines Lebens auseinandersetzt.

Das »Sein zum Tode« Heideggers ist jedoch nicht gleichbedeutend mit dem klassischen »omnis homo moriturus«. Dieses stellt nämlich lediglich fest, daß jeder Mensch sterben muß und jedes irdische Dasein sein Ende findet. Es bezieht sich somit nicht auf die Frage, in welcher Weise dieses Endlich-Sein zu verstehen ist. Die Gewißheit des Sterbenmüssens beschäftigte zudem alle antiken Philosophen, u. a. Heraklit und Parmenides. Der Tod steht hier am Ende des Lebens, er gehört nicht mehr zum Leben. Nun kann uns der Tod aber auch mitten im Leben überraschen. Der Zeitpunkt des Todes ist ungewiß. Die »hora incerta« unseres Ab-Lebens ist allgegenwärtig. »Media vita in morte sumus«, mitten im Leben sind wir vom Tod umfangen, lautet ein mittelalterlicher, Notker dem Stammler zugeschriebener, später von Luther übernommener Satz. Zweifellos war mit diesem »Mitten im Leben« nicht die »Mitte des Lebens« gemeint, sondern die Tatsache, daß der Tod uns jederzeit ereilen kann. Wir haben ihn ständig »um uns«, er ist unser Begleiter. So kann es nicht erstaunen, daß wir zu diesem »Begleiter« in einer wie immer gearteten Beziehung stehen, die unser Verhalten beeinflußt. Dies allein deutet bereits darauf hin, daß unser Leben ein Leben zum Tod, unser Sein ein Sein von »Sterblichen« ist.

Das Offensein für die Wahrnehmung und die Begegnung mit allem, was uns angeht, ist ein Grundzug menschlichen Daseins. Das »Dasein« als die »Offenständigkeit« ist somit eine ontologische Aussage über die menschliche Existenz. In der je einmaligen, individuellen Verwirklichung, das heißt ontisch, erweist sich Seiendes als recht unterschiedlich in bezug auf solches Offensein. Nicht jeder Mensch nimmt Wahrnehmbares in dessen vollem Bedeutungsgehalt wahr. Zudem ist die Wahrnehmung immer auch von der jeweiligen Gestimmtheit abhängig. In der Gestimmtheit der Freude nehmen wir etwas anders wahr als in jener der Trauer oder Bedrücktheit; nicht nur das: Wir nehmen auch anderes wahr. Gleiches gilt von unserem Verhalten. Je nach unserer offenen oder mehr verschließenden Gestimmtheit können wir Begegnendes zulassen oder fernhalten. Solches Wahrnehmen und Verhalten finden wir auch dem Tod gegenüber. Dabei ist zu bedenken, daß der Tod uns nicht in der Weise »begegnet« wie vieles andere im Verlauf eines Menschenlebens. Wir nehmen ihn in dem Sinn eigentlich gar nicht »wahr«. Das heißt, daß wir über den Tod keine Wahrheit besitzen. Um so mehr ist dem menschlichen Verhalten ein großer Spielraum gegeben. Als erstes fällt auf, daß die Gewißheit des Todes einerseits Angst auslöst, andererseits aber auch Sehnsucht als Absage an das irdische Leben. Beides gilt es zu bedenken.

ERSTES BUCH

Das naturwissenschaftlich geprägte Weltverständnis unserer Zeit

Die Melancholie
Albrecht Dürer, 1514, Kupferstich
Graphische Sammlung der ETH Zürich

Ein Zeitalter globaler Bedrohung

Die Auseinandersetzung um Sein oder Nichtsein, um Leben und Tod, war für den Menschen nicht zu allen Zeiten ein vordergründiges, persönliches Anliegen. Dies hat sich in der letzten Hälfte unseres Jahrhunderts, in einer Welt, die sich zivilisiert nennt, die dem Individuum eine größere Lebensqualität verspricht und diese zu gewährleisten in der Lage wäre, drastisch geändert.

Teilhard de Chardin verkündete, die Welt sei von der Biosphäre in die Noosphäre aufgebrochen, der Mensch habe das Verhaftetsein an die Natur überwunden und wende sich der Macht des Geistes zu. Der Geist werde dem Menschen die Freiheit bringen, die Freiheit den Frieden. Eine Betrachtung der heutigen Weltsituation läßt dies allerdings als eine Utopie erscheinen. Wo ist Freiheit, wo ist Friede? Die Wissenschaft erleidet einen Bedeutungsverlust; sie ist keine Instanz mehr, an die sich unsere Zivilisationsgesellschaft in der Erwartung wendet, in Lebenssinn tragende oder Lebenssinn sichernde Weltbilder eingewiesen zu werden. Sie hat »sozusagen ihre Tempelfähigkeit verloren« (Lübbe, 1982, 23) und ist zum Gutachter öffentlicher, politischer Meinungsbildung geworden, der von früheren entscheidungsbildenden Instanzen gar nicht gebraucht wurde. Freiheit und Friede sind somit nicht mehr Angelegenheit des Geistes, sondern vielmehr Variablen pragmatischer Notwendigkeit, wenn nicht gar Zufallsprodukte einer verwalteten Welt. Die Philosophiegeschichte legt beredtes Zeugnis von den jeweils zeitspezifischen Versuchen ab, zu einem menschengerechten Seins- und Selbstverständnis zu gelangen. Der weltgeschichtliche Wandel vollzog sich in Jahrtausenden. Nie aber hat es eine Zeitepoche gegeben, die in ihrer Unberechenbarkeit, Brisanz und Gewalt sowie in ihrer Veränderlichkeit die für diese Aufgabe unvorbereitete menschliche Gesellschaft derart herausforderte wie die unsrige. In der Zeit seit dem Zweiten Weltkrieg hat sich die Welt mehr verändert als Jahrhunderte zuvor. Die weltweite Unruhe einer unsicheren und desillusionierten Jugend legte es an den Tag. Wo früher Antworten zu finden waren, stehen nur noch Fragen. Die gesellschaftlichen, weltanschaulichen, von Institutionen gestützten und genormten Werte haben zumindest ihre Wirkung auf das Individuum eingebüßt, wo sie nicht bereits dem Zerfall ausgesetzt sind. Der Patriarch ist gestorben. Die Autorität wird nicht mehr widerspruchslos hingenommen. Das Philosophieren ist zur Sache »jedermanns« geworden.

Eine Interpretation dieser, *unserer* Zeit kann nie objektiv sein. Sie verweist naturgemäß immer auch auf den Interpreten selbst. So werden Naturwissenschaftler, Techniker, Politiker, Wirtschafts- oder Industriefachleute, Theologen, Psychologen oder Mediziner die Schwerpunkte verschieden setzen, ihrem je eigenen beruflichen oder persönlichen Gesichtsfeld entsprechend. Übereinstimmung dürfte nicht einmal bei den zur Objektivität verpflichteten Historikern und Ethnologen zu finden sein. Eines aber wissen wir mit Bestimmtheit: Die Welt der heutigen Generation ist in eine Freiheit aufgebrochen, die keineswegs problemlos ist. Eine ihrem Zenit entgegenstrebende Naturwissenschaft mit ihren praktischen Auswirkungen auf unsere Gesellschaft, die damit verbundenen sozialen Umstrukturierungen der Welt, der Ruf nach Recht und Freiheit, nach Sicherheit und Frieden, nach Gerechtigkeit und vermehrter Integrität in Politik und Wirtschaft, nach Respektierung menschlicher Würde ist unüberhörbar geworden. Bei aller Hoffnung über diese Entwicklung bleibt uns der »Januskopf« (Condrau, ²1977b) dieser Welt nicht verborgen. Die Weltpolitik bot bis vor kurzem das Bild eines gigantischen Kampfes nie gekannten Ausmaßes um die Weltherrschaft. Die Megalomanie einer atomaren Welt, die ihre eigene Zerstörung vorbereitete, deren militärisches Wettrüsten nur noch für jenen Teil der Menschheit zur tödlichen Gefahr geworden wäre, der nicht bereits verhungert ist, sprengt sogar die Begrifflichkeit der Psychopathologie. Wir brauchen nicht weit in unsere jüngste Geschichte zurückzugreifen, um die beinahe globale Verachtung für menschliches Leben und Sterben zu sehen. Wir haben sie miterlebt, die ungeheuerlichen Genozide während und nach dem Zweiten Weltkrieg, die Millionen und Abermillionen Toten, sinnlos gestorben, leiblich vernichtet und ihrer Lebenserfüllung vorzeitig entzogen, die noch lebenden »Toten« in sogenannten »Arbeits-« und Todeslagern, ihrer individuellen Sinnfrage und damit der jedem menschlichen Dasein als solchem inhärenten Freiheit des Gedankens und Gefühls, der Mitmenschlichkeit und Offenheit beraubt. Gleichzeitig und unberührt von der ihr zur Verfügung stehenden totalen Information mußte die Welt zur Kenntnis nehmen, daß das Waffenarsenal apokalyptischen Ausmaßes für die totale Vernichtung dieser »informierten« Welt bereitsteht. Vierzig Jahre lang hielt die Menschheit den Atem an vor der ungeheuerlichen Bedrohung eines kaum mehr zu bremsenden Rüstungswahnsinns, einer Machtentfaltung zweier politischer und militärischer Blöcke, die nur darauf zu warten schienen, sich selbst und zugleich die ganze Welt in Trümmer und Asche zu legen. *Diese* Gefahr scheint für den Augenblick und, wie zu hoffen ist, für immer beseitigt zu sein. Doch was heißt hier »für immer«? Das Waffenarsenal steht noch immer bereit, Regionalkonflikte können zu Weltbränden führen. Linus Pauling hatte schon 1958 dem Generalsekretär der Vereinten Nationen, Dag Hammerskjöld, eine von 9235 Naturwissenschaftlern unterzeichnete Bittschrift »betreffend dringenden und sofortigen Abschluß eines internationalen Abkommens zur Einstellung der Kernbombenversuche« überreicht. 1960 meinte er bereits, daß wir in einer außerordentlichen und einzigartigen Epoche in der Geschichte der Zivilisation lebten, »wo Kriege aufhören werden, Mittel zur Lösung der großen Weltprobleme zu sein«. Die Entwicklung der Kernwaffen habe das Aufhören aller Kriege ein für allemal notwendig gemacht. Er glaube, daß es niemals wieder einen großen Weltkrieg geben werde, denn die Entwicklung »dieser schrecklichen Waffen« zwinge uns in ein Zeitalter des Friedens und der Vernunft, »wo Weltprobleme nicht mit Krieg und Gewalt gelöst werden, sondern mit Hilfe der menschlichen Vernunft«.[1] – Die Politik, das wissen wir inzwischen, kümmerte sich jedoch bekanntlich nicht um die politische Meinung jener Fachleute, deren sie bedarf, um ihre Ziele zu verfolgen. So sind denn alle Aufrufe von Wissenschaftlern, nicht nur Paulings, sondern auch Einsteins, Heisenbergs und anderer, lange genug ungehört in den Wandelhallen des UNO-Gebäudes in New York verhallt.

Tatsächlich schien die Welt vom Holocaust des Zweiten Weltkrieges nichts gelernt zu haben. Nicht nur die apokalyptische Zukunftsvision eines globalen Weltvernichtungskrieges hielt die Menschheit in Atem. Seit 1945 wurden allein in der Dritten Welt Kriege geführt, die mehr als 30 Millionen Menschen das Leben kosteten.[2] Andere Studien, die eine Kriegshandlung definitorisch bereits bei einer »Mortalität« von 1000 Menschen festlegen, sprechen von 376 Kriegen von 1946 bis 1976 (die Zahlen danach sind uns nicht bekannt, doch dürften sie sich beinahe verdoppelt haben). Und dies in Staaten, die sich in einer UNO zusammengefunden haben und dort führende Rollen spielen, einer UNO, die sich »Vereinte Nationen« nennt und die in ihrem Gebäude am East River die Worte des Propheten Jesaja (2,4) eingemauert (und sogleich wieder vergessen) hat:

»Dann schmieden sie Pflugscharen
aus ihren Schwertern und
Winzermesser aus ihren Lanzen.
Man zieht nicht mehr das Schwert
Volk gegen Volk
und übt sich nicht mehr für den Krieg.«

Daß die militärische Konfrontation zwischen Ost und West, die industriell-wirtschaftliche Kluft zwischen Nord und Süd, die soziale und politische Zweiteilung der Welt in eine »sozialistische« und eine »liberale« Gesellschaftsordnung einen welthistorischen Anachronismus darstellte, schien die Exponenten dieser Politik wenig zu beunruhigen. Als ob die *Menschen* das Bedürfnis nach Krieg, Zerstörung und Untergang hätten, als ob sich die *Menschen* verschiedener Gesellschaftsordnungen hassen würden, als ob sich die Reichen und Armen nicht zu einer sozialen Gerechtigkeit die Hand reichen könnten. In einer Hinsicht scheint allerdings Übereinstimmung zu herrschen: in der Vergöttlichung der Wissenschaft, einer Wissenschaft, die den *Glauben* verdrängt, dem Menschen dafür uneingeschränktes *Wissen* verspricht und damit die *Macht* über diese Welt. Macht beruht jedoch auf dem Irrtum, daß alles *machbar* ist. Selbst die Sprache hat sich diesem Irrtum angeschlossen, sie kennt nicht nur die Mächtigen, sondern bereits die »Macher«.

Wenn heute von »Machern« die Rede ist, so sind jene Manager und Politiker gemeint, die sich durch Zielstrebigkeit und Durchsetzungsvermögen auszeichnen und durch ihre Aktivität und Dynamik den Lauf der Geschichte steuern. Die Macher sind heute gefragt, nicht die Zauderer. Wie aber steht es mit den Denkern?[3]

Albert Einstein meinte bereits 1934, die entfesselte Kraft des Atoms habe alles verändert außer unser Denken. Wir trieben so in eine unvergleichliche Katastrophe hinein und brauchten eine in der Substanz neue Art des Denkens, wenn die Menschheit überleben solle. Die »entfesselte Kraft des Atoms« hat aber zweifellos auch »unser Denken« verändert. Einer, der es wissen muß, Lewis Mumford, wies im Prolog zu seinem »Mythos der Maschine« (1974, 13) mit aller Deutlichkeit auf die Tatsache hin, daß die Kernenergie, der Überschalltransport, die kybernetische Intelligenz und die Telekommunikation Veränderungen in der menschlichen Persönlichkeit bewirkt hätten, wobei uns »noch radikalere Transformationen« bevorstünden, »wenn dieser Pro-

(links)
Der lauernde Tod
Amerikanische Soldaten proben den Gaskrieg
Foto Sygma/Laffond
(Presseagentur Dukas, Zürich)

Atompilz einer experimentellen Atomexplosion
Bikini-Atoll, 25. Juni 1946
Brown Brothers, New York

zeß unvermindert und ohne korrektive Eingriffe« weitergehe. Anstatt als autonome Persönlichkeit zu handeln, werde der Mensch ein passives, zielloses, von Maschinen abhängiges Tier werden, »dessen eigentliche Funktionen nach Ansicht der modernen Techniker der Maschine übertragen oder zum Nutzen entpersonalisierter, kollektiver Organisationen strikt eingeschränkt und kontrolliert sein werden«.

Verweisen solche Warnungen nicht auf die »Seinsvergessenheit« des modernen Menschen, auf ein dem technologischen Rationalismus verpflichtetes Selbstverständnis unserer Zeit? Martin Heidegger betonte denn auch im Spiegel-Interview (1976), die Technik reiße den Menschen immer mehr von der Erde los; sie entwurzle ihn, wir brauchten gar keine Atombombe, denn die Entwurzelung des Menschen sei schon da. »Wir haben nur noch rein technische Verhältnisse.« Das sei keine Erde mehr, auf der der Mensch heute lebe. Und anläßlich eines Seminars in Zollikon am 12. März 1965 meinte Heidegger, wir lebten in einem »seltsamen, befremdlichen, unheimlichen Zeitalter«. Je rasender sich die Menge der Informationen steigere, um so entschiedener breite sich die Verblendung und Blindheit für die Phänomene aus. »Mehr noch, je maßloser die Information, je geringer das Vermögen zur Einsicht, daß das moderne Denken mehr und mehr erblindet und zum blicklosen Rechnen wird, das nur die eine Chance hat, auf den Effekt und möglicherweise die Sensation rechnen zu können.« In einem späteren Seminar (vom 23. November 1965) bemerkte Heidegger, wenn die wissenschaftliche Denkweise die Vorstellung vom Menschen bestimme und der Mensch, »wie es jetzt in der Kybernetik[4] geschieht«, nach dem Modell des Regelkreises »erforscht« werde, sei die Zerstörung des Menschseins perfekt.

Damit ging Heidegger in seiner düsteren Prognose weit über die Bedrohung der Menschheit durch Krieg und atomare Zerstörung hinaus. Ihm ging es um eine grundlegende Veränderung menschlichen Denkens, in welchem das Verfallensein an die Wunderwelt der Technik andauert. Er schloß dennoch eine gewisse Hoffnung nicht aus, wenn er dem Denken die Aufgabe zuwies, »in seinen Grenzen mitzuhelfen, daß der Mensch überhaupt erst ein zureichendes Verhältnis zum Wesen der Technik« erlange. Wer aber ist in der Lage, denkend ein »zureichendes Verhältnis« zur Technik zu erlangen und diesem erst noch Gehör zu verschaffen?

Offenbar ist inzwischen dieses Denken doch weitgehend zur Tatsache geworden. Die globale Bedrohung unserer Welt ist, wie gesagt, in ausgesprochenem Maße, soweit sie die politische und militärische Seite betrifft, gerade durch die Technik und die Einsicht in deren verheerende Wirkung entschärft worden. Insofern hat Pauling schließlich wohl recht behalten. Andererseits ist ein Umdenken festzustellen, das nicht nur die kriegerischen Auseinandersetzungen betrifft, sondern auch das Verhältnis des Menschen zur Natur und ihrer Gefährdung. Umweltschutz wird zu einer lebensrettenden Forderung, die zunehmende Belastung der Biosphäre durch giftige Immissionen, die Luftverschmutzung durch Schwefel- und Stickoxide, Kohlenwasserstoffe, die sterbenden Wälder, die chemieverseuchte Nahrung, die Verdrängung menschlicher Arbeitskraft durch die Technik, die verheerende ökologische Situation ganz allgemein sind eine Realität geworden, die nicht nur Fachleute interessiert, sondern ins Bewußtsein jedes einigermaßen aufgeschlossenen Zeitgenossen gedrungen ist. Die öffentlichen

(oben)
Sterbender Wald in irreversiblem Stadium
Riesengebirge (CSSR), 1984
Kantonales Oberforstamt Zürich

Ölverseuchter Wasservogel
Foto E. Hosking
World Wildlife Fund Schweiz

Diskussionen über Kernkraftwerke, über das Waldsterben, über die Ölkrise als »Kulturschock«, die katastrophale Belastung der Erdatmosphäre durch Ozon, Radioaktivität usw. schüren einerseits zweifellos die Angst des Menschen vor der Zukunft, verpflichten ihn aber auch zu Maßnahmen, um die Zukunft für den Menschen zu retten.

Auf zwei die Menschheit besonders bedrohende aktuelle Gefahren sei hier hingewiesen: die dramatischen Ozon-Veränderungen und die neue Immunschwäche-Krankheit Aids. Nicht nur über den Polen treten temporär immer größere Ozonlöcher auf, auch über anderen Weltgegenden hat der Ozongehalt in Höhen von 10 und 50 Kilometern in den vergangenen zwanzig Jahren drastisch, das heißt um etwa 5–15 Prozent abgenommen. Schuld an dieser Ozonzerstörung ist aber, wie könnte es anders sein, der Mensch selbst, der seit Jahrzehnten Fluorchlorkohlenwasserstoffe freisetzte. Wir haben »wahrnehmbar und bedrohlich die Atmosphäre global verändert«, meinte Rumen D. Bojkov, der Direktor der Umweltabteilung der Weltorganisation für Meteorologie (MWO) bei einer Pressekonferenz (lt. Tages-Anzeiger vom 10. 8. 1990). Wir müssen mit einer »Zeitbombe für die nächsten 100 Jahre« rechnen. Der dadurch entstehende Treibhauseffekt und die mit einer *Abnahme* des Ozons in größerer Höhe verbundene Hautkrebsgefahr sind uns bekannt. Des Menschen Gesundheit ist bereits heute angegriffen, greift doch das erdbodennah *erzeugte* Ozon die Schleimhäute von Augen und Lungen an. Immer noch zögert man aber, drastische Emissionsverminderungen durchzusetzen, die allein schlimmste Folgen mindern könnten, ohne aber das Problem ganz aus der Welt zu schaffen.

Das zweite große Damoklesschwert für das Überleben der Menschheit ist die Immunschwäche, welcher das Aids-Virus seine tödliche Virulenz verdankt. Kaum hat sich die menschliche Gesellschaft eine gewisse Freiheit im sexuellen Verkehr der Geschlechter erkämpft, wird diese total durch die relativ neue, zumindest bisher unbekannte und in praktisch allen Fällen zum Tode führende Krankheit in Frage gestellt. Mögen die einen darin den Zorn Gottes gegen die allzu große Liberalisierung der Sexualität sehen, die anderen den Schuldbegriff ablehnen, so sind wir doch zweifellos mit einer Situation konfrontiert, die erschreckende Ausmaße angenommen hat. Weltweit sind vermutlich bereits Millionen HIV-infiziert, nicht nur durch ihre geschlechtlichen Beziehungen, sondern darüber hinaus durch Bluttransfusionen. Zuverlässige Zahlen können heute noch nicht angegeben werden, doch wird die Wissenschaft einiges erforschen müssen, um auch dieser Geißel Herr zu werden.

Hoffnung
oder Weltuntergangsstimmung?

Sind wir auch knapp der Weltkatastrophe entgangen, so sollte nicht vergessen werden, daß die Gefährdung unserer Welt und des Menschseins schlechthin keineswegs geringer geworden ist. Sie hat sich nur verlagert. Ein Rückblick auf die siebziger und achtziger Jahre, in denen die Kassandrarufe bekannter Wissenschaftler und Schriftsteller uns erreichten, dürfte immer noch sinnvoll sein. Damals hatte sich die Futurologie als Wissenschaft etabliert, der Büchermarkt und die Bestsellerlisten wurden von Büchern über mögliche Entwicklungen in der Zukunft überschwemmt: »Was wird morgen anders sein? Wissenschaftler sehen die Zukunft«, herausgegeben von Otmar Hersche (1969), »Der Zukunftsschock« von Alvin Toffler (1970), »Die Zukunft im Angriff«, herausgegeben von Arthur Gloor (1971), Marshall McLuhans »Wohin steuert die Welt?« (1978) sowie »Die Zukunft in unserer Hand«, eine Analyse des Club of Rome (1981). Die Prognosen waren zumeist düster, Therapievorschläge spekulativ. »Die Menschen bereiten Maschinen vor, die intelligenter sein werden als unsere Intelligenz«[5] (E. Mounier, 1955, 90). Eines Tages werde der Mensch »nur mehr ein Parasit der Maschine sein, oder, wie es Samuel Butler sagt, ›eine Laus, die die Maschine kitzelt‹. . . . Die Maschine entfremdet sich uns immer mehr.« Das Menschengeschlecht werde ohnmächtig erlöschen, wenn man auf einen Schlag die Technik aus der Welt schaffe. Daraus schon wird klar, daß der Mensch in einem unlösbaren Verhältnis zur Welt der Technik steht, daß es niemals darum gehen kann, diese Welt zu verleugnen, sie als nicht existent zu betrachten oder gar eine technisch rückläufige Bewegung zu inszenieren. Vielmehr gilt es, gerade dieses Weltverhältnis einer Besinnung zu unterziehen, die Beziehung des Menschen zur Technik in einer positiven Weise zu verstehen und die Konsequenzen daraus zu ziehen.

Zunächst nahmen die pessimistischen Prognosen überhand. Die globale Gefahr führte zu Angst und Weltuntergangsstimmung. Die Endzeit schien diesmal wirklich vor der Tür. Wir wurden einmal mehr an den bedeutenden Essayisten, Zeitkritiker, Theologen und Vertreter einer christlichen Existenzphilosophie, Emmanuel Mounier, erinnert, der schon vor einem Vierteljahrhundert über die Angst des zeitgenössischen Menschen vor dem Weltuntergang schrieb, daß diese Drohung »uns überschattet« und daß wir »ihn tatsächlich erleben können« (1955, 6). Ein solches »Kollektivgefühl« war nicht neu, aber in der Menschheitsgeschichte kaum je so begründet gewesen wie in unserer Zeit. Die erste Christenheit war überzeugt, kurz vor dem Ende der Zeiten zu stehen. Durch die Ankunft des Messias sollte die Geschichte nicht nur erfüllt, sondern tatsächlich beendet sein. Der Irrtum verflüchtigte sich jedoch rasch. Die Weltkatastrophe trat nicht ein, doch bedrohte sie tausend Jahre später die Menschheit.[6]

Kriege, Hungersnöte, Epidemien rafften die Bevölkerung dahin, die Sterblichkeit nahm erschreckend zu, Plünderungen, Überfälle, alles, was wir heute »Terrorakte« nennen, waren an der Tagesordnung. Trotzdem gab es eigentlich keine Panik, wie sie

Die vier apokalyptischen Reiter
Albrecht Dürer, 1498, Holzschnitt
Graphische Sammlung der ETH Zürich

Die Sintflut – Das Steigen der Gewässer
Gustave Doré, um 1866, Holzschnitt
Graphische Sammlung der ETH Zürich

Epidemie
Alfred Kubin, um 1901, Tuschfeder laviert,
gespritzt auf Kartonpapier
Städtische Galerie im Lenbachhaus, München

(Seite 34)
Die Pest
Arnold Böcklin, 1898, Öl auf Holz
Depositum der Eidgenössischen
Gottfried-Keller-Stiftung
Kunstmuseum Basel (Colorphoto Hinz)

(Seite 35)
Die sieben Todsünden
Otto Dix, 1933, Otto Dix Stiftung, Vaduz

Die ganze Stadt
Max Ernst, 1935/1936, Öl auf Leinwand
Ernsts Vision des im Zweiten Weltkrieg zerstörten Europa gehört zu einer monumentalen Stadt-Serie.
Kunsthaus Zürich

in der heutigen Zeit üblich ist. Der Glaube half dem Menschen, das bevorstehende Ende mit Hoffnung zu erwarten. Wo ist die Hoffnung aber heute? Kann man auf jemanden hoffen, dem man nicht trauen kann? Der Mensch glaubt an die Wissenschaft, ohne Gewähr zu haben, ihr trauen zu können. Nirgends zeigt sich diese Konfliktsituation so deutlich wie hier, dieser Widerspruch von Freiheit und Sicherheit. Die zunehmende Technisierung unserer Welt bedingt sozusagen den zwangsneurotischen Menschen. Jede menschliche Handlung muß genau sein, kontrolliert, berechenbar, risikofrei. Was sich aber nicht berechnen, kontrollieren und überprüfen läßt, ist das Werden und Vergehen des Menschen. Was bedeutet es für mein Dasein, daß ich in ein Land des materiellen Wohlstands hineingeboren wurde und nicht in den Dschungel Kambodschas? Und vor allem: *Wann* bin ich eigentlich »Mensch« geworden?

In gleicher Weise stellt sich dem heutigen Menschen, der sich den tradierten Werten entfremdet fühlt, die Frage nach der Sinnhaftigkeit oder Sinnlosigkeit seines Lebens. Wozu, so fragt er sich, bin ich auf der Welt? Was ist *mein* Leben überhaupt wert? Ist es wert, gelebt zu werden? Depression, Langeweile, Drogenkonsum, Medikamentensucht, Arbeitswut, Konsumgier sind unser Zeitalter kennzeichnende Phänomene. Die

35

Eroberung des Weltalls, um nur ein Beispiel von vielen zu wählen, läßt doch die Bedeutung unserer Erde, viel mehr noch des einzelnen Individuums, immer kleiner werden. Wo einst noch die Theologen und Philosophen das Sagen gehabt haben, sprechen nun die Wissenschaftler. Die Gratwanderung zwischen sinnvoller und unsinniger Forschung ist heute augenfälliger denn je. Tausende von Wissenschaftlern produzieren täglich allein in den amerikanischen Bell-Forschungslaboratorien patentreife Ideen, die dereinst unseren Alltag in gespenstischer Weise verändern dürften.

Die Sinnfrage
im technischen Zeitalter

Wer aber entscheidet darüber, ob und wie lange ein Leben noch sinnvoll ist? Der Arzt, der Patient, eine von der Gesellschaft eingesetzte Kommission? Ich verhehle nicht, daß mir solche Forderungen, so vernünftig sie zu sein scheinen, ein ungutes Gefühl vermitteln. Gibt es überhaupt »sinnloses« menschliches Leben? Ist nur ein Leben bei vollem Bewußtsein sinnvoll? Gehört die Möglichkeit der Aktivität, des Tätigsein-Könnens dazu?

Es dürfte schwerfallen, die eben gestellten Fragen in einer Zeit zu beantworten, die offensichtlich im biologischen wie im sozialen Umfeld von stetigem Wandel gekennzeichnet ist. Die moderne Technologie hat sich ja keineswegs etwa nur der Wissenschaft bemächtigt. Sie hat vielmehr im öffentlichen Bereich, in der staatlich organisierten Infrastruktur, das gesellschaftliche Bewußtsein in weit größerem Maße verändert als etwa die Französische Revolution und alle späteren gesellschaftsverändernden Ereignisse. Die Wissenschaft mag sich während langer Zeit in dem von ihr erbauten Glashaus »autonom« entwickelt haben. Das naturwissenschaftliche Weltbild hat sich trotzdem in unserer Zivilisation derart eingebürgert, daß sich in der praktischen Lebensführung niemand mehr um dessen Grundlage kümmern muß, sosehr er auch auf sie angewiesen ist. Kein Handwerker – kein Maurer, Schreiner, Elektriker oder Sanitärfachmann – muß die Gesetze der Physik kennen, nach denen er arbeitet. Nicht einmal der Normalverbraucher müßte sich Gedanken über die wissenschaftlichen Hintergründe machen, die zur Herstellung von Konsumgütern führen, wenn nicht von interessierter politischer Seite her, von Konsumentenorganisationen, von Zeit zu Zeit Impulse ausgingen. Kein Autofahrer muß sich um die Gesetze von Kraft, Masse und Bewegung kümmern, um seinen Wagen steuern zu können, kein Fluggast muß wissen, aufgrund welcher Gesetze das Flugzeug vom Boden abhebt. Die technisch-naturwissenschaftliche Erkenntnis ist durch ihren Anspruch auf Objektivität und Absolutheit zum Maßstab unserer Gesellschaft geworden. Planung, Operationalisierung, Information sind die unser Zeitalter bestimmenden Schlagworte. Wenn von Forschung und Fortschritt die Rede ist, dann ist ausschließlich die naturwissenschaftlich-chemophysikalisch-biologische Forschung gemeint und ebenso ausschließlich der technische Fortschritt. Die vorgeschichtliche unmittelbare Erfahrung der Natur, das Sehen der Wirklichkeit, die Hermeneutik des Altertums, die religiös-jenseitsbezogene Autorität mittelalterlicher Hierarchie sind durch die lückenlose Beweiskette, die absolute Beweiskraft des naturwissenschaftlichen Experiments, letztlich aber durch eine in weiten Kreisen noch immer unerschütterliche Wissenschaftsgläubigkeit des modernen Menschen abgelöst worden.

Sollen derartige Überlegungen lediglich als destruktive Kritik an der Wissenschaft verstanden werden? Wird hier einer ebenfalls unserer Gesellschaft inhärenten Wissenschaftsfeindlichkeit das Wort geredet?

Beides ist nicht der Fall. Die unschätzbaren Erfolge der Technologie, der Physik, Chemie und Biologie zu übersehen würde uns als verantwortungslose Ignoranten entlarven. Denn die Wissenschaft hat zumindest ein großes Ziel erreicht: die Hebung der Lebensqualität der menschlichen Gemeinschaft. Lebensqualität bedeutet einerseits die simple Erhaltung des biologischen Lebens, andererseits die menschengerechte Gestaltung der Lebensbedingungen. Lebensunterhalt, Ernährung, Kleidung, Wohnung, selbst materieller Wohlstand einerseits, gerechte Verteilung der Lebensgüter, soziale Sicherheit, Gesundheitsvor- und -fürsorge, sinnvolle Verwirklichung der Bildungschancen, Förderung der Kultur und möglichst weite Erfüllung kultureller Bedürfnisse, schließlich die Gestaltung mitmenschlicher und gemeinschaftlicher Beziehungen andererseits sind unabdingbare Ziele wissenschaftlichen und gesellschaftspolitischen Denkens und Handelns. Eine Wissenschaft indes, die zum Selbstzweck wird, »ad maiorem scientiae gloriam«, degradiert sich selbst zum Abfallprodukt Frankensteinschen Irrsinns. Eine Gesellschaftspolitik, die um der eigenen Ideologie willen die Wissenschaft – und damit die Voraussetzungen für die Lebensqualität der Bürger – aus den Augen verliert, ist dem Untergang geweiht.

Das gemeinsame Ziel setzt zumindest eine ideelle Zusammenarbeit von Wissenschaft und Politik voraus. Die realen Verhältnisse lassen daran jedoch zweifeln. In der Politik wie in der Wissenschaft sind Segen und Fluch dicht beieinander. *Ohne* die Technologie von heute würde die Menschheit über kurz oder lang zugrunde gehen. *Mit* der Technologie von heute kann sie bereits in wenigen Tagen ausgelöscht sein. Die Politik kann dies verhindern, sofern sie von der Ratio geführt wird. Sie hat jedoch, und dies nicht nur anhand zweier Weltkriege, die Irrationalität ihrer Entscheidungen mehrfach bewiesen. Auch der Traum einer wertneutralen Wissenschaft ist ausgeträumt; die Wissenschaft ist immer gesellschaftsrelevant. Damit bestimmt sie auch weitgehend das Seinsverständnis des modernen Menschen.

Spätestens hier muß die Frage gestellt werden, warum denn das naturwissenschaftliche Weltbild eine derartige Anziehungskraft auf die moderne Gesellschaft ausübt. Die Antwort wurde zum Teil mit dem Hinweis auf die Hebung der Lebensqualität gegeben. Auf der anderen Seite darf nicht übersehen werden, daß es gerade die mathematisch-statistische Methode, die Meß- und Wägbarkeit der Dinge ist, die eine gewisse Ordnung in einer aus den Fugen geratenen Welt garantiert und damit einem Sicherheitsbedürfnis des Menschen entspricht. Was in früheren Zeiten durch Kirche und Staat, durch Sippen- und Familientradition zusammengehalten wurde, hat sich in

Todesmaschine
Hans Ruedi Giger, 1973, Öl auf Leinwand, Privatbesitz (Foto Roland Gretler, Zürich)

vielen Teilen unserer Welt längst aufgelöst. Dabei ist allerdings zu sagen, daß die Technologie mit den Veränderungen der Arbeitsbedingungen, die erste wie die zweite industrielle Revolution, nicht wenig zum Wertverlust der traditionellen Gesellschaftsformen beigetragen hat. Fest steht jedenfalls, daß sowohl in der Wissenschaft als auch in der Gesellschaft die Begrenzung auf übersehbare und beweiskräftige wissenschaftliche Methoden eine zumindest vermeintliche Sicherheit anbietet.

Trotzdem mehren sich auch die Anzeichen des Mißtrauens gegenüber dem naturwissenschaftlichen Fortschritt. Die Menschheit erkennt in zunehmendem Maß die mit dem Fortschritt verbundenen Gefahren, welche die menschliche Existenz in ihrem Wesensgrund bedrohen. Die Einstellung des Menschen zur handwerklichen oder industriellen Form der Technik war immer zwiespältig. Emil Kowalski weist auf die Ambivalenz des Menschen hin, der einerseits mehr Lebensqualität fordert, andererseits ein »kollektives Unverständnis« gegenüber den Grundlagen des Wohlstandes aufweist (1982). »Der Zeitgenosse befriedigt seine wesentlichen Bedürfnisse, indem er die Drucktasten des Fernsehens, des Telefons, des Lifts, des Computers, der Waschmaschine, der Klimaanlage, die Pedale des Autos betätigt, meist ohne im geringsten zu wissen, welche Vorgänge er dadurch einleitet, warum und wie die ganze technische Welt hinter der Drucktastengrenze eigentlich funktioniert.« Die *Wurzeln* der Technikfeindlichkeit sind vielfältig und nicht zuletzt in der durch die Technik möglich und notwendig gewordenen Arbeitsteilung zu suchen. Trotzdem ist die Technikfeindlichkeit an sich paradox. Nichts ist der Gesellschaft wichtiger als ihr Wohlbefinden. Trotzdem richtet sich ihr Groll gegen die Ursachen dieses Wohlbefindens. Kowalski spricht in diesem Zusammenhang von einer antitechnischen Angstpsychose. Als gefährlichste *Folge* dieser Technikfeindlichkeit sieht er langfristig deren Einfluß auf die Auslese und Anzahl junger Leute, die sich für das Studium technischer Disziplinen entscheiden. Er befürchtet, daß immer weniger und immer unqualifiziertere junge Leute sich technisch orientierten Berufen zuwenden werden.

Ich halte die pessimistische Zukunftsprognose Kowalskis für (vorläufig) ungerechtfertigt. Meines Erachtens hat der Trend der Jungen zu technischen Berufen eher zugenommen. Zählt man zu diesen noch die moderne Medizin hinzu – deren Studium ohnehin besser an den technischen Hochschulen als an den Universitäten anzusiedeln wäre –, dann ist diese Zukunftsangst kaum begründet. Im übrigen scheint mir auch an der »Technikfeindlichkeit = Ignoranz«-Formel einiges nicht zu stimmen. Hier wird ein berechtigtes Mißtrauen gegen nachweisbare Grenzüberschreitungen durch technische Manipulation allzu unbesehen als Ignoranz und Feindlichkeit ausgelegt, zudem des Menschen Drang nach mehr Freiheit und Unabhängigkeit von Leistungs- und Konsumzwang zu wenig beachtet.

Erich Fromm befürchtete, die Menschheit könnte zur Megamaschine werden, in der die Gesellschaft wie eine Maschine läuft und die Menschen als deren Teile funktionieren (1974). Er sprach einer Humanisierung der *Technik* das Wort. Müßte man aber nicht eher auf eine Humanisierung des *Menschen* hoffen? Ulrich Haier weist darauf hin, daß gerade die technische Entwicklung (die Maschine) dem Menschen bereits eine Humanisierung der Arbeit brachte; die Dampfmaschine sei ein Ansatz gewesen,

»einen Schritt zu tun, damit die Schinderei aufhören konnte«. Daß das Pendel weit über das Ziel hinausgeschwungen ist, beweisen die heute wieder notwendig gewordenen Versuche einer Humanisierung der Arbeitswelt – mit Werkärzten, Sicherheitsingenieuren, Betriebspsychologen. Ob allerdings damit eine echte Sinngebung der Arbeit erreicht wird, ist zumindest fraglich.

Armin Baumgartner weist mit Recht auf die Ambivalenz des modernen Menschen, vor allem des Jugendlichen, aber auch des Soziologen hin, die nachweislich zunehmende *Freiheit* des einzelnen, die erst in neuester Zeit erreichte Möglichkeit zur *Selbstentfaltung* und *Mitgestaltung* in Beruf, Wohnort und Politik, die völlige *Mobilität* in Einkang zu bringen mit den subjektiv erfühlten sozioökonomischen Zwängen (1981). An die Stelle des Pluralismus treten »Sachzwänge«, hinter denen sich ein Normdenken verbirgt, das den materiellen Wohlstand, die Effizienz und Anpassung als höchstes Gut preisen. Baumgartner sieht das Problem vor allem im Trend zur totalen Verwissenschaftlichung. Damit alles *machbar* wird, muß alles durch ein *rationales* Verhalten erfaßt und kontrolliert werden.

Widerspricht die eben nur unvollständig und andeutungsweise gezeichnete Darstellung unserer modernen Welt und deren Menschheit nicht der eingangs aufgestellten Behauptung, der Mensch frage wieder vermehrt nach dem Sinn des Seins, nach dem Sinn seines Lebens und Sterbens?

Keineswegs. Denn gerade die Technologie mit ihren ungeheuren Möglichkeiten versagt in zwei für das Individuum höchst bedeutsamen Bereichen. Es ist ihr nicht gelungen, die Sinnfrage des Daseins zu beantworten und den Tod seiner Unheimlichkeit und Unausweichlichkeit zu entkleiden. Wer glaubt, daß alles in dieser Welt machbar, daß es nur eine Frage der Zeit sei, bis uns die Naturwissenschaften und die Technologie auf alle spezifisch menschlichen Probleme eine Antwort geben könnten, muß von vornherein und auf immer das Suchen nach einem Lebenssinn und die Gewißheit des Todes aus seinem Denken und Fühlen ausklammern. Nicht von ungefähr erlebt unsere Welt eine Welle emotionsgeladener Strömungen und Protestaktionen, die sich der vermeintlichen Sicherheit rationaler Argumente widersetzt und zur handfesten Konfrontation im Kampf um den Umweltschutz, gegen Kernkraftwerke, gegen Autobahnen, gegen die »genetische Manipulation«, gegen eine technisierte Medizin und für eine Humanisierung der Arbeitswelt bereit ist. Eines nämlich wird dem Menschen täglich vor Augen geführt: daß er sterblich ist. Gerade jenes Phänomen menschlichen Daseins, das die Technik verleugnet, weil sie damit nichts anzufangen weiß, das die Medizin ausklammert, weil es sich ihr widersetzt, das die Naturwissenschaften lediglich als biologischen Vorgang zu bezeichnen wissen, verweist den Menschen wieder auf sich selbst. So wird die Gewißheit des Nicht-sein-Könnens wiederum zur zentralen Frage des Seins-Verständnisses.

Die ambivalente Haltung des Menschen der Technik gegenüber verweist nicht nur auf die Widersprüchlichkeit menschlichen Denkens und Fühlens an sich. Sie ist vielmehr Ausdruck eines neuen Suchens, des Bedürfnisses, dem Leben einen Sinn abzugewinnen, der offensichtlich nicht mehr als unbesehen gegeben erscheint. Nicht von ungefähr läßt sich im psychiatrisch-psychotherapeutischen Erfahrungsbereich eine neue, bisher kaum bekannte »Krankheit« beobachten, die als »Sinnlosigkeitsneurose« bezeichnet und vielfach beschrieben wird. Es handelt sich bei den daran Erkrankten um Menschen, die ihrem Dasein keinen Sinn mehr abgewinnen können, die nichts als eine gähnende Leere verspüren. Parallel dazu füllen immer mehr Menschen die Sprechzimmer der Psychotherapeuten, die sich ausschließlich auf ihre ureigenen Bedürfnisse beschränken, deren Weltverhältnis narzißtisch um ihre eigene Person kreist. Hans Blumenberg stellt den »Sinnlosigkeitsverdacht« in den Mittelpunkt eines geistreichen Essays (1981), wobei er allerdings Sigmund Freud eine fragwürdige Unterstützung zukommen läßt, der »ganz zu Recht« gesagt haben soll, wer nach dem Sinn des Lebens frage, sei krank. Wer nämlich des Sinns entbehre, bedürfe des Trostes. Eine Sinnlosigkeit der Welt schließe deren Untergangswürdigkeit mit ein. »Den Generationen der Schockierten und der Schuldigen folgte die der Verlegenen. Was sollte man denen antworten, die nach dem Sinn fragten – dem des Lebens, dem der Geschichte, dem des Staates, dem des Ganzen?«

Aus dieser Haltung heraus wird auch das Gefühl verständlich, das den modernen Menschen veranlaßt, sich auf sich selbst zurückzuziehen. Der Sinnlosigkeitsneurose gesellt sich die Verlassenheitsneurose hinzu. In einen größeren kulturgeschichtlichen Zusammenhang gestellt, weist Christopher Lasch auf Signale hin, die einen tiefgreifenden gesellschaftlichen Wandel erwarten lassen (1980). Die Mahner und Kritiker unserer Gesellschaft sprechen zudem eine deutliche Sprache. Erich A. Kägi verweist auf den durch die Popularisierung der Freudschen Psychoanalyse genährten Hedonismus einer unzufriedenen Gesellschaft und fordert, daß die westliche Gesellschaft wieder zurückfinde zu einem entspannenden Ausgleich von »vita activa« und »vita contemplativa« (1978). Emil Küng fragt, ob unsere westliche Welt dekadent sei (1982, 313), eine Welt, in der ein Wertepluralismus in den Vordergrund gerückt werde, »der es dem einzelnen überläßt, welche Glaubensbekenntnisse oder Parteien, welche Lebenseinstellungen und Menschenbilder, welche moralischen Gebote und Verbote er wählen und anerkennen will«. Auch er spricht von der »Sinnlosigkeitsneurose« (das. 315), von Hedonismus und Nihilismus, von Transzendenzverlust »durch Überbewertung des Verstandes« und von Materialismus und Wissenschaftsgläubigkeit. Nahtlos läßt sich hier die sogenannte »Langweiligkeitsneurose« einfügen, die von Ludwig Binswanger, Medard Boss und ausführlich von Solon Spanoudis (1973, 140ff.) beschrieben wurde. Alle Autoren machen mehr oder weniger die gleichen Ursachen für diesen Zeitgeist verantwortlich: den Verlust an Tradition, Geistigkeit und Wertorientierung, die Zunahme der Frustrationstoleranz, Existenz- und Zukunftsangst, vor allem aber die Verdrängung transzendentaler Glaubensinhalte durch die Wissenschaft, die ihrerseits unfähig ist, eine neue Wertordnung zu schaffen und ihre eigenen Grenzen zu erkennen.

Bezugnehmend auf die »Sinnkrise unseres Zeitalters« setzt sich u.a. Johannes B. Lotz auch mit Bloch und Heidegger auseinander (1977). Da Bloch nie über die Grenzen des Endlichen hinausgelangt, steht auch seine »Hoffnung« auf schwachen Füßen. Das »Prinzip Hoffnung« ist demnach eine Utopie, »die jedoch ihre Anziehungskraft nie verliert, obwohl das Streben nach ihrer Verwirklichung sinnlos wäre«

(das. 80). Heidegger dagegen geht nach Lotz wesentlich über Bloch hinaus, »indem er … vom Seienden das Sein abhebt, während Bloch sich nur im Seienden bewegt und in der ›Vergessenheit des Seins‹ befangen bleibt« (das. 82). Während Bloch über das Seiende, den Menschen und alle Dinge nicht hinauskomme und nur die Humanisierung der Welt in die Mitte rücke, dringe Heidegger durch das Seiende zu dessen weiteren Stufen vor, nämlich zu dem »im Menschen immer schon *eröffneten Sein*, das sich als der tragende und umfassende Grund alles Seienden und namentlich des Menschen« zeige. Aber auch Heidegger gelinge der letzte Schritt zur Lösung der Sinnfrage nicht, obwohl er durch die Entdeckung des Seins den entscheidenden vorbereitenden Schritt dazu vollzogen habe. Der *Sinn* weise nämlich über die Welt hinaus und könne letztlich nur im Sinn des Thomas von Aquin im subsistierenden Sein, nämlich in Gott, gefunden werden. Die Urwirklichkeit, »die wir in der religiösen Sprache ›Gott‹ nennen, erhebt sich über alles Fragmentarische und Vorletzte, also das schlechthin oder *absolut Ganze und Letzte*, von dem her und zu dem hin sich der endgültige Gesamtsinn konstituieren, begründen und verstehen läßt. Und in einer Fußnote fügt Lotz hinzu, es sei verhängnisvoll, daß sich die Seinsvergessenheit, die Heidegger eindringlich als Schicksal des Abendlandes bedacht habe, heute neu ausbreite und Heideggers Schaffen vergessen lasse (das. 89).

Die Grenzen naturwissenschaftlicher Erkenntnis – die Frage nach dem »Leben«

Ein naturwissenschaftlich fundiertes »Selbstverständnis« wird nicht von allen Wissenschaftlern widerspruchslos hingenommen. Auf der einen Seite finden sich Naturwissenschaftler, welche die Voraussetzung aller Naturwissenschaft für unverrückbar halten und die Meinung vertreten, daß alles und jegliches berechenbar und machbar sei. Dementsprechend sehen sie in der naturwissenschaftlichen Forschungsmethode den einzigen legitimen, zuverlässigen und wahrheitserkennenden Zugang zur Wirklichkeit. Auf der anderen Seite melden sich Wissenschaftler zu Wort, die der Naturwissenschaft große Bedeutung und Notwendigkeit einräumen, doch zugleich nicht gewillt sind, länger die auch ihr innewohnenden Grenzen zu übersehen. Sie machen damit der Naturwissenschaft ihren bisherigen Absolutheitsanspruch energisch streitig. Deren fraglos angenommene Voraussetzung der Berechenbarkeit alles Wirklichen wird von ihnen mit allem Nachdruck in Frage gestellt und als *vor*wissenschaftlicher, wissenschaftlich nicht beweisbarer Glaubenssatz entlarvt. Sie gehen davon aus, daß es besonders im Bereich des Menschen und seines Verhältnisses zur Welt sehr viel Wirkliches gibt, das grundsätzlich unberechenbar ist und deshalb in seiner Eigenart der naturwissenschaftlichen Forschungsmethode auf immer unzugänglich bleiben wird. Diesen unberechenbaren Dimensionen der Wirklichkeit gegenüber sind somit Denkmethoden am Platz, die von Grund auf anderer Art zu sein haben, ohne indessen in ihrer eigenen Strenge im geringsten hinter der Exaktheit der Naturwissenschaft zurückzustehen. Die lapidare Feststellung genügt nicht, daß die moderne Naturwissenschaft nicht sagen kann, was Leben eigentlich ist, und daß die Grenze ihres Erkenntnisbereiches dort verläuft, wo das Leben beginnt. Eine materialistische Weltanschauung, die den Geist lediglich als Produkt oder Emanation des Gehirns deklariert, führt tatsächlich zur »Abschaffung des Menschen durch den Menschen«. Der Zauberlehrling könne, meint Thürkauf in diesem Zusammenhang, »ohne zu wissen, was Leben ist, Leben verunstalten und vernichten« (1978, 15). Die Bedrohung des Lebens durch die technische Anwendung naturwissenschaftlicher Entdeckung sei augenfällig; die Ursache der Maßlosigkeit liege im Anspruch, das Leben mit den Gesetzen der leblosen Materie zu erfassen und in den Griff zu bekommen. Ein ausgewogenes Maß hingegen an Technik könne die Welt zu einer Hochkultur führen, wie sie in der Geschichte der Menschheit noch nie dagewesen sei. Eine Kultur ohne Zivilisation sei nicht möglich, wohl jedoch eine Zivilisation ohne Kultur.

Dagegen wird argumentiert: Nicht die Naturwissenschaften als solche stellten eine Bedrohung für die Menschheit dar, sondern jene Naturwissenschaftler, deren Kritik das Vertrauen der Öffentlichkeit in die Möglichkeit wissenschaftlicher Erkenntnis untergrabe. Wenn auch nachweisbar bis jetzt experimentell, das heißt unter Laboratoriumsbedingungen, noch nie Leben aus lebloser Materie entstanden sei, müsse doch die Schlußfolgerung als unzulässig abgelehnt werden, daß dies für alle Zeiten gelten werde. Eine lückenlose Rückführung des Lebens auf Physik und Chemie sei zwar gegenwärtig (noch) nicht möglich, doch ließen sich immerhin heute bereits die Funktionen der einfachsten Zellen in jeder geprüften Einzelheit physikalisch-chemisch erklären. Schließlich sei mit aller Wahrscheinlichkeit das Leben auf der Erde einmal aus lebloser Materie entstanden und beruhe daher letztlich auf den Gesetzen der Physik.

Als »Mißverständnis an der Basis« bezeichnet Erwin Nickel, selbst Naturwissenschaftler und Philosoph, die Kritik an den Naturwissenschaften (1979), ohne allerdings der Gegenpartei recht zu geben, wie er überhaupt den an der Diskussion Beteiligten vorwirft, aneinander vorbeizureden. Es ist eine erstaunliche, aber auch höchst befremdliche Tatsache, wie wenig Geistes- und Naturwissenschaftler bereit sind, einander vorurteilslos anzuhören und sachlich zu argumentieren. Es gelte, die »Hierarchie der Kompetenzen« anzuerkennen. Wissenschaftstheorie hinterfrage die Wissenschaft, (ontologische) Philosophie hinterfrage die Wissenschaftstheorie. Wer das außer acht lasse und die Erkenntnisebenen vermische, stifte Verwirrung.

Manche Wissenschaftler lassen ihrem Unmut an der Kritik freieren Lauf. Ernst Topitsch spricht von einem »Aufstand der Unvernunft«. Die Realitätsflucht gefährde Wissenschaft und Technik. Auch er warnt vor ungerechtfertigter Selbstüberschätzung der Wissenschaftler. Was heißt aber »ungerechtfertigte« Selbstüberschätzung? Gibt es eine »gerechtfertigte«, und warum muß immer wieder vor der »Selbstüberschätzung« gewarnt werden? Die Frage, ob die wissenschaftlich-technische Dynamik der Menschheit zum Heil oder zum Verderben gereiche, ist tatsächlich nicht beantwortet. Darum geht es Topisch aber nicht. Vielmehr steht bei ihm die Verläßlichkeit der Wissenschaft als Realitätserkenntnis und als Mittel erfolgskontrollierten Handelns zur Frage, ihre höhere Leistungsfähigkeit im Vergleich mit vor- oder außerwissenschaftlichen Formen der Weltorientierung. Was nicht wissenschaftlich ist, sei eine Traumwelt. Eine solche Ideologie des Realitätsverlustes, dies sei zur Verdeutlichung des wissenschaftlichen Machtanspruchs ausführlich zitiert, sei aber nicht nur irrig, sondern auch gefährlich, weil sie eine erfolgreiche Auseinandersetzung mit der Lebenswirklichkeit beeinträchtige oder verhindere. Diese Wirklichkeit breche in alle Traumwelten ein und setze sich gegen alle Illusionen durch. »Wenn keine Speise mehr auf dem Teller, kein Treibstoff mehr im Tank ist, wenn der Patient tot auf dem Operationstisch liegt oder wenn die harten Tatsachen in Gestalt von Geheimpolizisten oder feindlichen Soldaten zur Tür hereinkommen, dann ist eben Feierabend« (Rheinischer Merkur, 3. 7. 1981).

Wissen, Sehen, Glauben

Hier stellt sich allerdings die Frage, ob Vernunft und Unvernunft überhaupt meßbare Größen der Naturwissenschaft sind, ob das Wesen des Menschen, dessen Verhaltensweisen, Wünsche, Hoffnungen, Motivationen wissenschaftlich erfaßbar sind oder nicht. Ist alles, was von der exakten Wissenschaft nicht erfaßbar ist, »Ideologie des Realitätsverlustes«? Gehören Utopien, Visionen und irrationale Erfahrungen, Erlebnisse und Sehnsüchte nicht auch zur »Lebenswirklichkeit«? Ist die Wissenschaft tatsächlich so verläßlich, wie sie sich anpreist? Und letztlich: Ist der Aufstand der jungen Generation, ihr Bedürfnis nach Frieden, nach Solidarität mit Minderheiten, nach Abbau von Vorurteilen, nach mehr Menschlichkeit wirklich nichts anderes als eine Flucht in eine Traumwelt?

Der Fragen wären noch viele. Insbesondere jene, ob denn die Wissenschaft in der Lage sei, den Hunger auf der Welt zu bekämpfen, die Treibstoffversorgung sicherzustellen oder gar Geheimpolizisten und Soldaten daran zu hindern, eines Tages »zur Tür hereinzukommen«. Immer nämlich hängt dies alles von der Menschlichkeit des Menschen, von der Humanitas ab, die bekanntlich nicht wissenschaftlicher Natur ist.

Damit ist nichts, aber auch gar nichts gegen die Bedeutung wissenschaftlicher Forschung und Erkenntnis ausgesagt. Es muß vielmehr Nickel beigepflichtet werden, wenn er fordert, daß jede Wissenschaft die Grenzen ihrer methodischen Möglichkeiten erkennen und einhalten sollte. Dies gilt jedoch nicht nur für die Wissenschaftler selbst, sondern in gleichem Maß für den modernen Menschen, der allzu oft einer unkritischen Wissenschaftsgläubigkeit verfallen ist.

Der Streit um die »Wissenschaftlichkeit« der Wissenschaften ist ohnehin ein Streit um des Kaisers Bart und demzufolge völlig absurd. Dort, wo es um den *Menschen* geht, wird die Konfrontation zwischen Natur- und Geisteswissenschaften zu einem ähnlichen Leerlauf wie jene zwischen Theologie und Philosophie. Des Menschen Humanitas und Kultur lassen sich nicht durch vorgegebene, nicht von der Sache selbst her wahrnehmbare Kategorien und Methoden erfassen. Die Unterscheidung von *Wissen, Sehen* und *Glauben* ist immer schon eine Wertzumessung. Daß unsere Zeit hier eindeutige Prioritäten gesetzt hat, ist offensichtlich. Das »Sehen« der griechischen Antike wich dem »Glauben« des Mittelalters, beides wurde dem neuzeitlichen Wunsch nach »Wissen« geopfert. Natürlich sind die Verhältnisse nicht so einfach, wie hier geschildert. Sehen, Glauben und Wissen durchmischen sich auch in der heutigen Welt. Diese *Durchmischung* darf jedoch nicht als eine *Verwischung* der Grenzen betrachtet werden, in der jedem der drei Erkenntnisbereiche zur selben Sache der gleiche Stellenwert zukommt. So kann keine Rede davon sein, daß dem naturwissenschaftlichen »Erkennen« ein »Verstehen« vorausgehe. Das »Erklären« setzt gerade nicht das »Verstehen« voraus, da beides zwei voneinander völlig verschiedene Zugangswege sind. Das Erklären bedeutet als Beweisen ein Fortschreiten von einer Gegebenheit zur anderen in lückenlos kausaler Folge, während es im interpretierenden Verstehen um das Erfassen des wahrgenommenen Ganzen geht. Es kann nicht schaden, einmal mehr an den Ratschlag von Aristoteles zu erinnern. Nicht jede Begründung muß ein Beweisen sein, denn der wissenschaftliche Beweis ist nur *eine* Art der Begründung. Wo das Sehen der Gegebenheiten als Begründung genügt, bedarf es keines Beweises. Nicht nur das. Es gibt ein begründendes Sehen, das nicht nur keines Beweises bedarf, sondern einen Beweis direkt ausschließt. So meint Aristoteles, es hänge vom Vermögen oder Unvermögen eines Menschen zu dieser Unterscheidung ab, ob man ihn als Denker bezeichnen könne oder nicht. In der »Metaphysik« (IX/I 1005b, 1006a) steht deutlich geschrieben: »Denn es zeigt mangelhafte Ausbildung, wenn man nicht weiß, wofür man einen Beweis zu suchen hat und wofür nicht. Es ist nämlich ein Ding der Unmöglichkeit, daß es überhaupt für alles einen Beweis gebe...«

Es geht gar nicht um Vernunft oder Unvernunft, wenn am apodiktischen Weltbild der Naturwissenschaften Kritik geübt wird, es geht nicht um die Gegenüberstellung von Rationalismus und Irrationalismus, von Geist und Emotion. Es geht lediglich um die Gleichsetzung der Werte, um Erkennen als Beweisen, Sehen und Glauben. In diesem Sinn hat weder eine reduktionistische naturwissenschaftliche Weltschau eine Priorität gegenüber der phänomenologischen Methode, noch können beide für sich beanspruchen, die volle Wirklichkeit erfassen zu können. Es bleibt immer noch ein Raum für Unerklärliches, für den Glauben. So hat auch Max Scheler mit aller Nachdrücklichkeit darauf hingewiesen, daß es bei vielen philosophischen Fragen sehr problematisch sei, ob Beweise überhaupt einen Sinn haben ([2]1957). Jede Annahme, die in unmittelbarer Erfahrung gründe, sei eo ipso unbeweisbar. Das Resultat ist die Überlieferung an den Glauben. Dies gilt nicht nur für die in diesem Zusammenhang von Scheler anvisierte Frage nach der Unsterblichkeit, sondern auch für jene nach dem *Leben*.

»Sein« und »Leben«

Wie schwierig die Beantwortung der Frage ist, was als »Leben« bezeichnet werden dürfe, geht schon aus der Feststellung der Mikrobiologie hervor, daß es keine klare Abgrenzung von Belebtem und Unbelebtem gibt. Der Übergang ist so fließend, wie er sich auch »in der historischen Entwicklung (fast) kontinuierlich vollzogen haben muß« (Manfred Eigen, 1975, 713). Auch die Neuinterpretation der Darwinschen Selektionslehre durch Manfred Eigen und die Evolutionsmodelle Peter Schusters zeigen lediglich den Weg vom Makromolekül zur primitiven Zelle, also die Entstehung biologischer Funktionen auf. Daß in dieser Hinsicht der Forschung noch mehr Möglichkeiten offenstehen, daß man noch mehr über das sogenannte »Organische« der menschlichen Natur erfahren wird, steht außer Zweifel. Die Frage ist nur, ob Heidegger nicht doch recht hat, wenn er (1947, 13) schreibt: »Es könnte doch sein, daß die Natur in der Seite, die sie der technischen Bemächtigung durch den Menschen zukehrt, ihr Wesen gerade verbirgt.«

Fest steht, daß die Frage nach dem Leben eine immanent *philosophische* Frage ist, wenngleich sie heute zumeist von der Wissenschaft beantwortet wird. Bei jedem Versuch, »Leben« zu definieren, stehen wir jedoch vor dem unüberwindlichen Hindernis, daß der Begriff des Lebens, des Lebendigen, nicht nur an sich vieldeutig ist, sondern philosophiegeschichtlich wie kulturell mehrfach Wandlungen erfahren hat. Die griechischen Philosophen verfügten über zwei Wörter für das »Leben«: »bios« und »zoe«, wobei bios mehr die Lebensdauer, die Lebensart und Biographie bedeutete, auch das alltägliche und gewöhnliche Leben, während zoe die Tatsache des Lebens des Menschen, der Tiere und Pflanzen im engeren Sinn meinte. Im Lateinischen wird das Wort »vita« unterschiedslos für beide griechischen Termini gebraucht. Für Platon ist das Leben identisch mit der inneren Bewegungskraft; als Prinzip des Lebens gilt die Seele. Für Aristoteles und später Plotin ist das Leben ein wertvolles Gut; es entspricht der wahren Natur des Menschen, besonders das reflektierte, weise Leben, das sich auch mit dem Tod auseinandersetzt. Eine eigentliche Auseinandersetzung mit der Frage, was Leben eigentlich ist, findet aber in der griechischen Antike nicht statt. Der Lebensbegriff der Bibel andererseits steht mit dem Schöpfungsglauben in Zusammenhang. Das Lebendige wird zur Kreatur Gottes.

Wenn wir heute über das Leben sprechen, so denken wir oft an das Sein, die Existenz, die Natur der Menschen und der Dinge. Wir unterscheiden zwischen lebendigem Sein und toter Materie, was fragwürdig ist, da weder vom Sein gesagt werden kann, es »lebe«, noch von der Materie, daß sie »tot« sei. »Sein« und »Leben« sind nicht auswechselbare Begriffe, zumindest so lange nicht, wie wir über das Leben nicht besser Bescheid wissen. Und die Materie könnte nur tot genannt werden, wenn sie zuvor lebendig gewesen wäre. Somit bleibt auch die Streitfrage in der Luft hängen, ob von der anorganischen Materie gesagt werden darf, sie lebe, oder ob sie vom »Leben« ausgeschlossen ist.

Bereits die Frage nach dem Beginn menschlichen Lebens entzieht sich weitgehend dem wissenschaftlich-biologischen Nachweis. Der Embryologe Adolf Faller gibt unumwunden zu, mit Embryologie allein sei dem Menschen nicht beizukommen (1977, 79). Zur Integration des »Typisch-Menschlichen« gelange man nur, wenn man die durch die naturwissenschaftliche Methode gegebenen Grenzen überschreite. Eine solche Grenzüberschreitung kann jedoch wohl nur in Richtung einer philosophischen Besinnung gehen. Möglicherweise hätten auch die Theologen etwas dazu beizutragen. Dagegen vertritt Norbert Luyten die Ansicht, der Problemkomplex könne nur durch die eigenwissenschaftlichen Methoden aufgearbeitet werden (1977, 68), sowohl der Philosoph als auch der Theologe seien hier »die Hörenden«. Weder die Philosophie noch die Theologie seien in bezug auf die Frage nach dem tatsächlichen Werdegang des Menschen kompetent.

Was bedeutet hier aber »tatsächlich«? Um welche »Tatsächlichkeit« geht es in der Frage nach dem Werden, Sein und Tod? Gehören nicht Werden, Sein und Tod in den Bereich des »Wesens« des Menschen, der naturwissenschaftlich gar nicht erfaßbar ist? »Tatsächlichkeit« kann nichts anderes bedeuten als das, was sich von der Tat*sache* her offenbart. Das Sein offenbart sich von sich selbst her; es ist nicht ableitbar, nicht statistisch oder experimentell erfaßbar. Es ist der naturwissenschaftlichen Methode verschlossen. Dies bedeutet nicht, daß diese defizient sei; sie ist es nämlich nicht, sofern sie dem zu untersuchenden Gegenstand adäquat ist. Menschliches Sein ist jedoch, wie gesagt, kein solcher »Gegenstand«. So wenig wie ein Gemälde Picassos in seinem Bedeutungsgehalt etwa anhand der Anzahl der Pinselstriche oder am Aufwand an verschiedenen Farben zu erfassen ist, ist es dem Naturwissenschaftler vergönnt, mit seinen Methoden das Wesen der menschlichen Natur zu durchdringen.

»Leben« und »Sein« sind keineswegs identische Größen. »Leben« im Sinn der Naturwissenschaften ist »biologisch« verstanden. Menschliches »Sein«, *Da-Sein* genannt, sprengt bei weitem die biologischen Grenzen. Bereits der Leib des Menschen ist keinem »Körper« vergleichbar, denn auch das spezifisch Leibliche ist weder meßbar noch wägbar und kann auch nicht in mathematischen Zahlen erfaßt werden. Das Leibliche am Menschen hört keineswegs mit der Epidermis auf; das Auge öffnet den Blick in weite Fernen, das Ohr vernimmt Töne, Geräusche, Reden, Gesang und Musik durch trennende Wände hindurch. Niemals kann aber das Auge der »Grund« für unser »Sehen« und »Schauen« sein, nicht das Ohr die »Ursache« für das »Hören« einer Melodie. Auge und Ohr, wie alle Organe unseres Leibes, sind nichts anderes als die existentiellen Bedingungen für das faktische Vernehmen und Wahrnehmen des uns Begegnenden. Der Mensch ist seiner Grundnatur nach sehenden und hörenden Wesens. Auch ein Blinder oder Gehörloser ist ein Sehender, allerdings in leiblicher Privation. Ein Stein kann weder blind noch taub oder stumm sein, da Sehen, Hören und Sprechen nicht zu seiner Natur gehören.

Ursprung und Beginn
menschlichen Lebens

Doch zurück zur Frage der Entstehung menschlichen Lebens: Selbst sie entzieht sich der Kompetenz der Naturwissenschaften. Grundsätzlich ist eine Datierbarkeit des Beginns menschlichen Lebens unmöglich, da sie »immer nur physikalische Äußerungen lebender Wesen, aber nie das Lebendige selbst erreicht« (Hicklin, 1977, 127). Meines Erachtens ist nicht einmal dies sicher. Die Biologen sind sich selbst in der Frage der menschlichen Ontogenese uneinig. Beginnt das Leben mit der Zygotenbildung, wenn die Eizelle in einem weiblichen Körper soeben von einem männlichen Samenfaden befruchtet wurde? Oder sind die Naturwissenschaftler Opfer eines Trugschlusses geworden? Ist nicht die Nidation, die Einnistung der befruchteten Eizelle in die Gebärmutterschleimhaut, der geeignete Augenblick, den Beginn des Menschen anzusetzen?

In einer Zeit, da Probleme um die gesetzliche Regelung des Schwangerschaftsabbruches weltweit die Gesetzgeber beschäftigen, ist gerade die Auseinandersetzung um Leben und Sterben zu einem zentralen Anliegen geworden. Der Schwangerschaftsabbruch ist zur politischen Zerreißprobe (Condrau, ²1977b, 135) geworden. Es geht hierbei aber auch um die Kernfrage menschlichen Selbst- und Seinsverständnisses und gleichzeitig den Kristallisationspunkt von Wissenschaftsgläubigkeit und menschlicher Besinnung. Auf der einen Seite wird die absolute, wissenschaftlich abgestützte »Sicherheit« beschworen, wonach das neue Individuum von der Zeugung an genetisch festgelegt sei; der Kernsatz eines bedeutenden Humanembryologen[7] unserer Zeit lautet: Ein Mensch *wird nicht* Mensch, sondern *ist* in jeder Phase seiner Entwicklung Mensch. Dieser Wissenschaftler, dessen Meinung hier nicht weiter diskutiert werden soll, vergißt jedoch offensichtlich die Beantwortung der Frage, ob nicht bereits die Existenzmöglichkeiten des Menschen lange vor der Zygotenbildung vorhanden seien, »zum mindesten schon dann, wenn die beiden betreffenden Keimzellen... noch weit getrennt in den beiden späteren Eltern ruhen?« (Boss, 1977, 109). Wenn dies der Fall sein sollte – was bei näherem Zusehen gar nicht so abwegig erscheint –, müßte dann nicht jeder Mensch, jedes Individuum bereits bei Adam und Eva angelegt gewesen sein?

Wann jedoch Leben begonnen hat, weiß uns die Wissenschaft nicht zu sagen, wie sie überhaupt über das Zeitliche kaum etwas zu vermelden hat. Die Zeit nämlich läßt sich als solche ebensowenig in mathematische Kategorien fassen wie das Sein. Möglicherweise sind wir bereits bei der Genesis, der Phylogenese der Menschheit, am Ende unserer (heutigen) Weisheit angelangt. Nicht von ungefähr warten die Wissenschaftler auf ein Zeichen aus dem Universum. Eine erst kürzlich durchgeführte Konferenz unter der Schirmherrschaft der UNESCO und der Europäischen Raumfahrtbehörde gilt als ein deutliches Anzeichen für das steigende Interesse für Fragen nach dem Ursprung des Lebens. Leben außerhalb der Erde scheint nicht mehr so unwahrscheinlich, wie

Kam das Leben aus dem All als lebende Zelle auf die Erde?
Illustration von Klaus Bürgle (Göttingen) zu einer neuen Evolutionstheorie der britischen Astro-
nomen Fred Hoyle und Chandra Wickramasinghe

einst angenommen wurde. Neueste Erkenntnisse, die man aus fossilen Mikroorganismen gewonnen hat, lassen den Schluß zu, daß es bei einem Alter der Erde von 4,6 Milliarden Jahren schon vor 3,8 Milliarden Jahren Leben auf dieser Welt gegeben hat (Graham, 1980, 3134).

Karl Jaspers verweist ebenfalls auf die Fragwürdigkeit der Forschung (1948, 53), der es voraussichtlich so ergehen werde wie in der Frage der Entstehung des Lebens überhaupt. »Der Fortschritt der Erkenntnis steigert das Nichtwissen in den Grundfragen und weist damit auf Grenzen, die aus anderem Ursprung als dem des Erkennens mit Sinn erfüllt werden.« Weltliche Abhängigkeiten und biologische Entwicklungsprozesse betreffen lediglich »den Stoff des Menschen, nicht ihn selbst«. Wesentlich ist die Freiheit des Menschen, die, in verabsolutierter vermeintlicher Erkenntnis des Ganzen, verlorengeht. »Die Forschung zeigt uns sehr merkwürdige, überraschende Dinge am Menschen, aber je klarer sie wird, desto bewußter auch, daß sie nie den Menschen im Ganzen zum Forschungsgegenstand gewinnen kann« (das. 55).

Auf die zentrale Frage nach der Entstehung des genetischen Bauplanes der Lebewesen gibt die Naturwissenschaft nach Bernd-Olaf Küppers drei Antworten (1979):

1. Leben ist ein reines Zufallsprodukt, entstanden im Spiel der Moleküle (These von Jacques Monod).
2. Leben ist die Konsequenz lebensspezifischer Naturgesetze.
3. Leben ist das Ergebnis eines materiellen Lernprozesses.

Den naturwissenschaftlichen Thesen widersprechen nicht nur die Verantwortlichen des kalifornischen Erziehungsdepartementes, die im Biologieunterricht den Schöpfungsgedanken wieder einführten (A. Rohner, 1979), sondern auch viele Biologen. Manfred Eigen hat in einer Würdigung zum 100. Todestag von Charles Darwin (1982) die Antinomie »Schöpfung oder Evolution?« dahingehend ausdifferenziert: »Wer an die Schöpfung glaubt, wird nicht umhinkommen, die Naturgesetze in diese einzubeziehen. Ein Gott im Widerspruch zu seinen eigenen Gesetzen wäre ein Widerspruch in sich.« Für den Gläubigen könne daher Evolution »nichts anderes als den Mechanismus der Schöpfung bedeuten«. Gott habe nicht verboten, seine Werke zu ergründen. – Dies mag wohl stimmen, ändert aber nichts an der Frage, ob die Schöpfung überhaupt ergründbar ist.

Das biologisch-medizinische Weltbild

Im Bereich der naturwissenschaftlichen Medizin hat die Wissenschaftsgläubigkeit des modernen Menschen ihre Bestätigung gefunden: Der Kampf gegen den Tod entscheidet sich immer mehr zugunsten der Ärzte. Zeugnis davon legen die Organtransplantationen ab. Herz und Nieren können ausgewechselt, von »Toten« auf »Lebende« transplantiert werden. Diese Erfolge und viele andere haben der Medizin einen hohen gesellschaftlichen Status vermittelt, gleichzeitig aber auch eine Bewegung ausgelöst, die in ihrer Zwiespältigkeit ihresgleichen sucht. Den bedeutsamen Errungenschaften stehen nämlich ebenso wichtige und unbeantwortbare Fragen gegenüber. Bisher nämlich schien sich die Medizin ihrer Grenzen bewußt zu sein; ihr Bereich erstreckte sich auf das Leben innerhalb der beiden Pole Geburt und Tod. Mit dem vorgeburtlichen Leben befaßte sie sich ursprünglich lediglich insofern, als sie die schwangere Mutter betreute. Inzwischen sind bereits direkte medizinische Einwirkungen auf die heranwachsende Frucht möglich. Und neuerdings sind wir mit der Möglichkeit der genetischen Manipulation konfrontiert, deren Auswirkungen noch gar nicht übersehbar sind. Aber nicht nur das. Die medizinisch-biologische Forschung stellt die Mittel zur Verfügung, menschliches In-die-Welt-Kommen zu verhindern. Schwangerschaftsverhütung und Schwangerschaftsabbruch stellen medizinisch keine Probleme mehr dar. Am anderen Pol der menschlichen Existenz wird eine ähnliche Entwicklung erkennbar. Die »Lebensverlängerung um jeden Preis« (Condrau, [2]1977b, 175) hat sich als Maxime der Medizin etabliert. Die Todesvermeidung ist zum Anliegen ersten Ranges aufgestiegen, während die »einfache« Krankenbehandlung in eine weniger spektakuläre Position gerückt ist. Zwei Folgeerscheinungen sind nicht zu übersehen: einerseits die Frage nach dem wirklichen Beginn menschlichen Lebens, andererseits jene nach der Definition des Todes, bisher in der medizinischen Literatur mit der nüchternen Feststellung eines »exitus letalis« gekennzeichnet. Neben diesen beiden »Errungenschaften« der Medizin darf eine dritte nicht unerwähnt bleiben: die auf naturwissenschaftlicher Basis beruhende pharmakologische, insbesondere psychopharmakologische Behandlungsmöglichkeit psychischer und psychosomatischer Leiden.

Chemische und pharmakologische Forschungen können für sich das Verdienst beanspruchen, an den Errungenschaften der modernen Medizin wesentlichen Anteil zu haben. Die Pharmakotherapie ist für die Behandlung psychischer Krankheiten in vielen Fällen unersetzlich geworden. Daß sie dennoch die in sie gesetzten Erwartungen nicht voll erfüllen kann und vermutlich nie erfüllen wird, weiß jeder Psychotherapeut. Ebenso deutlich hat sich gezeigt, daß die »surconsommation médicale« weitgehend auf einen Medikamentenmißbrauch zurückzuführen ist. Es zeigt sich, daß die Medizin nicht einmal im sogenannten naturwissenschaftlichen Bereich, also in jenem der chemischen und physikalischen Meßbarkeit, exakt ist. Immer nämlich ist es menschlichem Ermessen anheimgestellt, ob das gleiche »Instrumentarium« Glück und Segen oder Schaden bringt. Dies gilt in gleichem Maß von den aufsehenerregenden Fortschritten auf anderen Gebieten der biologisch orientierten Medizin. Bekanntlich reagieren die Ärzte äußerst empfindlich auf Kritik, wenn es um die Konfrontation von medizinischem Fortschritt und ärztlicher Ethik geht. Daß ersterer die Priorität hat, steht für allzu viele außer Zweifel. Unübersehbar bestimmen Grenzüberschreitungen in unserer Zeit nicht nur das Werden und Enden des menschlichen Lebens, sondern in gleichem Maß das Seins- und Selbstverständnis des abendländischen Menschen. In totaler Verkennung ihrer Herkunft und Geschichtlichkeit glaubt nämlich die heutige Menschheit, das in der Bibel (1 Moses 3,5) genannte Ziel: »eritis sicut deus« (»ihr werdet sein wie Gott«) erreicht zu haben. Der Machbarkeit der Dinge scheinen keine Grenzen gesetzt zu sein. Werden, Sein und Vergehen werden computergesteuert, der Mensch selbst wird zum Versuchsobjekt der Wissenschaft. Genbiologen sind der Ansicht, der Mensch könne unbeschadet seiner Substanz nach Belieben verändert werden, da sämtliche körperlichen und geistigen Anlagen auf die DNA (Desoxyribonukleinsäure) zurückgeführt werden könnten. Hier allerdings sind wir mitten in die Problematik der modernen Medizin vorgestoßen, einer Medizin nämlich, die ihre Grenzen bei weitem überschreitet. Nicht von ungefähr mehren sich die Stimmen, welche die Entwicklung der medizinischen Biologie mit einer Zeitbombe vergleichen. In etwa dreißig Jahren soll es nämlich möglich sein, nicht nur beliebige Körperorgane zu ersetzen, sondern aus noch intakten Teilen zweier Menschen – etwa nach schweren Unfällen – einen einzigen »funktionstüchtigen« Menschen zusammenzusetzen.[8] Mögen solche Aussichten uns auch unwahrscheinlich vorkommen, so ist die Tragweite derartiger Eingriffe in bezug auf die menschlichen, soziologischen, philosophischen, religiösen und rechtlichen Probleme einfach nicht vorstellbar.

Flür die direkten Eingriffe in die Erbsubstanz hat sich das Schlagwort »Genmanipulation« eingebürgert. Michael Rogers vergleicht die Entwicklung der neuen Molekularbiologie mit derjenigen der Kernspaltung und meint, die Genmanipulation[9] sei das größte Risiko seit der Atombombe (1979). Der Fortschritt in der Molekularbiologie werde nie wieder eine rein wissenschaftliche Angelegenheit sein. Jede Entscheidung, jede neue Technik, jeder Schritt vorwärts werde mit Fragen der Ethik und der sozialen Verantwortung verknüpft sein.

Inzwischen gelang bekanntlich durch genchirurgische Eingriffe in menschliches Genmaterial die künstliche Produktion von Interferon, das Hoffnungen auf einen möglichen universellen Infektionsschutz und auf die Krebsbekämpfung zuläßt. Genetische Beratung ist zudem auch als »Erbberatung in der Praxis« (G. Stalder, E. Bühler, 1979) zu Bedeutung gelangt. H. J. Müller bezeichnete ebenfalls die pränatale Diagnostik als »eine wertvolle Hilfe für erblich belastete Eltern und ältere Mütter« (1979). Er hofft aber immerhin, daß der Schwangerschaftsabbruch nicht die ultima ratio der Medizin bei Erbleiden bleibe, sondern daß durch die genetische Forschung den Kindern ein Leben ohne Leiden, aber mit menschlicher Würde ermöglicht werde.

Durch Amniozentese (Untersuchung des Fruchtwassers) können beim Fötus im Mutterleib angeborene Mißbildungen (Mongolismus) und Stoffwechselkrankheiten diagnostiziert werden. Sie liefert die – nicht risikolose – Indikation für den Schwangerschaftsabbruch aus eugenischen Gründen. Mit der Chromosomenbestimmung kann auch das Geschlecht des ungeborenen Kindes festgestellt werden. Unter der Voraussetzung einer ungeregelten Schwangerschaftsgesetzgebung, selbst bei der sogenannten Fristenlösung, kann beispielsweise aus »Geschlechtsgründen« eine Abtreibung vorgenommen werden – was Rosmarie Waldner zur Feststellung veranlaßt, eine »Manipulation der Geschlechter« mit all ihren politischen und sozialen Folgen sei »in Sicht« (1980).

Medizinische Ethik

Organersatz und Manipulation des Erbgutes – Triumphe technischen Fortschrittes – werfen die Frage nach der Verantwortung des Wissenschaftlers gegenüber der menschlichen Gesellschaft wieder auf. Vorläufig jedenfalls werden Nobelpreise nicht für dieses Verantwortungsbewußtsein, sondern für die Genialität der Forschung verliehen. Es entspricht somit durchaus dem Zeitgeist, wenn sich namhafte Forscher und Autoren verschiedener Fachgebiete an der Herausgabe eines Buches mit dem Titel »Menschenzüchtung« (Wagner, 1971) beteiligen. Die Diskussion dreht sich denn auch in erster Linie um die ethische, aber auch wissenschaftliche Frage, ob Genetiker das Recht und die Möglichkeit haben sollen, Genmanipulation zu betreiben, das heißt in die menschliche Genstruktur einzugreifen oder ohne direkten Eingriff durch verschiedene Methoden der »Zuchtwahl« die künftige Entwicklung der Menschheit zu beeinflussen. Die bereits erwähnte Ansicht vieler Genbiologen, der Mensch könne unbeschadet seiner Substanz nach Belieben verändert werden, beruht auf einer rein mechanischen Definition des Menschen. Heitler (zit. n. A. Gosztonyi, 1971) meint sogar, es sei schon wissenschaftlich undenkbar, daß auch nur ein Organ, geschweige denn der ganze Mensch rein atomphysikalisch aus Makromolekülen entstehe. Dies allerdings hindert Genetiker wie etwa Julian Huxley, H.J. Müller, J.B. Haldane und andere nicht, ihren Mythos aufrechtzuerhalten, wonach durch wissenschaftlich gesicherte Selektion mittels künstlicher Insemination eine »Genie-Welt« geschaffen werden könne. In Spermienbanken stehen schon tiefgekühlte Samen »hervorragender« Männer für die Erzeugung späterer Generationen bereit (das.). Der »Übermensch« Nietzsches klopft an die Tür – oder müßte man nicht eher von einem Monstrum sprechen?[10]

Es ist bekannt, daß eine langdauernde Tiefkühlung Samen und Gene schädigt, wobei das Ausmaß der Schädigung sich erst in der Zukunft erweisen wird. Man weiß auch, daß bei der »Zuchtwahl« Fehlschläge entstehen können, daß Genmutationen häufig zu negativen Ergebnissen führen, »Nieten« entstehen lassen, das heißt Menschen mit organischen Mängeln und vieles mehr. Dazu kommen scheinbar unbedeutende, soziologisch aber wichtige Fragen, wie etwa jene nach den effektiven Eltern oder der Verwandtschaft dieser neuen Generation. In solcher Wissenschaft aber, und das scheint mir das Bedenkliche zu sein, wird der Mensch zum quantifizierbaren Informationsbündel, menschliches Verhalten determiniert, das Mit-Sein zur Kommunikation und Interaktion, die Sprache zur »semantischen« Signalübermittlung, das Gedächtnis und Erinnerungsvermögen zu einer Angelegenheit der Desoxyribonukleinsäure (DNA). Die Behauptung, die Desoxyribonukleinsäure »habe« Gedächtnis (Eigen, zit. n. Boss, ²1975, 86), kann somit nicht weiter erstaunen. Aber nicht nur die kognitiven Funktionen, auch das Herz- und Gemüthafte findet seine Lokalisation im Bereich der subkortikalen Hirnregionen, genauer des limbischen Systems und der hypothalamischen Zentren. Hatte nicht bereits Descartes einen ähnlichen, wenn auch nicht so »wissenschaftlich« fundierten Einfall, als er in der Epiphyse (glandula pinealis) den Ort erblickte, an welchem sich Seele und Körper treffen sollten und miteinander in Beziehung treten könnten? »Der Sitz der Leidenschaften, beziehungsweise Gefühle ist nicht das Herz . . . Es gibt eine kleine Drüse im Gehirn, in welcher die Seele ihre Funktionen viel spezieller als in anderen Regionen ausübt . . . Diese Drüse wird als der Hauptsitz der Seele betrachtet«, schrieb er 1649 in »Les passions de l'âme«. Womit wir auch wiederum bei Griesingers vor mehr als hundert Jahren geäußerter Ansicht wären, die Seele sei nichts anderes als die Summe aller Gehirnzustände. Allerdings muß ihm zugute gehalten werden, daß er bereits damals vor dem »seichten Materialismus« warnte, der die allgemeinsten und wertvollsten Tatsachen des menschlichen Bewußtseins über Bord werfen möchte, »weil sie sich nicht im Gehirne mit Händen greifen lassen« (zi. n. Condrau, ²1969, 28).

Kann man den damaligen Psychiatern ihren Enthusiasmus über die naturwissenschaftlichen Entdeckungen und deren Zukunftsperspekiven noch nachsehen, so hat spätestens jetzt doch die Einsicht an Boden gewonnen, daß der sogenannte Fortschritt auch seine Kehrseite hat.[11] Insofern nämlich, als das naturwissenschaftliche Weltbild unser Fühlen, Denken und Handeln *beherrscht*, verschwindet das spezifisch Menschliche aus dieser Welt. Es mag deshalb weder paradox erscheinen noch verwundern, daß sich die Gegenkräfte mehren, die den oben genannten Errungenschaften der Medizin äußerst kritisch gegenüberstehen. Zunächst geht es um ethische Fragen. Die Möglichkeit, menschliches Werden zu verhindern, hat den Ruf nach dem Recht auf Schwangerschafts-Kontrolle, -verhinderung und -abbruch geboren. Die medizinische Krankheitsversorgung und Gesundheitsvorsorge haben den Ruf nach einem Recht auf Gesundheit und Versicherungsschutz laut werden lassen, und die Möglichkeit der fast unbeschränkten Lebensverlängerung hat die Forderung nach dem Recht auf den eigenen Tod in die Welt gesetzt. Der Protest gegen die »Sachlichkeit« der modernen Medizin ist unüberhörbar geworden. Die Politik hat ihn gehört und an die Standesorganisation weitergeleitet. Unter diesem »Demonstrationsdruck« mußten Gesetze, Vorschriften und standesethische Empfehlungen erlassen werden. Der Patient wird seiner Rolle des der Medizin Ausgelieferten enthoben und zum Partner. Ärzte aller Länder und Organisationen erlernen mühsam das, was ihnen im Medizinstudium – trotz Einführung von Vorlesungen über Medizinische Psychologie und Psychosoziale Medizin – vorenthalten wurde: das Gespräch mit dem Kranken und das Verständnis für die Bedeutung der Arzt-Patienten-Beziehung. Schwangere Frauen wollen nicht mehr der Willkür psychiatrischer Gutachten ausgesetzt sein, wenn sie ihr Kind nicht auszutragen gewillt sind; Todkranke fordern und erhalten das Recht, auf künstliche Maßnahmen der Lebensverlängerung zu verzichten. Letztes Glied in der Kette der Patientenrechte ist die ärztliche Verpflichtung zur umfassenden Information.

Das »Recht auf Gesundheit« und das »Recht auf Krankheit« beschäftigt nicht nur die Ärzte- und Patientenorganisationen, sondern in ebensolchem Maß die Philosophen und Theologen. Jeanne Hersch meinte an einem Symposium der Schweizerischen Akademie der Medizinischen Wissenschaften (1980), ein Recht auf Gesundheit gebe es schlichtweg nicht. Dabei stützte sie sich allerdings auf die Gesundheitsdefinition der WHO, die tatsächlich jedem Menschen ein »Wohlbefinden« zubilligt, das ihm kaum jemand garantieren kann. Das Recht auf angemessene Behandlung sei kein Recht auf Gesundheit. Außerdem sind die Rechte des Arztes durch die Freiheit und Würde des Kranken eingeschränkt. Daß allerdings Philosophen und Theologen sowenig wie die Ärzte zu einer einheitlichen Auffassung über die Begriffe »Krankheit« und »Gesundheit« gelangten, liegt auf der Hand. Von juristischer Seite wird ebenfalls auf die Grenzen eines Rechts auf Gesundheit hingewiesen. Zumindest sind den Auswirkungen eines veränderten Grundverständnisses im Bereich der Gesundheitsfürsorge des Staates, der Legislative und Exekutive deutliche Grenzen gesetzt. Das Gut Gesundheit ist keine beliebig vermehrbare Ware, über die der Staat eine souveräne Verfügungsgewalt besitzt.

Recht auf Gesundheit und Recht auf Krankheit weisen auf ein besonderes Verhältnis des Menschen zu seinem Sein auf dieser Welt hin. Krankheit wird nämlich ausschließlich als Defekt betrachtet. Die Medizin hat von der Gesellschaft die Aufgabe erhalten, Defekte zu verhindern, aber auch zu beheben. Dadurch wurde sie dem gesellschaftlichen Sozialsystem einverleibt. Dieses Recht auf Gesundheit und Krankheit, das von den Menschen geopfert wird, bringt von seiten des Sozialstaates auch Verpflichtungen mit sich. Auf der einen Seite steht die täglich vor Augen geführte Unsicherheit des Menschen, da Krankheit immer auf die Möglichkeit des Sterbens verweist, auf der andern Seite der Versuch einer Absicherung. Diese Absicherung wird u.a. auch insofern gefordert und vom Sozialstaat erfüllt, als das Individuum sich für die ärztliche Behandlung »versichern« kann. Wie aus diesem Bedürfnis wiederum Kapital geschlagen werden kann, beweisen die unzähligen Möglichkeiten von Versicherungsabschlüssen. Bekanntlich gibt es sogar »*Lebens*versicherungen«, wobei das merkwürdige Paradoxon darin besteht, daß sich niemand für ein »langes Leben« ver- oder »gegen den Tod« absichern kann.

Daß diese Situation unausweichlich und zwangsläufig zur derzeit weltweit diskutierten Kostenexplosion im Gesundheitswesen führt, sei hier nur am Rande erwähnt. Eine Gesellschaft kann an die Wissenschaft nicht nur Forderungen stellen, sondern sie muß die Erfüllung dieser Forderungen auch ermöglichen. Wann dieser Kreislauf zwischen Recht auf Gesundheit, Recht auf Krankheit einerseits und sozialer Sicherheit andererseits einmal zum Kollaps führen wird, bleibt so lange die große und bange Frage, wie Krankheit ausschließlich als mechanisch und physiologisch erklärbares Ereignis betrachtet wird und nicht auch als individuelle Verantwortlichkeit des Menschen.

Einen ausgezeichneten Beitrag zur Frage der ärztlichen Ethik liefert Heinrich Schipperges in einem Referat »Medizin im Übergang von der Heiltechnik zur Heilkunde« (1983). Eine ethische Haltung wird nicht nur vom Arzt verlangt, sondern auch vom

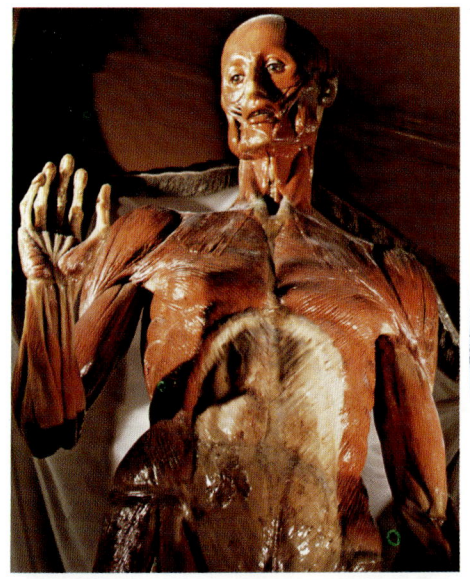

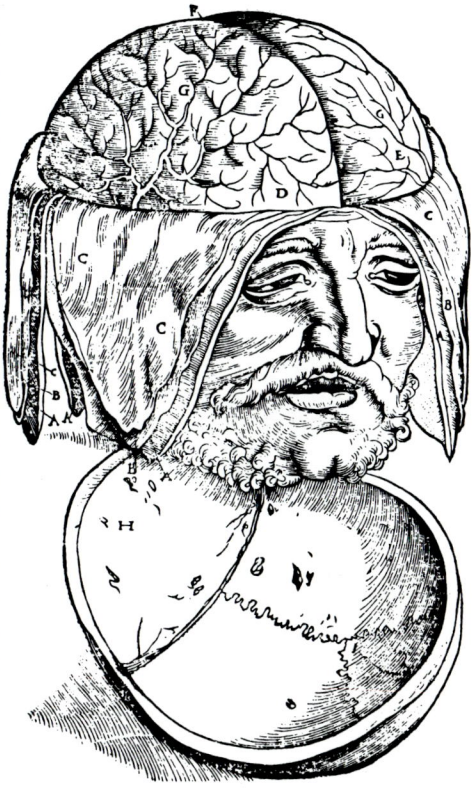

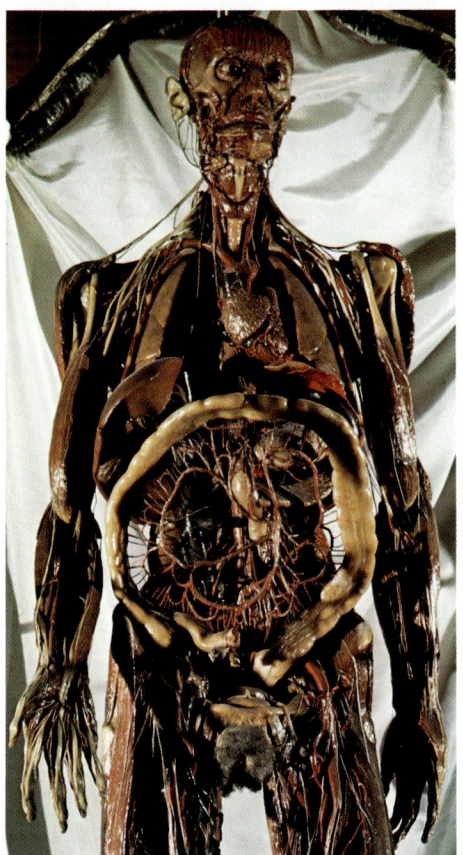

Männlicher Kopf mit freigelegter innerer Hirn-haut, darunter Calotte
Hans Baldung gen. Grien, Buch-Holzschnitt
aus Ryff «Omnium partium descriptio seu ut
vocat anatomia», 1541

(links)
Zwei Studienobjekte aus Wachs
Präparatensammlung der Medizinischen
Fakultät der Universität Wien
Punktum Bildarchiv, Zürich (Foto Rob Gnant)

(Seite 58/59)
Angeborenes Versagen des Immunsystems
Der Junge aus Houston (USA) lebte perma-
nent in einem hochsterilen Raum. Für Spaziergänge brauchte er einen Raumanzug und
die lebenswichtigen Versorgungsgeräte wurden
auf einem Wagen mitgeführt. Er starb 1984
dreizehn Jahre alt.
National Geographic Society, Washington D. C.
Foto Bruce Dale

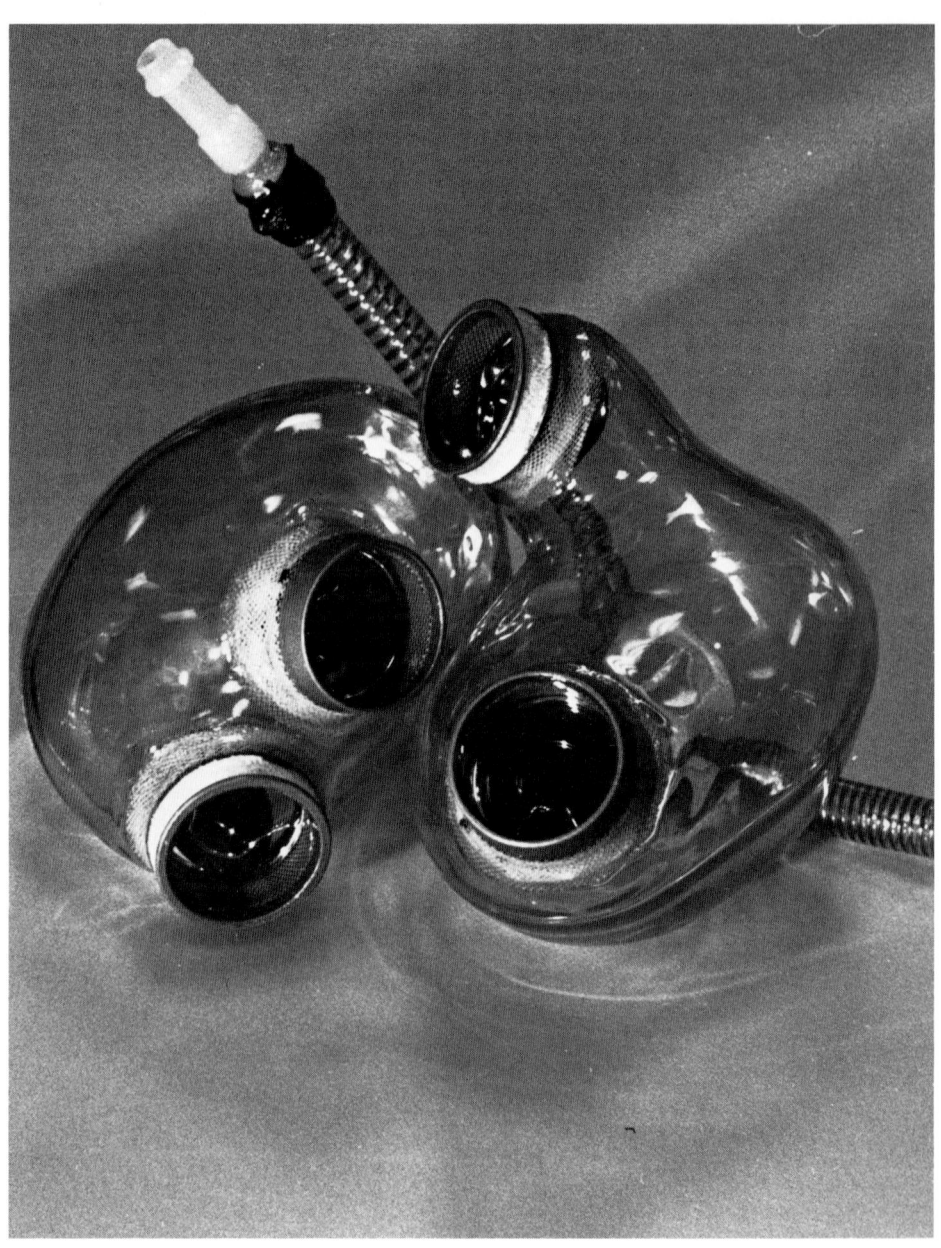

Synthetisches Herz aus Plastik
Modell einer Konstruktion des Physikers
Dr. Ewald Hennig. Es werden weltweit die
verschiedensten Typen entwickelt und den
Versuchstieren (vor allem Kälbern) implan-
tiert.
Stern, Hamburg (Foto Heggemann)

(rechts)
Frühgeburt im Brutkasten
Vorbereitung zur Operation in der Intensivsta-
tion des Kinderspitals Zürich
Ringier-Dokumentationszentrum, Zürich

Hibernationsschlaf
Seit dem 12. Januar 1967 liegt der Psychologe Dr. James H. Bedford – in aluminiumbeschichteten Kunststoff eingehüllt und mit flüssigem Stickstoff tiefgekühlt – in einer Stahltonne. Er wartet den Tag ab, an dem seine Krebserkrankung geheilt werden kann; dann wird er sich wieder zum Leben erwecken lassen.
Time-Life Inc., New York

Patienten. Auch das Patienten-Verhalten unterliege normativen Kriterien. Damit erst werden Arzt und Patient zu einer Solidargemeinschaft. Er verweist vor allem auf Kants »Metaphysik der Sitten« (1797), auf die »dignitas interna«, die eingeborene Würde, eine unverlierbare Würde des Menschen, die nicht durch Kränkungen und Krankheiten, nicht durch das so elende Leiden und nicht durch einen noch so bitteren Tod beeinträchtigt werden kann. »Vielleicht ist uns heute erst, am Ausgang des 20. Jahrhunderts, jener prophetische Spruch des jungen Novalis in seiner inneren Folgerung klargeworden, den er vor dem Jahr 1800 bereits dem kommenden Jahrhundert zugesprochen hatte, ein Wort, das lautet: ›Wenn die Menschen einen Schritt vorwärts tun wollen zur Beherrschung der äußeren Natur durch die Kunst der Organisation und der Technik, dann müssen sie vorher drei Schritte der ethischen Vertiefung nach innen getan haben!‹«

Tatsächlich scheint nun eine Neuorientierung auch in dieser Hinsicht in Gang zu kommen. Auf der einen Seite hat die technologisch orientierte Medizin keineswegs einen quantitativ erfaßbaren Rückgang menschlichen Krankseins zustande gebracht. Nicht weniger Kranke suchen heute den Arzt auf als etwa in früheren Zeiten, obwohl die kurative wie die präventive Medizin dies eigentlich ermöglichen sollten. Immer mehr zeigt sich aber, daß die Krankheiten in qualitativer Hinsicht eine Verlagerung erfahren haben. Wir stellen heute eine Zunahme neurotischer und psychosomatischer Krankheiten fest, und dies nicht etwa lediglich aufgrund verfeinerter psychologischer Untersuchungsmethoden, wie gelegentlich behauptet wird. Neurotisches und psychosomatisches Kranksein entzieht sich aber weitgehend einer ausschließlich naturwissenschaftlich orientierten Diagnostik und Therapie. Wenn auch heute noch ein Großteil der psychosomatisch Kranken Sinn und Gehalt ihrer Krankheit nicht als ein existentielles Versagen erfahren und wenn auch die medizinische Lehre noch zu wenig Einsicht in die psychosomatischen Zusammenhänge aufweist, so ist darin vorläufig nichts anderes zu sehen als der Ausdruck einer dem »technischen« Denken verfallenen modernen Gesellschaft. Immerhin sei festgehalten, daß immer mehr Patienten und immer mehr Ärzte bereit sind, das spezifisch Menschliche vermehrt wirksam werden zu lassen. Insbesondere ist auch die Beziehung der Öffentlichkeit zur bisher unbesehen anerkannten Stellung von Medizin und Gesundheitspolitik ins Wanken geraten. Die Tatsache, daß die Medizin in der Einseitigkeit technischer Vervollkommnung das spezifisch Menschliche unseres Daseins nicht im gleichen Maß wertet wie das am Menschen Meß- und Berechenbare, brachte ihr den Ruf ein, »unmenschlich« geworden zu sein. Man spricht von der Entpersönlichung der Medizin und billigt »Menschlichkeit« allenfalls noch dem Hausarzt am Krankenbett zu. Der Versuch vieler Ärzte, sich in maßvoller Weise und ohne die Erfolge der naturwissenschaftlichen Medizin zu schmälern um eine Humanisierung der ärztlichen Tätigkeit zu bemühen, wird zumeist mit Nachsicht als etwas Selbstverständliches zur Kenntnis genommen, bleibt aber ebensooft wirkungslos. Das Selbstbewußtsein der Medizin scheint jedenfalls dadurch nicht ins Wanken zu geraten.

Anders allerdings verhält es sich dann, wenn sich die medizinische Wissenschaft in ihrem Kern getroffen fühlt, dort nämlich, wo von »malpractice« gesprochen wird.

Schadenersatzklagen für angeblich oder tatsächlich erfolgte Fehlbehandlungen, Beschwerden von Patienten wegen ungenügender Arzt- oder Krankenhauspflege sind an der Tagesordnung. In den Vereinigten Staaten werden jährlich rund zwanzigtausend Klagen gegen Ärzte und Krankenhäuser angestrengt, ihre Zahl steigt in steiler Kurve an und hat auch bereits auf die europäische Gesundheitsversorgung übergegriffen. Die Prämien der ärztlichen Berufsrisikoversicherungen erreichen astronomische Zahlen. Die Ärzte sehen sich gezwungen, eine defensive Medizin zu betreiben, was wiederum zu einer ungeheuren Verteuerung des Gesundheitswesens führt. Die Medizin ist eben keine gesellschafts-unabhängige Wissenschaft, sie erhält ihren Auftrag von der Gesellschaft. Dieser Auftrag bestand bisher und besteht weitgehend heute noch darin, den Menschen gesund zu erhalten, die Krankheit zu heilen, das Leben zu verlängern, *den Tod abzuwehren*. Die Krankheit hat in dieser Gesellschaft und in dieser Medizin den Stellenwert eines reparaturbedürftigen Defekts, eines Versagens der Lebensmaschinerie. Der Tod verweist dann höchstens auf das Versagen der ärztlichen Kunst. Der Auftrag, um jeden Preis Leben zu erhalten und den Tod abzuwenden, beschäftigt nicht nur den praktischen Arzt, die Notfallstationen der Krankenhäuser, sondern auch den Psychiater. Scheidet ein am Leben Verzweifelter durch Suizid aus dem Leben, so wird auch dies als Versagen des Therapeuten gewertet, wenn der Betreffende in ärztlicher Behandlung stand.

Der Wert menschlichen Lebens wurde nicht in allen Zeitepochen und wird nicht in allen Kulturen gleich hoch eingeschätzt. Philosophische und religiöse Vorstellungen vom Sinn des Daseins lassen das Leben entweder als mehr relativen oder als absoluten Wert erscheinen. Dort, wo irdischem Leben nur der Charakter einer vorübergehenden Inkarnation des Geistes in der Materie zugebilligt wird, erscheint es wenig sinnvoll, dieses um jeden Preis erhalten zu wollen. Es wird sogar in Frage gestellt, ob dieses Leben lebenswert sei. Wo jedoch ein Leben in dieser Welt als einzige Wirklichkeit des Mensch-Seins betrachtet wird, ergibt sich die Notwendigkeit, dieses möglichst intensiv auszufüllen und so lange wie möglich zu bewahren.

Auch ohne entsprechende religiöse Grundlagen scheinen beide Auffassungen in unserer Gesellschaft nebeneinander zu bestehen. Einerseits stellen wir eine grenzenlose Verachtung menschlichen Lebenswertes fest. Zu Millionen wurden in unserem Jahrhundert Menschenleben vernichtet. Wir nehmen die Meldungen der Massenmedien über Verluste bei Kriegshandlungen und Bürgerkriegen mit unglaublicher Gelassenheit hin. Demgegenüber erscheint die erwähnte absolute Hochschätzung des individuellen menschlichen Lebens paradox.

Les deux Médecins et la Mort
Honoré Daumier, um 1865, Aquarell, Kreide
und Feder
Sammlung Oskar Reinhart, Winterthur

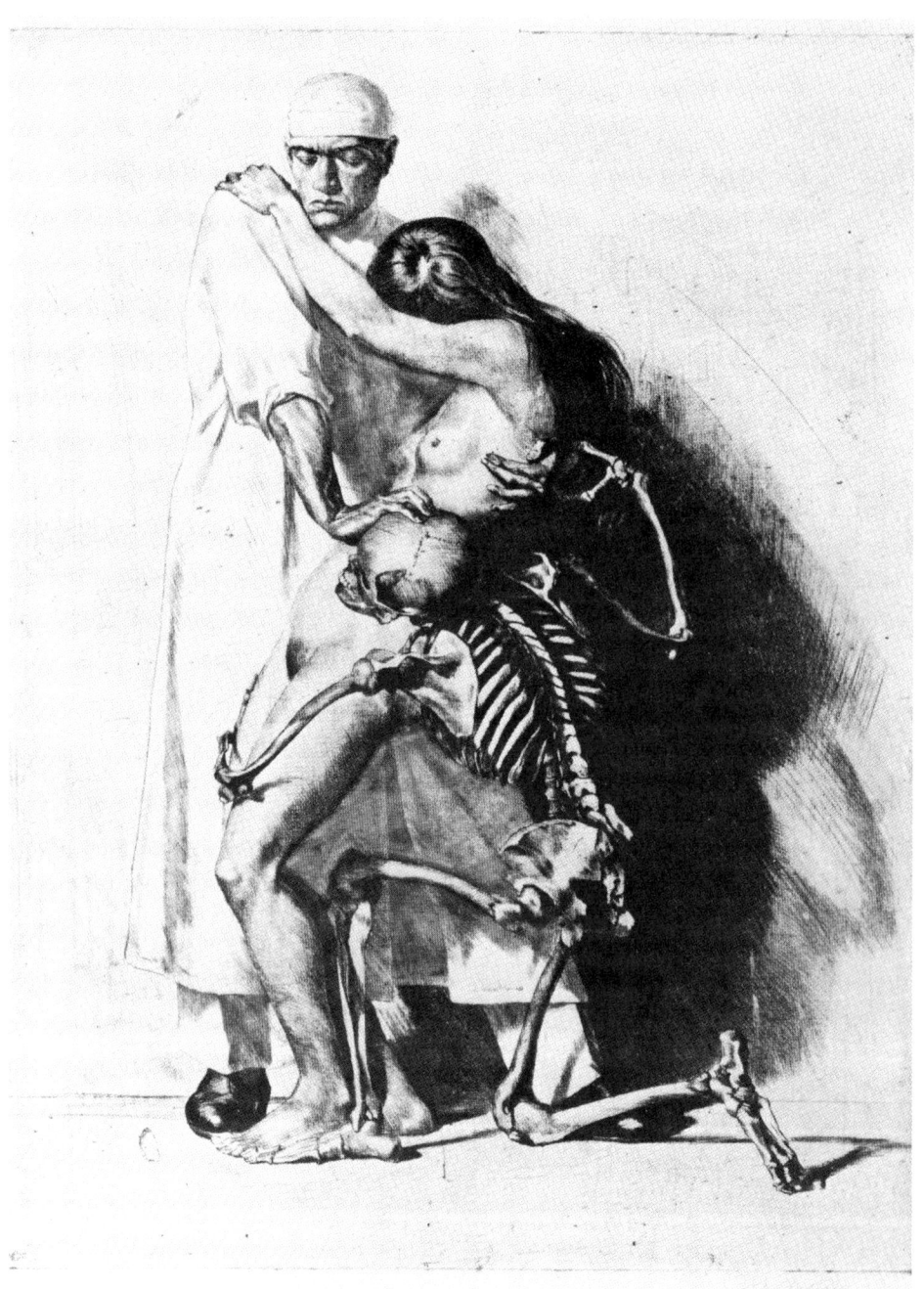

Arzt und Tod im Kampf um eine Frau
Ivo Saliger, um 1921
aus : Mensch und Tod. Totentanzsammlung der Universität Düsseldorf aus 5 Jahrhunderten,
Katalog der Ausstellung am Städtischen Kunstmuseum Düsseldorf, 1976

Sterben und Tod aus biologisch-medizinischer Sicht

Spätestens mit der Möglichkeit von Organtransplantationen, aber auch im Zusammenhang mit den Diskussionen um die künstliche Lebensverlängerung sowie der Frage einer passiven Euthanasie wurde eine offizielle Definition des Todes unumgänglich. Wie schwierig eine solche aber auch auf rein naturwissenschaftlichem Boden ist, kann anhand der öffentlich durchgeführten Diskussionen mit Leichtigkeit ermessen werden. Durch die Möglichkeit lebensverlängernder Organtransplantationen wurde die Ärzteschaft unvermittelt mit einem Problem konfrontiert, das sie früher kaum beschäftigen mußte, nämlich mit der Frage nach dem Ende menschlichen Lebens. Wann kann mit Sicherheit angenommen werden, daß der Mensch zu existieren aufgehört hat? Die Schweizerische Akademie der medizinischen Wissenschaften legte fest, daß eine oder beide von folgenden Bedingungen erfüllt sein müssen, um einen Menschen für tot zu erklären: irreversibler Herzstillstand mit dadurch unterbrochener Blutzirkulation (Herz-Kreislauf-Tod); irreversibler Funktionsausfall des Gehirns (zerebraler Tod).[12] Wie kompliziert im übrigen die Verhältnisse sind, beweist das gehäufte Auftreten des sogenannten »apallischen Syndroms«. Als Pallium (Mantel) wird die Hirnrinde bezeichnet, die das Großhirn mantelförmig überzieht. Beim apallischen Syndrom fällt die Funktion der Hirnrinde aus, zumeist dann, wenn die Wiederbelebung zu spät einsetzt, um den Sauerstoffmangel zu verhindern. Die Funktion des Mittelhirns bleibt erhalten, der Apalliker ist somit noch nicht hirntot. Rückbildungschancen bestehen aber nicht mehr. Die Medizin ist heute sogar in der Lage, gewisse Partialfunktionen bei einem Leichnam künstlich aufrechtzuerhalten. Daß somit die Grenze zwischen Leben und Tod unscharf geworden ist, liegt auf der Hand. Und daß die Medizin über das *Wesen* des Todes nichts Gültiges aussagen kann, ist auch den Ärzten bekannt.

Die heute verbreitete Ansicht läßt sich wie folgt zusammenfassen: Der Tod kann medizinisch am Absterben lebenswichtiger Organe, besonders des Gehirns, festgestellt werden. Doch das, was wir als Tod bezeichnen, ist nur eine Phase eines länger dauernden Geschehens, des Sterbens, denn das leibliche Leben erlischt in den verschiedenen Organen unterschiedlich schnell. Der Tod ist somit ein »stufenweises Geschehen«.

Nun hält es schwer, das »Leben« allein vom Biologischen her in seinem Wesen zu erfassen. Viele Einzeller pflanzen sich ungeschlechtlich durch Zweiteilung der Zelle fort und erleben Tausende von Generationen hindurch keine nachweisbaren Veränderungen. Sie altern somit nicht und sind potentiell »unsterblich«. Gibt es also doch unsterbliches Leben? Eine genaue Betrachtung führt zur Erkenntnis, daß die eben gemachte Aussage nur bedingt richtig ist, da es sich ja keineswegs um eine individuelle Unsterblichkeit handelt. Bei der Teilung entstehen aus einem Individuum nämlich zwei neue. Würde man generell von »Unsterblichkeit« sprechen, dann wäre auch jener Mensch »unsterblich«, der Nachkommen zeugt.

Adolf Faller meint, es bestehe sowohl eine biologische wie auch eine soziale Notwendigkeit des Todes. Biologisch sei diese Notwendigkeit deshalb gegeben, weil die

Bela Lugosi als **Frankensteins Monster** im
Film «Frankenstein Meets the Wolf Man»,
1943, Regie Roy William Neill
Goepfert Filmarchiv, Lugano

(links)
Versuchstiere im Laboratorium
Über die in das Gehirn eingepflanzten Elektro-
den lassen sich Reize und Reaktionen mani-
pulieren
Foto Georg Gerster, Zumikon

69

Bausteine aller Lebewesen sich auf einer »dauernden Wanderschaft« befänden, weil Altes Neuem Platz machen müsse. »Biologisch gesehen, stirbt ein Mensch und sterben die entwickelteren Tiere mehrmals in ihrem Leben, und das in verschieden einander überlagernden Stirb- und Werdeprozessen«, schreibt Robert Leuenberger (1971, 43). Im Zeitraum von etwa zehn Jahren ersetzen sich die Zellen (mit Ausnahme der Nervenzellen im Gehirn) im Gesamthaushalt eines menschlichen Körpers vollständig, so daß ein Mensch, dem wir nach zehn Jahren wieder begegnen, «organisch gesehen« ein völlig neuer Mensch ist. Altes muß untergehen, damit Neues entstehen kann – dies weist angeblich die biologische Notwendigkeit des Todes auf. Warum aber, so müßte man sich fragen, kann dieser Prozeß nicht ad infinitum weitergehen? Warum muß er einmal zu einem endgültigen Stillstand kommen?

Diese Frage kann die Biologie nicht beantworten. Die Feststellung, daß sich im Lauf eines Lebens die Zellen vollständig erneuern, ließe eher die gegenteilige Vermutung zu: daß es biologisch eigentlich keine Notwendigkeit für den Tod – das definitive Ende – geben müßte. Wie steht es nun mit dem zweiten Argument Fallers? »Ohne Tod«, sagt er, »würden die heranwachsenden Generationen sich ihren Lebensunterhalt nicht mehr verdienen können.« Auch hier müsse das Alte dem Neuen Platz machen. Dies gilt auch nur dann, wenn tatsächlich Neues nachdrängt. Sosehr jedoch der Mensch dazu verdammt ist, zu sterben, sowenig ist er dazu verpflichtet, neues Leben zu schaffen. Somit bleiben auch in bezug auf die soziale Notwendigkeit des Todes zumindest einige Fragen offen und ungeklärt. Was bleibt, ist die Frage nach der spezifischen Differenzierung der Körperzellen, wodurch der Tod zu einer »Organisationserscheinung« des vielzelligen Organismus wird. »Der Tod ist der Kaufpreis für unser unabhängiges Menschsein« (Faller, das. 268), »da hochwertige Differenzierung ungleiche Abnützung und Abhängigkeit der Zellen voneinander bedingt.« Von der »Konstanz der Nervenzellen« hänge unsere psychische Einheit und unser Gedächtnis ab. Könnte es aber nicht gerade umgekehrt sein?

Sterblichkeitsforschung

Die Sterblichkeitsforschung ist zu einem festen Bestandteil moderner Gesundheitspolitik geworden. Dabei handelt es sich jedoch keineswegs um eine Erforschung des Sterblichseins in philosophischem oder wissenschaftlichem Sinn. Heute sind es vor allem versicherungsmathematische Überlegungen, die an Hand sogenannter Sterbetafeln erkennen lassen, wie groß die Sterbenswahrscheinlichkeit von Personen bestimmter Altersgruppen ist. In grauer Vorzeit soll die mittlere Lebenserwartung zehn bis fünfzehn Jahre betragen haben. Im Mittelalter änderte sich, wohl aufgrund der Pestepidemien, an diesen Durchschnittswerten kaum etwas. Erst in der ersten Hälfte des 18. Jahrhunderts wurde die Grenze von zwanzig Jahren überschritten. Die Fortschritte der Medizin begannen sich im 19. und 20. Jahrhundert auszuwirken. Vergleicht man nun die Zahlen der durchschnittlichen Lebenserwartung der Bevölkerung, so stellt man bereits 1974 eine mittlere Lebenserwartung in europäischen Ländern von über 70 Jahren bei den Männern und über 76 Jahren bei den Frauen gegenüber zirka 45 bzw. 48 im Jahre 1870 fest. Hishinuma (zit. n. Kupper, 1980, 2090) erhielt aufgrund des demographischen Jahrbuchs der UNO sogar noch höhere Werte, wobei allerdings beim jetzt verlangsamten Tempo die Traumgrenze von 80 (Männer) bzw. 85 (Frauen) noch »in nebelhafter Ferne« liegen dürfte. Damit wissen wir eigentlich nicht viel mehr, als was schon vor etwa dreitausend Jahren bekannt war. Es gibt Forscher, die annehmen, die Lebenserwartung des Menschen sei genetisch auf 70 bis 80 Jahre programmiert (Künzler, 1980, 2445). Was uns allerdings die Genetik in Zukunft noch bringen wird, dürfte so ungewiß sein wie vieles andere. Vielleicht halten wir uns vorläufig an Psalm 90,10:»Unser Leben währet siebzig Jahre, und wenn's hoch kommt, so sind's achtzig Jahre...« Optimisten dagegen mögen an die Prognosen wissenschaftlicher Zukunftsforscher glauben, wonach die mittlere Lebenserwartung des Menschen im 21. Jahrhundert hundert Jahre und mehr betragen wird.

Die Sterbestatistiken haben einerseits versicherungstechnischen Wert, andererseits sind sie für die medizinische Forschung von außerordentlicher Wichtigkeit, und schließlich geben sie auch jedem, der sich für seine Gesundheit interessiert, mancherlei Hinweise präventivmedizinischer Art. Aus diesem Grund schon lohnt es sich, die Todesursachenstatistiken zu betrachten.[13] An erster Stelle stehen bekanntlich die Herz- und Kreislaufkrankheiten, von denen wir wissen, daß sie in beträchtlicher Weise mit dem Lebensstil und der Persönlichkeit des modernen Menschen in Beziehung stehen. Die Psychosomatik hat dies längst nachgewiesen. Alfred J. Ziegler spricht vom Herzinfarkt als von der sogenannten »Zeitkrankheit« (1964). Schwieriger ist der Nachweis, daß die an zweiter Stelle stehenden Karzinome und Neubildungen mit infauster Prognose u.a. in einem Zusammenhang mit seelischen Konflikten zu sehen sind. Die neuerdings ins Leben gerufene Psycho-Onkologie versucht auch hier gewisse Beziehungen zu neurotischen, insbesondere depressiven Fehlentwicklungen aufzudecken (siehe Condrau, ²1969, 364ff.; Meerwein, ²1981). Erwähnung verdienen diese Bemerkungen, da mit den genannten Feststellungen sich auch die Frage stellt, ob es der Menschheit mit weiteren Forschungen und dem Ausbau des Gesundheitswesens gelingen wird, die Krankheiten einmal zu eliminieren und dem Menschen den heute schon vielfach geforderten »natürlichen Tod« zu ermöglichen.

Zu den zweifellos größten Erfolgen der naturwissenschaftlich-technischen Medizin gehört die Tumortherapie mit dem Computer. Im besonderen hat sich diese Technik bei Hirntumoren bereits bewährt. In Stockholm wurde die »interstitielle Hirntumortherapie« entwickelt, bei der radioaktive Substanzen mit kurzer Reichweite direkt in die Geschwulst implantiert werden, die den Tumor von innen heraus zerstrahlen. Mittels der Computer-Tomographie ist es möglich, Tumoren scharf abzugrenzen und frühzeitig zu erkennen. Erste Versuche werden auch bei sehr frühen Stadien des Brustkrebses gemacht, um durch die Implantation von Radionukliden die operative Entfernung des Tumors zu ersetzen.

Das Weltbild
der positivistisch-wissenschaftlichen
Psychologie

Der Versuch, menschliches *Wesen* durch naturwissenschaftlich-biologische Methoden zugänglich zu machen, muß als gescheitert betrachtet werden. Dies gilt nicht nur für die Medizin, sondern auch für die Psychologie. Indessen rühmt sich aber die Wissenschaft von der Seele, aufgrund eines verschärften Methodenbewußtseins bei der Anwendung ihres Wissens »einen neuen Rang und wachsende Bedeutung« (Haseloff, 1970) erhalten zu haben. Dieses Methodenbewußtsein wird im Sinn der wissenschaftlichen Versachlichung, des operationellen Denkens und der pragmatischen Rationalität gesehen. Die durch Kerntechnik, Automation und elektronische Datenverarbeitung ausgelöste zweite industrielle Revolution habe die Anwendung strenger wissenschaftlicher Methoden auf Probleme des Zusammenlebens und der Entscheidung mit sich gebracht. Haseloff spricht in diesem Zusammenhang von einer notwendigen Verhaltensanpassung des Menschen an die moderne Wirtschaft und Technik. Dem Psychologen stelle sich die Aufgabe, wissenschaftlich begründete Anpassungshilfen zu geben. Werden nun die Verhaltensmöglichkeiten des Menschen nicht durch die unmittelbare, vorurteilsfreie, phänomenologische Beobachtung von ihnen selbst her in natürlicher Umgebung erfahren, sondern im Sinn der nomothetischen, Gesetze aufstellenden Wissenschaft durch Reduktion der Alltagssituation auf eine künstliche Laborsituation reduziert, ergibt sich im Sinn der Naturwissenschaften sogar ein für die experimentelle »Sozialpsychologie« gültiges Menschenbild. Dieses wird u. a. von Holzkamp dahingehend charakterisiert, daß der Mensch grundsätzlich nur als passives Wesen auf äußere und innere Reize reagiert (1972). Er ist nichts anderes als »reagierender Organismus«. Wenn nun auch Holzkamp am Experiment und am Menschenbild der experimentellen Psychologie sowie deren Grundauffassung als einer nomothetischen Wissenschaft mit ihren allgemeingültigen Gesetzen Kritik übt, so heißt dies noch nicht, daß er grundsätzlich dem Determinismus absagt. Er hebt die »Abhängigkeit« der festgestellten Gesetze von den jeweiligen historischen Bedingungen der Gesellschaft hervor; Mertens, der ebenfalls die Gültigkeit laborexperimenteller Befunde anzweifelt, verweist auf die Bedeutung der Interaktionsbeziehungen des Versuchsleiters zur Versuchspersonen (1975). Trotz dieser Einwände hält es jedoch schwer, im ganzen Bereich der Sozialpsychologie Ansätze zu einer philosophischen Besinnung zu finden, die vom Determinismus der Naturwissenschaften abweicht. Skinner fordert beispielsweise eine »Verhaltenstechnologie« (1972, 5) und vertritt einen strikten Verhaltensdeterminismus. Nicht von ungefähr lautet der Titel seines Buches »Jenseits von Freiheit und Würde«. Der Mensch wird nicht mehr als autonomes, freies Wesen betrachtet, das auch für sein Verhalten verantwortlich gemacht werden könnte. Er ist vielmehr determiniert und durch seine Umwelt kontrolliert.

Daß mit solchen Aussagen, auch wenn sie nicht für die gesamte Wissenschaft

Allgemeingültigkeit besitzen und Anerkennung finden, das Wesentlichste am »Sein« des Daseins verpaßt wird, liegt auf der Hand. Dessenungeachtet behauptet M. Wertheimer, daß nichts, was mit dem Menschen, seinen Gedanken, Werten, Gefühlen, seinem Verhalten zu tun habe, »sich dem kalten, durch keinerlei Emotionen getrübten Blick des Wissenschaftlers entziehen« könne (1970, 198). Der Mensch als empfindendes, lernendes, motiviert handelndes soziales Wesen sei aus dem »Wolkenkuckucksheim der Philosophie und Theologie entführt« worden. Der moderne Verhaltenswissenschaftler könne für sich in Anspruch nehmen, »daß ihm nichts Menschliches fremd« sei. Wenn »hartnäckige Humanisten« der Verhaltenswissenschaft vorwürfen, »all diese Geschäftigkeit« komme nicht richtig an das Wesen des Menschen heran und sei für ein tieferes Verständnis der Menschennatur irrelevant, dann antworte der Verhaltenswissenschaftler mit der Frage, »was am Menschen es denn sei, das durch seine Methoden nicht zu erfassen wäre«. Man möge ihm genau erklären, was fehlt, und er werde Wege erarbeiten, die zum Ziel führten. Die Wissenschaft bekomme jeden Mangel in den Griff. Nichts sei heilig, wenn die wissenschaftliche Methode angewendet wird; keine menschliche Erfahrung oder Verhaltensweise existiere, die nicht wissenschaftlich untersucht werden könnte. Die Psychologie schreite mit Riesenschritten vorwärts. Jeder, der in ihr tätig ist, könne »stolz sein auf die Macht, die Bescheidenheit, die Reichweite und den Erfolg der heutigen Psychologie« (das. 201).

Tatsächlich? Sind »Macht« und »Reichweite« und »Erfolg« Beweise für die Richtigkeit des Denkens? Kann eine solche Psychologie, wie sie übrigens in ausreichendem Maße an unseren Universitäten gelehrt wird, auch nur das geringste über die Wirklichkeit der menschlichen Existenz aussagen? Ist es nur eine Frage der Zeit, der verfeinerten Methoden, bis eine solche mit naturwissenschaftlichen Methoden arbeitende Psychologie auch das »Sein« in den Griff bekommt? Oder das Wesen menschlicher Freiheit? Und darf sie sich rühmen, »bescheiden« zu sein? Ist sie des weiteren in der Lage, auch nur das geringste über das Sterblichsein, das Sterben und den Tod auszusagen?

Die Psychologie wird im allgemeinen zu den Geisteswissenschaften gezählt. Sie wird zumeist an den philosophischen Fakultäten unserer Universitäten gelehrt. Damit ist sie vorerst unmißverständlich von den Naturwissenschaften abgehoben. Dies erscheint verständlich, sofern unter »Natur« nur Meß- und Wägbares verstanden wird. Die Unterscheidung von Natur- und Geisteswissenschaften fußt nämlich auf der Annahme, »Natur« und »Geist« seien zwei wesensverschiedene Bereiche der Wirklichkeit. Wie fragwürdig diese Unterscheidung aber ist, zeigt sich schon praktisch bei der Entscheidung, welche Disziplinen diesem oder jenem Fach zuzuordnen sind. So befinden sich die Psychologen immer in einem Dilemma. An der geisteswissenschaftlichen Fakultät fühlen sie sich nur halb zu Hause, zur naturwissenschaftlichen werden sie meist nicht zugelassen. Auch die Medizin kann nur bedingt den Naturwissenschaften zugerechnet werden, spielt doch der »Geist« im Krankheitsgeschehen eine mindestens so wichtige Rolle wie die »Natur«. Zudem ist die Unterscheidung von Natur und Geist im Bereich des menschlichen Lebens nichts anderes als eine arbeitshypothetische Abstraktion. Den Menschen in einen geistigen, psychischen und organischen Bereich zu trennen, kommt unbegründeter Zerstückelung seiner Existenz gleich.

In der zweiten Hälfte des 19. Jahrhunderts und noch zu Beginn des 20. Jahrhunderts entwickelte sich die Psychologie parallel zur medizinischen Biologie in völliger Abhängigkeit vom Glauben an die Erkenntnismacht der positiven Wissenschaften. Das Seelische galt als ein Bereich von Erscheinungen, die naturwissenschaftlich beschreibbar und überprüfbar sind, durch Experimente verifiziert werden können und schließlich auf kausale Lebensvorgänge rückführbar sein sollen. Man sprach von einer »Psychologie ohne Seele«, die schließlich erst unter dem Einfluß der Lebensphilosophie Bergsons von einer Betrachtungsweise abgelöst wurde, welche die analysierende Sicht zugunsten einer ganzheitlichen Schau aufgab. Die experimentelle Psychologie wich immer mehr der theoretischen. Als typischer Vertreter der beschreibenden und zergliedernden Psychologie gilt Dilthey, der die Sinnzusammenhänge des seelischen Lebens untersuchte, ferner die Leipziger und Berliner Schule mit den Vertretern der Gestaltpsychologie. Schließlich fand diese Psychologie ihren vorläufigen Abschluß durch den Einbezug des sogenannten »Unbewußten«, womit sie zur Tiefenpsychologie wurde.

Während sich die Tiefenpsychologie von der Psychoanalyse bis zur Daseinsanalyse weiterentwickelte, hat auch die experimentelle Psychologie ihre Methoden verfeinert. Exakte Verfahren, wie etwa die mathematische Faktorenanalyse (Cattel), sollen zur Aufklärung menschlicher Motivationsprozesse beitragen. Da das gesamte spezifischmenschliche Verhalten das Resultat von Lernprozessen (Haseloff) darstelle, ergebe sich die Bedeutung experimenteller Arbeiten von selbst.

Es wäre die Frage zu prüfen, wie weit tatsächlich Behauptungen wie jene über die Bedeutung des Lernens oder jene über die Meßbarkeit der Motivation menschlichen Verhaltens einer sachlichen Kritik standhalten.

Erst recht fragwürdig bleibt die Kritik der naturwissenschaftlichen Psychologie an den Anhängern phänomenologischer Richtungen. Phänomenologie hat bekanntlich nicht das geringste mit dem vielgebrauchten Ausdruck »Ideologie« zu tun, der meist in einer Alibifunktion die dahinterstehende Ignoranz verbirgt. Phänomenologie beruht auf der Erfahrung von etwas als etwas und auf nichts anderem. Insbesondere ist es aber gerade der Phänomenologie möglicherweise aufgetragen, dem »sozialen Denken« neue Grundlagen zu verschaffen, Grundlagen allerdings, die sich nicht mehr auf die Spaltung der Welt in eine solche der Subjekte und eine solche der Objekte, mit anderen Worten auf den possessiven Subjektivismus, berufen.

Die philosophisch-anthropologische Richtung der Psychologie anerkennt durchaus den praktischen Wert der experimentellen Forschungen in bezug auf menschliches Verhalten innerhalb bestimmter Grenzen. Letztlich ist aber auch die experimentell-wissenschaftliche Psychologie nicht »ideologie-« oder besser gesagt »philosophie-frei«. Auch sie beruht auf einem philosophischen Vorentwurf, nämlich jenem, der den Naturwissenschaften zugrunde liegt.

Die phänomenologische Betrachtungsweise bemüht sich um ein Verständnis menschlichen Seins, das *Dasein* als Ansprechbar-Sein des Menschen für die Bedeutsamkeiten der sich ihm zeigenden Gegebenheiten seiner Welt ist. Es ist jedoch solchen Wesens, daß es dem Anspruch des Vernommenen auch zu entsprechen vermag und ihm zu antworten hat. Dadurch schon wird aber das Vorurteil widerlegt, die Phänomenologie verleite die Menschen zu Passivität, Fatalismus oder Beschaulichkeit. So befindet sich der Mensch in einem immerwährenden Engagement zu seiner Welt, der er angehört und die sein Wesen mitkonstituiert; der Mensch *ist* in der Welt. Diese Welt ist viel reicher an Bedeutsamkeiten und Verweisungszusammenhängen, als es jede subjektivistische, technische Betrachtungsweise erfassen kann, die auf Meßbares und Berechenbares reduziert ist.

Bestimmend allerdings für das Seins-Verständnis des Menschen ist in erster Linie ein Phänomen, das sich durch die ganze Menschheitsgeschichte hindurchzieht und das uns möglicherweise mehr als alle wissenschaftlichen Erklärungen Aufschluß über die Verfassung des Menschen geben kann: die *Angst*. In der Angst geht es dem Dasein in ausgeprägter Weise gerade um es selbst. So erfordert denn eine Besinnung über das »Sein zum Tode« eine eingehende Reflexion über das Verhältnis des Menschen zum Tod, das sich vornehmlich durch zwei Phänomene auszeichnet: die Todesangst und die Todesfaszination. Das Sterblich-Sein erfährt der Mensch zunächst nicht an sich selbst. Das »memento mori« ist zur Alltäglichkeit geworden, auch wenn wir nur Zuschauer sind. Kein Mensch auf dieser Erde, der noch bei Sinnen ist, glaubt ernsthaft, daß er unsterblich sei. Selbst der Glaube und die Hoffnung auf ein Leben nach dem Tod machen uns nicht unsterblich. Die Totenverehrung, die Totenkulte, das institutionalisierte Trauerritual beim Tod von Angehörigen sind Beweise dafür, daß in allen menschlichen Kulturen der Tod Bestandteil des gesellschaftlich gelebten Lebens ist. Alle Versuche, die Gewißheit des Todes aus unserer »aufgeklärten« und rational gesteuerten Welt auszuklammern, haben fehlgeschlagen. Abgesehen davon, daß jede Abwehr gerade auf das Abgewehrte hindeutet, hat sich auch in den letzten Jahren eine wesentliche Wandlung im Verhalten dem Sterben gegenüber vollzogen. Gewiß, der Tod, das Sterbenmüssen, unser Endlich-Sein werden immer noch nach Möglichkeit aus dem Bewußtsein unserer Gesellschaft verstoßen. Der Verdrängungsprozeß scheint jedoch allmählich seine Grenzen erreicht zu haben. Die Stimmen mehren sich, die nach einem »menschenwürdigen Sterben« rufen, die ein »Recht auf den eigenen Tod« fordern. Kunst, Literatur, Dichtung, eine Unzahl wissenschaftlicher Werke, die bis zur Thanatologie, der »Wissenschaft vom Tod«, reichen, durchbrechen die Mauer des Schweigens. Wo früher seelsorgerischer Trost gespendet wurde, tritt heute die Wissenschaft auf den Plan. Wo das Sterben die Angelegenheit des einzelnen und seiner Familie war, werden Forderungen an den Staat laut. Sind dies Anzeichen eines Aufbruchs in eine neu verstandene Menschlichkeit, in ein neues Seinsverständnis, eine Aussöhnung mit dem Wissen um unser Sterblich-Sein? Oder handelt es sich lediglich um neue Formen der Abwehr, um eine neue Art, mit der Angst vor dem Sterbenmüssen fertig zu werden?

ZWEITES BUCH

Angst, Schuld, Selbstverwirklichung

Mumifizierte Leiche eines Inka-Opferrituals
Foto Sergio Larrain, Magnum, Paris

Zur Psychologie der Todesangst

»Wenn wirklich das Empfinden, daß das Leben sinnvoll ist, eine Bejahung des zweifellos Unvermeidlichen in ihm bedeutet, so ist die Bejahung des Lebens zugleich eine Bejahung des Todes«, schreibt Leszek Kolakowski (1976, 216). Gleichzeitig zitiert er Spinoza: »Ein freier Mensch denkt an nichts weniger als an den Tod, und seine Klugheit ist nicht sein Denken an den Tod, sondern an das Leben.« In beiden Aussagen liegt eine tiefe philosophische Weisheit, zugleich aber eine große faktische Fragwürdigkeit. Bejahen Menschen, die das Leben sinnvoll finden und damit den Tod akzeptieren, wirklich »den Tod«, und ist ein Mensch, der an den Tod denkt, weniger klug und frei als jener, der sich nur dem Leben zuwendet?

Beides bedarf einer Überprüfung und Klärung. Das Verhältnis des Menschen zum Sterben und zum Tod ist es ja gerade, das im alltäglichen Leben das »Sein zum Tode« konkretisiert. Ob an den Tod gedacht wird oder nicht, ob wir uns bewußt mit der unabänderlichen Tatsache der Endlichkeit unseres Daseins auseinandersetzen oder dieser Konfrontation ausweichen: Immer und überall sind wir der Angst ausgeliefert, das »Sein« zu verlieren. In der Angst geht es ja letztlich immer um unser In-der-Welt-Sein (Heidegger), um unser Existieren-Können und -Dürfen in dieser Welt, die für den Menschen Offenheit und Freiheit bedeutet, selbst dann, wenn beide nur defizient erfahren werden. Die Erfahrung mit angstgepeinigten Menschen weist auf ein zunächst als paradox erscheinendes Phänomen hin: Angst und Abwehr sind nicht einfach Reaktionen auf eine vermeintliche oder tatsächliche Bedrohung, sondern recht häufig und in besonderem Maß Flucht vor einem Faszinosum. So scheint es nicht abwegig zu sein, Todesfurcht und Todesfaszination, die Angst und die Sehnsucht als grundlegende Motive für das Verhältnis des Menschen zum Tod und sein Verhalten zum Sterben zu betrachten.

Die Angst vor dem Tod, aber auch die Todesfaszination beherrschen heute nicht minder als in früheren Jahrhunderten Fühlen, Träumen und Handeln des Menschen. Zwei Phänomene sind für das Verhältnis des modernen Menschen zum Tod besonders charakteristisch: einmal der sozial sanktionierte, hektische Versuch der »Todesvermeidung um jeden Preis«, andererseits eine Lebenshaltung, die geradewegs zum Tod führen muß. Moderne Hygiene, Technik, Präventiv- und Rehabilitationsmedizin, Unfallverhütung und Lebenshilfen in allen Lagen führen einen aussichtslos scheinenden Kampf gegen die lebenszerstörenden Kräfte des Menschen, gegen die tödlichen Gefahren ungesunder Lebensweise, gegen Alkohol und Nikotin, gegen zwanghafte Arbeits- und Leistungssucht, Rauschgift, Langeweile und seelische Depression. Todesfurcht, Todesvermeidung und Todessucht scheinen sich im Kreise zu jagen.

Im Zentrum jeder Frage nach dem Sinn des Lebens und Sterbens ist zunächst die Ungewißheit darüber erkennbar, was *nach* dem Tod geschehe, ob der Mensch wirklich sterblich sei, oder ob nicht zumindest die Seele Unsterblichkeit beanspruchen dürfe. S. Biran löste das Problem mit der originellen Idee, eine »ungute« von einer »guten« Unsterblichkeit[1] zu unterscheiden (1968, 170). Im ersten Fall schwebt die Seele mit allen ihren Strebungen und Wünschen in einer absoluten Leere. Ihr Nicht-mehr-in-der-Welt-Sein trennt sie von den Tantalus-Äpfeln, das heißt von jedem Zugang zu den Erreichungsmöglichkeiten, so wie sich die griechische Mythologie das Schattendasein der Verstorbenen im Hades vorstellte. Die »gute« Unsterblichkeit meint den Tod als bloßen Formwechsel der Existenz. Die Seele würde demnach die Kontinuität des Erlebens mit allen Freuden und Leiden voll bewahren. Während die Auffassung von der »unguten« Unsterblichkeit des Menschen die Todesfurcht recht eigentlich begründe, soll jene der »guten« Unsterblichkeit ein »menschenfreundliches Konzept« sein. Hier allerdings scheint der Verdacht nicht unbegründet, daß es sich um einen Wunschtraum handelt. Denn im Licht solcher Grundauffassungen müßte der Tod jeden Schrecken ablegen, ja es müßten unter Umständen »besondere Hilfsmaßnahmen« nötig werden, damit er nicht herbeigesehnt wird. Erst die »gute« Unsterblichkeit soll dem natürlichen Bedürfnis des Menschen einen Sinn verleihen, der ihn antreibt, für die kommenden Generationen zu sorgen und Arbeiten zu ihrem Wohl zu leisten, deren Früchte er nie sehen wird. Von der Annahme des Todes als der leeren, gefühllosen »unguten« Unsterblichkeit ausgehend, wäre hingegen jede Zielsetzung durch die Dauer des individuellen Lebens beschränkt und jenseits dieser Grenze sinn- und inhaltslos.

Tatsächlich gibt es Menschen, die ihr Leben nach dem Prinzip »nach uns die Sintflut« einrichten und sich in keiner Art und Weise um die Nachwelt kümmern. Auch diese erfüllen in ihrer überwiegenden Mehrheit unbeirrt ihre Pflichten gegenüber der Zukunft des Menschengeschlechts. Sie handeln so, als ob es keinen Tod gebe. Ob sich dies durch einen Mangel an Logik und durch das Unvermögen, sich das Nichtsein vorzustellen, erklären läßt oder, wie Biran meint, dadurch, daß diese Menschen im Widerspruch zu ihren Vorstellungen über den Tod doch irgendwie von ihrem künftigen Dabeisein beim Glück der Nachfahren, dem künftigen Genießen ihres Erfolges ihrer heutigen Bemühungen überzeugt sind, sei dahingestellt. Eine genaue Analyse würde jedoch Birans Vermutung bestätigen, daß in uns gleichzeitig zwei gegensätzliche Überzeugungen existieren: die von der schlechten Unsterblichkeit, welche die Todesfurcht begründet, und die von der guten Unsterblichkeit, welche diese aufhebt.

Mit dem Auftreten der Naturwissenschaften ist allerdings eine Auffassung vom Tod in die Welt gekommen, die sich weder auf eine gute noch auf eine schlechte Unsterblichkeit beruft, sondern schlicht den Tod als das endgültige Nicht-mehr-da-Sein festlegt. Der Tod bedeutet in naturwissenschaftlicher Sicht das unwiderrufliche Ende menschlicher Existenz.

Nachdem Physik, Chemie und Mathematik den Menschen »vergegenständlicht« haben, muß die These vom Nichtsein nach dem Tod als die direkte Konsequenz naturwissenschaftlichen Denkens betrachtet werden. Diese Grundauffassung des Todes als Übergang ins Nichts versucht nun auch aufzuzeigen, daß Todesfurcht a priori sinnlos sei und keine Berechtigung habe. Bis zum Moment des Sterbens soll der Mensch im unbestrittenen Besitz aller Lust einmal erlebter Erfüllungen sein. Nach dem Eintreten ins Nichtsein dagegen schwinde zusammen mit diesem Besitz auch jede Möglichkeit, an dem Verlust zu leiden. Das Fürchterliche, der Schmerz ob der Trennung, der Verlust des Besitzes werde nie Wirklichkeit, womit von vornherein die Basis für das Fürchten entfalle. Die Beweisführung gibt zwar das Eintreten der Katastrophe – des Todes – vollinhaltlich zu, doch zeigt sie zugleich auf, daß diese gar nicht stattgefunden hat, da der Mensch in ihr aus dem Sein entschwindet. Trotzdem bringt es auch diese naturwissenschaftliche Akribie nicht zustande, die Angst vor dem Tod zu vermindern. »Im Gegenteil: die Perspektive des Todes als Nichtheit, als endgültiges Ende erschreckt und bedrückt womöglich noch mehr als die Vorstellung von der leeren Unsterblichkeit« (Biran, das. 164).

Es hat sich tatsächlich erwiesen, daß weder die Auffassung vom Tod als dem Ende des Menschseins schlechthin noch jene eines »unguten«, weil leeren Fortlebens der Seele die Todesfurcht zu bannen vermögen. Ebensowenig aber kann ich mich der Ansicht Birans anschließen, daß die Vorstellung einer »guten« Unsterblichkeit sie aufheben kann. Die Erfahrung auch mit gläubigen Menschen spricht dagegen. Vielmehr schält sich die Überzeugung heraus, daß die Todesfurcht wie auch das Sterben selbst Grundformen menschlichen Existierens darstellen und demzufolge so zum menschlichen Leben gehören, daß sie dieses wesensmäßig mitbestimmen.

Dies hat nun allerdings nichts mit einer »Psychologie« der Todesfurcht zu tun, die von der Annahme ausgeht, eine »instinktive« Todesfurcht diene dem Leben, sie habe die Aufgabe, dem Individuum die Gleichgültigkeit gegenüber dem Tod und eine eventuelle Todessehnsucht auszutreiben sowie in ihm den Willen zum Kampf um seine Selbsterhaltung zu wecken. Es geht hier vielmehr um die Frage nach *Sinn und Bedeutung der Angst* im menschlichen Leben sowie um jene nach dem *Verhältnis des Menschen zu seiner Angst*. Es sei schon hier vorweggenommen, daß ich die Auffassung einer »instinktiven« Todesfurcht, wie sie Biran vertritt, nicht teilen kann. Furcht und Angst setzen ein *Wovor* und ein *Worum* voraus, mit anderen Worten: ein Wissen um das *Gefährdende* und das *Gefährdete*. Dieses Wissen ist jedoch nicht instinktgebunden. So, wie nur der Mensch um sein Sein und um seine Vergänglichkeit weiß, kann auch nur der Mensch Todesfurcht empfinden. Ob und in welchem Maß Tiere instinkthaft eine Todesahnung erfahren, entzieht sich unserer sicheren Kenntnis. Instinkt ist bekanntlich anlagebedingt und zweckmäßig. Er ist unabhängig von jedweder Selbsterkenntnis und Freiheit des Verhaltens dem Wahrgenommenen gegenüber. Selbst John C. Eccles, der höheren Säugetieren bewußte Gefühle und Handlungen zubilligt (1978, 1164), spricht ihnen dennoch »jegliches Interesse für Selbsterkenntnis, Dasein und Tod« ab. Auch in der menschlichen Entwicklung sollen diese Erkenntnisse sehr spät aufgetreten sein.

Die Frage, ob Tiere Todesangst kennen, beschäftigt nicht nur die vergleichende Verhaltensforschung. Zunächst wissen wir sicher zu wenig, was in einem Tier vorgeht, sowohl hinsichtlich seiner Beziehung zur Welt wie auch hinsichtlich seiner Selbstreflexion und damit seines »Seins zum Tode«. Allgemein wird jedoch angenommen, daß beides (im Sinn, wie es der Mensch versteht) im rein animalischen Leben nicht vorkommt. Daß Tiere auf Bedrohung reflexartig in einer Weise reagieren, die wir als Ausdruck akuter Angst bezeichnen, darf als gesichert gelten. Inwiefern Tiere auch einen unmittelbar bevorstehenden Tod erahnen, ist nicht mit Sicherheit feststellbar.

Immerhin gibt es Anzeichen dafür. Vielleicht sprechen wir auch zu undifferenziert, wenn wir einfach von »Tieren« reden. Es gibt höher entwickelte und niedere Tiere, möglicherweise in bedeutend feinerer Differenzierung, als wir festzustellen in der Lage sind. Trotzdem wird man wohl der Ansicht zustimmen müssen, daß die Tiere eigentlich nicht wissen, daß der Tod unter ihnen ist. Sie »äsen friedlich weiter, während ihre Artgenossen neben ihnen verenden« (E. Becker, 1976, 54). Das Wissen um Sterblichkeit und Tod ist »reflektiv und begrifflich«; den Tieren bleibt es verborgen. »Sie leben und verschwinden mit derselben Gedankenlosigkeit: Ein paar Minuten der Furcht, ein paar Sekunden Todespein, und es ist vorüber. Aber ein ganzes Leben lang mit dem Schicksal des Todes zu existieren, das die Kreatur bis in ihre Träume hinein und selbst bis in die sonnigsten Tage hinein verfolgt, das ist etwas anderes.«

Die Angst vor dem Tod weist nun vielerlei Facetten auf. Nicht immer steht die Frage im Vordergrund, was *nach* dem Tod geschehen wird, ob eine gute oder ungute Unsterblichkeit auf uns wartet, oder ob das Ende definitiv das totale Nichts bedeutet. Wenn Menschen gefragt werden, wovor sie sich denn eigentlich beim Gedanken an den Tod fürchten, erhält man verschiedene Antworten. Für den einen ist es nicht der Tod als solcher, sondern das Sterben, das ihn erschreckt. Ein anderer fürchtet das mit dem Sterbevorgang verbundene Leiden, und wiederum andere Menschen erfüllt die Trennung von geliebten anderen Menschen, die tödliche Isolierung, der »Alleingang« in den Tod mit Gefühlen des Grauens. Der Tod ist ein »Schlußstrich«, ein endgültiger Abschied, die Einsamkeit schlechthin, aber auch das Ende eigener Entscheidungsfähigkeit und Aktivität. Dem Tod ist der Mensch ausgeliefert. Jedes Ausgeliefertsein aber erzeugt Angst, und insbesondere ein Ausgeliefertsein an das Unbekannte. Wer weiß denn schon mit Gewißheit etwas über den Tod? Müßte man eigentlich nicht wissen, wovor man sich fürchtet? Oder ist die Todesangst gar keine Furcht im Sinn des philosophischen und psychologischen Sprachgebrauchs?

Joachim Wittkowski legt Wert auf die Unterscheidung zwischen »Angst vor dem Tod« und »Angst vor dem Sterben« (1978, 64f.). Erstere wiederum läßt sich unterteilen in eine Angst vor dem eigenen Tod und eine Angst vor dem Tod anderer. Die Angst vor dem eigenen Tod bezieht sich auf die Auflösung der innerweltlichen Beziehungen, aber auch auf das «Nachher« und »Danach« sowie auf die Sorge um das Schicksal zurückbleibender Angehöriger, ebenfalls auf den Verlust persönlicher Beziehungen. Zudem verweist der Tod anderer immer auch auf die Möglichkeit der eigenen Sterblichkeit, was sich zur »Angst vor Toten« steigern kann. Dies kann allerdings noch andere Gründe haben, als wir sie beispielsweise vom Verhalten gewisser Naturvölker her kennen. P.L. Landsberg schreibt, primitive Völker hätten außerordentlich größere Angst vor dem Toten als vor dem Tode (1973, 18). In der »Angst vor dem Sterben« bietet sich die gleiche Differenzierung an. Zumeist ist es die Angst vor Leiden und Schmerzen, Hilflosigkeit, Abhängigkeit, Trennung und Isolation. Die Folge dieser Ängste ist häufig der Wunsch, der Tod möge möglichst rasch eintreten, was sich bis zur Selbstmordneigung steigern kann.

Vielfach wird von der Todes*angst* eine Todes*furcht* unterschieden. Die Abhebung der Angst von der Furcht gehört heute zu den Selbstverständlichkeiten des philosophi-

Illustration zu einem Fachzeitschrifteninserat,
das für Antidepressiva warb (um 1970)

schen, psychologischen und anthropologischen Sprachgebrauchs. Für Freud stand fest, daß die Furcht ein bestimmtes Objekt voraussetze, vor dem man sich fürchtet, während die Angst einen unbestimmten, von einer konkreten Gefahrensituation unabhängigen Zustand bezeichne. Schon Kierkegaard vertrat die Ansicht, Angst entstehe dann, wenn die Freiheit im Nichts erstarrt sei, auf dessen Grund die Sünde lauert, so daß jede Angst wesentlich Schuldangst sei. Furcht dagegen beziehe sich auf einen bestimmten Gegenstand oder eine bestimmte Situation. Heidegger betrachtet die Furcht als einen »Modus der Befindlichkeit« (1927, 185).[2]

Befindlichkeit heißt, »wie einem ist« – und in der Angst ist einem unheimlich; »unheimlich« meint die Unbestimmtheit des Daseins, das Nichts und Nirgends. Das Nichts ist jedoch nicht einfach die Negation des Seins, hingegen kann es als eine »Drohung« gegen das Sein bezeichnet werden. Die Seinsbedrohung meint indessen nicht lediglich die Möglichkeit des Sterbens und des Todes. Das Nichts ist eben jenes Etwas, das Seiendes nichtet, in dem Sinn etwa, daß das Dasein in seiner Selbstverwirklichung gefährdet ist. Angst vor dem Leben und dem Tod hat, wer sich seine ihm zugehörigen Daseinsmöglichkeiten noch nicht als die seinen angeeignet und demgemäß sein Dasein nicht verwirklicht hat. Angst wird überall dort sichtbar, wo eine Erfüllung verunmöglicht wird, handle es sich bei dieser um den Fortbestand des Lebens, um die Befriedigung eines wichtigen Bedürfnisses, um die Vollendung einer gestellten Aufgabe, um die Reifung der Persönlichkeit oder ein Hinauswachsen über sich selbst. Indem das Dasein die Selbstverwirklichung verfehlt, wird es in existentiellem Sinn schuldig. Angst vor dem Tod ist auch Angst vor dem Leben.

A. Jores erklärt die Tatsache, daß die meisten Menschen ohne Angst sterben, durch das entscheidende psychologische Moment des Fehlens der Hoffnung, »noch einmal die Möglichkeiten zu einem erfüllten Leben, zu einer Lebensentfaltung zu finden« (1959, 177). Während Kranke mit Herzinsuffizienz, insbesondere solche mit Angina pectoris, und jene mit gestörter Atemfunktion Angsterlebnisse in der Todesstunde erleiden, erlebe der Mensch mit zum Tod führenden Erkrankungen der Bauchorgane oder des Gehirns keine Angst. Wenn wir allerdings die Bedeutung des Herzens und der Atmung für das menschliche Dasein kennen, verstehen wir auch, daß zumal dort, wo das »Herzhafte«, Gemüt- und Gefühlshafte, das »Leben« bedroht wird, Angst auftritt. Die Lethargie, die hoffnungslose Selbstaufgabe, bildet andererseits keinen Gegensatz zur Angst, sondern eher eine Form der Angstabwehr. Die Angst verschwindet, wenn sich der Mensch ins »Unvermeidliche« schickt und nicht mehr flüchten kann – also auch angesichts des Todes. Daher starben manche Menschen in Konzentrationslagern ohne Angst, stumpf und ergeben. Sie waren ja schon gestorben als gefangene und psychisch vernichtete Menschen. Lebenserhaltung kann unwichtig werden, wenn Lebensentfaltung behindert wird. Der Mensch ist – in wesentlichem Gegensatz zum Tier – relativ »instinktenthoben«, aus der Zwangsjacke der Instinkthandlungen weitgehend befreit. Wie er sein Leben gestaltet, bleibt ihm selbst anheimgestellt. Die »Lebensentfaltung« ist ihm als Problem, als Aufgabe gegeben. Jores (das. 181) gelangt allerdings zur Feststellung, daß der heutige Mensch in geradezu erschreckendem Maß diese Aufgabe vernachlässigt und »daß die heutigen Lebensbedingungen

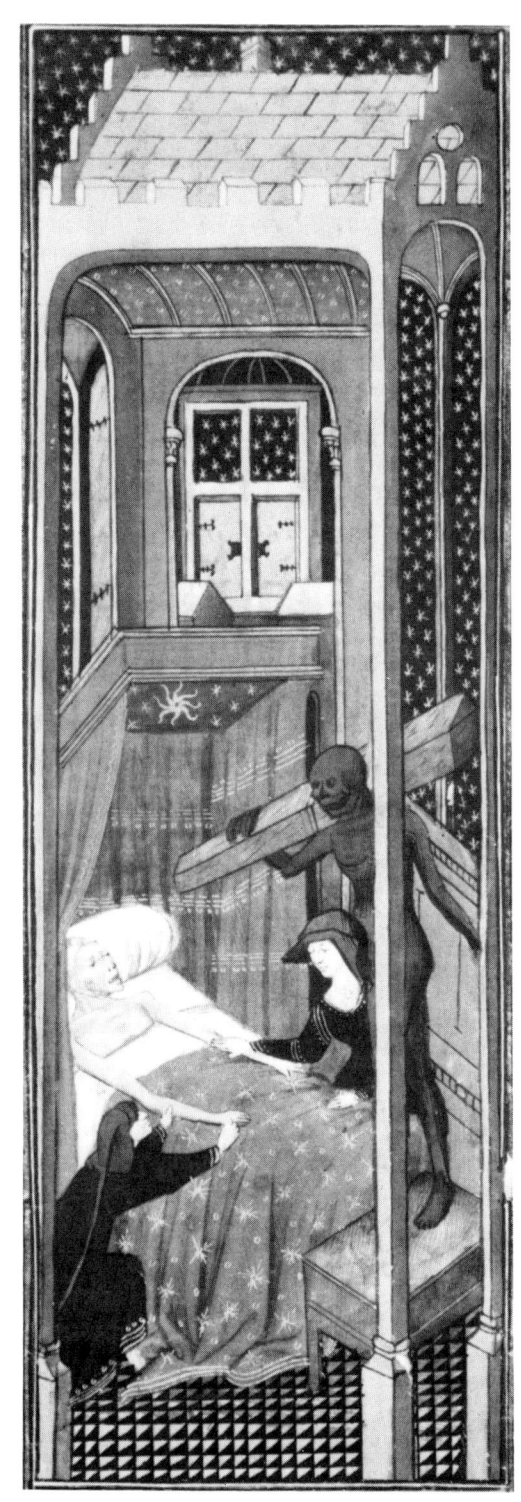

Heures à l'usage de Paris,
auch **Heures de Rohan** (um 1418),
Bibliothèque nationale, Paris

.O DIE STVND IST AVS

O, die Stund ist aus
Hans Sebald Beham, 1548 (1500–1550)

nicht zuletzt durch die technische Zivilisation ihm eine möglichst vielfältige Entfaltung seiner Möglichkeiten immer schwerer und schwerer machen«. Die technische Entwicklung habe zwar einerseits die Möglichkeiten des Menschen zur Lebensbewältigung unendlich vervielfacht, andererseits aber zur Bequemlichkeit wesentlich beigetragen. Die Technik nehme dem Menschen so viel ab, daß er sich selbst, oft rein passiv, von ihr bedienen lasse und eigene Fähigkeiten dabei verkümmerten und brachlägen. Mindestens die Hälfte aller Menschen erfahren in ihrem Beruf keine Befriedigung mehr. Wenn die Berufsarbeit getan ist, gibt sich der Mensch der sogenannten »Zerstreuung« hin, er erleidet wiederum passiv, ohne Entfaltung eigener Möglichkeiten, dieses oder jenes lediglich, um die Zeit auszufüllen, um nicht der Langeweile und der Existenzangst zu erliegen. Jores findet hier den Anschluß an die Gewissensbildung und den christlichen Glauben, wenn er schreibt, der Mensch habe ein Mitwissen um die Erfüllung jenes Grundgesetzes alles Lebendigen. Es gebe ein Mitwissen des Menschen darum, was eigentlich sein soll, was ihm adäquat und gemäß ist; dies sei die tiefste Wurzel des Gewissens.

Damit erhebt sich tatsächlich die Frage, ob nicht eine Quelle der Angst auf einem tiefen, nicht reflektierten Mitwissen darum beruht, daß der Mensch im Begriff steht, sein Leben entscheidend zu verfehlen. Diese Angst wird und muß gleichzeitig auch Todesangst sein, denn es droht ja das Verhängnis, daß wir von dieser Welt abtreten müssen, ohne die Aufgaben, die uns gestellt sind, wirklich vollbracht zu haben.

Eine zweite, nicht weniger wichtige Quelle der Todesangst entspringt der Entborgenheit des modernen Menschen. Die Ungeborgenheit versetzt ihn in Angst, denn der Mensch bedarf der Geborgenheit zu seinem Leben, die allerdings nicht nur in einer vertrauten äußeren Umgebung liegt, sondern auch durch das Wissen um eine Ordnung gegeben ist, durch die Ausrichtung seines Lebens auf höhere, nicht von ihm selbst bestimmte Ideale und Zielvorstellungen, zum Beispiel im unerschütterlichen Glauben an die Güte Gottes. Wesentlich aber ist, daß offensichtlich die Liebe aus unserer Welt verschwunden ist, denn Angst und Liebe schließen sich weitgehend, wenn natürlich nicht ganz, aus. »Timor non est in caritate«, sagte bereits der Evangelist Johannes.

Über eines müssen wir uns im klaren sein: Angst ist keineswegs lediglich ein krankhaftes Phänomen, auch wenn sich der moderne Mensch in seiner Existenzangst an den Psychiater und Psychotherapeuten wendet oder sich durch die massive Werbung einer mächtigen pharmazeutischen Industrie zur Bekämpfung seiner Angst dazu verleiten läßt, nach der psychopharmakologischen Krücke zu greifen. Zweifellos erhält aber der Psychiater gerade in der Begegnung mit krankhaften Angst- und Schuldgefühlen Einblick in das Wesen der Todesangst und deren Abwehr. Die Erfahrungen der Psychotherapeuten haben jedoch auch den ubiquitären Charakter der Angst bestätigt. Diese gehört nämlich so unmittelbar und obligat zur menschlichen Existenz, daß es einem verheerenden Irrtum gleichkäme, zu glauben, die Psychotherapie sei berufen und befähigt, Angst aus der Welt zu räumen und damit den Menschen wiederum in einen Zustand paradiesischer Glückseligkeit zu versetzen. Sie versucht den Menschen zu befähigen, die ihm von seiner Existenz her aufgegebene Angst um sein Dasein zu tragen und zu ertragen. Diese Verpflichtung erwächst ihr besonders dort, wo der Mensch infolge einer äußeren oder inneren Fehlentwicklung neurotisch so eingeengt wurde, daß er dieser Anforderung nicht mehr gewachsen ist und ihr durch die Flucht in die körperliche Krankheit oder in die neurotische Fehlhaltung zu entgehen sucht oder dem völligen Chaos der Psychose verfällt. Es gibt viele Möglichkeiten, sich der Verpflichtung zum Ertragen von Angst zu entziehen: Die einen werden krank, die anderen stürzen sich in den Rausch anonymer Genüsse oder lassen ihr Dasein völlig in der gierigen Raffung irdischer Güter, in der nach Macht strebenden Befriedigung ihres Ehrgeizes oder einfach in der Emsigkeit der täglichen Arbeit aufgehen. Wieder andere werden von der ängstlichen Grundstimmung derart überwältigt, daß ihre Existenz gänzlich von dieser Gestimmtheit beherrscht wird und demzufolge keine genügende Grundlage zu gesundem Leben mehr bieten kann. Solche Menschen werden von Schuldgefühlen gequält, sie fallen schweren Ängsten anheim oder versinken in selbstquälerische, tiefste Depressionen. Hier eröffnet sich der Psychotherapie die Möglichkeit, dem Menschen zu wahrem Selbstsein zu verhelfen und ihm die Augen zu öffnen für die Möglichkeit, dieses Selbstsein in verantwortungsvoller Reife zu übernehmen. Der Weg der Psychotherapie führt von der Abhängigkeit zur Selbständigkeit, von der

Uneigentlichkeit zur Eigentlichkeit, von der Verantwortungslosigkeit zur Verantwortung, vom Zwang zur Freiheit.

Gesellschaftliche Bedingungen
der Angst

Die Angst wird gemeinhin als die Krankheit unseres Jahrhunderts bezeichnet. Dies ist nur bedingt richtig. Angst hat es immer gegeben und wird es immer geben: Sie durchwaltet die Menschheitsgeschichte in solchem Maß, daß man sie geradezu als den treibenden Faktor des Fortschritts bezeichnete. Die nackte Existenzangst zwang unsere Vorfahren, nach immer neuen Sicherungsmöglichkeiten und wirksamen Abwehrmaßnahmen gegen die das Leben bedrohenden Gefahren zu suchen. Dieser Kollektivangst verdanken die sozialen und politischen Gesellschaftsstrukturen weitgehend ihre Entstehung. Wirtschaftliche, politische und militärische Maßnahmen dienen der Sicherung des Individuums und damit der Angstbewältigung. Trotzdem gelang es der Menschheit nicht, die Angst auch nur zu mindern, geschweige denn, sie zu bannen. Ganz im Gegenteil macht es den Anschein, als ob die Angst zunehme, als ob sie zwar ihr Gesicht geändert habe, im übrigen jedoch nur intensiver denn je das Leben beherrsche. Wir pflegen gelegentlich die abergläubische Angst der Naturvölker vor Dämonen, Götzen, Naturgewalten, vor Blitz und Donner, geheimen Zauberkräften oder Zeichen der Natur zu belächeln. Die Ängste unserer aufgeschlossenen, in der abendländischen Zivilisation erzogenen und rationalistisch aufgeklärten Menschen stehen jedoch keineswegs hinter der scheinbar irrationalen Angst der Primitiven zurück.

Wohl hat es seit Menschengedenken Ereignisse gegeben, die beunruhigend und angstauslösend wirkten, doch dürften sie selten in diesem bedrohlichen Ausmaß und mit dieser Intensität aufgetreten sein wie in der jüngsten Zeit. Indem der Mensch dank der technischen Entwicklung fast über seine eigenen Möglichkeiten hinausstieg und nicht mehr der Beherrscher, sondern der Beherrschte der Technik geworden ist, sieht er sich plötzlich Kräften ausgeliefert, die ohne sein Dazutun über sein Schicksal entscheiden können. Dazu kommt, daß sich in der gesellschaftlichen Struktur der Welt eine wichtige Wandlung vollzog. Die auf der Tradition beruhenden institutionalisierten Formen der Kollektivsicherung haben weitgehend ihre Funktionen eingebüßt, sofern sie nicht überhaupt verschwunden sind. Die Familie hat sich von der ursprünglich patriarchalisch oder matriarchalisch geleiteten Sippe und Dreigenerationen-Gemeinschaft zu einer recht losen und oft zufällig entstandenen Verbindung individueller Prägung gewandelt. Sie umfaßt nicht selten nur noch zwei, ja gelegentlich nur noch eine Generation. Galt sie früher als eine meist lebenslange und stabile Institution, begründet in den traditionellen Banden des Blutes, gleicher Bildung und Interessen, so verdankt sie heute ihre Entstehung oft der Laune des Zufalls und ist unabhängig von tradierten Werten. Auch ist ihr Bestand keineswegs mehr gesichert, was die zunehmende Häufung von Ehescheidungen beweist. So wächst denn auch die Jugend nicht mehr in der bergenden Sicherheit der Familie, sondern in der Ungeborgenheit einer weitgehend anonymen Welt auf.

Aber auch andere Gemeinschaften, insbesondere solche religiöser oder weltanschaulicher Art, verloren ihre sichernde und schützende Bedeutung. Mit dem Verlust von Halt und Sicherheit schwand auch das Pflichtbewußtsein gegenüber der Gemeinschaft, und der einzelne sieht sich in seinen Entscheidungen auf sich selbst verwiesen.

Allerdings darf der aufkeimende Individualismus unserer Zeit nicht lediglich als eine negative Auswirkung des Verlustes an tradierten Werten verstanden werden, vielmehr äußert sich gerade hierin der vehemente und unbändige Drang zur Freiheit, zu einer Freiheit, die letztlich dem Menschsein seinen Wert verleiht. Freiheit bedeutet aber immer auch Unabhängigkeit von Schutz und Sicherheit, bedeutet Wagnis und Mut. Ein nicht aufzuhaltendes Streben nach Freiheit geht durch die Menschheitsgeschichte, und wenn wir sagen, daß das heutige Weltbild weitgehend von der Technik beherrscht werde, so müssen wir andererseits darauf hinweisen, daß gerade unsere Zeit, wie vielleicht keine vor ihr, von der eigentlichen Emanzipation des Menschen und seinem Drang nach Selbstbefriedigung gekennzeichnet ist. Dieser Trend ist so stark, daß auch Menschen mitgerissen werden, die für die Übernahme der damit verbundenen Aufgaben gar nicht reif sind. Sie werden überfordert und neurotisch krank.

Todesangst und »Todestrieb«

Sowohl die Psychoanalyse wie die nachfolgenden anthropologischen Psychotherapieeinrichtungen haben versucht, über die unmittelbaren Erscheinungsformen der Angst hinausgehend, etwas über ihr Wesen auszusagen. Die Psychoanalyse setzte ihre Hoffnung auf die Möglichkeit einer kausalgenetischen Erklärung der Angst. Dabei mußte sie aber so viele gedankliche Präsuppositionen vornehmen, daß das Phänomen »Angst« selbst in den Hintergrund geriet. Freud war jedoch einer der ersten, der das Todesproblem und die Angst in die psychologische Forschung einbezog. Die voranalytische, idealistische Psychologie beschrieb den Menschen ausschließlich »als einen, der nichts vom Tode weiß, dessen Leben fein säuberlich vom Tode geschieden ist, als ob der Tod nicht allgegenwärtig im Leben sei« (Caruso, 1968, 195). In Freuds Lehre nimmt nun der Tod eine zentrale Stellung ein: in »Totem und Tabu« (1912, G.W. IX), »Das Motiv der Kästchenwahl« (1913, G.W. X), »Zeitgemäßes über Krieg und Tod« (G.W. X) und in »Jenseits des Lustprinzips« (1920, G.W. XIII).

Freud selbst kam eher auf Umwegen zur Theorie des »Todestriebes«. Bekanntlich war der Ausgangspunkt seiner Überlegungen, daß sich das menschliche Seelenleben nach zwei Prinzipien, nämlich dem Lustprinzip und dem Realitätsprinzip, ausrichte, bis er entdeckte, daß es Verhaltensweisen des Menschen gibt, die sich nicht auf diese

Angst
Helene Dahm, 1951, Hinterglasmalerei, Privatbesitz (Foto Gaechter und Clahsen)

90

Der Nachtmahr
Johann Heinrich Füssli, um 1790/1791, Öl auf Leinwand
Freies Deutsches Hochstift, Frankfurter Goethemuseum

beiden Prinzipien reduzieren lassen. Diese erklärte er zum Teil aus dem Wiederholungszwang, der ihn »zuerst zur Aufspürung des Todestriebes führte« (1920, G.W. XIII, 60). Damit, so meinte er, sei er unversehens in den Hafen der Philosophie Schopenhauers eingelaufen, für den der Tod »das eigentliche Resultat« und insofern Zweck des Lebens war; die Verkörperung des »Willens zum Leben« sei jedoch der Sexualtrieb (das. 53). Der Todestrieb wurde denn auch, insbesondere von den Nachfolgern Freuds, mit dem Destruktions- und Aggressionstrieb identifiziert. Erwähnenswert ist aber die Feststellung, daß Freud die unmittelbare Verbindung des Todestriebs mit der Angst nicht herstellte, obwohl indirekt eine solche angenommen werden mußte. Der Todestrieb sollte nämlich unabhängig vom Lustprinzip wirksam sein, aber auch die Angst entzog sich ihm. Zum Begriff des zum Antagonisten des Eros werdenden Todestriebes gelangte Freud aufgrund der Überlegung, daß die Triebe danach trachten, »ein altes Ziel auf neuen Wegen zu erreichen« (das. 40). Das Endziel müßte demnach »ein alter, ein Ausgangszustand sein«, den das Lebende einmal verlassen habe und zu dem es auf Umwegen zurückstrebe. »Wenn wir es als ausnahmslose Erfahrung annehmen dürfen, daß alles Leben aus inneren Gründen stirbt, ins Anorganische zurückstrebt, so können wir nun sagen: Das Ziel alles Lebens ist der Tod, und zurückgreifend: Das Leblose war früher als das Lebende.«

Eigentlich hätte Freud aufgrund dieser Theorie zu einer neuen Bestimmung der Angst kommen müssen. Dies war aber nur teilweise der Fall. Die Todesangst, so meinte er, gebe der Psychoanalyse ein schwieriges Problem auf, da der Tod als »abstrakter Begriff von negativem Inhalt« keine unbewußte Entsprechung besitze. Im Unbewußten sei nichts vorhanden, was dem Begriff der Lebensvernichtung Inhalt geben könnte. Die Todesangst wurde für ihn zum »Analogen der Kastrationsangst« (1926, G.W. XIV, 160); »etwas dem Tod Ähnliches« habe der Mensch nie erlebt, zumindest habe es wie die Ohnmacht keine Spuren hinterlassen. Die Kastrationsangst hingegen entspreche einer (verdrängten) Erfahrung des Menschen; die Angst werde zur »Reaktion auf einen Verlust, eine Trennung«.

In der psychoanalytischen Theorie Freuds haben sowohl die allgemeine Angst wie die Todesangst ihren Ausgangspunkt im Ödipuskomplex beziehungsweise in der Kastrationsangst. Im Prozeß der Gewissensbildung internalisiert der Mensch die strafende Instanz und schafft damit die Voraussetzungen für Schuldgefühle und Schuldangst, deren Fortentwicklung die Angst vor dem Tod ist. »Die Todesangst, unter deren Herrschaft wir häufiger stehen, als wir es selbst wissen, ist etwas Sekundäres und meist aus Schuldbewußtsein hervorgegangen« (Freud, 1915, G.W. X, 351). Zur Kastrationsangst gehört auch die Trennungsangst. Schuldangst und Trennungsangst sind somit die wesentlichen Elemente der Todesangst. Beim weiblichen Geschlecht soll (nach Chadwick) die Angst vor Liebesverlust der Angst des Mannes vor Verlust des Genitales entsprechen. Dazu gesellt sich nach späteren Autoren die Angst vor dem Unbekannten und Unkontrollierbaren (J. Wittkowski, 1978, 72).

Freud spricht vom Todestrieb als einer Urenergie (1923, G.W. XVI, 269). Das gesamte Triebleben diene der Herbeiführung des Todes, Triebe sind »Trabanten des Todes«, das Leben ist ein »Umweg zum Tod«, die Entstehung des Lebens die Ursache des Weiterlebens und gleichzeitig auch des Strebens nach dem Tod. Arnold Metzger schließt daraus, in Freuds Anthropologie gewinne der Tod die »Vormachtstellung gegenüber dem erotisch-ichlichen Leben« (²1972, 246f.). In dieser Sicht ist der Tod lediglich »das in dem rastlosen Drang nach Befriedigung (Lust) gesuchte Grab, in dem der Fluch der lichtlosen, ausweglosen Existenz zur Sprache kommt«. Das Leben wird zur »Kette kausaler, unentrinnbarer Determiniertheit des Geschehens, aus dem jede Spur von Freiheit ausgelöscht ist«. Das Freudsche »Menschentier« ist ohne Welt, »ohne den freien, schaffenden und denkenden Willen, ohne Sehnsucht nach der in der Todeserinnerung wurzelnden Macht des Seins«.

Während Sigmund Freud in seiner ersten Angstkonzeption die Angst mit der Libidotheorie in Zusammenhang brachte, die Angst als Surrogat für verhinderten Orgasmus betrachtete, besaß die Sexualität nach 1926 für die Psychoanalyse keine nennenswerte Bedeutung mehr für die Ätiologie der Angst. Hingegen hat Wilhelm Reich in seiner »Charakteranalyse« auf die innige Beziehung zwischen Lust und Angst, zwischen Erregung, Orgasmus und Todesfurcht aufmerksam gemacht. Ausgehend von einer Fallbeschreibung einer Frau, welche die orgastische Sensation mit den gleichen Empfindungen erlebte wie ihr Todesstreben, meinte Reich, die Verknüpfung der Vorstellungen von Orgasmus und Sterben dürfe »durchaus verallgemeinert werden« (³1976, 343). Orgasmus und Sterben waren bei der Patientin repräsentiert als Sichauflösen, Zergehen, Sichverlieren, Zerschmelzen, was Gegenstand tiefsten Strebens wie Anlaß intensivster Angst werden konnte. Das »Streben nach dem Nichtsein, nach dem Nirwana, nach dem Tode« ist identisch mit dem »Streben nach orgastischer Auflösung, also der wesentlichsten Äußerung des Lebendigen«. In neuester Zeit hat unter anderem auch J.E. Meyer auf die Vergleichbarkeit der Erlebnisweisen aus Entfremdung, Erotik und Mystik hingewiesen (²1982), die als Grenzsituationen des Daseins für das Verhältnis des Menschen zum Tod bedeutsam sind. An anderer Stelle (1973, 24f.) weist er darauf hin, daß bereits Fenichel, Stekel, Beyme und andere Psychoanalytiker auf die Ähnlichkeit im Erleben zwischen Orgasmus und Sterben verwiesen haben. Meyer selbst vermutet, »daß der Akt der liebenden Vereinigung zugleich als Erreichen eines neuen Lebensabschnittes erfahren werden kann, als Wandlung, von der kein Weg zurückführt, als Zustimmung zu einer Lebensordnung, welche den Tod einschließt«.

Angst, würde man meinen, sei ein Phänomen, das sich mathematisch-wissenschaftlicher Forschung entzieht. Die psychopharmakologische Industrie sieht dies anders. Für die anxiolytische Therapie ist die Quantifizierung der Angst eine notwendige Voraussetzung. Die Ciba-Geigy AG in Basel hat denn auch 1976 eine Broschüre unter dem Titel »Zur Qualifizierung und Quantifizierung der Angst« herausgegeben, in der unter anderem die ethologischen Aspekte der Angst, die somatischen Manifestationen der Angst, die neurotische Angst und schließlich die psychopathometrischen Untersuchungen dargestellt werden. In der Ethologie umfaßt der Begriff »Angstreaktion« einen breiten Fächer von Verhaltensweisen, die beim Tier[3] nur in Analogie zum Menschen als Angst- oder Furchtreaktionen beurteilt werden können und demzufolge mit den nötigen Einschränkungen zu interpretieren sind. Die somatischen Begleit-

Die Angst
Max von Moos, 1963, Tempera und Öl auf
Pavatex
Depositum der Stadt Luzern, Kunstmuseum
Luzern

erscheinungen der Angst sind bekannt und zum Teil experimentell nachgewiesen. Die Angst kann sich lähmend oder erregend auswirken. Zeichen der Erregung des Sympathikus sind weite Pupillen, Zittern, Mundtrockenheit, Gesichtsblässe, Herzjagen, Appetitlosigkeit, Atembeschleunigung, Durchfälle, Schlaflosigkeit, Blutdruck- und Blutzuckeranstieg sowie vermehrte Muskelanspannung. Andererseits können auch parasympathische Reaktionen (»vagale Entgleistungen«) bis hin zum sogenannten Vagustod auftreten.

Hinsichtlich der psychopathometrischen Untersuchungen sind verschiedene Verfahren bekannt, unter anderem die Fragebogeninventare. Als Möglichkeit, die Situationsangst (zum Beispiel bei chirurgischen Patienten) zu messen, gilt die Erlanger Angstskala (EAS). Auch die Thanatopsychologie bedient sich verschiedener Testverfahren (J. Wittkowski, 1978, 163).

Angst und Existenz

Die These eines »Todestriebes« blieb nicht unwidersprochen, und die Psychoanalyse ist keineswegs die einzige psychotherapeutische Richtung, die sich mit der Todesangst beschäftigt hat. Zahlreiche Forscher, die einer sogenannten »anthropologischen« Denkweise verpflichtet waren und sind, haben ganz wesentliche Einsichten zum Thema Sterben, Tod und Angst beigetragen. Stellvertretend für viele sei hier V.E. von Gebsattel genannt.

Die Angst ist ein unerträgliches Erlebnis, das dennoch er-lebt werden muß. Sie ist eine Last, die zu ertragen menschliche Verpflichtung bleibt. Allerdings zeigt sich ihr Urgrund oder ihre Spitze sehr selten, »denn wie Berggipfel häufig im Nebel stecken, bleibt auch die Spitze der Angst verborgen; wirksam zwar, aber nur ausholender Meditation zugänglich. Zur Natur der Angst gehört geradezu, daß ihr eigentlicher Sinn dem Bewußtsein des Einzelnen sich entzieht und daß vordergründige oder periphere Befürchtungen die Grundangst verdecken« (v. Gebsattel, 1959, 107).

Worum geht es aber in der »Grundangst«? Doch immer um das Dasein selbst, um sein Sein-Können, Sein-Dürfen und um seine Gefährdung. Da-Sein meint aber Offen-Sein, Frei-Sein, Gestimmt-Sein und Leiblich-Sein. Voraussetzung, daß der Mensch überhaupt je etwas vernehmen und verstehen kann, ist sein primäres Offensein für die Welt. Er steht der Welt also nicht im Descartesschen Sinn wie ein Subjekt einem Objekt gegenüber, sondern er *ist* immer schon ein Bezugsverhältnis zur Welt. Folglich stehen der menschlichen Existenz die Dinge der Außenwelt zunächst nicht als fremde Gegenstände gegenüber, um schließlich eine Bedeutung übergeworfen zu erhalten, sondern der Mensch erfährt seine Umwelt vielmehr immer schon ihrem Bedeutungsgehalt nach als das, was sie faktisch ist. »Welt« – sagt Heidegger (1962, 45) – »ist eben nicht lediglich eine bloße Ansammlung vorhandener, abzählbarer Dinge. Sie ist aber auch nicht ein nur eingebildeter, vorgestellter Rahmen des Vorhandenen. Noch weniger ist sie einfach die Summe alles Vernehmbaren und Greifbaren. Stein, Pflanze und Tiere sind welt-los. Dagegen hat die Bäuerin eine Welt, weil sie sich in der Offenheit des Seienden aufhält. Indem eine Welt sich öffnet, bekommen die Dinge ihre Eile und Weile, ihre Nähe und Ferne, ihre Enge und Weite.«

Wenn wir deshalb vom Menschen sagen, er sei »in der Welt«, so bedeutet dies, daß er Mitmenschen, Tiere, Pflanzen, Dinge unmittelbar als solche erfährt. Der Mensch steht je schon in einer voraussetzungslosen Beziehung zu den Dingen. Durch ihn gelangen sie zu ihrer Entfaltung, durch ihn wird Seiendes erhellt; denn Weltoffenheit bedeutet die Erhellung alles dessen, was ist. So wie durch die Beleuchtung eines dunklen Raums die darin sich befindenden Gegenstände sich nun erst als solche zeigen, gelangen auch die Dinge unserer Welt erst durch das erhellende Wesen menschlichen Daseins zu ihrer Entfaltung und Entbergung.

Besagt nun das primäre Weltoffensein, daß der Mensch immer schon draußen bei den Mitmenschen und Dingen dieser Welt ist, und zwar dergestalt, daß er von diesen als erschließende Möglichkeit in Anspruch genommen wird, so gehört zum Menschen zweifellos die Freiheit, sich dieser Aufgabe zu widmen oder sich ihr zu entziehen. Die menschlichen Weltbezüge sind immer schon gestimmt, und es ist die Grundstimmung, welche die Auswahl und Tönung unserer Weltbezüge maßgeblich festlegt. In der Liebe nehmen wir einen Menschen anders wahr als im Haß, in der Angst oder Trauer. Stimmungen können umschlagen, verdorben werden, sich aufhellen. Die Stimmung ist gehoben oder bedrückt, ausgelassen, fröhlich, überbordend oder dumpf, traurig, beklemmend, eingeengt. Wenn Angst das menschliche Verhalten beeinflußt, so wird der Mensch neurotisch eingeengt. »Angst« kommt von ango: beengen, würgen, beklemmen. In der Angst herrscht also eine Stimmung vor, die be-engt, bedrückt und demgemäß die Bezüge zur Welt einschränkt.

Karzinophobie

Nun gibt es Formen der Angst, denen man sich nicht so leicht entziehen kann. In voller Nacktheit zeigt sich die Todesangst bei der Angst vieler Menschen vor unheilbaren Erkrankungen.

Eine 39jährige Patientin wurde mir zur Behandlung überwiesen, weil sie an einer quälenden Karzinophobie litt. Kaum eine Phobie ist so destruktiv und quälend wie die Krebsangst – sie wird zum folternden Dämon für jene, die von ihr befallen werden, sie tyrannisiert aber auch die Familie, die ganze Umgebung des Patienten. War die Angst der Kranken »berechtigt« oder »unberechtigt«? In ihrer Familie waren mehrere Fälle karzinomatöser Erkrankungen bekannt. Dies mochte eine gewisse psychische »familiäre« Belastung für die Patientin darstellen. Auslösend jedoch für den akuten Angstanfall wirkte das eigene Erlebnis einer rechtsseitigen totalen Brustamputation »wegen Krebsverdachts«. Sie selbst erlebte die Operation als »fürchterlich«; alle Versicherungen der operierenden Ärzte, die mikroskopische Untersuchung habe keine krebs-

Ausbruch der Angst
Paul Klee, 1939, Aquarell auf Papier
Paul Klee Stiftung, Kunstmuseum Bern
© VG Bild-Kunst, Bonn

(rechts)
Der Schrei
Edvard Munch, 1910, Öl auf Papier
Munch-Museum, Oslo

verdächtigen Zellen aufgedeckt, fruchteten nichts (es handelte sich um eine gutartige kleine Geschwulst; die Totaloperation wurde offenbar deshalb notwendig, weil der Tumor sich in der Nähe der Brustwarze befand und die Möglichkeit einer späteren Entartung in ein Malignom nicht auszuschließen war). Die Patientin wurde zunehmend depressiv, interesselos und apathisch. Sie vernachlässigte vollständig ihren Haushalt, die beiden Kinder, sich selber. Früher immer elegant gekleidet, trug sie jetzt wochenlang dasselbe Kleid und sah äußerlich, wenn auch nicht verwahrlost, so doch vernachlässigt aus.

Soweit nun, müßte man meinen, habe die Angst der Patientin doch einen einfühlbaren, realen Grund in der Möglichkeit einer krankhaften Bedrohung gehabt. Die Angst vor dem Herannahen einer tödlichen Krankheit scheint uns nicht unverständlicher zu sein als etwa diejenige vor einem angreifenden Raubtier. Und wer möchte einer Frau das Verständnis verweigern, die an ihrer fraulichen Leiblichkeit einen so verstümmelnden Eingriff durchstehen mußte? Wurde damit aber die Angst durch eine Bedrohung determiniert – und folglich zur Furcht? Oder zeigte sich nicht gerade hier, daß eine solche Unterscheidung nicht nur nicht möglich, sondern gar irreführend ist?

Die Karzinophobie ist immer eine schlecht verhüllte Angst vor dem Tod. Dort, wo sie den Menschen derart befällt, daß tatsächlich ein Zerfall nicht des Gewebes, sondern der Persönlichkeit eintritt, ist die Indikation für eine psychotherapeutische Kur gegeben. Alle rationalen Versicherungen der Ärzte nutzen nämlich nichts. Es gilt vielmehr, die lebensgeschichtlich motivierten Ängste aufzudecken und sich dem Reifeprozeß eines Lebens zu stellen, in welchem der Tod nicht aus dem Bewußtsein ausgeschaltet zu werden braucht. Die Angst, an Krebs erkrankt zu sein, verweist nämlich nach v. Gebsattel auf die Angst vor der Unmöglichkeit, in sich die »personale Eigentlichkeit des Ich-selbst-sein-Könnens durchzusetzen«, sie verweist auf die »Grundmöglichkeit, werdend sich selbst verfehlen zu können«, wie sie auch in Gestalt von Schicksalsangst, Verarmungsangst, Berufsangst und Angst vor sozialem Untergang aufscheint (1954, 384).

Noch einmal zurück zu der Frau mit der Krebsphobie. Die Patientin war einzige Tochter eines einige Jahre vor ihrer Erkrankung verstorbenen, äußerst tüchtigen und gewissenhaften, in seinem Beruf aufgehenden Landarztes, dessen Frau starb, als das Mädchen sechs Jahre alt war. Da der Vater von seinem Beruf fast vollständig absorbiert war, wurde die Erziehung der Tochter von der Großmutter und einem Dreigestirn von ledigen Tanten übernommen, deren Erziehungsmethoden abwechselnd alle Formen von der maßlosen Verwöhnung bis zur kalten autoritären Versagung umfaßten. Sie hätte »eigentlich« ein Knabe sein sollen. Weder der Vater noch die große Verwandtschaft, am allerwenigsten jedoch die Patientin selbst konnte sich damit abfinden, daß sie kein Stammhalter geworden war. Sie spielte denn auch nur mit den Buben des Dorfes, balgte sich mit ihnen herum und wurde von ihnen als vollwertiger Partner ihrer wilden Knabenspiele aufgenommen. Zwei Erfahrungen trübten jedoch ihre Kindheit. Zum einen vermißte sie die unmittelbare väterliche Liebe: Der Vater hatte keine Zeit für sie, und wenn er da war, dann nicht für sie.

Ist es erstaunlich, daß sich bei diesem Fehlen der väterlichen Geborgenheit auch eine zweite Störung bemerkbar machte, nämlich die Angst? Sie fürchtete sich vor allen möglichen unheimlichen Gewalten. Wurde im Dorf ein Schwein geschlachtet – was meist so öffentlich geschah, daß die Kinder zuschauen konnten und das Mark und Bein durchdringende Geschrei des Tieres bis ins letzte Haus hören mußten –, wurde ihr übel. Sie machte dann tagelang auf ihrem Schulgang Umwege um das betreffende »Schlacht«-Haus, wurde deswegen von ihren Kameraden, ja selbst von Erwachsenen ausgelacht. Ihre kindlichen Phobien betrafen ferner die »unheimlichen Gestalten«, mit denen ihre Phantasie die Kellerräume des Hauses bevölkerte. Allerdings konnte sie ihre Angst so »beherrschen« und »verdrängen«, daß sie immer noch überzeugt war, ihre Kindheit und Jugendzeit sei eine restlos glückliche gewesen. Nur selten gelang der Durchbruch der Ängste. Dann geriet sie in »Tobsuchtsanfälle«. Mit ihrem Vater konnte sie Auftritte provozieren, die in lautstarken Auseinandersetzungen endeten. Solche »Auftritte« wurden von ihr scheinbar grundlos herbeigeführt; sie benahm sich »hysterisch«, wollte sogar einmal aus dem Fenster springen. Auch in ihrer Ehe wiederholte sie dieses Verhalten, indem sie ihrem Ehemann gegenüber wegen kleinlicher Meinungsverschiedenheiten »explodieren« konnte. Sie war von jeher gespannt, betriebsam, unruhig. Es mußte stets etwas »los« sein, sie konnte »keine Sekunde ruhig sein«, rannte im Haus herum, raste mit ihrem Auto in die Stadt, traf ihre Freundinnen und hatte tausenderlei Besorgungen zu machen.

Die gefühlshafte Seite der Patientin kam bei dieser Entwicklung entschieden zu kurz. Eine sexuelle Aufklärung hatte nie stattgefunden, alles Triebhafte galt zu Hause (bei ihren ledigen Tanten) als schmutzig und sündhaft. Die Ehe, nach ihren eigenen Angaben »äußerst glücklich«, blieb in Wirklichkeit nicht viel anderes als eine konventionelle Partnerschaft. Die außerordentliche Verdrängungsbereitschaft der Patientin ermöglichte es ihr auch, die nicht geringen Schicksalsschläge relativ gut zu ertragen. Ihr Vater starb, nachdem er im tiefen Winter bei einem Hausbesuch auf dem Land einen Hirnschlag erlitten hatte; dann starb die von der Patientin geliebte Großmutter, schließlich eine Tante an Brustkrebs. Die Patientin selbst mußte sich einer schweren Augenoperation unterziehen. Nachdem sie bereits einen zwölfjährigen Sohn hatte, der an Asthma und an Heuschnupfen litt, wurde sie nach einem Spontanabort im vierten Monat wieder schwanger. Die Schwangerschaft verlief sehr schwer, die Patientin erkrankte an einer Nephropathie und erlitt eine Frühgeburt mit Todesgefahr für das Kind im Wochenbett. Damals mußte sie sich in psychiatrische Behandlung begeben, weil sie von Zwangsgedanken gequält wurde, sich selbst und ihr Kind umbringen zu müssen. Einige Monate später wurde eine Verhärtung in der rechten Brust festgestellt, was schließlich zur operativen Entfernung des Tumors führte. Seither suchte sie täglich ihren Körper nach neuen Tumoren ab – jeder entdeckte »Pickel« löste bei ihr panischen Schrecken aus.

Verweigerte die Patientin zunächst in ihrer »Verdrängungstendenz« den Einblick in den wahren Ur-Grund ihrer Angst, so bot gerade die intensive Psychotherapie einen hervorragenden Zugang zur Erhellung eben dieses Verdrängten an: den Traum. Die Patientin erlebte den – vom »chirurgischen« Standpunkt aus »harmlosen« – Eingriff dermaßen vernichtend, daß sie mehrmals träumen mußte, ihr ganzer Körper falle

Le näin Pölichinêle (Ausschnitt)
Gaston Duf, um 1940, Kreide auf Papier
Sohn eines Trinkers und selber Alkoholiker,
kam Duf schon als Zwanzigjähriger endgültig
in eine psychiatrische Anstalt in Lille
Collection de l'Art Brut, Lausanne
(Foto Zimmermann, Genf)

102

blutig auseinander; in einem Traum grub sie ihr eigenes Grab, während sie ihren geistigen Zerfall wiederum träumend als Angst vor dem Verrücktwerden erlebte.

Nun könnte jemand einwerfen, solche Träume seien im Anschluß an eine derartige Operation verständlich; sie seien nichts anderes als ein Nachschwingen der Seele hinsichtlich des körperlichen Eingriffs; sie seien nicht mehr und nicht weniger als die Folge einer eben erlebten tödlichen Bedrohung. Warum aber, so müßte man dann ebenfalls fragen, kann die Patientin nicht auch träumend aufatmend feststellen, daß sie die Operation überlebt hat, daß ihr die Geschwulst, vor der sie sich so fürchtete, entfernt wurde? Vor allem jedoch ließe man die Persönlichkeit der Patientin völlig außer acht, wenn man die Träume lediglich als »Folge« der Brustamputation deutete. Denn in ihren Träumen zeigte sich ihre existentielle Beengtheit, von der her auch die ängstliche Fasziniertheit des jungen Mädchens beim blutigen Abschlachten von Tieren, ihre spätere Vorliebe zu »hysterischen« Selbstmorddrohungen (durchweg mit einem Küchenmesser!), ja vielleicht sogar der schicksalsmäßige Einbruch ihrer Krankheiten und schließlich die verstümmelnde Operation verständlich werden konnten. Ihr Ehemann war überzeugt, daß bei ihr die Angst nicht als eine Folge der Operation aufgetreten war, sondern als zu ihrem Wesen gehörend vorbestand und möglicherweise sogar zur Bildung eines krebsähnlichen Geschwüres geführt hatte.

Die Patientin zeigte im Doppelaspekt des Horrors und der Faszination, daß unsere Haltung angesichts des »Nichts« widersprüchlich ist. Die Menschen verspüren, wie W. von Siebenthal nachwies, »die Versuchung, sich in diesen Abgrund zu stürzen, um so der Angst zu entgehen, wie ja die Angst die Preisgabe an das, wovor wir Angst haben, gerade provozieren kann, möglicherweise getrieben durch den Drang zur Selbstaufhebung, Selbstaufgabe, zur Destruktion...« (1956, 176). Dies an die Oberfläche zu bringen, nicht nur die Angst, sondern auch die Faszination dem offenständigen »Wissen« zugänglich zu machen, war denn auch der Weg zur Befreiung dieser Patientin aus ihrem selbstzerstörerischen Verfallensein an Tod und Vernichtung.

Todesfaszination
und Todessehnsucht

Abwehr der Angst, Flucht vor dem Todesbewußtsein, sich verschließendes Verhalten gegenüber der Gewißheit des Sterbenmüssens bilden nur eine Möglichkeit einer menschlich verständlichen, in extremen Ausmaßen aber neurotischen oder gar psychotischen Fehlhaltung. Die andere Form, letztlich aus gleicher Quelle gespeist, ist die Todesfaszination, die sich bis zur Todessehnsucht und zu einem suizidalen Verhalten steigern kann. Die eigentliche Selbstvernichtung, der vollendete Suizid, ist jedoch nicht einfach Ausdruck eines Fasziniertseins durch den Tod, sondern ein viel komplexeres Geschehen.

Todesfaszination und Todessehnsucht finden sich häufig in verschiedenen Formen, nicht nur bei Menschen, die offensichtlich und willentlich den Tod suchen, sondern auch bei solchen, deren Verhalten darauf schließen läßt, daß sie – möglicherweise unreflektiert – ihr Leben aufzugeben bereit sind oder dasselbe bereits aufgegeben haben. Das ist kein eigentliches Phänomen der Neuzeit. Die Geringschätzung des leiblichen und weltlichen Lebens fand in allen Zeiten und Kulturen ihre Anhänger. Am eindrucksvollsten fand die Todessehnsucht wohl – wenn auch in verbrämter Form – ihren Ausdruck im religiösen Bereich. Asketische Lebensformen, Geißelung des (sündigen) Leibes, Rückzug in die Einsiedelei oder in gleichgeschlechtliche Ordensgemeinschaften, dort gelegentlich sogar unter Einschränkung der sprachlichen mitmenschlichen Begegnung durch Schweigegelübde, überhaupt die Gelübde zu Keuschheit, Armut und Gehorsam müssen in diesem Zusammenhang erwähnt werden. Dazu kommt die gewollte und verherrlichte Opferbereitschaft. Wer sich für den anderen aufopfert, gibt eigene Ansprüche auf. Im Bewußtsein, sich selbst aufzuopfern, wird die Todessehnsucht erkennbar und durch die selbstlose Hingabe legitimiert. Keuschheit, Armut, Opferbereitschaft, Demut und Gehorsam bedeuten unter anderem auch Verzicht auf Leben, auf eigenständiges, selbstbestimmtes Erleben menschlicher Grundbedürfnisse. Beim Eintritt in eine Einsiedelei oder ein Kloster vollzieht sich auf unauffällige Art das Ausscheiden aus der Welt. Nonnen und Ordensbrüder befinden sich nicht mehr »draußen in der Welt«. Sie zeigen damit auch die Distanz, die sie zum profanen, irdischen Lebensweg eingenommen haben, und ihre Sehnsucht nach der ewigen Ruhe, der Ewigkeit, nach dem Erlöser, dem himmlischen Bräutigam. Sie leben in der Überzeugung, hier im »Jammertal« leben zu müssen, während ihnen die Jenseitsvorstellung zeitlebens alle unvergängliche Herrlichkeit des Himmels verheißt. So wird das Sterben ein willkommener »rite de passage«, hinter welchem im Sinn des »Stirb und Werde« unmittelbare Hoffnungserfüllung folgt gemäß dem Wort des heiligen Paulus: »Ich habe Lust, abzuscheiden und bei Christus zu sein.«

Aber nicht nur in christlichen und buddhistischen Klöstern, nicht nur bei jenseitsorientierten, religiösen Menschen treffen wir diese Todessehnsucht. Auch Dichter und Schriftsteller haben sie besungen. Herder, Novalis, Kleist, selbst Goethe, Rilke, Hölderlin legten Zeugnis davon ab.

Die Todessehnsucht ist außerdem ein kollektives Phänomen. Psychologen haben sie der Sehnsucht nach der Mutter, dem Heimweh, gleichgestellt. Bekanntlich wurden in früheren Jahrhunderten die berühmten Schweizersöldner, die in fremden Diensten standen, von starker Sehnsucht nach ihrer Heimat befallen, aber auch von einer Todessehnsucht, die sie in extremen Situationen zu berserkerhafter Todesraserei trieb. Diese Todesraserei ist auch heute noch zu beobachten; man muß sich nur an die Kamikaze-Flieger im Zweiten Weltkrieg erinnern oder, bei uns im Frieden, der Autoraserei zusehen.

Es sei dahingestellt, ob tatsächlich die Todessehnsucht letztlich eine Sehnsucht nach der Mutter, gar der Urmutter sei, von der sich der reifende Mensch trennen mußte. Heutige Menschen beschäftigt im übrigen auch noch eine ganz andere Form der Todessehnsucht, die nicht so laut und schreiend ist, sondern still und zehrend. Sie begegnet uns in den mannigfaltigen Formen psychopathologischer Erscheinungen, beispielsweise in der Psychose.

Todesangst und Todessehnsucht in der Psychose

Daß die Todesangst, wie die Angst überhaupt, bei psychotischen Prozessen in entscheidender Weise das Krankheitsbild bestimmt, ist bekannt. Diese Angst meint immer eine Verletzbarkeit, sei es durch den Gedanken der Verfolgung (Paranoid), der Zerstückelung, an den Verlust der Persönlichkeit usw. Die Psychose selbst aber ist ein Prozeß, der tatsächlich zum Tod führt, wenn auch nicht unmittelbar zum leiblichen Ende. Der Zerfall der Persönlichkeit ist an sich ja schon ein Zu-Tode- und Zugrunde-Gehen.

Viele Psychotiker erleben die Angst und die Sehnsucht nach dem Tod ganz bewußt.

So erklärte eine schizophrene Patientin, alle spitzen und schneidenden Gegenstände machten ihr angst. Zeitweise sprachen sie sie selbst »auf Selbstmord« an, so daß sie kaum an ihnen vorbeigehen konnte. Dann wieder hatte sie Angst, andere Menschen um sie herum könnten sich verletzen oder verbluten. Auch machten sie alle Maschinen krank, weil sie Menschenleiber zerschneiden oder verschlingen könnten. In dieser schrecklichen Welt erwartete sie oft, daß die Erde sich auftun und sie verschlingen würde. Niemand würde davon wissen, niemand würde bemerken, daß sie einmal gewesen sei. Niemand würde um sie trauern. Es würde sein, als hätte sie nie gelebt.

Die Patientin warf ihrer Therapeutin [siehe: M. von Castelberg, 1976] immer wieder und immer häufiger vor, sie daran zu hindern, sich dem Sterben hinzugeben. Die einzige Lösung für sie wäre, sich total fallen zu lassen, immer weiter, bis nichts mehr da wäre. Dann endlich würde sie sterben. Dort wäre dann eine Grenze zu erreichen, die sie wenigstens spüren könnte. Das Sterben wäre zumindest ihr eigenes. Sie spüre, daß sie nur die Tür aufmachen müsse für den Tod. Dem Tod sei sie ausgeliefert, er sauge sie ein, sie sei von ihm fasziniert. Gelegentlich sprach sie davon, in ihrem Leib »wühlen« zu wollen: sich in ihn zurückzuziehen wie in eine Höhle, dort die Erinnerungen zu betrachten wie alte Spielsachen, auf der Lebensleitung zu liegen und in den Knochen zu wühlen. Jedoch all dies dürfe man nicht, denn solange man am Leben bleiben müsse, brauche man immer noch eine schützende Schicht.

Manchmal wünschte sie sich, wie eine Rakete ins Weltall hinausgeschleudert zu werden, damit sie endlich allein und alles vorbei wäre. Es gab Phasen, da ihre Sehnsucht zu sterben so intensiv wurde, daß sie sich wie in hohem Fieber oder in einer Feuersbrunst befand.

In besonders einprägsamer Weise beschrieb Ludwig Binswanger im »Fall Ellen West« (1945) die Todessehnsucht einer schizophrenen Patientin:

Bereits mit siebzehn Jahren schrieb dieselbe Gedichte, die ihrer Todessehnsucht Ausdruck verliehen. »Küß mich tot« war das eine betitelt. Sie rief darin den finste-

Aus **Rigor mortis**
Tomi Ungerer, 1981/1982, Federzeichnung
© 1983 by Diogenes Verlag AG Zürich

106

ren, kalten Meerkönig an, er solle zu ihr kommen, sie in heißer Liebesgier in seine Arme nehmen, drücken und totküssen. In einem anderen Gedicht wuchsen graue, feuchte Abendnebel um sie her, streckten ihre Arme nach ihrem kalten, längst gestorbenen Herzen aus. Die Bäume schüttelten, ein altes, wehes Lied singend, trostlos ihre Häupter, kein Vogel ließ den späten Sang erklingen, kein Licht erschien am Himmel, der Kopf war leer, das Herz bang. In späteren Jahren erschien ihr der Tod nicht mehr so schrecklich, da war kein Sensenmann mehr, sondern eine herrliche Frau, mit weißen Astern im dunklen Haar, großen Augen, traumtief und grau. Das einzige, was die Patientin lockte, war das Sterben: »So ein wohliges Ausstrecken und Hindämmern. Dann ist's vorbei. Kein Aufstehen wieder und ödes Schaffen und Planen. Hinter jedem Wort verberg ich eigentlich ein Gähnen«, schrieb sie an einen Freund. »Jeden Tag werde ich ein bißchen dicker, älter und häßlicher. Wenn er mich noch lange warten läßt, der große Freund, der Tod, dann mache ich mich auf und suche ihn.« Sie sei nicht schwermütig, bloß apathisch. »Es ist mir alles so einerlei, so ganz gleichgültig, ich kenne kein Gefühl der Freude und keines der Angst.« »Der Tod« sei das größte Glück des Lebens, wenn nicht das einzige. Ohne die Hoffnung auf das Ende wäre das Dasein unerträglich. »Nur die Gewißheit, daß früher oder später das Ende kommen muß, tröstet mich ein wenig.«

Aber nicht nur in ihren Gedichten und Briefen äußerte sich ihr Wunsch zu sterben. Auch ihr leibliches Dasein zeugte davon. Die Menstruationsperiode blieb aus, sie magerte extrem ab, nahm kaum mehr Nahrung zu sich, verlor rapide ihre Kräfte. Sie schlief bis zu zwölf Stunden am Tag. Ihre Stimmung war jedoch in diesem Zustand nicht mehr depressiv, sondern heiter. Schließlich machte sie aber doch einen Selbstmordversuch, nachdem sie schon früher Selbstmordabsichten geäußert hatte. Ein zweiter Selbstmordversuch folgte, schließlich ein dritter und vierter, so daß sie in eine psychiatrische Klinik eingewiesen werden mußte.

Der Wunsch der Patientin zu sterben zog sich durch ihr ganzes Leben hindurch. Schon als Kind fand sie es »interessant«, tödlich zu verunglücken, beispielsweise beim Schlittschuhlaufen auf dem Eis eines Weihers einzubrechen. Beim Reiten machte sie die tollkühnsten Kunststücke, sie brach sich bei einem Sturz das Schlüsselbein, fand es schade, daß sie nicht ganz »zerstört« sei. War sie als junges Mädchen krank, so war sie jedesmal enttäuscht, wenn das Fieber herunterging und die Krankheit wich. Als sie sich mit 22 Jahren auf das Abitur vorbereitete, wollte sie von ihrem Lehrer immer wieder den Satz hören: »Wen die Götter lieben, der stirbt jung.« Hörte sie vom Tod von Freundinnen, so beneidete sie diese und hatte bei den Todesnachrichten leuchtende Augen. Als sie in einem Kinderheim tätig war, besuchte sie trotz Warnungen ihrer Vorgesetzten an ansteckenden Krankheiten leidende Kinder, in der Hoffnung, selbst angesteckt zu werden. Sie versuchte auch, sich dadurch Krankheiten zuzuziehen, daß sie sich nach einem warmen Bad nackt auf den Balkon stellte, daß sie ihre Füße in eiskaltes Wasser setzte, daß sie sich mit 39 Grad Fieber bei Ostwind auf die vordere Plattform der Straßenbahn stellte. Ihr damaliger Analytiker bezeichnete ihr Verhalten als einen »langsamen Suizidversuch«.

(oben)
Panische Reaktion, Zeichnung einer zwanzig-jährigen, charaktergestörten Frau. (Die Patientin wird vom Fisch angegriffen, von der Welle überflutet und vom Himmel bedrückt)

Einsamkeit, Angst und Depression, Zeichnung einer dreiundzwanzigjährigen, reaktiv depressiven Patientin, die auch an alkoholischer Halluzinose litt

Nach Entlassung aus der Kuranstalt Bellevue nahm die Patientin eine Dosis Gift, wodurch sie ihr lebenslanges Ziel – den Tod – erreichte.

Binswanger hat in dieser Fallbeschreibung die Gleichzeitigkeit der Todesfurcht und der Todessehnsucht sehr eindrucksvoll aufgezeigt. Die Angst der Patientin war überhaupt Angst vor dem In-der-Welt-Sein als solchem. Sie hatte Angst vor allem, vor dem Dunkel und der Sonne, vor der Stille und dem Lärm. Die ganze Welt bekam bei ihr den Charakter des Bedrohlichen. Das Selbst wurde feig. Daher die Selbstverachtung und Apathie. Sie hatte Angst vor allem ihr Begegnenden, im Grunde auch vor dem Tod. Und doch erschien ihr als einziger Retter aus diesem Dasein wieder der Tod, der ihr nun nicht mehr, wie früher, als finsterer Meerkönig oder Gott-Vater, sondern erdennäher vorkam; bald als »der große Freund«, bald als eine herrliche Frau. Gleichgültig, ob Mann oder Frau, wenn er nur »das Ende« bedeutete. Aber auf dieses Ende konnte die Patientin nicht warten. Das langsame Absterben, Verdorren, Verkümmern, Schal- und Erdig-Werden waren ihr verhaßt. Die Patientin lebte in einem schweren Konflikt zwischen Angst und Sehnsucht. Ihre Leiblichkeit wurde in diesen Konflikt mit hineingerissen. Sie hatte Angst vor dem Dickwerden und einen gesteigerten Drang nach Essen. Sie lebte im Gegensatz zwischen dem Leben in einer ätherischen Welt und dem Leben auf der Erde. Sie wollte nicht leben, wie der Wurm in der Erde lebt, alt, häßlich, stumpf und dumm, mit einem Wort: dick. Sie wollte lieber sterben, wie der Vogel stirbt, der sich die Kehle sprengt in höchstem Jubel, oder sich im eigenen Feuer wild verzehren. Die Todessehnsucht leuchtete aus der ätherischen Welt selbst auf. Auch der Daseinsjubel, die festliche Daseinsfreude, das »Daseinsfeuer« wurden in den Dienst des Todes gestellt, waren Ausdruck der Todessehnsucht. Der Tod wurde ersehnt »als Gipfel des festlichen Daseins«.

Magersucht (Anorexia nervosa) – die maligne Neurose

Das Krankheitsbild der geschilderten Patientin entspricht keineswegs nur demjenigen einer psychotischen, schizophrenen Persönlichkeit. Den Ärzten und Psychotherapeuten ist es auch unter dem Namen Anorexia nervosa bekannt, jener Krankheit, die vornehmlich junge Mädchen und Frauen befällt und durch die Symptomtrias Abmagerung, Ausbleiben der Menstruation und Darmverstopfung gekennzeichnet ist. Eines ist diesen Patienten gemeinsam: die Verweigerung des leibhaftigen Lebens in dieser Welt (H. Erpen, 1990). Aber auch in ihrem Verhalten zeigt sich die Doppelnatur von Abwehr und Faszination. Sie sind im Grunde dem »Essen« derart verfallen, daß man ebensogut von einer Freßsucht wie von einer Magersucht sprechen könnte. Das Essen gehört in den Weltbereich des Aufnehmens, somit des Offenseins, auch der Begegnung und des Ergreifens, Wahrnehmens und Begreifens. Der Mensch kann aber dem Begegnenden völlig ausgeliefert, verfallen sein, was zu Angst und Abwehr führt. So verschließen sich die Magersüchtigen nicht nur der Nahrungsaufnahme, sondern auch

Anorexia nervosa
Genesende Patientin mit dem Abbild aus
einem früheren Stadium ihrer Krankheit
Presseagentur Dukas, Zürich

dem Existieren als reife Geschlechtswesen, was sich leiblicherweise im Ausbleiben ihrer Menstruationsregel, eben in der Amenorrhöe, zeigt. Die leibhaftige Obstipation schließlich bedeutet keineswegs lediglich eine Verstopfung des Darmausgangs, sondern in umfassender Weise ebenfalls ein Verstopftsein dem Begegnenden gegenüber, ein Nicht-hergeben-Können und damit ein wirkliches Abgeschnittensein von »Geben und Nehmen«. Solche Existenz ist völlig auf die Abwehr aller Lebens- und Weltbezüge sinnlich-erotischer, ja leiblicher Angst gerichtet. Alles Irdische, Materielle vermag sich der Patientin nur als sumpfig, verwesend, schlecht zu erschließen. Nicht von ungefähr hört man immer wieder von Anorexie-Patienten, daß sie am liebsten nur noch als Geistwesen existieren möchten. Menschen, die unter keinen Umständen als leibhaftige Wesen in der Welt existieren wollen, begehen in Tat und Wahrheit einen Selbstmord in refracta dosi, sie hungern sich buchstäblich zu Tode. Todessehnsucht und Todesangst fallen deshalb zusammen, weil beide eine Gemeinsamkeit haben, das Verfallen. Zur Angst – sagte bereits Binswanger – kommt es immer nur da, wo das Dasein dem, vor dem es sich ängstigt, »im Grund« bereits verfallen oder verhaftet ist (1945).

Solches Verhaftetsein zeigt sich sowohl bei psychotischen wie bei magersüchtigen Menschen. Aber jede Seinsweise, die ein Aufgeben eines Teils unseres Wesens für etwas, z.B. für ein Ideal, verlangt, weist im Keim auch eine Todessehnsucht, mindestens eine Endbezogenheit auf, einen Seinsbezug allerdings, der die Begegnung mit der Welt noch erträgt. Anders verhält es sich mit Menschen, die weder sich noch die Welt zu ertragen vermögen. Sie flüchten in eine Welt, die ihnen Aufgelöstheit, Unbeschwertheit verspricht, eine Welt, die vergessen läßt. So erleben wir gerade in unserer Welt die Todessehnsucht als kollektives Phänomen einer Jugend, die zunehmend der Langeweile und dem Drogenkonsum verfallen ist. Der Drogensüchtige »entrückt« sich von dieser Welt, er geht »auf die Reise«, die ihn vom Hier und Jetzt weg in das Gelobte Land – das Nirwana – führt.

Drogensucht – Langweiligkeitsneurose

Ich hatte einen 21jährigen Mann psychiatrisch zu begutachten, der in großem Ausmaß drogenabhängig war und Drogenhandel trieb. Die Welt, in der er zu Hause war, war die Welt der Drogen und Ausgeflippten. Normale Arbeit kam ihm leer und fade vor, die bürgerliche Welt langweilte ihn, auf seinen Reisen fühlte er sich einsam, aber inmitten der Rauchschwaden einer muffigen Bar, umgeben von seinen Kollegen, fühlte er sich wohl. Die Einstellung des jungen Mannes dem Leben gegenüber war durch eine fatalistische Resignation gekennzeichnet, gemischt mit der inneren Ablehnung der bestehenden Gesellschaftsordnung, jedoch ohne klares politisches Ziel und ohne den Versuch, seinem Leben einen eigenen Sinn abzugewinnen. Er gehörte in die Gruppe jener jungen Menschen, die einer jahrelangen Drogengewöhnung verfallen waren. Wollte man seine Neurose beschreiben, dann am ehesten im Sinn der heute vielfach gerade bei Jungen anzutreffenden Langweiligkeitsneurose oder Sinnentleerungsneurose. Ärger, Unlust, Widerwille, Gleichgültigkeit, Resignation, Apathie, abgelöst vom Drang nach Veränderung, gehören dazu.

In dieser Leere finden manche Menschen Zuflucht bei der Droge, die es ihnen ermöglicht, der Eintönigkeit und Lebensunlust wenigstens für eine kurze Zeit zu entrinnen. Gefühle des Unterdrücktseins in einer wohlangepaßten Gesellschaft, diffuse Vorstellungen einer blockierten Zukunft, Mangel an Initiative und Schuldgefühle fördern die Fluchttendenz. Es ist die Selbstentfremdung, die Langeweile und Sinnentleerung hervorruft und damit auch die Sucht, immer wieder Neues zu erleben, um sich von der Monotonie und Stagnation zu befreien. Die Liebesfähigkeit ist blockiert, ebenso die Aggressivität. Jegliche Fähigkeit, Unangenehmes zu ertragen, Konflikte zu lösen, sich aktiv mit der Welt auseinanderzusetzen, ist ihnen abhanden gekommen. Die Frustrationstoleranz ist auf Null gesunken. Der Tod ist für sie die letzte große Reise. Die Geschichte dieses Mannes ist die Geschichte einer ganzen Generation. Todesfurcht und Todessehnsucht, Merkmale unserer Zeit, möglicherweise auch jeder Zeit, haben hier und jetzt Ausmaße angenommen, die den denkenden und verantwortungsbewußten Menschen zum Handeln bewegen müssen.

Schuld und Gewissen

Welcher Zusammenhang besteht zwischen Todesangst und Todesfaszination einerseits und der Schuld oder dem Schuldbewußtsein des Menschen? Leben nicht gerade besonders gesetzestreue, brave und hohen sittlichen Werten verpflichtete Menschen zeitlebens in größter Angst vor dem Tod? Kann von »Schuldangst« gesprochen werden, und wie verhält sich die Schuldangst zur Todesangst?

Will man diesen Fragen nachgehen, müssen vorerst einige Begriffe geklärt werden. Tatsache ist, daß keine Betrachtung über die menschliche Existenz, sei sie nun philosophischer, theologischer oder tiefenpsychologischer Natur, am Phänomen von Schuld und Gewissen vorbeisehen kann, ohne sich einer unverzeihlichen Nachlässigkeit »schuldig« zu machen. Es gibt zwar Medikamente gegen die Angst, es gibt auch Präparate zur Beruhigung des Menschen bei quälenden Schuldgefühlen, es gibt Drogen zur Betäubung von Gewissensqualen – eine spezifisch wirkende Substanz zur Aufhebung von Schuld gibt es aber nicht und wird es vermutlich nie geben. Warum nicht? Weil die Schuld ein Grundbestandteil des Daseins ist und keineswegs lediglich ein künstliches Produkt soziokultureller Entwicklung oder gar ein überflüssiges Produkt einer autoritären Erziehung. Auch die Schuld verweist den Menschen auf sein »Sein«, und sie *verweist ihn auf die Möglichkeit des Todes*.

So waren die *Beziehungen zwischen der Todesangst und der Schuld* schon immer Gegenstand weltanschaulicher und philosophischer Betrachtungen. Was ist aber eigentlich »Schuld«? Etymologisch vom althochdeutschen sculd oder scult herstammend, bedeutet sie »Verpflichtung«, das, was man soll oder jemandem schuldet.

Schuld ist in diesem Sinn ein »debitum«, etwas Geschuldetes. Nun gibt es auch eine Schuld im Sinn der »culpa«, was sowohl eine moralische, juristische, ethische Schuld als auch Ursache bedeuten kann. Die ethische Bedeutung der culpa wurzelt in der altgermanischen Rechtsanschauung, dergemäß eine Übertretung durch Zahlung eines Bußgeldes ausgeglichen werden konnte, ebenso in der Auffassung der Kirchenlehre, die für jede Sünde eine »satisfactio operis« – eine Schuldabtragung durch die Tat – verlangt. Auch die »culpa« gründet letztlich in einem »debitum«.

Einblick in die zwischen Mystik und Kirchenrecht stehenden liturgisch-seelsorgerischen Deutungen der Schuld gewinnen wir aus den Sakramentalien und den bis ins zwölfte Jahrhundert reichenden Bußbüchern, schließlich aus der Pönitentialsumme und den pastoral-kasuistischen Werken, die nach der abendländischen Glaubensspaltung bereits ein psychologisches Verständnis mit einbeziehen. Ein Verhalten, das dem Sittengesetz widerspricht, wird nur dann als sittliche Schuld betrachtet, wenn es im vollen Bewußtsein und aus innerer Freiheit geschieht. Nun ergibt sich im Christentum mit den Begriffen der Vergebung und Verzeihung ein gegenüber dem rechtlichen und gesellschaftlichen Standpunkt völlig neuer und differenzierter Aspekt. Den Gegenpol zur Schuldhaftigkeit bildet hier nicht die Strafe, sondern die Liebe, in der auch ein schuldbeladener Mensch sich geborgen fühlen kann. Im »Vergib uns unsere Schuld, wie auch wir vergeben unseren Schuldigern« (Matthäus 6,12) ist bereits jene aus der Liebe entspringende Befreiung von der Schuld aufgewiesen. Und doch vollzieht sich im Christentum die Aufhebung der Strafe als direkte Folge der Schuld nicht allein aufgrund des Angenommenwerdens des schuldigen Menschen in der Allmacht der Liebe, vielmehr wird von diesem die Einsicht in sein Schuldigsein zur Erlangung des Heils verlangt, seelsorgerisch gesprochen: die Reue. Da das Eingestehen des »mea culpa« zumeist schwerfällt und der Mensch es nicht liebt, an seine Schuld und an die Notwendigkeit der Auseinandersetzung mit ihr erinnert zu werden, verstehen wir leicht, warum das Schuldgefühl so häufig aus dem Bewußtsein verdrängt wird. Die christliche Religion stellt indessen der Schuld nicht nur die Liebe entgegen, sondern auch die Gnade, aufgrund derer erst die Möglichkeit einer Schuldentlastung besteht. Gnade ermöglicht die Vergebung der Schuld.

Die alltägliche Begegnung mit den Schuldgefühlen und mit der Schuld entspricht jedoch nicht der christlichen Auffassung; vielmehr spiegelt sie weitgehend die innere Einstellung des schuldigen Menschen zu seiner eigenen Schuldhaftigkeit wider. Wesentlich dafür bleiben der Einfluß von Kultur und Weltanschauung, der Einfluß gesellschaftlicher Normen, ferner das Nachwirken einer individuell strengen oder freien Erziehung, letztlich jedoch die Macht der öffentlichen Meinung und der davon abhängigen Angst. Diese Angst bestimmt auch jenes mit dem Begriff der Schuld untrennbar verbundene Anliegen unserer Gesellschaftsordnung: die Strafe. Die Schuld kann als solche nicht in sich bestehen; ohne Sühne und Strafe wäre sie wie ein Pol ohne Gegenpol, ein einseitig ausschlagendes Pendel. Diese »Ordnung« entspricht einem dem Menschen innewohnenden Bedürfnis. Im Strafbedürfnis liegt auch mindestens eine Wurzel des juristischen Bezugs zur Schuld. Die andere dürfte in der menschlichen und gesellschaftlichen Überzeugung liegen, daß die Strafe ein Mittel der Prävention von Schuld sei. Die wichtigste Antwort auf die alltägliche moralische und juristisch faßbare Schuld liegt nicht in der Vergebung und Verzeihung, sondern in Strafe und Sühne.

Gerechterweise muß jedoch hinzugefügt werden, daß auch die christliche Beurteilung des Schuldigen »Bestrafung« und »Sühne« keineswegs ausschließt. Die Schuld im Sinn der Sünde wird von den Kirchenvätern als »Tod der Seele« (Augustinus) bezeichnet. Jeder, der sündigt, stirbt. Gregorius von Nazianz spricht es Ende des vierten Jahrhunderts deutlich aus: »Jede schwere Sünde gibt der Seele den Tod«, und sein Zeitgenosse Gregorius von Nyssa glaubt, daß wegen der Verbundenheit von Leib und Seele *der schuldbeladene Mensch den Tod erleide.* Leichtere Formen der Schuld werden von den Vätern mit Wunden oder Krankheiten der Seele verglichen. Eine Metapher, die bereits von Seneca (Briefe an Lucilius VIII, 2) verwendet wird, lautet: »Daß diese heilsamen Ermahnungen wirksam sind, habe ich bei meinen eigenen Geschwüren festgestellt. Sind diese auch noch nicht ganz ausgeheilt, haben sie doch zu schwären aufgehört.«

Psychoanalytische Erklärungsversuche

Haben wir es bei der moraltheologischen und juristischen Bewertung der Schuld nur mit dem Schuldbewußtsein, das heißt mit einer wesentlich und willentlich vom Subjekt erfahrenen Schuldhaftigkeit zu tun, so war es Freud vorbehalten, die These von »unbewußten Schuldgefühlen« aufzustellen. Ein Schuldgefühl entstehe dann, meinte Freud, wenn einem Menschen die Abwehr seiner von ihm verworfenen Regungen und Vorstellungen mißlinge. Allerdings gelte dies nicht für den gesunden Menschen, sondern für den Neurotiker, da der Gesunde den Widerspruch einer unverträglichen Vorstellung mit seinem Ich durch Denkarbeit lösen könne. Der Neurotiker erliege der Dialektik zwischen Lustprinzip und Realitätsprinzip. Dem Lustprinzip diene die Triebbefriedigung des »Es«, während das »Über-Ich« stets die Forderungen der Realität vertrete. Beim Kind wie beim Primitiven sei ursprünglich allein das Lustprinzip maßgebend. Es werde jedoch durch die Gebote der Außenwelt, durch Eltern, Erzieher, Gesellschaft eingeschränkt. Das Kind müsse gehorchen lernen, der Primitive unterwerfe sich den Riten und Gebräuchen des Stammes. Allmählich würden die fremden, von außen herangetragenen Gebote und Verbote »aufgenommen«, vom Individuum zu seinen eigenen gemacht, als die seinen angeeignet. Darin besteht nach Freud der Prozeß der »Über-Ich-Entwicklung«, die zur Trägerschaft der Selbstbeobachtung, des Gewissens und der Idealfunktion führe. Mit dem Begriff des »Über-Ich« verteidigte sich Freud gegen jene, die der Psychoanalyse moralisches Niveau und sittlichen Ernst absprachen. Es sei der Psychoanalyse unzählige Male zum Vorwurf gemacht worden, daß sie sich um das Höhere, Moralische, Überpersönliche im Menschen nicht kümmere. Der Vorwurf sei doppelt ungerecht, historisch wie methodisch. Die psychoanalytische Forschung habe nicht wie ein philosophisches System mit einem vollständigen und fertigen Lehrgebäude auftreten können, sondern sich den Weg zum Verständnis der seelischen Komplikationen schrittweise durch die analytische Zergliederung normaler wie abnormaler Phänomene erst bahnen müssen. »Wir brauchten die zitternde Besorgnis um den Verbleib des Höheren im Menschen nicht zu teilen, solange wir uns mit dem Studium des Verdrängten im Seelenleben zu beschäftigen hatten. Nun, da wir uns an die Analyse des Ichs heranwagen, können wir all denen, welche, in ihrem sittlichen Bewußtsein erschüttert, geklagt haben, es muß doch ein höheres Wesen im Menschen geben, antworten: gewiß, und dies ist das höhere Wesen, das Ich-Ideal oder das Über-Ich, die Repräsentanz unserer Elternbeziehung. Als kleine Kinder haben wir diese höheren Wesen gekannt, bewundert, gefürchtet, später sie in uns selbst aufgenommen«[4] (1923, G.W. XIII, 264).

Nun stellt jedoch das Gewissen als Funktion eines Über-Ich, das heißt jener Instanz, die introjizierte äußere Normen repräsentiert, nie das eigentliche Gewissen dar, selbst dann nicht, wenn es einem Schuld*bewußtsein* gleichgestellt wird. Der Begriff »Gewissen« stammt von Notker Labeo (der Großlippige, geboren 950 n.Chr.), auch Notker Teutonicus genannt. Er übersetzte das lateinische »conscientia« in »gewizzeni«, das zum mittelhochdeutschen »gewizzen« und schließlich zum neuhochdeutschen »Gewissen« wurde. Er versteht das Wort bereits im heute noch gültigen Sinn als ein Gefühl sittlicher Verpflichtung, als innere Stimme, als Mahner und Ratgeber sowie Ankläger und Richter. Im Lauf der Zeit wurde das Gewissen schlicht auch zum »Bewußtsein«.

Bewußtsein ist ein erst im 18. Jahrhundert von der deutschen Philosophie als Synonym der griechischen »syneidesis« und der lateinischen »conscientia« geschaffenes Wort und umfaßt nicht nur ein Wissen, vielmehr die Gesamtheit innerer Wahrnehmungen sowie einen dauernden Gegenwartsbezug zum eigenen Selbst. Die Vorsilbe »Ge« steht häufig für die Erfassung einer Gesamtheit. So sprechen wir beispielsweise vom Ge-hölz, vom Ge-birge, von der Ge-sellschaft und eben auch vom Ge-wissen. Das Schuldbewußtsein ist dabei höchstens eine Facette, die im Ganzen des Gewissens eine Rolle spielt. Die scholastische Einteilung seiner Aspekte in vorhergehende, gebietende, warnende und nachfolgende, lobend-gute oder tadelnd-schlechte Gewissensfunktionen setzt eine Deckung des Begriffs des Schuldbewußtseins mit dem des schlechten Gewissens voraus.

Freud leitete nun das Gewissen sowohl aus einer phylogenetischen wie aus einer ontogenetischen Wurzel ab. Die erste sei der Vatermord in der Urhorde – eine mythologische Annahme –, die zweite liege im Ödipuskomplex. Tabuvorschriften gegen unbewußte, auf Vatertötung und Inzest bezogene Triebregungen wirkten als Schuldmotive. Es sei möglich, meint Freud, »daß vielleicht die Menschheit als Ganzes ihr Schuldbewußtsein, die letzte Quelle von Religion und Sittlichkeit, zu Beginn ihrer Geschichte am Ödipuskomplex erworben« habe (1918, G.W. XI, 344).

Die Schuldgefühle ließen sich auf eine Spannung zwischen dem Ich und dem Gewissen reduzieren, das letztere – wie gesagt – als eine Funktion des »Über-Ich« verstanden. Dieses bilde eben die »Vertretung aller moralischen Beschränkungen«, sei der »Anwalt des Strebens nach Vervollkommnung ... Träger der Tradition, all der zeitbeständigen Wertungen, die sich auf diesem Weg über Generationen fortgepflanzt haben«. In den Ideologien des Über-Ich lebe die Vergangenheit, die Tradition der Rasse und des Volkes fort. Es sei leicht zu zeigen, daß das »Ich-Ideal« allen Ansprüchen genüge, die an das höhere Wesen im Menschen gestellt würden. Vatersehnsucht, Vaterrolle und moralische Zensur des Gewissens, Gebote und Verbote, ursprünglich von der Vaterautorität, später von Lehrern und anderen Autoritäten, würden vom Menschen als die seinen übernommen, introjiziert und als Schuldgefühle wirksam (1923, G.W. XIII, 265). »Das Schuldgefühl«, meinte Freud weiter, sei der Ausdruck des Ambivalenzkonflikts, des »ewigen Kampfes zwischen dem Eros und dem Destruktions- oder Todestrieb« (1930, G.W. XIV, 482ff.). Hier gelangte er endlich zur Erklärung der scheinbar »grundlosen« Schuldgefühle. Nach der Tötung des Urvaters, die in den Söhnen als Folge der »uranfänglichen Gefühlsambivalenz« Reue erzeugte (die Söhne haßten und liebten ihn zugleich), identifizierten sie sich in ihrem »Über-Ich« mit dem Vater. Dieses Vater-introjizierende »Über-Ich« rächte sich nun für die gegen jenen verübte Tat. Zudem schuf es die Voraussetzungen und Einschränkungen, um deren Wiederholung zu verhindern, nämlich die Schuldgefühle beziehungsweise das Gewissen. Damit ist ein Zweifaches festgehalten: der Anteil der Liebe an der Entstehung des Gewissens und die verhängnisvolle Unvermeidlichkeit des Schuldgefühls. Dieser Konflikt wiederhole sich nicht nur in der Beziehung des Sohnes zum Vater, sondern überall dort, wo dem Menschen die Aufgabe des Zusammenlebens gestellt werde. Innerhalb der Familie äußere er sich im Ödipuskomplex, in der erweiterten Gemeinschaft in anderen Formen. »Was am Vater begonnen wurde, vollendet sich in der Masse.« Sogar der Preis für den Kulturfortschritt werde »in der Glückseinbuße durch die Erhöhung des Schuldgefühls bezahlt«.

Es war Freuds Anliegen, dem Über-Ich jene autoritäre und gegen das Glück des Ich gerichtete Spitze zu nehmen. »Wir sind daher in therapeutischer Absicht sehr oft genötigt, das Über-Ich zu bekämpfen, und bemühen uns, seine Ansprüche zu erniedrigen« (das. 503). Die gleichen Vorwürfe wie gegen das individuelle Über-Ich richtete Freud auch gegen die überindividuelle Ethik, die mit dem irrigen Glauben an den Menschen herantrete, dem »Ich« stehe »die unumschränkte Herrschaft über sein Es« zu, und von ihm die Befolgung von Geboten verlangt, die ihn unter Umständen zur Auflehnung oder zur Neurose treibe. Freud meinte, Schuldbewußtsein und Strafbedürfnis beruhten auf der Gleichwertung von böser Tat und Absicht. So hat er auch eine Erklärung für die Feststellung, daß das Gewissen gerade »bei den Besten und Fügsamsten« (das. 487) besonders streng ist. Ursprünglich sei nämlich die Angst, die zum Gewissen werde, Ursache des Triebverzichts. Dann kehre sich das Verhältnis um: Jeder Triebverzicht werde zur dynamischen Quelle des Gewissens, »jeder neue Verzicht steigert dessen Strenge und Intoleranz... das Gewissen ist die Folge des Triebverzichts, oder der (uns von außen auferlegte) Triebverzicht schafft das Gewissen, das dann weiteren Triebverzicht fordert« (das. 488).

Es darf wohl nicht übersehen werden, daß Freud seine Psychologie in das Wissenschaftssystem der Naturwissenschaften zu integrieren versuchte; daß er jeglichen Versuch einer philosophischen Infragestellung von sich wies, dabei offenlassend, ob es eine solche überhaupt gebe. Für die von ihm geschaffene Metapsychologie schien sie ihm unwesentlich. Dies mag ihm als Entschuldigung dienen, aber auch als Irrtum angekreidet werden. Denn es gibt keine Psychologie, keine Wissenschaft, die nicht auf philosophischen Grundlagen beruht, ob diese nun eigens bedacht werden oder nicht. Zudem muß sich jede Aussage über den Menschen vor der philosophischen Kritik bewähren. Dies gilt im besonderen für Aussagen, die ethische Wertsysteme betreffen, wie es bei der menschlichen Schuldhaftigkeit der Fall ist.

Moralisches und ethisches Gewissen

Dies berücksichtigte beispielsweise C.G. Jung, der die Hypothese verwarf, wonach zuerst Moralgesetze »erfunden« wurden, welche schließlich aufgrund ihrer suggestiven Wirkung zur Gewissensbildung geführt hätten (1958, 193). Schuldgefühle und Gewissensbildung sind ihm zufolge älter als die Moralgesetze der frühesten Menschheit; auch die moralische Reaktion entspreche einem ursprünglichen Verhalten der Psyche, während die Moralgesetze »eine späte, in Sätzen erstarrte Folgeerscheinung des moralischen Verhaltens« darstellten. »Sie scheinen infolgedessen mit der moralischen Reaktion, das heißt mit dem Gewissen, identisch zu sein. Diese Täuschung aber wird offenbar in dem Augenblick, in dem eine Pflichtenkollision den Unterschied zwischen Sittenkodex und Gewissen klarmacht.« Somit entstehen Schuldgefühle teilweise wenigstens aus dem Widerspruch zwischen inneren Wünschen und äußeren Geboten. Jung unterschied ein moralisches von einem ethischen Gewissen. Das moralische Gewissen rege sich, wenn der Mensch den herkömmlichen Sittenkodex überschreite, das ethische Gewissen dagegen entspringe einer bewußten Auseinandersetzung jenseits der Moral. Diese trete dann ein, wenn zwischen dem herkömmlichen Sittenkodex und der inneren Stimme eine Pflichtenkollision entstehe. Beispielsweise ist im herkömmlichen Sittenkodex die Forderung verankert, daß der Untergebene dem Vorgesetzten zu gehorchen hat. Wenn dessen Befehl jedoch der inneren Stimme des Untergebenen widerspricht, kann nur die schöpferische Kraft des Ethos die endgültige Entscheidung treffen.

Nicht alle Schuldgefühle entstehen jedoch aus dem Widerspruch innerer Wünsche und äußerer Gebote. Jung nannte des weiteren die schleichenden Schuldgefühle des Menschen, der sich keiner bestimmten verbotenen Tat oder Unterlassung bewußt ist, solche diffusen Schuldgefühle können jeden Tag die Stimmung wie ein grauer Schleier überziehen und sich beim geringsten Anlaß zu unglaublicher Intensität steigern. Jung führte sie auf das zurück, was er als das »ungelebte Leben« oder den »positiven Schatten« bezeichnete, auf unterdrückte Lebensmöglichkeiten und Bedürfnisse. An einen nicht genannten Adressaten schrieb Jung einmal 1951: »Wenn Sie trotzdem von Schuldgefühlen geplagt sein sollten, so überlegen Sie sich einmal, welche Sünden Sie nicht begangen haben, die Sie doch gerne hätten begehen wollen. Das kann Sie dann vielleicht von Ihren Schuldgefühlen kurieren« (1973, 309).

Es braucht wenig Phantasie, um an Hand dieser Aussage zu erkennen, wie nahe Jung hier dem später von der Daseinsanalyse gebrauchten Begriff des existentiellen Schuldigseins stand. Es ging ihm vermutlich keineswegs um die Verleitung zur »Sünde«, wohl aber um den Nachweis, daß der Angesprochene sich offenbar im Leben etwas schuldig blieb. Dies mag durchaus der »Schatten« sein, den der Mensch an und bei sich selbst nicht zu sehen gewillt ist, den er, um Schuld von sich fernzuhalten, auf andere projiziert. Das Erkennen solcher Projektionsmechanismen und das Zurücknehmen der Projektion, das Annehmen der eigenen Schuld ist von größtem therapeutischem Wert. Es sei nicht von Vorteil, meinte Jung (1968, G.W. XIV, 183), auf der Schuld des anderen zu insistieren, wichtiger sei vielmehr, »seine eigene Schuld zu kennen und zu besitzen, denn sie ist ein Teil des eigenen Selbst und eine Bedingung, ohne welche sich nichts in dieser sublunaren Welt verwirklichen kann«.

Bei C.G. Jung bleibt das Gewissen mit Angst und Schuldgefühlen verknüpft. Schuld entsteht durch Ablehnung der »Zentrierungstendenz« im Individuationsprozeß. Das Unbewußte ist für Jung autonom, »ontogenetisch und phylogenetisch älter als das Bewußtsein« – eine Annahme, die er allerdings nie beweisen konnte – und vom bewußten Willen weitgehend unabhängig. Das Gewissen ist eine Funktion nicht nur des Bewußtseins, sondern vor allem des Unbewußten. Die von Freud als Über-Ich gesetzten, ins Unbewußte reichenden Normen sind bei Jung teilweise in der Persona, teilweise im Ich verankert. Sie entsprechen der Erwartung der Gesellschaft mit ihrem traditionsgebundenen Moralkodex. Trotzdem ist das Gewissen nach Jung nicht psychodynamisch entstanden, sondern strukturell und wesensmäßig der Psyche zugehörig. Dies gilt insbesondere für das »ethische Gewissen«, das in den Bereich des kollektiven Unbewußten gehört, als archetypisches Phänomen betrachtet wird und als »Vox dei« einen numinosen Imperativ bedeutet, dem eine höhere Autorität eignet als dem menschlichen Verstand. Das »moralische Gewissen« hingegen scheint weitgehend identisch zu sein mit dem Begriff des Freudschen Über-Ich; es regt sich, wenn der Mensch den herkömmlichen Sittenkodex überschreitet. Ethisches und moralisches Gewissen können in eine »Pflichtenkollision« geraten. In diesem Fall hat die Autorität des ethischen Gewissens den Vorrang vor dem moralischen. Nur der infantil, unselbständig und neurotisch gebliebene Mensch fühlt sich dem angeeigneten, weitgehend von »außen« manipulierten Gewissen verpflichtet.

Existentielle Schuld

Damit kommen wir zum Begriff der »existentiellen Schuld«, wie er in der Daseinsanalyse verwendet wird, und damit zu der Überlegung, daß das Gewissen ein Phänomen menschlicher Beziehung (Hicklin, 1982) ist. Weder die Freudsche noch die Jungsche Definition des Gewissens vermögen voll zu befriedigen. Dies unter anderem deshalb nicht, weil bei beiden das Gewissen in einen Bereich der menschlichen Psyche verlegt wird, der eben unbewußt sein soll und sich demgemäß der vernünftigen und freien Entscheidungsinstanz entzieht. Zweifellos besitzen beide Gewissensauffassungen einen wichtigen Stellenwert in der Beurteilung alltäglich erfahrener Gewissensphänomene. Ontogenetisch mag diese Art der Gewissensbildung von außen als erste Gewissenserfahrung gelten, existentiell ist sie nichts anderes als die Privationserscheinung eines offenen und freien Weltverhältnisses. Das Über-Ich-Gewissen Freuds und das moralische Gewissen Jungs würden wir demzufolge als das »uneigentliche« Gewissen bezeichnen, weil in ihm gerade das Eigene des Menschen nicht ersichtlich ist. Es ist das Gewissen des »man«. Es verbindet uns mit dem, was der Vater tat oder tut, was andere tun und lassen, was *man* denkt, was *man* liest, wie *man* urteilt, wie *man* sich verhält, was *man* sieht oder wie *man* es zu sehen hat. Dieses Gewissen entspricht nicht der Selbst-, sondern der Fremdbestimmung, letztlich dem Verlust an Freiheit. Das uneigentliche Gewissen ist kompromißlos, festgefahren im Absoluten und Polaren. Wir treffen es zwar auch bei »Gesunden«, aber vor allem bei zwanghaften Persönlichkeiten und in unerbittlicher Schärfe bei Depressiven an. Der Mensch jedoch, der solcherart seinem uneigentlichen Gewissen verfallen ist, gerät auf einen unheilvollen Kurs. Denn zum Gehorsam verdammt, vergrößert er täglich seine Schuldhaftigkeit. Das mag paradox klingen, ist es aber nicht. Erstarrung – auch im uneigentlichen Gewissen – verhindert Entfaltung und Reife. Einengung verhindert ein Sich-Öffnen und Frei-Werden für den Reichtum des Begegnenden. Aus diesem Grund kann auch ein Normverhafteter nie die volle Erfahrung numinosen Erlebens machen, nie die Fülle tiefer Gläubigkeit vernehmen. Freiheit ist ja immer ein Freisein *für* etwas, nie lediglich *von* etwas. Gewissen kann somit immer nur als Ruf zur Freiheit verstanden werden, zu einer Freiheit allerdings, die den Mitmenschen einschließt. Mitmenschlichkeit ist als Mit-Dasein ebenso ein Grundzug menschlichen Existierens wie das Offen- und Freisein. Daher kann eben der Ruf des Gewissens nur verstanden werden als ein Ruf zu Offenheit und Beziehung.

Die Daseinsanalyse (Condrau, 1962; Boss, 1962) spricht vom Gewissen, indem sie weitgehend sowohl von (unbewußten) Schuldgefühlen als auch von einem Schuldbewußtsein abstrahiert und den Begriff der Schuld in den Vordergrund stellt. Daseinsanalytisch ist der Mensch immer schon schuldig, insofern als er seinem Dasein etwas »schuldet«. Solches »Schulden« beziehungsweise »Schuldigsein«, völlig verschieden von einem unbestimmten Sich-schuldig-Fühlen, beginnt mit der Geburt und endet mit dem Tode; innerhalb dieser Spanne bleibt der Mensch vom Dasein dazu aufgerufen, sich zu entfalten und sich die ihm innewohnenden Möglichkeiten als die seinen anzueignen. Verwirklichen kann er jedoch nur eine Auswahl von ihnen – die anderen bleibt er sich schuldig. Dieses Schuldigsein nennt Heidegger ein Existenzial, das heißt, es gehört wesenhaft zum menschlichen Dasein.[5] Die existentielle, »ontische« Schuld läußert sich im Gewissen. Sie ist, wie schon gesagt, mehr als bloß ein Schuldgefühl oder Schuldbewußtsein, mehr als nur eine Funktion des Über-Ich, sie bleibt wirkliche Schuld und läßt sich auch nicht durch eine psychoanalytische Kur ausmerzen. Die Aufgabe der Psychotherapie kann nicht darin bestehen, den Menschen in einen »paradiesischen Urzustand der Schuldlosigkeit« zu führen, die Therapie kann ihm aber helfen, seine Schuld zu erkennen und abzutragen. Die Bejahung der Schuld führt aber nicht zu ihrer Glorifizierung, noch wird diese Schuld dadurch entgiftet oder »neutralisiert«. Die »Bewußtmachung« der existentiellen Schuld hebt diese nicht auf. Sie stellt im Gegenteil Forderungen und Ansprüche, woraus sich wiederum erklärt, weshalb gegen ihre Annahme Widerstände entstehen. Wozu aber wird der Mensch vom stets bereiten Ruf seines Gewissens aufgerufen? Es handelt sich um die gleiche Aufforderung, die Christus im Gleichnis der Talente dem Menschen aufbürdete: die Aneignung aller ihm gebotenen Möglichkeiten zur Entfaltung seines Daseins, zur Reifung und Vervollkommnung. Die Kirche stellt dieselbe Forderung an den Gläubigen zur Gewinnung des Himmelreichs, wobei die Schuld (Sünde) in der Nichterreichung der Heiligkeit liegt. Heiliggesprochen wird der Mensch nicht zu Lebzeiten, sondern erst nach seinem Tod.

Der Schuldbegriff, von dem in der Daseinsanalyse gesprochen wird, geht ursprünglich auf die fundamentalontologische Betrachtungsweise Heideggers (1927, 282) zurück.[6] Das Dasein ist in seiner Grundstruktur schuldig, das heißt, die Schuld bildet nicht etwas zufällig oder akzidentiell dem Menschen Anhaftendes, kein »Attribut« des Daseins, sondern wird im Begriff des Daseins mit begriffen. In unserem Alltagsverständnis zeigt sich das Schuldigsein in mehreren Formen. Zunächst kennen wir es als »eine Schuld haben«, jemandem »etwas schuldig sein«. Weiter hat das Schuldigsein die Bedeutung der Urheberschaft, des ursächlichen Bezuges, der Veranlassung; es ist das »Schuld-Sein an«. Beide Formen können zusammenfließen im »Sich-schuldig-Machen«, worin das «Sich-strafbar-Machen« eingeschlossen ist. Im ontologischen Sinn impliziert nun das Schuldigwerden an anderen nicht lediglich eine Rechtsverletzung, sondern eine existentielle Schuld »dadurch, daß ich Schuld habe daran, daß der andere in seiner Existenz gefährdet, irregeleitet oder gar gebrochen wird«. Dieses Schuldigwerden an anderen ist möglich ohne Verletzung des »öffentlichen« Gesetzes.

Entfaltung und Erfüllung bedeuten »Bereicherung« des gelebten Daseins. Dazu ist der Mensch aufgerufen, dafür bleibt er verantwortlich, was nichts anderes als das Einstehen für sein eigenes Schuldigsein verlangt. Ablehnung der Verantwortung bedeutet Flucht, Flucht aber vermehrt die Schuld. Dies gilt auch für jene Menschen, denen von klein auf eine Moral addressiert worden ist, die ihr Eigenwesen verstümmelt, weil sie die leiblich-sinnlichen Beziehungsmöglichkeiten als grundsätzlich sündig und unterdrückungswürdig sehen lehrte. Ein solcher Mensch, sagt Boss, mache sich der Unterschlagung ganz wesentlicher Weltbereiche schuldig (1962, 61 ff.). Derartige Unterschlagung führe tatsächlich zu Schuldgefühlen und Gewissensbissen. »Sie rufen ihn zu einem Besser- und Ganz-Werden auf, um so drängender, je mehr er bisher hinter der Erfüllung seines Lebens zurückblieb.« Ein Besser-Werden jedoch bestünde für einen solchen Menschen immer nur in einem noch rigoroseren Befolgen der ihm bekannten, von früher Jugend auf eingebrannten, wesensfremden Gebote und Verbote. Er werde sich deshalb bemühen, seine als sündhaft mißverstandenen Lebensmöglichkeiten noch radikaler zu verleugnen. Gerade dadurch vergrößere er indessen nur seine wahre menschliche Schuld, bleibe immer weiter hinter der Erfüllung seines »Hüteramtes« zurück. »So steigern die verborgenen, uneigentlichen, von fremden Mentalitäten andressierten Schuldgefühle das eigentliche, wesensmäßige Schuldig-Sein.«[7]

Solche und ähnliche Aussagen, hier lediglich von Jung und Boss zitiert, wären an sich geeignet, die Moraltheologen, jedenfalls die in der praktischen Seelsorge tätigen Vertreter der Kirche, auf den Plan zu rufen, zumindest zu beunruhigen. Leider hat diese Auseinandersetzung meines Wissens bisher nicht stattgefunden. Und dies aus einem einfachen Grund: Jung wie Boss sprechen in diesem Zusammenhang mit Vorliebe, wenn nicht ausschließlich, von neurotischen Menschen. Meines Erachtens handelt es sich jedoch um eine allgemeine Problematik, die am Mark vor allem der abendländisch-christlichen, aber auch der jüdischen oder islamischen Erziehung zehrt. Die Moraltheologie beruft sich darauf, daß Krankheit entschuldigt und entschuldet; sie verbindet sich gleichsam mit der Medizin, um den solcherart sich schuldig fühlenden Menschen für objektiv schuldfrei zu erklären.[8] Darin liegt der Irrtum sowohl der Medizin wie der Moraltheologie. Denn die Neurose ist nicht einfach eine den Menschen »befallende« Krankheit, sondern immer auch mit dessen Eigenverantwortung verknüpft. Mit anderen Worten: Der Mensch ist für seine neurotische Fehlhaltung verantwortlich. Wäre er dies nicht, hätten alle Psychotherapien, die ihn im Sinn der psychoanalytischen und daseinsanalytischen Grundhaltung fordern, nicht die geringste Aussicht auf Erfolg, vor allem aber keine methodische Berechtigung. Zum anderen, und dies scheint mir das wichtigere Argument, darf keineswegs jeder, der sich einem bestimmten Sittenkodex verpflichtet fühlt, als Neurotiker bezeichnet werden. Es stellt sich somit die unausweichliche Frage, ob nicht gerade der Sittenkodex selbst in krassem Gegensatz zur Forderung eines freien und verantwortungsvollen In-der-Welt-Seins steht, denn Schuld als Sünde gehört in den Bereich des Bösen und Verwerflichen. Jung meint aber nicht zu Unrecht, »daß nicht Gesetzestreue, sondern vielmehr Liebe und Güte dem Wesen des Bösen im Gegensatz entsprechen« (1968, G. W. XIV/1, 186). Schuld kommt, wie gesagt, nicht durch Gesetzesnormen in die Welt. »Existenz und Leben« bedeuten »an sich schon Schuld« (das. 183).

Wenn »Schuld« und »Angst« wesenhaft zur menschlichen Existenz gehören, dann sind beide Phänomene untrennbar mit dem »Sein zum Tode« verbunden. Beide, die Angst als Angst vor dem Tod, die Schuld als Das-noch-nicht-Erreichte, verweisen auf das Sterblichsein, denn erst im Tod sind sie aufgehoben. Der Versuch des Menschen, sich vor der Angst und vor der Schuld zu drücken, entspricht dem Versuch, die Gewißheit des Todes abzuwehren. Wissentliche und willentliche Auseinandersetzung mit Angst und Schuld dagegen bedeutet das Akzeptieren des Sterblichseins.[9]

Dazu bedarf der Mensch häufig der Hilfe. Angesprochen sind in unserer Zeit vor allem die Psychotherapeuten, aber auch die theologischen Seelsorger. Solche Fürsorge bei Menschen, die mit ihren Angst- und Schuldgefühlen nicht zurechtkommen, ist denn auch bereits im besten Sinn Sterbehilfe. Der Weg zu einem guten Sterben führt ja über die menschliche Reifung.

Individuation und Sozialisation

Die bisherigen Ausführungen lassen erkennen, daß ein »Sein zum Tode« (Heidegger) nur dann als solches sinnvoll wird, wenn der Tod einerseits als zum Leben gehörend betrachtet wird, das Leben andererseits im Tod nicht lediglich das Ende, sondern eine Vollendung erfährt. Das Ende kann vieles bedeuten. Ein Weg findet sein Ende, wenn der Wanderer am Ziel ist; letzterer kann aber auch am Ende seiner Kräfte angelangt sein, ohne das Ende des Weges, sein Ziel nämlich, erreicht zu haben. Das Ende einer Aufgabe fällt mit dem Zeitpunkt zusammen, da deren Zweck erfüllt ist. Es wird auch von einem Endzweck (causa finalis) gesprochen: End-lich trifft das längst Erhoffte ein.

Der Terminus »Individuation« hat sich seit C.G. Jung in der Literatur eingebürgert und wird darüber hinaus vielerorts verwendet. So spricht beispielsweise auch Martin Buber von der »Strenge und Tiefe der menschlichen Individuation« (⁴1978, 30). Für Jung bedeutet Individuation »zum Einzelwesen werden und, insofern wir unter Individualität unsere innerste, letzte und unvergleichbare Einzigartigkeit verstehen, *zum eigenen Selbst werden*« (²1934, G.W. VII, 191). Man könnte, so meinte er, statt Individuation auch »Verselbstung« oder »Selbstverwirklichung« sagen. Individuation ist sinngemäß die Befreiung der Individualität aus der Kollektivpsyche. Eine solche Befreiung ist ein Werdensprozeß, der nach Jung vornehmlich in der zweiten Lebenshälfte stattfindet. Für den erwachsenen Menschen in der zweiten Lebenshälfte ist »die beständige Erweiterung des Lebens offenkundig nicht mehr das richtige Prinzip, denn der Abstieg am Nachmittag des Lebens verlangt Vereinfachung, Einschränkung und Verinnerlichung, also individuelle Kultur. Der Mensch der biologisch-orientierten ersten Lebenshälfte hat, dank der Jugendlichkeit seines Organismus, im allgemeinen die Möglichkeit, die Erweiterung des Lebens zu ertragen und etwas Taugliches daraus zu machen. Der Mensch der zweiten Lebenshälfte ist natürlicherweise auf Kultur orientiert, während ihm die abnehmenden Kräfte seines Organismus eine Unterordnung der Triebe unter die Gesichtspunkte der Kultur ermöglichen« (1928, G.W. VIII, 66). Viele Menschen, so meint Jung, scheiterten gerade am Übergang aus der biologischen Sphäre in die Kultursphäre, da unsere Kollektiverziehung für diesen Übergang so gut wie gar nicht vorgesorgt habe; dabei sei völlig unklar, mit welchem Recht immer vorausgesetzt werde, der Erwachsene habe keine Erziehung mehr nötig. Der Individuationsprozeß besteht nach Jung in einer schrittweisen Annäherung des Menschen an seine psychische Ganzheit, zu welcher die Erfahrung des »Schattens«, die Begegnung mit der Anima beziehungsweise mit dem Animus gehören sowie die Erarbeitung des geistigen Prinzips und die Erarbeitung des Selbst mit völlig veränderter Lebenseinstellung und Lebensauffassung. Das Individuum soll sich als ein Wesen erkennen, das es von Natur aus ist, und nicht als jenes, das es sein möchte – im Sinn des »Werde, der du bist«.

Das Ziel der Individuation ist nach Jung dann erreicht, wenn sich die Empfindung des »Selbst« als etwas Irrationales, Undefinierbares einstellt, um welches das Ich »gewissermaßen rotiert wie die Erde um die Sonne« (G.W. VII, 185). Mit dem Wort »Empfindung« will Jung »den Wahrnehmungscharakter der Beziehung von Ich und Selbst kennzeichnen«. Was aber ist das »Selbst«? Zumindest »etwas übermächtig Lebendiges, dessen Deutung jedenfalls meinen Möglichkeiten nicht gelingt«. Es könnte aber auch charakterisiert werden als »eine Art von Kompensation für den Konflikt zwischen Innen und Außen«. Das Selbst habe den Charakter eines Resultats, eines erreichten Ziels, von »etwas, das nur allmählich zusande gekommen und durch viele Mühen erfahrbar geworden ist«. Es sei somit auch »das Ziel des Lebens, denn es ist der völligste Ausdruck der Schicksalskombination, die man Individuation nennt, und nicht nur des einzelnen Menschen, sondern einer ganzen Gruppe, in der einer den anderen zum völligen Bilde ergänzt«.

Der Mantel, den das Ich in seiner Beziehung zur normativen Umwelt um sich legt, wird von Jung als »Persona« bezeichnet. Diese spielt deshalb, in Anbetracht der Kollektiverziehung, besonders beim jungen Menschen eine einschneidende Rolle. Die Lebensmitte, das heißt der Beginn des Individuationsprozesses, wird von Jung zwischen 35 und 40 Jahren angesetzt. Selbstredend kann es sich dabei nur um eine allgemeine Angabe handeln, die im einzelnen Leben nicht mit dem effektiven Alter des Individuums übereinstimmen muß. Nicht von ungefähr sieht die Jungsche Psychologie das Ziel einer psychotherapeutischen Befreiung des neurotischen Menschen gerade in der vollen Selbstverwirklichung, Selbstfindung oder eben in der Individuation. Boss meinte denn auch, daß Jungs Definition des Selbst sogar die übliche gegenständliche Vorstellung vom Menschen in so hohem Maß überwinde, »daß sie das Selbst in paradoxer Weise zugleich als Mittelpunkt und als eine Wesenheit von unbestimmbar weiten Grenzen« fasse (1957, 36). Individuation besteht nämlich in der wissentlichen Übernahme aller einem Menschen mitgegebenen Möglichkeiten. Sie schließt die Welt nicht aus, sondern ein, »weil die Lebensmöglichkeiten eines Menschen immer nur in seinen Beziehungen zu sich selbst und der Welt« bestehen. Darum begreife das Selbst des Menschen unendlich mehr als ein bloßes Ich in sich. Der eigenen Freiheit sowie der damit verbundenen Verpflichtung, die Existenz faktisch aus der normativen Anonymität herauszuholen, wird Jung sicher gerechter als Freud. Trotzdem fehlt auch seiner Psychologie der entscheidende philosophische Boden, um der Ganzheit des Werde-Phänomens Klärung zu verschaffen. Boss muß recht gegeben werden, wenn er sagt, Jung sei »in den eigentlichen Explikationen seiner Theorie« nicht weiter gelangt als bis zur Absicht, phänomenologisch vorgehen zu wollen (das.). Die Ausführung seiner Intentionen habe er sich von vornherein selbst verbaut, indem er zwar Phänomenologie treibe, aber zugleich immer noch naturwissenschaftlicher Forscher bleiben wolle.

Eher jedoch vermöchte einer ein hölzernes Eisen zu erfinden als eine naturwissenschaftliche Phänomenologie zu schaffen. »Denn naturwissenschaftlich denken heißt doch, alle Dinge einzig und allein daraufhin zu stellen, was sie an allgemeingültigen und vorausberechenbaren Prinzipien sehen lassen und welche Quantitäten von qualitätsloser Energie sie unter welchen Erpressungen dem Menschen zu liefern bereit sind. Der Phänomenologe dagegen will sich, in einer damit völlig unvereinbaren Art und Weise und ohne jedes Schielen nach irgendwelchem energetischen Nutzen, den vollen Wesensgehalt der Dinge von diesen selbst zusprechen lassen.« Aus phänomenologischer Sicht kann aber auch der menschliche Werdens- und Reifungsprozeß nicht in verschiedenen Lebensaltern nach verschiedenen Gesetzen verlaufen. Der Individuationsprozeß, das heißt die Selbstverwirklichung, beginnt mit der Geburt und endet mit dem Tod.

Für C.G. Jung ist der Individuationsprozeß nicht nur eine Schule des Lebens, sondern auch eine Vorbereitung auf den Tod. Nach einem Herzinfarkt, der ihn an den Rand des Todes geführt hatte, schrieb er 1945 an Kristine Mann, nur das sei schwierig, »sich vom Körper zu lösen, nackt zu werden und leer von Welt und Ich-Willen. Wenn man den rasenden Lebenswillen aufgeben kann, und wenn es einem vorkommt, als fiele man in bodenlosen Nebel, dann beginnt das wahre Leben mit allem, wozu man gemeint war und das man nie erreichte. Das ist etwas unaussprechlich Großes.« Und an Victor White, 1946: »Der ›aspectus mortis‹ ist eine gewaltig einsame Sache, wenn man in Gottes Gegenwart aller Dinge beraubt wird. Die eigene Ganzheit wird gnadenlos erprobt« (beide Stellen zit. nach A. Jaffé, 1980, 13f.). Zur Ganzheit führt der Individuationsprozeß, der einer Bewußtwerdung (nicht nur als intellektuelles Wissen verstanden, sondern als seelische Wandlung) entspricht. Der Tod tritt natürlicherweise dann ein, wenn das Ziel der Ganzwerdung erreicht ist. Weitergehend wäre zu sagen, daß für viele Menschen möglicherweise der Tod dann ihr Leben beendet, wenn ihre Möglichkeiten erschöpft sind und eine Individuation (im Sinne Jungs) nicht in ihrem Lebensplan vorgesehen ist – entsprechend der »mors inmatura« Senecas. Dabei ist jedoch zu bedenken, daß wohl kein Mensch beurteilen kann, wann er oder ein anderer seine Ganzheit erreicht hat und im Sinne Jungs in vollendeter Individuation sterben kann.[10] Ganz im Gegensatz zu dieser Idealvorstellung dürfte es vermutlich nur wenige geben, die von sich sagen können, sie hätten ihr Lebens-Soll erfüllt. »Was einem Menschen objektiv, ›sub specie aeternitatis‹, als Bestimmung galt, und welcher sein Sinn war, ist vom Menschen nicht auszumachen« (Jaffé, 1980, 23).

Selbstverwirklichung

In diesem Zusammenhang müssen zwei Philosophen genannt werden, die – beide von der Psychiatrie herkommend – der »Wissenschaft« die Möglichkeit absprechen, über das Wesen des Menschen Gültiges auszusagen. Karl Jaspers stellte fest, unsere Erforschung des Menschen habe vielerlei Wissen gebracht, »aber nicht das Wissen vom Menschen im Ganzen« (1953, 66). Es sei überhaupt eine Frage, ob der Mensch erschöpfend begriffen werden könne »in dem, was von ihm wißbar ist«, und ob er darüber hinaus nicht etwas sei, »nämlich Freiheit, die sich jeder gegenständlichen Erkenntnis entzieht, aber ihm doch als unentrinnbare Möglichkeit gegenwärtig ist... Was der Mensch ist, können wir nicht erschöpfen in einem Gewußtsein von ihm, sondern nur erfahren im Ursprung unseres Denkens und Tuns. Der Mensch ist grundsätzlich mehr, als er von sich wissen kann.« Und Ludwig Binswanger meinte, daß auf die Frage, wer denn eigentlich »wir Menschen« seien, keine Zeit weniger Antwort zu geben vermochte als die unsrige ([2]1961, 77). »Auch hier haben Dichtung, Mythos und Traum eher Antwort gegeben als Wissenschaft und Philosophie.« So ist denn auch die Frage nach der Selbstverwirklichung des Menschen eine Frage nach dem Sinn und Gehalt der menschlichen Existenz selbst.

Wenn vom naturwissenschaftlichen Denkmodell die phänomenologische Zugangsart zur Wirklichkeit des Menschen und der Dinge abgehoben wird, sprechen wir vom »Dasein« im Sinn Heideggers. Mit Dasein ist vor allem anderen die Weltoffenheit des Menschen gemeint, eine Offenständigkeit dem Begegnenden gegenüber, die allem nichtdaseinsmäßigen Seienden abgeht. Diese Weltoffenheit wurde für den Menschen nicht nur von Heidegger, sondern von vielen Philosophen und auch von Entwicklungspsychologen neuerer Zeitgeschichte postuliert. Bereits Thomas von Aquin beschrieb die Menschenseele als »anima intellectiva, quia est universalium comprehensiva« (Summa Theol. 76,5 ad quartum). Weil also die Verstandesseele das Allgemeine erkennend umfaßt, hat sie eine Kraft, die auf Unendliches geht – dies im Gegensatz zu anderen Sinnenwesen, die nur eine auf bestimmte Einzeldinge beschränkte Wahrnehmung und Kraft besitzen. Und an anderer Stelle: »intellectus noster... est cognitivus universalis... et per consequens non finitur ad aliquod individuum, sed, quantum est de se, ad infinita individua se extendit« (Summa Theol. 86,2 ad quartum); »unser Verstand... erkennt auch das Unendliche (das Nicht-Begrenzte) und erkennt das Allgemeine. Infolgedessen ist er nicht auf ein Einzelding begrenzt, sondern erstreckt sich... auf unbegrenzt viele Einzeldinge.« Mit anderen Worten: Menschliches Dasein ist nicht lediglich auf das Erkennen faktisch vorhandener, ontischer Phänomene ausgerichtet, wie es möglicherweise andere Lebewesen sind, sondern auch auf das Universale, das heißt auf das deren Sinn und Bedeutung ausmachende Wesen.

Entwicklung und Reifung, Lernprozesse

Aus diesem Grund vermögen auch die modernen Wissenschaften, insbesondere jene, die sich mit Entwicklungs- und Reifungsproblemen des Menschen befassen, mit ihren Motivations- und Informationstheorien nicht das Wesentliche der Selbstverwirklichung in den Griff zu bekommen. Es wird zwar immer wieder behauptet, daß die meisten entwicklungspsychologischen Veränderungen während eines Menschenlebens auf Lernprozessen beruhen, wie auch der Entwicklungsvorgang selbst als Sozialisierungsprozeß aufzufassen sei, die Sozialisation wiederum als Gewinnung von Ich-Identität. Der Lernvorgang wird unter anderem als Reiz-Reaktions-Koppelung beschrieben (Oerter, 1973, 66). Mit einem »Reizmuster«, beispielsweise »Heimat«, werde ein »Verhaltensmuster«, z. B. die positive Zuwendung, gekoppelt, was die »Liebe zur Heimat« ergebe. Lernprozesse während der Entwicklung würden überdies in die Reifungsprozesse eingreifen. Die Verzahnung von Reifen und Lernen scheine aber hauptsächlich im frühen Alter gegeben zu sein. Je älter das Kind werde, desto weniger folge der Lernprozeß unmittelbar auf die Funktionsreifung. So könne beispielsweise das Kind mit vier Jahren lesen lernen, aber in unserer Kultur erfolge dieser Lernprozeß später. In frühester Kindheit sei der Mensch zudem »ein asoziales, unangepaßtes und egozentrisches Wesen« (das. 67). Er lebe nur seinen eigenen Bedürfnissen entsprechend und kümmere sich nicht darum, ob diese Wünsche und Verhaltensweisen von der Umwelt gebilligt oder abgelehnt werden. Der Erwachsene hingegen zeige ein mehr oder weniger angepaßtes Verhalten. Das Lernen bestehe eben in der Übernahme der von der Gesellschaft vorgeschriebenen Verhaltensweisen, Gesinnungen, Haltungen und Leistungen. Es gehe aber nicht nur darum, soziale Rollen zu erlernen, sondern vor allem darum, die Ich-Identität zu finden. Bei diesem Lernprozeß spielten natürlicherweise Motivationen eine ausschlaggebende Rolle, das heißt »alle Bedingungen, welche die Aktivität eines Organismus ankurbeln und die Variation dieser Aktivität nach Richtung, Quantität und Intensität bestimmen« (das. 96). Die angeborenen Bedürfnisse werden als primäres Motivationssystem (dem Lust-Unlust-Prinzip gehorchend) bezeichnet. Das sekundäre Motivationssystem wird demgegenüber durch das »Erfolgs-Mißerfolgs-Prinzip« gesteuert. Die Fragwürdigkeit solcher Begriffsbestimmungen und Theorien liegt auf der Hand. Insbesondere muß darauf hingewiesen werden, daß Lernen immer schon ein Verstehen von etwas als dieses oder jenes, also etwas Bedeutungsvolles, voraussetzt und ohne solches gar nicht möglich wäre. Gerade dieses Verstehen ist aber weder meßbar noch irgendwie kausal ableitbar. Das gleiche gilt von der Motivation. Diese könnte bestenfalls dann gemessen und statistisch erfaßt werden, wenn sie im Sinn der Kausalität mißverstanden würde. Kausalität ist jedoch ein philosophisches Axiom, das möglicherweise in der leblosen Natur anwendbar ist, niemals jedoch im Bereich des Lebendigen oder gar des Menschlichen sinnvoll sein kann. Motivationszusammenhänge der wahrnehmbaren Gegebenheiten des menschlichen Existierens im besonderen sind immer sinnvoll, verstehbar, im Gegensatz zu den sinnleeren Ketten von kausalen Sachzusammenhängen. Die Motivation meint also immer einen verstehbaren Beweggrund. Meßbar ist höchstens etwas davon Abgeleitetes wie beispielsweise der leibliche Austrag (Muskelspannung). Eine unmittelbare Ableitung jedoch von psychischen Funktionen aus chemophysikalischen und informativen Daten, die möglicherweise an der Materie des Gehirns und an deren Prozessen abgelesen werden können, ist unmöglich, womit auch McLeans Theorie, alle psychischen Phänomene seien im Grund neurologisch bestimmte Prozesse, dahinfällt. Demzufolge kann sich auch Wieners Behauptung, »Information« sei meßbar, nicht halten, es sei denn, man identifiziere Chemie und Sprache miteinander und verzichte auf das ursprünglich mit dem Begriff »Information« Gemeinte, nämlich die Übermittlung einer Nachricht zwischen lebenden Menschen und Menschengruppen, mit anderen Worten: die mitmenschliche Übermittlung von Bedeutungsgehalten.

Was bedeutet aber »mitmenschliche Übermittlung«, was eine »gemeinsame Welt«, was sind »Bedeutungsgehalte«? Handelt es sich nicht um Begriffsbildungen, die wir bereits im technisch-naturwissenschaftlichen Menschenverständnis, wenn auch in anderem Vokabular, vorfinden? Gewiß nicht. Wenn Haseloff meint, die Psychologie könne ihren humanen Auftrag nur mit einer nüchternen und rationalen Interpretation, nicht aber mit Emphasen erfüllen (1970, 14), dann übersieht er, daß es außer der naturwissenschaftlichen und emphatischen noch eine dritte, nämlich eine phänomenologische Zugangsweise gibt. Diese ist ebenso nüchtern und wissenschaftlich, beschränkt sich aber nicht auf rationales Denken und ist trotzdem nicht Emphase. Die phänomenologisch-daseinsanalytische Auffassung vom Sein des Menschen, von dessen Wesen, Entwicklung und Reifung steht auf anderem philosophischem Boden als dem der Naturwissenschaften.

Nicht minder fragwürdig ist die Annahme, Lernprozesse beim Menschen seien als Reiz-Reaktions-Koppelung zu verstehen, wie Oerter am bereits angeführten Beispiel der »Liebe zur Heimat« darzustellen versuchte. Die Reduktion bereits der »Liebe« auf »positive Zuwendung« wie noch viel mehr jene der »Heimat« auf »Reizmuster« vernachlässigt völlig den Sinn- und Bedeutungsgehalt, den die Sprache diesen beiden Begriffen verleiht. Die Liebe ist ein viel umfassenderes und tieferes Offensein als eine bloße Zuwendung, die Heimat bedeutet dem einen oder anderen gerade dann, wenn er sie liebt, möglicherweise Verschiedenes, aber immer ein Zuhause-Sein, Verwurzelt-Sein, Zugehörig-Sein. Handelte es sich lediglich um ein Reizmuster, dann wäre es auch beliebig austauschbar. Dann könnten wir tatsächlich jedes Ding und jeden Menschen mit dem Begriff Liebe koppeln, von der Liebe zur Natur, der Liebe zum Partner, der Liebe zum eigenen Besitz usw. sprechen und dabei völlig in der bedeutungslosen Anonymität steckenbleiben. Seit der Spaltung der Welt in zwei Wirklichkeiten, den geistig-seelischen Bereich einerseits, die materielle Weltordnung andererseits, hat es immer wieder Versuche gegeben, diesen Dualismus aufzuheben. Der Mensch, so wurde zunächst gesagt, sei von einheitlichem und ganzheitlichem Wesen, die Trennung in Leib und Seele nur die Folge abstrakten Denkens, faktisch jedoch nicht nachweisbar. Aber selbst die Überbrückung solch letztlich gegenständlichen Denkens durch die Einführung des »Subjektes« (V. v. Weizsäcker), der »Person« (u.a. H. Binder) vermochte kaum eine überzeugende Abkehr vom dualistischen Denken zu bewirken.

Auch die Beziehung des Subjekts zur sogenannten Außenwelt, zur Welt schlechthin, blieb ungeklärt.

Sozialisation, Sozialisierung, soziale Persönlichkeitsentwicklung sind Begriffe, die aus dem terminologischen Instrumentarium der modernen Psychologie nicht mehr wegzudenken sind. Im Grunde handelt es sich um Sammelbegriffe für Prozesse, die das Individuum in eine Gesellschaft hineinwachsen lassen, gemäß der Vorstellung, daß das Individuum flexibel genug sei, sich von den kulturellen Normen der Erziehung in eine bestimmte, gesellschaftskonforme Richtung weisen zu lassen. Das Ergebnis der Sozialisationsprozesse wäre dann der angepaßte Mensch. Wenn Oerter diesen Vorgang durch das Reiz-Reaktions-Modell erklärt, so darf nicht verhehlt werden, daß die neuere Sozialpsychologie über diese allzu einfache Reduktion menschlicher Entwicklung hinausgeht. Wurde noch vor wenigen Jahren angenommen, der Sozialisationsvorgang nähere das Kind in seiner ganzen Passivität dem »kultur-spezifischen Wunschbild« der Erwachsenen an, so wird heute betont, daß es sich bei der Sozialisation um einen Interaktionsprozeß zwischen Individuum und Gesellschaft handle und daß sich der Vorgang keineswegs auf das Kindes- und Jugendalter beschränke. Sozialisation ist demnach nicht mehr ein begrenzter, gleichsam mechanischer Prägungsprozeß, sondern ein ständiger Vorgang der »Auseinandersetzung zwischen Individuen und Gruppen, Individuen und Institutionen, Gruppen und Institutionen« (Bornewasser u.a., ²1979, 154). Sozialisation ist, wie die Individuation, ein lebenslanger Prozeß. Wichtige Veränderungen menschlichen Verhaltens treten von der Geburt bis zum Tod auf. Die Umwelt mag sich verändern, die Menschen, mit denen man im Kindesalter Umgang pflegte, werden durch andere mit anderen Weltanschauungen und Interessen ersetzt; der eigene Reifungs- und Bildungsprozeß, die Berufswahl, politische Verhältnisse ändern sich fortwährend im Leben der meisten Individuen. Die Erforschung menschlicher Verhaltensweisen ist zweifellos ein wichtiger Bestandteil der Erkenntnis unserer Wirklichkeit. Sie muß auch Einfluß nehmen können auf die »sich wandelnde Gesellschaft« und findet in der »Gestaltpsychologie« und der »kognitiven Feldtheorie« des Lernens (Lefrançois, 1976) ihre praktische Auswirkung.

Fassen wir das Beobachtungsmaterial hinsichtlich der Selbstverwirklichung des Menschen zusammen, so finden wir tatsächlich in der Kindheit und Jugendzeit signifikante Entwicklungs- und Reifungsschritte. Es bestehen zweifellos wesentliche Unterschiede im Wahrnehmen und Verhalten bei Säuglingen, Kleinkindern, Schulkindern, Pubertierenden, Adoleszenten und Jugendlichen. Vom Erwachsenenalter an wird die Systematisierung, Typisierung und Differenzierung schwieriger, was die meisten Entwicklungspsychologen wohl bewog, ihre Forschungen mit dem Jugendalter abzuschließen. Eine löbliche Ausnahme bildet C.G. Jung, der auch im Erwachsenenalter eine Entwicklung feststellt. Die Reifungsanforderungen an den jüngeren Erwachsenen sind danach nicht die gleichen wie an den älteren. Während der Mensch im dritten Lebensjahrzehnt an die Bewältigung der ihm offenstehenden Welt extravertiert herantritt, zeigt diese ihm zwischen 35 und 40 Jahren vorwiegend ihre Begrenztheit und Ausschnitthaftigkeit. Mit Zunahme des »ungelebten« Lebens tritt im Individuationsprozeß eine introvertierte Orientierung auf innere Werte bis hin zur Weisheit des

Alters ein. Wer diese Umorientierung verpaßt, wird eines Tages unter Umständen durch eine Krise, Krankheit oder durch einen schweren Schicksalsschlag zur Einkehr und Wandlung gezwungen werden. Inwieweit die von Jung beschriebene Entwicklung im Zug der neuzeitlichen Fitneßbestrebungen und der gerontologisch-sozialpsychologischen Anstrengungen noch Beachtung findet, oder ob sie vielmehr nur den Wunschtraum eines selbst weise gewordenen Menschen beschreibt, ist schwer zu beurteilen.

Offenheit und Freiheit als Grundphänomene menschlicher Existenz

Das Bedenken der menschlichen Existenz allein, und keine naturwissenschaftliche Theorie, versetzt uns in die Lage, die Reifung des Menschen im Hinblick auf dessen Selbstentfaltung zu Offenständigkeit und Freiheit, zu Verantwortung und Gewissen sowie zur Sozialisation zu verstehen. Offenheit und Freiheit meinen die Möglichkeit des Sich-ansprechen-Lassens dem Begegnenden gegenüber. Der Gesunde, Reife kann die Dinge »sein lassen«. Das Begegnende zeigt sich ihm, so wie es ist. Der eingeengte, unfreie, kranke Mensch leidet darunter, daß die Dinge nicht so sind, wie er sie haben möchte. Offensein bedeutet: auf etwas eingehen, ohne aber sich anpassen zu müssen, ohne sich davon absorbieren zu lassen. Menschen, die sich allem oder einem Teil des Begegnenden verschließen, empfinden Angst vor dem Offensein, weil sie sich bedroht fühlen; sie haben dann Angst, sich zu verlieren. Zum freien Offensein gehört die Möglichkeit, nein zu sagen, Konflikte auszuhalten, sich zu entscheiden, standzuhalten, aber auch die eigenen Grenzen zu erkennen. Freiheit wiederum bedeutet nicht ein völlig ungebundenes, anarchisches und egoistisches Ausleben aller dem Menschen auch gegebenen triebhaften Strebungen. Es gibt für den Menschen keine indifferente »libertas«, nicht eine ausschließliche *Freiheit von etwas*, sondern vornehmlich eine *Freiheit zu und für etwas*. Diese Freiheit gründet in der Möglichkeit, sich dem Anruf des Gewissens zu öffnen oder zu verschließen. Im ursprünglichen Seinsverständnis, so wurde bereits gesagt, gründet auch jede Einzelerkenntnis. Primäre Weltoffenheit ermöglicht nicht nur die Erkenntnis vorhandener Dinge, sondern auch das Verständnis für die anderen Menschen, die gemäß ihrer Seinsart als Dasein wie ich selbst in der Welt sind. Die Welt des Daseins ist Mitwelt. Das Dasein ist Welt-Erschlossenheit. So kann der Mensch sich selbst, seine ihm begegnenden Mitmenschen und Dinge unmittelbar verstehen. Nur so ist zu begreifen, was unter »Sozialisation« verstanden werden darf. »Sozial« ist vielfach zu einem gesellschaftlich festgelegten Image geworden, dessen existentielle Grundlagen gar nicht bedacht werden. Letztlich kann es sich doch nur um das ursprüngliche Wahrnehmen des Mitmenschen als meinesgleichen und die sein Wesen erschließende Beziehung zu ihm handeln. Menschsein bedeutet immer und in jedem Fall wesensmäßig Mitmensch sein. Von daher stammt unsere Verantwortlich-keit, aber auch unsere Freiheit der Entscheidung, solche Verantwortung auf uns zu nehmen oder uns ihr zu entziehen. In die so verstandene Freiheit und Verantwortung gehören des Menschen soziales und asoziales Verhalten dem Mitmenschen gegenüber.

Reife ist gleichbedeutend mit Freiheit. Reif und gesund ist der Mensch, der seine Existenz den ihm gegebenen Möglichkeiten entsprechend austragen kann, dessen In-der-Welt-Sein so gestimmt ist, daß er sachgerecht vernehmen und antworten kann. Sachgerecht heißt hier: unmittelbar auf die Welt bezogen, frei von Vorurteilen, frei von fremder Meinung, frei von der Gebundenheit an das »Man«, heißt aber auch: freies Verhältnis zu den Mitmenschen und Gegebenheiten dieser Welt, offen für den Reich-tum der begegnenden lebenden und toten Natur, erschlossen auch für die Begegnung mit dem Irrationalen, Unerforschten und Unerforschbaren, frei für das Leben und das Sterben. Der Mensch steht immer zu diesem Ende seines Seins in einem Verhältnis. Dieses bestimmt letztlich auch weitgehend seine Reifung.

Reifung ist Freiwerden des Menschen für die ihm zur Verfügung stehenden existen-tiellen Möglichkeiten. In solchem Freiwerden wird der Mensch verantwortlich für seine Freiheit. Freiheit und Reifung bestimmen auch das Verhältnis des Menschen zu seinem Sterblichsein. Denn so wie die reife Frucht vom Baum fällt, ist es auch des Menschen Bestimmung, den letzten Grad der Reife, die Reifungsfülle, erst angesichts des Todes verwirklichen zu können (Condrau, [2]1977).

DRITTES BUCH

Der Tod
aus philosophischer
und religiöser
Sicht

Hieronymus im Gehäus'
Albrecht Dürer, 1514, Kupferstich
Graphische Sammlung der ETH Zürich

Die Sterblichen

Das Fragen nach dem Sein verweist von sich aus auf die Endlichkeit des Daseins, auf das Ende unseres Seins, auf den Tod. Nicht von ungefähr werden die Menschen seit Parmenides »die Sterblichen« genannt. Darüber wissen nicht nur die Philosophen Bescheid. Aber sie formulieren es am deutlichsten. »Das Dasein stirbt faktisch, solange es existiert«, sagt Heidegger (1927, 251). Der Ausspruch, »sobald ein Mensch zum Leben kommt, ist er alt genug zu sterben«, besagt, daß der Tod zum Leben selbst gehört, daß er »eine Weise zu sein« ist, »die das Dasein übernimmt, sobald es ist«. Solange das Dasein ist, ist es auch sein Noch-nicht. Denn das Dasein ist nie »fertig«. Eine Frucht vollendet sich in der Reife. Das Dasein kann auch als »Unvollendetes« enden. »Im Tod ist das Dasein weder vollendet noch einfach verschwunden, noch gar fertig geworden oder als Zuhandenes verfügbar. So wie das Dasein vielmehr ständig, solang es ist, schon sein Noch-nicht *ist, so* ist es auch schon immer sein Ende. Das mit dem Tod gemeinte Ende bedeutet kein Zu-Ende-Sein des Daseins, sondern ein *Sein zum Ende* dieses Seienden« (1927, 245). Heidegger zeichnet hier allerdings das Bild des »Sterblichen« in wesentlich anderer Weise als etwa Parmenides oder vor diesem Heraklit. Für letzteren galt der Satz: »Panta rhei« – alles fließt. Seine Lehre vom ständigen Fluß aller Dinge, von der Bewegung, vom Vorübergehen des Seienden, von der Gleichzeitigkeit von Sein und Nichtsein wurde von Parmenides scharf angegriffen. Für ihn gab es nur das Sein. Sein und Denken waren für ihn identisch. Nicht-Seiendes könne gar nicht gedacht werden, demzufolge könne es gar nicht sein. In diesem Licht erhält die Bezeichnung »die Sterblichen« eine besondere Bedeutung.

Parmenides war keineswegs der erste, der die Menschen als »die Sterblichen« bezeichnete. Schon der Prophet Jesaja (40,3-5) beziehungsweise seine Schüler verkündeten um 1000 vor Christus, daß »alle Sterblichen« die Herrlichkeit des Herrn sehen werden. Auch die griechische Antike kannte die Sterblichen, allerdings nicht unter dem Wort »brotoi« (wie bei Parmenides), sondern als »thnêtoi«, wie sie Homer in der Odyssee beschrieb. Hier wird etymologisch auch der Unterschied von Thanatos und Mors sichtbar. Thanatos ist männlich: der Tod. Bei den Römern war mors weiblich. Brotoi soll ursprünglich »mrotoi« (Sanskrit mrotis, lateinisch mors = Tod) geheißen haben. Es wurde von Parmenides in eher abschätzigem Sinn gebraucht. Anders im alten Rom. Die »Morituri« galten dort nicht einfach als die Sterblichen. Es waren die zum Tod Bereiten. So grüßten die Gladiatoren in der römischen Arena die Caesaren mit den Worten: »Ave Caesar, morituri te salutant!«

Fest steht wohl, daß der Mensch sich von dem Zeitpunkt an, da er um sein spezifisch menschliches Leben weiß, auch Kenntnis davon hat, daß er nur als Sterblicher existiert. Die Thematik des Todes, überhaupt das Thema »Tod«, beherrscht, wie Ulrich Mann sagt, »ob bewußt oder unbewußt, eingestanden oder verdrängt, alles menschliche Leben als Generalthema« (1976, 41). Es kann nicht Aufgabe unserer Untersuchungen sein, die Todesthematik in ihrer weltgeschichtlichen Bedeutung, von den sogenannten Primitiven bis zu unserer aufgeklärten Zeit, aufzurollen. Einige

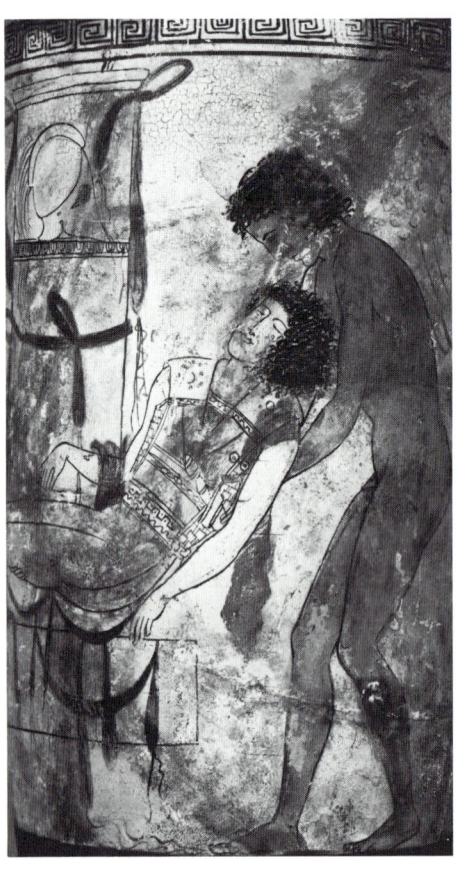

Hypnos und Thanatos betten einen Toten
Thanatos-Maler, um 440 v.Chr., Griechenland
Darstellung auf einem weißgrundigen Leky-
thos (enghalsiges Salbölgefäß aus Ton, das
man den Verstorbenen mit ins Grab legte oder
darauf stellte), Ausschnitt
British Museum, London

(rechts)
Szene aus Homers «Ilias»
Hypnos und Thanatos tragen den toten Sar-
pedon (lykischer Prinz, der auf seiten der Tro-
janer kämpfte) in Begleitung von Hermes vom
Schlachtfeld.
Rotfiguriger Kalyx-Krater (Gefäßtyp, der bei
festlichen Anlässen zum Mischen des Weins
mit Wasser benutzt wurde) von Euphronios
(Maler) und Euxitheos (Töpfer),
um 515 v.Chr., Griechenland
Metropolitan Museum of Art, New York

134

Zeremonialmatte mit Lebensbaum
Diagonalgeflecht aus feinen Rotanstreifen der
Ngaja-Dayak am Murung-Fluss, Zentral-Kali-
mantan, Borneo
Museum für Völkerkunde, Basel

**Zeremonialgeisterkanu mit Mannschaft aus Ah-
nenfiguren**
Malanggan-Holzschnitzerei, Insel Neu-Irland,
Australien
Linden-Museum für Völkerkunde, Stuttgart

(rechts)
Ahnenpaar «adu zatua»
Holzschnitzerei, vor 1920, Insel Nias, Indone-
sien
Museum für Völkerkunde, Basel

Aztekischer Priester mit über den Leib gezo-
gener Haut eines geopferten Menschen, den
Frühlingsgott Xipe Totec darstellend.

Mexiko, aztekisch, 1300–1400, bemalte Stein-
skulptur
Museum für Völkerkunde, Basel

138

ausschnitthafte Angaben müssen genügen, um uns von der Allgegenwart des Todesbewußtseins des Menschen zu überzeugen. Drei Feststellungen sind zunächst augenfällig: einmal der Dualismus von Seele und Leib, dann die Bedeutung eines Lebens nach dem Tod und schließlich die Beziehung der Todesauffassung zum Begriff des Göttlichen.

In fast allen Kulturen wird der Tod nicht als das Ende einer leib-seelischen Ganzheit gesehen, sondern immer nur – mit Ausnahmen – als ein Teil-Ende menschlichen Daseins. In den ursprünglichen Gesellschaften etwa Alt-Amerikas und Alt-Chinas war das, was evident im Tod zugrunde geht, der Körper, was aber ebenso evident den Tod überdauert, der Geist oder die Seele. Diesen Dualismus finden wir auch im abendländischen Denken, vorab bei den Griechen sowie in den großen Weltreligionen, mit Ausnahme des Christentums und des Islams, wo dieser Dualismus durch die Auferstehung von Leib und Seele aufgehoben ist.[1] Totenkulte in allen Kulturen dienten verschiedenen Zwecken: der Abwehr von Gespenstern, der Verehrung guter Ahnengeister, der Sorge für das Wohl der Abgeschiedenen. Das Verhalten des Menschen dem Toten gegenüber, die Leichenbestattung, die Trauerarbeit, die Riten und Kulte, Totenhäuser und Totenschiffe, Mausoleen, Einbalsamierungen, bis hin zu den heutigen Gedenktafeln und Grabsteininschriften[2] haben nur dann einen Sinn, wenn nach Überzeugung der Lebenden der Tote nicht einfach aus dieser Welt gänzlich verschwunden ist. Der Tod bedeutet allerdings einen »Weltverlust«, eschatologisch den Untergang der Welt mit der Verheißung auf eine neue Welt. Insofern hat die menschliche Seele Transzendenzcharakter. Sie weist auf das Jenseits, gleichzeitig auf eine Gottheit, denn ohne diese wären menschliches Leben und Sterben, ein Sein vor und nach dem Tod, das Werden und Vergehen, aber auch die Wiederauferstehung, ob als Reinkarnation oder Resurrektion, illusorisch.

Das Todeswissen allein als schlicht objektive Kenntnis des Lebensendes wäre an sich harmlos. Wie wichtig dieses Wissen aber für den Menschen aller Kulturen ist, beweist unter anderem die Verbindung des Todes mit dem Opfer. Der *Opfertod* ist vermutlich die älteste Form der Ergebenheit der Gottheit gegenüber. Menschenopfer, ob bei den Azteken Mittelamerikas oder den sogenannten Wilden aller Naturvölker, im Alten Testament als Zeichen höchsten Gehorsams von Jahwe gefordert, waren alles andere als etwa die heute immer noch übliche Todesstrafe, sondern immer – trotz ihrer Grausamkeit – von einem Seins- und Todesverständnis getragen, das unserer modernen Zeit völlig abgeht. In diesem Zusammenhang müssen auch die freiwilligen Opfer genannt werden, die mit dem eigenen Tod erbracht wurden, etwa durch die christlichen Märtyrer oder durch die in unserer Zeit *an* unserer Zeit Verzweifelnden, die, sich aus Protest selbst verbrennend, die Welt anklagen. Daß den toten Herrschern Ägyptens ihre Diener und Sklaven in den Tod mitgegeben wurden, daß die Witwenverbrennung in Indien für unser Denken und Fühlen eine unfaßbare Grausamkeit darstellt, wird wiederum durch die geschichtlich nachweisbare Tatsache relativiert, daß nach den Funden von Leonard Woolley (Mann, das. 54) ganze Hofstaaten freiwillig dem Herrscher in den Tod folgten. Auch die neuesten Ausgrabungen in China, die noch sensationellere Funde erwarten lassen, deuten in ähnliche Richtung. Im Grund ging es

Eine Armee fürs Jenseits
Vor über 2000 Jahren ließ sich der chinesische
Kaiser Shih Huang Ti mit einem gewaltigen
Aufgebot an Soldaten und Waffen beisetzen
Administrative Bureau of Museums and
Archaeological Data, Beijing

auch hier immer wieder um den Versuch, im Tod nicht das Ende, sondern lediglich den Übergang in ein neues Leben zu sehen, und damit um die Frage der Unsterblichkeit. Während der Shang-Dynastie, um 1600 vor Christus, wurden beim Tod des Kaisers dessen Freunde, Krieger und Hofleute umgebracht und mit dem Potentaten beerdigt. Erst später scheint mit dem Verzicht auf Menschenopfer eine naturalistische Gestaltungsweise die lebendigen Menschen durch künstliche Doppelgänger ersetzt zu haben. Das damalige magische Denken unterschied offenbar nicht mehr zwischen lebendiger Wirklichkeit und deren genauer Nachbildung.

Seit in China große archäologische Funde gemacht wurden, ist die Welt nicht nur mit einem unglaublichen Reichtum an Kunstschätzen beglückt worden, sondern auch mit einem Wissenszuwachs über die Todesvorstellungen Altchinas. Bauern entdeckten 1974, rund 1200 Meter östlich des Kaisergrabes von Quin Shihuang Di (259 bis 210 v. Chr.), ein ganzes, die heilige Stätte bewachendes Heer mit Offizieren, Soldaten, Pferden und Streitwagen, Faustkämpfern, Bogenschützen und 6000 Infanteristen. Der chinesische Chronist berichtet, daß die Figuren Abgüsse von lebenden Menschen seien, die hernach getötet wurden, eine Annahme allerdings, die sich nicht belegen läßt. Immerhin deutet der Fund darauf hin, daß der chinesische Kaiser, wie auch die Herrscher Ägyptens oder Perus, der Ansicht war, das Leben nach dem Tod gehe gleich weiter wie das diesseitige. In einem gewissen Gegensatz dazu steht aber die belegte Überlieferung, daß der Kaiser zu Lebzeiten das Wissen um seine Sterblichkeit verleugnete und Expeditionen durchs ganze Land schickte, um die Droge der Unsterblichkeit zu finden. Bereits dreitausend Jahre früher hatte sie Gilgamesch, der Held der sumerischen Sage, ebenso vergeblich gesucht. Als er nämlich das Lebenskraut nach unsäglichen Mühen aus der Meerestiefe geborgen hatte, wurde es ihm von der Schlange gestohlen, die sich sofort häutete und damit die ersehnte Verjüngung anstelle des Menschen gewann.

Um so mehr begegnete man in allen Kulturen der Gewißheit des diesseitigen Todes durch die Hoffnung auf das Jenseits. Dies hatte zunächst Einfluß auf die Totenbestattungen. Zerstörungs- und Erhaltungsriten lösten sich ab. Relativ spät tauchen die Feuerbestattungen auf, erst dann die Särge und Gebeinurnen. Während im Neolithikum die später vor allem in Innerasien üblichen Aussetzungen der Toten die Regel bedeuteten, gab es bereits damals auch schon Heiligtümer unter den Wohnhäusern, in denen Menschen von besonderer Bedeutung innerhalb einer Gemeinschaft beigesetzt waren. Auch die Ost–West-Orientierung spielte eine Rolle: Der Osten gehört dem Tod, der Nacht, der Westen der Sonne. Das Reich der Seligen dachte man sich im Westen, eine Vorstellung, die aus dem kaukasischen Raum nach Ägypten und in die minoische Kultur, möglicherweise bis zu den Griechen gelangte. Tod und Auferstehung sollen »das geheime Lebensthema des minoischen Menschen« gewesen sein. Die minoischen Paläste waren vermutlich sowohl Wohnstätten der Herrscher und des Hofstaats wie auch Stätten des Totenkults, was auf die innige Verflochtenheit von Leben und Tod hindeutet.

Eng verbunden mit dem Tod ist von jeher auch die Annahme gewesen, daß das Leben nach dem Diesseits wesentlich davon abhängt, wie das irdische Leben gelebt

Baumgrab
Karl Bodmer, 1833/1834, Kupferstich
In waldreichen Gegenden der Prärien war bei
den Indianern die Baumbestattung üblich. Sie
wickelten den Verstorbenen in ein Bisonfell
und legten ihn auf einer Plattform in die Äste
hoher Bäume.
Aus Hans Läng: Kulturgeschichte der Indianer Nordamerikas, Olten 1981

wurde. Die tapferen Krieger der Indianer kamen in die Ewigen Jagdgründe, die gefallenen Helden der Germanen wurden von Odin in die Walhalla berufen. Schon hier zeigt sich das menschlich-allzumenschliche Vorurteil, daß es auch hinsichtlich des jenseitigen Lebens Klassenunterschiede geben müsse. Aber nicht nur männliche Tugenden, Tapferkeit und Treue, sollten belohnt werden. Auch über ein gutes oder schlechtes Leben wird im Tod gerichtet, und dies nicht erst, seit das Christentum für den Verstorbenen die Hölle wie den Himmel bereithält. Bei den Griechen mußten die Verstorbenen, falls sie nicht zu den Göttern emporstiegen, was äußerst selten war, in den Hades. Allerdings wandte sich bereits Pythagoras, später auch Platon, gegen eine bloße Hades-Resignation durch den Gedanken der Metempsychose, der Seelenwanderung, sowie mit der Hoffnung auf die Palingenese, die Wiedergeburt, die einem »idealen Seelenteil« die Möglichkeit einer »gottnahen künftigen Existenz« (Mann, das. 58) eröffnen sollte. Auch in der altiranischen Religion und später, unter ihrem Einfluß, im Islam macht sich die Seele nach der Auflösung des Körpers auf die Reise, von einem persönlichen Schutzengel begleitet, der ihr in der großen Krise beim Überschreiten der Cinvat-Brücke, die über einen feuerlodernden Abgrund ins Gottesreich führt, behilflich ist. Nach dem persischen Propheten Zarathustra treten dann drei Heilande auf, die das Gericht Gottes einleiten. Der Islam kennt seither die Gerichtsbrücke und die Paradiesjungfrauen, zwei Engel, die während des Lebens eines Menschen dessen gute und böse Taten aufschreiben. Im alten Iran verbinden sich bereits moralische Gedanken mit der postmortalen Vorstellung, was zur Feststellung veranlaßt, daß sowohl in den Islam wie auch ins spätere Judentum und in die christliche Eschatologie zahlreiche iranische Ideen eingeflossen sind.[3] Die indischen Religionen weisen schließlich unterschiedliche Anschauungen auf, wobei insbesondere auf die Seelenwanderung zu verweisen ist. Nach älteren Vorstellungen soll der Mensch je nach seinen Taten als irgendein anderes Lebewesen, beispielsweise als Wurm, Vogel, Tiger oder aber auch als ein anderer Mensch, wieder auf die Welt kommen. Daneben gibt es noch das »karman«, eine geheimnisvolle Entelechie, die Identifizierung von Makrokosmos und Mikrokosmos, und schließlich im diesseitigen Leben bereits die buddhistische Versenkung, die bis zur völligen Abgeschiedenheit vom Diesseits führt. In ihr ist zeitweise bereits das Nirvana, im Tod jedoch das vollendete Erlöschen erlangt. Nirvana meint nun nicht einfach ein bloßes Nichts, sondern schlicht das »ganz andere«, als solches Erlösung. Im nachbuddhistischen Hinduismus soll eine »Ambivalenz von Leben und Tod« zum Ausdruck kommen, welche unseren heutigen, von einer Opposition dieser beiden Begriffe ausgehenden Denkgewohnheiten widerspricht (H. v. Stietencron, 1976). Nach hinduistischer Auffassung wird das Leben durch den Tod nicht beendet, sondern lediglich in seinen Bedingungen verändert. Das Sein selbst ist unvergänglich. Die Behauptung Husemanns hingegen, daß der Inder in der Sterbestunde das größte Glück seines Lebens erfahre (³1977, 18), dürfte trotzdem fragwürdig sein. V. Stietencron jedenfalls ist der Ansicht, selbst die Aussicht auf einen Wandlungsprozeß bedeute keineswegs, daß man den Tod »als das Ende eines uns vertrauten Daseinszustandes in Indien nicht gefürchtet hätte« (das. 148). Die Sehnsucht nach Unsterblichkeit und die Todesfurcht kommen schon in den vedischen Hymnen und in zahlreichen Sprüchen zur Abwehr von Tod und Krankheit vor. Der Tod ist im Hinduismus allerdings kein Zustand, sondern ein intensiver Wandlungsprozeß, wobei wiederum das Schicksal des Toten für den Guten anders verläuft als für den Schlechten wie auch verschieden für den rituell Versorgten und den rituell Vernachlässigten. Die beiden hinduistischer Tradition entsprungenen Vorstellungen vom Schicksal der Toten haben sich nicht nur über 2500 Jahre lang erhalten, sondern auch das gesellschaftliche System Indiens in höchstem Maß geprägt. Die ältere, archaische Tradition überliefert die Vorstellung, daß die Toten noch mit den Lebenden in Verbindung stehen und von deren Opfergaben »leben«; die jüngere Lehre von der Wiedergeburt ergänzt diese Vorstellung. Das Fortleben nach dem Tod ist somit durch zwei Stadien gekennzeichnet: Eine erste Phase liegt zwischen Tod und Wiedergeburt, die zweite Phase führt schließlich, nach einem grenzenlosen Kreislauf von Werden und Vergehen, durch zahlreiche Existenzen hindurch zur Erlösung.

Die Konsequenzen für das menschliche Verhalten gegenüber dem Leben und Sterben liegen für den Hindu zunächst darin, daß er die Verstorbenen in sein soziales Denken und Handeln mit einbezieht. Die rituelle Fürsorge für die Toten erreicht im Hinduismus ein sonst nirgendwo gekanntes Maß, auch wenn für die Trauer kein Platz ist. Die Hinterbliebenen betrauern, wie v. Stietencron dargelegt hat, nicht den Toten, sondern sich selbst, ihren eigenen Verlust, den ihnen entzogenen Besitz. Inwiefern allerdings diese Art von Trauer auch für den westlichen Menschen angesichts des Todes eines Elternteils, eines Kindes oder anderen geliebten Menschen gilt, sei in diesem Zusammenhang nicht weiter verfolgt. Die Trauer hat nämlich so viele Facetten, daß es schwierig sein dürfte, aufgrund irgendeiner philosophischen oder religiösen Konzeption des Todes eine derartige Ausscheidung vorzunehmen. Tod bedeutet immer Trennung, und Trauer gibt es immer dort, wo Trennung bevorsteht oder eingetreten ist. Nicht von ungefähr beschrieb Igor Caruso die Phänomenologie des Todes unter der Überschrift: »Die Trennung der Liebenden« (1968).

Die tibetanischen und ägyptischen Totenbücher

Doch damit sind wir unserem Thema weit vorausgeeilt. Erwähnung, wenn auch nur fragmentarische, müssen insbesondere die berühmten tibetanischen und ägyptischen Totenbücher finden.[4] Das Tibetanische Totenbuch enthält das Totenritual für die 49 Tage nach dem Abscheiden, wobei die Gebete wie im Islam dem Sterbenden und dem eben Gestorbenen ins Ohr gesprochen werden, da auch der Tote sie zunächst noch hören kann. Die Lehren des Bardo Thödol (des Tibetanischen Totenbuches) werden einem großen buddhistischen Lehrer namens Padmasambhava zugeschrieben, der um die Mitte des achten Jahrhunderts n.Chr. auf Einladung des Königs Thî-Srong-Detsan den Buddhismus nach Tibet brachte und dort das erste Kloster gründete. Seine Lehren beruhten auf den Erkenntnissen meditativer Erfahrungen. Da zu Beginn des neunten Jahrhunderts in Tibet unter einem Thron-Usurpator eine Buddhistenverfolgung einsetzte, wurden die Schriften Padmasambhavas geheimgehalten, verborgen und blieben für lange Zeit unentdeckt.

Der Bardo Thödol ist das tibetanische Buch der »spontanen Befreiung vom Zwischenstand – zwischen Leben und Wiedergeburt –, den wir ›Tod‹ nennen, in symbolische Sprache gekleidet« (Lama Anagarika Govinda, [12]1978, 22) oder die »Befreiung durch Hören auf der Stufe nach dem Tode« (W.Y. Evans-Wentz, [12]1978, 77). Es wird, wie gesagt, heute wie ein Brevier beim Sterben eines Menschen oder kurz nach dessen Tod gelesen, war jedoch ursprünglich für die Lebenden gedacht, die befähigt werden sollten, die Illusion des Sterbens zu durchschauen und sich von der Todesfurcht zu befreien. Die Eingeweihten sollten durch das Erlebnis des Todes gehen, um zur inneren Befreiung zu gelangen. Jeder Augenblick des Lebens sollte mit dem gleichen Ernst betrachtet werden, als wäre es der letzte; der soeben aus dem Leben Geschiedene, der sich nach buddhistischer Lehre noch während Tagen in einem traumartigen Zustand befindet, sollte mit Liebe und hilfreichen Gedanken in den neuen Daseinszustand begleitet werden. Diese Gedanken waren vermutlich auch als Hilfe für die Zurückgebliebenen gedacht, die so ihr eigenes Verhältnis zum Toten und zum Tod klären konnten, ohne in den Zustand schmerzlicher Depression zu verfallen. Geburt und Tod gelten dem Buddhisten und Hinduisten nicht als einmalige Ereignisse in einem menschlichen Leben, sondern als ununterbrochen sich vollziehende Phänomene. In jedem Augenblick stirbt etwas in unserem Leben und wird etwas wiedergeboren. Es gibt sechs Bardos beziehungsweise sechs verschiedene Bewußtseinszustände im Leben: das (normale) Wachbewußtsein, das Traumbewußtsein, den Zustand des Versenkungsbewußtseins, das Todeserlebnis, das Erleben der Wirklichkeit und das Wiedergeburtsbewußtsein. Dies allein beweist schon, daß es sich beim Tibetanischen Totenbuch nicht einfach um eine Anweisung zum Sterben oder gar um eine »Totenmesse« handelt, sondern um eine Schrift, die sich an all jene wendet, »die das Leben noch vor sich haben und denen zum ersten Mal die volle Bedeutung ihres Daseins – insbesondere ihres Menschseins – zum Bewußtsein kommt« (Govinda, das. 35). In menschlicher Daseinsform geboren zu sein wurde von Buddha als Privileg angesehen. Das Menschsein bietet nämlich die Möglichkeit der Schicksalsentscheidung, der Befreiung durch eigenen Entschluß und die Möglichkeit innerer Umkehr.

Der Bardo Thödol enthält drei Teile. Der erste (Tschikhai-Bardo) schildert die seelischen Ereignisse im Moment des Todes, der zweite (Tschönyi-Bardo) den nach erfolgtem, definitivem Tod eintretenden Traumzustand oder die sogenannten karmischen Illusionen, während der dritte Teil (Sipa-Bardo) das Einsetzen der Wiedergeburt und die pränatalen Ereignisse betrifft. Der Tote legt bis zur Reinkarnation keinen leichten Weg zurück. Findet im ersten Teil, unmittelbar im Prozeß des Sterbens, noch höchste Einsicht und Erleuchtung statt und ist damit die größte Erlösungsmöglichkeit angedeutet, so erscheinen bereits im Tschönyi-Zustand 28 mächtige und grauenhafte Göttinnen und 58 bluttrinkende Gottheiten sowie als Summe aller Schrecken der vernichtende Todesgott. Jung vergleicht diesen Zustand mit einem bedrohlichen

»Traum- und Degenerationszustand«, der trotz des visionären Auftretens friedlicher Gottheiten, die vom psychischen Herzzentrum ausgehen (gegenüber den vom psychischen Hirnzentrum ausgehenden zornigen Gottheiten), im Sipa-Zustand zu Höllentorturen führt (das. 51). Dabei verweist er auf eine entsprechende Textstelle aus dem »Gericht« ([12]1978, 145): »Darauf schlingt (eine der ausführenden Furien) des Todesgottes ein Seil um deinen Hals und zerrt dich weg; sie schneidet deinen Kopf ab, nimmt dein Herz heraus, reißt deine Eingeweide heraus, leckt dein Hirn aus, trinkt dein Blut, ißt dein Fleisch und nagt an deinen Knochen; du aber bist unfähig zu sterben. Selbst wenn dein Körper in Stücke zerhackt wird, erholt er sich wieder. Das wiederholte Zerhacken bereitet furchtbaren Schmerz und Qual.«

Es wird jedoch dem Verstorbenen empfohlen, den Gott des Todes nicht zu fürchten; da der Leib ein Geist-Körper ist, kann er nicht sterben, »selbst wenn er geköpft und geviertellt wird«. Der Körper ist »in Wirklichkeit von der Natur der Leere; so brauchst du keine Angst zu haben. Die Todesgötter sind deine eigenen Halluzinationen.«

Ohne Gericht scheint keine der großen Erlösungsreligionen nach dem Tod auszukommen.[5] Während jedoch das Jüngste Gericht im christlichen Glauben nur die Möglichkeit der ewigen Seligkeit oder der ewigen Verdammnis kennt, läßt das Gericht des Buddhismus-Hinduismus den Gläubigen oder Yogi, der im Verstehen fortgeschritten ist, ohne daß er den Zwischenstand durchschreiten müßte, auf dem Großen-Aufwärts-Pfad verscheiden. Jenen aber, die mit schlechtem Karma in Verbindung stehen, »deren Verdunklungsmasse (ob) schlechter Handlungen sehr groß ist« (das. 273), die weiter hinunter zum Sipa-Bardo wandern müssen, dem Einfluß von Schauer und Schrecken verfallen, bleibt noch eine Möglichkeit der Rettung. »Selbst die Geringsten von ihnen, die der Tierordnung gleichstehen, werden – durch Anwendung des Zufluchtnehmens – fähig, sich vom Ins-Elend-Gehen abzuwenden, und indem sie die große (Gabe) eines vollkommen ausgestatteten und befreiten Menschenkörpers gewinnen, in der nächsten Geburt einen Guru treffen, der ein tugendreicher Freund ist, und so die (rettenden) Gelübde erreichen« (das. 273/274).

Das Totenbuch gilt als die Summa der buddhistischen Lehre schlechthin. Der zentrale Gedanke ist die Erlösung vom Leiden: von Geburt, Altern, Sterben, Kummer, Jammer, Verzweiflung und Schmerz. Es wäre nun sicher anmaßend, aufgrund dieser kurzen und unvollständigen Übersicht über die Reinkarnationslehre und das Tibetanische Totenbuch einen auch nur einigermaßen kompetenten Kommentar abzugeben. Immerhin seien einige Bemerkungen zu den in der deutschen Ausgabe dem eigentlichen Inhalt vorgegebenen Vor- und Geleitworten gestattet. Ob beispielsweise die Schriften des Bardo Thödol, wie Lama Anagarika Govinda schreibt, lediglich »auf den Tatsachen meditativer Erfahrung« beruhen und ursprünglich mehr für die Lebenden als für die Toten geschrieben wurden, mag dahingestellt bleiben. Wir müßten aber zumindest wissen, was eigentlich mit »Tatsachen« gemeint ist und welcher Stellenwert beziehungsweise welcher Wirklichkeitscharakter den meditativen »Erfahrungen« zukommt. Die christlichen Mystiker, unter ihnen vor allem Heinrich Seuse, haben ebenfalls meditative Erfahrungen gesammelt, ohne daß diese in die offizielle Lehre der katholischen Kirche eingegangen sind. Zudem wird auch im Totenbuch selbst immer

Bardo Thödol-Handschrift
Zwei Blätter aus einem neueren, rund 150 Jahre alten Exemplar.
Links Text des sechsten Tages nach dem Tod, an dem die friedlichen Gottheiten erscheinen.

Im innersten Kreis Buddha Vairocana mit Prajñâ, der Mutter des unendlichen Raumes. Rechts das Konklave der zornigen Gottheiten. Walter Verlag, Olten

Das tibetische Gericht

In der Mitte Dharmarâja, der König der Wahrheit, Hüter der Gerechtigkeit, Richter der Toten. Begabt mit dem dritten Auge und von den Weisheitsflammen umlodert, steht er auf einem Sonnenthron – der wiederum von einem Lotosthron getragen ist – und tritt eine Mâra-Form mit Füssen. Im Spiegel des Karma in seiner linken Hand spiegelt sich jede Handlung des Toten, der vor ihn tritt.

Vor Dharmarâja steht der Affenköpfige mit der Waage; rechts die Gottheit mit Schriftrolle und Pinsel als Verteidiger und links mit Schwert und Schlinge der Ankläger. Aus dem Gericht führen die sechs karmischen Pfade zu den sechs Buddhas der sechs Lokas. Die Darstellung im Vordergrund, außerhalb des Gerichtshofes, zeigt alle möglichen Höllenqualen. Walter Verlag, Olten wieder von Halluzinationen gesprochen, von denen abgesehen »es in Wirklichkeit außerhalb unser selbst keine solchen Dinge wie Todesgott oder Gott oder Dämon oder stierköpfiger Todesgeist« gibt ([12]1978, 246). Trotzdem wird die Wiedergeburt nicht angezweifelt. Es gibt keinen Menschen, der nicht von den Toten zurückgekehrt ist, antworten die Weisen Tibets denjenigen, die auf dem Standpunkt stehen, niemand könne authentisch über den Tod sprechen, der nicht selber schon gestorben und von den Toten zurückgekehrt sei. Govinda (21) vertritt die Ansicht, wir alle seien bereits viele Tode gestorben, ehe wir in dieses Leben traten, »denn was wir Geburt nennen, ist nichts als die andere Seite des Todes, ein anderer Name für denselben Vorgang, vom entgegengesetzten Standpunkt aus gesehen, so wie wir dieselbe Tür als Eingang und Ausgang bezeichnen«. Die Frage, warum die meisten Menschen nicht glauben, den Tod erfahren zu haben, und sich nicht an den letzten Tod erinnern, beantwortet er mit dem Hinweis, daß die Menschen in gleicher Weise sich auch nicht an ihre Geburt erinnern und dennoch keinen Augenblick daran zweifeln, daß sie geboren wurden. Nun scheint mir aber gerade dieser Vergleich keineswegs gültig zu sein. Auch wenn wir uns unsere Geburt nicht vergegenwärtigen können, so erfahren wir doch das Geborenwerden des Kindes in einer Unmittelbarkeit als Menschwerdung, die der Erfahrung des Sterbens eines anderen völlig abgeht. Das Kind tritt ins Leben als Menschenwesen bereits mit den Möglichkeiten seines Existierens als Weltoffenheit, Leiblichkeit, Mit-Sein und Gestimmt-Sein, um nur einige Grundzüge des In-der-Welt-Seins (Heidegger) zu nennen. Der Mensch tritt, um bei einem Vergleich Govindas zu bleiben, in das Innere eines Raumes oder Hauses, in dem bereits Menschen wohnen; ja dieses Innere, dieser Raum würde ohne den Menschen gar nicht vorhanden sein. Was der Mensch, der die Tür als Ausgang benutzt, der den Raum und die Mitmenschen verläßt, »draußen« erfährt und was ihm begegnet, entzieht sich unserer Kenntnis. Dies hat nichts mit dem zugegebenermaßen rudimentären menschlichen Erinnerungsvermögen zu tun. Es ist eben doch nicht die gleiche Tür, die als Ein- und Ausgang dient! Die Frage bleibt demnach, ob nicht auch die buddhistisch-hinduistisch-tibetische Todesauffassung, wie viele andere aus dem Volksglauben erwachsene Anschauungen, letztlich der Todesvermeidung und -abwehr dient, da ja in ihnen ein natürlicher Tod gar nicht möglich ist. Darauf deutet auch die etwas profane Feststellung, das Tibetanische Totenbuch sei eine Art »Reiseführer« (Woodroffe, [12]1978, 59) für die Seelenwanderung. Mehr als fragwürdig dürfte zudem die Behauptung von Evans-Wentz sein, der »Bardo Thödol« scheine »auf beweisbaren Tatsachen menschlicher physiologischer und psychologischer Erfahrungen zu beruhen« und sei »daher in der Hauptsache wissenschaftlich« ([12]1978, 110). Der Bibel der Christen wie dem Koran der Moslems wirft Evans-Wentz dagegen vor, »niemals in Betracht zu ziehen, daß die geistigen Erfahrungen der Propheten oder Frommen in der Form eingebildeter Visionen... sich in der letzten Analyse als nicht wirklich erweisen könnten«, während der »Bardo Thödol« seine Versicherungen »so eindringlich« bringe, daß er seinem Leser »den klaren Eindruck hinterläßt, daß jede Vision ohne Ausnahme... rein illusorisch ist«. Mit anderen Worten: Es geht im »Bardo Thödol« nicht um den Tod, sondern um das Ziel, »den Träumer zum Erwachen in die Wirklichkeit zu bringen, befreit von allen

Verdunkelungen karmischer und samsârischer Illusionen«. Es geht somit in diesem bestimmten Fall nicht eigentlich um ein Leben als »Sein zum Tode«, sondern vielmehr um den Tod als »Sein zum Leben«.

C.G. Jung hat es sich mit der Deutung dieses Werkes nicht leichtgemacht. Es stellt sich allerdings die Frage, wieweit die Psychologie des »Bardo Thödol« tatsächlich unverkennbar »aus den archetypischen Inhalten des Unbewußten« – gemeint ist natürlich des »kollektiven Unbewußten« – geschöpft ist ([12]1978, 55), dem nachgewiesenermaßen spekulativsten Teil der Jungschen Lehre. Das Buch schildere einen »umgekehrten Initiationsweg«, der gleichsam im Gegensatz zur christlichen eschatologischen Erwartung »den Abstieg ins physische Werden vorbereitet«. Die östliche Anschauung des Karma sei eine Art psychischer Vererbungslehre. Die psychische Vererbung soll in ihren Formen a priori den Charakter von Bildern besitzen, die in Anlehnung an die Antike als Archetypen[6] bezeichnet werden.

Es ist hier nicht der Ort, auf die Kritik am Begriff des »Unbewußten« – ob individuell (Freud), kollektiv (Jung) oder familiär (Szondi) – einzugehen. Doch hat sich die Annahme einer archetypisch-dynamisch gesteuerten Psyche wie insbesondere einer »psychischen Vererbung« ganz gleich welcher Art nicht minder als eine »metapsychologische« Hypothese erwiesen als etwa Freuds These vom »psychischen Apparat«. So bringt denn auch Jungs psychologische Deutung kaum eine wesentliche Erweiterung unseres Verständnisses des »Bardo Thödol«, sondern höchstens einen ebenso spekulativen Ersatz. Dies heißt nun nicht, daß wir nicht beiden, sowohl den Lehren des Padmasambhava wie denen Jungs, ein Höchstmaß an Ehrerbietung und Bewunderung entgegenbringen. Es gibt Menschen, die vieles, insbesondere das Numinose, erahnen, ohne es wissenschaftlich belegen zu können. Nicht alles, was beweisbar ist, kann für sich auch absolute Wirklichkeit beanspruchen, und nicht alles, was wirklich ist, ist auch beweisbar. So mag denn auch die Kritik an vielem, was große Geister gesehen haben und wissenschaftlich zu begründen versuchten, darin gründen, daß »sehen« und »beweisen« zwei grundverschiedene Wege der Erkenntnis sind. Was gesehen wird, bedarf keines Beweises.

Es soll somit offenbleiben, was es mit der »Seelenwanderung« der buddhistisch-hinduistischen Erlösungsvorstellung auf sich hat. Glaubenswahrheiten lassen sich nicht in unser rationales Denken einordnen. Dies gilt bekanntlich nicht nur für den Buddhismus, sondern für alle großen und kleinen Religionen. Nicht gleichgültig kann uns aber sein, welche gesellschaftlichen Folgen in bezug auf das Sein oder Nichtsein des Menschen aus ihnen erwachsen. Das Verhältnis des Homo faber zu Leben und Tod entspringt nämlich zumeist nicht eigener philosophisch-religiöser Überlegung, sondern der ihm durch die Philosophen und Religionsstifter aufgegebenen Überzeugung, welche wiederum in gesellschaftlich anerkannten Verhaltensweisen, rituellen Handlungen, Normen und Gesetzen verankert und damit sanktioniert ist.

Diese Darlegungen haben sich vorerst auf das Tibetanische Totenbuch beschränkt. Das »Totenbuch der Ägypter« ist wesentlich älter. Es besitzt aber nicht die gleiche Prägnanz wie die tibetanische Schrift und dürfte dem heutigen Menschen weniger Anreiz zur philosophischen Betrachtung über den Sinn des Lebens und des Sterbens geben. Bereits die Quellen sind uneinheitlich. Die dem Verfasser zugängliche Ausgabe umfaßt 190 Sprüche, die aus der achtzehnten Dynastie (dem fünfzehnten Jahrhundert v. Chr.) stammen. Die Texte beziehen sich auf das Leben nach dem Tod und wurden vom Beginn des Neuen Reichs an dem Toten als »schriftlicher Paß« mit ins Grab gegeben.

Der ägyptische Titel des Totenbuches lautet: »Das Buch vom Herausgehen am Tage«. Wie das Tibetanische Totenbuch lehrt auch das Ägyptische auf besondere Art die Kunst des Sterbens und das Erlangen eines neuen Lebens in einer esoterischen und symbolischen Weise. Die beiden Bücher gleichen sich in ihrer Jenseitsmystik derart, daß nach Evans-Wentz (das. 77) »eine ursprüngliche kulturelle Verwandtschaft« zwischen ihnen vermutet werden kann. Dies wird allerdings von E. Hornung bestritten (1979, 12). Die Gleichstellung des Ägyptischen Totenbuches mit dem Tibetanischen und mit fernöstlicher Yoga-Weisheit gehe an den großen prinzipiellen Unterschieden zwischen ägyptischer und fernöstlicher Denkweise vorbei. Ebenso übertrügen alle modernen Versuche, die Sprüche des Totenbuches als Mysterienweisheit zu deuten, allzu schematisch moderne oder hellenistische Formen auf das pharaonische Ägypten.

Das Ägyptische Totenbuch war grundsätzlich jedermann zugänglich. Es wurde von Königen, Beamten, Angestellten und Handwerkern benutzt, auch wenn sich in späterer Zeit eine gewisse Hierarchie aufbaute, in der bestimmte Formen und Texte, z. B. die Unterweltbücher und die Sonnenlitanei, dem König vorbehalten waren. Bei aller Demokratisierung blieben aber in Wirklichkeit die Totenbücher aus rein wirtschaftlichen Gründen den Staatsangestellten vorbehalten, da ihr Kauf für die unteren Volksschichten unerschwinglich war. Hingegen war der Erwerb oder Besitz dieses kostbaren Buches keine Frage der »Einweihung«.

Auch für den Ägypter trennte sich im Tod der Leib von der Seele. Die Verfallserscheinungen des Körpers galten nur als Übergang zu einem erhöhten Sein im Reich des Osiris. Eine Wiedergeburt zu irdischem Dasein wurde vom Verstorbenen nicht erstrebt, sondern nur das Eingehen in das beruhigende Gleichmaß der Gestirne. Der Mensch ist sowohl auf die lichte Sonnenwelt des Re wie auf die dunkle Todeswelt des Osiris angewiesen. Während der Körper in der Unterwelt lebt, begleitet Ba die Seele zum Himmel; aber jede Nacht vollzieht sich die Wiedervereinigung von Körper und Ba – dies ist der entscheidende Moment des Wiederauflebens im Jenseits. Das ist von Bedeutung für die Bestattungsriten: Durch die Mumifizierung wird der Körper erhalten. Sogar die Eingeweide werden in den Kanopenkrügen aufbewahrt, damit sie nicht verlorengehen. Der Tote erhält seine irdische Gestalt lebendig und verjüngt im Jenseits wieder. Allerdings muß sich der Verstorbene auch einer Reinigung und Prüfung unterziehen, einer Art Gerichtssitzung, in welcher über den Menschen und sein Herz ein Urteil gefällt wird. Wo des Menschen Herz in Einklang mit der Maat ist, das heißt mit der richtigen Ordnung der Welt, wartet ein harmonisches Jenseitsgeschick auf ihn; ist er jedoch aus dieser Ordnung, aus der Maat herausgetreten, verfällt er der Tiefe, dem verschlingenden Untier.

Das Ägyptische Totenbuch scheint »menschlicher« zu sein als das Tibetanische. Es enthält zwar auch Stationen größter Bedrohung, gleichzeitig dient es als Zauberbuch und gibt konkrete Anweisungen, wie sich der Tote vor Gefahren, Schlangen, Krokodilen, Insekten und verführerischen Frauen, sichern kann. Vor allem aber scheint sich im Tod die im Leben nicht mögliche unmittelbare Kommunikation mit den Göttern zu erfüllen. Auf Erden nämlich begegnet der Ägypter ihnen nur in Abbildern, während er ihnen nach seinem Absterben von Angesicht zu Angesicht gegenübersteht, ja selbst einer von ihnen wird und zwischen den großen Göttern wohnt. Daß Tote auch ängstlich oder überheblich, unfrei oder gelassen, erhaben oder lächerlich sein können, weist auf die »tiefe Menschlichkeit der alten Ägypter« (Hornung, a.a.O., 37f.) hin, die auf ihrer Fähigkeit beruht, alles Menschliche zu sehen, Erhabenes und Lächerliches miteinander zu verbinden und im Gleichgewicht zu halten.

Versucht man aus den Totenbüchern und ganz allgemein aus dem Verhältnis der Menschheit zum Tod Rückschlüsse auf die Haltung zum Leben zu gewinnen, dann fällt zunächst der stark moralisierende Charakter aller Weltanschauungen auf. Des Menschen Taten werden immer nur unter dem Aspekt des Guten oder Bösen bewertet. Eine ausgleichende Gerechtigkeit, eine alles überdeckende Liebe, Toleranz und Vergebung scheinen tatsächlich erst durch das Urchristentum in diese Welt der Irdischen gekommen zu sein. Gleichermaßen fällt auf, daß im Reich der Toten offenbar weiterhin die Kasten- und Klassenunterschiede herrschen wie im diesseitigen Leben. Dies kam vor allem durch die Bestattungsrituale zum Ausdruck, aber auch in den Auffassungen, daß das Leben post mortem dem hier auf Erden gelebten gleiche. So, wie diesseits der Lebensgrenze eine Hierarchie von Macht und Werten besteht, sollte auch jenseits dieser Grenze diese Hierarchie weiter Geltung besitzen. Der Tod als großer Ausgleicher und Gleichmacher, der Bettler und Könige unterschiedslos zu Staub werden läßt, schien damals noch nicht diese übermenschliche Macht zu haben. Wenn, wie angedeutet und behauptet wird, tatsächlich ganze Hofstaaten einem Herrscher freiwillig in den Tod nachfolgten, so mag uns dies die Überlieferung glaubhaft machen. Wie sich de facto das einzelne Mitglied dieses Hofstaates dazu einstellte und wie freiwillig es sich dem Tod hingab, muß als Frage offenbleiben. Ein freier Entschluß dazu dürfte wohl ferner gelegen haben als eine widerspruchslose Ergebenheit in ein von Tradition geprägtes Schicksal. Auch war nicht allen Ägyptern beschieden, gleich einem toten König für die Ewigkeit in einem Grabbau wie den Pyramiden konserviert zu werden. Die Feierlichkeiten der Bestattung zudem, wie sie offenbar früher wie heute besonderen Menschen zuteil wurden und werden, dürften im Grunde auch durch nichts anderes gerechtfertigt sein als durch die Vorstellung, daß auch im Tod der eine nicht dem anderen gleichzusetzen sei.

In diesem Sinn ist unter anderem auch die für den Japaner typische Haltung dem Tod gegenüber zu verstehen. Sie wird durch den Ausdruck isagi-yoku charakterisiert, das heißt ein Sterben »ohne Reue und Bedauern«, »guten Gewissens«, »wie ein Held«, »ohne Zaudern«, »mit vollem Bewußtsein«. Der Japaner will in Würde sterben, er möchte weggeweht werden wie die Kirschblüte im Wind. In Japans Kultur und Tradition ist die durch lebenslange Anstrengung erreichte Kontrolle über die Todesangst von größter Bedeutung. Ein Sterben in Verzweiflung führt zu einem schlechten Tod; das Beispiel eines guten Todes ist das Hinscheiden Buddhas im sāmādhi, in der Stille

(oben)
König Ramses I. opfert Isis und Osiris
Kalksteinrelief im Tempel von Abydos,
19. Dynastie, um 1315 v.Chr., Neues Reich
Metropolitan Museum of Art, New York

Darstellung aus dem ägyptischen Totenbuch
Papyrus aus der 18. Dynastie, um 1450
v.Chr., Neues Reich
Museum Turin

(Seite 154)
Die ägyptische Göttin Nephthys,
Gemahlin des Seth, der Osiris ermordete, und
treue Helferin der Isis.
Schmalseite des Sarkophags Ramses' III.,
1198–1166 v.Chr., 20. Dynastie, Neues Reich
Louvre, Paris

153

und im Frieden der Seele, die sich ein Leben lang in der Meditation geübt hat (Mokusen Miyuki, 1978, 37ff.). Disziplin, Selbstüberwindung, Geisteszucht dienen der Einübung von Ruhe, Stille, Unbefangenheit und einer ästhetischen Haltung dem Tod gegenüber. Das Vergehen »wie die Kirschblüte im Wind« ist ein Tod in Schönheit. Die Krieger des japanischen Mittelalters unterzogen sich vor der Schlacht einer Reinigung und legten ihre schönsten Rüstungen an, um so prächtig wie möglich zu sterben. Ähnlich müssen sich die Kamikaze-Piloten des Zweiten Weltkrieges gefühlt haben.

Anders als im Westen ist für den Menschen des Ostens der Tod im Leben selbst integriert. Als Beispiel sei die Lehre der japanischen Repräsentanten des Buddhismus, Dōgen und Shinran, erwähnt, der Begründer des *Zen* und des *Jōdo Shinshu*. Zen betont die Wichtigkeit der Persönlichkeit und des Willens, um *Satori* zu erlangen, um in Buddha aufzugehen, Jōdo Shinshu das bedingungslose Erbarmen Amidas, welches die Wiedergeburt im Reinen Land verheißt. Zazen, das »Sitzen« des Zen, wird durch die Hand Buddhas erreicht, das Anrufen Amidas, der »Großen Verheißung der Allmacht«, geschieht ebenfalls im Zeichen Buddhas.

Bei alldem muß in Betracht gezogen werden, daß die begrifflichen Grenzen zwischen Gottheit, Seele, Körper und Tod seit Beginn der Menschwerdung nie klar gezogen wurden. U. Mann (1976) ist den verschiedenen Auffassungen darüber insbesondere bei den Urvölkern nachgegangen. Begräbnisriten und Opfer an höhere Mächte gab es bereits im Neandertaler-Zeitalter. Ethnologie und Ethnographie zeitigten weitere Forschungsergebnisse hinsichtlich menschlichen Seins- und Todesverständnisses. So kennen die Ngadju-Dajak auf Borneo bis zu fünf Seelenteile; die Seele ist als ein Zusammengesetztes gedacht, als Einheit in der Vielfalt. Ähnliche Vorstellungen finden sich bei den Toba-Batak auf Sumatra. Ein Seelenanteil, Tondi, sucht die Wiederverkörperung, ein anderer, Begu, geht zeremoniell begleitet ins Totenreich ein. Die Ethnologen unterscheiden zwischen einer »Lebensseele« und einer »Totenseele«; erstere ist die Lebenskraft, der Lebensodem, von der Gottheit herstammend, letztere ist das Ergebnis der individuellen Biographie. Vielfach finden sich auch Zerstückelungsmotive, so beispielsweise im Hainûwele-Mythos auf West-Ceram und in der Osiris-Mythologie.

Mit zunehmender Entwicklung und der Entstehung der Hochkulturen werden Gottheiten und Todesvorstellungen immer profilierter. Es treten neue Götter auf, nicht nur solche des Totenreiches, obwohl die Hades-Imagination stark vorherrscht. Bei den Sumerern war es Inanna, die Göttin der Liebe, die das Totenreich der Gewalt ihrer finstern Schwester Ereschkigal zu entreißen versucht und dabei, als Gottheit, selbst stirbt, um später wieder ins Leben zurückzukehren. In der minoischen Kultur auf Kreta galten Tod und Auferstehung als Lebensthema. Die vorherrschende Gottheit war aber jene der Fruchtbarkeit, die alljährlich den immer wieder sterbenden Frühjahrsgott gebar und zu ihrem Geliebten machte, jedes Jahr das gleiche Schicksal erfahrend. Was der minoischen Religion ihren besonderen Charakter gab, war nach Schachenmeyr die Angst vor den göttlichen Kräften im Erdinnern, die sich in katastrophalen Erdbeben offenbarten ([2]1979, 140). Aus solchen Angstgefühlen läßt sich »die so betonte Frömmigkeit und Ehrfurcht« erklären, welche den Erscheinungsfor-

Totengericht
Vor Osiris auf dem Thron wägt Anubis das
Herz des Toten. Thot kauert in Paviangestalt
auf der Waage.
Detail aus dem Totenbuch-Papyrus der ägyp-
tischen Prinzessin Entiu-ny aus Dêr-el-Bahari,
um 1025 v.Chr., Neues Reich
Metropolitan Museum of Art, New York

(Seite 158–159)
Tut Ank Amen (Tutenchamun)
Ägyptischer König der 18. Dynastie, um
1350 v.Chr., Neues Reich. Innerer,
massivgoldener Sarg. An der Stirn Geier und

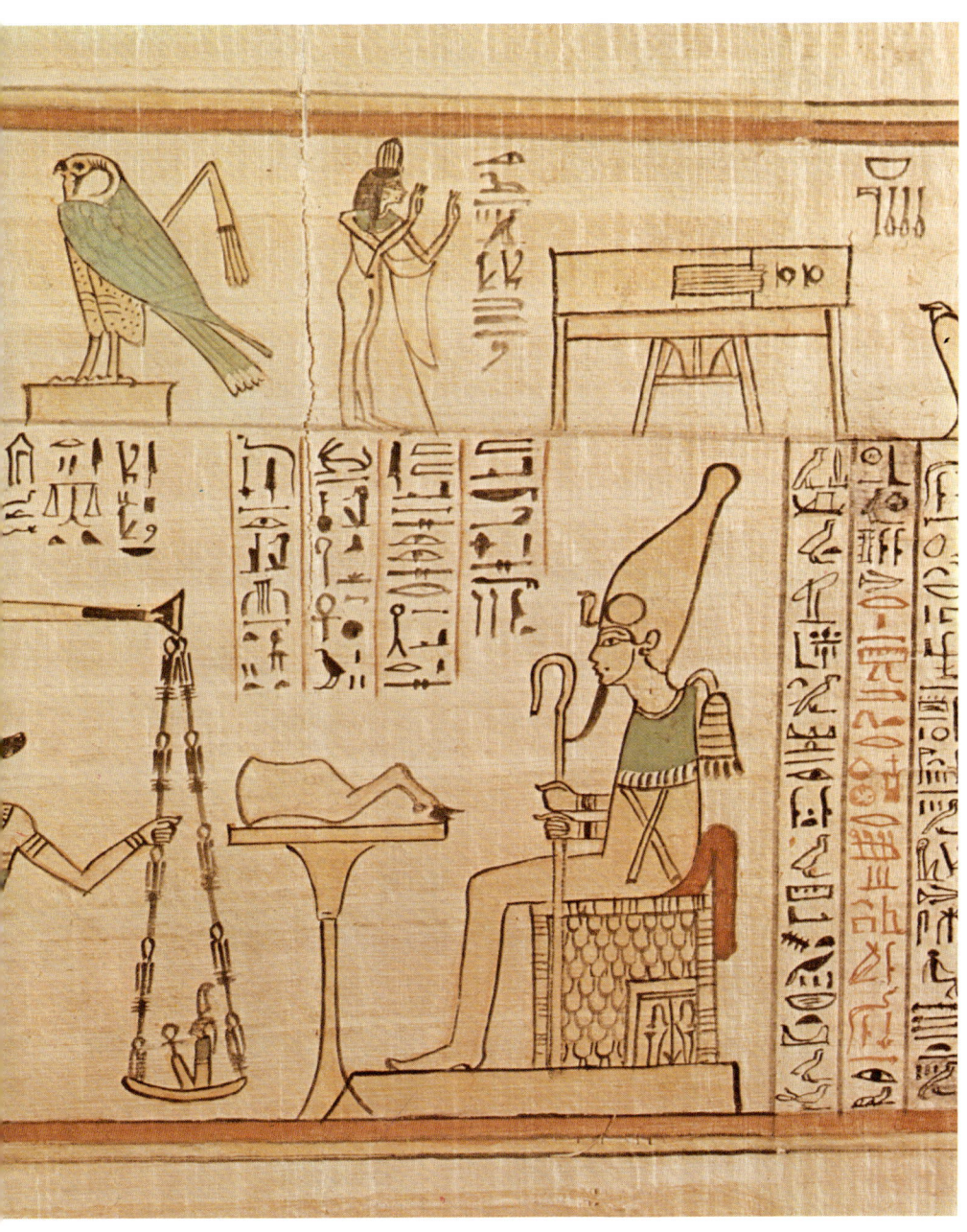

Uraeusschlange aus Gold und Lapislazuli als
Zeichen der Königswürde. Die Hände halten
Geißel und Krummstab. Museum Kairo, Archiv
für Kunst und Geschichte, Berlin

(Seite 160)
Die Pyramiden von Gizeh
In der Zeit der 4. Dynastie, 2723–2563 v.Chr.,
Altes Reich, erbaute Grabmäler ägyptischer
Könige (v.l.n.r. Mykerinos-, Chephren- und
Cheopspyramide)
Daily Telegraph Colour Library, London

men der großen weiblichen Erdgottheit noch über den Fruchtbarkeitskult hinaus gezollt wurde.

Mit dem Auftreten weiblicher Gottheiten veränderte sich überhaupt vieles hinsichtlich des Lebens- und Todesgefühls des Menschen. Gottheit, Erde, Mutterschaft, Fruchtbarkeit und Liebe, natürlich auch andere Eigenschaften, wie Untreue, Rache, Neid, Eifersucht, erhielten zunehmende Bedeutung. Die Götter und Göttinnen der griechischen Antike dann, zum Teil aus der minoischen Kultur übernommen, benahmen sich gar menschlich, selbst wenn sie, wie Hera, Aphrodite, Artemis und Athene, Zeus, Hermes, Apollon, Pluto und viele andere, als unsterblich galten. Nach den großen Epen des Homer, in denen sich der begnadete Dichter mit der menschlichen Seele, mit den Heroen Griechenlands, mit den Göttern und der Unterwelt des Hades auseinandersetzte, traten die Philosophen auf den Plan. Die Todesfrage wurde von der Ratio her gestellt. Die Philosophie unserer Tage ist in der Beantwortung dieser Frage kaum weitergekommen als jene der Antike. Dies vor allem auch deshalb, weil sich die Geister noch immer über das Wesen der menschlichen »Seele« uneinig sind.

Der Todesbegriff
in der griechisch-römischen
Antike

Das Wort »Psyche« begegnet uns erstmals bei Homer, wobei die heute gebräuchliche Übersetzung mit dem Wort »Seele« nicht die ganze Begrifflichkeit Homers wiedergibt.[7] Nach neueren Forschungen soll die Seele des lebendigen Menschen bei Homer »thymós« heißen. Sie ist es, die im Tod den menschlichen Körper verläßt. Auch die Psyche entfloh beim Sterben und wurde beim Verbrennen des Leichnams befreit, um eigentlich erst dann als Totengeist zu existieren. Die Psyche, im Leibesleben unbemerkt geblieben, wird demnach erst kenntlich, wenn sie »gelöst« ist. Sie entweicht (Rohde, [8]1921, 3) aus dem Mund oder der klaffenden Wunde des Sterbenden, um als »Abbild« (eidolon) im Reich der »Unsichtbaren« am Rand des Hades körperlos wie ein Schatten (skia) zu schweben. Trotzdem weist sie nach dem Tod des Menschen dessen äußere Erscheinung auf; wie eine Traumgestalt setzt sie gespensterhaft das Leben der Verstorbenen fort, so daß Odysseus in einem Schattenbild seine Mutter erkennt. Aber jeder Versuch, ihre Psyche zu umarmen, bleibt fruchtlos:

> »Dreimal sprang ich hinzu, an mein Herz die Geliebte zu drücken;
> Dreimal entschwebte sie leicht, wie ein Schatten oder ein Traumbild,
> Meinen umschlingenden Armen« (Odyssee 11, 206ff.).

Die Mutter aber macht ihn auf das Los der Menschen aufmerksam,

»... wann sie gestorben,
Denn nicht Fleisch und Gebein wird mehr durch Nerven verbunden,
Sondern die große Gewalt der brennenden Flamme verzehrt
Alles, sobald der Geist die weißen Gebeine verlassen.
Und die Seele entfliegt, wie ein Traum, zu den Schatten der Tiefe.«
(Odyssee 11, 218 ff.)

Im sechsten Jahrhundert v. Chr. wurde die Identifikation von Psyche und Thymos vollzogen, möglicherweise unter dem Einfluß der orphisch-pythagoreischen Seelenlehre, die der Seele göttlichen Ursprung und metaphysische Bestimmung zuschrieb. Mit dem Einzug der griechischen Philosophie in die abendländische Geistesgeschichte, mit den Ioniern, kam die Idee der Beseeltheit des Weltganzen auf, eine Art Pantheismus, in dem »für ein Fortleben der menschlichen Einzelseele nach dem Tode noch kein Platz war« (Rozelaar, 1976, 105). Thales von Milet, Anaximandros und Anaximenes vertieften zwar nacheinander die Einsicht in das Wesen der Seele, doch trat erst um 500 v. Chr. mit Heraklit von Ephesos jener Philosoph auf den Plan, der sich ernstlich um eine neue Seelenbestimmung bemühte. Für ihn stand fest, daß sich alle Wirklichkeit, der Mikrokosmos wie der Makrokosmos, in ununterbrochener Wandlung befinde. Der Seelen Tod ist, Wasser zu werden, des Wassers Tod, Erde zu werden; aus Erde aber werde Wasser und aus Wasser die Seele. Ob Heraklit an eine Art materieller Seelenwanderung gedacht hat, die schließlich zu einem Wiederaufleben der Verstorbenen führte, wie Rozelaar meint, ist fraglich. Immerhin erklärte er feierlich, daß die Menschen nach ihrem Tod etwas erwarte, was sie weder hoffen noch glauben könnten. Mitbestimmend für das Schicksal nach dem Tod aber sei die Art und Weise des Sterbens, nach dem Motto: »Größerer Tod erlangt auch größeren Todeslohn.«

Orphische, dionysische, eleusische Mysterien, thrakische Einflüsse sind noch bei Pythagoras und Heraklit nachweisbar. Die neue Religion des Orpheus versprach besonders den sozial schlecht gestellten Volksschichten eine Entschädigung im Jenseits für das kummerbeladene Diesseits. Empedokles, Physiker, Politiker und Religionsstifter in einem, sandte sogar aus der Verbannung seine in Gedichtform gekleideten Ermahnungen unter dem Titel »Reinigungen« an die ihm treu gebliebenen Jünger in seiner Heimat. Es entstehen die Tragödien, die Aischylos begründet; Sophokles läßt den Ödipus als Sinnbild einer fluchbeladenen, einer schuldlos schuldig werdenden und dem Untergang geweihten Menschheit erstehen. Die Gottergebenheit macht den Dichter zum Dulder. Der Glaube an das Fortleben der Guten »verleiht dem Dichter die Kraft, das Leben trotz des überwiegenden Unheils gottergeben zu ertragen und diese Gottergebenheit auch bei den schwersten Schicksalsschlägen seiner Helden zu bekennen« (Diels, 1921, 19). Bei Euripides dagegen ist von solcher Harmonie keine Rede mehr. Er war der Grübler, der sich mit den Schattenseiten des Lebens nicht abfinden konnte, dessen pessimistische Sentenzen im Bellerophontes ihren Höhepunkt erreichten:

Psyche
Westgriechische Terrakotta-Figur (Höhe 35 cm)
aus Contrada Caserma in Tarent, 200 v.Chr.
Museo Nazionale, Tarent

»Wer weiß, ob nicht das Leben hier
ein Sterben ist
und unser Sterben drunten nicht als Leben gilt...«

Die Geschichtsschreiber Herodot und Thukydides vermittelten zahlreiche Beispiele des antiken Pessimismus. Auch bei Platon fehlen die pessimistischen Äußerungen nicht. Immerhin verwirft er im »Phaidon« mit aller Deutlichkeit den Selbstmord. Wer den ihm von der Gottheit im Leben angewiesenen Posten verlasse, sei ein ehrloser Deserteur. Berühmt geworden ist die Richterrede aus »Gorgias«, wo er Sokrates sagen läßt:
»So höre denn, wie man zu sagen pflegt, einen sehr schönen Logos. Du wirst ihn zwar, wie ich glaube, für einen Mythos halten, ich halte ihn für einen Logos; denn was ich dir jetzt berichten will, erzähle ich dir als etwas, was wahr ist... Nun galt zur Zeit des Kronos für die Menschen das Gesetz, und bei den Göttern gilt es auch jetzt noch immer: Wer von den Menschen sein Leben gerecht und fromm gelebt hat, der gelangt nach seinem Tode nach den Inseln der Seligen und wohnt dort, fern von allen Leiden, in völliger Glückseligkeit. Wer aber ungerecht und gottlos gelebt hat, der kommt in das Gefängnis der Vergeltung und Strafe, das man Tartaros nennt. Unter Kronos und noch zu Beginn der Herrschaft des Zeus waren hier Lebende Richter über Lebende, und sie hielten am Tage, da der Mensch sterben sollte, Gericht über ihn. Die Urteile, die gefällt wurden, waren deshalb schlecht. Da gingen Pluton und die Vorsteher von den Inseln der Seligen zu Zeus und beklagten sich, es kämen an beide Orte Menschen hin, die nicht dorthin gehörten. Da sprach Zeus: ›Ich will dem ein Ende machen. Denn jetzt sind die Urteile schlecht, weil die zu Richtenden in ihren Kleidern beurteilt werden; denn sie leben ja noch, wenn sie gerichtet werden. Mancher, der eine schlechte Seele hat, ist mit einem schönen Körper, mit Adel und Reichtum umhüllt, und wenn die Entscheidung gefällt wird, treten viele Zeugen für ihn auf und bestätigen, daß er

(links)
Thales von Milet
(um 625 bis 545 v.Chr.)
Punktum Bildarchiv, Zürich

(Mitte)
Heraklit (Herakleitos)
(um 544 bis 483 v.Chr.)
Süddeutscher Verlag, München

(rechts)
Sokrates
(469 bis 399 v.Chr.)
Süddeutscher Verlag, München

ein gerechtes Leben geführt hat. Die Richter lassen sich von diesen Dingen beeindruk-ken; außerdem richten ja auch sie in einer Umhüllung, indem sie ihre Augen und Ohren und den ganzen Körper wie Schleier vor ihre Seelen spannen. Das alles steht ihnen also im Wege, die eigenen Umhüllungen und die der Gerichteten ... Das Gericht darf also erst nach ihrem Tode stattfinden. Und auch der Richter muß entblößt und ein Gestorbener sein und darf mit seiner Seele nichts als die Seele eines jeden gleich nach seinem Tode schauen, wenn sie geschieden ist von allen Verwandten und all jenen Schmuck auf Erden zurückläßt, damit das Urteil gerecht sei ...‹ Und ich (Sokrates) ziehe aus diesen Geschichten folgenden Schluß: Der Tod ist offenbar nichts anderes als die Trennung zweier Dinge voneinander, der Seele und des Körpers. Wenn sie aber voneinander getrennt sind, dann haben beide noch etwa dieselbe Beschaffenheit wie zur Zeit, als der Mensch noch lebte. Der Körper behält seine eigene Natur und die sichtbaren Merkmale seiner Lebensweise und seiner Erlebnisse. Wenn einer von Natur oder infolge seiner Ernährung oder durch beides bei Lebzeiten einen großen Körper hatte, so ist nach seinem Tode auch sein Leichnam groß ... Ich glaube nun aber, daß es mit der Seele ganz dasselbe ist. Wenn sie vom Körper befreit ist, dann wird an ihr alles sichtbar, sowohl ihre natürliche Anlage als auch die Merkmale, die der Mensch durch Beschäftigungen aller Art in seiner Seele empfangen hat« (Platon 1948, 212ff.).

Platon meint nun, die meisten der abschreckenden Beispiele stammten von den Tyrannen, Herrschern, Machthabern und Politikern, »denn diese begehen wegen ihrer Machtfülle die größten und gottlosesten Verbrechen«, weswegen sie auch von Homer in den Hades geschickt wurden, wo sie ewige Strafen erdulden mußten. Einen »schlechten Kerl aus gewöhnlichem Stande« dagegen habe niemand als unheilbar mit schweren Strafen behaftet dargestellt. So gehe denn des Sokrates' Rat auch dahin, ein frommes und ehrliches Leben zu führen.

(links)
Platon
(427 bis 347 v.Chr.)
Bruckmann Bildarchiv, München

(Mitte)
Aristoteles
(384 bis 322 v.Chr.)
Süddeutscher Verlag, München

(rechts)
Epikur (Epikuros)
(341 bis 270 v.Chr.)
Süddeutscher Verlag, München

An dieser Stelle müssen auch die Vorstellungen Platons zur »Unsterblichkeit« und seine »Ideenlehre« erwähnt werden, die in der Philosophiegeschichte von weit größerer Bedeutung sind. H. M. Baumgartner hat einen ausführlichen und äußerst interessanten Essay über Platons Argumente wider den endgültigen Tod des Menschen und für die Unzerstörbarkeit der Seele im Dialog »Phaidon« geschrieben (1980, 67). Hier sei lediglich vermerkt, daß Platon zweifellos Elemente der pythagoreischen Seelenwanderungslehre übernommen hat und daß das Platonsche Verständnis von Leib und Seele nicht mit demjenigen der jüdischen und christlichen Tradition zu vergleichen ist. Auch stammt der Unsterblichkeitsgedanke ursprünglich nicht aus der griechischen Philosophie; er fand zwar nicht im früheren Judentum, wohl aber in der Zeit der Propheten und der jüdischen Apokalyptik eine gewisse Entsprechung, mit dem Unterschied allerdings, daß hier nicht lediglich eine Unsterblichkeit der Seele, sondern auch die Auferstehung des Fleisches, die Auferweckung somit des ganzen Menschen (Luyten, 1980, 106), bedacht wurde.

Platons Philosophie ist uns fast vollständig überliefert. Seine Ideenlehre sollte einen Brückenschlag zwischen Heraklit und Parmenides herstellen. Der ethische Idealismus seiner Lehre vom Menschen und vom Staat hat weit über das Mittelalter hinaus bis in die Neuzeit hinein die Metaphysik inspiriert und im Neuplatonismus (Plotin) Wiederauferstehung gefeiert. Noch nach der Renaissance sind Ideen Platons in der Philosophie bei Descartes und Leibniz zu finden, im 19. Jahrhundert im deutschen Idealismus sowie in der Phänomenologie Husserls. Für die Scholastik des Mittelalters war jedoch besonders die Auseinandersetzung zwischen Platon und Aristoteles maßgebend.

Äußerungen zur Todesproblematik werden bei Platon Sokrates in den Mund gelegt. Von Sokrates hören wir bei Aristippos, Antisthenes, Aischines und Euklid bis zu Platon, während über den historischen Sokrates kaum etwas bekannt ist. Er selbst hat

166

nichts Schriftliches hinterlassen, eine Sokrates-Biographie gibt es nicht.[8] Wir wissen lediglich, daß er von etwa 470 bis 399 v. Chr. gelebt hat und durch ein Athener Gericht zum Tode verurteilt wurde. Bereits in mittleren Jahren muß er einen gewissen Bekanntheitsgrad gehabt haben, wurde er doch von Aristophanes in dessen Komödie »Die Wolken« porträtiert, allerdings in einer für die Sokratiker unannehmbaren Weise. Gigon meint denn auch (1947, 20): »Wenn die Sokratiker überhaupt in einem Punkte einig sind, so sind sie es in dem Bestreben, einen Sokrates zu schildern, der das genaue Gegenteil des aristophanischen ist.« Platon hielt es sogar für möglich, daß die Komödie des Aristophanes – der Sokrates als einen hochmütigen, weltfremden Gelehrten mit verheerendem Einfluß auf die Jugend schilderte – für das tragische Schicksal des Philosophen verantwortlich war. Er wurde nämlich, soweit wir aus der Anklageschrift gegen ihn wissen, aus zwei Gründen hingerichtet: einmal wegen der (angeblichen) Verweigerung der Anerkennung der Staatsgötter und der Einführung neuer Gottheiten, dann wegen Verführung der Jugend. Lange noch nach seinem Tod bekämpften sich Ankläger und Verteidiger des Sokrates; Polykrates verfaßte eine Anklageschrift mindestens sechs Jahre nach Sokrates' Tod, Lysias und Xenophon schrieben ihre Verteidigungsschriften ebenfalls in dieser Zeit, Platon noch später. Fest scheint zu stehen, daß Sokrates als erster die von Thales ins Leben gerufene Naturphilosophie durch eine philosophische Ethik ablöste und zur klassischen Epoche der antiken Philosophie überleitete.

Über den Prozeß und die Gründe, die zur Verurteilung von Sokrates führten, bestehen divergierende Meinungen. Festzustehen scheint lediglich, daß Sokrates selbst dem Sterben mit innerer Gelassenheit entgegensah und alle Vorbereitungen für seine Leichenbestattung ablehnte. Der Tod schien eine Angelegenheit zu sein, die ihn innerlich nichts anging und sein geistiges Wesen unbeeinflußt ließ, die *Eudaimonia* nicht zu zerstören vermochte. Auch die Gleichgültigkeit gegenüber Totenbräuchen, bereits bei Heraklit sichtbar, dürfte damit in Verbindung gestanden haben, daß dem Leib keinerlei Bedeutung zukam. Der Leib, den die Seele verlassen hatte, war wertlos und deshalb keiner Ehrung würdig. Einzig das Nachleben der Seele war wesentlich für das menschliche Sein.

Der Tod bedeutet bei Platon die Trennung der Seele vom Körper. Die Seele leidet an der »Materie«, an der Stätte »ständiger Andersheit«; der Leib ist der Ort ständiger Veränderung, Realisationsstätte des »Maßlosen«, während die Seele im Platonischen, »wie überhaupt im Griechischen«, es »mit dem unzerrissenen Einen, der Selbigkeit, dem Realen« zu tun hat (A. Metzger, [2]1972, 164f.).

Finden wir nun gerade in der philosophischen Ethik der Sokratiker in ausgesprochenem Maß das moralisierende Element vertreten, die immer wiederkehrende Belehrung und Ermunterung zu einem sittlich einwandfreien Leben, deren Nichtbeachtung schwerste Folgen nach dem Tod mit sich bringen sollte, so hat sich in der Folge das Todesproblem in der Antike nochmals in zwei großen Richtungen entwickelt, die einander diametral gegenüberstehen. Auf der einen Seite finden wir die Aussagen Epikurs, auf der anderen jene der Stoiker.

Die These Epikurs über den Tod ist denkbar einfach. Der Tod gehe uns nichts an, denn alles Gute, aber auch alles Schlimme beruhe auf der Wahrnehmung. Die sinnliche Wahrnehmung galt ihm als Maßstab der Wahrheit. Da der Tod aber den Verlust der Wahrnehmung bedeute, mache die rechte Einsicht, daß er uns nichts angeht, die Sterblichkeit des Menschen genußreich. »Denn im Leben gibt es für den nichts Schreckliches, der in echter Weise begriffen hat, daß es im Nichtleben nichts Schreckliches gibt... Das schauerlichste Übel also, der Tod, geht uns nichts an; denn solange wir existieren, ist der Tod nicht da, und wenn der Tod da ist, existieren wir nicht mehr... Wir sind ein einziges Mal geboren. Zweimal geboren zu werden, ist nicht möglich. Die ganze Ewigkeit hindurch werden wir nicht mehr sein« (zit. n. Hahn, 1975, 96).

Vom Weisen verlangt Epikur, weder das Leben abzulehnen noch das Nichtleben zu fürchten, während die Menge bald den Tod als das ärgste Übel fliehe, bald ihn aber auch als Erholung von den Übeln dieses Lebens suche. Er findet es jedoch lächerlich, zum Tode zu laufen aus Überdruß am Leben, »da du ja durch die Art deines Lebens bewirkst, daß du zum Tode laufen mußt«, lehnt also den Selbstmord ab. Ähnliche Gedanken hatte bereits Diogenes von Sinope geäußert. Sein höchstes Ideal war die Furchtlosigkeit, insbesondere dem Tod gegenüber, die man durch die Einsicht erreichen könne, daß der Tod kein Übel sei; der Mensch merke es ja nicht, wenn er da sei. Besondere Bedeutung schrieb Diogenes der Bekämpfung der Todesfurcht bei den Kindern zu.

Für die epikureische Lehre gibt es zwar in einer Zwischenwelt unsterbliche und glückselige Götter; doch diese kümmern sich nicht im geringsten um die Dingwelt und die Menschen; sonst nämlich könnten sie nicht glücklich sein. Eine Darstellung dieser Lehre ist Ciceros Schrift »De natura deorum« zu entnehmen. Die epikureische Ethik anerkannte als Ziel menschlichen Lebens die Gesundheit des Körpers und die Leidenschaftslosigkeit der Seele. Erst dann werde als das höchste Ziel das glückselige Leben, die Lust (hedoné), erreicht.

Die Stoa

In die beinahe gleiche Zeit fällt der Beginn der Stoa und damit auch der Anfang der hellenistisch-römischen Philosophie. Die politisch-kulturellen Veränderungen dieser Epoche begannen mit dem Untergang der griechischen Staaten, dem Zerfall des Alexandrinischen Imperiums und der Entstehung neuer Staatengebilde: Ägypten, Asien, Makedonien. Mit dem Zweiten Punischen Krieg (218–201 v.Chr.) wird Rom zur Großmacht im Westen, im zweiten Jahrhundert schließlich gewinnt es die Herrschaft über die hellenische Welt, wobei der Einfluß der griechischen Gebildeten auf das geistige Leben Roms deutlich wird. Griechische Philosophen und Literaten weilen in Rom, Römer reisen nach Griechenland. Die bedeutendste Persönlichkeit der lateinischen Geistigkeit, die diese Diffusion zweier Kulturen verkörpert, ist Marcus Tullius Cicero, der auf Rhodos studierte und gegen Ende seines Lebens das griechische Gedankengut in die lateinische Welt übertrug. Parallel zu diesem Prozeß in Europa entwickelte sich ein reges kulturelles Leben in Alexandrien. Die bedeutsamste Frucht dieser Entwicklung sind die 13 Bücher der euklidischen Geometrie.

Für Cicero wurde Platons Unsterblichkeitslehre zu einem Problem, was insbesondere im Schlußabschnitt seiner Bücher »De re publica«, im »Somnium Scipionis«, ausführlich zur Sprache kam. In späteren Jahren nahm Cicero die Unsterblichkeitsidee im ersten Buch der »Tusculanischen Gespräche« und im »Cato Maior de senectute« – in der Auseinandersetzung mit Epikur – wieder auf. Die Frage allerdings, ob Cicero wirklich an ein Fortleben des Menschen oder der Seele nach dem Tod glaubte, läßt der Interpretation weiten Spielraum. Einerseits bejaht Cicero diese Frage leidenschaftlich, andererseits läßt er die Möglichkeit offen, daß mit dem Tod doch alles ein Ende habe. In den Tusculanischen Disputationen I (41, 97) erwähnt er die Rede, die Platon Sokrates vor den Richtern halten läßt, die ihn zum Tode verurteilten. »Große Hoffnung erfüllt mich, Richter, es geschehe mir Gutes, daß ich in den Tod geschickt werde. Denn notwendigerweise trifft eines von beiden zu, daß der Tod entweder überhaupt jedes Empfinden nimmt oder daß man durch den Tod von diesem hier an einen anderen Ort wandert. Also: mag auch jede Empfindung erlöschen und der Tod dem Schlaf ähnlich sein, der manchmal auch ohne Traumerscheinungen die friedlichste Ruhe bringt: welcher Gewinn, ihr Götter, ist dann der Tod! ... Wenn aber wahr ist, was man sagt, daß der Tod eine Wanderung zu den Gefilden sei, die diejenigen bewohnen, die aus dem Leben geschieden sind, so ist das noch viel beglückender« (Cicero, 1969, 113).

Die ältere Stoa (300–150 v.Chr.) wurde von Zenon aus Kition gegründet. Der Name »Stoa« stammt von der »bunten Halle« (stoá poikíle) auf dem Marktplatz in Athen, wo Zenons Schule stand. In hohem Alter schied Zenon freiwillig aus dem

Leben – ein für die Stoa bezeichnender Abgang. Die Stellung der frühen Stoa zum Tod als einem natürlichen Vorgang ist zunächst durch ihr materialistisches Weltbild bestimmt, in welchem Psychisches und Stoffliches aufgrund der Interpretationen eines physikalischen Vorgangs auf die gleiche Stufe gestellt werden. Durch den Tod tritt etwas aus dem Gesamtorganismus weg, durch dessen Verschwinden die gesamte Lebensfunktion gestört wird, wie E. Benz ausführt (1929, 2). Für den Stoiker ist die Seele selbst Körper. Erst in der späteren Stoa wird dieser materialistische Monismus bei Seneca durch den Dualismus und bei Mark Aurel durch die Überwindung des Materialismus aufgehoben. Der Auflösung der psychophysischen Einheit bei Seneca entspricht in der Psychologie die Differenzierung der vitalen und sittlichen Funktionen. Die vitalen werden dem Organismus, die sittlichen der Seele zugesprochen. Für Seneca besteht die »Hauptpflicht des Weisen« darin, »sich über seine Stellung in der Natur und im Kosmos klarzuwerden« (Benz, das. 31). Die größte Pflicht liegt auf sittlichem Gebiet, und aus der Einsicht in die naturgesetzmäßige Tatsache, daß der Tod die endgültige und notwendige Abschlußphase jeglichen Lebens ist, schuf die stoische Ethik Senecas die Lehre von der »ars moriendi«, von der richtigen Art zu sterben.

Bereits Seneca erkannte, was heute im Zeitalter der »Sterbehilfe« neu entdeckt wurde: daß nämlich der Mensch im unmittelbaren Angesicht des Todes mutiger ist als bei seiner Annäherung. »Ist der Tod zur Stelle, verleiht er auch dem Unerprobten Mut, sich ins Unvermeidliche zu fügen ... Der Tod jedoch, der sich erst nähert, aber unvermeidlich kommt, verlangt gelassenen, festen Mut, und der ist selten und findet sich nur bei Weisen.« Und weiter: »Wer den Tod ablehnt, lehnt das Leben ab. Denn das Leben ist uns nur mit der Auflage des Todes geschenkt; es ist sozusagen der Weg dorthin« (Briefe an Lucilius, zit. n. Hahn, 1975, 236).

Es wäre Wahnsinn, meint Seneca, den Tod zu fürchten, denn fürchten könne man nur das Ungewisse. Das Gewisse erwarte man, insbesondere da der Tod auf einem gerechten, wenn auch unerbittlich strengen Naturgesetz beruhe. Wie das Alter der Jugend folge, so folge dem Alter der Tod. Vor Eintritt des Alters sei er, Seneca, darauf bedacht gewesen, in Ehren zu leben, im Alter jedoch darauf, in Ehren zu sterben. Und das bedeute: gern zu sterben.

Wenn auch der Selbstmord Senecas im Jahr 65 n. Chr. ein befohlener, also nicht in Freiheit vollzogener war, so stand er doch in direkter Beziehung zur Gedankenwelt der Stoa. Seneca betrachtete den Selbstmord unter gewissen Umständen, dann nämlich, wenn das Tugendstreben im Leben nicht mehr möglich wäre und das Leben seinen Sinn verloren hätte, als einzigen Ausweg, einem »malum« zu entgehen, ja sogar als Pflicht. In seinem Dialog »De vita beata« setzt er die »vita«, das Leben, zu den Begriffen »natura«, »ratio« und »virtus« in Beziehung; wo diese Tugenden fehlten, sprach er nicht mehr von »vivere«, sondern nur noch von einem »in vita morari« oder »esse«; Menschen, deren Dasein nur noch ein »in vita morari« oder »esse«, aber kein »vivere« mehr ist, sind nach Seneca gestorben, noch bevor sie der natürliche Tod dahingerafft hat.

Dieser »Tod der Seele« tritt dann ein, wenn das Leben von der »voluptas«, der Begierde, statt von der »virtus«, der Tugend, her seinen Sinn erhält. Hier ließe sich

Marcus Tullius Cicero (106 bis 43 v. Chr.)
Bruckmann Bildarchiv, München

auch Plotin erwähnen, der von einer Seele, die ihre Lust am Häßlichen und Sinnlichen findet und nicht mehr nach der reinen Schönheit strebt, sagt, sie sei gleichsam vom Bösen durchsäuert, schmählich verunstaltet, ein vielfach vom Tod durchdrungenes Leben. Seneca setzt die letzte und entscheidende Lebenswertung vom Todesgedanken aus. Es gibt für ihn eine »mors honesta« (anständiger Tod; Cato) und eine »mors turpis« (schändlicher Tod; Brutus). Bekannt geworden ist aber besonders Senecas Hoheslied auf den Tod (in einem Brief an Marcia), das er in seinen berühmten »Consolationes« noch oft wiederholt. Es soll als Beispiel hier in der Übersetzung von Regenbogen folgen (1930, 213):

»O über die Toren, die nicht wissen, wie elend sie sind, wenn sie nicht den Tod als die beste Gabe der Natur preisen und erharren, mag er nun die Seligkeit umschließen oder das Unglück vertreiben oder des Greises Lebenssattheit und Müdigkeit enden oder den Jüngling aus der Blüte der Jahre und der Hoffnung auf schönere Zukunft entraffen oder den Knaben vor der härteren Stufe des Lebens heimrufen: allen ein Ende, vielen Erlösung, manchem Sehnsucht: am gütigsten denen, die er antritt, ehe er gerufen wird. Er gibt den Knecht frei gegen des Herrn Willen, er läßt der Gefangenen Ketten leicht werden, er löst aus dem Kerker, wen des Tyrannen Befehl in ihn bannte; er zeigt den Verbannten, deren Herz und Auge unablässig das Vaterland sucht, wie gleichgültig es ist, welches Landes Boden einen deckt; er ist's, der den Ausgleich schafft, wenn die Launen des Schicksals die Güter des Lebens schlecht verteilen, wenn sie Menschen, zur Freiheit geboren, einander zu eigen gaben. Er ist's, nach dem niemand mehr fremder Willkür unterworfen ist, er ist's, in dem niemand mehr seine Niedrigkeit verspürt; er ist's, der jedem offen ist; er ist's, Marcia, den dein Vater ersehnt hat; er ist's, sage ich, der macht, daß Geborenwerden keine Strafe ist, er ist's, der macht, daß ich vor des Schicksals Drohen nicht ins Knie sinke, daß ich den Willen frei und mächtig seiner selbst bewahre: es ist eine Macht, an die mir Berufung freisteht. Dort sehe ich aufgerichtet die Kreuze, die Folterwerkzeuge, die Ruten und Geißeln: aber ich sehe auch den Tod. Dort stehen die blutdürstigen Feinde, die frevelmütigen Bürger; aber ich sehe auch den Tod. Dienstbarkeit drückt nicht, wo ich mit einem Schritt zur Freiheit gelangen kann, wenn des Dienstes mich ekelt. Leben, du bist mir lieb durch des Todes Gnade!«

Die ... »felicissimis optanda mors« ... wird auch in »Ad Polybium de consolatione« gepriesen: Der Tod ist der einzige Hafen für die Schiffer, die auf diesem stürmischen und allen Wetterschlägen ausgesetzten Meer dahinfahren. Die »necessitas moriendi« wird als große Glückseligkeit, als »magna felicitas«, erlebt. Man sieht sich tatsächlich vor die Frage gestellt, ob Senecas »vita beata« nicht außerhalb des irdischen Daseins überhaupt zu suchen ist. Verstärkt wird diese Vermutung durch Senecas Gedanken über das Verhältnis von Leib und Seele. Dieses Denken nämlich legt den letzten metaphysischen Grund für eine Bewertung von Leben und Tod zugleich.

Ein kurzer Rückblick ist hier angezeigt. Das Problem des Verhältnisses Seele–Leib ist seinem Wesen nach nicht neu. Neu, beziehungsweise neuartig, wirkt es nur in der Vielfalt seiner Erscheinung.

Für den homerischen Menschen mit seiner durchaus positiven Einstellung zu Leben

Mark Aurel (Marcus Aurelius Antonius, 121 bis 180)
Bruckmann Bildarchiv, München

und Leib stand auch deren Wert nicht in Frage. Wohl hat der Dichter »der Leiden und Klagen viel« zu berichten, aber die Moiren, die Schicksalsgöttinnen, haben seinen Menschen ein leidensfähiges Herz gegeben. In heroischer Frömmigkeit wird die Göttlichkeit der Welt mit ihrem ewigen Wandel anerkannt. Ein Lebenspessimismus als Zustand widersprach homerischer Religiosität. Das Leben im Leib war das wirkliche Leben, und es wurde geliebt – der Tod würde schon früh genug kommen. »Von dem Leben im Ganzen sich abzuwenden, kommt keinem homerischen Menschen in den Sinn« (Rohde, 1921, I, 2). Bereits in der zweiten Hälfte des sechsten Jahrhundert sehen wir, wie diese Haltung durch eine transzendente abgelöst wird. Wir denken an das geheimnisvolle Phänomen der Orphik mit ihren Ideen der Reinigung, der Ablösung von irdisch Vergänglichem, der Askese, deren Berührung mit den Grundvorstellungen der thrakischen Dionysos-Religion nicht zu verkennen ist. Die dualistische Einstellung zu Leib und Seele findet ihre Begründung in der Genesis des Menschengeschlechts, im Dionysos-Zagreus-Mythos. Dem Menschen, als einem Gemisch von Gutem, das von Dionysos-Zagreus stammt, und Schlechtem, dem titanischen Element, ist der Weg klar vorgezeichnet: Loslösung des Guten, des Göttlichen, der Seele vom Bösen, dem Titanischen, dem Körper; Hinwendung zu Gott, Abwendung vom irdischen Dasein. Diese Befreiung durch Selbstmord herbeizuführen ist nicht nur nicht erlaubt, sondern wäre sinnlos: Die Seele ist zur Verbüßung einer Schuld in den Leib verbannt. Der voreilige Tod würde sie nur für kurze Zeit frei machen. Ihre Reinigung vollzieht sich gemäß der Lehre von der Seelenwanderung durch den Aufenthalt in mehreren Körpern. Der Heilsweg ist der »orphikos bios«, in der Askese bestehend, die letzte Erlösung wird Dionysos als »lyseus« bringen. Die Einstellung zum Leib ist somit klar: Als Strafgefängnis für die Seele ist er dem orphischen Menschen eine drückende Last. Die moralische Pflicht, den Körper zu verachten, dürfte einem überzeugten Orphiker nicht allzu schwergefallen sein.

Dies gilt nicht weniger für die Anhänger der pythagoreischen Lehre. Die Seele, ein dämonisch unsterbliches Wesen, ist aus göttlicher Sphäre in den Kerker Leib strafversetzt. Ihre Katharsis erfolgt in der sühnenden Wanderung durch Menschen- und Tierleiber unter Mitwirkung des Menschen im Streben nach dem Göttlichen.

Diese alte Vorstellung der orphisch-pythagoreischen Lehre verbindet nun Platon mit seiner Philosophie und überträgt den Gegensatz von Werden und Sein auf das Verhältnis von Seele und Leib, wodurch der Pythagoreerglaube seine philosophische Grundlage erhält und zu der Macht wird, die er durch Platon geworden ist. Die Seele als ein rein geistiges Wesen, das, von jeher ungeworden, im Reich des Unsichtbaren der höchsten Erkenntnis der Ideen teilhaftig ist, wird in die Materie als etwas Fremdes eingeschlossen. Wenn auch nicht vom Körper in ihrem Sein abhängig – Leib und Seele verschmelzen sich nie –, so hat der Körper doch einen Einfluß auf sie. Mit der Einschließung in den Leib wachsen Triebe und Begierden. Unverstand, wilde Leidenschaften stammen vom Leibe. Die Tragik der Seele wird auch hier dadurch erhöht, daß der steile Weg zum Besitz der Vernunft durch eine unbestimmte Reihe von Körpern geht. Daher die moralische Summa: die Seele möglichst vom Leib zu trennen. Denn das »soma« ist der Seele »sema«, »der Körper ist das Grab der Seele« (Gorgias).

Platons größter Schüler, Aristoteles, kennt diesen Dualismus nur in den ersten Jahren jener Phase, in der er dem großen Meister Gefolgschaft leistete. Vom Schicksal des göttlichen Dämons in sterblicher Hülle spricht sein nach Form und Gestalt platonisch gehaltener Jugenddialog »Eudemos«. Der reife Aristoteles dachte nicht mehr so. Er konnte es nicht als Hylemorphist – Form und Stoff, Akt und Potenz sind nur begriffliche Unterschiede – und nicht als Metaphysiker: Der »nous« (Geist), von außen in den Körper kommend als ein »theion« (Göttliches), bleibt unbeeinflußt vom Leib. »Der Drang ins reine Jenseits hinüber, die Verleugnung und Verwerfung des irdischen Genossen, des belebten Leibes, ist dem ›Geist‹ des Aristoteles fremd; er hat keinen Trieb zur ›Erlösung‹, zur Selbstbefreiung« (Rohde, 1921, II, 307).

Noch haben wir, bevor wir wieder zu Seneca zurückkehren, dem gleichen Problem bei seinen Vorgängern und Zeitgenossen in der Stoa nachzugehen. Tertullian überliefert uns den zenonischen Beweis für die Körperlichkeit der Seele: »ergo consitus spiritus corpus est: consitus autem spiritus anima est, ergo corpus est anima« (Der eingesäte Hauch ist Körper, er ist auch Seele, also ist der Körper Seele). Diese körperliche Seele ist das »Aufdampfen« des starren Leibes, das nichts anderes ist als der warme Feuerhauch. Die Seele wird in das System der Elemente eingeordnet. »So wird durch eine Gleichordnung auf einer elementaren physikalischen Grundlage der Ausgleich der Spannung Körper – Seele, wie sie in der dualistischen platonischen Lehre bestand, geschaffen« (Benz, 1929, 3). Der Monismus der alten Stoa ist die Folge ihres Materialismus, was trotzdem einen gewissen Lebenspessimismus, entstanden aus der Betrachtung allgemein menschlichen Elends und menschlicher Verderbnis, nicht ausschließt.

Auf dem Boden des Materialismus basiert auch die Seelenlehre von Panaitios, der trotz seiner Verehrung für Platon die Unsterblichkeit, auch die beschränkte der stoischen Lehre, leugnete. Die dualistische Geisteshaltung bricht sich durch Cicero und Seneca Bahn. Die Stoa kommt, insgesamt gesehen, in ihrer Entwicklung von Zenon bis zu Mark Aurel zu einer diametral entgegengesetzten Ansicht über das Wesen der Seele. Bei ihrem Begründer ist sie etwas Körperliches, bei ihrem letzten großen Vertreter ein »noeron« (Vernunftartiges), das dem aristotelischen »nous« (Geist) sehr nahekommt.

Seneca steht mitten in dieser Entwicklung. Noch scheint er den Materialismus der alten Stoa nicht ganz überwunden zu haben. Er geht zwar mit der Spannung von »materia« und »causa« zum Äußersten und kommt, da er in der »materia« einen Faktor annehmen muß, der Gott hinderte, sie unsterblich zu machen, auf eine »creatio continua«, eine »fortwährende Schöpfung«. Platonisierend erkennt er Gott als den Weltenschöpfer, weicht also von der elementar-physikalischen Kausalität der alten Stoa ab: Gott ist die »prima et generalis causa« alles geschaffenen Seins überhaupt, die »ratio faciens«, die handelnde Vernunft. Als solche steht Gott hoch über aller Materie. Die Seele ist aus der Welt des Göttlichen in den menschlichen Leib hinabgestiegen, wird aber nicht zum »mancipium corporis« (Besitz des Körpers), sondern wohnt frei in ihm. Die letzte und endgültige Befreiung der Seele vom Körper ist aber der Tod und die letzte Willenskonsequenz der Selbstmord, wenn der »animus« Gefahr laufen würde, sein Ziel zu verfehlen. Das Leben ist nur ein Vorspiel für ein besseres, ein Heranreifen im Mutterleib für eine andere Geburt: Der Todestag, der letzte Tag für den Körper, ist der Geburtstag der Seele für die Ewigkeit. Nie ist die Seele göttlicher, als wenn sie ans Sterben denkt. Der schlagendste Beweis für die Abkunft der Seele aus höheren Regionen ist es, wenn sie diese Behausung, in der sie wohnt, für niedrig und eng erachtet, wenn sie den Austritt aus ihr nicht fürchtet. Denn wer sich seiner Herkunft erinnert, der weiß, wohin er gelangen wird. Dann wird, was der Gefangenen für Momente durch die Philosophie gewährt wurde, für die Befreite ein um vieles vollkommenerer und ewiger Zustand.

Senecas Denken über das Verhältnis der Seele zum Leib ist die letzte und tiefste metaphysische Begründung seines Bekenntnisses: »caram te, vita, beneficio mortis habeo« – »Ich habe dich, Leben, lieb um der Wohltat des Todes willen«. Dieses philosophische Bekenntnis mag unter anderem auf dem dunklen Hintergrund der damaligen Kaiserzeit gesehen werden. Auch persönlich schwere Schicksalsschläge mögen mitgeholfen haben, das Leben als eine »vita tota flebilis«, als ein beklagenswertes zu erfahren. Körperliche Leiden trugen nicht wenig dazu bei, über Leib und Leibesleben gering zu denken und sich einem Lebenspessimismus hinzugeben. Ob Senecas «schizoide» Veranlagung, wie Theo Schöb in einem unveröffentlichten Manuskript (1944, 1948) sagt, eine fehlende Voraussetzung zur polaren Lösung von Spannungen darstellte, muß hier offengelassen werden. Aber als letzten und entscheidenden Ausgangspunkt für Senecas Bewertung von Leben und Tod sieht Schöb das rationale Erfassen und irrationale Umfassen der Wesenheiten von Leib und Seele. Diese hohe Wertung des Todes ist durchaus unstoisch; für die Stoa bedeutet nämlich der Tod ein Faktum, »das sich der natürlichen Bestimmung der Realisierung des Tugendideals vereitelnd in den Weg stellt« (Benz, 1929, 54).

Diese Umwertung von Leben und Tod begründet notwendigerweise ein entsprechendes Lebensgefühl. Die Selbstbesinnung und Selbsterfahrung, das Innewerden des eigenen »Selbst«, der Persönlichkeit, die Offenständigkeit den Mitmenschen und Dingen gegenüber erhalten neue Bedeutung. Primär wird dieses Lebensgefühl nicht nur vom Sein her bestimmt, sondern vom Erlebnis des Werdens, in welchem wiederum wesentlich die Voraussetzung und Möglichkeit des Vergehens gesehen wird.

Solche Geisteshaltung erinnert an Heraklit. Seneca selbst hat in diesem Zusammenhang denn auch den großen Epheser zitiert. Der Gedanke des »cotide mori«, des täglichen Sterbens, gründet in der Annahme, daß »geboren werden« nicht nur »sterben werden« und »sterben müssen« bedeutet, sondern bereits ein Sterben ist.

176

Der Mensch ist von allem Anfang, von seiner ersten Lebensstunde an ein »periturus« (ein Zugrundegehender); alles, was er schafft, ist nicht weniger dem Untergang geweiht als er selber: »omnia mortalium opera mortalitate damnata sunt, inter peritura vivimus« (»Alle Werke der Sterblichen sind zum Sterben verurteilt, wir leben unter Vergänglichem«) steht in den Briefen an Marcia. Die Vergänglichkeit alles Irdischen findet ihren Ausdruck in dem berühmten Satz Senecas: »summa in unum venit: accipimus peritura perituri« (»Alles in allem: als Vergängliche empfangen wir Vergängliches«). Da die Zeit eilt, das Leben kurz ist (nulla vita est non brevis), der Körper dem Zerfall, die Seele der Reife zugesprochen werden, kommt es gar nicht darauf an, ob ein Mensch das Greisenalter erreicht oder nicht. Wichtig ist, daß er in den Besitz der »virtus« gelangt. Ist er dieses höchsten Gutes, des »summum bonum«, teilhaftig geworden, dann ist das Leben voll, sein Sinn erfüllt, dann kann man bereits von einem langen Leben sprechen: »longa est vita, si plena est«. Es ist aber nicht ein Gut zu leben, vielmehr ein Gut, gut zu leben – »non enim vivere bonum est, sed bene vivere«.

An diesem Punkt findet jedoch die Philosophie des Todes zunächst ihre Grenze. Das Rätsel »Tod« konnte sie nicht enträtseln, das Wesen des »Sterblichen« nicht ergründen.

Der Tod
in den monotheistischen
Religionen

Wer aber wäre prädestiniert, dem Menschen den Tod näherzubringen, wenn nicht die großen Heilslehren unserer Weltreligionen? Sie, deren Missionare die ganze Welt durchkämmten, die die Heilsbotschaft dem Armen wie dem Reichen brachten und immer noch verkünden? Wie verhalten sich das Judentum, der Islam und das Christentum zum Tod, und welche Hilfe hat der Sterbende, vor ihm bereits der »Sterbliche«, von seiner Religion zu erwarten?

Es ist naheliegend, daß die großen monotheistischen Religionen sich grundsätzlich von allen anderen Kulturen sowohl hinsichtlich des Sinnes menschlichen Lebens wie auch hinsichtlich der Todeserwartung unterscheiden. Die Bezugnahme auf einen einzigen Gott ändert zudem auch das Verhältnis des Menschen zum Göttlichen in einer absoluten Weise. Zudem werden wesentliche Züge einer projektiven Gottesvorstellung fallengelassen. *Ein* Gott kann sich in vielerlei Hinsicht nicht mehr so verhalten, wie es die Menschen unter sich tun; er kann sich weder in einem Konkurrenzverhältnis mit anderen Gottheiten befinden, noch kann er all jene Züge aufweisen, die man – wie etwa bei den Göttern der hellenisch-römischen Epoche – als menschlich-allzumenschlich zu bezeichnen pflegt. Hinzu kommen zwei Wesensmerkmale: Gott als Schöpfer des Menschen und seiner Welt und Gott als Erlöser. Letzteres findet besonders im Christentum seine letzte Ausformung und Sinngebung.

Altes Testament und jüdische Überlieferung

Der Gott des *Alten Testaments*, der Gott des Judentums, ist ein Gesetzesgott. Er ist auch der Gott der Offenbarung. Nach alttestamentlicher Aussage ist nicht der Tod, sondern das Leben als höchstes Gut gekennzeichnet. Sinnvoll allerdings ist Leben nur in der gelebten Kommunikation. Jahwe ist die Quelle des Lebens, wie den Psalmen zu entnehmen ist. Die Beziehung des Menschen zum Leben wird immer von dieser Quelle gespeist, so daß des Menschen Dasein auch immer Beziehung zu Gott ist und als solche verwirklicht werden muß. Dadurch wird das Leben zur Aufgabe. Diese Aufgabe hört mit dem Tod auf. G. Greshake jedenfalls verweist darauf, daß die ältere alttestamentliche Literatur die Tatsache der zeitlichen Befristung des Lebens »nahezu problemlos« hingenommen habe (1980, 95ff.). Auch wurde oft die Frage untersucht, aber nie ganz geklärt, warum Israel zunächst kein Leben über den Tod hinaus kannte, da doch die altorientalische Umwelt von einem Weiterleben nach dem Tod überzeugt war.

Zwei Gründe werden dafür ins Feld geführt: einmal die Vorstellung, daß Israel weiterlebe, auch wenn der einzelne stirbt, dann die Erfahrung des Gottes Israels als des schlechthin lebendigen und lebensspendenden Gottes, was ihn von den Totengöttern der Heiden abhebt.

Allerdings änderte sich dies im Lauf der Geschichte Israels. Wenngleich das Eingehen in das Totenreich, die Scheol, in ein Schattendasein, noch keine Unsterblichkeit des Menschen bedeutete, so wird doch die Treue zu Gott belohnt, insbesondere der Gehorsam gegenüber Gott, indem eine vollendete, unvergängliche Gemeinschaft mit ihm gewährt werden soll. Die Beeinflussung durch außerisraelitische, vermutlich iranische Ideen läßt auch im alttestamentlichen Menschen die Hoffnung auf eine Auferstehung der Toten aufkommen.[9] Immer mehr setzt sich der Theodizee-Gedanke durch, daß Gott dem, der für ihn stirbt, ein neues, endgültiges Leben mit ihm, von Angesicht zu Angesicht, in Aussicht stellt. Der Preis des Lebens wird allerdings im Alten Testament als höchstes Opfer verlangt. Bereits die Geschichte von Abraham, der seinen Sohn Isaak Gott zu opfern bereit ist, zeugt davon: »Nach diesen Ereignissen stellte Gott Abraham auf die Probe. Er sprach zu ihm: Abraham! Er antwortete: Hier bin ich! Gott sprach: Nimm deinen Sohn, deinen einzigen, den du liebst, Isaak, geh in das Land Morija und bring ihn dort auf einem der Berge, den ich dir nenne, als Brand-

(oben)
Abraham opfert Isaak (Genesis, 1. Buch Moses XXII), Matthäus Merian: Jcones Biblicae, Straßburg 1625, Zentralbibliothek Zürich

Martyrium der sieben Brüder und ihrer Mutter (2. Buch der Makkabäer VII), Matthäus Merian: Jcones Biblicae, Straßburg 1625, Zentralbibliothek Zürich

Erste und zweite Prüfung Hiobs (Buch
Hiob) Biblia pauperum, Frankfurt 1553

(links)
Auferweckung des Volkes (Buch Ezechiel
XXXVII) Taschen-Bilderbibel

(oben)
Die drei Jünglinge im Feuerofen (Buch
Daniel III) Vergilium: Biblische Figuren
des Alten Testaments, Nürnberg 1562

Alle Zentralbibliothek Zürich

181

opfer dar« (1.Mose 22,1-3). Noch mehr wird jener belohnt, der sein Leben für Gott freiwillig hingibt: der Märtyrer. Die Allmacht Gottes über Leben und Tod erhält im Alten Testament jedoch eine neue Bedeutung: Es gibt jetzt eine Beziehung zwischen Tod und Sünde. Der Mensch stirbt nicht nur, wenn seine Tage gezählt sind, nach einer friedvollen Erfüllung des Lebens. Es gibt auch den jähen, verfrühten, »bösen« Tod, den Tod in der Mitte des Lebens, dessen Vorboten Krankheit, Leid, Armut, Not, Einsamkeit und Beziehungslosigkeit in heutiger Sprachregelung als Todesäquivalente zu sehen sind. Ein solcher Tod, damit aber auch bereits Krankheit und Not, ist Erscheinungsbild und Konsequenz der Sünde, denn der Sünder will das Leben aus sich heraus, ohne Gott und gegen Gott gewinnen und festhalten. Nicht nur der Sünder wird vom »bösen«, plötzlichen, unerfüllten Tod bedroht, auch der Gerechte, de facto also jeder Mensch. Beide, der Sünder und der Gerechte, werden vom Tod in gleicher Weise heimgesucht, denn das Los des Sterben-Müssens ist beim Jahwisten und im Buch der Weisheit eine Konsequenz, die sich dann im Neuen Testament voll entfalten wird. Jeder Mensch, auch der Gerechte, ist letztlich ein »Sünder« vor Gott.

Ist somit die Unausweichlichkeit des Todes letztlich der Grund für eine tiefe Hoffnungslosigkeit? Ist nicht jedes Menschen »Sein zum Tode« der Beweis für die Nichtigkeit des Lebens, nicht auch gerade ein Grund zur Auflehnung gegen einen Gott, der im Menschen »nur« den Sünder sieht, ein Wesen, das seiner absoluten Macht ausgeliefert ist und auch bei absolutem Gehorsam und gutem Willen als »Sterblicher« dem totalen Untergang geweiht ist? Klagte nicht bereits Hiob: »Wozu das Leben?«

> »Hiob hob an und sprach:
> Ausgelöscht sei der Tag, an dem ich geboren bin,
> die Nacht, die sprach: Ein Mann ist empfangen...
> Warum starb ich nicht vom Mutterschoß weg,
> kam aus dem Mutterleib hervor und schied nicht gleich dahin?
> Still läge ich jetzt und könnte rasten,
> entschlafen wäre ich und hätte Ruhe« (Hiob 3,1-13).

Die Tragik wird ihm besonders deutlich durch die Worte seiner Frau vor Augen geführt: »Hältst du immer noch fest an deiner Frömmigkeit? Lästere Gott und stirb!« Dazu kann er sich aber nicht aufraffen, er wird die Prüfung bestehen, auch wenn Gottes Schweigen ihn fast erdrückt.

Die letzten Fragen über Leben und Tod kann das Alte Testament nicht beantworten, doch ist seit dem zweiten vorchristlichen Jahrhundert auch der Auferstehungsglaube im Alten Testament bezeugt. Im Buch Daniel heißt es: »Von denen, die im Land des Staubes schlafen, werden viele erwachen, die einen zum ewigen Leben, die anderen zur Schmach, zu ewigem Abscheu. Die Verständigen werden strahlen, wie der Himmel strahlt; und die Männer, die viele zum rechten Tun geführt haben, werden immer und ewig wie die Sterne leuchten« (Daniel 12,2.3). Deutlicher ist das zweite Buch der Makkabäer, wo das Martyrium der sieben Brüder und ihrer Mutter eine kaum zu überbietende blutrünstige Schilderung erhält. Die Verstümmelungen und der Märtyrertod machen den Gedanken der Reinkarnation noch plastischer. Um

120 n. Chr. entstand das für den orthodoxen Juden bis auf den heutigen Tag täglich zu betende »Achtzehngebet«, dessen zweite Preisung lautet: »Du belebst die Toten in einem Augenaufschlag, gepriesen bist du Herr, der die Toten lebendig macht.«

Unter dem Einfluß von Moses Maimonides (1135–1204) setzte dann ein Kampf zwischen der Auffassung von der Auferstehung des Fleisches und jener von der Unsterblichkeit nur der Seele ein, der im 19. Jahrhundert eher zugunsten letzterer entschieden wurde. Maimonides, auch als einer der ersten Ärzte bekannt geworden, die psychosomatisches Gedankengut vertraten, war ein scharfsinniger Denker, ein kompromißloser Scholastiker, für den der Intellekt die allein maßgebende Instanz war. Kein Wunder, daß ihm die Unsterblichkeit der Geistseele näherlag als die Auferstehung des Fleisches.

Islam

Gilt im Alten Testament und im modernen Judentum das Prinzip des unbedingten Gehorsams dem Schöpfer von Himmel und Erde gegenüber sowie der absoluten Gesetzestreue, die über das Schicksal im Schattenreich entscheidet, so sind der Islam und das Christentum schon bedeutend konkreter in ihren Auffassungen über Leben und Tod. Der *Islam* kennt keine Erbsünde, der Tod ist auch nicht der Sünde Lohn, er ist keine Strafe, sondern »sozusagen in die Schöpfung eingeplant, die conditio sine qua non für die Erreichung des Schöpfungszieles« (Gräf, 1976, 135). Trotzdem wird aber auch nach dem Koran der Gehorsame, Gute nach dem Tod belohnt, der Ungehorsame, Schlechte bestraft. In der dritten Sure des Korans heißt es denn auch: »... jede Seele erhält dann verdienten Lohn; keiner wird Unrecht. Sollte denn der, welcher nach Allahs Wohlgefallen gelebt, gleich dem, der Allahs Zorn auf sich geladen hat, dahinfahren und die Hölle seine Wohnung sein? Es ist eine unglückselige Reise dorthin. Bei Allah gibt es verschiedene Grade der Belohnung und Bestrafung, und er weiß alles, was ihr tut.« Gott setzt aber bereits bei der Erschaffung des Menschen dessen Todesdatum fest. Hier wid ein Determinismus deutlich, der nicht ohne Konsequenz für das praktische Leben des moslemischen Glaubensangehörigen sein kann.[10] Läßt sich zu einem Gott beten, der den Tod bereits vorbestimmt hat? Ist es sinnvoll, sich bei schweren Krankheiten behandeln zu lassen, sich überhaupt im Leben zu schützen? Auf der anderen Seite ist es gerade heute noch eindrucksvoll zu sehen, wie sich die muslimische Frömmigkeit erhalten hat und öffentlich bezeugt wird in einer Zeit, da die Frömmigkeit in der christlichen Welt immer mehr zurücktritt. So widersprüchlich es scheinen mag: Es gibt auch in der muslimischen Prädestinationslehre kanonische Anweisungen für das Bittgebet als ein Beten um Gottes Barmherzigkeit. Der Sinn der menschlichen Existenz ist nämlich nach dem Koran nichts als ein Gottesdienst, »dessen Ausführung, wenn sie auch unvollkommen ausfällt, gnädig honoriert, dessen bewußte Unterlassung bestraft werden kann« (das.). Die menschlichen Handlungen werden zwar nach orthodoxer Auffassung von Allah bestimmt, ebenso das menschliche Verhalten, aber der Mensch besitzt doch immerhin so viel Freiheit, daß er dazu Stellung nehmen kann.

Bezeichnend für den Islam ist das Verhältnis der Toten zu den Lebenden. Die Geister der Toten leben vorerst in einer Art Zwischenzustand (barzach), wenn nicht schon im Paradies bei Gott. Nach muslimischer Auffassung stehen sie aber mit den Zurückgebliebenen noch in einer Art Verbindung. Sie können ihnen im Traumgesicht erscheinen und über ihr eigenes Ergehen berichten, sie können aber auch andere Verstorbene nach ihren Freunden und Verwandten befragen. Bei den Schiiten dürfen fromme Tote für ihre lebenden Bekannten bei Gott Fürsprache einlegen, während die Sunniten dies prinzipiell verneinen. Für sie gibt es nur eine Fürsprache: die des Propheten Mohammed beim Jüngsten Gericht. Damit ist auch der Kern der islamischen Vorstellung über das Schicksal des Menschen nach dem Tod angesprochen und die Brücke zum Christentum geschlagen. Der Körper zerfällt zwar im Tod, wird aber wieder auferstehen. Der Koran spricht von Auferstehung, Belohnung, Bestrafung, von Paradies und Seligkeit, aber auch von Hölle und Feuer. Am Tag der Auferstehung wird der Mensch wieder in seinen ursprünglichen leibseelischen Zustand zurückgeführt. Gott, Allah, ist der oberste Richter. Nach dem Tod des Individuums untersteht der Geist dem »iudicium speciale«, im Jüngsten Gericht, der Auferstehung von den Toten, dem »iudicium generale«.

Christentum

Im Christentum wird das Todesverständnis noch einmal schärfer als im Judentum und im Islam gefaßt. Das *Neue Testament* kennt zunächst den Tod lediglich als Folge der Sünde. Im Sinn der paulinischen Theologie ist das Sterben nicht einfach ein biologischer Vorgang, sondern die »Sichtbarkeit der Schuld«, die Folge sowie »Ausdruck und Erscheinungsbild des Wesens der Sünde in der Leiblichkeit des Menschen« (Rahner, 1958, 45). Andererseits sind gerade der Opfertod und die Auferstehung Jesu eine Garantie für das paradiesische ewige Leben aller Menschen, die mit Christus im Glauben verbunden sind. »Ich bin die Auferstehung und das Leben. Wer an mich glaubt, der wird leben, ob er gleich stürbe« (Johannes 11,25). Der Tod ist mit der Übertretung Adams in diese Welt gekommen, seine Macht wird erst am Ende der Zeiten gebrochen werden. Dann wird er – nach der Offenbarung (21,4) – »nicht mehr sein«. Mit dem Kreuzestod Christi ist die Menschheit frei geworden; Gott ist im Neuen Testament nicht nur Schöpfer, sondern Erlöser der Menschheit aus der todbringenden Erbsünde, Jesus ist den Sühnetod gestorben, er hat den »dunklen Tod des Sünders« (Rahner, das. 57) für die Menschheit übernommen. »Sünde« ist »Schuld«, aber »nicht bloß eine Fehlhandlung, insofern sich diese schädigend, zerstörend, krankmachend, mit der physischen oder gesellschaftlichen Umwelt in Konflikt bringend auswirkt. Sünde und Schuld gibt es vielmehr im theologischen Sinn nur dort, wo der von Gott angesprochene Mensch, Gottes Willen entsprechend, vor Gott und mit

Gott handelt, wenn auch das verdrängende Nichtwahrhabenwollen dieser Tatsache, das Niederhalten dieser Wahrheit, nämlich der dialogischen Struktur der Schuld, zu den wesentlichen Momenten der Schuld gehört und erst in der Umkehr aus Gnade eingestanden wird. Die Theologie, so sagt Rahner weiter, hat es mit Gott zu tun und mit seinem Wort an den Menschen (⁴1960, 279). »Dieses Wort aber, das den Menschen in der Totalität seines Wesens anspricht, erklärt den Menschen als Sünder vor Gott, der von Gott und durch seine Tat erlöst wird.«

Das Christentum und sein Todesverständnis wären jedoch einseitig begriffen, wenn sie ausschließlich vom Begriff der Sündhaftigkeit, des Gerichts und des Gesetzes her rezipiert würden. Keine andere Religion nämlich hat die Liebe zu einem derart zentralen Phänomen erklärt wie die christliche. Dem theologischen Laien mögen Liebe und Schuldhaftigkeit als unüberbrückbare Gegensätze vorkommen. Es mag vielen auch scheinen, daß sich die offizielle Lehrmeinung der institutionalisierten Kirchen katholischer und protestantischer Provenienz im Verlauf ihrer Geschichte mehr von teilweise außerchristlichem Gedankengut, von Fegfeuer und Hölle, beeinflussen ließ als von der Liebesbotschaft Jesu.

Gerade der Opfertod Christi am Kreuz und die Überwindung der Sünde ist mit der Liebe Gottes zum Menschen durchaus vereinbar. Voraussetzung ist allerdings, daß man von der Diskrepanz abstrahiert, die in der christlichen Glaubenslehre zwischen theologischer Dogmatik und Exegese einerseits und dem in der praktischen christlichen Erziehung vermittelten »Volksglauben« mit der ständigen Bedrohung durch ewige Verdammnis andererseits zutage tritt.

Leo Scheffczyk hat sich eingehend damit auseinandergesetzt (1980, 227f.), wobei er besonders auf die Dialektik des christlichen Todesverständnisses hinwies. Der Tod hat für den Christen etwas Doppeldeutiges an sich: Er ist Lebensvollendung wie Lebensverwerfung, so daß er »weder einseitig verharmlosend-naturalistisch« noch »einseitig tragisch-pessimistisch« verstanden werden darf. Zunächst scheinen die Aussagen des Paulus (Römer 6,3), daß der Tod »der Sünde Sold« sei, und jene des heiligen Franziskus von Assisi, der im »Sonnengesang« in der »Todesstrophe« einmal vom »Bruder Tod« spricht, der uns mit Gott verbindet, der aber die tiefe Bedrohlichkeit erwähnt (Wehe denen, die sterben in tödlicher Schuld), wirklich nur die »Negativität des Todes« anzuzeigen. Im Tod des Erlösers wird diese Negativität zwar anerkannt, aber zugleich aufgehoben, negiert; die Negation des Negativen schafft jedoch »etwas Positives«. Der vom Gottmensch als Mensch freiwillig und ohne Sünde übernommene »Liebestod« konnte den »Sündentod« entmachten und die absolute »Negativität des Todes aufheben« (Scheffczyk, das. 240). Das natürliche Sterben ist damit nicht aus dieser Welt eliminiert, und die Frage bleibt zunächst offen, was mit dem Menschen nach dem Tod geschieht. Der Tod bedeutet keine Zerstörung des einzelnen oder des Ganzen, sondern lediglich die Verwandlung, und zwar zu einem besseren »Leben«. Dies wird beispielsweise in der Präfation der Totenliturgie ausgesprochen: »Tuis enim fidelibus vita mutatur, non tollitur« (Denn deinen Gläubigen wird das Leben verändert, nicht genommen). Bei einem »Gott der Lebenden« (Lukasevangelium) kann das Endschicksal des Menschen nicht auf einen endgültigen Tod angelegt sein, denn Gott

Vertreibung aus dem Paradies
Giovanni di Paolo, um 1445, Tempera auf Holz
Metropolitan Museum of Art, New York

(links)
Adam und Eva
Albrecht Dürer, 1510, Federzeichnung
Graphische Sammlung Albertina, Wien

(Seite 189)
Die Eröffnung des sechsten Siegels
Albrecht Dürer, 1498, Holzschnitt
Graphische Sammlung der ETH Zürich

wird nichts von ihm Geschaffenes jemals wieder zerstören, so daß auch alles Vergehen in der Schöpfung nicht als »Zurückversetzung in das Nichts« verstanden werden darf.

Ob diese Aussage tatsächlich einer »logischen« Überprüfung standhält, erscheint zweifelhaft. Gerade weil Gott der Schöpfer ist, kann er auch seine Schöpfung rückgängig machen. Doch die Tradition hält an der Unvergänglichkeit des Erschaffenen fest. Die Frage bleibt nur, wie sich das Christentum die Verwandlung nach dem Tod vorstellt. Die christlichen Denker haben die Lehre von der Seelenwanderung immer aufs heftigste bekämpft. Hingegen sehen sie in der Auferstehung Christi die eigentliche Erlösung und beantworten damit gleichzeitig die Frage, warum gerade der Tod Gottes zur Tilgung der Sünden dient. Die Kirchenväter ließen keinen Zweifel daran, daß Christus nach seinem Kreuzestod »leibhaftig« auferstanden sei. Scheffczyk fügt bei, »daß eine Überwindung des Todes für den einzelnen wie für das Leben der Welt im ganzen als Hoffnungsziel der Menschheit nur auf dem Glauben an eine leibliche Auferstehung Christi begründet« werden könne (das. 249). Ohne diesen Glauben gäbe es lediglich eine platonische Philosophie von der Unsterblichkeit der Seele oder eine pantheistische Auffassung, nach der das Individuum in einen absoluten Geist oder in den Kreislauf der Natur eingeht.

Gilt der Erlösungstod Christi nun nur für den christlichen Menschen und da wiederum nur für den »Gläubigen« oder für die ganze Welt? Das Christentum hat darüber nie einen Zweifel gelassen. Christi Sühnetod erfolgte aus Liebe zur ganzen Menschheit, nicht nur für eine »elitäre« Glaubensgemeinschaft. Die Universalität des christlichen Erlösungsglaubens beruht auf einer Konzeption des Personenbegriffs, »in dem das Selbstsein erst durch das Mitsein zur höchsten Selbstverwirklichung geführt wird« (das. 242). Hier scheinen Anklänge an und weitgehende Übereinstimmung mit den modernen Philosophien der Existenz gegeben zu sein. Wo das Mit-anderen-Sein als Wesensstruktur der Person anerkannt wird, ist bereits die Solidarität der Menschen in metaphysischer Weise begründet.

Wenn hier von einem »christlichen« Seins- und Todesverständnis gesprochen wird, dann ist das vor vierhundert Jahren eingetretene Schisma nicht mit einbezogen. Die reformierte Theologie hat teilweise andere Wege beschritten als die katholische. Rudolf Bultmann (1884–1976) gilt als moderner Initiator der Kritik an der leiblichen Auferstehung Christi. Auch lehnt die evangelische Kirche die Vorstellung eines »locus purgatorii«, des Fegfeuers, des Ortes der Reinigung, ab. Die Entscheidung über Seligkeit oder Verdammnis sei im Zeitpunkt des Todes bereits endgültig gefallen. Auch ist der Protestantismus hinsichtlich der von der katholischen Theologie angenommenen unterschiedlichen Qualität der Seligkeit oder der Verdammnis skeptisch. Diese differenzierte Vorstellung nämlich vertritt die Meinung, daß im Himmel nicht alle Seligen die gleichen Freuden genießen und auch die Verdammten nicht gleich viel leiden; der Grad ihrer Seligkeit oder Verdammnis soll vom Ausmaß ihres Glaubens oder ihrer Sünden abhängen. Wesentlich für die christliche Eschatologie ist jedenfalls, daß der Tod das endgültige Ende des »Pilgerstandes«, die personale Geschichte der Freiheit des Menschen mit dem Tod beendet ist (eine Seelenwanderung wird somit ausgeschlossen). Die Frage, ob der Zusammenhang zwischen Tod und personaler Endgül-

tigkeit sich aus dem Wesen des Todes ergebe oder freie Anordnung Gottes sei, berührt das (kirchliche) Lehramt nicht (Rahner, [4]1960, 222). Auch die Allgemeinheit des Todes ist Glaubenslehre. Paulus (1. Korinther 15,51) betont, daß auch die Menschen der Endzeit durch eine radikale Verwandlung, also durch den entmachteten Tod, hindurchgehen müssen.

Die Frage allerdings, wann die »Endzeit« zu erwarten sei, kann nicht beantwortet werden. Augustinus (Gottesstaat, 18,52f.) hält sie auch für eine »ganz unpassende Frage«. Würde dem Menschen nämlich die Kenntnis des Zeitpunktes nützen, so hätte ihn doch am besten »der göttliche Lehrer selbst den Jüngern auf ihre Fragen mitgeteilt«. Laktanz (zit. n. Heilmann, 1964, 479) verweist auf die Seher und Propheten: »Wenn der Welt allmählich das letzte Ende naht, nimmt die Bosheit überhand, und alle Arten von Lastern und Freveln vervielfältigen sich. Die Gerechtigkeit geht unter, Treue, Friede, Barmherzigkeit, Scham und Wahrheit sind nicht mehr, Gewalt und Vermessenheit gewinnen die Oberhand. Niemand besitzt mehr ein Eigentum, das er nicht mit der Faust erworben und mit der Faust verteidigt hat ... Kriege herrschen nicht bloß mit auswärtigen und angrenzenden Völkern, sondern auch unter den eigenen Volksgenossen ... Es wird dann eine fluchwürdige Zeit sein, in der niemand mehr Freude am Leben hat.« Man werde die Lebenden beklagen und die Toten beglückwünschen. Der Vorgang wiederhole sich nach einem »tausendjährigen Reich« der »Gerechten«; dann komme jedoch das endgültige Ende. Das Reich Gottes, das »kein Ende haben wird«, biete den Gerechten im »Gewand der Unsterblichkeit« das ewige Leben, den Gottlosen die »ewigen Feuergluten«.

»Dies irae, dies illa, solvet saeclum in favilla« – »der Tag des Zorns, der letzte Tag, wird die Welt in Asche zerfallen lassen« – lautet der Anfang eines von einem Franziskaner gedichteten Hymnus, der beim katholischen Traueramt, dem »Requiem«, gesungen wird. Ob dieser Tag bevorsteht? Sind nicht die »Zeichen« da, von denen in der Schrift immer wieder gesprochen wird? Ist nicht die Prophezeiung Laktanz' bereits eingetroffen, leben wir nicht in einer Zeit der verlorengegangenen Werte, des Faustrechts? Ist das Leben noch menschenwürdig zu leben, oder stehen wir, die »Sterblichen«, bereits in der Agonie eines unerfüllbaren Lebens?

Auch im 20. Jahrhundert wächst die Überzeugung eines nahenden Weltunterganges. »Die Frage, ob die Welt im Feuer verlodern oder in Eis erstarren, ob sie mit einem Knall oder mit einem Wimmern enden wird, interessiert nicht mehr nur Künstler. Die drohende Katastrophe gehört zur alltäglichen Sorge und ist zu einem so vertrauten Gemeinplatz geworden, daß eigentlich niemand mehr darüber nachdenkt, wie sie abgewendet werden könnte. Statt dessen befassen sich die Menschen mit Taktiken zum persönlichen Überleben, mit Maßnahmen zur Verlängerung des eigenen Daseins oder Programmen, die Gesundheit und Seelenfrieden garantieren sollen« (Ch. Lasch, 1982, 19f.).

»Wer nicht leben kann, kann auch nicht sterben. Und wer nicht sterben kann, kann auch nicht leben.« Deshalb ist nach Luther der »verlorene und verdammte Mensch« dadurch gekennzeichnet, daß er weder leben noch sterben kann. Weder leben noch sterben können aber ist die Hölle. Eberhard Jüngel (1971, 161) meint in diesem

190

Zusammenhang, es sei verhängnisvoll gewesen, den christlichen Glauben dahingehend mißzuverstehen, »daß er sich ausschließlich auf das Sterben-Können konzentrierte«. Das ganze Leben als Einübung in das Sterben hinzubringen sei »ein Skandal«. Die Entwicklung einer »ars moriendi« in der Christenheit sei auf heidnischen Einfluß zurückzuführen. »Der Glaubende ist kein Sterbenskünstler. Er kann es schon deshalb nicht sein, weil das eigene Ich bei solchen Künstlern unerträglich überschätzt wird. Ars moriendi ist die raffinierteste Art, sich selber vor sich selber sozusagen im Modus der Aufhebung noch interessant zu machen. Nein: Sterben können, ohne leben zu können, das geht nicht.« Werner Fuchs wirft den Vertretern der Kirche vor, »mit aller Wortgewalt und allen zur Verfügung stehenden Schreckensbildern« Todesfurcht zu evozieren ([2]1979, 78). Dagegen hält der in praktischer Seelsorge stehende Pfarrer Albert Mauder ([5]1979) eine »Kunst des Sterbens« im Sinne biblischer Sterbehilfe für notwendiger denn je.

In der Angst, sagt Jüngel, ist der Mensch um die Zukunft seiner Gegenwart bekümmert. Die Angst vor dem Tod ist zutiefst menschlich, da sich in ihr in elementarer Weise das menschliche Recht auf Leben meldet. Es handelt sich also um eine *natürliche* Angst. »Daß die Passionsgeschichte auch Jesus von der Todesangst nicht ausnimmt, sollte uns davor bewahren, von den Christen zu behaupten, ihr Glaube schließe die Angst vor dem Tode a priori aus.« Anders bei der *künstlich* erzeugten, daher neurotischen oder potenzierten Todesangst. Diese ist alles andere als eine Schutzfunktion des Lebens. Sie ist ein »Verbrechen am Leben«. Todesangst erzeugen, um dann Jesus Christus »als Erretter vom Tode bezeugen zu können«, ist ein »theologisch verwerfliches Geschäft mit dem Tod«. Jüngel meint, christliche Prediger und Seelsorger seien in dieser Hinsicht nicht freizusprechen.

In einer Monographie zu den statistischen Ergebnissen der Thanatopsychologie kam Joachim Wittkowski zu dem Schluß, daß die Ergebnisse empirischer Forschung zur Angst vor Tod und Sterben »hochgradig widersprüchlich« sind (1978, 116ff.). Im Hinblick auf den eigenen Tod soll Religiosität sowohl angstreduzierend als auch angstinduzierend wirken, je nachdem, ob verheißungsvolle oder drohende Aussagen für eine Person Verbindlichkeit besitzen.

Vom christlichen
Mittelalter bis zur säkularisierten
Welt

Die Zeit des Mittelalters war sowohl die Zeit der Lust am diesseitigen Leben, die Zeit des Jungbrunnens, wie auch die Zeit der bewußten Vorbereitung auf den Tod, die im besonderen dem kranken und alten Menschen als christliche Aufgabe gestellt war. Im 13. Jahrhundert umfaßte der Todesgedanke zwei Seiten: Der Tod wurde als Gleichmacher und als Inspirator zu Werken angesehen, welche die Vergänglichkeit überdauern. Bedenkt man, daß die durchschnittliche Lebensdauer in dieser Zeit dreißig Jahre betrug, daß ein Vierzigjähriger als alt galt, ein Kranker kaum auf Genesung hoffen konnte, daß ein hilfreiches Verhalten Kranken und Sterbenden gegenüber oft durch Ansteckung den Tod des Helfers bedeutete, so ist anzunehmen, daß der mittelalterliche Mensch mit dem Tod vertrauter war als der heutige. Karl Stüber hat in einer Dissertation ein enormes Material zum Sterben im Mittelalter zusammengetragen (1976).

Für Thomas von Aquin (1225–1274) ist die Seele die »unica forma corporis«, die einzige Form des Leibes. Der Mensch ist demnach nicht aus Leib und Seele zusammengesetzt. Trotzdem bleibt er bei der traditionellen Bestimmung, daß der Tod die Trennung von Leib und Seele beinhalte. Diese Trennung meint aber nicht mehr wie bei Platon »Befreiung aus dem Gefängnis des Leibes«, sondern das Sterben des Menschen als Ganzheit schlechthin. Die Seele allerdings bleibt unzerstörbar als Brücke zwischen Tod und Auferweckung am Ende der Tage.

Mit dem Auftreten der Bettelorden und der Volkspredigt prägte sich seit dem 15. Jahrhundert der Todesgedanke in wuchtiger Weise in das Bewußtsein des spätmittelalterlichen Menschen ein.[11] Trotz der gepredigten Anschauung, der Tod sei besser als das Leben – »mors melior vitae« –, steigerte sich die allgemeine Todesfurcht. Nach J. Huizinga gab es dafür drei Motive: »Wo sind alle geblieben, die früher die Welt mit ihrer Herrlichkeit ausfüllten?« ... dann das »Motiv der schaudernden Betrachtung der Verwesung alles dessen, was einmal menschliche Schönheit ausmachte« ([5]1939, 193) und schließlich der Tod, der den Menschen aus jedem Beruf und Lebensalter herauszerrte – im zeitgenössischen Bild des Totentanzes festgehalten. Balladen entstanden, etwa Villons »Ballade des Dames du Temps Jadis« mit dem Refrain: »Mais où sont les neiges d'antan?« (Doch wo ist der Schnee von gestern?), sowie große Gemälde mit dem Thema »Triumph des Todes«. Der Augenblick des Sterbens wurde bedeutsam, weil angeblich auf dem Totenbett der Teufel verzweifelt um die Seele des Sterbenden kämpft. Deshalb brauchte man die Hilfe der Kirche, deshalb auch die Angst vor einem überraschenden Tod. Erst zu Beginn der Renaissance führte ein neues Welt- und Lebensgefühl zu einer radikal neuen Einstellung zum Tod – an die Stelle des »memento mori« trat das »memento vivere« (J. Choron, 1967, 99ff.). Die Antike wurde wiederentdeckt; die Auseinandersetzung mit der Lehre der Kirchenväter hatte

Die Kreuzigung Christi
Mathis Neithart Gothart gen. Grünewald, un-
datiert, gefirnißte Tempera auf Lindenholz
Kunstmuseum Basel (Colorfoto Hinz)

Das jüngste Gericht
Fra Angelico (1387 bis 1455)
Museo di San Marco, Florenz (Scala)

Die Verdammten in der Hölle
Luca Signorelli, zwischen 1499 und 1504,
Teil des Freskos «Das Ende der Menschheit»
in der Capella Nuova des Doms zu Orvieto
Archiv für Kunst und Geschichte, Berlin

196

Die Verdammung der Liebenden
Musée de l'Oeuvre Notre Dame de Strasbourg

197

Auferstehung
Carlo Crivelli (um 1430 bis um 1495)
Aufsatz des Altars in der Kathedrale von
Camerino (die Haupttafeln befinden sich in der
Mailänder Brera)
Abegg Stiftung, Riggisberg (Foto Zimmermann)

bereits früher eingesetzt (Johannes von Salisbury, 1115–1180; Francesco Petrarca, 1304–1374). Mit der Renaissance wurde dann zusätzlich der Glaube an die Unsterblichkeit erschüttert: Die »joie de vivre« vertrug sich nicht mit der Furcht vor Hölle und Verdammnis. Eine neue »ars moriendi« war im Entstehen begriffen, der Versuch, die Todesfurcht zu bannen. Dazu gehörte eine Aussöhnung mit dem Tod, wie sie Michel de Montaigne (1533–1592) vorschwebte: »Qui apprendroit les hommes à mourir, leurs apprendroit à vivre« (W. Rehm, 1928, 110). Später revidierte Montaigne seine Ansicht, denn wer sich auf den Tod vorbereite, erleide mehr Qualen als der Sterbende selbst. Der Tod ist dann nicht mehr Ziel, sondern Ende des Lebens.

Es kam die Zeit der Inquisition, der Hexenverbrennungen, der Teufelsbesessenheit, der Folter, die Zeit des Scheiterhaufens – dem sogar ein begnadeter Denker wie Giordano Bruno (1548–1600) zum Opfer fiel. Für ihn war der Tod nur ein Stadium im kosmischen Stoffwechsel; der Mensch erreichte seine Vollendung in der Kontemplation des Alls. Aus diesem Grund könne ein wahres Wesen weder vernichtet werden noch vergehen oder sich ins Leere verlieren. Demzufolge war für Bruno die Todesfurcht gegenstandslos, wie auch für seinen Zeitgenossen Francis Bacon (1561–1626), der ebenfalls die Todesfurcht mit wissenschaftlichen Argumenten bekämpfte, aber vorsichtiger als Bruno zu Werke ging, indem er Philosophie und Theologie streng voneinander trennte.

René Descartes (1596–1650), der als Begründer des modernen Dualismus und der darauf beruhenden Naturwissenschaften gilt, erwartete tatsächlich von der Wissenschaft, daß es ihr eines Tages gelingen werde, den Tod zu bezwingen. »Sein Wunschtraum war es, durch bessere Kenntnis des Körpers und richtige Ernährung die Lebensdauer des Menschen wenigstens um ein paar Jahrhunderte zu verlängern« (G. Scherer, 1979, 125). Als er im Alter von 53 Jahren starb, machte man sich über diesen Wunschtraum lustig; heute ist er jedoch in gewissem Sinn erfüllt worden, wenn das Leben auch nicht gerade um Jahrhunderte verlängert wurde. Interessant ist aber, daß Descartes damals bereits die Ansicht eines »natürlichen« Todes vorwegnahm, die später (wenn auch in differenzierterer Weise) von Max Scheler und anderen aufgegriffen wurde. Der Tod war allerdings für Descartes nichts anderes als das Stillstehen einer Maschine, eben des Körpers, die ihre Beweglichkeit durch Zerstörung eingebüßt hat.

Die Frage nach der Unsterblichkeit durchzieht die Geschichte der Philosophie wie ein roter Faden – ohne sie gäbe es vermutlich nicht einmal eine Philosophiegeschichte. Von der Antike (Platon, Aristoteles) über die christliche Theologie bis zur Neuzeit haben Philosophen dazu Stellung genommen. Für Descartes überdauerte die Seele den vergänglichen Körper; Spinoza vertrat die Ansicht, der menschliche Geist könne nicht ganz zerstört werden; Leibniz meinte, kein Lebewesen gehe ganz unter, es verwandle sich nur; und Kant führte »moralische« Argumente für die Unsterblichkeit ins Feld. Für Hegel schließlich war der Tod die Versöhnung des Geistes mit sich selbst und für Schopenhauer das wahre Ziel des Lebens. Scheler hält ein Fortleben nach dem Tod für glaubhaft und wahrscheinlich. Hegel soll einer Anekdote zufolge auf die Frage seiner Frau, was er von der Unsterblichkeit halte, schweigend auf die Bibel gedeutet haben (Choron, 1967, 161). F. W. Schelling hoffte auf eine Unsterblichkeit der Person, die auch den menschlichen Körper einbezieht.

Die große Wende im Todesgedanken ist nach Baudrillard im 16. Jahrhundert mit der Gegenreformation sowie den Besessenheits- und Trauerspielen des Barock und mit dem Protestantismus (»der den Prozeß individueller Todesangst verstärkte, indem er das Gewissen Gott gegenüber individualisierte und die kollektive Zeremonie entleerte«) eingetreten (1982, 230). Vor dieser Wende, im Mittelalter, seien Vorstellung und Ikonographie des Todes »noch volkstümlich und vergnüglich« gewesen. Es gab ein kollektives Theater des Todes; noch im 15. Jahrhundert nährte der Tod »das große messianische Fest des Totentanzes«, in welchem Könige, Bischöfe, Prinzen, Bürger und Bauernlümmel vor dem Tod gleich waren, »eine Herausforderung an die ungleiche Ordnung nach Geburt, Reichtum und Macht«. *Unser* Tod ist tatsächlich im 16. Jahrhundert geboren worden. Sense und Sanduhr, die Reiter der Apokalypse, die grotesken und makabren Spiele des Mittelalters, selbst die Hölle (mit ihrer Lust) gingen verloren. Der Tod wurde psychologisch verinnerlicht, als er aufhörte, Schnitter zu sein, »um zur Angst vor dem Tode zu werden«.

Ernsthafte Zweifel gegen die Annahme einer Unsterblichkeit der Seele finden sich bei Thomas Hobbes (1588–1679), ebenfalls beim berühmten Verfasser von »L'homme machine«, J. O. de Lamettrie (1709–1751), der im Leben ein sinnlicher Epikuräer, aber beim Herannahen des Todes ein selbstsicherer Stoiker sein wollte (Choron, das. 140). Heftig wandten sich jedoch unter anderem A. Condorcet (1744–1794) und vor allem David Hume (1711–1776) gegen die Lehre von der Unsterblichkeit. Der einzige Grund, der für die Unsterblichkeit der Seele sprechen würde, müßte der Beweis einer Präexistenz derselben sein, die Metempsychose also, für die es jedoch nicht den geringsten Beweis gebe.

Für Jean Baudrillard ist die »Unsterblichkeit« nichts anderes als ein »Ghetto jenseits des Grabes«. In seiner bissigen, aggressiven Polemik ist das »Jenseits des Todes« nur eine »Fabel, welche die reale Auslieferung der Toten und die Unterbrechung des symbolischen Austausches mit ihnen vertuscht«; wenn die Toten anders, aber dennoch lebendig anwesend und in vielfältigem Austausch Partner der Lebenden wären, hätten sie kein Bedürfnis, unsterblich zu sein; allein in dem Maß, wie sie von den Lebenden ausgeschlossen sind, »werden sie ganz allmählich zu Unsterblichen«, und dieses »idealisierte Weiterleben« sei »nichts als das Kennzeichen ihres gesellschaftlichen Exils« (1982, 200f.). Unsterblichkeitsvorstellungen entsprächen dem Emblem von Macht und sozialer Transzendenz, einem gleichmachenden Mythos, einer »Demokratie im Jenseits gegenüber der weltlichen Ungleichheit vor dem Tode«. Macht begründe sich in letzter Instanz durch die Manipulation und Verwaltung des Todes.

Die Auffassung des Todes als eines natürlichen Geschehens versteht sich als progressive und rationale Gegenposition der traditionellen, metaphysischen Unsterblichkeitslehre. Vertreter einer biologischen Orientierung sind vor allem Walter Schulz, Wilhelm Kamlah, Wilhelm Weischedel und Wolfgang Cramer. Nach Schulz ist das Thema »Unsterblichkeit« für die gegenwärtige Philosophie nicht mehr aktuell. Der Tod sei das absolute Ende des Lebens. »Es wäre philosophisch nicht legitim, dieser

Aussage ausweichen zu wollen, indem man erklärt, daß wir über den Tod nichts wissen können und alles offen sei« (zit. n. G. Scherer, 1979, 31). Die Metaphysik sei durch die Wissenschaft abgelöst worden; zu ihr gehöre aber die biologisch orientierte Vorstellung vom natürlichen Tod. In diesem Zusammenhang stellt allerdings Scherer die Frage, warum eigentlich die Philosophie so einfach das Wirklichkeitsverständnis der Wissenschaft hinzunehmen habe – oder ob ihr nicht gerade eine kritische Funktion zukomme. Gleiche Vorbehalte müssen auch dem »katastrophischen Todesverständnis« Kamlahs gegenüber gemacht werden, gegenüber dem Skeptizismus von Weischedel und dessen Begriff der »Abschiedlichkeit«; da nichts beständig, sondern alles dem Untergang verfallen sei, könne auch der Mensch keine Träume von Ewigkeit und Unsterblichkeit träumen. Der Mensch trägt in seiner ganzen Existenz der Vergänglichkeit Rechnung; abschiedlich ist er für den immer anwesenden Tod offen (1976, 196). Jeder Augenblick wid von ihm als ein Schritt auf dem Weg zum Sterben begriffen. Dem Tod sieht der Skeptiker »unerschrocken ins Auge«; alles Gegenwärtige ist nichtig. Warum allerdings dann das Leben ihm Selbstbescheidenheit, Demut und Selbstaufgabe abfordern soll, wie Weischedel ausführt, bleibt rätselhaft. Wird im übrigen nicht auch der Skeptiker zum Dogmatiker, der alles weiß und nichts mehr in Frage stellen muß?

Nach G. Scherer verfällt schließlich auch Cramer dem Paradox, den Tod als das Ende und doch wieder nicht als das Ende zu sehen. Er läßt zumindest zu, daß die Transzendenz über alles Physische hinaus darin gegeben ist, daß der Mensch um seinen Tod weiß, was »zur Einbruchstelle wird für den Gedanken an eine Seinsweise des Menschen, welche dem Physisch-Biologischen entrückt ist« (G. Scherer, 1979, 38). Auch für Cramer kulminiert das Todesschicksal im Sinnlosen und Unverständlichen, in der Absurdität, nachdem er den Gott der Liebe ablehnt, in ihm nur die absolute Macht erblickt, die den Menschen an die Sinnlosigkeit und Unverstehbarkeit der Natur kettet und ihn die Schwere dieser Ketten bis zum Tod spüren läßt.

Ähnlich Ludwig Wittgensein (1887–1951): »Die zeitliche Unsterblichkeit der Seele des Menschen, das heißt also ihr ewiges Fortleben auch nach dem Tode, ist nicht nur auf keine Weise verbürgt, sondern vor allem leistet diese Annahme gar nicht das, was man immer mit ihr erreichen wollte. Wird denn dadurch ein Rätsel gelöst, daß ich ewig fortlebe? Ist denn dieses ewige Leben dann nicht ebenso rätselhaft wie das gegenwärtige? Die Lösung des Rätsels des Lebens in Raum und Zeit liegt außerhalb von Raum und Zeit«, heißt es im Tractatus logico-philosophicus (1921).

1830 hatte Ludwig Feuerbach eine Schrift »Gedanken über Tod und Unsterblichkeit« anonym veröffentlicht. Den Anstoß für seine Überlegungen gab ihm Georg Wilhelm Friedrich Hegel, für den der Tod eine »Provokation des Denkens« (Reisinger, 1977, 81) darstellte. Angesichts solcher Provokation müsse daran erinnert werden, daß sich der Mensch zu einer abstrakten Allgemeinheit der Gesinnung erheben soll, in welcher ihm endliches Sein oder Nichtsein gleichgültig ist. In der Folge meinte auch Feuerbach, ein erfülltes Leben sei für den Menschen erst möglich, wenn er aufgehört habe, »Kandidat des Jenseits« zu sein.

Der Tod in Marxismus
und Atheismus

Mit der beginnenden Säkularisierung der Welt, mit dem Verschwinden der antiken Mythologien, der »Entgöttlichung der Götter« im griechischen und römischen Altertum, mit der zunehmenden Entchristlichung des Christentums, dem Verlust traditioneller Werte und Normen, dem Ersatz der Gottesunmittelbarkeit im Gebet durch eine juristisch ausgeklügelte Sitten- und Moralnormierung und der Auflösung überholter patriarchalischer Strukturen hat sich die Welt der »Sterblichen« grundlegend verändert. Die Sicherheit tradierter Wertvorstellungen wurde für eine zunehmende Wertfreiheit eingetauscht, die wiederum für den Menschen weitgehend eine Überforderung darstellt und dadurch Angst erzeugt. Das Gefühl des drohenden Weltuntergangs ist nicht neu. Insbesondere scheinen Jahrtausendwenden dazu prädestiniert zu sein, die apokalyptische Vision der totalen Weltzerstörung aufleben zu lassen; das war vor tausend Jahren so und wird es vermutlich wieder werden, je näher wir dem Jahr 2000 kommen. Trotzdem ist die Welt als solche noch nie untergegangen, wohl aber ganze Kulturen. Warum sollte nicht eine neue Welt heraufziehen?

Für viele Menschen hatte der *Marxismus* eine festgefügte und auch praktisch sich durchsetzende Wertsicherheit anzubieten. Für Karl Marx selbst und die Marxisten des 19. Jahrhunderts war das Todesproblem kaum von Bedeutung – obwohl es sich keine Ideologie leisten kann, dieses zu ignorieren. Sein einziger expliziter Satz über den Tod (zit. n. Greshake, 1980, 77) lautet: »Der Tod scheint als ein harter Sieg der Gattung über das bestimmte Individuum und ihrer Einheit zu widersprechen; aber das bestimmte Individuum ist nur ein bestimmtes Gattungswesen, als solches sterblich.« Leben und Geschichte der Gattung sind somit eigentlicher Inhalt und Sinn der Wirklichkeit. Durch ein neues Bewußtsein (Feuerbach) und durch die Veränderung der gesellschaftlichen Bedingungen kann der einzelne ein neues Verhältnis zu seinem Tod finden, während der Jenseitsglaube als ein religiöses Phantasma unnötig ist. Wie jedoch dieses »neue« Verhältnis zum Tod aussehen sollte, war zunächst unklar; das Verhalten zum Tod könnte für die Frühzeit des Marxismus noch am ehesten mit der epikureischen Tradition verglichen werden.[12] Seit dem Zweiten Weltkrieg, seit der Zeit also, da sich kein Mensch angesichts von Millionen Toter um die Frage nach dem Sinn des Lebens und dem Sinn des Todes mehr drücken konnte, spätestens aber bei den Neomarxisten wurden auch die marxistischen Bemühungen um ein sinnvolleres Todesverständnis sichtbar. Es knüpft an die These vom »natürlichen Tod« an; eine individuelle Bekämpfung des Todes setzt ein natürliches Verhältnis zum Ende des Lebens voraus. Wenn auch bei einigen Marxisten, beispielsweise Schaff, Gardavsky, Bloch und Kolakowski, Ansätze da sind, das Sterben und den Tod in einen transzendenten Sinnzusammenhang mit dem Leben zu stellen, so bleiben immer noch Fragen übrig, die aufgrund des marxistisch-gesellschaftsorientierten Menschenverständnisses vermutlich unbeantwortbar sind.[13] So meint Greshake wohl zu Recht, daß die Sinnfrage, die der Tod auslöst, lediglich vom Individuum weg auf die Gesellschaft verschoben, aber nicht gelöst wird. Wie denn könnte eine Gesellschaft wirklich »Zielpunkt der Transzendenzbewegung des Individuums sein, da doch auch sie selbst dem Tod geweiht ist?« (das. 79).

Die marxistische Todesphilosophie vermag überdies dem Sterben des Individuums kaum einen Sieg abzugewinnen. »Wenn der Sinn des endlichen Lebens im schöpferischen Engagement für die Gesellschaft besteht, fällt sterbendes, leidendes, behindertes Leben sowie Leben, in dem jetzt schon der Tod in besonderer Weise am Werk ist, aus der Sinngebung heraus.« In gleicher Weise, vielleicht etwas nuancierter, stellt die moderne *atheistische* Auffassung den Tod in einen rationalen, von der Vernunft her begreifbaren Rahmen. Hans Heinz Holz hat dies sehr deutlich herausgestellt (1981, 713ff.). Der Sinn des Lebens kann in jedem Augenblick vollendet sein. Dadurch behält die stoische Einstellung ihre Gültigkeit, »wo sie nicht auf religiöse, nicht auf abergläubische, sondern auf philosophische Weise die Todesfurcht überwindet«, nämlich auch begreift, daß »die Existenz des Individuums im Leben der Gattung aufgehoben ist«. Der Tod nämlich, so argumentiert Holz, gewinne die Schärfe seiner Erlebnisqualität erst unter der Bedingung des bewußten Abhebens der Individualität vom Naturgeschehen und Gattungsschicksal. Da dies ein nicht umkehrbarer Prozeß der Menschheitsgeschichte sei, »der mit dem Heraustreten des Gattungswesens Mensch aus dem Tierreich beginnt und mit der Entwicklung der Gesellschaft bis zum extremen Individualismus unter kapitalistischen Produktionsverhältnissen fortschreitet«, führe eben dieser Individualismus mit seiner Unfähigkeit, den Tod als ein »materiales Universale« zu begreifen, zu jener Tabuisierung des Sterbens und des Alterns als Antizipation des Endes, »die als ihr Korrelat die Fetischisierung der Jugend nach sich gezogen hat«.

Was heißt aber schon »materiales Universale«? Die Frage bleibt unbeantwortet, ebenso wie die Behauptung, das atheistische Todesverständnis banne die Todesfurcht, einem reinen Wunschdenken entspricht. Abgesehen davon, daß auch für den atheistischen Menschen, der weder an Gott noch an ein Leben nach dem Tod glaubt, das Leben immer *sein* eigenes, individuelles Leben ist, dessen Ende ihm persönlich bevorsteht, dürfte auch die Einsicht, daß der Mensch letztlich in der »Gattung« überlebt, wenig trostreich sein. Der Tod ist und bleibt vermutlich für jeden mit einer individuellen Erlebnisqualität verbunden, ob der Mensch nun einer kapitalistischen oder sozialistischen Weltanschauung huldigt.

Auffallend ist, daß die modernen atheistischen Philosophen sich mehr oder weniger durchwegs, wie auch Holz, auf antike Vorbilder stützen, ohne in Betracht zu ziehen, daß diese keineswegs im heutigen Sinn als »atheistisch« zu betrachten sind. Eine epikureische oder stoische Haltung der Todesgewißheit gegenüber genügt nicht, diese als Grundlage für ein atheistisches Todesverständnis zu benützen. Der Tiefgang antiken Denkens wird jedenfalls in dieser Frage heute nicht mehr erreicht. Auch wenn der Tod als Faktum und Fatum, ohne weiteres Hinterfragen auf seinen Sinn, hingenommen wird, kann dies offenbar doch das Verhalten des Menschen angesichts des ihn persönlich betreffenden Schicksals kaum beeinflussen. So geht auch die neuere Gesellschaftskritik weit über das empirisch Faßbare hinaus, wenn sie den Tod nicht einfach als Schicksal, sondern als »Produkt der gesellschaftlichen Verhältnisse« (Hans Ebeling, 1979, 26) deutet. Auch Ernst Bloch, der dem neuzeitlichen Menschen die Lehre Epikurs empfiehlt, wonach der Tod bedeutungslos sei, beschwört zusätzlich die »Gewißheit des Klassenbewußtseins«, welche, die individuelle Fortdauer in sich aufhebend, ein »Novum gegen den Tod« darstelle. Das letale Nichts verschwinde im sozialistischen Bewußtsein. Nur der »rote Held« komme auf dem Weg zum Tod »fast ohne überkommenen Trost« aus. »Indem er bis zu seiner Ermordung die Sache bekennt, für die er gelebt hat, geht er klar, kalt, bewußt in das Nichts, an das er als Freigeist zu glauben gelehrt worden ist« (²1959, 1378). Sein Opfertod sei deshalb von dem der früheren Blutzeugen verschieden, die fast ausnahmslos mit einem Gebet auf den Lippen starben und glaubten, sich den Himmel erworben zu haben. Der kommunistische Held benutze keine »früheren Todesbilder«; er opfere sich ohne Hoffnung auf Auferstehung, sein Karfreitag sei durch keinen Ostersonntag gemildert, aber dennoch sterbe »dieser Materialist, als wäre die ganze Ewigkeit sein«. Warum? Weil er schon vorher aufgehört habe, sein Ich so wichtig zu nehmen; »er hatte Klassenbewußtsein«.

Spätestens hier wird deutlich, wie widersprüchlich Blochs Versuch ist, die atheistische und, wie er sagt, materialistische Deutung der Todesbereitschaft zu vertreten. Es sei zunächst dahingestellt, ob die vielen für ihre Überzeugung gefolterten und gemordeten »roten Helden« *klar, kalt* und *bewußt* ihr Leben opferten. Mehr als fragwürdig ist hingegen die Gegenüberstellung der antifaschistischen und christlichen »Märtyrer«. Nicht zufälligerweise spricht Bloch davon, daß auch der Freigeist zu *glauben* gelehrt wurde. Der Vergleich, nicht die Gegenüberstellung zum christlichen Märtyrer ist damit durchaus gegeben. Es ist für die Todesbereitschaft nicht maßgebend, *woran* geglaubt wird, sondern *daß* an etwas geglaubt wird. Auch der rote Held stirbt nicht ohne Motiv. Im übrigen gibt es nicht nur christliche oder marxistische Märtyrer und Helden. Es gab und gibt sie zu allen Zeiten und in allen Kulturen, sogar im Faschismus, jedenfalls überall dort, wo der einzelne mehr oder weniger fanatisch von einer Überzeugung gepackt wird, die sein Leben relativiert. Der Jenseitsglaube ist nur eine der vielen Möglichkeiten. Ihn durch das »Klassenbewußtsein« ersetzen heißt noch nicht, daß der für ihn in den Tod gehende Held keine »früheren Todesbilder« benutzt.

Als Beispiele heroischer Menschen, die um der Treue, um einer »unbedingten Forderung« willen ihr Leben einsetzten und hingaben, erwähnt Jaspers Sokrates, Seneca, Boethius, Bruno und Thomas Morus (⁴1963, 52). Sokrates ging unbeirrbar, ohne Störung durch Leidenschaften der Empörung und des Hasses, ohne Zugeständnisse seinen Weg; Seneca, Boethius und Giordano Bruno waren Menschen mit ihren Schwächen und Versagen, »wie wir es sind«. Sie haben den Satz »Philosophieren heißt sterben lernen« ernst genommen, sich damit erst selber gewonnen. Sie sind, wie in anderer Weise wiederum Thomas Morus, Märtyrer »von reinster sittlicher Energie in der Treue zu ihrem Glauben«, mochte dieser wie immer ihr Denken und Fühlen ausfüllen. Die Unbedingtheit erwächst aus absoluter Verläßlichkeit und Treue, sie bedeutet »Teilnahme am Ewigen, am Sein«. Aus unerfindlichen Gründen spricht Jaspers dagegen jenen Märtyrern, die in der Nachfolge Christi durch ihr Sterben ihren

Glauben bezeugen wollten, die Reinheit der Motivation ab. Eine solche Haltung bringe Unreinheit und Zweckhaftigkeit in das Sterben; die Seele dieser »Märtyrer« sei nicht selten durch »hysterische Erscheinungen« verschleiert.

Ob man dafür das disqualifizierende Wort »hysterisch« gebrauchen sollte, ist allerdings fraglich. Der Fanatismus, der Menschen bis zur Selbstaufgabe beherrschen kann, ist allzu oft, wenn auch auf dem Boden des unbedingten Gehorsams und damit der Angst des Individuums gewachsen, doch weitgehend von der Religion/Ideologie selbst bestimmt. Deren Mitschuld am (freiwilligen?) Tod so mancher »Märtyrer« ist wohl nicht zu leugnen. In gleicher Weise kann auch einer Öffentlichkeit die Verantwortung nicht abgesprochen werden, die jegliches Märtyrertum glorifiziert. Daß dies alles zu »hysterischen« Reaktionen, zu pathologischer »Todessehnsucht« (auch als Abwehr von Todesangst) führen kann, wird vermutlich nur aus Pietätsgründen nicht näher untersucht. Kollektivselbstmorde der Christen, die in der römischen Arena für ihren Glauben ihr Leben ließen, der Massensuizid der Juden in Masada (73 n. Chr.), selbst der 1979 Aufsehen erregende Gemeinschaftsselbstmord einer Sekte in Jonestown, Guayana, können als Beispiele aufgeführt werden.

In Konsequenz der marxistischen Auffassung vom Tod wurden die gesellschafts- und philosophiekritischen Aussagen von Herbert Marcuse und Theodor W. Adorno bis zur Glaubensverkündigung vorgetrieben, die jedoch nicht weniger spekulativ ist als jede andere. Für Marcuse ist in einer repressiven Kultur der Tod selbst ein »Instrument der Unterdrückung«. Die »Erziehung zur Zustimmung zum Tod« bringe »von Anfang an ein Element der Unterwerfung ins Leben«; die Theologie und die Philosophie lägen heute »in einem Wettstreit um die Verherrlichung des Todes als existentieller Kategorie«. Eine Philosophie hingegen, die nicht als Handlangerin der Unterdrückung arbeite, reagiere auf die Tatsache des Todes mit der »Großen Verweigerung« – »der Tod kann zum Wahrzeichen der Freiheit werden« (1957, 227f.). Daß Marcuse behauptet, in der neueren Philosophie werde der Tod als eine biologische Tatsache (wobei er sich auf den Todestrieb Freuds, meines Erachtens recht unkritisch, abstützt) in eine »ontologische Wesenheit« verkehrt, dürfte doch einem ganz wesentlichen Mißverständnis besonders der Heideggerschen Position entsprechen. Bei Heidegger wird nichts »verkehrt«; seine Intentionen sind ontologischer Natur, und wie das Verhältnis zur Biologie ist, hat er deutlich und oft genug dargestellt. Besonders ist aber die Behauptung Marcuses, Heideggers Interpretation des menschlichen Daseins sei eine »Antizipation des Todes« und eine »Ermunterung zum Tod«, völlig abwegig. Die Anspielung, daß diese »Ermunterung« genau »zu der Zeit« erfolgt sei, »als für die entsprechende Wirklichkeit des Todes die politischen Grundlagen gelegt wurden, für die Gaskammern und Konzentrationslager von Auschwitz, Buchenwald, Dachau, Bergen-Belsen«, zeugt nicht nur von einer politischen Absurdität und Diffamierung ohnegleichen, sondern auch von einer selbst bei philosophischen Gegenspielern nicht üblichen Geschmacklosigkeit. In etwas höflicherer, jedoch nicht minder polemischen Form äußert sich Adorno, der Heidegger einen »Todeskultus« unterschiebt, dessen Jargon sich seit den Anfängen mit der Aufrüstung gut vertragen habe ([8]1977). Daseinsanalyse gleite über das Nächste und Trivialste im Verhältnis zwischen Dasein und

Tod, nämlich ihre Nichtidentität, hinweg, daß der Tod Dasein zerstöre und wahrhaft negiere.

Daß davon nicht die Rede sein kann, wird klar, wenn man bedenkt, daß Heidegger gerade nicht »negiert«, sondern das Sein zum Tode ausschließlich als des Menschen äußerste Möglicheit betrachtet, sich dem Gewissesten seiner Existenz zu stellen. Bernhard Welte, einer der besten Heidegger-Kenner, hat dies mit aller Deutlichkeit festgehalten (1980, 47). Der Tod steht »mitten im lebendigen Dasein als die beständig drohende, äußerste Möglichkeit, an deren Drohung unser Wissen und unsere Tüchtigkeit scheitern«. Der Tod ist uns unheimlich, da es »hier« nichts mehr zu tun und zu wissen gibt. Das »Sein zum Tode«, als das wir leben und sind, ist noch nicht der Tod selbst. Es ist vielmehr ein *Sein* zum Bevorstehenden. »Kommt aber dieses Bevorstehende eines Tages über uns, dann verschlingt er (der Tod) auch dieses immerhin noch lebendige ›Sein zum Tode‹.« Der Tod zeigt sich uns; was weiter sein mag, das verschweigt er. »In diesem Sinne winkt der Tod in unser Dasein hinein, als die absolute Grenze unserer Möglichkeiten, über unser Dasein in der Welt weiter zu verfügen.«

Mit der Feststellung der Endlichkeit des Daseins, mit dem Offenlassen der Frage nach dem, was *danach* ist, mit der Bestimmung des Daseins als In-der-Welt-Sein ist keineswegs angedeutet, daß Heideggers Philosophie atheistisch sei. Ganz im Gegenteil eröffnet das Offen-Lassen der Frage nach dem Jenseits erst eigentlich die Möglichkeit des Glaubens. Die Erfahrung einer absoluten Grenze der Möglichkeiten wäre selbst nicht möglich und erfahrbar, meint Welte zu Recht, wenn es »im Grunde unseres Daseins nicht einen Vorgriff über diese Grenze hinaus gäbe«. Der Vorgriff ins Unbegrenzte, der sich an der Gegenwart des Todes im Leben zeigt, ist »wahrscheinlich der Ursprung der Möglichkeit der Religion als des Glaubens an das, was unbegrenzt und unendlich ist«.

Seit der Renaissance hat es in der abendländischen Geistesgeschichte nicht an philosphischen Versuchen gefehlt, das Problem von Tod und Sein, von Vergänglichkeit und Sinn des Lebens teils auf christlicher, teils auf freidenkerischer Grundlage zu klären. Die »hermeneutische Funktion des Todes« (Greshake, 1980) für das Leben wurde und ist immer noch das Ziel philosophischer Besinnung und Spekulationen. Bereits in der Stoa gründete die Freiheit, die es im Leben zu erringen galt, in der Freiheit zum Tod. Freiheit zum Tod bedeutete aber gerade, daß »der Philosoph«, wie Mark Aurel in seinen »Selbstbetrachtungen« sagt, den Tod »mit heiterem Gemüte« erwarte, da er in ihm nichts anderers als den Zerfall in die Urstoffe sehe, aus denen jedes Lebewesen aufgebaut ist. »Wenn aber für die Elemente selbst nichts Schlimmes darin liegt, daß jedes einzelne von ihnen beständig in ein anderes übergeht, warum sollte man dann die Umwandlung und den Zerfall aller mit bedenklichen Augen ansehen? Es ist doch nur ein natürlicher Vorgang, und es ist nichts schlecht, was aus natürlichen Ursachen geschieht.«

Wenn Epikur die »ataraxia«, die Unerschrockenheit gegenüber dem Tod, »der uns nichts angeht«, als Lebenshaltung empfiehlt, so ist die Freiheit zum Tod auch in der Stoa jedoch nur relativ zu sehen. Die Stoiker machten im Grunde die »apatheia«, die Unempfindlichkeit gegenüber Sterben und Tod, zur Lebensmaxime. »Apatheia«, auch wenn sie nicht ganz unserem heutigen Begriff von »Apathie« entspricht, bedeutet nämlich noch nicht die volle Freiheit zum Begegnenden, hier also zum Tod. Anders Michel de Montaigne (1533–1592), der französische Essayist, der sich über die Angst der Menschen vor dem Tod lustig machte und nachwies, unter welch lächerlichen Umständen bedeutende Männer starben. Der Mensch, so meinte er, könne dem Tod nicht entfliehen. Man nehme ihm seine Unheimlichkeit, mache ihn sich vertraut, halte mit ihm Umgang und bedenke nichts so häufig wie den Tod. Die Besinnung auf den Tod sei Besinnung auf die Freiheit.

Von Montaigne ist der Weg – zeitgeschichtlich, nicht inhaltlich – weit bis zu den Philosophen der Neuzeit, insbesondere bis zu den Denkern der Existenz. Viele wären zu erwähnen, Schopenhauer vor allem, Nietzsche, Nicolai Hartmann und andere. Neues wurde kaum erbracht.

Arthur Schopenhauer stellt in seiner Schrift »Über den Tod« die berechtigte Frage, weshalb sich der Mensch immer wieder um sein Sein *nach* dem Tod ängstige, hingegen an sein Sein *vor* der Geburt keinen Gedanken verliere. »Wenn, was uns den Tod so schrecklich erscheinen läßt, der Gedanke des *Nichtseins* wäre, so müßten wir mit gleichem Schauder der Zeit gedenken, da wir noch nicht waren« (20). Denn es sei »unumstößlich gewiß«, daß das Nichtsein auch nach dem Tod nicht verschieden sein könne von dem vor der Geburt, folglich auch nicht beklagenswerter. »Eine ganze Unendlichkeit ist abgelaufen, als wir noch nicht waren; aber das betrübt uns keineswegs. Hingegen, daß nach dem momentanen Intermezzo eines ephemeren Daseins eine zweite Unendlichkeit folgen sollte, in der wir nicht mehr sein werden, finden wir hart, ja unerträglich.« Die Auffassung des Todes als absolute Vernichtung und die Annahme, daß wir gleichsam »mit Haut und Haar« unsterblich sind, seien beide gleich falsch (das. 11). Wer die Geburt des Menschen für dessen absoluten Anfang halte, dem müsse der Tod das absolute Ende sein. Lebensbeginn und Lebensende könnten, was sie sind, nur in gleichem Sinn sein: »Folglich kann jeder sich nur insofern als unsterblich denken, als er sich auch als ungeboren denkt.« Ist die Geburt eine wirkliche Entstehung aus dem Nichts, dann ist der Tod die Ver-nichtung. Aus diesem Grunde glauben Brahmanismus und Buddhismus konsequent an ein Dasein vor der Geburt, »dessen Verschuldung abzubüßen dieses Leben da ist« (das. 105). Schopenhauer betrachtet das Erkennen, den Intellekt und damit die Fähigkeit der Erinnerung als den sterblichen, vergänglichen Teil des Daseins, den Willen aber als ewig, als die Substanz. Der Wille allein beharre, »denn er ist der Wille zum Leben« (das. 152). Als sich bejahender Wille zum Leben habe der Mensch die Wurzel seines Daseins in der Gattung. Unsterblichkeit der Individualität zu verlangen hieße eigentlich einen Irrtum ins Unendliche perpetuieren zu wollen. Der individuelle Tod ist eine »moralische Notwendigkeit«.

Wenn die Freidenker des 17. Jahrhunderts und die radikalen Vertreter der Aufklärung die epikureische Haltung, polemisch gegen die christliche Todesschau, wieder aufnahmen, war die Reaktion darauf auch von philosophischer Seite unausweichlich. Blaise Pascal und Sören Kierkegaard zum Beispiel, als Antagonisten Rousseaus, Voltaires, Hegels, verbanden die »Philosophie der Existenz« mit ihrem religiösen Gewis-

Arthur Schopenhauer
(1788 bis 1860)
Süddeutscher Verlag, München

Sören Kierkegaard
(1813 bis 1855)
Süddeutscher Verlag, München

Karl Marx
(1818 bis 1883)
Keystone Press, Zürich

Ludwig Wittgenstein
(1889 bis 1951)
Suhrkamp Verlag, Frankfurt

Ernst Bloch
(1885 bis 1977)
Keystone Press, Zürich

Herbert Marcuse
(1898 bis 1979)
Süddeutscher Verlag, München

Karl Jaspers
(1883 bis 1969)
Süddeutscher Verlag, München

Martin Heidegger
(1889 bis 1978)
Süddeutscher Verlag, München

Jean-Paul Sartre
(1905 bis 1980)
Keystone Press, Zürich

sen. Dies kann von Jaspers, Heidegger und Sartre nicht mehr behauptet werden, wohl aber wieder von Gabriel Marcel.

Der Tod in der Existenzphilosophie

Einen neuen Ansatz zur Betrachtung des Todesproblems finden wir bei den Philosophen, deren Denken unter dem nicht immer korrekten, aber gebräuchlichen Begriff der Existenzphilosophie zusammengefaßt wird. Ihnen geht es primär nicht mehr um die Frage, ob der Tod das absolute Ende menschlichen Existierens sei, auch nicht darum, was nach dem Tode geschehe, sondern vielmehr um die Abklärung des Verhältnisses des menschlichen In-der-Welt-Seins zum Tode. Sie entwickelte und verfolgte demzufolge das, was als ein »Vorlaufen« in den Tod beziehungsweise zum Tod hin genannt wird.

Die Vorstellung eines »Vorlaufens« in den Tod wurde erstmals von Sören Kierkegaard (1813–1855) entwickelt. In seiner Schrift »Die Krankheit zum Tode« (1899) gewinnt der Mensch sein »Selbst«, wenn er sich als die Synthese von Endlichkeit und Unendlichkeit, Zeitlichem und Ewigem, Freiheit und Notwendigkeit realisiert. Durch den Ernst des Todes und die Bezogenheit zum Schöpfer, zu Gott, erhält das Verhältnis von Zeitlichem und Ewigem »seine Schärfe« (G. Scherer, 1979, 49). Deshalb dürfe vom Tod auch nicht scherzend, sondern nur allen Ernstes »geredet« werden. Nicht einmal philosophische Betrachtungen über Werden und Sterben erreichen den notwendigen Ernst, selbst das Trauern und Klagen um den Tod eines geliebten Menschen bleibe noch äußerlich. Das »Vorlaufen« zum Tod (später von Heidegger übernommen und neu gedeutet) geschieht erst dann, wenn der Tod zum »inneren Gedanken« wird, wenn wir uns selbst als tot denken, mit dem Tod in eins denken. Dann, meint Kierkegaard, werden wir Zeugen des eigenen Todes. Ein solches Vorlaufen zum Tod verweist auf die Tatsache, daß mit ihm alles Irdisch-Weltliche aufhört, denn jeder persönliche Tod bedeutet für den Menschen einen »Weltuntergang«. Entscheidend ist, daß wir die noch ausstehende Zukunft des Todes in unserer Existenz im Gedanken an den Tod anerkennen. Der Tod ist gewiß, sein Zeitpunkt ungewiß; er ist »unbestimmbar«. Damit verweist der zukünftige Tod auf die Gegenwart: Das Vorlaufen zum Tod ermöglicht das »Sich-Ergreifen im Heute«. »Kann es nämlich jeden Augenblick vorbei sein, so ruft uns das Vorlaufen in den Tod zum Handeln in der unmittelbaren Gegenwart auf. Einmal wird alles vorbei sein, aber heute ist es nicht vorbei, im Gegenteil, die Tatsache, daß einmal alles vorbei sein wird, wirft den Menschen darauf zurück, daß es heute nicht vorbei ist« (G. Scherer, das. 51). Die Ungewißheit des Todes verweist darauf, daß jeder Tag der letzte sein kann; deshalb müsse man jeden Tag leben, als wäre er der letzte.

Der Gedanke ist nicht neu. Er findet sich schon im berühmten Ausspruch von

Horaz (I, 11): »Carpe diem quam minimum credula postero« (Nutze den Tag, koste den Augenblick). Von Shakespeare in »Macbeth« (I, 55) aufgenommen:

> »Nicht in die ferne Zeit verliere dich,
> Den Augenblick ergreife, der ist dein...«

Bei Kierkegaard geht es jedoch nicht um ein »Ausleben« der Zeit, eine Intensität der vergnüglichen Tagesnutzung, sondern um den Ernst, jeden Tag so zu leben, als wäre es der letzte. Dieser letzte Tag ist aber auch der erste eines langen, neuen Lebens. M. Theunissen (1958, 147) vermittelt diesen Gedanken Kierkegaards: »Der im Ernst gedachte Gedanke an den Tod ermöglicht erst wahres, wirklich gelebtes und gerichtetes Leben.«

Kierkegaard, der als eigentlicher Begründer der Existenzphilosophie gilt, spricht von der Selbstverwirklichung des Menschen, nicht im heute so oft gebrauchten egoistischen Sinn, sondern aus der Forderung nach dem »Wagnis« heraus, dem Wagnis des Werdens, der Freiheit. Der Mensch, der nicht zur Verwirklichung des absoluten Selbst gelangt, der in der Relativität steckenbleibt, dieser »relative« Mensch verfällt der »Krankheit zum Tode«, der totalen Verzweiflung über sich selbst, der absoluten Selbstauflösung. Die Freiheit des Menschen ist »zweideutig«; es ist die Freiheit zum Sein und die Freiheit zum Nichtsein. Das Nichts aber erzeugt Angst. Der Mensch fürchtet sich vor dem Nichts, zu dem er sich durch seine Freiheit entscheiden kann. So wie ein Arzt sagen müsse, es lebe kein Mensch, der ganz gesund sei, so müsse man auch sagen, es lebe kein einziger Mensch, der nicht ein bißchen verzweifelt sei, in dem nicht tief im Innersten eine Unruhe wohne, eine Disharmonie, eine Angst vor der Daseinsmöglichkeit. In den Traktaten über die »Angst« und die »Krankheit zum Tode« wurde die Existenzphilosophie geboren (Condrau, [3]1974). Kierkegaards Existenzphilosophie ist mehr als nur Aufforderung, sich mit dem Sinn von Leben und Tod auseinanderzusetzen. In ihr finden sich Ansätze für eine »Selbstverwirklichung«, wie sie in neuerer Zeit die tiefenpsychologisch orientierten Schulen der Psychotherapie vertreten, zumindest die Daseinsanalyse, aber weitgehend auch die Psychoanalyse Freudscher Richtung, auch wenn hinter die Bezeichnung »Kierkegaard, der Psychoanalytiker« (E. Becker, 1976, 112) ein Fragezeichen zu setzen ist.

Muß man Kierkegaard einen »christlichen« Denker nennen, so gilt dies in ausgesprochenem Maß auch für Gabriel Marcel (1889–1973). Seine Weltsicht wird nicht von der Angst beherrscht, sondern von der *Hoffnung*. Sie erscheint ihm als Durchbruch durch das Gefängnis der Zeit. Die menschliche Freiheit bestehe in der Möglichkeit, zu hoffen oder zu verzweifeln, zu lieben oder zu hassen, Treue zu halten oder zu verraten. Verzweiflung, Haß, Verrat zerstören; sie bedeuten die Vernichtung des Seins. Hoffnung, Liebe, Treue allein sind schöpferisch; sie tragen den Glauben und die Verpflichtung. In der Hoffnung liegt die innere Bereitschaft zu vertrauensvoller Hingabe, Liebe bedeutet Verfügbarkeit und Treue die Anerkennung des Dauernden, Beständigen, Gegenwärtigen. Marcel versteht den Tod nicht wie Kierkegaard und Heidegger aus dem »Vorlaufen in den eigenen Tod«, sondern vom Tod anderer her. Diese »anderen«, deren Tod uns angeht, sind jene, die wir lieben. »Was zählt«, antwortet er 1937 anläßlich einer Kontroverse auf dem Descartes-Kongreß Léon Brunschvicg (zit. n. G. Scherer, 1979, 59), »ist weder mein Tod noch der Ihre, sondern der Tod dessen, den wir lieben.« Das Problem, so Marcel (1961, 287), »das einzige wesentliche Problem, wird durch den Konflikt von Liebe und Tod gestellt«. Hoffnung, Liebe, Treue sind Grundbedingungen der Begegnung mit dem »Du«, die für Marcel durch die Teilhabe am Sein ermöglicht wird. Auch nach F. Wiplinger erfährt sich der Mensch erst dort, wo er liebt und geliebt wird (1970). Aus diesem Grund bricht mit dem Tod eines geliebten Menschen für den Liebenden eine Welt zusammen. Wiplinger widerspricht mit seiner Auffassung Eugen Fink (1969, 37), für den das Sterben der Fall aus einer gemeinsamen, geteilten intersubjektiven Welt von Menschen und Dingen, der Tod eines geliebten Menschen jedoch keineswegs ein »Weltuntergang« ist. Mit dem Tod sei lediglich ein Individuum verschwunden. Der Tod des anderen konstituiere »keine äußerste Grenzsituation«, sterben müsse jeder allein; »der Boden der Koexistenz trägt nicht mehr«. Der Sterbende hört nach Fink auf, »Zeitgenosse von Mitmenschen« zu sein, sein Vorrat ist aufgebraucht, er hat nichts mehr, weder künftigen Raum noch künftige Zeit. Der Tod als äußerste Daseinsmöglichkeit ist grundsätzlich un-überholbar, »hinter dieser äußersten Möglichkeit ist Nichts«. In diesem Zusammenhang beruft sich Fink auf Heideggers »Sein und Zeit« (1927, 258), wonach der Tod »die eigenste, unbezügliche ..., unüberholbare Möglichkeit des Daseins« ist.

Dies könnte zu Mißverständnissen führen. Was heißt denn das: Hinter dieser äußersten Möglichkeit ist »Nichts«? Was ist mit »Nichts« gemeint? Der Mensch, und nach philosophischer Ansicht nur er, hat ein Verständnis für das Sein. Unter allen Geschöpfen der Erde ist der Mensch das einzige, das im Seinsverständnis und Weltbezug existiert. Hat er aber auch ein primäres, unmittelbares Verständnis für das Nichts? Oder impliziert das Seinsverständnis ein Verständnis des Nicht-Seins?

Die Sterbens- und Todesgewißheit setzt gerade im Heideggerschen Sinn keineswegs ein Wissen um das Nichts voraus, sondern allerhöchstens ein Wissen um die Endlichkeit unseres Daseins als Offenständigsein. Über das, was darüber hinaus ist, *wissen* wir nichts. Darüber kann aus der unmittelbaren Anschauung keine gültige Aussage gemacht werden. Der Tod entzieht sich unserem Denkvermögen – und so verweist Fink wohl zu Recht auf den Mut des Geistes, wenn er (das. 39) Hegel zitiert: »Aber nicht das Leben, das sich vor dem Tode scheut und vor der Verwüstung rein bewahrt, sondern das ihn erträgt und ihn ihm sich erhält, ist das Leben des Geistes ...«

K. Jaspers spricht von einem »faktischen Nihilismus« (1948, 139). Menschen sind erschienen, die scheinbar jedes Selbstsein preisgegeben haben, die keinen Wert mehr kennen, im Zufall von Augenblick zu Augenblick taumeln, »die gleichgültig sterben und gleichgültig töten«, aber in den berauschenden Vorstellungen des Quantitativen zu leben scheinen, »in blinden Fanatismen auswechselbarer Art, getrieben von elementaren, sinnfremden, übermächtigen und doch schnell verbrausenden Effekten, und schließlich vom triebhaften Genußwillen des Augenblicks«.

Weder das Nichts noch irgendeine Form des »Nihilismus« ist für Marcel maßgebend, sondern die Fähigkeit, zu verzweifeln. Die Beunruhigung durch den Tod ist für Marcels Sterblichkeitsbewußtsein zentral. Gleichzeitig ist der Tod das Sprungbrett der absoluten Hoffnung. So wird Marcels Philosophie zu einer Philosophie der Hoffnung: Der Tod verliert seine schreckenerregende Maske, denn die Bedeutung des Glaubens an die Unsterblichkeit ist für Marcel, den christlichen Denker, »über allen Zweifel erhaben« (Choron, 1967 269; vgl. auch Cottier, 1980, 119). Jean Paul Sartre (1905–1980) dagegen stellt die absolute Absurdität des Todes heraus, eines Todes, der keine Möglichkeit des Daseins ist, sondern »eine jederzeit mögliche Nichtung meiner Möglichkeiten, die außerhalb meiner Möglichkeiten liegt« (1962, 677). Der Sinn des Lebens kann somit nur in der Revolte gegen diese Absurdität liegen. Jeder Versuch, den Tod wie einen auflösenden Akkord am Schluß einer Lebensmelodie zu betrachten, muß seiner Meinung nach als verfehlt angesehen werden. »Die Freiheit, die meine Freiheit ist, bleibt ganz und unendlich; nicht daß der Tod sie nicht begrenze, sondern weil die Freiheit niemals auf diese Grenze trifft, ist der Tod durchaus kein Hindernis für meine Entwürfe; er ist bloß ein Schicksal, anderswo als diese Entwürfe. Ich bin nicht frei ›um des Sterbens willen‹, sondern ich bin ein freier Sterblicher‹ (das. 689).

Für Karl Jaspers (1883–1969) ist der Tod eine Grenzsituation. Damit wird der Tod zum Existieren selbst gerechnet, denn »Grenzsituationen erfahren und Existieren ist dasselbe« (1956, 204). Jaspers verwirft, nicht ohne Verachtung, die Vorstellungen von einer jenseitigen Hölle, von ewigem Feuer und von der Macht kirchlicher Gnadenmittel.[14] Es sind für ihn Absicherungen, die man sich zulegt in der Angst, auf der Ebene der Existenz zu leben. Ebenso sollen sinnlose Jenseitsvorstellungen den Tod als Grenze aufheben, der Tod verliert somit »den Schrecken des Nichtseins«, »das wahrhafte Sterben« hört auf (a. a. O., 225). Cottier meint nicht zu Unrecht, Jaspers' Gegenentwurf, die Tapferkeit, »wahrhaft zu sterben ohne Selbsttäuschungen«, entbehre nicht einer gewissen Überheblichkeit und des Stolzes. Der Tod ist »als Faktum ein bloßes Aufhören meines Zeitdaseins«, sagt Jaspers im dritten Band seiner »Philosophie« (1956, 89). Vom Tod jedoch als »Grenzsituation« werde der Mensch auf sich selbst verwiesen: »ob ich als ein Ganzes und nicht bloß am Ende bin«. Der Tod des Nächsten offenbart die Einsamkeit: Jeder stirbt allein. Dieser Einsamkeit desjenigen, der stirbt, entspricht die Einsamkeit des Zurückbleibenden, jenes Menschen, den der Sterbende verläßt. Hier wird also die Kommunikation einer Prüfung unterzogen. Wer wirklich geliebt wurde, bleibt »existentielle Gegenwart«. So kann denn Jaspers zu der Einsicht kommen: Wir sind sterblich, wo wir lieblos sind, unsterblich, wo wir lieben.

Jaspers (das. 34) meint, die geschichtliche Tatsache, daß die besten und weisesten Menschen durch Jahrtausende an Unsterblichkeit geglaubt hätten, erwecke »eine Scheu«. Aber ihr Glaube und der Glaube unserer Vorfahren zwinge uns nicht, »daß wir selber glauben«, denn es sei keine zureichende Begründung der Wahrheit, »daß die Alten sie uns gesagt haben«. Alle philosophischen Beweise für die Unsterblichkeit, wie sie seit Platon durch die Geschichte gehen, erweisen sich als nicht stichhaltig. »Unsterblichkeit ist weder zu widerlegen, noch zu beweisen.« Der Gedanke an die Träume, die im »Schlaf des Todes« kommen mögen, zwingen nach Hamlets Worten den Menschen, der sich töten möchte, ins Leben zurück. Aber es gebe viele Menschen, die ohne ein Wissen, was kommen mag, ohne Glauben an Unsterblichkeit und ohne dessen Verneinung in Gelassenheit sterben.

Hans Saner, Schüler und philosophischer Sachwalter von Jaspers, meint: »Daß wir im Tod Einsame und Einzelne sind, macht uns im Leben nicht zu Vereinzelten. Wir sind als Dasein auch Gemeinschaft und Gesellschaft, und in ihnen können wir kommunikativ und solidarisch sein mit anderm Dasein. In dem Maß, wie wir es sind, ist unser Dasein nie, auch nicht in der Möglichkeit des Todes, auf sich allein zurückgeworfen, sondern es verwirklicht sich in der Kommunikation. Wenn jeder Anfang meines Daseins angesichts meines Todes schon absurd wäre, so wäre doch mein Handeln in seiner Solidarität nicht zugleich absurd für alle andern. Mein Tod ist somit nicht das einzige Maß für den Sinn meines Handelns. Indem wir Anfangende sind und darin Solidarische, besiegen wir zwar nicht den Tod, aber seine nackte Negativität und die von ihr ausgehende Sinnlosigkeit des Daseins« (1979, 471).

In diesem Sinn ist auch das Bekenntnis von Jaspers zur Philosophie nicht als Wissenschaft, sondern als Lebenshaltung zu verstehen: Philosophieren ist in eins »Lebenlernen und Sterbenkönnen«; wenn »Philosophieren sterben lernen ist, so ist dieses Sterbenkönnen gerade die Bedingung für das rechte Leben«, denn »Leben lernen und sterben können ist dasselbe« (1963, 121). Gilt dies somit nur für die Philosophen? Keineswegs. Jaspers spricht davon, daß die philosophischen Gedanken sich nicht einfach »anwenden« lassen, denn sie sind die »Wirklichkeit« selbst. Das Leben ist vom philosophischen Denken durchdrungen. Menschsein und Philosophieren sind untrennbar.

Martin Heidegger:
»Das Sein zum Tode«

Entspricht nun dieses »Leben lernen und sterben können« dem Heideggerschen »Sein zum Tode«?

Für Martin Heidegger (1889–1976) ist das »Sein zum Tode« eine zunächst rein ontologische Aussage. Es geht ihm weder um ein »Lernen« noch um einen »Sieg«. »Der Tod im weitesten Sinne«, heißt es in »Sein und Zeit« (1927, 246), »ist ein Phänomen des Lebens.« Als solches braucht er weder erlernt noch besiegt zu werden. Wäre solches nämlich notwendig, dann wäre ebenfalls eine andere Voraussetzung unumgänglich: daß Leben nur vom Biologischen her verstanden wird. »Leben« aber ist nach Heidegger als eine Seinsart zu verstehen, »zu der das In-der-Welt-Sein gehört«. Als »pures Leben« rückt es in den Seinsbezirk der Tier- und Pflanzenwelt. Dort können durch ontische Feststellungen Daten und Statistiken gewonnen, Zusammenhänge zwischen Lebensdauer, Fortpflanzung und Wachstum hergestellt, Todesarten, Todesursachen erforscht werden. Später, in den Freiburger Vorlesungen (1942/43) über Parmenides (G. A. 54, 143), sagt er, der Tod vollende den jeweiligen Lebenslauf des Menschen, aber er beende nicht das Sein des Menschenwesens. Der »Lebenslauf« des Menschen durchlaufe »einen örtlich und zeitlich begrenzten Umkreis« und sei »ein

Weg innerhalb dieses Kreises«, und zwar »thanatophóros«, das heißt »todesträchtig, den Tod bei sich tragend und deshalb zum Tode führend«.

Doch dies alles ist »ontische Feststellung«.[15] Der biologisch-ontischen Erforschung des Todes liegt jedoch eine ontologische Problematik zugrunde. Zu fragen bleibt, meint Heidegger (1927, 246 f.), »wie sich aus dem ontologischen Wesen des Lebens das des Todes bestimmt«. Das Enden von Lebendem nennt er Verenden, das Enden des Daseins *Ableben*. »Die existenziale Interpretation des Todes liegt vor aller Biologie und Ontologie des Lebens. Sie fundiert aber auch erst alle biographisch-historische und ethnologisch-psychologische Untersuchung des Todes. Eine ›Typologie‹ des ›Sterbens‹ als Charakteristik der Zustände und Weisen, in denen das Ableben ›erlebt‹ wird, setzt schon den Begriff des Todes voraus. Überdies gibt eine Psychologie des ›Sterbens‹ eher Aufschluß über das ›Leben‹ des ›Sterbenden‹ als über das Sterben selbst. Das ist nur der Widerschein davon, daß das Dasein nicht erst stirbt oder gar nicht eigentlich stirbt bei und in einem Erleben des faktischen Ablebens. Im gleichen erhellen die Auffassungen des Todes bei den Primitiven, deren Verhaltungen zum Tode in Zauberei und Kultus, primär das Daseinsverständnis, dessen Interpretation schon einer existenzialen Analytik und eines entsprechenden Begriffes vom Tode bedarf . . .«

Das »Sein zum Tode« ist somit ein Phänomen des Lebens. Jede Untersuchung über das Verhalten des Menschen zur Todesfrage, ob im individuellen oder kollektiven Bereich, gibt nicht Aufschluß über Sterben und Tod an sich, schon gar nicht über das Wesen des Todes, sondern lediglich über die Existenz des Menschen als endliches In-der-Welt-Sein.

Gerd Bergfleth macht Heidegger den Vorwurf, dessen »Sein zum Tode« sei ein »Sein zum Sterben*müssen*« (1982, 409); die »jauchzende Todesfreiheit des Sterben*könnens*, wie sie von George Bataille vertreten wird, komme im Horizont von »Sein und Zeit« nicht vor. Die Endlichkeit Heideggers reduziere sich nicht nur auf eine »unüberholbare Platitüde«; zu einem Schrecknis werde das Ganze dadurch, »daß diese existentielle Bedürftigkeit zu einem existenzial-ontologischen Heldenleben hochstilisiert wird, mit Sorge, Angst, Geworfenheit, Entschlossenheit und andern Ekstasen der Art«. Das Heldenleben kulminiere in dem »Fallbeil des Seins zum Tode«, dem sogar die »Freiheit zum Tode« zugeschrieben werde. Eine solche Zumutung, die Endlichkeit auch noch frei zu übernehmen, meint Bergfleth, verstärke jedoch das Verhängnis eher, als daß es vom Fluch erlöse.

Abgesehen von der recht anspruchslosen Deutung des Heideggerschen Anliegens, stellt sich hier doch die Frage, ob eine »jauchzende Todesfreiheit des Sterbenkönnens« den Fluch des Sterbenmüssens bannen könnte!

Das Auf-den-Tod-hin-Sein hat für Heidegger eine ganz wesentliche Bedeutung für den Lebensvollzug, es ist ein Sich-vorweg-Sein. Denn zum Wesen der »Grundverfassung des Menschen« gehört seine immerwährende Unabgeschlossenheit, ein Ausstand an Möglichkeiten. Der Mensch ist nur ganz, wenn er sein Ende einbegreift, in Freiheit antizipiert als eine Weise zu sein, vorlaufend auf dieses Ende. Der Tod ist die eigenste Möglichkeit des Menschen, der auf sich selbst verwiesen wird, da Mitwelt und Gebrauchswelt versinken. Gewißheit und Unbestimmtheit des Todes erzeugen die Angst, die dem Menschen seine Verlorenheit an das »Man«, an Oberflächlichkeit, Geschäftigkeit und illusionäre Behaglichkeit, an Alltäglichkeit und Flucht aufdeckt. Gleichzeitig ist der Tod als unüberholbare Möglichkeit die radikalste Selbstbestimmung des Subjektes. Er »befreit von der Abhängigkeit vom bloß Zufälligen und lehrt dagegen, die tatsächlichen Möglichkeiten, die der äußersten vorausgehen, erst vollständig begreifen und ergreifen. Der Vorgriff auf den Tod zerbricht jede Fixierung auf den jeweiligen Besitzstand« (Ebeling, 1979, 17).

So knüpft Heidegger wiederum an Heraklit an, wenn sinngemäß auch von ihm verschieden. Denn der Mensch stirbt »fortwährend« ([3]1967a, 24f.). In der Hölderlin-Interpretation ([3]1967, 70) wird Heidegger noch deutlicher: »Der Mensch west als der Sterbliche. So heißt er, weil er sterben kann.« Sterbenkönnen bedeutet: den Tod als Tod vermögen. Nur der Mensch stirbt, und zwar fortwährend, solange er auf dieser Erde weilt.

Kaum eine Aussage Martin Heideggers hat zu derart vielen Mißverständnissen und Fehldeutungen Anlaß gegeben wie jene, daß menschliches Dasein ein »Sein zum Tode« ist. Von der naiven Behauptung abgesehen, dieser Satz Heideggers beweise, seine Philosophie sei »diesseitig, materialistisch« und habe deshalb auch nur säkulare Bedeutung, erblicken viele in ihm den Ausruck eines nihilistischen Pessimismus einer eigentlichen »Todesversessenheit«.[16] So kann jedoch nur derjenige das Heideggersche »Sein zum Tode« mißverstehen, dem eine andere Schau des Todes vorschwebt. Tatsache jedenfalls ist, daß das leibhaftige In-der-Welt-Sein mit dem Tod ein unwiderufliches Ende findet, weshalb die Sterblichkeit des Menschen sogar als ein Kennzeichen menschlicher Existenz gilt. Diese Sterblichkeit oder dieses Sein zum Tode hat nichts mit dem Glauben oder Nichtglauben an das Jenseits, an ein Leben nach dem Tod zu tun.

Heidegger bezieht sich darauf in »Sein und Zeit« (1927, 247f.): Die ontologische Analyse des Seins zum Ende greife keiner existentiellen Stellungnahme zum Tode vor. »Wenn der Tod als ›Ende‹ des Daseins, das heißt des in-der-Welt-seins bestimmt wird, dann fällt damit keine ontische Entscheidung darüber, ob ›nach dem Tode‹ noch ein anderes, höheres oder niedrigeres Sein möglich ist, ob das Dasein ›fortlebt‹ oder gar, sich ›überdauernd‹, ›unsterblich‹ ist.«[17]

Charakteristisch für Heideggers philosophische Thanatologie ist somit unter anderem die Unentschiedenheit in der Frage, was mit dem Dasein *nach* dem Tod geschieht. Fest steht, daß er sich nicht an die traditionelle christliche Auffassung der Unsterblichkeit hält, die ihm als ehemaligem katholischen Theologieschüler nahegelegen hätte. »Wir tun gut daran, ›Himmel‹, ›Hölle‹ und ›Fegfeuer‹ beiseite zu lassen«, verkündet er in seinen Vorlesungen (1942/43) zum Thema Tod: Übergang vom ›Hier‹ zum ›Dort‹ (G.A. 54, 144). Er bezieht sich hier sowohl auf die christliche wie auf die griechische Jenseitsvorstellung. Mit dem Tod begebe sich ein Übergang vom Hier zum Dort. Dieser Übergang sei der »Beginn einer Fahrt«, die selbst wieder sich vollende in einem Übergang zu einer neuen thanatophoren Periode. Die Frage sei daher, »was das Menschenwesen umgebe und was das Bleibende für es sei, nachdem es jeweils den todesträchtigen Lauf hier auf Erden vollendet hat«.

Die christliche Frage nach dem »Jenseits« enthält nach Heidegger eindeutig platonische Züge. Zumindest bestehe die Gefahr einer »bewußten oder auch unbewußten« christlichen Auslegung des Denkens Platons, das durch Philo in die hellenistische, durch Augustinus in die neuplatonische christliche Auslegung und Ausdeutung eingegangen und darin in den verschiedensten Abwandlungen verblieben sei. Aber selbst wenn man Platon aus dem Humanismus und Klassizismus deute – also angeblich »heidnisch«, denke man christlich, »sofern ja ›das Heidnische‹ ohnehin ja nur das Gegenchristliche ist«. Nur vom Christentum aus geschätzt seien die Griechen »Heiden«. Die griechische Jenseitsvorstellung, selbst der Hades als Schattenreich, ist nach Heidegger jedoch völlig anderer Natur als die christliche, da die Griechen das »Sein« in ganz anderer Weise erfuhren als wir Heutigen. »Wir stehen hilflos vor der sogenannten Unterwelt, vor dem ›Hades‹ und den ›dort‹ wesenden ›Schatten‹. Man macht sich irgendeine ›Gespensterpsychologie‹ zurecht . . .«

Nach Heidegger nimmt das angsterfüllte Dasein entschlossen den Tod auf sich und erlangt dadurch die Freiheit zum Tod. Dies bedeutet keine Flucht, sondern illusionslose Konfrontation. So führt uns das eigentliche »Sein zum Tode« zu einem neuen Leben. Heidegger, meint Choron dazu, gibt somit keine wirkliche Antwort auf das Todesproblem, aber er ruft den Menschen dazu auf, eigentlich zu leben: »Erst wenn wir uns klarmachen, daß unsere Existenz wesenhaft und notwendig ein Sein zum Tode ist, können wir uns erheben über das bedeutungslose Allagsleben und wirklich wir selbst, wirklich frei werden« (1967, 246). Dies hat nicht das geringste mit einer reinen Verherrlichung des Todes zu tun, nichts gemein mit der Todessehnsucht christlicher Mystiker oder der Romantik, für die der Tod nur die Türe zu einer anderen Existenz war. Heidegger lehnt es ab, die Möglichkeit einer jenseitigen Existenz zu diskutieren, und unterscheidet sich darin angenehm von den meisten Philosophen, die über Sterblichkeit und Unsterblichkeit räsonieren, ohne uns restlos (oder auch nur annähernd) überzeugen zu können. Das Jenseits wird jedoch von Heidegger auch nicht kategorisch als Möglichkeit geleugnet; jeder diesbezügliche Trost läuft hingegen auf eine »Verdeckung« des Todes hinaus und damit auf eine uneigentliche Existenz. Die Angst vor dem Tod ist eine Hilfe bei der Suche nach dem Sinn von Sein; im Gegensatz zu Hegel kennt Heidegger aber auch »kein tröstliches Geschichtsbild«, das die Bedeutungslosigkeit der menschlichen Existenz, die der Tod als endgültige Vernichtung zu verkünden scheint, auf wirksame Weise verklären könnte (Choron, das. 247). So gewinnen Sterben und Tod eine neue Bedeutung für den Menschen. »Der Mensch kann und muß sterben, in den Tod aber darf er gehen. Der Tod ist ihm nicht verwehrt, wie er dem Tier verwehrt ist. Das verendete Tier ist tot. Es ging nicht in den Tod, weil es nicht um seinen Tod zu wissen vermochte. Doch es bleibt dem Menschen anheimgegeben, ob er in das stirbt, was ihn immerwährend trug. Verweigert sich der Mensch dem Tod, so fällt er in das Nichts zurück, durch das er in das Dasein einging und durch das er aus dem Dasein geht. Das Nichts ist die Schwelle des Todes und der Geburt« (Rudolf Berlinger, [2]1972, 132f.). Der Schmerz der Geburt wie die Not des Sterbens finden ihre Begründung in der menschlichen Aufgabe, über diese Schwelle hinüberzukommen. »Durch das Nichts ist das Dasein des Menschen schmerzgeboren und in die Not des Sterbens genötigt. Schmerz und Tod lassen das Sein des Menschen offenkundig werden. In der Nötigung des Sterbens wird unvermeidlich klar, was der Mensch vermag, wenn er stirbt und dadurch zum Tode kommt.«

Heideggers »großer Wurf«, die Schrift »Sein und Zeit«, war erst einige Jahre alt, als Dolf Sternberger kritisch dazu Stellung nahm. Ausgangspunkt seiner Kritik war die Feststellung, daß für Heidegger das »Sterben anderer« nur als »Ersatzthema« abgehandelt werde, während er selbst die These vertrat, niemand erfahre seinen eigenen Tod, jedermann aber den Tod des anderen, des Nächsten. Es sei die »Lieblosigkeit« in »Sein und Zeit« gewesen, die ihn zum philosophischen Widerspruch gereizt habe. Sternbergers Anliegen beruht auf dem Versuch einer Revision des § 47 von »Sein und Zeit« (»Die Erfahrbarkeit des Todes der anderen und die Erfassungsmöglichkeit eines ganzen Daseins«), weist aber gleichzeitig wohl ein Mißverständnis Heideggerschen Denkens auf, wenn von einer »Monadologie des Seins zum Tode« (H. Ebeling, 1979, 24) gesprochen und der Tod anderer zum Anlaß genommen wird, im Begriff des »Daseins« bei Heidegger einen Dualismus zu entdecken, eine Aufspaltung in ein sich *erschließendes eigenes* und in ein sich *verschließendes anderes oder fremdes Dasein* (Sternberger, 1981, 133). Doch gerade diese Zersplitterung und dualistische Verkennung der Wirklichkeit und damit auch des Daseins hat Heidegger überzeugend und durchgängig bekämpft.

Daß Heidegger den oft allzu pathetisch proklamierten Hinweis auf Liebe vermissen läßt, darf ihm jedoch nicht als »Lieblosigkeit« vorgeworfen werden. Wer in Heideggers Werk die Liebe vermißt, hat seinen Begriff der »Sorge« gründlich mißverstanden. In dieser nämlich gründet die Liebe: im »Besorgen« der Dinge, in der »Fürsorge« für den Mitmenschen.

Philosophie des Todes –
Lebenshilfe?

Dem Schicksal des Sterbens entgeht niemand, selbst bei aller Überzeugung, das Dasein finde damit noch kein Ende. Und zwar stirbt einzig der Mensch in der Weise, daß ihm sein Sterblich-Sein schon immer präsent ist. Solches Wissen zwingt ihn, sich ständig dem Tod gegenüber in irgendeiner Weise zu verhalten, weswegen man eben durchaus richtig von einem »Sein zum Tode« spricht. Es vollzieht sich in den mannigfaltigsten Verhaltensweisen: Viele Menschen fliehen vor der Erkenntnis ihres Sterblich-Seins, und die täglichen Versuche, sich vom Tod abzuwenden, sind zahlreich. So wird das Sterben anderer nur selten zum Anlaß genommen, über die eigene Sterblichkeit nachzudenken. Meistens werden sogar die Sterbenden selbst vom Gedanken des Todes abgelenkt, man versucht jedenfalls, sie mit der Hoffnung auf eine doch noch mögliche Rettung zu trösten – oder, wo dies nicht mehr angebracht ist, mit der Hoffnung auf ein Weiterleben nach dem Tode. Dort, wo nackte Angst das Verhältnis zum Tod bestimmt, wird das Sterben als eine totale Vernichtung und Zerstörung der Existenz erfahren. Eben hier aber eröffnet sich dem Mit-Menschen die Möglichkeit, ein solches Mißverständnis in Frage zu stellen. Ist denn Sterben, sofern wir überhaupt darüber etwas wissen können, wirklich nur ein Zugrundegehen? Oder lediglich ein Verenden wie bei den Tieren? Und was bedeutet es eigentlich, daß wir Menschen gerade vor dem Gewissesten unseres Lebensschicksals Angst haben? Das sind keineswegs einfach zu beantwortende Fragen. Weder Philosophie noch Theologie, weder Medizin noch Biologie haben bisher etwas Gültiges über dieses Mysterium aussagen können. Eines aber kann gesagt werden: Die Gewißheit des Sterben-Müssens vermag durchaus die Möglichkeit der Umwandlung einer leibhaftigen Weise des In-der-Welt-Seins in eine andere Art zu sein in sich einzuschließen.

Mit dem Sterben kann sich derjenige abfinden, ja befreunden, der bereit ist, materielles und geistiges Besitztum aufzugeben, mitmenschliche Bindungen zu lösen, in die Einsamkeit des Auf-sich-selbst-verwiesen-Seins zurückzukehren. So gibt es Menschen, die dem Tod in »heiterer Gelassenheit« entgegensehen. Es sind jene, die ihn als den letzten Vollzug ihrer Existenzmöglichkeit betrachten und ihr Leben in Offenheit beenden. Auf diese Weise stirbt der Mensch, in dessen Dasein der Vollzug der wesentlichen Verhaltensmöglichkeiten zustande kam, der den ihm von seiner Existenz her gestellten Auftrag erfüllt hat, der die existentielle Schuld zeitlebens abzutragen bemüht war. Dies ist auch der Sinn des den Menschen immer begleitenden Wissens um seine Sterblichkeit: die Aufforderung zur möglichst umfassenden Erfüllung des Lebens. Wer Angst vor dem Leben hat, fürchtet sich auch vor dem Sterben. Die Stimmung, welche das Wissen um die Möglichkeit des eigenen Todes begleitet, ist immer ein Hinweis auf die jeweilige Reifung des Menschen. Nur jener, der solchermaßen eigenes Sterblich-Sein bedenkt, der weder an die Dinge dieser Welt verloren und ihnen verfallen ist noch resigniert und passiv dem Tod entgegensieht, kann einem Sterbenden selbst eine wahrhafte Sterbehilfe zuteil werden lassen.

Platon bereits betrachtete das Leben als Übung zum Tod. Er ging noch darüber hinaus: Im »Phaidon« vertrat er die Ansicht, diejenigen, die sich mit Philosophie befaßten, hätten es im Grunde auf nichts anderes abgesehen als darauf, zu sterben und tot zu sein; der Wissende sehne sich nach dem Tod, denn er sehne sich danach, das Eine (Reale) kennenzulernen. Darin bestünde das Interesse der Philosophie an der Frage nach dem Wesen des Todes.

E. Becker (1976, 34, 37) findet eine einfache Erklärung für das primäre Interesse der Philosophie am Tod. Diese habe die Aufgabe der Religion übernommen und sich »von den frühen Philosophen Griechenlands bis zu Heidegger und den anderen Vertretern des Existentialismus« auch deren Kernproblem zu eigen gemacht. – Es sei leicht erkennbar, daß alle diejenigen, die in ihrer frühen Kindheit Böses erleben mußten, später am stärksten auf den Tod fixiert seien. »Sollten sie überdies noch zu Philosophen aufwachsen, wird wahrscheinlich der Todesgedanke ihr zentrales Thema.« Als Beispiel erwähnt er Schopenhauer, »der nicht nur die Mutter haßte, sondern auch den Tod zur ›Muse der Philosophie‹ erhob«.

Tatsächlich scheiden sich die Geister an der Frage, warum sich die Philosophie immer wieder und fast ausnahmslos mit dem Tod beschäftigte. Ein indischer »Weiser« sagte einmal, ohne den Tod gäbe es keine Religion. Könnte man sagen, ohne den Tod gäbe es keine Philosophie? Ist nicht der Tod das zentrale Thema im Denken der Völker, der vorgeschichtlichen Menschen (J. Ozols, 1978) wie der Philosophen von den Vorsokratikern bis zu den Vertretern der Lebensphilosophie (H. Bergson, L. Klages, G. Simmel) und den Philosophen der Existenz? Von B. Spinoza (1632–1677) wurde irrtümlicherweise behauptet, er habe als erster versucht, alle Gedanken an den Tod aus der Philosophie zu verbannen. Abgesehen davon, daß dies bereits andere vor ihm (beispielsweise die Peripatetiker) »versucht« haben, ist ihm dieser Versuch auch keineswegs gelungen. In seiner »Ethik« befaßt er sich sogar sehr eingehend mit dem Tod, allerdings in einer Weise, die aufhorchen läßt. Er stellt fest, daß der freie Mensch an nichts weniger denke als an den Tod; seine Weisheit sei nicht ein Nachsinnen über den Tod, sondern über das Leben. Ist dies, so müßten wir uns doch fragen, wirklich Freiheit? Werden nicht die Begriffe »Freiheit« und »Nachsinnen über das Leben« als Abwehr der Todesfurcht mißbraucht? Nicht von ungefähr betrachtete Spinoza den Tod als ein großes Übel, das man so lange wie möglich meiden sollte (Choron, 1976, 130). Mit dem Anspruch allein, das Todesproblem von der philosophischen Weltbetrachtung auszuschließen, wird somit nichts erreicht. Durch diesen Versuch nämlich wird der Tod gerade in ausgezeichneter Weise in den Mittelpunkt des Interesses gerückt. Denn womit befaßt sich der Mensch mehr als mit jenem, das er fernhalten will? Wo braucht er mehr Energie als dort, wo Widerstände zu überwinden sind? Und würde nicht letztlich eine Philosophie sich selbst als Philosophie, die den Anspruch erhebt, nach den »letzten Dingen« zu fragen, aufheben?

Das Todesproblem ist ein Problem des Lebens. Das Sein zum Tod ist ein Sein zum Leben. Eine andere Antwort vermag uns die Philosophie nicht zu geben. Darin aber liegt das Tröstliche: dem Todesgedanken den Stachel des Makabren, Zerstörerischen zu nehmen. Für viele mögen die Diskussionen bedeutungslos sein, ob der Tod des anderen oder der je eigene Tod das Erfahrungsgut der Menschheit bilde, ob mit dem Tod alles zu Ende sei oder ob es eine weitere Existenz nach dem Tod gebe. Zweifellos müßte auch das Denken jedes einzelnen Philosophen mit dessen persönlicher Lebensgeschichte und Lebenshaltung verknüpft werden, da das Schöpferische immer eine ontische Seinsmöglichkeit ist und nicht von der Gesamtpersönlichkeit des Individuums getrennt werden kann. Das faktische Sterben mancher Philosophen hat dies aufgezeigt. J. Choron stellte zu Recht fest, daß jede Antwort auf das Todesproblem letztlich von der persönlichen Haltung des Philosophen zum Leben abhing, davon, »wie stark seine Furcht vor dem Tod war und in welcher Gestalt sie sich bei ihm äußerte« (1967, 272).

So wurde der Tod zum Gegenstand, aber auch zum inspirierenden Genius der Philosophie, durchaus in Konkurrenz zur Gedankenwelt der Theologie. In vorphilosophischer Zeit war eine solche Trennung undenkbar. Das Todesverständnis des eiszeitlichen Menschen wie auch des Schamanentums kannte eine Geister- oder Schattenwelt; die Beerdigungsriten lassen sich menschheitsgeschichtlich weit zurückverfolgen und dürften mehr noch als die Erfindung des Feuers für die Sonderstellung des

Menschen im Kosmos sprechen. Erst mit dem Beginn der eigentlichen Antike wurde das Fragen erlaubt, stellten sich Zweifel ein und wurden Alternativen angeboten. Die Philosophen des Altertums erlösten die Menschen aus ihren trübseligen Hadesvorstellungen; die Idee einer Wiedergeburt und der Unsterblichkeit führte zu neuen Möglichkeiten, den Tod zu akzeptieren. Das Christentum setzte schließlich auch hier eine Zäsur. Die Theologie übernahm die Führung; sie beanspruchte den Primat hinsichtlich des Todesverständnisses und verdrängte weitgehend die Philosophie. Erst die Zeit der Aufklärung und vor allem das Aufkommen der Naturwissenschaften ließen Widersprüche an den Tag treten und erschütterten die Vorherrschaft der Kirchen. Die »Gott ist tot«-Philosophie Friedrich Nietzsches (1844–1900) sollte das Schisma zwischen Christentum und Philosophie endgültig zementieren; sie fand im Volk jedoch keinen Widerhall. Der Glaube ist immer noch stärker als jegliche Philosophie und Wissenschaft. Wohl diesem Umstand und der Tatsache, daß man metaphysischer Spekulationen überdrüssig wurde, ist es zuzuschreiben, daß der Tod in der zweiten Hälfte des 19. Jahrhunderts für die Philosophie thematisch an Bedeutung verlor. Vor allem aber setzte sich eine positivistisch-wissenschaftliche Grundhaltung durch, die von nun an die Führung übernahm, bis sie schließlich gegen Ende des 20. Jahrhunderts ihre eigenen Grenzen erreicht zu haben scheint. Der Tod ist »gestorben«; die neuen Glaubensverkünder wollen von ihm nichts mehr wissen. Die Medizin ist ihr Schild, der den Menschen vor dem Tod schützen soll. »Das zwanzigste Jahrhundert ist einfach zu beschäftigt, um sich viel mit den Problemen des Todes und des Jenseits abzugeben. Der Mann von Welt macht ein Testament, schließt eine Lebensversicherung ab und redet von seinem eigenen Tod in den dürftigsten Höflichkeitsfloskeln... Sowohl als drohendes Verhängnis wie als Gegenstand heftiger Meinungsverschiedenheiten ist der Tod praktisch tot«, so zitiert Choron (das. 224) einen zeitgenössischen Beobachter. Für eine Philosophie des Todes ist es eben entscheidend, »ob der Todesgedanke im epochalen Bewußtsein einer Zeit lebendig ist oder ob der Mensch sich so gibt, als sei er vom Tod nicht berührt« (R. Berlinger, ²1972, 128). Ein Denken, das so tut, als sei das Sein des Menschen vom Tod nicht berührt, verwirke den Tod. Der »verwirkte Tod« ist jener, der als Verfehlung des Seins betrachtet wird. »Das Sein bleibt so im Tod durch den Seienden unerfüllt.« Dies, so Berlinger, ist der Grund, daß das Todesbewußtsein in einer Epoche in dem Maße schwindet, als der Tod »denkend nicht mehr ergriffen wird, als er im Wissen eines Menschen zunichte geworden ist«. In diesem Prozeß der Auflösung des Todeswissens ist der Tod nicht mehr ein seinsbestimmendes Element des seienden Menschen. »Der zunichte gewordene Tod wird zum verwirkten Sein des Menschen.« Max Frisch schrieb in seinem »Tagebuch 1946–1949«, das Bewußtsein unserer Sterblichkeit sei ein köstliches Geschenk, »nicht die Sterblichkeit allein, die wir mit den Molchen teilen, sondern unser Bewußtsein davon; das macht unser Dasein erst menschlich, macht es zum Abenteuer«.

Damit ist eigentlich alles gesagt. Sollten oder wollten die Philosophen auf eine Erörterung des Todesproblems verzichten, so sind die Dichter, Schriftsteller und Künstler da, sie zu ersetzen. Doch gilt es zu bedenken, daß eine Philosophie, die sich nicht mehr um den Tod kümmert, auch über das Leben nichts mehr auszusagen weiß.

Vor allem gibt sie, wie Choron (das. 279) abschließend meint, »damit eines ihrer tiefsten Probleme preis, das seit unvordenklichen Zeiten die Menschen bedrückt, verwirrt und immer wieder heimgesucht hat«.

Der Tod in eine Stadt einreitend
Alfred Rethel, Zweites Blatt aus »Auch ein Totentanz aus dem Jahre 1848«, Holzschnitt

Todeserfahrung

Wir wissen nichts von diesem Hingehn, das
nicht mit uns teilt. Wir haben keinen Grund,
Bewunderung und Liebe oder Haß
dem Tod zu zeigen, den ein Maskenmund

tragischer Klage wunderlich entstellt.
Noch ist die Welt voll Rollen, die wir spielen.
Solange wir sorgen, ob wir auch gefielen,
spielt auch der Tod, obwohl er nicht gefällt.

Doch als du gingst, da brach in diese Bühne
ein Streifen Wirklichkeit durch jenen Spalt,
durch den du hingingst: Grün wirklicher Grüne,
wirklicher Sonnenschein, wirklicher Wald.

Wir spielten weiter. Bang und schwer Erlerntes
hersagend und Gebärden dann und wann
aufhebend; aber dein von uns entferntes,
aus unserem Stück entrücktes Dasein kann

uns manchmal überkommen, wie ein Wissen
von jener Wirklichkeit sich niedersenkend,
so daß wir eine Weile hingerissen
das Leben spielen, nicht an Beifall denkend.

*von Rainer Maria Rilke, aus: Werke in 3 Bänden, Bd. 1,
Insel Verlag, Frankfurt/Main 1966*

VIERTES BUCH

Sterben und Tod in Literatur und Kunst

Ritter, Tod und Teufel
Albrecht Dürer, 1513, Kupferstich
Graphische Sammlung der ETH Zürich

224

Liebe und Tod –
von der antiken Tragödie bis zum
klassischen Drama

Der Tod und das Sterblich-Sein des Menschen bilden seit dem Ursprung des Denkens das zentrale Thema von Philosophie und Theologie. In ebenso eindringlicher Weise beschäftigt sich aber auch der einzelne mit dieser Gewißheit seines Lebensschicksals. Nicht von ungefähr hat die Auseinandersetzung um Leben und Sterben, Dasein und Tod ihren Niederschlag in Literatur und Kunst gefunden. Dichter und Künstler besitzen bekanntlich ein besonders feines Sensorium für Phänomene, die sich unseren rationalen und wissenschaftlichen Bemühungen entziehen. Sie vermögen dem, was möglicherweise viele Menschen *empfinden*, sinnlich-wahrnehmbaren Ausdruck zu verleihen.

Wir werden von Literatur und Kunst keine neuen Erkenntnisse wissenschaftlicher Art über den Tod erwarten dürfen. Aber wir erhoffen von ihnen, daß sie uns das »Unaussprechliche« zumindest in einer gefühlsmäßigen Weise näherbringen. Das, was im Tod und nach dem Tod geschieht, entzieht sich allerdings nicht nur unserem *Wissen*, sondern auch unserer *Sprache*. Da Sterben und Tod aber zu den bedeutsamsten Themen menschlichen Fühlens und Denkens gehören, erstaunt es nicht, daß sie auch zentrales Thema von Literatur und Kunst sind. In Anlehnung an Schopenhauers Ausspruch, der Tod sei der eigentliche inspirierende Genius der Philosophie, meinte Thomas Mann, es würde auf Erden ohne den Tod schwerlich gedichtet werden. Da Sterben und Tod das Persönlichste des Menschen sind, prägen sie auch das Persönlichste, worin sich der Mensch offenbart, nämlich Kunst und Dichtung. Darauf hat bereits Walther Rehm hingewiesen (1928), und Gabriel Marcel bezeichnete einen Kritiker als »hirnlos«, der ihm vorwarf, er gebe in seinem Bühnenwerk dem Tod übermäßig viel Raum – »als ob man im Nachsinnen über die menschliche Situation jemals dessen Tragweite übertreiben könnte« (1964, 7).

In einem Gespräch mit Paul Ricoeur wies er darauf hin, die Rolle des Todes sei in seiner Dramatik »völlig erstrangig« (1970, 51). Die Vorwürfe, daß er der Krankheit und dem Tod einen viel zu großen Raum schenke, ließen ihn »schmunzeln«, da man diesen Themen schwerlich einen zu beträchtlichen Raum geben könne: »denn hier befinden wir uns im Herzen unserer Bestimmung und unseres Geheimnisses«.

Epos und Lyrik

Der Tod findet in antiken Mythen, Epen und lyrischen Dichtungen schon früh seinen literarischen Niederschlag. Aus der griechischen Antike muß Homer erwähnt werden, dessen »Odyssee« und »Ilias« den Todesgedanken in mannigfacher Form aufgreifen. Bemerkenswert ist, daß für Homer der Tod offensichtlich keineswegs das Ende menschlichen Daseins bedeutet, sondern lediglich den Übergang in ein Reich des Schattens. In den Hades, den Bereich des »Unsichtbaren«, entschwindet die »Psyche«, das leblose Abbild (eidolon) des Menschen, einem kraftlosen Rauch (Ilias) oder Schatten (Odyssee) gleich, mit identifizierbaren Umrissen. So erkennt Odysseus auf seiner Hadesfahrt unter solchen Schattenbildern seine Mutter Antikleia sowie Gefährten aus dem Trojanischen Krieg wieder. Auch die Psyche des Patroklos, die dem Achilles nachts erscheint, gleicht in jeder Hinsicht sinnlich-wahrnehmbar dem Verstorbenen. In der homerischen Welt ist jedoch das Reich der Toten öde und leer. Der Tod flößt Furcht und Mitleid ein. Achilles möchte lieber als Ackerknecht auf der Erde Lohndienst leisten, denn Herrscher über alle Abgeschiedenen sein.

> »Preise mir jetzt nicht tröstend den Tod, ruhmvoller Odysseus.
> Lieber möcht' ich fürwahr dem unbegüterten Meier,
> Der nur kümmerlich lebt, als Tagelöhner das Feld baun,
> Als die ganze Schar vermoderter Todten beherrschen.«

Für die homerische Welt zählt nur das Leben, das allerdings vergänglich ist. Die Geschlechter der Menschen sind, wie es im sechsten Gesang der Ilias heißt, wie Blätter im Wald, die heranwachsen oder vom Wind zerstreut werden.[1]

Ist bei Homer dank seiner Vorstellung von der Psyche eine Beziehung zum Reich des Todes hergestellt, so wird der Trennungsschmerz bei der großartigen Dichterin der Liebe, Sappho (um 625 v. Chr.), zum überwältigenden Gefühl – denn der Tod bedeutet das totale Nichts:

> »Wenn du stirbst, ist es aus.
> Späterhin fragt
> Keine Erinnerung,
> Keine Sehnsucht nach dir.
> Unscheinbar gehst
> Du in des Hades Haus
> Zu den Schatten hinab,
> Kraftlos wie sie
> Fliegst du hinweg, ein Nichts.«

In der griechischen Lyrik des 7. und 6. Jahrhunderts vor Christus steht das persönliche Empfinden des Dichters im Vordergrund, das gefühlsmäßige Erleben, ist von Liebe, Leiden, Leidenschaft, von Freude, Trauer, Schmerz und Tod die Rede. Es geht dem Lyriker nicht wie dem Epiker Homer um die Darstellung ruhmreicher Heldentaten vergangener Zeiten, sondern um das gegenwärtige, in seiner ganzen Fülle erfahrene Leben. Dabei spielt die Antinomie von Leben und Tod eine wesentliche Rolle, die Gegenüberstellung von jugendlicher Anmut, Vitalität und der Schwermut des Alterns. Das Motiv des »carpe diem« taucht auf[2], die Angst vor dem Altern, vor dem nahenden Tod:

> »Schon grau sind meine Schläfen
> Und altersschwach die Zähne,
> Es lichtet sich mein Haupt.
> Die holde Jugend schwindet,
> Des Lebens süße Freude
> Währt nur noch kurze Zeit.
> Es bangt mir vor dem Tode,
> Drum stöhne oft ich auf.«

So klagte Anakreon, gleichzeitig jedoch den heiteren Genuß von Wein, Weib und Gesang predigend:

> »Ich weiß nicht, ob die Haare
> Noch da sind oder nimmer;
> Doch eines weiß ich sicher:
> Des Lebens Lust genießen
> Darfst doppelt du im Alter,
> Je näher dir der Tod.«

Das Schicksal der griechischen Lyriker, unter ihnen viele weiblichen Geschlechts, läßt deren Ambivalenz dem Leben gegenüber unserem Verständnis näherrücken. In von Kriegen heimgesuchten Zeiten, auf der Flucht oder in der Verbannung entstanden ihre Elegien, Gedichte und Lieder. Zwei Epigramme Erinnas aus Telos besingen den Tod. Alkaios wäre zu nennen, dessen Liebes- und Trinklieder Horaz und Catull beeinflußten. Horst Rüdiger hat eine aufschlußreiche Einführung zur griechischen Lyrik geschrieben (1970), in der er unter anderem auf die Verknüpfung der Orpheus-Sage mit dem historisch faßbaren Beginn des Einzelgesanges auf Lesbos hinwies. Tatsächlich muß die griechische Lyrik im Zusammenhang mit der Entwicklung der abendländischen Musik gesehen werden. Sowohl Liebe wie Tod inspirieren nicht nur den Dichter, sondern auch den Sänger und die Musik. So hat denn Orpheus, der älteste Meister der Leier, die unterirdischen Götter so gerührt, daß sie ihm erlaubten, seine Gattin Eurydike, die Opfer eines Schlangenbisses geworden war, in das Leben zurückzuführen. Weil er sich aber nach ihr umschaute, als sie vom Hades an die Oberwelt zurückstiegen, obwohl ihm das verboten war, entglitt sie ihm auf ewig. In seiner Trauer verschmähte Orpheus fortan die Liebe anderer Frauen, so daß die Bacchantinnen ihn in rasender Wut in Stücke rissen und sein Haupt ins Meer warfen. Auf der Insel Lesbos wurde er an Land gespült; sein Mund begann durch die Kunst der dort heimischen Lyriker wieder zu sprechen. Unter ihnen, wie gesagt, die alle überstrahlende Sappho, »die reinste Lyrikerin aller Zeiten und Völker« (Rüdiger, das. 29). Bei ihr erweist sich die Liebe als *die* lebensstiftende Macht schlechthin. Ihr gelten die Lieder, Gesänge und Dichtungen, während beispielsweise bei dem den Frauen so ungnädig gesinnten Simonides das Lebensschicksal kaum Anlaß zur Freude ist:

>>Schwach ist die Macht des Menschen,
Nichts vermag er gegen die Sorge,
Sein kurzes Dasein ist Mühe um Mühe.
Unentrinnbar droht allen der Tod:
Gleichermaßen trifft er die Guten
Wie jeglichen Bösen.<<

Die Tragödie

Mit der Lyrik wurde, ohne daß sie einen sehr wesentlichen Einfluß auf die spätere Entwicklung der griechischen Tragödie hatte, immerhin der Weg für Tragödie und Komödie sowie zur philosophisch-literarischen Prosa freigelegt. Griechische Tragödie, Mysterienspiele des Mittelalters, Trauerspiele der Neuzeit: In der Tragik vermischen sich Trauer, Größe und Würde des Sterbens, Achtung vor dem Unabänderlichen, Kulmination des Seins im Tod.

Die Tragödie, deren Ursprung in der griechischen Antike im Dunkel liegt, war zunächst mit dem Kult um Dionysos verbunden, einem Gott aus dem thrakisch-phrygischen Raum. Der Begriff >>Tragödie<< und damit der Ausdruck >>Tragik<< verdankt seine Entstehung allerdings keinem >>tragischen<<, sondern einem durchaus >>formalen<< Umstand. Die Mitglieder des kultischen Chores waren als Böcke verkleidet. Das griechische >>tragodia<< ist eine Zusammensetzung aus tragos = Bock und odia = Gesang. Die Chöre sangen während der religiösen Festspiele ihre Lieder in Form der Dithyramben; später wurde ihnen ein Schauspieler beigesellt, und der Inhalt entfernte sich vom Kultlied zum Epos mit stark mythologischem Inhalt. Thespis soll dann die weitere Entwicklung der Tragödie durch Prolog und Botenbericht beeinflußt haben, so daß über den Weg eines Dialogs des Schauspielers mit dem Chor ein eigentliches Drama (von drao = handeln) entstand. Aischylos führte den zweiten und Sophokles schließlich den dritten Schauspieler ein. Leider sind uns von dem umfangreichen Werk der drei bedeutendsten Tragödiendichter Aischylos (525–452), Sophokles (496–406) und Euripides (480–406) nur wenige Werke erhalten. Aristoteles gab der Tragödie ihre Definition und sprach das Wesentliche über sie aus, wenn er sie in der Poetik als >>die Nachahmung einer edlen und abgeschlossenen Handlung von einer bestimmten Größe in gewählter Rede<< bezeichnete, in der >>mit Hilfe von Mitleid und Furcht eine Reinigung von eben derartigen Affekten bewerkstelligt wird<<. Der zweite Aspekt dieser Definition, die >>Reinigung<< (katharsis), wird bei Aristoteles nicht näher erläutert.

Sophokles war bereits über fünfzig Jahre alt, als er die >>Antigone<< schrieb, eines der ergreifendsten Werke der Antike, in dem die Todesproblematik dem Zuschauer in ihrer ganzen Unerbittlichkeit nähergebracht wird. Antigone, die Tochter des Ödipus, verstößt aufgrund ihrer liebenden Hingabe gegen die Staatsautorität: Sie vollzieht zunächst symbolhaft, dann real und herausfordernd die verbotene Bestattung ihres im Zweikampf gefallenen Bruders und wird von Kreon zum Tod verurteilt. Das Schicksal nimmt seinen Lauf. Antigone erhängt sich, eingemauert, mit ihrem Schleier; Haimon, Kreons Sohn und Antigones Geliebter, stürzt sich in sein Schwert, und auch Haimons Mutter Eurydike tötet sich.

Zwei große Problemkreise offenbaren sich in dieser Tragödie: das fluchbeladene Schicksal ganzer Geschlechter sowie die *innige Verbindung von Liebe und Tod.* »Antigone« ist im Grund die Fortsetzung der Ödipus-Sage. Als Ödipus, König von Theben, die grauenhafte Entdeckung gemacht hatte, daß er seinen Vater Laios getötet und seine eigene Mutter Iokaste geheiratet hatte, beging diese Selbstmord, während er sich blendete und seine Heimat verließ. Seine Herrschaft erbten die Söhne Eteokles und Polyneikes gemeinsam. Der alte Fluch wirkte jedoch fort: Im Kampf um Theben töteten sie sich gegenseitig, der eine als Angreifer, der andere als Verteidiger der Stadt. Der Verteidiger wurde mit allen Ehren begraben, dem Angreifer wurde dies verweigert, sosehr es auch seine Schwester Antigone um ihrer frommen Überzeugung und Liebe willen forderte. »Man ehrt nicht gleich den Edlen und den Schlechten« und »Nie, auch nicht, wenn er starb, lieb ich den Feind«, verkündet Kreon. »Nicht mitzuhassen, mitzulieben bin ich da«, antwortet ihm Antigone. Sie stellt die Liebe über die Staatsraison, akzeptiert den Tod als ihr Schicksal:

> »Meine Seele ist lange tot und steht im Dienste der Toten.«

»Antigone« ist eine Charaktertragödie. Der Chor bestätigt sowohl das Menschliche wie das Schicksalhafte: »Vieles Gewaltige lebt, und nichts, was gewaltiger als der Mensch.« Der Mensch ist also gewaltiger als das Schicksal. Aber er ist wiederum dem Staat verpflichtet: Die Treue steht über der Liebe.

> »Wem aber höher als sein Vaterland
> Die Freunde stehn, der ist für mich nichts wert.«

Diese Ideologie ist nicht jene Antigones. Die Liebe zu ihrem Bruder Polyneikes verleiht ihr die Kraft zur Würde, ihn auch im Tod zu ehren:

> »... ich begrab ihn.
> Und wenn ich sterbe, das ist schön.
> Geliebt bei dem Geliebten ruh' ich dann,
> Und fromm hab' ich gefrevelt. Länger muß ich
> den Untern als den Menschen hier gefallen.
> Dort ruh ich allezeit. Du, wenn du willst,
> Verachte, was den Göttern heilig ist.
> ...
> Was ich muß leiden, ist ein schöner Tod.«

Nicht nur besiegt hier Geschwisterliebe den Tod – mit all seiner Trauer, mit dem Schmerz der Trennung von dieser Welt, von Kreons Sohn Haimon und von ihrer Mutter Eurydike –, im Zwiegespräch mit ihrer Schwester Ismene wird der Tod auch zum *schönen* Tod. Antigone fühlt sich nicht als schlichte Frevlerin, nicht als Schuldige, sondern als ein Mensch, der *fromm* gefrevelt hat. Diese Frömmigkeit wird von der Überzeugung getragen, auch im Sinn der Götter, der Unsterblichkeit gehandelt zu haben. Den Göttern ist die Liebe heilig, die Zeit auf dieser Erde ist von kurzer Dauer, den »Unteren« muß sie länger gefallen. Damit setzt sich Antigone jedoch dem Unverständnis ihrer Zeitgenossen aus, deren Leben durch eine absolute Schicksalsergebenheit bzw. die Staatsraison bestimmt wird. Weder die Liebe zu Haimon noch die Liebe Eurydikes zu ihrer Tochter vermögen den Staatswillen zu brechen. Kreon ist unerbittlich, bis ihn sein Schicksal trifft. Hier liegt auch der sozialkritische Ansatz dieser Tragödie. Macht vermag letztlich nicht über die Liebe zu siegen. Dem frühgriechischen Tragödiendichter ging es nicht darum, sein Publikum durch ein billiges Happy-End beruhigt nach Hause zu schicken. Der Zweifel bleibt. Eine Liebe, aus der persönliches Schicksal und persönliche Schuld entstehen, führt sogar Kreon zu der resignierten Feststellung:

> »Wie von alters her dauert das Gesetz:
> Keines Menschen Leben erfüllt sich frei von Unheil.«

Persönliches Schicksal, ein *Geschick* von Gott, ist letztlich für das verantwortlich, was dem Menschen widerfährt:

> »Aus vorbestimmtem Los
> vermag kein Sterblicher sich zu befreien.«

Weniger tragisch endet das Schicksal der »Alkestis« von Euripides. Die Überlistung des Todes – der sowohl Liebestod wie Opfertod ist – durch die Gegenkräfte der Liebe und des Lebens ist Gegenstand des 438 v.Chr. uraufgeführten Dramas. Die Geschichte der Alkestis beruht auf einem Märchen. Apollons Sohn, Asklepios, gewandt in der Kunst der Totenerweckung, wurde von Zeus durch einen Blitz vernichtet; Apollon seinerseits zerstörte die Schmiede des Blitzes und mußte daraufhin für ein Jahr den Olymp verlassen. Als Knecht und Hirte bei König Admetos bewahrte er diesen vor einem frühzeitigen Tod, indem er die Moiren, die Schicksalsgöttinnen, überlistete und zu dem Versprechen zwang, Admetos an seinem Todestag zu verschonen, falls sich ein anderer für ihn opfern würde. Hier setzt die Tragödie ein. Der Todestag des Königs ist gekommen. Thanatos erscheint, um Alkestis abzuholen, die sich für ihren Gatten Admetos opfert. Apollon gelingt es nicht, den Tod der jungen Frau hinauszuzögern. »Ich töte, wen ich soll. Das ist mein Amt!« und »Die *jungen* Toten sind mein größter Ruhm«, erklärt ihm der als Opferpriester auftretende Todesgott. So wird das Opfer dargebracht, Alkestis stirbt. In einem titanischen Kampf gelingt es jedoch Herakles, die unterirdischen Götter zu besiegen, Alkestis zu rauben und wiederum ihrem Mann zurückzugeben. Doch bevor dies geschieht, werden Trauer und Ruhm beschworen:

Die sterbende Alkestis nimmt Abschied
Darstellung auf einer griechischen Vase aus
Apulien, Ende 4. Jahrhundert v.Chr.
Antikenmuseum Basel

»Kann eine Frau vollkommner sein als sie,
Die ihren Gatten ehrt mit ihrem Tod?...
Ihr Tod wird in der Welt gefeiert sein,
Die Sonne schien auf keine Edlere!«

Auch in »Alkestis« vermittelt Euripides die den Griechen so geläufigen Lebensweisheiten:

»Weißt du, wie 's mit den Menschendingen steht?
Ich glaube, kaum. Woher auch? Höre zu.
Auf alle Menschen wartet gleicher Tod,
Und keinen gibt es, der an diesem Tag
Schon weiß, ob er den nächsten noch erlebt.
Der Weg des Schicksals liegt in Finsternis.
Kein Kunstgriff, keine Rechnung hellt sie auf.
Hast solche Weisheit du von mir gelernt,
Sei heiter, trinke, rechne mit dem Tag,
Stell' alles andre dem Geschick anheim.
...
Wer sterblich ist, der denke Sterbliches!
Für all die ernsten Stirnerunzler bleibt
Das Leben – wenn du meinem Urteil traust –
Kein wahres Leben, nur ein Mißgeschick.«

Die griechischen Tragödien sind zeitlos. Nicht von ungefähr werden sie heute noch aufgeführt, wie sie auch zahlreiche Nachdichtungen und Neubearbeitungen erfahren (u.a. durch Bertolt Brecht, Jean Cocteau und Jean Anouilh). Das zentrale Thema bleibt die unpersönliche, weil vom Schicksal aufgezwungene Schuld sowie das bewußte Annehmen des Todes im Namen persönlich erlebter Liebe, die allen Anfeindungen standhält und – obwohl zum Tod führend – über den Tod siegt.
»Antigone« gilt als klassisches Beispiel für die Darstellungen der gewaltigen Auseinandersetzung zwischen den Kräften des Lebens und jenen der Vernichtung. Sie entspricht sowohl in Inhalt wie Form der aristotelischen Forderung nach »Größe« und »Katharsis«. Das Mitleiderregende, den Zuschauer »Reinigende« ist nicht einfach das Grauen und die Angst vor einem unfaßlichen Schicksal, sondern das große, aussichtslose Leiden. Der Tragödiendichter übernahm das »mystische Seheramt« (Muschg, [4]1969, 108) und schuf in Katastrophenzeiten neue Verkündungen. Muschg spricht von der »Ursituation« des Daseins, die riesig vergrößert wie in einem furchtbaren Traum erscheint oder wie im Denken des Kindes. Die Helden stehen in der Hand des Schicksals, um untergehend die Wahrheit zu erkennen. Die Auflehnung gegen das Schicksal bringt nichts; dessen Lauf ist unerbittlich. Was bleibt, ist die Klage, die Schicksalsergebenheit mit allen heute bekannten Verdrängungsversuchen. Fast zynisch muten Kreons Worte an:

»Wißt ihr, daß Klagelieder vor dem Tod
Niemals ein Ende fänden, wenn sie nützten?«

In den antiken Tragödien ist der Tod Schicksal; die Problematik von Schuld und
Geschick ist in einen unpersönlichen Rahmen gestellt. Den Protagonisten bleiben
Verzweiflung und Klage, aber auch die bedingungslose Hingabe an das ihnen von den
Göttern zugeteilte Schicksal. Der Zuschauer mag sich damit trösten, daß die Härte
und Grausamkeit, die Unerbittlichkeit des Schicksals ausschließlich die »Großen«
trifft. Offensichtlich mißt sich die Größe der Auseinandersetzung an der Größe der
Privilegierten dieser Welt: an Königen, Helden, Fürsten, Auserwählten. Das gemeine
Volk spielt nur Statistenrolle als Chor oder Boten. Dies hat sich weit in die moderne
Weltliteratur hinein erhalten, denken wir beispielsweise an Shakespeares Dramen oder
selbst an die »bürgerlichen« Trauerspiele der Dichter des »Sturm und Drang«, wenn
dort auch die gesellschaftlich relevante, klassenbewußte Auseinandersetzung offen-
sichtlicher im Vordergrund steht.

Die Thematik um Liebe und Tod beherrscht in allen Tragödien und Dramen, in
Trauerspielen und Opern immer wieder das Geschehen. Die Liebe hat sich der Staatsraison oder dem gesellschaftlichen Klassenbewußtsein zu opfern. Der Zwiespalt läßt
keine Lösung zu, so daß nur der Tod als unüberholbarer Ausweg offenbleibt. Der Tod
wird zur Utopie der Befreiung sowohl für den schicksalsverstrickten Helden wie auch
für die scheinbar unerschütterliche Staatsgewalt. Die Welt ist tragisch angelegt, das
Menschliche an sich tragisch.

In der Tragik der Antike ist der Tod unüberbrückbares Ende des Lebens. Das Reich
der Toten bietet keinen Ersatz für die gelebte Welt, keine Erlösung. Der Tod ist nicht
Vollendung, sondern Ende:

»O Grab, o Brautgemach, o unterirdisch
Gefängnis allezeit! Ich geh dahin
Zu all den Meinen, deren schon so viel
Persephone im Totenreich empfangen.
Und ich, die letzte, sterb am bittersten,
Eh' sich erfüllte meines Lebens Teil.«

klagt Antigone in ihrem Abschiedsgesang. Das Grab wird zum Brautgemach, die
Antigone versagte Erfüllung soll im Tod nachgeholt werden. Bezugnehmend auf diese
Stelle meint Kerényi, daß die Verbindung von Grab und Brautgemach durchaus dem
Brauch des damaligen Athen entsprach, »wo aus Marmor nachgebildete Gefäße für
das Brautpaar auf die Gräber gestellt wurden« (1971, 492).

Das Motiv von Liebe und Tod, von der Vereinigung der Liebenden im Begräbnis,
findet sich in vielfältigen Formen in späteren Dichtungen und Bühnenwerken wieder,
unter anderem bei Kleists »Käthchen von Heilbronn« (1863): »müßt auch ein Grab
nur, von acht Ellen Tiefe, ein Brautbett sein«.

Die Oper

Die griechische Mythologie lieferte nicht nur den Stoff für die antike Tragödie, sondern auch für das moderne Opernschaffen neuzeitlicher Komponisten. Die Oper ist die eigentliche Nachfolgerin der antiken Tragödie, schöpft ihre Dramatik zum Teil direkt aus ihr, zum Teil, wie etwa bei Richard Wagner, aus anderen Mythologien und zum Teil aus den Mysterienspielen des Mittelalters. Beispiele aus der Antike sind u.a. »Ariadne auf Naxos«, ein Melodrama von Georg Anton Benda (1775), als Oper von Richard Strauss unter dem gleichen Titel (1916) neu bearbeitet; von Richard Strauss stammen auch die Dionysosoper »Theseus«, die »Elektra« und »Daphne«. Bekannt wurden die Opern von Christoph Willibald Gluck »Orpheus und Eurydike« (1762), »Alceste« (1767), die beiden Iphigenien (»auf Aulis« und »auf Tauris«, 1774 bzw. 1778), der Goetheschen Fassung nahestehend. Die erste Oper überhaupt soll »Dafne« von Jacopo Peri (1594) gewesen sein. Ihr folgte »Euridice« von Peri und Giulio Caccini (1600). Beide Musikdramen erreichten jedoch die Bühne nicht, so daß allgemein Claudio Monteverdis »Orfeo« (1607) als erste aufgeführte Oper gilt.

Die Gestalt des Orpheus hat offensichtlich großen Anklang bei den Librettisten und Komponisten gefunden. Die zweite Oper von Luigi Rossi »Orfeo« (1647) war eine der ersten italienischen Opern, die in Frankreich aufgeführt wurden, eine Mischung von Komödie und Tragödie, Ballett und Spektakel; 1786 entstand »Orpheus og Euridice« von Johann Gottlieb Naumann, einem deutschen Komponisten, der für Kopenhagen die erste große Oper in dänischer Sprache schrieb. Eine Oper »Orpheus und Eurydike« stammt auch von Ernst Krenek, der 1930 im »Leben des Orest« die Antike in die Gegenwart zu übertragen versuchte, indem er Opernhaftes mit Jazz mischte. Zu den bekanntesten Werken um diese antike Liebes- und Todesgeschichte gehört wohl »Orpheus in der Unterwelt« (1858) von Jacques Offenbach, der auch »Die schöne Helena« (1864) als Operette auf die Bühne brachte, während das Opernballett »Orpheus« (1638) von Heinrich Schütz wie auch dessen »Dafne« von 1627 verlorengegangen sind. Zu nennen wären noch Georg Friedrich Händels »Xerxes« (1738), »Alkestis« (1923) von Egon Wellesz, Arthur Honeggers »Antigone« (1927) und der gleichzeitig entstandene »König Ödipus« von Igor Strawinski, ein szenisches Oratorium, auf einem Libretto von Jean Cocteau beruhend. »Orphée« von Strawinski (1948) und »Les Malheurs d'Orphée« (1926) von Darius Milhaud, eine Musik zur Orestie des Aischylos in der Übersetzung von Paul Claudel, vervollständigen mehr oder weniger die Aufzählung. Allerdings darf Hector Berlioz' »Die Trojaner« (1863) nicht vergessen werden und vor allem Carl Orffs Trilogie antiker Tragödien: »Ödipus der Tyrann«, nach Sophokles (1959), »Antigonä« (1947/48) in der Übertragung von Hölderlin sowie »Prometheus« (1967) im griechischen Originaltext des Aischylos. Von Luigi Dallapiccola, einem der ausgezeichnetsten italienischen Komponisten des 20. Jahrhunderts, der in seinem Stil Lyrismus und Zwölftontechnik verband, stammt die Oper »Ulisse« (eine vertonte Odyssee, inspiriert vom Geist Dantes), und von Hans Werner Henze »Die Bassariden« (1965), ein durch und durch mythologisch verstandenes

Werk. Othmar Schoeck hat Heinrich von Kleists »Penthesilea« als Opernwerk gestaltet.

Von Liebe und Tod handeln jedoch keineswegs nur Opern, die auf antiken Mythologien beruhen. Richard Wagner (1813–1883), dessen Person und Werk zu seinen Lebzeiten und bis heute wie die keines andern Komponisten in der Musikgeschichte umstritten waren und sind, wandte sich – in der Jugend von Ludwig Feuerbach und Arthur Schopenhauer beeinflußt und durch Atheismus und Antisemitismus geprägt – dem germanischen Sagenkreis zu. Auch bei ihm: Auseinandersetzung mit der bürgerlichen Gesellschaft, der er angehörte und die ihn immer zwiespältig beschäftigte (so nahm er beispielsweise an den revolutionären Konspirationen von 1849 teil, in deren Folge er sich nur durch Flucht der Verhaftung entziehen konnte), Kampf um künstlerische Anerkennung und Existenznöte, abwechslungsreiche und teilweise unglückliche Verhältnisse mit Frauen, steter Wohnsitzwechsel, der ihn u.a. nach Paris (seiner Traumstadt) und Zürich führte, um schließlich in Venedig zu enden. Bei alldem war Wagner keineswegs von christlichem Gedankengut unberührt geblieben. Seine Motive von Schuld und Erlösung sind die Kernstoffe der großen Opern, im besonderen des »Ring der Nibelungen«.

Doch auch darin immer wieder die Thematik um Liebe und Tod. Die letzte für Wagner zählende Vollkommenheit suchte er in der Ergänzung des männlichen durch das weibliche Element. »Siegfried« erreicht die höchste Stufe seines Menschendaseins erst im Liebesbund mit Brünnhilde, die aus ihrem Schlummer erwacht.

> Brünnhilde: Heil dir, Sonne!
> Heil dir, leuchtender Tag!
> Lang war mein Schlaf;
> ich bin erwacht.
> Wer ist der Held,
> der mich erweckt?
>
> Siegfried: Durch das Feuer drang ich,
> das den Fels umbrann;
> ich erbrach dir den festen Helm:
> Siegfried bin ich,
> der dich erweckt.

Doch sind die jubelnde Ekstase der Liebe, die »blühende Brunst«, die »schäumende Glut«, die »brennende Lohe«, das »zehrende Feuer« nicht problemlos. Brünnhilde fühlt sich vergewaltigt: »Erwache, sei mir ein Weib!« fordert Siegfried, aber Brünnhilde beschwört ihn: »O Siegfried! Siegfried! Sieh meine Angst!« Am Ende jedoch bricht höchster Liebesjubel aus ihr hervor, das Schicksal aber bereits herausfordernd, das sich dann in der »Götterdämmerung« erfüllen soll:

> »Zerreißt, ihr Nornen,
> das Runenseil!
> Götterdämm'rung,

dunkle herauf!
Nacht der Vernichtung
neble herein!
...
leuchtende Liebe,
lachender Tod!«

Mit dem gleichen Schlußgesang

»leuchtende Liebe,
lachender Tod«

endet »Siegfried«.

Erfüllung und Erlösung erfährt die Liebe zwischen Siegfried und Brünnhilde dann in der »Götterdämmerung«, dem letzten Stück der großen Nibelungen-Tetralogie. Nach Siegfrieds Tod durch das Schwert Hagens folgt zunächst als Orchesterzwischenspiel eine Trauermusik, die wohl zu den schönsten der Musikgeschichte zu zählen ist. Dann folgt das erlösende Feuer, der Scheiterhaufen, und Brünnhilde, die geläutert und verklärt ihr Pferd besteigt und sich mit ihm in die Glut stürzt, um mit ihrem Geliebten (in strahlendem Dur!) den gemeinsamen Liebestod zu sterben.

»Fühl meine Brust auch
wie sie entbrennt;
helles Feuer
das Herz mir erfaßt,
ihn zu umschlingen,
umschlossen von ihm,
in mächtiger Minne
vermählt ihm zu sein!
...
Siegfried! Siegfried! Sieh
selig grüßt dich dein Weib!«

Wagners Werk kreist um das Mysterium von Liebe und Tod, von Opfer, Selbstopfer und Erlösung. Er rührt an die »Urphänomene jeglicher menschlichen Existenz«, wobei dem Tod »meistens das Prädikat des Versöhnlichen anhaftet« (Kerner, das. 170). Nicht der chaotische Weltuntergang ist sein Thema, sondern die Erlösung – und nicht zuletzt deswegen machte ihm sein langjähriger Freund, Friedrich Nietzsche, den Vorwurf, Wagner habe sich mit seinem Spätwerk, dem »Parsifal«, endgültig dem christlichen Kreuz gebeugt.

Aber vorher kam noch »Tristan und Isolde«, woran Wagner bereits zur Zeit des Nibelungenrings gearbeitet hatte. Als Motiv für die Tondichtung diente ihm eine Sage keltischer Herkunft, um das Jahr 1210 von Gottfried von Straßburg in künstlerische Fassung gebracht. Persönlich wurde Wagner jedoch zweifellos durch seine Beschäftigung mit der Philosophie Schopenhauers, vor allem aber durch seine unglückliche Liebe zu Mathilde Wesendonck motiviert. In einem Brief Wagners vom 16. Dezember

1854 an Franz Liszt, mit dem ihn wohl die tiefste Freundschaft verband, heißt es: »Da ich nun aber doch im Leben nie das eigentliche Glück der Liebe genossen habe, so will ich diesem schönsten aller Träume noch ein Denkmal setzen, in dem von Anfang bis zum Ende diese Liebe sich einmal so recht sättigen soll: ich habe im Kopfe ›Tristan und Isolde‹ entworfen, die einfachste, aber vollblütigste musikalische Komposition; mit der schwarzen Flagge, die am Ende weht, will ich mich dann zudecken, um zu sterben.«

Tristan und Isolde glauben nur im Tod die ewig untrennbare Liebesverbundenheit erlangen zu können. Isolde, ursprünglich dem König Marke als Braut zugedacht, in Tristan zunächst den Mörder ihres früheren Verlobten erkennend, wurde durch ihre Magd getäuscht, die ihm und ihr statt des Todestrankes einen Liebestrank angeboten hatte. Dies führte schließlich zu Tristans Tod durch das Schwert, während Isolde im letzten Akt ihm im Liebestod nachfolgt.

> »So stürben wir,
> um ungetrennt,
> ewig einig
> ohne End',
> ohn' Erwachen,
> ohn' Erbangen,
> namenlos
> in Lieb umfangen,
> ganz uns selbst gegeben,
> der Liebe nur zu leben!«

Die Genialität Wagners auf musikalischem Gebiet ist unumstritten und richtungweisend für die zukünftige Entwicklung der Musik. Wagner, so schreibt Klaus Hoesch, »entblößt sich und greift den Hörer in seiner Gefühlswelt direkt an« (1979, 1081). Wagner verführt; dies mag Grund für Begeisterung oder Ablehnung seiner Opern sein. In »Tristan und Isolde« wird die Gefühlsintensität beinahe unerträglich. »Die sachliche Handlung ist fast nebensächlich und karg. Die wirkliche ›Actio‹ ist die Liebe in ihren weitesten Bereichen. Die Musik ist von einer bisher ungekannten Sinnlichkeit – gepaart mit einer alle Nerven aufpeitschenden Rhythmik –, die für manche Wagner-gegner zur musikalischen ›Sexualisierung‹ wird.«

Warum eigentlich nicht? Weshalb soll die Oper Sinnlichkeit und Sexualität aussparen, nachdem sie so zum Menschsein gehören wie Leben und Sterben? Die Liebe kann jedoch bei Wagner ihre letzte Erfüllung, ihre Erlösung und Auflösung nur im Tod finden. Klangliche Färbung und Rhythmik steigern sich zur überdeutlichen Darstellung von Sehnsucht, Liebe und Tod, wie sie später vielleicht nur noch in Richard Strauss' »Salome« übertroffen wird.

»Liebe und Tod« fanden im Opernschaffen eines anderen, im gleichen Jahr wie Wagner geborenen Komponisten ihren eher italienischen, gefühlsbetonten und das Volk direkter ansprechenden Ausdruck, im Werk von Giuseppe Verdi (1813–1901).

Auch bei ihm die Thematik von unerfüllbarer Liebe, von Liebesvereinigung im Tod, wo das Brautgemach zum Grabgemach wird wie beispielsweise in der »Aida«.

Während der monotone Priesterchor die Unabänderlichkeit des Schicksals verkündet, klingt der »Liebestod« von Aida und Radames in überwältigender vokalischer Gestaltung aus.

Radames: Es hat der Stein sich über mir geschlossen.
                 Vor mir seh ich mein Grab. Das Licht des Tages
                 Schau ich nicht mehr, schau nimmermehr Aida.
                 . . .

Aida: Ahnend im Herzen, daß man dich verdamme,
                 Hab in die Gruft, die man für dich bereitet,
                 Ich heimlich mich begeben,
                 Und hier, vor jedem Menschenaug' verborgen,
                 In deinen Armen sehn' ich mich zu sterben.
                 . . .

Aida und   Leb wohl, o Erde, o du Tal der Tränen,
Radames: Verwandelt ward der Freudentraum in Leid;
                 Es schließt der Himmel seine Pforten auf,
                 Und unser Sehnen schwinget sich empor
                 Zum Licht der Ewigkeit.

Weniger grausam, dafür mit mehr Sentimentalität beladen ist die »Traviata«, die ewig alte und ewig neue Geschichte der Kameliendame – jener legendären Marguerite Gautier des Alexandre Dumas, die in ihrem wirklichen Leben Alphonse de Plessis hieß, eine der wenigen »Kurtisanen mit Herz« war und zeitweise die Geliebte von Franz Liszt gewesen sein soll und im Alter von 23 Jahren starb. Bevor die Kameliendame in den Armen ihres Liebhabers Armand sanft entschläft, versöhnt sie sich noch mit dem Tod:

»Früher oder später muß die menschliche
Kreatur an dem sterben, wovon sie gelebt hat.
Ich habe von der Liebe gelebt, ich sterbe an ihr
. . .
Bin ich tot, wird alles rein sein,
was du von mir bewahrst; solange ich lebe,
gibt es immer einen Makel auf meiner Liebe . . .
. . .
Ich liege im Sterben, aber ich bin zugleich
glücklich und mein Glück verhüllt meinen Tod . . .
Ich versichere, es ist nicht schwer zu sterben.
. . .
Ach, wie wohl ist mir.«

Nicht zuletzt diese Sterbeszene war mit ein Grund, daß die Rolle der Kameliendame von fast allen großen Schauspielerinnen – von Sarah Bernhardt, Eleonore Duse, Käthe Dorsch und Edwige Feuillère bis zu Greta Garbo – gespielt wurde. Verdi übernahm das Thema für seine »Traviata«, die er zur großen Liebenden Violetta Valery gestaltete. Auch sie ist sterbend hin- und hergerissen zwischen Verzweiflung und hoffnungsvoller Vision:

> »... das dunkle Ziel ist nah,
> Ich hab es bald erreicht!
> Ach, mein Gott, so bald soll sterben ich,
> So jung von hinnen scheiden,
> Da ich dem Glück so nahe mich
> Jetzt seh nach so viel Leiden!
> ...
> Der wilde Schmerz, der mich durchwühlt,
> Läßt nach in mir! Das Leben kehrt wieder,
> Erfüllt mich mit wunderbarer Kraft! –
> Ja! – Gewiß – Ja! – Gewiß, ich werde leben!
> (sterbend) O Wonne!«

Weniger vom Text als von der musikalischen Bearbeitung her gehört »Il Trovatore« (»Der Troubadour«) von Verdi zu den ergreifendsten musikalischen Werken um Liebe und Tod. »In deines Kerkers tiefe Nacht soll meine Klage dringen«, singt Leonore vor dem Turm, in dessen Verlies der zum Tod verurteilte Manrico mit seiner angeblichen Mutter schmachtet, während als letzter Trost das Miserere erklingt. Immer wieder bricht aber das zentrale Motiv durch: die Überwindung des Todes durch die Liebe, die Vereinigung der Liebenden im Tod, der Opfertod für den Geliebten und schließlich der Tod selbst als die Rückkehr in die Heimat.

> »Kann ich für ihn nicht leben,
> Will sterben ich für ihn!
> Für ihn zu sterben, welche Seligkeit!
> O welche Lust, für ihn zu sterben!«

Aber auch der Graf Luna gäbe »freudig« sein Leben hin, wenn die Treue nicht die seine würde. Denn »tödlich sind verschmähter Liebe Schmerzen«. Und der Troubadour selbst, Manrico, gibt seiner Überzeugung in einer der schönsten Arien Ausdruck:

> »Im ew'gen Strahlenmeer,
> Dort trennt kein Tod uns mehr.«

Verdi mußte sich dem Vorwurf aussetzen, der »Troubadour« sei zu traurig und der Stoff zu blutrünstig. »Allein«, schrieb er an Clarina Maffei, »ist im Leben schließlich nicht alles Tod? Was bleibt noch übrig?«

Das Todesproblem bei Verdi beschränkt sich nicht auf die Sterbeszenen; es ergibt sich vielmehr aus der Einheit der Charaktere und des Handlungsgeschehens. Die

Antithetik Liebe – Tod sowie Leben – Tod (etwa in der Aida) läßt es nicht zu, die Untersuchung der Auseinandersetzung mit dem Tod bei Verdi auf jene Stellen zu beschränken, an denen der Tod unmittelbar in Erscheinung tritt und als Gipfel-Situation nicht fehlen darf. Der Tod vernichtet allen äußeren Schein. Nicht von ungefähr sind es die Frauengestalten in Verdis Opern, eine Luisa Miller, Leonore, Gilda und besonders Violetta, die den Typus des liebenden Weibes darstellen, das fähig ist und entschlossen, um seiner Liebe willen alles, selbst das Leben, zu opfern. Opfer bedeutet Entsagung und Heroismus. In »Forza del Destino« und in der »Aida« findet jedoch ein Bruch in der Todesauffassung statt, eine Ausweitung bis hin zur christlichen Vorstellung vom Tod als Eingang zu höherem Leben. Die Liebe siegt hier über den Tod und schwingt weiter; das religiöse Moment, das auch an anderen Stellen in Verdis Opern (beispielsweise das höchste Tragik bergende Ave Maria im Othello) vorkommt, schimmert hier deutlich durch. Der Tod wird zur Erhöhung des Lebens. Die Tragik löst sich auf in der über den Tod triumphierenden Liebe. Werden in Balladen, Epen und Gedichten die Liebe und der Tod besungen, ist die innere Anteil-nahme jedem einzelnen freigestellt. Anders verhält es sich mit den *Sterbeszenen auf der Bühne*, die immer schwer zu spielen sind, besonders dann, wenn sie den Zuschauer im Sinn der antiken Tragödie »kathartisch« mitreißen sollen. Häufig wird daraus eine Gratwanderung zwischen ergreifender Echtheit, Kitsch und Lächerlichkeit. Ihre Dar-stellung hängt einerseits von der Musik und andererseits von den Akteuren ab. Ein Beispiel hierfür ist Verdis Oper »Rigoletto«, wo Gilda in den Armen ihres Vaters stirbt, für ihren Verführer um Verzeihung betend. Die Szene ist von höchster Drama-tik, das Bühnenbild von wesentlicher Bedeutung. In der Gewitterszene verdichtet sich durch den Summchor der Tod Gildas zum tragischen Schicksal Rigolettos. Der Lie-besgesang der sterbenden Gilda, das Wiedererklingen des leichtfertigen herzoglichen Gesanges »la donna è mobile« aus dem düsteren Hintergrund setzen die ganze Tragik des vom Schicksal genarrten Hofnarren in Gang, geben aber auch der Tragik des Sterbens Ausdruck. Die Musik ist orkanartig mächtig geworden, sie verleiht dem Tod, den die unschuldige Tochter Rigolettos um ihrer Liebe willen erleidet, eine heroische Note.

In ganz anderer Weise dagegen gestaltet beispielsweise Claude Debussy musikalisch das Sterben. In seiner letzten Oper »Pelléas et Mélisande« wird der Tod zum »pianis-simo final«. Mélisande ist keine Heroine, sie spricht sterbend keine unsterblichen Worte, sie sagt nur: »Ouvrez la fenêtre.« Dann tritt der Todesengel an das Bett der Sterbenden, deren leises Atmen sich mit dem von draußen kommenden Wind ver-mischt. Die zerbrechliche Gestalt Mélisandes verdunstet bis zur Nichtmehr-Existenz. Es ist das große Schweigen Debussys. »Car l'espace lui-même est silence.«

Das Drama

Im Mittelalter war Musik die »prima practica«. Sie besaß den Vorrang gegenüber dem Wort, war Garant der Ordnung, wodurch das menschliche Schicksal als individuelles ausgeklammert blieb. Dagegen trat Monteverdi an. Für ihn galt die »secunda practica«, der Vorrang des Wortes, der Leidenschaften. War die »prima practica« sakral (Palestrina), so wurde sie mit Monteverdi profan. »L'orazione sia padrona della musica e non serva« – das Wort sei die Herrin der Musik und nicht deren Dienerin. Die Musik bekam den Sinn, die menschlichen Affekte zu erregen – ganz im Sinn der antiken Tragödie.

Die Frage mag offenbleiben, ob das Wort in der Oper oder im gesprochenen Drama größere Wirkung erzeugt. Generell kann sie vermutlich gar nicht beantwortet werden. Oper und Drama leben schließlich von der Aufführung auf der Bühne, das heißt von der Kunst der Regie, von der Kraft der Stimme, von der Komposition und vom Dramatiker – letztlich aber von der Offenheit des Zuschauers, von dessen Ergriffenheit und Aufnahmebereitschaft, von dessen Identifikationswünschen und -möglichkeiten. Und hier hat das Schauspiel gerade im Hinblick auf unser Thema von »Liebe und Tod« erheblich mehr Möglichkeiten als die Oper. Es kann uns beides näherbringen, nuancierter in der Darstellung und differenzierter in der psychologischen Ausgestaltung. Viele Bühnenwerke verdanken ihren Stoff wiederum antiken Tragödien-Motiven[3], andererseits aber, da mehr zeitbezogen als die Oper, auch Romanen, Erzählungen, Dichtungen jeglicher Zeiten. Bei »Abélard und Héloïse«, dem möglicherweise berühmtesten Liebespaar der Weltgeschichte, steht am Ende nicht der physische Tod, wohl aber die totale Destruktion der Geschlechtlichkeit. Antonin Artaud benutzte das Schicksal des frühscholastischen Theologen, Philosophen und Mönchs und seiner Geliebten – beide sind auf dem Friedhof Père-Lachaise in Paris begraben – zu einem Essay »Die Kunst und der Tod«. Die historisch belegte Liebesgeschichte, berühmt geworden durch den Briefwechsel zwischen der Nonne Héloïse und dem Mönch Abélard im 12. Jahrhundert, diente jedoch bereits Jean-Jacques Rousseau als Vorlage für seinen Roman »Julie ou la Nouvelle Héloïse« (1761). Bekannt ist auch die Sage von »Hero und Leander«, die bereits in einem Epos des 5. Jahrhunderts n. Chr. und später Ende des 16. Jahrhunderts ihre Darstellung fand. Hero, die Priesterin der Aphrodite, von ihrem Geliebten allnächtlich besucht, gab sich den Tod, als der Jüngling in einer Sturmnacht im Hellespont ertrank. Franz Grillparzer schuf daraus (1831) ein Drama: »Des Meeres und der Liebe Wellen«. Ein Niederschlag findet sich auch in dem bekannten Volkslied: »Es waren zwei Königskinder, die hatten einander so lieb, sie konnten zusammen nicht kommen, das Wasser war viel zu tief...«

Bei der »Kameliendame«, in »La Traviata« stehen die persönlichen Schicksale und die Konfrontation der Liebe mit gesellschaftlichen Vorurteilen im Vordergrund, aus denen offenbar nur der Tod als Ausweg bleibt. In andern Trauerspielen wird diese Dramatik noch gesteigert, indem der Tod nicht nur schicksalsmäßig der Auflösung (Lysis) zu Hilfe kommt, sondern als unmittelbare Folge des nichtanerkannten Liebesverhältnisses unausweichlich wird. Als Klassiker in dieser Hinsicht darf Friedrich Schillers »Kabale und Liebe« gelten, ein bürgerliches Trauerspiel, in dem die geistige Auseinandersetzung zwischen dem auftrotzenden, aber noch schwachen Bürgertum und dem verderbten, jedoch noch mächtigen Adel in den Tod der beiden Liebenden Luise Miller und Ferdinand von Walter mündet.

In »Kabale und Liebe« greifen gesellschaftliche Standesregeln mit Gewalt und Hinterlist (Kabale) in das Liebesverhältnis junger Menschen ein. Der schurkische Sekretär des mächtigsten Mannes im Herzogtum zwingt die Geliebte von dessen Sohn, nach seinem Diktat einen Brief zu schreiben, der dem Geliebten als »Beweis« ihrer Untreue in die Hände gespielt wird. In rasender Eifersucht vergiftet dieser (Ferdinand) seine Angebetete (Luise) und sich selbst. Ferdinand kämpft um seine persönliche Freiheit, um seine Liebe, um das, was er als Natur betrachtet, die vom Standesdünkel einer höfischen Gesellschaft vernichtend getroffen wird. An dieser Gesellschaft geht er zugrunde und mit ihm Luise, das bürgerliche Mädchen, das sich der Standesordnung unterwirft und sich mit der Vereinigung im Jenseits tröstet, »wo die Schranken des Unterschiedes einstürzen, von uns abspringen all die verhaßten Hülsen des Standes und Menschen nur Menschen sind«.

»Kabale und Liebe« ist ein revolutionäres Drama, in dem Schiller Liebe und Tod der politischen »Ordnung« unterstellt, die in nichts anderem als Kalkül und Willkür besteht. Bereits G.E. Lessing hatte in seiner »Emilia Galotti« dieses Problem aufge-griffen, wenn auch noch nicht mit der gleichen Schärfe und Konsequenz. Emilia Galotti, deren Verlobter auf der Reise zur Vermählung getötet wird, stirbt freiwillig durch den Dolchstoß ihres Vaters, um der Leidenschaft eines absolutistischen Fürsten zu entgehen. Der Tod der Protagonistin durch den Dolch ihres Vaters ist allerdings eher die Folge einer verinnerlichten Sittlichkeitsnorm als jene der Auseinandersetzung zwischen einem starrköpfigen bürgerlichen Vater und einem schurkischen Prinzen. Die Bewahrung der Jungfräulichkeit ist wichtiger als das irdische Leben, womit An-klänge an die Geschichte der römischen Virginia (nach Livius) offenbar werden.

Ganz im Stil der antiken Tragödie, im besonderen an Antigone erinnernd, wird die tragische Verknüpfung von Liebe und Tod als Folge der Staatsraison in Friedrich Hebbels »Agnes Bernauer« zur Darstellung gebracht. »Die Ordnung der Welt ist gestört«, ein Zustand herbeigeführt, »in dem nicht mehr nach Schuld und Unschuld, nur noch nach Ursach' und Wirkung gefragt werden kann!« Die »Ursache« für den Tod der Agnes Bernauer ist ihre Schönheit; Agnes und ihr herzoglicher Gemahl können ihrer Liebe nicht entsagen.

Für die Zeit der Romantik mit ihrer Todessehnsucht war das Thema »Tod und Liebe« zentral. Dies gilt in besonderem Maß auch für Heinrich von Kleist, dessen Werk zwischen Klassik und Romantik steht und der sowohl persönlich wie in seinem Werk den Todesgedanken nie loswerden konnte und schließlich auch sein Leben dementsprechend beendete. Gemeinsam mit seiner kranken Freundin Adolfine Hen-riette Vogel wählte er 1811 den Freitod.

Kleists »Todeslitanei«, seine Briefe sprechen, wovon er träumt: von einem Weib, von einem eigenen Haus, von Kindern, von der Bebauung eines Landgutes, aber auch

242

(oben)
Romeo und Julia
Tragödie von William Shakespeare
Foto Peter Schnetz, Basel

Kabale und Liebe
Tragödie von Friedrich Schiller
Foto Peter Schnetz, Basel

243

von Freiheit und Ruhm. In seinem Abschiedsbrief heißt es: »Der Himmel versagt mir den Ruhm, das größte der Güter der Erde; ich werfe ihm, wie ein eigensinniges Kind, alle übrigen hin… ich stürze mich in den Tod« (A. Sauer, 1973, 15). Die Liebe zu Henriette Vogel, die seine Todesgefährtin werden sollte, ist die gelebte Geschichte des »Käthchens von Heilbronn«. Die Todessehnsucht wird zur mystischen Raserei; Kleist kann Gott sein Leben, »das allerqualvollste, das je ein Mensch geführt hat«, danken, weil er es ihm »durch den wollüstigsten aller Tode vergütigt« (das. 31).

Der Tod als letzte symbolische Handlung stellt Kleist (nach W. Rehm, 1928, 443) neben Friedrich Hölderlin, »der sich nur in anderer Form entgrenzte, in die Nacht des Wahnsinns, nachdem sein ›Empedokles‹ den Tod zur Tat erhoben hatte. Der Liebestod wird zur Todüberwindung, oder wie Novalis sagte, zum ›Versöhnungstod‹.« »Empedokles« fordert den dionysischen Freitod, Nietzsche den vollbringenden Tod. Der Tod wird »zum Fest«. Der Tod wird zur Rückkehr zu sich selbst, zur Erlösung; Rehm spricht von einer »rauschhaft-pantheistischen Todeserotik« (das. 444).

Die Erwähnung der dramatischen Werke um Liebe und Tod muß naturgemäß in diesem Rahmen fragmentarisch bleiben. Unverzeihlich wäre es aber, nicht zuletzt wenigstens auf das klassischste Liebespaar der Theatergeschichte hinzuweisen, auf William Shakespeares »Romeo und Julia«.

> »Zwei Häuser in Verona, würdevoll,
> Wohin als Szene unser Spiel euch bannt,
> Erwecken neuen Streit aus altem Groll,
> Und Bürgerblut befleckt die Bürgerhand.
> Aus beider Feinde unheilvollem Schoß
> Entspringt ein Liebespaar, unsternbedroht,
> Und es begräbt – ein jämmerliches Los –
> Der Väter langgehegten Streit ihr Tod.«

Zwei Häuser, die verfeindeten Familien der Capulet und der Montague; die Liebenden, Romeo, Montagues Sohn, Julia, des Capulet Tochter; die heimliche Trauung, der Scheintod Julias, der Freitod Romeos, gefolgt wiederum von Julias selbstgewähltem Ende. Die Geschichte Romeos und Julias war ein beliebtes Thema im 15. und 16. Jahrhundert, für Shakespeare eine Möglichkeit, alle dramatischen Gestaltungsmöglichkeiten spielen zu lassen. Die Liebe, für einmal rein und makellos, abgesegnet durch die kirchliche (wenn auch heimliche) Trauung, die ihre letzte Erfüllung im Tod findet, in einem Tod, der alte Fehden schlichtet und die Trauer über den Haß siegen läßt. Der Liebestod erhält dadurch eine überindividuelle Dimension.

> »Denn niemals gab es ein so herbes Los,
> Als Juliens und ihres Romeos.«

Nicht die Handlung an sich hat diese Liebestragödie zur schönsten der Weltliteratur gemacht, sondern die unerhörte Liebesleidenschaft, von der Lessing sagte, sie habe an der Tragödie selbst mitgewirkt. Der lyrische Gehalt hat denn auch Opern und Ballette zur Folge gehabt, etwa von Berlioz, Gounod, Tschaikowski, Prokofieff und Sutermeister.

Der Tod in der mittelalterlichen und mittelhochdeutschen Dichtung: Tod als Vollendung

Einen neuen Aspekt erhielten Schuld und Schicksal im christlichen Mittelalter, wo der Tod deutlich Zeichencharakter hatte, indem er auf die Erlösung im Jenseits verwies, aber auch im Hinblick auf die Möglichkeit eines zweiten, ewigen Todes nach dem Absterben des Leibes relativiert wurde.

Als eigentliches Leben galt nicht das kurze, vergängliche und sterbliche Dasein auf dieser Welt, sondern die jenseitige Ewigkeit, verheißen durch die Erlösungstat Jesu Christi. Das endzeitliche Schicksal des Menschen folgte dem Schema von den vier letzten Dingen: Tod, Gericht, Himmel, Hölle. Das »Memento mori«, die »Inständigkeit des Gedankens an den Tod« – machtvoll gefördert durch die Reformabtei Cluny, die auch den Totengedenktag Allerseelen zu Beginn des 11. Jahrhunderts einführte – bekam eine ungeahnte Dringlichkeit. Das Sterben war im Mittelalter eine öffentliche Angelegenheit.

Dies war weitgehend Ausdruck einer Todeshaltung, die ihren Ursprung unter anderem auch in den germanischen Heldenliedern besitzt. Dort wurde gestorben im Sinn eines finsteren Geschicks – klaglos, im Kampf, wie beispielsweise Siegfried im Nibelungenlied, ohne Aussicht auf ein Jenseits. »Klagloses Sterben« darf jedoch nicht ohne weiteres dahin gedeutet werden, daß der Tod im Heldenepos der Germanen unwichtig gewesen sei, wenn sich auch in den germanischen Heldenliedern kaum Erwägungen über den Tod, Betrachtungen über Sinn oder Fragwürdigkeit des Sterbens finden. Der germanische Held, der Held der Nibelungen, offenbart das Todesgefühl seiner Kultur durch die Tat. Er lebt sein Todesverständnis, Held wird er erst im Tod. Rehm beschreibt die Einstellung des germanischen Recken als Todestrotz, Todeswille und Todesentschlossenheit. Der heldische Tod ist der ihm einzig gemäße Tod. Walhalla und ewiger Ruhm sind den sterbenden Helden sicher. Dadurch wird der Zwangtod zum Freitod. Das Hildebrandslied zeugt davon, ebenso das Nibelungenlied, in welchem sich in 2400 Strophen keine einzige Betrachtung über den Tod findet, dafür aber ein »Todesgefühl von größter Eindringlichkeit« (das. 17). Das Leben des Recken ist ein Weg zum Tod als einem würdigen Abschluß; nur durch den Tod kann er sich selbst verwirklichen und zur Vollendung kommen. »Wille zum Tod und Wille zum Ruhm verschmelzen ineinander. Aus dem Tod wächst Lebenserhöhung, und solch erhabenes Gefühl will ja auch das Heldenlied bei seinen Zuhörern erreichen.« Keine Spur von Gottesfurcht oder Lebensangst; Goethe bezeichnete das Nibelungenlied als »grundheidnisch«, trotz seines christlichen Gewandes, das ihm anhaftet. Doch darf nicht übersehen werden, daß auch eine ähnliche Stimmung dem Heldentod gegenüber bei den christlich gesinnten Edlen der Tafelrunde am Hof König Arthurs zu finden ist.

Der Tod war, wie gesagt, nicht wie heute aus dem Alltagsleben verbannt. Ein plötzlicher oder absurder Tod, ein heimlicher Tod ohne Zeugen oder Zeremonien galt als häßlich und gemein, als ein Fluch des Schicksals. Philippe Ariès meint, dies sei eine sehr alte Vorstellung, und erwähnt in diesem Zusammenhang Vergil (1980, 20).[4] Selbst Mord*opfer* galten als fluchbeladen – Fluch gleich Schuld – und führten zu Erörterungen darüber, ob sie christlich bestattet werden dürften. Wenn sich die Kirche auch zugunsten dieser armen Seelen entschied, so ist doch nicht zu übersehen, daß dem christlichen Todesverständnis die mittelalterliche Vorstellung näher liegt, wohlbereitet und getrost dem Tod entgegensehen zu können. In der katholischen Allerheiligenlitanei wird heute noch gebetet: »A subitanea et improvisa morte libera nos domine« (Herr, bewahre uns vor einem jähen und unvorhergesehenen Tode).

Diese Bitte steht in Zusammenhang mit der Furcht des Christen, den physischen Tod im Zustand der Sünde zu erleiden. »Amarae morti ne tradas nos« (überlaß uns nicht dem bitteren Tod), schrieb Notker im 9. Jahrhundert – dem bitteren Tod »in Sünde«. Die Gralsritter um König Arthur starben selbst im Kampf einen ruhigen Tod. Die germanischen Recken-Helden wurden in den Gesängen des 11. Jahrhunderts in Frankreich vom Ideal des asketischen Kreuzritters abgelöst. Das älteste Rolandslied wurde nach dem Rückzug Karls des Großen aus Spanien gesungen. Roland soll einer der zwölf Paladine gewesen sein, welche die Nachhut des Heeres Karls des Großen anführten, in einen Hinterhalt gerieten und nach heldenhaftem Kampf ihr Leben auf dem Schlachtfeld ließen. Selbst dort findet der Held Zeit zu einem ausführlichen Schuld- und Reuebekenntnis und für die Bitte, daß Gott ihm das Paradies verleihe.

> »Gott erbarme Dich! Vor Dir habe ich gesündigt
> mit großen und kleinen Sünden, die ich begangen
> habe seit der Stunde meiner Geburt bis zu diesem
> Tage, wo mich mein Ende erreicht.«

Dann folgt die commendatio animae, ein Gebet des Urchristentums, das die Seele Gott empfiehlt:

> »Wahrer Gott, der Du niemals gelogen hast, Du hast
> Lazarus vom Tode erweckt und Daniel von den
> Löwen gerettet. Rette auch meine Seele wegen
> der Sünden, die ich in meinem Leben beging.«

Das Sterben Rolands ist das Ende eines gottergebenen Helden, es ist ein Sterben als »miles Christi«, als Soldat des Herrn, im Kampf gegen die Heiden. Der Tod ist exemplarisch, ein ebenso großartiges Ereignis wie der vorhergehende Kampf gegen den Feind; er wird zelebriert, von langen Reden des tödlich Verwundeten begleitet, der an einsamem Ort Zwiesprache hält mit seinem Horn Oliphant und seinem Schwert Durndart. Selbst die Rechenschaft über seine kriegerischen Erfolge und Heidenbekeh-

Karl der Große trauert um Roland
Miniatur aus der Hohenemser Handschrift, 1290
Der Stricker: «Karl der Große»
Kantonsbibliothek Vadiana, St. Gallen

247

rungen fehlt nicht – er stirbt stilvoll, wie es sich für einen Ritter des Mittelalters gehört. Der Sterbende weiß um seinen Tod, er nimmt die »Regie seines Sterbens in die Hand«, er stirbt nach einem Ritual, grundsätzlich auf dem Boden, das Gesicht zum Himmel, das Haupt nach Osten gerichtet, die Hände über der Brust gekreuzt, mit Glaubens- und Sündenbekenntnis, testamentarischem Vermächtnis, »commendatio animae«, der Bitte um Verzeihung bei den Zurückgelassenen und der Aussicht, *zu* Gott hin erlöst zu werden. Alles dies läßt den Ritter in Ruhe dem Tod entgegensehen.

Es ist nicht erstaunlich, daß in Zeiten, da das Sterben, die Erlösung zu Gott hin als Belohnung für ein gutes und gottgefälliges Leben galt, auch an die Möglichkeit des *verweigerten Todes* als Sühne und Strafe Gottes gedacht wurde. So mußte der Grals- könig Anfortas sein Leben in ewiger Suche nach dem geheimnisvollen Gral »unsterb- lich« weiterleben, bis er seine Sühne geleistet hatte und erlöst wurde. Die Sage ist im »Parzival« Wolframs von Eschenbach beschrieben und enthält das Motiv des Leidens als Verweigerung des Todes. Ein ähnliches Motiv finden wir bereits in der Geschichte des »ewigen Juden«, Ahasvers, der dem das Kreuz tragenden Christus eine Ruhepause vor seinem Haus verweigerte und deshalb zur ewigen Ruhe- und Heimatlosigkeit verdammt wurde. Auch diese Sage entstand erst im Mittelalter. Der Vollständigkeit halber sei noch der »fliegende Holländer« erwähnt, die Geschichte eines Kapitäns, der sich vermessen hatte, das Kap der Guten Hoffnung bei heftigem Gegenwind zu umsegeln, und zur Strafe verdammt wurde, ewig erfolglos gegen Stürme zu fahren. Die Sage wurde später mit anderen Seemannssagen verflochten und im 19. Jahrhun- dert durch Heine und Wagner dichterisch und musikalisch mit dem Erlösungsmotiv bearbeitet.[5] Tod und Erlösung sind hier in Zusammenhang mit Verfehlung und Sühne gebracht. Parzival verkennt das Leiden des Anfortas, der fliegende Holländer bringt allen, die ihm begegnen, Unheil, und Ahasver wird gemieden. »Ich kann nicht ster- ben!« ruft Ahasver in einem Gedicht des Berner Deklamatoriums aus. »Ach! das furchtbarste Gericht hängt schreckenbrüllend ewig über mir.« Auch Lenau hat sich des Themas angenommen. Vergeblich zwingt Ahasver einen Jäger, auf ihn zu schie- ßen. Die Kugel prallt an seinem Leibe ab.

> »Den Jägersmann zu Boden wirft der Schrecken.
> An ihm vorüber rauscht der grause Alte,
> Den's weitertreibt umsonst, den Tod zu suchen.«[6]

Erst die höfische Literatur des hohen Mittelalters maß wiederum der Beziehung zwischen Liebe und Tod größere Bedeutung zu: fortis ut mors est amor – stark wie der Tod ist die Liebe. Im Minnesang[7] ist der Tod nicht mehr von so eindrücklicher Präsenz. Das Trauern wird zum Ausdruck einer den Tod überdauernden Liebe, die Liebe wird durch den Tod zur unio mystica. Im »Parzival« Wolfram von Eschenbachs stirbt Sigmunde den Minnetod, in Gottfried von Straßburgs »Tristan und Isolt« wird dieser gleichfalls besungen. Schließlich führt die zunehmende und von der Welt des 14. und 15. Jahrhunderts an der eigenen Wirklichkeit erfahrene Todesunmittelbarkeit zu neuen Erscheinungen, die auch in der Literatur ihren Niederschlag fanden. Die deutsche Mystik nimmt den Tod als asketische mortificatio in das Leben hinein: Die

Ahasver
Ferdinand Hodler, um 1886, Öl auf Leinwand
Stiftung Oskar Reinhart, Winterthur
Schweiz. Institut für Kunstwissenschaft, Zürich

Abtötung des Leibes wird zur Richtschnur mystischen, zumeist mönchischen Lebens. Hungernöte, Lebra, Pest führten dem Menschen des ausgehenden 14. Jahrhunderts täglich das Sterben vor Augen. Die »ars moriendi« feierte in unzähligen Sterbebüchlein des 15. Jahrhunderts Wiederauferstehung, nicht im Sinn Senecas, sondern als christliche Wegleitung, als Trost-, Buß- und Bittgebete. Die Zahl der dieser Zeitepoche zuzurechnenden Todesbücher ist Legion. Im Zentrum der an den Sterbenden gestellten Anforderungen standen Reue und Buße.

Immer mehr wurde der Tod jedoch in die Profankultur einbezogen und der religiösen Aussage beraubt. Zeugen davon sind vor allem die »Totentänze«, in denen sich die Beziehung zum Tod von der makabersten Seite zeigte. In einer Zeit, da innerhalb weniger Jahre Hunderttausende den schwarzen Tod starben, kam »die ohnehin leicht erregbare spätmittelalterliche Menschenmasse in unheimliche Bewegung« (Rehm, 1928, 76). Mit der Pest kam das »Teuflische, Niedrige« empor, worunter Rehm die erotischen Ausschweifungen, die Tanzwut und die verzweifelt gesteigerte Lebensfreude, die Geißlerfahrten, Kinderkreuzzüge, Judenverfolgungen versteht. Es ist fraglich, ob man heute in diesem Aufgewühltsein der damaligen Menschheit nur das Teuflische und Niedrige sehen kann, oder ob nicht gerade angesichts des alltäglichen Todes ein ungeheurer Lebensdrang sich regte, der schließlich seine Überspitzung im Hang zum Makabren und zur Angstlust fand – ein Phänomen, das wir heute wiederum in der Faszination erfahren, die von Horror-, Katastrophen- und Weltuntergangsfilmen ausgeht. Jedenfalls ging die ins Unheimliche gesteigerte Schreckensvision immer auch mit einer Verachtung des Gefürchteten einher. Der Tod wurde in Makabertänzen lächerlich gemacht, verhöhnt und dem Gespött preisgegeben. Im literarischen Bereich muß Johann von Saaz genannt werden, der 1399 das Streitgespräch vom »Ackermann aus Böhmen« schrieb. Es handelt vom Sinn von Leben und Tod und gilt als die größte Dichtung der deutschen Renaissance. In 33 Kapiteln werden das Streitgespräch zwischen dem Ackermann, der um seine Frau trauert, und dem Tod sowie das Urteil Gottes dargestellt:

> »Der Kläger klagt des Weibes Verlust,
> als wäre, ein Recht und Erbe, sie sein.
> und er vergißt: sie war nur Leben.
> Der Tod rühmt sich gewaltiger Herrschaft,
> auch er hat Herrschaft zu Lehen nur.
> Der eine klagt, was sein nicht ist,
> der andere prahlt mit Recht und Vollmacht,
> die ihm aus eigener Kraft nicht eignen. –«

Gott bezeugt den beiden Kontrahenten, daß sie nicht schlecht gefochten haben. Dem Kläger gesteht er die Ehre, dem Tod den Sieg zu.

> »... Und pflichtig bleibe
> der Mensch dem Tode mit seinem Leben,

250

> Der Erde schulde er seinen Leib,
> uns aber weihe er seine Seele.«

Äußerlich bleibt zwar der Tod Sieger. Das ungeheuerlich Neue an dieser Dichtung liegt aber in der bisher nie gekannten Herausforderung des Todes, in der Anklage und Zitierung vor ein Gericht, in der Beschimpfung und Verfluchung des Todes. Der Ackermann, dessen Stelle zweifellos der Dichter selbst einnimmt, sieht im Tod einen Verbrecher, einen raubenden, mordenden Unhold, einen Feind des Menschen, einen Feind aller Schöpfung und damit auch einen Feind Gottes. Walther Rehm sieht in diesem Werk ein Zeugnis der Abkehr vom mittelalterlichen Todesgedanken und Lebensgefühl zugunsten einer neuen Welthaltung und Weltwertung; er widmet ihm ein ganzes Kapitel seines Buches. Wenn auch vordergründig des Ackermanns persönliches Schicksal geschildert wird, so spricht dieser doch im Namen »einer Vielheit«, als »öffentlicher, gesamtmenschlicher Ankläger, ... um die Sache der Menschheit, der Natur, mehr noch die Sache Gottes zu führen gegen den Erzfeind, den Urzerstörer« (1928, 120). Der Tod ist somit nicht ein Richter Gottes oder der Sünde Sold wie im Mittelalter, sondern unerhörter Gegensatz zum Schöpfergott. Der Tod wird zum Teufel. Die zentrale Frage ist damit vorgegeben: ob dieser Tod eine selbständige Macht neben Gott darstelle und berechtigt sei, sein Werk ungerecht und launisch zu vollbringen. Der Tod ist vom Dichter ebenso kraftvoll gezeichnet wie der Ackermann. Kühl, ironisch, überlegen und klug, stets im »pluralis maiestatis« sprechend, weist er die Anschuldigungen des Klägers zurück. Er behauptet, nicht Zerstörer, sondern Erhalter göttlicher Weltordnung zu sein, gerecht, denn jeder Mensch sei des Sterbens schuldig. Das Leben ist um des Sterbens willen geschaffen, er selbst, der Tod, somit eine Naturnotwendigkeit und damit auch eine Lebensnotwendigkeit.

Das Entscheidende an diesem Werk, zwischen zwei Jahrhunderten in einer Zeit des Wandels geschrieben, liegt in der Abkehr von der Todesergebenheit des christlichen Mittelalters und vom Todesfanatismus heidnischer, wenn auch bereits christlich verbrämter Heldenepen. Es ist keine Kampfansage an einen Gott, der den Tod in seinen Schöpfungsplan einbezogen hat. Gott steht *über* dem Leben und Sterben; beide stehen in seinem Dienst. Nur so kann er als oberster Richter angerufen werden, nur so kann der Tod in seine Schranken gewiesen, der Ackermann aber auch getröstet werden. In dieser Tröstung geht ihm auf, daß zwar das geleibte Leben nicht wiedererstehen kann, daß sein junges Weib leibhaftig für ihn verloren ist, daß sie aber immer noch *da* ist:

> »Ist sie mir leiblich tot,
> in meiner gedächtnisse lebet sie mir doch immer.«

Es ist der Sieg der Liebe über den Tod, der aus diesen Worten spricht. Der Tod als Furcht und Schrecken, als Geißel der Menschheit hat ausgedient – was durchaus der Auffassung des aufkeimenden Humanitätsideals entspricht.

Renaissance und Reformation gaben fortan dem Todesgedanken neue Impulse. So wie beim Ackermann letztlich das Gottvertrauen zur Überwindung des Todes führte, soll der Tod nicht mehr die Ausweglosigkeit menschlicher Existenz anzeigen. Das

252

(links)
Reitender Tod mit Bogen und Tod mit Sense
Holzschnitt in Johann von Saaz' «Der Acker-
mann aus Böhmen», Bamberg 1461

Jedermann
Inszenierung von Ernst Haeussermann bei den
Salzburger Festspielen 1984
Foto Weber, Salzburg

Leben in dieser Welt gehört in der Geschichte aus Böhmen dem Menschen, der Leib der Erde, die Seele Gott. Nun wird das Göttliche auch im Irdischen erkannt. Im Gegensatz zur asketischen Selbstverachtung und Selbsterniedrigung, zur mystischen Todesliebe und Todessehnsucht wird erkannt, daß auch der Leib und die Schönheit Würde verleihen.

In gleichem Maß wird die Literatur im gesamten christlichen Raum geprägt. Die Frage wird bedeutsam, *wie* Gott, der Gerechte und Richter, die Güter dem Menschen verteilt, wie dann der Mensch seine Gaben nutzt und welches Schicksal ihm Gott im zweiten Leben zuteilen wird. Zwei Werke verdienen hier besondere Erwähnung: »Das große Welttheater« Calderóns und Hugo von Hofmannsthals »Jedermann«.

Pedro Calderón de la Barca (1600–1681) schrieb neben Komödien vor allem sogenannte »Auto-sacramentales«, Fronleichnamsspiele, die in ihrer Art eine Mischung von mittelalterlichem Schauspiel, Mysterien und Moralitäten darstellten. Das allegorische »Große Welttheater« war zudem von der zeitgenössischen Theologie, besonders von Augustin und Thomas von Aquin, beeinflußt. Das Stück gab nicht nur dem Gedanken Fleisch und Blut, daß das Leben eine Komödie, ein Traum und Schatten sowie Vorbereitung auf das wahre ewige Leben sei. Es vereinigte vielmehr auch das allegorisch-deutende mit einem sozialkritischen Element. Der Bettler wird letztlich vom Meister aufgenommen, der Landmann, der Weise, sogar nach einigem Zögern der König und die Schönheit, nicht aber der Reiche. Das Kind geht sowohl der Glückseligkeit wie der Strafe verlustig:

> »Weil allzuwenig
> Du gerungen. Nicht belohnen
> Noch bestrafen kann ich dich;
> Schuldlos, doch in Schuld geboren,
> Bleibt dir Lohn und Strafe fremd.«

Doch tröstend verkündet am Schluß die Welt:

> »Und da dies ganze Leben
> Eben nur ein Schauspiel vorstellt,
> Oh, so werde dem wie jenem
> Nachsicht hier wie dort zum Lohne!«

Eine Nachschöpfung des spätmittelalterlichen »Jedermann« verdanken wir Hugo von Hofmannsthal (1874–1929). Es ist das Drama jenes Mannes, der wie »jedermann« leichtsinnig in den Tag hinein und nur seinem Vergnügen lebt, bis mitten in einem Fest der Tod an ihn herantritt. Erkennend, daß er sein Leben vertan und alles, was für ihn Gültigkeit hatte – Freundschaft, Buhlschaft, Reichtum – ihn verläßt, entkommt er nur dank seinen kümmerlichen guten Werken dem Teufel.

> »Nun hat er vollendet das Menschenlos,
> Tritt vor den Richter nackt und bloß,
> Und seine Werke allein,
> Die werden ihm Beistand und Fürsprache sein.«

Im »Jedermann« wird somit, entgegen lutherischer und calvinistischer Auffassung, das »gute Werk« für das spätere Schicksal des einzelnen verantwortlich gemacht. Der Mensch ist nicht hilf- und hoffnungslos dem Geschick nach seinem Tod ausgeliefert, sondern wesentlich selbst dafür verantwortlich.

»Sturm und Drang«

Durchaus christliche Gedankengänge finden sich auch bei den Dichtern und Dramatikern der Romantik, die ihre Themen gern antiken, altgermanischen und mittelalterlichen Stoffen entnahmen.

Bereits mit Shakespeare (1564–1616) war der Genius der griechischen Tragödie zurückgekehrt. Das Kultische und Schicksalhafte wurde bei ihm zur persönlichen Tragik des einzelnen. Machtgier, Ehrgeiz, Liebe, Eifersucht, Rache, Menschenverachtung, Verzweiflung und Wahnsinn, das Abgründige der Menschenseele, die Verhaftung des Guten mit dem Bösen, des Gemeinen wie des Heiligen wurden von ihm mit beispielloser »Seelenmalerei« aufgedeckt (Muschg, ⁴1969, 37). Die »Helden« der Tragödien schweben zwischen Wirklichkeit und Traum, zwischen Wirklichkeit und Wahn. Bei Shakespeare geht es um die Selbstbetrachtung des Menschen. Hamlet, der melancholische und paranoide Dänenprinz, ist ein »Gefangener seiner Innerlichkeit und seiner Ahnungen«, der Königsmörder Macbeth ist ein unsicherer, von Ehrgeiz und Halluzinationen von Mord zu Mord gejagter Mann.

Hamlet stirbt mit dem berühmten Ausspruch: »Der Rest ist Schweigen«, und der Schottenkönig Macbeth »schied geehrt und zahlte seine Zeche«. In Shakespeares Dramen ist der Tod zumeist, wenn nicht gar immer gewaltsam. Schwert und Henkersbeil oder Gift lassen keine »Freiheit zum Tode« zu. So ist denn auch das Sterben nie friedfertig, eigener Entscheidung zugelassen, nie Vollendung. Der Tod der Heldenfiguren ergreift den Zuschauer nicht als Phänomen des Sterbens an sich, sondern lediglich als die vernichtende, mit Schuld verstrickte Macht schicksalsverwobener Intrigen und Kämpfe. Selbst in der Totengräber-Szene, in der Hamlet den großen Alexander und Caesar als zu Staub, Erde und Lehm Gewordene verspottet, mit denen man »ein Bierfaß stopfen« könnte, oder in den »Sonetten« (XXXII: »Da meinen Leib der Rohling Tod ergreift«) finden sich bei Shakespeare kaum tiefgründige Gedanken über den Tod. Der Mensch ist nur »ein Narr des Todes« (»Maß für Maß«), der durch die Flucht ihm zu entgehen strebt und dadurch ihm ewig zurennt. Trotzdem ist nicht zu übersehen, wie gerade bei Shakespeare Tod, Schlaf und Traumwelt ineinander verwoben sind. »Sterben – Schlafen – Nichts weiter!« läßt er Hamlet ausrufen –

> »und zu wissen, daß ein Schlaf
> Das Herzweh und die tausend Stöße endet,
> Die unseres Fleisches Erbteil – 's ist ein Ziel,
> Aufs innigste zu wünschen. Sterben – schlafen –

Schlafen! Vielleicht auch träumen! ja, da liegt's:
Was in dem Schlaf für Träume kommen mögen,
Wenn wir den Drang des Ird'schen abgeschüttelt.«

Immerhin verdanken wir Shakespeare den Ausspruch: »Reif sein ist alles«, der dem Todesempfinden des Barock Ausdruck verleiht. Reife ist ein dem Tod Entgegenwachsen, Lebensreife und Todesreife fallen zusammen, denn der Tod ist nicht endgültige Vernichtung, sondern Überwindung des Irdischen, somit schöpferische Wandlung. Selbst dort, wo bei Shakespeare wie im »König Johann« das Todesgefühl und die Todessehnsucht ins scheinbar Ironische, Burleske und Abscheuliche gezogen werden, handelt es sich um eine »tiefe und ernste Auseinandersetzung« (Rehm, das. 238).

»O liebenswürdiger holder Tod!
Balsamischer Gestank! Gesunde Fäulnis!
Steig auf aus deinem Lager ew'ger Nacht,
Du Haß und Schrecken der Zufriedenheit,
So will ich küssen Dein verhaßt Gebein,
In deiner Augen Höhlung meine stecken,
Um meine Finger deine Würmer ringeln,
Mit eklem Staub dies Tor des Odems stopfen,
Und will ein grauser Leichnam sein wie Du.
Komm grins' mich an! Ich denke dann, du lächelst,
Und herze dich als Weib. Des Elends Buhle,
So komm zu mir!«

Mit Shakespeare kehrte also »der Genius der Tragödie« zurück. Es gab jedoch nicht mehr wie in der Antike ein kultisches Theater und einen nationalen Mythos, nicht mehr die göttlichen, dämonischen und heroischen Gestalten als Personifikationen des Übersinnlichen, sondern »nur noch die leidenschaftliche Seele des einzelnen«; der Kampf mit den Dämonen ist nach innen verlegt worden. Neben Hamlet, dem neuzeitlichen Muttermörder, wirkt – so Walter Muschg – Orest als ein »Held ohne Antlitz«, weil er nicht von persönlichen, sondern von typischen Konflikten getrieben wird. Die Größe der antiken Tragödie war das Maskenhafte, jene Shakespeares die Selbstbetrachtung des Menschen, mit anderen Worten: die nun erst in das Geschehen eingebrachte Psychologie.

Shakespeares Einfluß auf die Tragödien des deutschen Sturm und Drang ist nicht zu übersehen. Herder nannte Shakespeare den »Dolmetscher der Natur in all ihren Zungen«, und Goethe verglich ihn mit Prometheus, »in kolossalischer Größe« (W. Muschg, 41969, 37). In den Tragödien des deutschen Sturm und Drang ist der Konflikt des (sterbenden) Helden immer eingebettet in die Schilderung der Zeit, getragen von der Vorstellung Herders, daß das Volkstum unmittelbar der eigentliche Urgrund des Künstlerischen sei. Die Tragödie des »Götz von Berlichingen« ist die Tragödie der Freiheit, »der Freiheit des reinen, starken Menschen in der verderbten Gesellschaft« (Rinsum und Rinsum, 41968, 110). »Meine Stunde ist gekommen«, sagt

Götz im Kerker in seiner Sterbestunde, »meine Wurzeln sind abgehauen.« Die Welt ist eigensüchtig geworden, aber der Sterberuf des Götz ist: »Freiheit! Freiheit!«

Die Forderung Rousseaus, »Zurück zur Natur«, wurde als vernichtende Antwort auf die selbstgefällige fortschrittsgläubige Kultur des 18. Jahrhunderts gefeiert. Der Ursprung wahrer Dichtung sei nicht der Verstand, sondern der Sturm der Empfindungen. Das Gefühl sei mehr als die Vernunft. Johann Gottfried Herder nahm Rousseaus Ideen auf. Die Welt lasse sich nicht mit dem Verstand erkennen, sondern nur erleben, mit dem Herzen erfahren. Die wahre Natur des Menschen zeige sich in den Leidenschaften, die Seele des Volkes offenbare sich in den Volksliedern. Dem neuen Dichter-Ideal entsprach Shakespeare, den Herder als Urbild des Genies betrachtete, aber auch Johann Wolfgang Goethe, der »dämonische Dichter«, wie ihn Walter Muschg nennt. Liebe und Tod finden sich in allen Werken, naturverbunden, leidenschaftlich, großartig. Auch tiefstes Leid gehört, wie die überschäumende Freude, zum Ganzen der Lebenserfahrung. Die Grenzen der Konvention wurden überschritten, »Prometheus« entstand, ein »Revolutionsgedicht«. Das Weltbild wurde pantheistisch – Göttlichkeit war in die Welt eingegangen. Daß diese ins Titanische reichende Weltanschauung, die im »Faust« ihren Höhepunkt erreichte, auch ihre Schattenseite besaß, wurde Goethe schon früh schmerzlich bewußt. »Götz von Berlichingen«, der kraftvolle und selbstherrliche Haudegen, zerbricht an der Gesellschaft. »Egmont« ist eine Schicksalstragödie, ein Drama, das den Triumph des Genies über die Politik verherrlicht. Auch Egmonts Tod gilt der Freiheit. »Auch ich schreite einem ehrenvollen Tod aus diesem Kerker entgegen; ich sterbe für die Freiheit, für die ich lebte und focht und der ich mich jetzt leidend opfere.« Vor seinem Tod noch beruhigt er seinen Freund: »Ich höre auf zu leben; aber ich habe gelebt. So leb auch du, mein Freund, gern und mit Lust, und scheue den Tod nicht.«

Noch besser als in den Dramen kommt Goethes Auseinandersetzung mit dem Tod in den »Leiden des jungen Werther« zur Darstellung, jenem Liebesroman mit tragischem Ausgang, der eine ungeheure Wirkung ausübte und eine Reihe von Selbstmorden auslöste. Der Weltschmerz wurde zum zeitgemäßen Verhalten, die Verzweiflung Werthers am Dasein zum Paradigma des sinnentleerten Lebens.

»Es hat sich vor meiner Seele wie ein Vorhang weggezogen, und der Schauplatz des unendlichen Lebens verwandelt sich vor mir in den Abgrund des ewig offenen Grabs. Kannst du sagen: *Das ist!* da alles vorüber geht? da alles mit der Wetterschnelle vorüberrollt, so selten die ganze Kraft seines Daseins ausdauert, ach! in den Strom fortgerissen, untergetaucht und an Felsen geschmettert wird? Da ist kein Augenblick, der nicht dich verzehrte und die Deinigen um dich her...«

Mit der Weisheit des Alters trat bei Goethe auch eine Veränderung seines Verhältnisses zum Tod ein. Immer mehr suchte er Zuflucht bei der »Überzeugung, daß unser Geist ein Wesen ist ganz unzerstörbarer Natur«, ein »Fortwirkendes von Ewigkeit zu Ewigkeit«. Der menschliche Geist sei der Sonne ähnlich, »die bloß unseren irdischen Augen unterzugehen scheint, die aber nie untergeht, sondern unaufhörlich leuchtet«. Kein Sarg könne ihm imponieren, kein tüchtiger Mensch lasse seiner Brust den Glauben an die Unsterblichkeit rauben. In den »Gesprächen mit Eckermann« meinte er, ihn lasse der Gedanke an den Tod in völliger Ruhe, auch wenn es nicht fehlen könne, daß einer mit 75 Jahren »mitunter an den Tod denke«. Er möchte keineswegs das Glück entbehren, an eine künftige Fortdauer zu glauben; vielmehr wünsche er sich, mit Lorenzo von Medici sagen zu können, daß alle diejenigen »auch für dieses Leben tot sind, die kein anderes hoffen«.

Es wäre allerdings verfehlt, in diesem Zukunftsglauben Goethes ein religiöses Bekenntnis sehen zu wollen. Der Dichter hat keine Zweifel daran gelassen, daß der christliche Totenkult und Auferstehungsglaube für ihn keine Gültigkeit besaßen.

Wesentlich »christlicher« erscheinen die Dramen Schillers, obwohl auch dort die Sterbensstile auf der Bühne in verschiedenster Weise dargestellt sind. Tod und Freiheit, aber auch schicksalsmäßige Schuld sind die herausragenden Themen.

In Schillers »Maria Stuart« steht die Verbindung von Sünde und Strafe im Mittelpunkt der Todesproblematik:

> »Gott würdigt nicht, durch diesen unverdienten Tod
> Die frühe schwere Blutschuld abzubüßen«,

sagt Maria, und der Beichtvater tröstet sie, denn die Schwächen der Sterblichkeit folgen dem seligen Geist nicht in die Verklärung nach:

> »Und wie du jetzt dich in dem ird'schen Leib
> Geheimnisvoll mit deinem Gott verbunden,
> So wirst du dort in seinem Freudenreich,
> Wo keine Schuld mehr sein wird und kein Weinen,
> Ein schön verklärter Engel, dich
> Auf ewig mit dem Göttlichen vereinen.«

In den Tragödien des deutschen »Sturm und Drang« ist der Tod jedoch keineswegs durchgehend »christliches« Erbgut, sondern immer in den Konflikt des (sterbenden) Helden mit seiner Zeit eingebettet. Die Tragödie wird zum Drama der Freiheit.

Romantische Todessehnsucht

Walter Rehm hat sich eingehend mit der Wechselbeziehung zwischen Dichtkunst und Todeskult bei Novalis, Hölderlin und Rilke auseinandergesetzt (1976). In der Romantik ist die Dichtung mit Liebe und Tod untrennbar verbunden; sie nährt sich daraus. »Überall läßt sich in der romantischen Dichtung der leise, nie verstummende innere Ruf in die Heimat, nach Hause, zur Urversammlung vernehmen, überall ist die geheime, nie zu stillende Sehnsucht, das unbeschreibliche Heimweh nicht nur nach Gärten und Bergen der realen Heimat zu spüren, sondern nach einer viel ferneren, tieferen Heimat... es ist ein Heimweh, das sich zum Heimweh ohne Heimat, zur labyrinthischen Selbstquälerei steigert, das zur tiefen Wehmut anwächst, die einen wahnsinnig machen kann . . .« Novalis ist der Verkünder der Liebe, der Krankheit und des Todes. Die Todesverbundenheit und Todesliebe des romantischen Dichters leiten sich von der Erhebung des Menschen über sich selbst her, von dessen Selbstüberschreitung ins Jenseitig-Künftige; insofern ist der Poet »transzendentaler Arzt« (Novalis). Nach der Überzeugung von Novalis sind Sterblichkeit und Wandelbarkeit ein Vorzug höherer Naturen. Der Geist selbst ist Vergänglichkeit. Der Übergang aus der wirklichen Welt in den als Geheimniszustand begriffenen Tod und in die Tiefe, in ein neues ewiges Leben wird durch den Dichter verherrlicht. Bereits bei Herder finden wie die »Sehnsucht nach Ruhe und Tod« und den Tod als Erlöser in »Des Einsamen Klage«:

> »Ich steh' allein! mein dunkles Seyn
> Hell macht der Hoffnung Morgenrot;
> Nur deine Fackel, holder Tod,
> Mir strahlt mit wildem Schein.
> Wo weilest du? bring mich zur Ruh!
> Komm, führ mich in dein stilles Land,
> Und schließe mir mit sanfter Hand
> Die trüben Augen zu.«

Herder, Novalis, Kleist, aber auch Goethe und Hölderlin sowie die Philosophen der Einsamkeit, Schopenhauer und Nietzsche, erlebten die Macht des Todes, am intensivsten vielleicht Rilke im Stundenbuch:

> »O Herr, gib jedem seinen eignen Tod.
> Das Sterben, das aus jenem Leben geht,
> darin er Liebe hatte, Sinn und Not.
> Denn wir sind nur die Schale und das Blatt.
> Der grosse Tod, den jeder in sich hat,
> das ist die Frucht, um die sich alles dreht.
> Herr: Wir sind ärmer denn die armen Tiere,
> die ihres Todes enden, wenn auch blind,
> weil wir noch alle ungestorben sind.«

»Wir haben keinen Grund, Bewunderung und Liebe oder Haß dem Tod zu zeigen«, heißt es in Rilkes Gedicht »Todeserfahrung«, und Hölderlin schrieb eine »Hymne an die Unsterblichkeit«:

> »... Aber nein, so wahr die Seele lebet,
> Und ein Gott im Himmel oben ist,
> Und ein Richter, dem die Hölle bebet,
> Nein, Unsterblichkeit, du bist, du bist!
> Mögen Spötter ihrer Schlangenzungen,
> Zweifler ihres Flattersinns sich freun,
> Der Unsterblichkeit Begeisterungen
> kann die freche Lüge nicht entweihn.«

Novalis meinte, Leben sei der Anfang des Todes. »Das Leben ist nur des Todes willen. Der Tod ist Endigung und Anfang zugleich. Scheidung und nähere Selbstverbindung zugleich. Durch den Tod wird die Reduktion vollendet.... Der Tod ist eine Selbstbesiegung – die, wie alle Selbstüberwindung, eine neue, leichtere Existenz verschafft« (»Blütenstaub«, 1968).

Auch bei Novalis steht der Unsterblichkeitsgedanke im Vordergrund, denn »ohne diese sichtbare und fühlbare Unsterblichkeit – sit venia verbo – würden wir nicht wahrhaftig denken können«.

Während Spätantike, Renaissance und Reformation, Barock und Frühromantik Zeitepochen waren, deren Dichtung »eindringlich vom Todesgeschick des Menschen zeugte« (Rehm, 1967) und den Tod in eine Beziehung zum Sinn und Wert des Lebens stellte, zeichnete sich im 19. Jahrhundert eine Kluft zwischen Rationalität und Humanität ab. Der Tod war kein »sacrum« mehr; er wurde zum Ärgernis für die Vernunft und Anlaß für die irrationale Angst.

Der Tod im modernen Bühnenwerk

Auf der Bühne wurde der Tod indessen immer mehr mit einem Tabu belegt. Früher war sein Gegenpart, die Zeugung, von den »Tabufahnen der Gesellschaft« verdeckt, heute findet sie »auf öffentlicher Kinoleinwand« statt. Nun wird der Tod allerdings nicht völlig aus dem modernen Theater verbannt. Friedrich Dürrenmatt beispielsweise oder Max Frisch bringen ihn auf die Bühne, wenn auch in einer entfremdeten Form. Dürrenmatt sagt, die erste wissenschaftliche Entdeckung des Menschen sei der Tod. Des Menschen Manko gegenüber dem Tier sei es, daß er um sein Sterben-Müssen wisse. »Das hat den Menschen zur Metaphysik gezwungen, sonst hätte er den eigenen Tod nicht mehr ertragen. Metaphysik braucht man, um überhaupt weiterkämpfen zu können, angesichts dessen, daß wir einer Realität ausgesetzt sind, die nicht berechenbar ist« (Bachmann, 1980, 8). Im »Meteor« dagegen setzt er seine eigene Waffe gegen den Tod ein: die »brutale Verachtung«. In dieser Komödie läßt Dürrenmatt den Nobelpreisträger Wolfgang Schwitter zwei Akte hindurch auf dem Sterbebett liegen, bereit zum Abscheiden. Um ihn herum wird dauernd gestorben, was Schwitter völlig unberührt läßt; im Totenhemd, bekränzt, säuft und hurt er, hält lästerliche und zynische Reden über Tod und Leben und trotzt auf diese Weise dem Tod. »Schuld, Sühne, Gerechtigkeit, Freiheit, Gnade, Liebe, ich verzichte auf die erhabenen Ausreden und Begründungen, die der Mensch für seine Ordnung und Raubzüge braucht. Das Leben ist grausam, blind und vergänglich. Es hängt vom Zufall ab... Mein Leben war nicht wert, daß ich es lebte«, sagt Schwitter zur Geschäftsfrau und Schwiegermutter Frau Nomsen. Zum Major der Heilsarmee meint er: »Ich bin berufen zum Sterben, allein der Tod ist ewig. Das Leben ist eine Schindluderei der Natur sondergleichen, eine obszöne Verirrung des Kohlenstoffs, eine bösartige Wucherung der Erdoberfläche, ein unheilbarer Schorf. Aus Toten zusammengesetzt, zerfallen wir zu Totem.« Und viermal wiederholt er zum Schluß: »Wann krepiere ich endlich!«

Max Frisch hat sein Totendrama »Triptychon« (geschrieben 1976) in drei szenische Bilder gegliedert. Im ersten wird die gesellschaftliche Verlegenheit beim Ableben eines Menschen beschrieben. Schon auf die Frage nach dem Tod gibt es kaum eine über Banalitäten hinausgehende Antwort: »... als biologisches Faktum ist der Tod etwas Triviales, eine Bestätigung der Gesetze, der alle Natur unterworfen ist. Der Tod als Mystifikation, das ist das andere. Ich sage ja nicht, daß sie inhaltlos sei. Aber eine Mystifikation. Auch wenn die Vorstellung eines ewigen Lebens der Person unhaltbar ist, die Mystifikation besteht darin, daß der Tod letztlich die Wahrheit über unser Leben ist: Wir leben endgültig.« Das zweite Bild zeigt die Toten unter sich, ihre langsam versiegenden Gespräche am Styx, wo es die Ewigkeit des Gewesenen, aber keine Erwartung mehr gibt. Der »Clochard« streckt seine Mütze nicht mehr hin: »Die Toten betteln nicht. Sie fluchen nicht einmal. Sie pinkeln nicht, die Toten, sie saufen nicht und fressen nicht, sie prügeln nicht, die Toten, sie ficken nicht – sie wandeln in der Ewigkeit des Vergangenen und lecken an ihren dummen Geschichten, bis sie aufgeleckt sind.« Das dritte Bild schließlich endet mit dem Selbstmord eines Mannes, der seine Beziehung zu seiner gestorbenen Partnerin nicht auflösen kann.

Für Frisch ist die Beschäftigung mit dem Todesthema nichts Neues. Sie hat recht eigentlich sein Schaffen eingeleitet. Hervorstechend im »Triptychon« ist aber die Banalität, die er der Ewigkeit zuschreibt. Sie macht es auch aus, daß das Stück den Zuschauer als Geschehen – das gar keines ist – weitgehend unbeteiligt läßt. Totsein ist in Frischs szenischer Trilogie ein Zustand, der nur aus Erinnerung besteht, keine Erwartungen mehr offenläßt; es ist die endlose Wiederholung des schon Gewesenen, Geschehenen, Gesagten. Das »Triptychon« handelt im Grund nicht von den Toten, sondern von den Lebenden. Die Toten reden wie die Lebenden, sie streiten sich, sie angeln, musizieren, telefonieren; sie benehmen sich so, wie sie gelebt haben. Frisch hat dem Theaterbesucher einen Spiegel vorgehalten: lebende Menschen, die eigentlich schon lebend gestorben sind, erstarrt in Abgestumpftheit und Langeweile. Denn der Tod ist »letztlich die Wahrheit über unser Leben«. Dieser Tod, der hier geschildert wird, ist der Tod *im* Leben, die »Leiche, die man in sich trägt, während man spricht, liebt, existiert«, wie sich ein Kritiker ausdrückte.

Fast zur gleichen Zeit, als am Zürcher Schauspielhaus das »Triptychon« gespielt wurde, fand die Aufführung »Der Erzbischof ist da« von Peter Sattmann statt, vom Publikum kaum beachtet. Der »Held« des Einakters, eigentlich der Prototyp des Antihelden, begeht Selbstmord durch Sturz vom Schnürboden auf die Bühne. In der makabren Posse, die den Zuschauer zwar nie auf die Ernsthaftigkeit des Todes einzustimmen vermag, wird der Versuch unternommen, Erlebnisse im Grenzbereich des Todes darzustellen. Welche Empfindungen begleiten den Absturz in den Tod? Was geht in einem Menschen vor, der mit einem Fuß bereits im Jenseits steht?

Sattmann deutet das Thema in eigener Weise. Der Zuschauer lacht, die Abwehr der

Der Erzbischof ist da
Bühnenstück von Peter Sattmann
Fotos von Leonard Zubler Adliswil

262

Todesangst durch die distanzierende Form der Komödie ist perfekt. »Wenn schon mein Leben keine Sensation war, so soll es wenigstens mein Tod sein!« Dies ist die Quintessenz eines »verunglückten« Lebens, einer gestrandeten Existenz, eines Versagers. »Das Schönste am Leben ist, daß es ein Ende hat... der Tod ist ein Trost«, sinniert Kastrop, um sich schließlich »der unsagbaren Lust« hinzugeben, sich vor den Augen des Publikums zu töten. Diese Lust, so einsichtig scheint Kastrop zu sein, »ist keineswegs eine natürliche«, sondern krank und pervertiert, exhibitionistisch und degeneriert, einem falsch gelebten Leben entspringend. Die Lust wird nur dadurch getrübt, daß sie nicht ewig dauert, sondern eben durch den Tod ihr Ende findet.

Nicht der Selbstmord allein bildet jedoch das Kernstück von Sattmanns Posse. Die Makaber-Schau findet ihren Abschluß in einem Experiment des »Hirnforschungszentrums in Göttingen«. Mittels einer eigens dafür konstruierten Maschine wird eine Verbindung mit dem toten Kastrop hergestellt. Der Selbstmord bekommt dadurch eine wissenschaftliche Berechtigung, denn der Versuchsleiter gibt bekannt, daß Herr Kastrop ihm schon vor einem Jahr von seinem Vorhaben erzählt und gebeten habe, mit ihm diesen Versuch durchzuführen. Damit sollen die Berichte von wiederauferstandenen »klinisch Toten« verifiziert, vor allem aber soll der Beweis eindeutig erbracht werden, daß es ein Leben nach dem Tod gibt. Wie eine Batterie, so überdauere auch der menschliche Körper noch eine Weile seinen Tod. Kastrop als Wegbereiter einer »Neuen Medizin«? Kastrop bleibt tot. Sein Ruf nach Gott, den er im Leben verleugnet, verhallt ungehört. Was er zuletzt sieht, ist das Nichts. »Das Nichts, aus dem ich gekommen bin.«

In tiefgründiger Weise setzen sich dagegen die Werke von Albert Camus, Eugene Ionesco sowie von Samuel Beckett und Jean Genet mit dem Tod auseinander.

Camus' ganzes Werk ist vom Gedanken des Todes durchdrungen, befaßt sich mit der Sterblichkeit des Menschen. Er stellt allerdings den Tod nie als natürliches Ende des Lebens dar. Dies würde dem Bild des »absurden Menschen« widersprechen. Jeder Tod ist ein Mord, gegen den sich der Mensch empört. Das Sterben ist bei Camus kein natürlicher Vorgang. Der Mord wird denn auch früh bereits zum zentralen Thema. »Caligula« mag als Beispiel dienen: der römische Kaiser, der durch seine rücksichtslose Willkürherrschaft sein Bedürfnis stillt, »es an Grausamkeit und blutiger Willkür dem Schicksal gleichzutun«, einem Schicksal, das ihm seine geliebte Schwester Drusilla entrissen hatte. Für Caligula ist seine uneingeschränkte Macht über Leben und Tod Beweis seiner Freiheit. Wesentlicher aber als diese Freiheit ist bei Camus der Ruf nach Wahrheit und die Kritik an der Verlogenheit der menschlichen Gesellschaft. Dadurch wird auch die Frage nach dem Sinn des Lebens dringlichst gestellt. Camus' Weltanschauung ist auf das Leben bezogen. Ein vorzeitiger Tod ist zu vermeiden, da nichts den Verlust wettmachen kann. Aus diesem Grund lehnte er den Selbstmord ab, kämpfte er gegen die Todesstrafe (den legalisierten Mord).

Der Tod in Roman
und Prosa

Der »Roman«, im 18. Jahrhundert als Literaturgattung geboren, verdankt seinen Erfolg der Tatsache, daß er eine Leserschicht gewann, die dem Mittelstand angehört. Er wendet sich an ein breites Publikum.

Liebe und Tod sind selbstverständlich seit je auch Lieblingsthemen des Romans gewesen. Hier können, wie in den anderen angesprochenen Literaturgattungen auch, selbstverständlich nur wenige Prosawerke erwähnt werden und damit auf die Fülle des Stoffes verweisen. Im Werk der russischen Schriftsteller Dostojewski und Tolstoi spielt die Auseinandersetzung mit dem Tod eine wesentliche Rolle. In Tolstois »Der Tod des Iwan Iljitsch« wird zum Beispiel das langsame Dahinsiechen eines Mannes beschrieben, der im dritten Monat seiner Krankheit sich selber eingestehen muß, »daß das einzige Interesse, das die Mitwelt an ihm nähme, nur noch darin bestünde, ob er wohl bald seinen Platz frei machen würde und die Lebenden von der Pein befreien, die ihnen seine Gegenwart verursachte, und ob er selber bald von seinem Leiden erlöst würde«. Von dieser Zeit an beginnt sein qualvolles Sterben und die Auseinandersetzung mit dem Tod unter dem Diktat der Auseinandersetzung mit dem Leben. »Verzweiflung und Erwartung eines unbegreiflichen und entsetzlichen Todes« vermischen sich mit Kindheitserinnerungen – »je weiter er zurückdachte, desto mehr Leben war da«. Aber dann wird ihm klar: »Lüge und Betrug haben Leben und Tod vor mir verborgen gehalten.« Von diesem Augenblick an »setzte jener drei Tage lang ohne Unterbrechung während Schrei ein, der so grauenhaft war, daß man ihn noch hinter zwei Türen nicht ohne Entsetzen vernehmen konnte«. Er hatte begriffen, »daß er verloren sei, daß es keinen Rückweg mehr gäbe, und daß das Ende gekommen war, das letzte Ende, und dabei war sein Zweifel noch keineswegs gelöst und mußte auf ewig Zweifel bleiben«. Er kämpft, »wie ein zum Tod Verurteilter in den Händen seines Henkers kämpft, wohl wissend, daß es keine Rettung gibt«, aber am Ende »suchte er nach seiner früheren, so gewohnten Todesangst und konnte sie nicht finden. Es war keine Angst mehr da, weil auch kein Tod mehr da war.«

Auch in Franz Werfels »Der Tod des Kleinbürgers« muß Fiala – wie bei Tolstoi Iljitsch – einen langen Todeskampf durchstehen; der Mann, »der schon längst tot war, starb nicht«. Und dies wegen einer Lebensversicherung, deren Termin er einzuhalten gewillt ist seiner Frau zuliebe, die nichts erhalten würde, stürbe er vor dem 65. Geburtstag, dem 5. Januar. Er gewinnt den Kampf gegen die Zeit und gegen die Versicherung. Am 7. Januar bäumt er sich, ein Knochenskelett nur noch, auf und stirbt in Siegerpose. »Zwei Tage über sein Ziel war er hinausgerannt wie ein guter Läufer« – die Wärter aber schafften die Leiche unverzüglich, »nach flüchtiger Todesfeststellung«, an den Ort, »wo sie hingehörte, gleich einem Unrat, der allzu lange im Wege gelegen war«.

Zeichnet sich in den beiden beschriebenen Werken die Tendenz ab, dem Geist, das heißt dem Willen zum Überleben, den mindestens kurzfristigen Sieg über den Körper in einem Kampf um Leben und Tod zuzusprechen, so beschreibt Thomas Mann in den »Buddenbrooks« die Möglichkeit des Menschen, mit dem Tod nicht erst im finalen Stadium der Krankheit, sondern überhaupt im Leben fertig zu werden. Der Mensch ist von Natur aus moribund, die sittliche Aufgabe des Menschen besteht darin, daß er dem Tod keine Macht in seinem Leben einräumt. Dies gilt besonders dort, wo der Mensch dem Gedanken an den Tod verfallen ist, wie im »Zauberberg«, wo der Held des Romans eine krankhafte Hinneigung zum Tod empfindet. Nur »wenn der Tod im Spiele ist«, fühlt er sich in seinem Element. Erst ein Traum erschüttert seine Todessehnsucht. In einem Schneesturm wird er in eine Wächte verweht, schläft ein und träumt von einem paradiesischen Zustand ohne Krankheit und Angst, der sich unversehens in einem Tempel, wo er Menschen bei einem kannibalistischen Opferschmaus trifft, zum ihn weckenden Entsetzen ändert. Erst von da an will er »dem Tode in seinem Leben keine Zukunft« mehr einräumen.

Daß Franz Kafkas Werk eine ausführliche Deutung im Hinblick auf sein Verhältnis zu Leben und Tod verdient, bedarf keiner Begründung. Eine solche müßte jedoch, wollte sie dem Autor und seiner Intention gerecht werden, differenzierter erfolgen können, als dies hier möglich ist. Gerhard Kurz hat darauf hingewiesen, daß sich in Kafkas Welt »e contrario« der Tod als die wahre Heimat des Menschen erweist (1980). Kafkas Geschichten sind denn auch eine Kritik an der neuzeitlichen Verdrängung des Todes, Kritik am Selbstbetrug, der den Menschen die Schuld seiner Existenz verdrängen läßt. Die Verleugnung der Wahrheit des Todes ist eine Flucht vor verantworteter Existenz. Beispiele dafür sind »Der Jäger Gracchus« und der »Landarzt«, die ihr Todesurteil nicht annehmen wollen und dadurch schuldig werden. Kafkas Werk mit seiner Verquickung von Schuld, Angst und Tod, mit dem durchgehenden Motiv der Veränderung, mit seiner makabren und fast ins Psychotische gesteigerten Phantasie steht im Dienst einer metaphysischen Erhellung der »condicio humana«. Kurz sieht Anklänge an Schopenhauer, Nietzsche, Freud und Heidegger. Seiner Überzeugung nach ist das Leitmotiv aller Werke Kafkas dasselbe: Das Allerbeste sei, nicht geboren zu werden, das Zweitbeste, bald zu sterben.

Das Totsein, meinte Kafka (1883–1924), sei für den einzelnen wie der Samstagabend für den Kaminfeger, der sich den Ruß vom Leib wäscht. Die Ursache dafür, daß das Urteil der Nachwelt über den einzelnen richtiger sei als das der Zeitgenossen, liege am Toten. »Man entfaltet sich in seiner Art erst nach dem Tod, erst wenn man allein ist« (zit. aus »Betrachtungen und Gedanken«, nach Hahn, 1975, 145).

Aber der Tod ist gewalttätig. Im »Prozeß« wird der sich selbst verurteilende Schuldige hingerichtet; im »Urteil« wird Georg von seinem Vater zum Tod des Ertrinkens verurteilt. Im »Hungerkünstler« geht ein Mann elendiglich in einem Käfig zugrunde, und in der »Verwandlung« ergeht es Gregor Samsa nicht besser.

Ebenso beklemmend ist Hans Falladas »Jeder stirbt für sich allein« (1946), die Geschichte eines schlichten Arbeiterehepaares, im Widerstand gegen die Brutalität der Gestapo, gegen ein Regime, das den Sohn der beiden in den Kriegstod geschickt hat und dessen Todesurteil die beiden selbst nicht entgehen können. Aber nicht nur die

Menschen »töten«, sondern auch die nekrophile Gegenwartskultur, wie Carl Einstein feststellt, dem der Tod zentrale Motivation für das Schreiben war. »Die Fabrikation der Fiktionen« ist sein rabiates Pamphlet gegen die Produzenten dieser Kultur, gegen jene, die nicht nur die materiellen Bedürfnisse des Menschen verwalten und monopolisieren, sondern gegen die Intellektuellen, die Künstler, Philosophen, Psychoanalytiker – die »geistige Bedürfnisse« manipulieren.

Sanfter, einfacher, menschlicher und einfühlbarer ist der Tod in Walter Matthias Diggelmanns »Spaziergänge auf der Margareteninsel« (1980). Sie entstanden kurz vor Diggelmanns Tod. In der zuletzt entstandenen Erzählung »Einige letzte Worte des großen Meinardi in der Nacht seines Sterbens« findet ein Dialog zwischen dem Sterbenden und der Nachtschwester über den Tod statt. »Der Tod«, sagt Meinardi, »ist ein Geheimnis« – dann wiederum: »Der Tod ist aber gar kein Geheimnis.« Der Tod, ein Geheimnis oder kein Geheimnis? Wer kann diese Frage beantworten?

Meinardi hat sein Grab vorausbestimmt: Er will neben seiner Mutter begraben werden, »damit ich wieder zurückkehren und dort still sein kann. Sie war ein Mensch, der die Welt und das Leben einteilte in Geheimnis und Verhängnis und Schicksal und Gott... ich kroch aus ihrem Leib, und ich hielt Ausschau nach dem Licht... Und dann war ich. Und jetzt bin ich hier, und ich werde nicht mehr sein. Ich werde zurückkehren, das wird mir die Mutter ja nicht verwehren; denn ich gehöre zu ihr und aus mir werden andere kommen, und sie werden träumen und ehrgeizig sein und bös, sie werden Kriege führen, einander betrügen, einander lieben, einander hassen, wie es kommt. Aber dann bin ich nicht mehr dabei. Ich sehe, und ich höre nichts mehr.«

Anders ist allerdings der Tod in Gerold Späths Totentanz »Commedia«, wo die Toten selbst über ihr Leben und Sterben berichten. Hermann Ehrler starb, »erst dreiundfünfzig«, an einem Herzinfarkt. »Das war zu früh«, aber er hinterließ »trotzdem ein gut auf- und ausgebautes Lebenswerk«. Er hatte »mit nichts« angefangen und »mit Millionen« aufgehört. Oskar Kayser beschreibt die möglichen Todesarten: »Hungers sterben, verdursten, verbranden, erfrieren, an allen möglichen Krankheiten sterben, zufällig sterben, leicht sterben, verunfallen, an gebrochenem Herzen sterben, jung sterben, selbstverschuldet sterben, langsam sterben, sich umbringen, an Altersschwäche sterben, an Erschöpfung, vor Lachen, vor innerer Kälte, vor unerträglichem Schmerz und so weiter.« Sepp Dürstelers Bruder Wundertrottel ist nur noch »deshalb am Leben, weil er von allem Anfang an sein Leben lang sozusagen den Wänden entlanggeschlichen ist«, während er selbst »innen zerrissen« ist, »zerfetzt«, »grausam verreckt«. Aber er hat nach seinem »Gusto« gelebt, alles redlich genährt und gepflegt, seinen Bauch und seine Wut und seinen Suff und seinen Druck, »nicht zu knapp«. Späth läßt aber auch die Lebenden über den Tod sinnieren. »Es ist der Gedanke an die Unwürde nach dem Tod, der mich am Leben erhält nach wie vor. Der Gedanke, Leiche zu sein, leblose Masse, ausgeliefert, häßlich... Man sollte leicht verschwinden können«, meint Eliane Bébert.

Späths »Commedia« wird zu Recht als ein moderner Totentanz bezeichnet. Ein »Totentanz«, allerdings ganz anderer Art, stammt von August Strindberg. 1899 schrieb Ibsen sein letztes Stück: »Wenn wir Toten erwachen«, und Strindberg, der damals gerade fünfzig wurde, entwarf den Plan zum »Totentanz«. Beide skandinavischen Dramatiker, Ibsen wie Strindberg, provozierten durch ihren modernen Realismus die damalige Theaterwelt. Während Ibsen jedoch noch glaubte, die Gesellschaft werde sich ändern, ihre Lebenslüge werde einer freieren Moral Platz machen, blieb Strindberg Pessimist. Visionär, animiert von Saint Saëns' op. 40 »La danse macabre«, verwertete Strindberg persönliche Erlebnisse und Begegnungen im Totentanz. Es ist die Vision der schrecklichen Einsamkeit, der Hölle, in der wir leben, von Bosheit, Demütigung und Enttäuschungen; ein »Vorspiel« zu Sartres »Geschlossene Gesellschaft«, zu Becketts »Endspiel«, unübersehbar die Verwandtschaft zu Edgar Allan Poe. Der »Totentanz« ist, wie Siegfried Melchinger in einem Nachwort sagt, »mehr als eine Geschichte, mehr als das Material aus dem Leben, das er verarbeitet, mehr als die Konfiguration dreier Individuen: er ist ein Gleichnis dessen, was unser Leben sein kann und was es, nach Strindbergs Ansicht, in Wahrheit ist. Wir machen es uns selbst zur Hölle, und wir könnten es uns... zum Himmel machen, wenn wir nur wollten« (1978, 126). Unsere Realität enthält die Möglichkeit des Absurden.

Die Darstellung des Todes im Roman und in der Dichtung bildet ein unerschöpfliches Thema, das zu bewältigen niemals Aufgabe einer übersichtlich kurz gehaltenen Darstellung sein kann. Wir müssen jenen dankbar sein, die sich der Aufgabe gestellt haben, das Todesthema bei bekannten Schriftstellern gleichsam monographisch zu bearbeiten. Außer der bereits genannten Literatur seien hier lediglich noch Karl Fehr erwähnt, der »Leben und Tod bei Gottfried Keller« (1950) beschrieb, Amalie Steuerwalds »Todesproblem in der Dichtung Conrad Ferdinand Meyers« (1933) und Marie Bonapartes Buch »Edgar Allan Poe« (1934).

Der Tod in Film und Fernsehen

Sterben und Tod haben auch im Film und neuerdings im Fernsehen ihre Darstellung erfahren. Die Auseinandersetzung mit dem Tod vollzieht sich im Film kaum anders als in den dramatischen Werken auf der Bühne. Selbstmord, Gewalt, Mord, sich steigernd bis zum holocaustischen Horror, sind im Film an der Tagesordnung. Sublimere Darstellungen finden sich natürlich auch, wobei hier nur die großen Regisseure unserer Zeit, u.a. Fellini, Bergman, Buñuel, Antonioni, Polanski, Pasolini bis zu Faßbinder und Schlöndorff genannt seien. Ob Kriminalfilm, Western oder zeitkritischer, gesellschaftspolitischer Film, ob Satire oder Gruselfilm, ob Katastrophen- oder Abenteuerfilm – immer ist der Tod dabei. Eindrucksvolle Todesszenen sah man in aufwendigen Kriegsfilmen, so in »Waterloo« von Sergei Bondartschuk und im ebenso gewaltigen zeitkritischen japanischen Epos »Kagemusha« von Akiro Kurosawa. Die Japaner scheinen ohnehin eine besondere Vorliebe für die Beziehung des Menschen zum Tod zu haben. Im berühmt-berüchtigt gewordenen Edelporno »Das Reich der

Sinne« von Nagisa Oshima, einem Film, dem höchstes künstlerisches Lob zuteil wurde, wird der Hauptdarsteller, der Liebende, auf seinen Wunsch hin und als Ausdruck höchster, nicht mehr zu überbietender Hingabe, im Orgasmus umgebracht. Nachdem ihm die Geliebte die Kehle durchschnitten hat, trennt sie mit ihrem Messer auch noch die Genitalien von seinem Körper.

Die Beziehung zwischen Sexualität und Tod findet auch in Viscontis 1971 entstandenem Film »Der Tod in Venedig« Ausdruck. Er basiert auf einer Novelle von Thomas Mann (1912) und beschreibt die letzten Tage eines alternden Komponisten, der während eines Ferienaufenthalts in Venedig plötzlich seine homoerotischen Gefühle für einen hübschen Jüngling entdeckt, dagegen ankämpft und ihnen schließlich erliegt. Die Frage bleibt offen, ob der noch einmal Liebende an der Cholera oder an der Ausweglosigkeit seines Lebens stirbt. Viscontis Film gilt als »subtile und suggestive Studie des Untergangs« (Krusche, 3/1977, 446). Das wirkliche Thema der Geschichte ist nach den Aussagen von Visconti »die Suche des Künstlers nach Vollendung und die Unmöglichkeit, je Vollendung zu finden. In dem Augenblick, in dem der Künstler zur Vollendung findet, erlischt er.« Der Film soll insbesondere an das Schicksal Gustav Mahlers erinnern, aus dessen 3. und 5. Symphonie die Musik stammt.

Es wären natürlich noch viele Filme zu nennen, eine der eindrucksvollsten Begegnungen mit dem Tod vermittelt indessen zweifellos der französische Spielfilm von André Cayatte: »Nous sommes tous des assassins« (Wir alle sind Mörder, 1952), ein flammender Protest gegen die Todesstrafe. Dadurch, daß Cayatte die Mitschuld der Gesellschaft an den Taten ihrer Außenseiter aufzeigt, vor allem aber durch die Konfrontation des Zuschauers mit der Realität in der Todeszelle erhält der Film eine erschütternde Intensität. Es heißt, daß bei der ersten Pressevorführung des Films die sonst hartgesottenen Journalisten in beklemmender Stille die Kinoräume verließen.

Die Massenmedien – Fernsehen, Radio, Tageszeitungen, Illustrierte – haben den Tod längst in die Wohnstuben der bürgerlichen Welt gebracht. Öffentliche Vorträge, die Sterben und Tod zum Inhalt haben, erzielen Besucherrekorde. Der Tod ist faszinierend. Er ist Konsumgut. Dabei sei nicht verschwiegen, daß es gerade Radio und Fernsehen sind, die das große Tabuthema »Sterben« aufgriffen und damit dem Menschen unserer Tage wieder näher brachten. Als Beispiel sei Milan Cumpelik – »Sicher allein ist der Tod« – erwähnt, der in seinem Dokumentarfilm, der vom Fernsehen ausgestrahlt wurde, den verdrängten und in Kliniken versteckten Tod in Gesprächen mit Todkranken, Ärzten und Psychologen vor die Kamera brachte, was von der Kritik als eine ebenso nachdenklich stimmende wie faszinierende Fernsehstudie ohne Pathos und Schwulst bewertet wurde.

Nicht von ungefähr aber geht die Entwicklung in diese Richtung. Nachdem die Medizin sich weitgehend als unfähig erwiesen hat, das menschliche Sterben human zu gestalten; nachdem die Diskussionen über Lebensverlängerung und Euthanasie politische Brisanz erhielten; nachdem die religiöse Seelsorge, einst für die Sterbebegleitung prädestiniert, ihre Autorität eingebüßt hat; und vor allem seit der generellen Emanzipation des modernen Menschen mit seinem Drang nach totaler Information und Mitsprache haben Filmer und Fernseh-Autoren die Sache in die Hand genommen.

Der Tod als Erwürger 1847/48. Erster Auftritt der Cholera auf einem Maskenball in Paris 1831.
Alfred Rethel, Holzschnitt 1851

Die schwarze Karte
Klaus Rosanowski, 1974, Zweifarben-Holzschnitt
Totentanzsammlung der Universität Düsseldorf

Die Säkularisierung
des Todes

Die Entsakralisierung des Todes bis zur totalen Entrealisierung schreitet bis weit ins 20. Jahrhundert fort. Was »auf den Friedhöfen begraben wird, ist eben nicht der Tote, sondern der Tod« schreibt G. Anders (1961, 280). Der Tod wird zum »peinlichen Betriebsunfall«, zur »Panne«, wie Evelyn Waughs satirischer Roman »Tod in Hollywood« bedrückend nachweist. Ein junges Mädchen begeht Selbstmord und wird im Tierkrematorium heimlich beiseite geschafft, weil in Hollywood, »diesem Pseudo-Paradies nicht sein kann, was nicht sein darf«. Kienecker meint in diesem Zusammenhang, der Mensch komme buchstäblich auf den Hund und es sei kein Zufall, daß sich die Hunde-Metapher in der modernen Literatur so häufig finde, etwa bei Camus, Cocteau, Grass, am eindrücklichsten bei Erich Frieds »Definition«:

>»Ein Hund
>der stirbt
>und der weiß
>daß er stirbt
>wie ein Hund
>
>und der sagen kann
>daß er weiß
>daß er stirbt
>wie ein Hund
>ist ein Mensch.«
>(1964)

Daß der Tod auch in die Satire Eingang fand und daß die tiefernste Hintergründigkeit in kabarettistischer Bearbeitung durchschaubar wird, bewies Franz Hohler mit seiner Kurzgeschichte »Das Fußballspiel« (²1979).

»Nur gering war das Interesse für das Fußballspiel der Lebenden gegen die Toten. Die Lage war zu klar, der Favorit zu eindeutig, als daß das Spiel große Massen angezogen hätte, ja, genau genommen war ich sogar der einzige Zuschauer. Es kam aber anders, als man hätte denken können.

Die Toten waren schon lang vor Beginn des Spiels so aufgestellt, daß sie im Feld keinen einzigen Mann stehen hatten, sondern so ins Tor eingepfercht waren, daß sie dieses vollkommen verriegelten.

Als nun das Spiel begann, rannten die Lebenden vergeblich gegen die Toten an, von denen jeder Ball wie von einer Mauer zurückflog. Die Lebenden konnten dribbeln und tänzeln und köpfeln, soviel sie wollten, im Tor der Toten gab es keine Lücke.

In der Halbzeit, als sich die Lebenden in ihren Kabinen duschten, schob ein Mann in einem langen schwarzen Mantel die Toten auf einem Karren ins andere Tor und baute sie dort genau so auf wie vorher.

Nach der Pause änderten die Lebenden zunächst die Taktik; sie versuchten die Toten mit Witzen und Kapriolen zum Lachen zu bringen, kitzelten sie sogar, aber als die Toten genau so starr blieben, schossen sie wieder mit allen Kräften auf das gegnerische Tor, ohne daß ihnen allerdings ein Treffer gelang.

Kurz vor Schluß, als sich auch der Torwart der Lebenden mit einem Scharfschuß versuchte, prallte der Ball so stark von den Toten ab, daß er ins leere Tor der Lebenden flog, und das Spiel endete 1 : 0 für die Toten. Als der Mann im langen schwarzen Mantel die Toten auf dem Karren vom Platz schob und ich den Captain der Lebenden fragte, was er in Zukunft tun wolle, um solche Niederlagen zu verhindern, sagte er: ›Wir werden wohl alle etwas stärker zusammenhalten müssen.‹«

Man täusche sich nicht: Das »Fußballspiel« löste sowohl im Kabarett wie in der Wiedergabe am Radio bei den Zuhörern Heiterkeit aus, wobei allzu vielen die tiefsinnige Feststellung entgangen sein dürfte, daß die Lebenden gegenüber den Toten einen ungleichen Kampf führen und letztlich nur Eigentore schießen können.

Weniger tiefgründigen Humor, aber doch äußerst eindrucksvolle, in »banale« Sprache gekleidete Auseinandersetzungen mit dem Tod finden sich bei Nicaraguas Dichterpriester Ernesto Cardenal, der die Zivilisationssatten auf die politische und wirtschaftliche Armut wie auf die anonyme Vergänglichkeit menschlichen Daseins aufmerksam macht. Daß dabei die Utopie einer »Welt des vollkommenen Kommunismus« beschworen wird, entspricht der vom Dichter selbst schmerzlich erfahrenen Geographie und Geschichte seines Landes. In der »Stunde Null« (deutsche Ausgabe 1979) finden sich u.a. die beim Tod Mertons geschriebenen Strophen:

> »Unsere Leben sind Flüsse
> die zum Tode führen
> der Leben bedeutet...
> Heute tippe ich mit Freude dies Wort Tod
> Sterben ist nicht wie der Zusammenstoß mit einem Auto oder wie ein Kurz-
> schluß
> wir sind ein Leben lang gestorben
> Nicht Schlaf
> das Wachen ist Abbild des Todes...«

Cardenal ist nicht nur nüchterner »Rapporteur« des Todes. Seine Gedichte sprechen von der Liebe, die allerdings ein »Vorwegnehmen des Todes« ist:

> »sein
> ist sein
> in anderem Sein
> wir sind nur wir wenn wir lieben«

und »Wir lieben nur oder sind nur wir selbst wenn wir nicht mehr im Sterben liegen« – denn »Der Tod ist die offene Tür zum Universum«, und »Wir verlassen den Leib wie man das Hotelzimmer verläßt«.

Cardenal nimmt den american way of life mit Ironie, aber auch mit Bitterkeit aufs

Korn – er trauert jenen nach, die seine Opfer wurden, er beschwört Gott, ihnen beizustehen, wie etwa im »Gebet für Marilyn Monroe«:

»Herr
nimm auf dieses Mädchen, in der ganzen Welt als
Marlyn Monroe,
wenn das auch nicht ihr wirklicher Name war ...
Herr
in dieser Welt, verpestet von Sünde und Radioaktivität
sprichst Du nicht eine Verkäuferin schuldig.
Sie hat nur nach einem Drehbuch gespielt
– dem unserer eigenen Leben –, und das Buch war absurd.
. . .
Sie war hungrig nach Liebe, und wir boten ihr Beruhigungsmittel
Weil sie traurig war, keine Heilige zu sein,
empfahl man ihr Psychoanalyse.
Wie jede Verkäuferin
träumte sie davon, ein Filmstar zu werden.
Und ihr Leben war unwirklich wie ein Traum, interpretiert und
archiviert von einem Psychiater.«

Marilyn Monroe – Sinnbild einer Zeit, Aphrodite und weibliches Idol in einem, Erotik und Liebesbedürftigkeit, Symbol unerfüllter Wünsche, sündhafte Schönheit des Leibes, in dem eine kindliche Persönlichkeit nie reifen konnte, sondern der Manipulation einer Welt ausgesetzt war, die das Menschliche zur Karikatur des Daseins degradierte. So gewinnt auch die postume Dichtung und Literatur über MM – nicht einmal der Name blieb heilig – eine Würdigung, die über den »Tod in Hollywood« hinausgeht. Eine Ausnahme, wie gesagt. Ernesto Cardenal – der lebende Gegensatz zur Glamourwelt Amerikas.

Der Tod im Märchen

Weit weg von Tod und Sexualität, von Aggression und Destruktion, vom Bösen und von der Gewalt, von der makabren Erzählweise der Trivialliteratur müßten eigentlich jene Geschichten sein, die bereits die kindliche Einstellung zum Lebensschicksal weitgehend prägen. Gemeint sind die Märchen und Sagen, welche in der Welt der Kinder und Jugendlichen eine besonders bedeutsame Rolle spielen. Märchen wurden zwar ursprünglich für Erwachsene geschrieben. Nach der Romantik und der »Purifikation« – vor allem von sexuellen Inhalten – eroberten sie die Kinderwelt. Damit hat aber auch jene Problematik in die jugendliche Erlebnisweise Einzug gehalten, die Anklänge an die Todesauffassungen der Erwachsenen aufweist: Liebe und Tod,

Angst, Trauer, Verlassenheit, Ausgesetzt- und Bedrohtsein. Die Brüder Grimm und auch Ludwig Bechstein sammelten Märchen über den »Gevatter Tod«. Insofern Krankheit, Alter, Tod in der Kinder- und Jugendliteratur mit ihren eindeutigen Motiven aus dem Aberglauben eine bedeutende Rolle in der Entwicklung kindlichen Lebens spielen, sieht Agnes Gutter (1977, 90) darin auch die Möglichkeit der »Bibliotherapie« bei jugendlichen Kranken.

In der Sage ist der Tod, oft auch die unheilbare Krankheit, eine Strafe (wie beispielsweise beim schuldig gewordenen Gralskönig Amfortas). Dazu kommen Zauberei, Aberglauben und Hellseherei. Daß auch die Ärzte in den Märchen nicht besonders gut wegkommen, schildert Gutter anhand des Grimmschen Märchens »Die drei Feldscherer«, eine köstliche Geschichte, die darum hier kurz wiedergegeben sei:

Ein Wirt forderte drei Chirurgen, die von sich behaupteten, wirklich Außergewöhnliches zu vermögen, auf, dies unter Beweis zu stellen. Der erste versprach, seine Hand abzuschneiden und am anderen Tag wieder anzunähen, der zweite, sein Herz herauszureißen und wieder einzusetzen, und der dritte, seine Augen auszustechen und wieder anzuheilen. So geschah es. Nur hatte leider die Hauskatze in der Nacht die aufbewahrten Körperteile verspeist. Als Ersatz bekamen die ahnungslosen Feldscherer die Hand eines Diebes, welcher am Galgen hing, das Herz eines frisch geschlachteten Schweines und die Augen der Katze. Jeder heilte sich die Organe an, worauf die drei Chirurgen weiterzogen. Erst als der mit der Hand eines Diebes einem Zwang zum Stehlen unterlag, der mit den Katzenaugen besonders nachts gut sehen konnte und der mit dem Schweineherzen im Unrat herumwühlte, erkannten sie die Täuschung. Macht der Medizin, Macht des teuflischen Schicksals, Macht der Ironie über die Technik?

Daß der Arzt im Märchen, aber auch in Romanen für Erwachsene eine besonders faszinierende Rolle spielt, ist bekannt. Entweder entpuppt er sich als Scharlatan oder als Krimineller (in den berühmten Horrorgeschichten), oder dann als sentimentaler Krankheitsbegleiter. Nur selten wird er seiner Rolle, die er im realen Leben spielen muß, gerecht. Besonders wenn es um den Tod geht, werden ihm mehr magische Mittel als fachliches Können zugesprochen. Im übrigen weist Gutter mit bestechender Bestimmtheit auf die Tatsache hin, daß bereits den Kindern nicht so sehr das Heilende und Tröstliche zu Krankheit und Tod vermittelt wird als vielmehr in fragwürdiger Weise das Sterben als heldenhaftes Erlebnis.

Daß in den Sagen und Märchen oft gemordet und erschlagen wird, ist eine allgemein gemachte Feststellung. Allerdings fällt es schwer, Gutters Ansicht zu folgen, der Tod versinnbildliche im Märchen »aus dem Unbewußten heraus etwas anderes als das, was sein Name bezeichnet« (1978, 135), während dies in den Sagen nicht so häufig der Fall sei. Hier wird deutlich auf die Symboldeutungen aus der Jungschen Psychologie verwiesen. Auch der Hinweis darauf, daß der Tod »in der Sage eher personifiziert« wird als im Märchen, kann nicht überzeugen, führt doch Gutter selbst dafür Gegenargumente ins Feld, beispielsweise mit »Gevatter Tod«, wo ein Vater für sein dreizehntes Kind den Tod als Paten aussucht. Dieser Tod ist seinem Patenkind dermaßen zugetan, daß er ihm ein Heilkraut schenkt, welches ihn zum berühmtesten Arzt auf Erden macht, der alle heilt – sofern sich der Tod zu Häupten des Kranken findet. Steht er jedoch zu dessen Füßen, so muß das Patenkind sich hüten, ihm seine Beute streitig zu machen. Sonst geht es ihm selbst an den Kragen.

Der Tod wird, wie gesagt, zumeist in Sagen, Märchen, Mythen, selbst in Theaterstücken und Schwänken personifiziert dargestellt. In manchen Märchen ist er verheiratet und kommt sogar mit seiner Frau, der Todin (sic. . . . A. Gutter das.) als Gast zur Hochzeit.

In einem der wohl schönsten modernen Märchen, »Der Tod im Apfelbaum«, einem alten Märchenthema, das von Paul Osborn zu einem Schauspiel und dann von Wilhelm Praetorius für das Marionettenpuppenspiel gestaltet wurde, hat der Tod sogar einen Namen. Er heißt Herr Brink. Kein Knochenmann, sondern ein Mensch unter Menschen. Die Geschichte spinnt sich um eine kleine Dorfgemeinschaft, die den Tod auf einen Apfelbaum verbannt – ihn, der seine Kandidaten nicht aufdringlich, wohl aber aus großen Augen fragend und gleichzeitig entschieden betrachtet. Wie ist das Leben ohne ihn? Auf die Dauer offenbar nicht auszuhalten. So wird er wieder aus seiner mißlichen Lage befreit und zum Erlöser jener, die ihn verbannt hatten.

Der Tod in Malerei und bildender Kunst

Der personifizierte Tod, wie er sich auch in der Sagen- und Märchenwelt findet, gewährte der bildenden Kunst, sowohl der Malerei wie der Bildhauerei, eine Darstellungsmöglichkeit, wie sie plastischer nicht hätte sein können. Klassische Beispiele hierfür sind die

Totentänze

Im 14. und 15. Jahrhundert setzte sich die Tendenz durch, den Tod als Skelett darzustellen, oft mit Stundenglas und Sichel. Oft wurde der Tod in den sogenannten Totentänzen (auch unter der Bezeichnung »Makabertänze« bekannt) dargestellt. Die Totentänze entstanden ursprünglich wohl aus der volkstümlichen Vorstellung, daß die unerlösten »Armen Seelen« nachts aus ihren Gräbern steigen und einen makabren Tanz aufführen (M. Bartels, 1978). Abgebildet wurden Menschen jeglichen Standes und Alters, die mit Toten oder mit dem Tod einen Reigen tanzen, wobei Verse die Szene unter den Bildern erläutern. Ursprünglich wurden die Totentänze in Frankreich auf die Mauern von Kirchhöfen, Kapellen oder Beinhäusern gemalt; ein berühmter, leider nicht mehr erhaltener Totentanz soll 1424 den Friedhof der »Saints-Innocents« in Paris geziert haben. Durch Kopien und Nachzeichnungen überliefert wurden die Totentänze der Marienkirche in Lübeck (1463) und der Dominikanerklöster in Basel

(»Der Tod von Basel«, um 1470) sowie der bestbekannte Berner Totentanz des Niklaus Manuel (ca. 1484–1530), der 1649 von Albrecht Kauw nachgebildet wurde. Paul Zinsli hat ihn in Buchform herausgegeben und kommentiert (²1979).

Der Sinn des mittelalterlichen Totentanzes ist selbstredend eine Bilderpredigt: »daß das menschliche Leben jederzeit vom Tode bedroht ist«. So wurde, um dieses »memento mori« besonders sinnfällig zu machen, die ganze Menschheit mit ihren ständisch gegliederten Vertretern von den höchsten kirchlichen und weltlichen Gebietern bis zum einfachsten Mann hinunter in diesem Reigen dargestellt. Daß auch die höchsten kirchlichen Würdenträger nicht ausgenommen wurden, ist zeitgeschichtlich bedeutsam, ebenfalls die damit verbundene »demokratische Satire«. Es wird angenommen, daß bereits frühere Darstellungen, vor allem Holzschnitte, beispielsweise das »Heidelberger Blockbuch« von 1465, ein makabrer mittelrheinischer Totenreigen, sowie der »oberdeutsche Totentanz mit Figuren« und die Basler Darstellungen Manuel als Vorlage gedient haben; sicher aber liegt Manuels Werk die da und dort durchschimmernde Auffassung zugrunde, daß sich die Menschen in unerhörter Furchtlosigkeit mit dem Tod herumschlagen, daß sie in »standhafter Bewährung« mit ihm ringen, ein »Schach dem Schicksal« bieten.

Einen weiteren berühmten Totentanz haben wir einem Zeitgenossen Manuels zu verdanken: Hans Holbein d. J. (1497–1543). Von ihm sagt Zinsli, daß er in noch stärkerem Maß als Manuel die volle Realität darstelle, das wirkliche Todesereignis in der Lebenswirklichkeit. Holbein gab dem Lebensgefühl seiner Zeit noch einen gesteigerten Ausdruck; dem »allgegenwärtigen Knochenmann« maß er noch mehr Kraft und Verschlagenheit zu als Manuel, »und die Plage des Menschen hat sich vervielfältigt«. Während bei Manuel ein persönliches Engagement und »ein evangelisches Vertrauen«, Wärme und Anteilnahme durchscheinen, scheint es, daß Holbein »fast all diesen Überfällen und Vergewaltigungen unbeteiligt zuschaute«.

Mit Holbeins Totentanz (Lyon 1538) fand diese Entwicklung ihren vorläufigen Abschluß. Holbein stellte seinen Totentanz noch in 40 Holzschnitten dar. Albrecht Dürer ließ den Tod in Einzelradierungen und Holzschnitten auftreten, etwa in den »apokalyptischen Reitern«, im »Wappen des Todes« (einem Kupferstich), im Stich »Ritter, Tod und Teufel« oder im »König Tod«, dessen Beischrift »memento mei«, »Denk an mich«, lautet. An Holbein und Dürer knüpft dann wieder Alfred Rethel an mit seinem »Menetekel«. Er läßt den Knochenmann in Rock, Stiefel und federgeschmücktem Hut auftreten, die Zigarre zwischen den Zähnen. »Auch ein Totentanz«, von Rethel 1848 dargestellt, fand noch einige Nachahmer, etwa in Klingers Radierfolgen »Vom Tode« oder in Alfred Kubin, dem geistreichen und phantasievollen Illustrator von E. T. A. Hoffmann, Dostojewski und Strindberg.

Die Personifizierung des Todes ist natürlich keine Erfindung des Spätmittelalters. Bereits die Antike stellte den Tod als Thanatos, Todesgott, fackeltragenden Jüngling dar. Der direkte Vorläufer der Darstellung des Todes als Knochenmann, Skelett, Kadaver soll jedoch die Darstellung einer Legende auf einem Fresko des Camposanto in Pisa sein. Drei Ritter auf der Jagd befanden sich plötzlich vor den offenen Gräbern dreier verstorbener Vorgänger, die sich in verschiedenen Verwesungsstadien als grausi-

Tod und Königin
gebrannter Ton, von Anton Sohn aus Zizenhausen (Württ.), Anfang 19. Jh.
Nach einer heute verlorenen Totentanzdarstellung in Basel (Sammlung C. Depuoz, Zürich).
Der Basler Totentanz aus dem Jahre 1470 an der Klingentaler Klosterkirche wurde im Jahre 1805
zerstört. Von Anton Sohn, nach den zeichnerischen Vorlagen Rudolf Feyerabends (1806),
in gebranntem Ton als plastisches Bildwerk von 41 Figuren geschaffen.
Gilt als weltbekanntes Kernstück der Zizenhauser Figurenkunst.

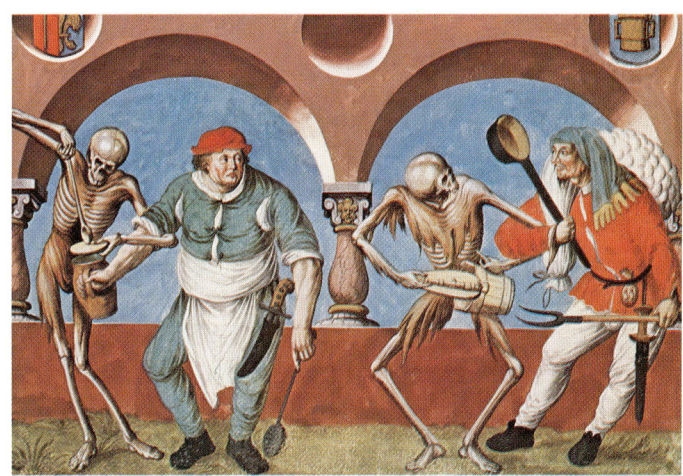

Der Berner Totentanz

von Niklaus Manuel um 1515 an die Kirchhofmauer des Berner Dominikanerklosters gemalt. Die Mauer wurde im Jahr 1660 wegen einer Straßenerweiterung eingerissen. Die Wasserfarbenkopien von Albrecht Kauw, 1649, zeigen den damals schon restaurierten und übermalten Zustand des Werkes, dessen Erhaltung infolge der von Manuel angewendeten neuen und ungünstigen Maltechnik nicht möglich war.

Der Tod spricht zu:

Papst und Kardinal / Kaiser und König / Kaiserin und Königin

Philosoph und Astronom / Krieger und Mätz / Koch und Bauer

Witfrau und Jungfrau / Ungläubigen und Niklaus Manuel

Punktum Bildarchiv, Zürich (Foto Dermond, Zürich)

279

Totentanz
Hans Holbein der Jüngere, 1525, Holzschnittfolge
Öffentliche Kunstsammlung, Kupferstichkabinett Basel

Wach auff faulkeit besfere dich,
Sonst zu grund wirst gehn Ewigklich.

Den: heffertign Tod nider stellt,
deselben schickt mit groß gewalt.

wie durch schlang bringt er der
d den tod han von mir.

Totentanz
Barocke Wandmalereien im Beinhaus der
kath. Kirche St. Theodul in Unterschächen
Punktum Bildarchiv, Zürich (Foto Dermond,
Zürich)

ges »memento mori« darstellten und ihren noch lebenden Nachkommen ein berühmtes, seit dem 11. Jahrhundert bekanntes Motto zuriefen:

> »Quod fuimus, estis, quod sumus, eritis« –
> (Was wir waren, seid ihr,
> Was wir sind, werdet ihr sein).

Dieses »memento mori«, einer Zeit entsprechend, in welcher der Tod allgegenwärtig war, und unterstützt durch die Buß- und Betpredigten der christlichen Mönche, hatte zudem seine dichterische Entsprechung in der berühmten, auf die Antike zurückgehenden »Everymanlegende«, aber dann vor allem in den sogenannten »Vadomori«-Motiven. »Vado mori« (ich gehe hin zum Sterben) war der Anfang der Vergänglichkeitsgedichte, ein Motto, dem sich auch der Arzt beugen mußte.

Dazu kam dann die »Conflictus«-Literatur, die Streitgespräche zwischen Mensch und Tod, wie sie im Jedermann-Dialog oder im Ackermann aus Böhmen dargestellt wurden. Diese allerdings zielten jeweils lediglich auf einen Aufschub der Sterbestunde hin oder entwickelten sich zu einer Haßtirade gegen den Tod. Mit dem Aufkommen der Buchdruckerkunst gelangten vor allem Einzeldarstellungen, aber immer noch mit dem personifizierten Tod, in die Kunst und Literatur. Der Tod selbst behielt weitgehend seine Gestalt als Skelett und Knochenmann, eigentlich als vom Fleisch getrennter Mensch. Er ist der Feind des Lebens, dessen großer Gegenspieler. Die christliche Ikonographie stellte ihn als den großen Schnitter mit Sense oder Sichel dar, angeblich aus dem Buch Hiob abgeleitet (5,26) (vgl. dazu F. Weinreb, 1981, 454). H. Rosefeld (1978, 98) führt aus: »Solange man das Getreide auf halbem Halm schnitt, um den Rest zur Düngung niederzupflügen, wurde der Tod mit der Sichel dargestellt... Als aber der Laubbaumbestand zurückging und man nicht weiterhin die herbstlichen Blätter als Stallstreu benutzen konnte, war man genötigt, den Halm ganz unten abzuschneiden, um Stroh für den Stall zu gewinnen. Da brauchte man jetzt die Sense, die mit Quergriff für solche Handhabung eingerichtet wurde.« Demzufolge sollte von da an der Schnitter Tod zum »Sensemann« werden, »der mit sicherem Schwung von der Wurzel ab alles in rasendem Schwung abschneidet«.

Der Tod tritt aber nicht nur als Knochengerüst mit Sichel und Sense auf, sondern auch als Ritter Tod, als apokalyptischer Reiter, heimtückischer Bogenschütze und Speerwerfer, als Jäger, Zecher und Verführer, meist als ungeliebter Gast mit der Sanduhr, welche die abgelaufene Erdenzeit ankündigt. Auffällig ist die Gewalttätigkeit, Unerbittlichkeit und Schnelligkeit des Todes, eindrucksvoll auf einem Holzschnitt zum »Ackermann aus Böhmen« oder auf einer Tarockkarte eines Kartenspiels König Karls VI. aus dem 15. Jahrhundert. Der Tod nähert sich des weiteren mit Haue und Schaufel als Totengräber dem Sterbenden, gelegentlich eine Sargkiste tragend, wie in den »Danses macabres«. Die nicht seltene Augenbinde sollte darauf verweisen, daß der Tod seine Opfer »blindlings« aussucht.

Die hier geschilderten Todesgestalten sind für das christliche Mittelalter typisch. Zum Teil gehen sie auf die Bräuche des Kreuzrittertums zurück. Den gefallenen Herrschern, die man in die Heimat überführen wollte, entfernte man (aufgrund einer

Freund Heins Erscheinungen in Holbeins Manier
Johann Rudolf Schellenberg, Kupferstichzyklus,
1785 als Buch erschienen
Punktum Bildarchiv, Zürich

(Seite 284–285) **Totentanz. Tod und Kaiser**
Tod und Kardinal
Jakob von Wyl, um 1615, Öl auf Leinwand
Kantonsbibliothek Luzern (Foto Dermond)

(oben)
Die Gerippe spielen zum Tanz
Felix Nußbaum, 1944, Öl auf Leinwand
Kulturgeschichtliches Museum Osnabrück

Totenparade
Max von Moos, 1962, Tempera/Öl auf Pavatex
Privatbesitz

»Der Tod tanzt mit der Hoffart«, aus einer Fernsehinszenierung des Dramatischen Oratoriums Johanna auf dem Scheiterhaufen von Arthur Honegger (Regie: Werner Düggelin)

Alter und Tod
Hans Thoma, 1878, Aquarell, Feder über Bleistift
Öffentliche Kunstsammlung, Kupferstichkabinett, Basel

Bulle des Papstes Bonifaz VIII. »De sepulturis«, 1300) das Gehirn und die Einge-
weide. Der Körper wurde, ausgeblutet, mumifiziert, so daß das Knochengerüst unter
der Haut durchschimmerte. Zum Zeichen der Vergänglichkeit wurde schließlich dem
Toten auf den Grabdenkmälern ein Gerippe beigegeben, wie beispielsweise auf dem
»Triumph des Todes« 1485 in Clusone; der Tod richtet und triumphiert in dreifacher
Gestalt als Skelett über die Menschheit.

Der Triumph des Todes

Unter dem Totenkopf einer Komposition von Francesco Guercino, die 1623 in Rom
entstand, findet sich das berühmt gewordene Sprichwort »Et in Arcadia ego«. Die
gleiche Sentenz hatte auch etwa zur gleichen Zeit Bartolomeo Schidone auf ein Gemälde unter einen am Boden liegenden Totenkopf gesetzt, schließlich Nicolas Poussin
auf ein Landschaftsgemälde. Zunächst deutete man die Aussage in bezug auf den
Toten: »Auch ich in Arkadien«; Arkadien gilt als das mythische Land des höchsten
Glücks. Heute wird der Satz anders gedeutet: Der Tod selbst lebt in Arkadien. *Selbst
in Arkadien existiere ich, der Tod.* Aus dieser Sicht gewinnt das mittelalterliche »memento mori« einen neuen Sinn. Der Tod triumphiert immer und überall, er zeigt seine
Macht auch im glückhaften Lebensrausch. So ist es nicht verwunderlich, daß der
»Triumph des Todes« zu den eindrucksvollsten Werken der Malerei und Dichtung
führte.

Bereits im Mittelalter war das Thema des triumphierenden Todes vor allem in der
italienischen Malerei ein beliebtes Sujet (Liliane Guerry, 1950). Die älteste Darstellung
des Todes-Triumphes soll aus dem Jahr 1348 stammen und wird Pietro Lorenzetti
zugeschrieben. Sie befindet sich in der Pinakothek von Siena. Die Hauptfigur ist
allerdings nicht der Tod, sondern Christus, der sowohl die Sünde wie den Tod besiegt
hat. Bekannt geworden ist auch der Triumph des Todes auf einem Fresko des Campo
Santo von Pisa (um 1360–1370 entstanden). Orcagna, Santa Croce, Lucignano erhielten ähnliche Fresken, bis das Thema im 15. Jahrhundert im Palast Sclafani von
Palermo seine Vollendung fand. In der gleichen Zeit entstand in Italien ein zweiter
Themenkreis um den Tod, jener der »Begegnung« zwischen Lebenden und Toten,
nicht zu verwechseln mit den Makabertänzen.

Die eigentliche Initiation des Motivs »Triumph des Todes« wird Petrarca zugeschrieben. Seine poetische Bearbeitung des Themas von 1348 ist durch einige besonders eindringliche Gedankengänge gekennzeichnet: wiederholte Mahnungen zur
rechtzeitigen Besinnung auf den Tod, Bekenntnis der Ergebenheit in den Willen Gottes, Klage um die Verstorbene (Laura) und die Bewertung des Sterbens als Eingang in
das ewige Leben.

Während das frühe Christentum in der Abbildung des Todes noch keinen personifizierten Tod kannte, trat dieser um das Jahr 1000 nach Christus auf (F. W. Wentzlaff-
Eggebert, 1975). Erst im Anschluß ans Mittelalter kamen dann die großen Dichtun-

Triumph des Todes
James Ensor, Radierung 1896. Privatsammlung Brüssel. Aus: Ensor, von Robert L. Delevoy,
Weber-Genf, 1981, S. 260.

290

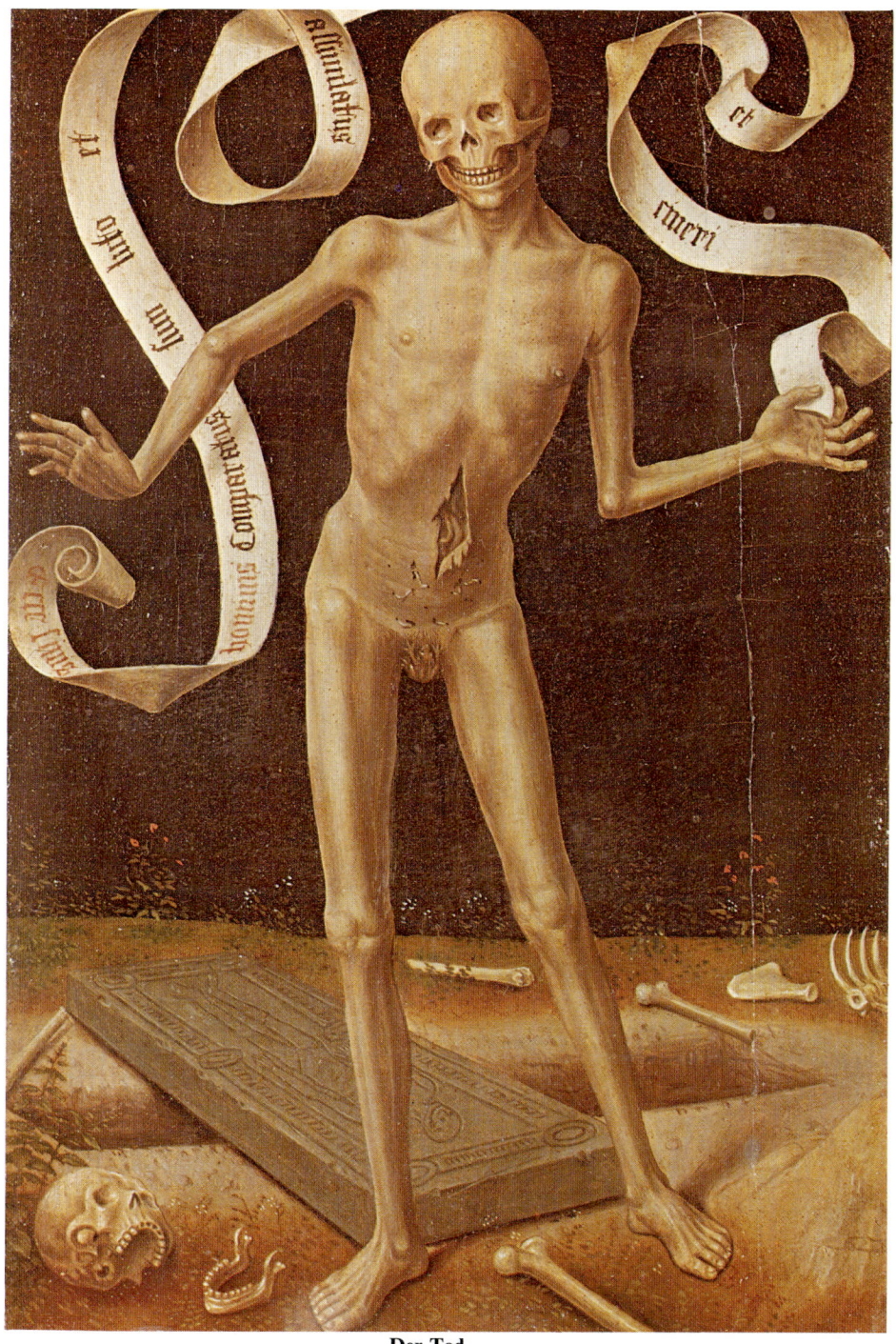

Der Tod
Hans Memling (um 1433 bis 1494), Tempera auf Holz
Musée des Beaux-Arts, Strasbourg

Begegnung toter und lebender Heerscharen
Anonym, sog. Berner Meister, um 1500, Öl
auf Holz, Innenseiten des Allerseelen-Altars
Links: Die Toten bieten Herzog Eusebius ihre
Hilfe an. Rechts: Ein Bote bietet dem Herzog
die Unterwerfung der Stadt an.
Depositum der Eidgenössischen
Gottfried Keller-Stiftung, Kunstmuseum Bern
(Foto Zimmermann, Genf)

(Seite 292/293)
Triumph des Todes
Anonym, um 1445, Fresko im Palais Sclafani,
Palermo
Galeria Nazionale Palermo (Scala)

(rechts)
Triumph des Todes
Lorenzo Costa, 1489, Fresko in San Giacomo
Maggiore, Bologna (Scala)

Der Triumph des Todes
Petrarca, 1503, Bibliothèque nationale, Paris

gen und Gemälde über den »triumphierenden« und den »besiegten« Tod zur Geltung, dies vorab im Barock-Zeitalter. Die Malerei der Niederlande, im besonderen die großen Darstellungen von Hieronymus Bosch, Pieter Breughel d. Ä. und Herman tom Ring, sind Zeugen hierfür. Für Breughel ist der Tod die »ultima linea« menschlichen Daseins am Tag des Gerichts. Die Darstellungen sind von grausamster apokalyptischer Eindringlichkeit, was Wentzlaff-Eggebert u. a. zu der Feststellung veranlaßte, Breughels harter Realismus trage alle Anzeichen einer fast unchristlichen Konsequenz. Schließlich sei noch auf die Textbeispiele für mors triumphans und mors devicta bei Jacob Cats und Andreas Gryphius sowie auf die Jesuitendichtungen hingewiesen (beispielsweise Jacob Balde). Wentzlaff-Eggebert sieht in Cats' schriftstellerischer Tätigkeit mehr das pädagogisch-moralisierende Element, das einer gesteigerten Frömmigkeitsvertiefung im täglichen Dasein dienen sollte. Jacob Cats (1577–1660) war als dichtender Erzieher seiner Zeit mit mehreren Werken bekannt geworden; seine Volkstümlichkeit erlosch jedoch später, wohl zum Teil auch deshalb, weil sein Werk zu nüchtern und ruhig war. Andreas Gryphius (1616–1664) gilt als einer der bedeutendsten Lyriker und Dramatiker des deutschen Barock. Seine literarische Arbeit ist in ihrem Pessimismus vom zentralen Vanitas-Motiv bestimmt, wobei er deutlich unter dem Eindruck des Dreißigjährigen Krieges und persönlichen Unglücks stand.

Der »Triumph des Todes« hat die Literatur und die Kunst bis in unsere Zeit hinein thematisch befruchtet. Hier sei lediglich auf Eugène Ionescos »Triumph des Todes oder...« (1970) hingewiesen und auf »Das große Massakerspiel« (1971).

Im Bereich der neueren Malerei wird man auf James Ensor aufmerksam machen müssen. 1892 entstand ein »Triumph des Todes« in Schwarzweiß-Kreide, 1896 dasselbe Thema als Radierung. In beiden Darstellungen verfolgt der Tod mit der Sense die Herde der Menschen. Der Tod trifft die entsetzte Menschenmenge, den Massenmenschen. Ensor vereinigt Breughelsches Entsetzen und die Dämonie eines Edgar Allan Poe.

Todeslandschaften

Der künstlerische Reichtum an Werken großer Maler beschränkt sich jedoch keineswegs auf die Darstellung des personifizierten Todes. Nicht selten wird der Tod mehr stimmungsmäßig, atmosphärisch eingefangen, wie beispielsweise in Arnold Böcklins »Toteninsel«, die er 1880 malte. Sie liegt in absoluter Stille da, ragt trostlos und düster aus dem schwarzen Wasser, unausweichlich für die einsame Gestalt im Boot. Auf dieser Insel endet unwiderruflich das Leben, ohne Aussicht auf Erlösung oder Befreiung.[8]

Hat Böcklin seine Todesvision vornehmlich auf eine Meeresinsel verlegt, so schildert Giovanni Segantini (1858–1899), dessen Bilder in Italien, vor allem aber in der herrlichen Berglandschaft Graubündens entstanden, das Erlebnis des Werdens, Seins und Vergehens eingebunden in die Landschaft dieser Gegend. Der Mensch ordnet sich

298

La Morte
Giovanni Segantini, 1897 mit der Arbeit am Triptychon begonnen, Öl auf Leinwand
Dritte Tafel des «Triptychon der Alpenwelt», später «Werden–Sein–Vergehen» und
vom Maler selbst «La vita–la natura–la morte» genannt
Depositum der Eidgenössischen Gottfried Keller-Stiftung
Segantini-Museum, St. Moritz (Foto Zimmermann, Genf)

(oben)
Die Nacht
Ferdinand Hodler, 1889/1890, Öl auf Leinwand
Kunstmuseum Bern

Hommage à Böcklin
Hans Ruedi Giger, 1977, Öl auf Leinwand
Privatbesitz (Foto Roland Gretler, Zürich)

(rechts)
Das wahre Bild der «Toteninsel» von Arnold Böcklin zur Stunde des Angelus
Salvador Dali, 1932, Öl auf Leinwand
Von der Heydt-Museum der Stadt Wuppertal

(Seite 302/303)
Die Toteninsel
Arnold Böcklin, erste Fassung 1880, Öl auf Leinwand, Depositum der Eidgenössischen Gottfried Keller-Stiftung
Kunstmuseum Basel (Fotocolor Hinz)

in Segantinis Welt in den unentrinnbaren Lebenskreislauf Geburt–Arbeit–Tod ein. In einem Brief schrieb Segantini einmal, er habe gelebt, ohne zu vegetieren und ohne Bücher zu studieren, sondern immer nur beobachtend und nachdenkend. Der große Maler starb 1899 auf dem Schafberg oberhalb Pontresina während der Arbeit an seiner großen Trilogie »Werden, Sein, Vergehen«, die damit leider unvollendet blieb. Von größter Eindringlichkeit sind alle drei Teile, insbesondere das »Vergehen«, von ihm als die »Harmonie des Todes« bezeichnet. Die Landschaft des Engadins schien Segantini für die Einheit und Harmonie des Lebens, der Natur und des Todes symbolhaft zu sein.

Der Psychoanalytiker Karl Abraham, ein früher Mitarbeiter Freuds, hat eine psychoanalytische Deutung der Persönlichkeit und des Werks von Giovanni Segantini (1911) geschrieben, die durchaus auch heute noch lesenswert ist. Das Thema des Todes kehre in den Werken des großen Engadiner Malers immer wieder zurück, obwohl er, der starken Stimmungen unterworfen war, auch die Lebensfreude, die Liebe, das Blühen und Werden darzustellen wußte. In der »Rückkehr ins Heimatland«, von Abraham als eines der ergreifendsten Werke des Meisters bezeichnet, in welchem er »die Schwermut der vergangenen Zeit gleichsam in eine Elegie ausklingen« läßt (das. 53), führt eine Familie die Leiche ihres Sohnes in die Heimat zurück. Über dem Bild liegt eine unendliche Trauer: »In ihr vereinigen sich der Vater, der gebeugten Hauptes das Pferd am Zügel führt, die zwei Frauen, die sich auf dem Sarge niedergelassen haben, das Pferd, das müde seine Last durchs Bergland fährt, und der Hund, der traurig dem Zuge nachschleicht.« Die wunderbare Pracht des zart bewölkten Abendhimmels wirkt wie ein »lindernder Trost gegenüber der Trauerstimmung, die den Zug beherrscht«. Auch im »Glaubenstrost« wird das Thema des Todes wiederaufgenommen. Ein Elternpaar weilt am Grab seines Kindes auf einem kleinen, tiefverschneiten Kirchhof. Eine himmlische Erscheinung: Zwei Engel tragen den nackten Leichnam des Kindes liebevoll »ins Reich der ewigen Freude«.

Das letzte und größte Werk, das Triptychon, sollte nun Segantinis Wunscherfüllung sein: Leben und Tod zu einer Harmonie werden zu lassen. Darin ging es ihm um die Einheit allen Seins.

Die Todeslandschaften Böcklins und Segantinis heben sich in ihrer Traurigkeit und Ruhe wesentlich ab von den makabren Weltuntergangsstimmungen früherer Zeiten, da Weltenbrände, Überflutungen, Erdbeben – alle zerstörerischen Kräfte der Natur als Symbole des Vergehens dargestellt wurden. Eine Endzeit-Landschaft von kaum faßbarer Verzweiflung malte bekanntlich Pieter Breughel d.Ä. Ein Heer von Toten zieht mit Kriegern und Wagen auf, um Fallende und Tote einzusammeln, während Totenglocken den grausamen Sieg des Todes feiern.

Der Künstler und der Tod

Zum Künstler gehört die Auseinandersetzung mit sich selbst, ohne die der kreative Prozeß nicht denkbar wäre. Sie schlägt sich nieder unter anderem im Selbstbildnis. Mit der Renaissance rückt das Individuum ins Zentrum künstlerischer Darstellung, und seit dieser Zeit finden sich im Werk praktisch aller großen Maler Selbstbildnisse des Künstlers. Eine besondere Ausprägung – nämlich den Hinweis auf den existentiellen Charakter der kreativen Auseinandersetzung mit der Welt und der eigenen Person – erhält das Selbstbildnis, wenn es mit einer Darstellung des Todes verknüpft wird. Als Beispiel seien nur die Bilder von Hans Thoma, Arnold Böcklin und Lovis Corinth genannt, in denen der Tod dem Künstler über die Schulter schaut, als solle dieser die Macht nicht aus den Augen verlieren, die ihn begrenzt. Bei François Barraud tritt der Künstler in einen intimen Austausch mit dem Tod; mit der Geste Hamlets scheint er ausdrücken zu wollen, daß ihm der Tod näher steht als alle Lebenden. Stets anwesend ist der Tod im Werk der mexikanischen Malerin Frida Kahlo (1910–1954), hier aber nicht nur als eine existentielle Auseinandersetzung im geistigen Sinne, sondern als konkrete Realität. Frida Kahlo erkrankte schon früh an Kinderlähmung und litt zeitlebens an deren Folgen; nach einem Verkehrsunfall, bei dem sie sich mehrmals die Wirbelsäule brach, bestand ihr Leben aus Operationen und Schmerzen. Diese Eindrücke prägen ihre Bilder, über deren Schreckensvisionen sie sagte: »Meine Träume habe ich niemals gemalt, sondern meine Realität.«

Während Frida Kahlo sozusagen ihr eigenes Leiden und Sterben künstlerisch nachgestaltet, ist Ferdinand Hodler einer der wenigen Maler (1853–1918), die das Sterben eines Menschen von Anfang bis zum Ende in Bild und Zeichnung festhielten. Nicht das Sterben irgendeines Menschen, sondern seiner Geliebten und Mutter seiner Tochter Paulette, Valentine Godé-Darel.

Die Bilder Hodlers über das Sterben Valentines finden, wie H. Kraft schreibt, in der Kunstgeschichte kaum eine Parallele (1981, 392).[9] Der Bildzyklus sei sicher nicht, wie es G. K. Loosli vermutete, aus einer selbstquälerischen Liebe heraus entstanden. Kraft selbst deutet den Werkzyklus vom psychoanalytischen Standpunkt aus als die dem Künstler gegebene Möglichkeit, den Prozeß von Valentines Sterben zu bewältigen. Zwischen Resignation und Rebellion biete die Kreativität »die Chance für einen dritten Weg, um mit dem Problem des Todes – des Objektverlustes – umzugehen« (das. 398). Hodler selbst soll sich dahingehend geäußert haben, daß der Wille, den Tod in das Wissen aufzunehmen, die großen Werke schaffe. Der Todesgedanke werde dann in eine gewaltige Kraft verwandelt.

Hodler hat sich zeit seines Lebens mit dem Tod auseinandersetzen müssen, und zwar sowohl in seinem persönlichen Leben wie in seinem künstlerischen Schaffen. »Die Nacht«, entstanden 1890, ließ bereits seine unausgesprochenen Todesängste realistische Gestalt annehmen. Das Werk ist eine Vision des Todes: Nackte Männer und Frauen liegen in einer für die damalige Zeit unschicklichen Weise beieinander (weshalb das Werk 1891 von der Städtischen Kunstausstellung in Genf verbannt

Selbstbildnis
Hans Thoma, 1879, Öl auf Leinwand
Deutsche Verlagsanstalt Stuttgart

wurde). Ein Mann erwacht. Vor ihm liegt und lastet das Phantom des Todes, was ihn in seiner Hilflosigkeit stumm aufschreien läßt.

Das Bild gilt als künstlerische Darstellung der persönlichen Ängste des Malers. Im aufschreienden Opfer sah Hodler sich selbst – verstrickt (im Leben wie auf dem Bild) durch die Liebe zu zwei Frauen. Der Tod war für Hodler eine überwältigende und ständige Erfahrung seiner Jugend gewesen und in seinen Gedanken stets gegenwärtig (Sharon L. Hirsch, 1981). Die Tuberkulose raffte bis 1889 Eltern und Geschwister hinweg. Hodler war von Angst besessen, daß ihm ein gleiches Schicksal bevorstehe. »In der Familie war es ein allgemeines Sterben«, klagte er. Todesängste, Gefühle des Verfolgtseins, Liebesverstrickungen führten ihn zu einer Todesbesessenheit, die mit jener von Edvard Munch verglichen wurde. Seiner schöpferischen Vitalität ist es zu verdanken, daß auch das Leben und die Natur zu monumentaler Darstellung gelangten. Immer wieder aber malte er ihm nahestehende, verstorbene Menschen, wie etwa den Dichter Louis Duchosal (1901) und seine ehemalige Geliebte Augustine Dupin (1909) auf dem Totenbett.

Schon bei Augustine Dupin hatte Hodler, zusammen mit ihrem gemeinsamen Sohn Hector, mehrere Monate am Sterbelager Wache gehalten – obwohl er seit längerer Zeit verheiratet war. Der Tod geliebter Menschen konfrontierte ihn mit der alten, ihm so bekannten eigenen Todesangst. Seit 1908 lebte Hodler jedoch mit Valentine Godé-Darel zusammen, die ihm 1913 die Tochter Paulette gebar. Valentine starb 1915. Vier Jahre lang hat der Maler an ihrer Seite ausgeharrt, hat er über hundert Porträts von ihr gemalt, die fortschreitende Zerstörung ihres Lebens festgehalten. Hodler fürchtete jedoch nicht nur den Tod, er zeigte auch eine unverhohlene Bewunderung für dessen Macht. »Im Angesicht des Todes«, sagte er einmal zu einem Freund, »ist keine Falschheit, kein Trug möglich. Das ist es, warum der Tod mich anzieht ... für mich ist es der Tod, der manchen Gesichtern die wahre Schönheit verleiht.«

Valentine war bereits seit einigen Jahren krebskrank gewesen. Als Hodler sie in seinen Bildern und Zeichnungen festhielt, entstand ein Werkzyklus (1908–1915) von ergreifender Schönheit und Intensität, ein Epos von Liebe und Tod. Valentines Leiden, aber auch ihre Ergebenheit in das Schicksal, die Hoffnungslosigkeit und der Friede auf dem Gesicht der Schlafenden sind künstlerisch in bewegender Leidenschaftlichkeit gestaltet. »Hodler hat in diesen Blättern das menschliche Sich-Fügen ins Geschick des Todes in den Bereich der Schönheit erhoben«, schrieb Jura Brüschweiler (1976, 27ff.). Das Sterben, selbst die Agonie Valentines war für Hodler mehr als ein erlebtes persönliches Schicksal. Die Darstellung betrifft das »Sterben der Kreatur schlechthin«, das »Naturereignis des Sterbens selbst«.

Scheinbar weniger persönlich, aber kaum minder beeindruckend sind die Zeichnungen von Käthe Kollwitz (1867–1945), der Malerin, die aus einer ersten Phase des Aufruhrs in jene der Melancholie überwechselte, in welcher der Tod zum zentralen Thema wurde. Das Gefühl des Absterbens, Todesahnungen, vor allem aber der Tod ihres Sohnes Peter (1914) bestimmten von da an ihr Werk. Melancholie kennzeichnet die Selbstporträts. Die Bilderfolge über den Tod ist nur scheinbar »anonym«. In Wirklichkeit geht es immer um sie selbst als Mutter, auch wenn sie nur den Titel wählt:

(oben)
Selbstbildnis mit Skelett
Lovis Corinth, 1896, Öl auf Leinwand
Städtische Galerie im Lenbachhaus, München

(rechts)
Melancholie
François Barraud, Selbstporträt 1931, Öl auf
Leinwand
Privatbesitz (Foto Claude Bornand)

308

Selbstbildnis mit fiedelndem Tod
Arnold Böcklin, 1872, Öl auf Leinwand
Staatliche Museen Preußischer Kulturbesitz,
Berlin

Inferno
Max von Moos, 1955, vom Maler auch als
Selbstbildnis bezeichnet, Öl auf Pavatex
Kunstmuseum Olten (Foto Zimmermann)

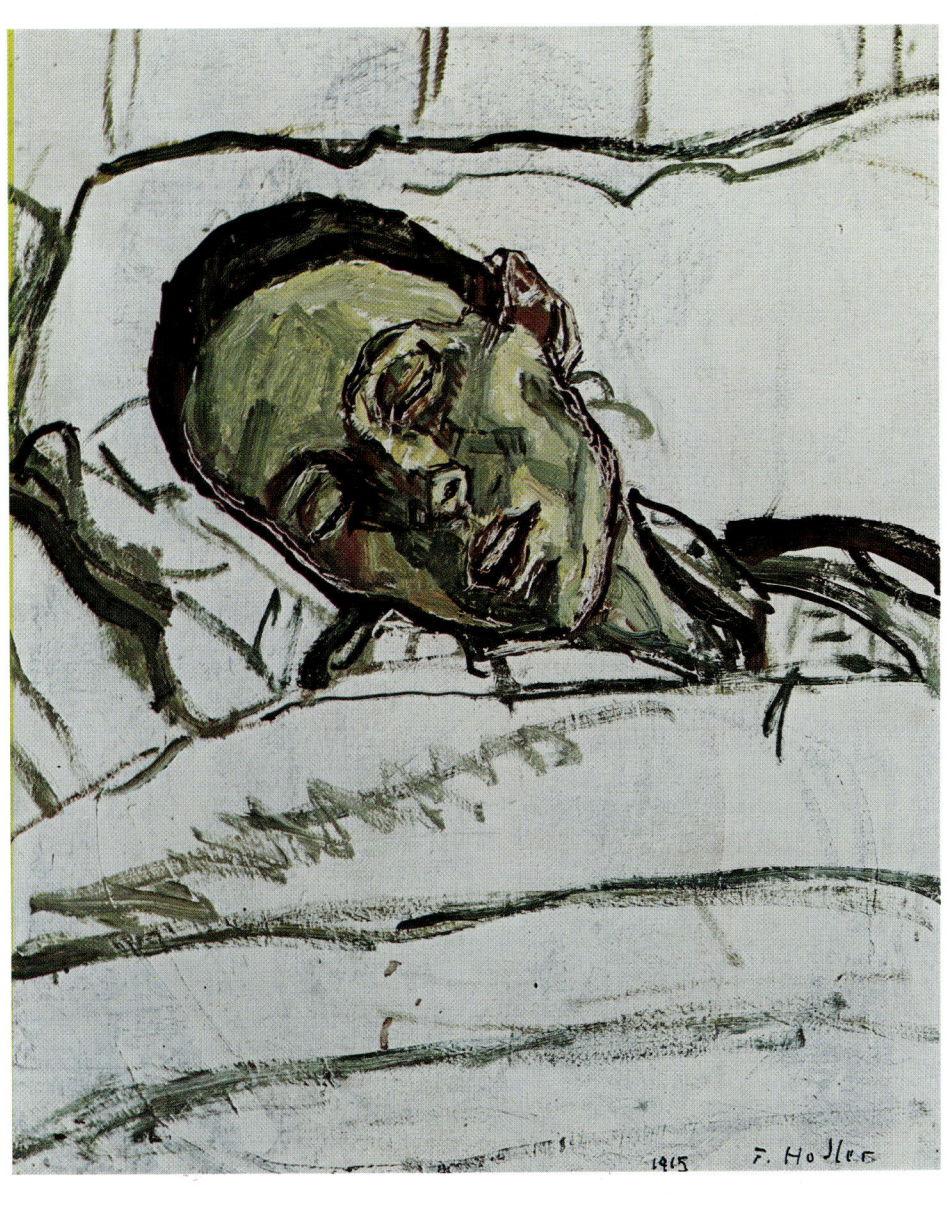

Sterbende Valentine Godé-Darel
Ferdinand Hodler, 1915, Öl auf Leinwand
Privatbesitz
Depositum im Kunstmuseum Basel

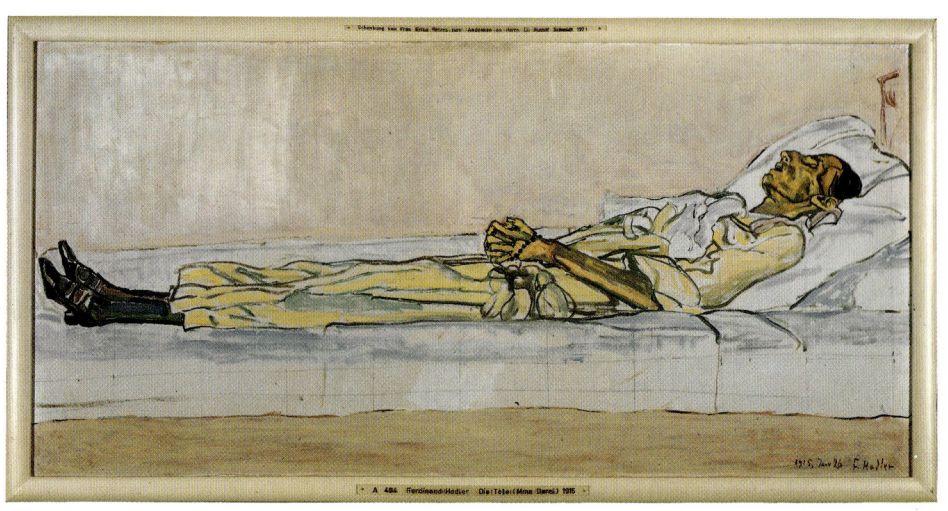

Die tote Valentine Godé-Darel
Ferdinand Hodler, 26. Januar 1915, Leinwand, Museum der Stadt Solothurn, Schenkung Frau
Peters zum Andenken an Herrn Dr. Rudolf Schmidt, 1971

Selbstbildnis mit Tod
Frida Kahlo, 1940, Sammlung Selma und
Nesuhi Ertegun, New York

(rechts)
Die drei Lebensalter des Weibes oder **Vanitas**
Hans Baldung gen. Grien, um 1510, Oel
Kunsthistorisches Museum, Wien

312

Die drei Frauenalter mit dem Tod
Hans Baldung Grien-Nachfolge, zweite Hälfte
16. Jahrhundert
Stiftung für Kunst, Kultur und Geschichte,
Küsnacht (Foto Dermond, Zürich)

»Frau mit totem Kind« oder »Aufschwebender Tod, an den sich ein Jüngling klammert«. Ein Holzschnitt, als Gedenkblatt für Karl Liebknecht 1919/20 gedacht, trägt die einem Gedicht von Ferdinand Freiligrath für die Opfer der Revolution von 1848 entstammende Widmung: »Die Lebenden dem Toten«.

Der Tod und das Mädchen

Eines der beliebtesten Motive in Dichtung und Kunst ist »Der Tod und das Mädchen«, wobei sich offensichtlich Erotik und Schönheit, Blüte des Lebens und leiblicher Zerfall, Vergänglichkeit, ja das abrupte Beenden einer Zukunft voller Leidenschaft und Liebe in eins darstellen. Um 1510 wurde das Thema von Hans Baldung Grien aufgegriffen. »Die drei Lebensalter des Weibes oder Vanitas« ist ein Gemälde, in dem die Erotik in die Darstellung des Todes Einzug hält. Baldungs Tod nähert sich hier nur mahnend und noch nicht zupackend dem Mädchen, das nichtsahnend sein schönes Haar kämmt und sich im Spiegel betrachtet. Vanitas heißt Eitelkeit. Sie ist der Gegenpol des Todes, der den blühenden Mädchenkörper der Verwesung überläßt. Nicht nur der Tod, auch die Alte, die der jungen Frau den Spiegel hält, erinnert in diesem Bild an die Vergänglichkeit aller körperlichen Schönheit.

Das »grauenvoll Überraschende« der Konfrontation zwischen Tod und jungem, optimistischem Leben fesselte Künstler und Beschauer dieser Bilder in gleichem Maß (Günther Sievers, 1974).

Der Tod tritt sogar selbst als »Freier« auf, bei der Dirne, die ihren Leib verkauft, dann aber auch als Liebhaber und geiler Lüstling, wie etwa bei Niklaus Manuel Deutsch. Brutal greift dort der Tod auf einer Grisaillenskizze einem Mädchen, das offenherzig ein gutproportioniertes Dekolleté zeigt, in eindeutiger Gebärde unter den Rock. Sievers erwähnt auch als eines der eindrucksvollsten Kunstwerke zum Thema »Tod und Mädchen« eine Elfenbeinschnitzerei aus Frankreich um 1450, als Mittelstück zwischen Vanitas- und Abschiedsdarstellungen, in welcher ein »kleiner« Tod vor einem bildschönen, halbnackten, einen Trauergestus anzeigenden Mädchen kniet. Von beklemmender erotischer Schönheit ist Edvard Munchs »Das Mädchen und der Tod«.

Das Motiv von Tod und Mädchen wurde zu einem Kardinalthema der Kunst seit der Zeit der Totentänze. Die deutlich erotischen Tendenzen, wie sie bereits bei Beham angetroffen werden, führen zu Veränderungen des ursprünglichen Sinngehaltes, wenn auch die Vanitasidee immer wieder durchschimmert. Die Thematik von »Liebe und Tod« verdrängt das Motiv der Eitelkeit alles Irdischen. Das Schlagwort des 19. Jahrhunderts heißt nun »Thanatos und Eros« (M. Bartels, 1978, 92). In Munchs Gemälde gibt sich das Mädchen dem Kuß des Todes hin; der Tod hat seine dürren Knochen zwischen ihre Schenkel geschoben. Darüber hinaus weisen aber die in der umschließenden Rahmenleiste wiedergegebenen Samenfäden und embryonalen Köpfe in die Zukunft und auf den Fortbestand der Gattung.

(links)
Der Tod kriecht einem Mädchen unter den Rock
Niklaus Manuel (1484 bis 1530), Silberstift-
zeichnung im «Musterbuch für Flachmaler»
Öffentliche Kunstsammlung, Kupferstichkabi-
nett Basel

**Der Tod als Kriegsknecht umfaßt ein junges
Weib**
Niklaus Manuel, 1517, Öl auf Holz in Clair-
obscur-Manier, schwarz mit Weiß gehöht, auf
braunem Grund
Öffentliche Kunstsammlung, Kunstmuseum
Basel (Fotocolor Hinz, Allschwil)

Der Tod und das Mädchen
Hans Baldung gen. Grien, 1517, gefirnißte
Tempera auf Lindenholz
Öffentliche Kunstsammlung, Kunstmuseum
Basel
(Fotocolor Hinz, Allschwil)

(rechts)
Der Tod und die Frau
Hans Baldung gen. Grien, undatiert, gefirnißte
Tempera auf Lindenholz
Öffentliche Kunstsammlung, Kunstmuseum
Basel
(Fotocolor Hinz, Allschwil)

318

Tod und Frau
Käthe Kollwitz, 1910, Radierung
© VG Bild-Kunst, Berlin

(rechts)
Tod und Vanitas
Barthel Beham, um 1540, Öl auf Leinwand
Kunsthalle Hamburg

320

ÆTAS. 40. DER . CID DAE IN DEI E . PITRI

Aus **Rigor Mortis**
Tomi Ungerer, 1981/1982, Federzeichnung
© by Diogenes Verlag AG Zürich

322

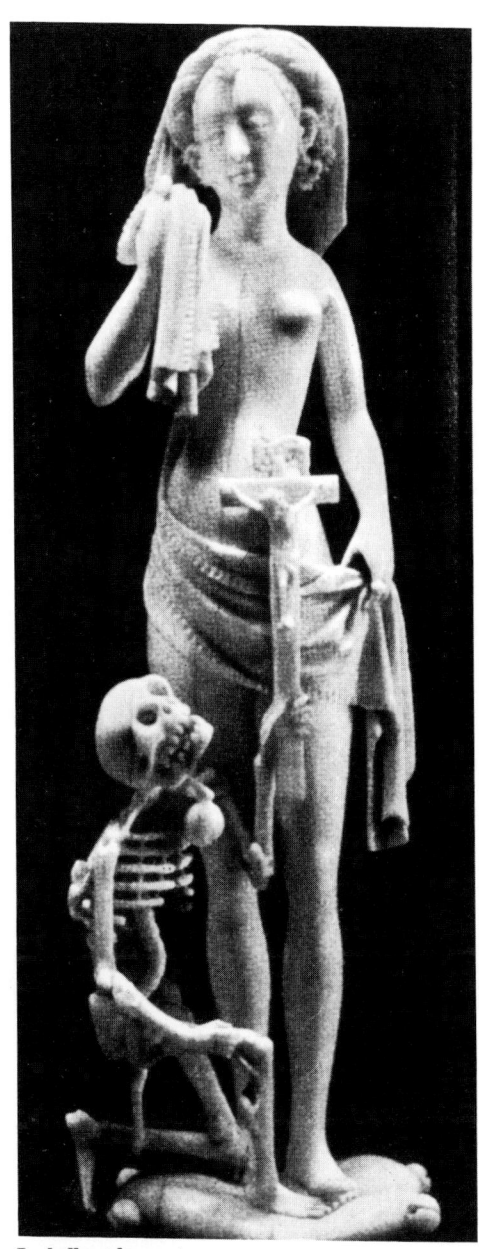

La belle et la mort
gotisches Elfenbeinfigürchen, 1450,
Bayerisches Nationalmuseum, München

(Seite 324/325)
Paravent (Metamorphose der Frau)
Leonor Fini, 1973, Oel auf Papier
Besitz der Künstlerin © VG Bild-Kunst, Bonn

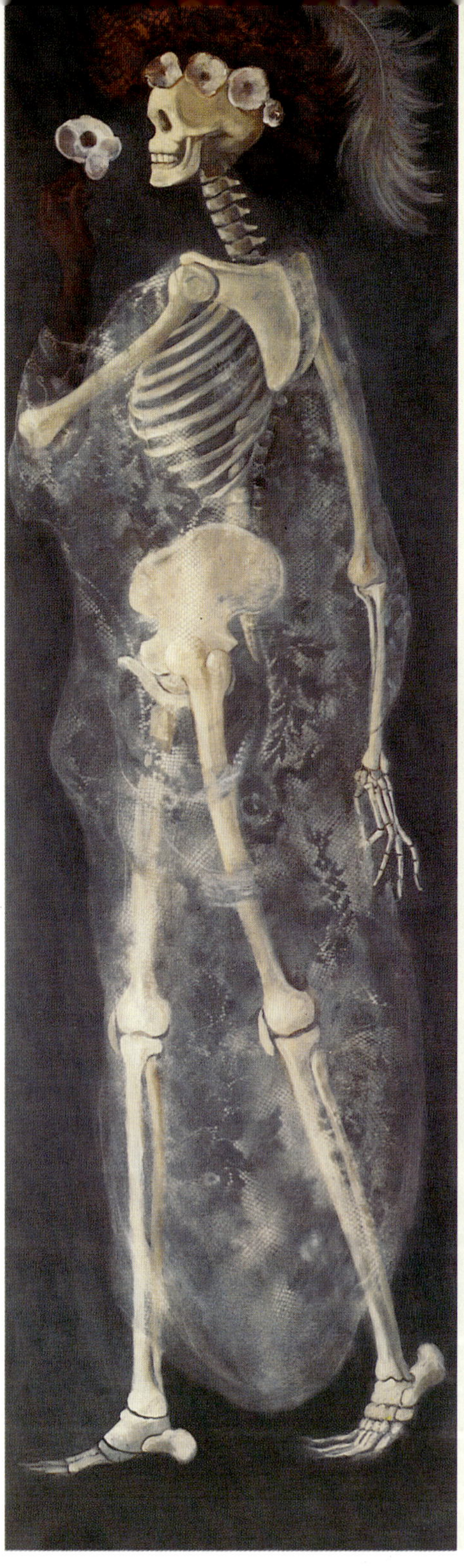

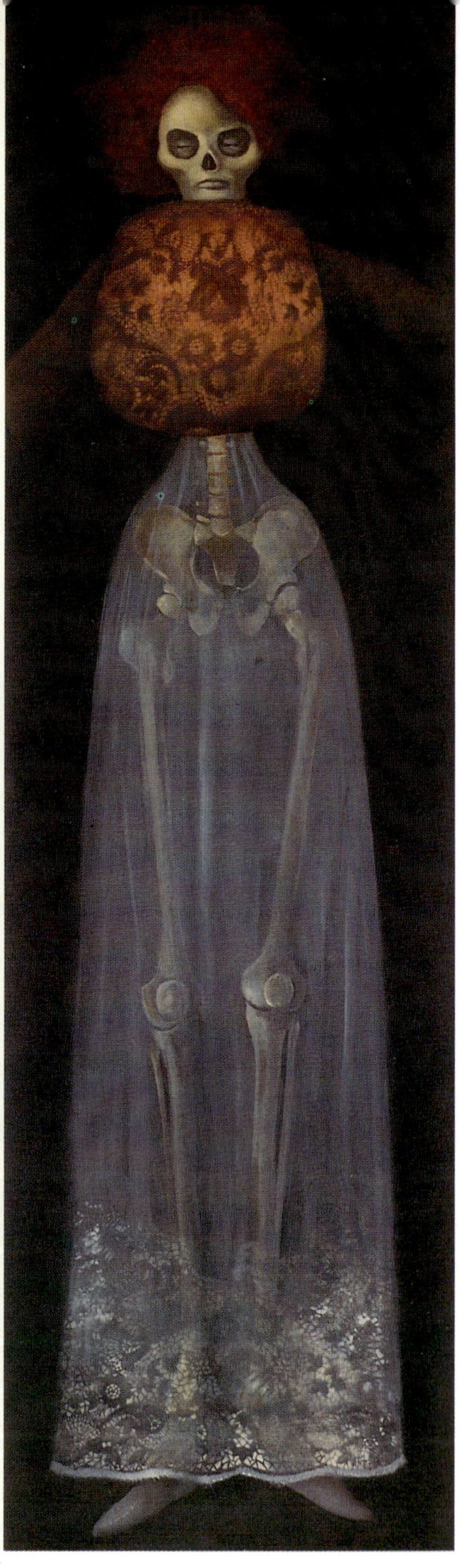

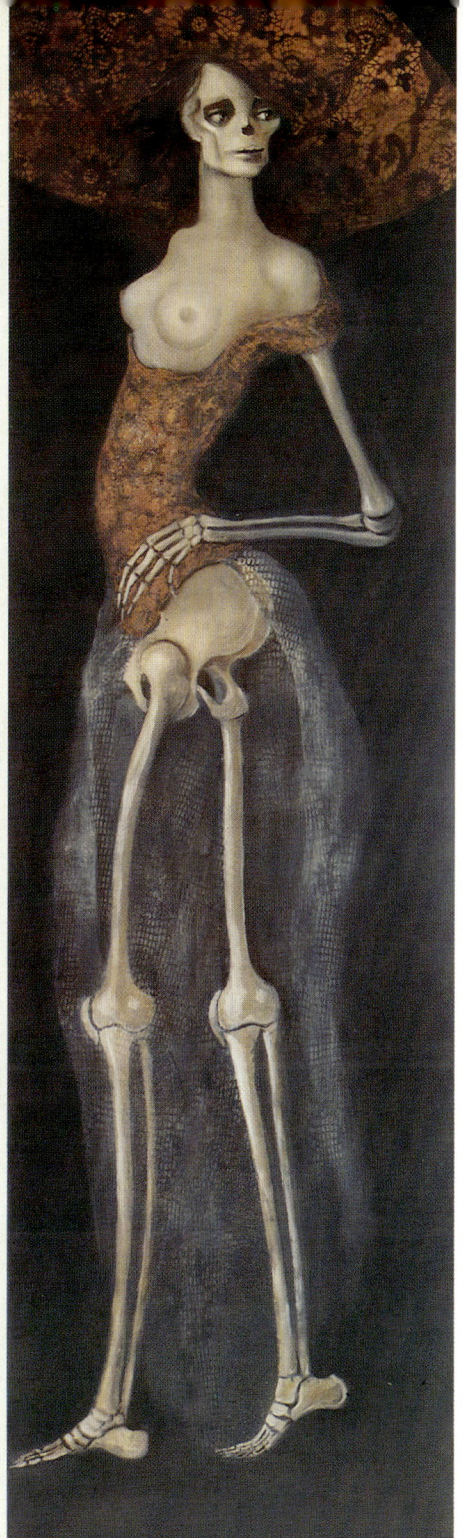

Der Tod vergreift sich jedoch nicht nur an jungen Mädchen, er stört auch das Verhältnis junger Liebespaare. Hans Burgkmair d. Ä. hielt 1510 auf einem Holzschnitt »Der Tod und das Liebespaar« eine wirkungsvolle Szene fest. Der beflügelte Tod hält den bereits zu Boden gestürzten Soldaten, aber mit der anderen Hand auch das entsetzt fliehende Mädchen fest. Sein Zeitgenosse, Daniel Hopfer, läßt 1518 ein Liebespaar von Tod und Teufel überraschen, die bereits Stundenglas und Totenschädel über ihre Häupter halten. In Albrecht Dürers »verhinderter Liebesnacht« flüchtet ein Jüngling vom Lager seiner nackten Geliebten, weil die Skelette ihrer toten Verwandten auftauchen. Der alten Totentanztradition ist schließlich die »Gestörte Liebe« von Johann Rudolf Schellenberg, Ende des 18. Jahrhunderts, verpflichtet. Der Tod spannt sein Netz aus, um zwei Liebende einzufangen.

Nicht selten tritt der Tod als Musikant auf. Holbein stellt ihn mit der Trommel dar, auf späteren Bildern spielt er die Flöte, die Geige – zumeist auf einem Knochen. Daß daraus auch Volksmelodien entstanden, läßt sich leicht verstehen. Zwiegespräche mit dem Tod wurden vertont, so z. B. in »Des Knaben Wunderhorn« das Lied »Der Tod und das Mädchen im Blumengarten«:

> »Kein Schatz sollst du mir geben,
> Kein Gold noch Edelstein!
> Ich nehm dir nur das Leben,
> Du zartes Mägdelein,
> Du mußt mit mir an meinem Tanz,
> Daran noch kommt manch Tausend,
> Bis daß der Reihn wird ganz.
>
> ›Erbarm dich meiner Jugend‹
> Sprach sie mit großer Klag,
> ›Will mich in aller Tugend
> Üben mein Lebetag.
> Nimm mich nicht gleich dahin jetzund,
> Spar mich noch eine Weile,
> Schon mich noch etlich Stund!‹
>
> Er nahm sie in der Mitten,
> Da sie am schwächsten war,
> Es half bei ihm kein Bitten,
> Er warf sie in das Gras
> Und rührte an ihr junges Herz.
> Da liegt das Mägdlein zarte
> Voll bittrer Angst und Schmerz.«

»Der Tod und das Mädchen« ist als Sujet auch in der Dichtung, in Lied und Musik zu einem äußerst beliebten Thema geworden. Franz Schubert schrieb ein Streichquartett zum »Tod und das Mädchen«. Es entstand zwischen 1824 und 1826 und gehört heute, neben dem Forellenquintett, zu den bekanntesten Kompositionen Schuberts, nicht zuletzt wegen seines Mittelsatzes, den Variationen über das von ihm komponierte Lied »Der Tod und das Mädchen«. Schubert lag damals ein Gedicht von Matthias Claudius (1740–1815) vor:

Der Tod und das Mädchen

Das Mädchen:
»Vorüber! ach vorüber!
Geh wilder Knochenmann!
Ich bin noch jung, geh lieber!
Und rühre mich nicht an.«

Der Tod:
»Gib deine Hand, du schön und zart Gebild!
Bin Freund, und komme nicht, zu strafen.
Sei guten Muts, ich bin nicht wild,
Sollst sanft in meinen Armen schlafen!«

In diesem Zusammenhang sind Anklänge an das über ganz Europa verbreitete Lenoren-Motiv sichtbar, das, aus einem alten plattdeutschen Spinnstubenlied entstanden, 1773 von Gottfried August Bürger zu einer Ballade verarbeitet wurde. Insbesondere gaben die charakteristischen Worte des Liedes »der Mond scheint so helle, die Toten reiten schnelle, Feinliebchen graut dir nicht?« der Bürgerschen Ballade ihr Gepräge.

Das Motiv des Todesritts wurde von Bürger mit christlichen Vorstellungen vom Tod als Strafe für die Auflehnung gegen Gott verbunden. Das Herzeleid der verzweifelt wartenden Braut entflammt sich in steigender Leidenschaftlichkeit bis zu wilden Haß- und Wutausbrüchen, bis sie Gott und das Leben verflucht. Der dämonische Bräutigam Tod quält sie bis zum unheimlichen Angstschrei. Die der Volksphantasie vertrauten Bilder sind von erschütternder Eindringlichkeit.

In gewisser Hinsicht erinnert die Ballade an später entstandene, beispielsweise an den »Erlkönig« oder den »Reiter über dem Bodensee«:

»Im Ohr ihm donnerts wie krachend Eis,
Wie die Well' umrieselt ihn kalter Schweiß.
Da seufzt er, da sinkt er vom Roß herab:
Da ward ihm am Ufer ein trocken Grab.«

(Seite 328)
Der Tod und das Mädchen
Edvard Munch, um 1895/1900, Lithographie
Munch Museum, Oslo

(Seite 329)
Der Tod der Kreusa (Ausschnitt)
Darstellung der Medea-Sage auf einem
römischen Sarkophag, um 190 n.Chr.
Antikenmuseum Basel

Sterbender Gallier
Römische Kopie (um 300 n.Chr.) einer perga-
menischen Bronzeplastik, um 200 v.Chr.
Musei Capitolini, Rom (Scala)

(rechts)
Der Tod
Johann Thaddäus Stammel, 1760, Holzskulp-
tur, Stiftsbibliothek Admont

330

(oben)
Tod der Gerechten
Romanisch, um 1200, skulpiertes Tympanon
eines Fensters
Museum Allerheiligen Schaffhausen
(Foto Zimmermann, Genf)

Das jüngste Gericht
Ghiselbertus, 12. Jahrhundert, Tympanon
über dem Haupteingang
Kathedrale Saint Lazare, Autun

(Seite 332, links)
Der Tod
Ligier Richier, erste Hälfte 16. Jahrhundert
Statue auf dem Grab von René de Châlon,
Fürst von Oranien
Eglise Saint-Pierre, Bar-le-Duc

(rechts)
Tod in Mönchskutte
Süddeutsche Holzskulptur, 15. Jahrhundert
Badisches Landesmuseum, Karlsruhe

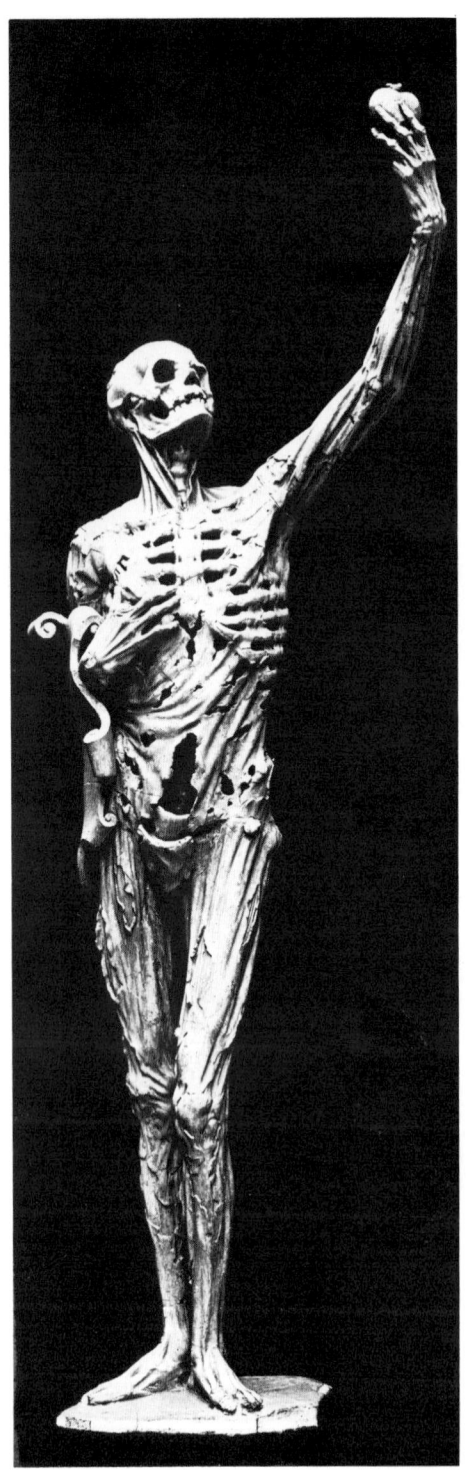

Der Tod als Motiv der
Bildhauerkunst

Die Beschäftigung mit der künstlerischen Gestaltung des Todesthemas wäre unvollständig, wollte man die Bildhauerei unberücksichtigt lassen.

Besondere Bedeutung erhielt die Darstellung des Todes und des Sterbens in der Grabmalskunst. Die Griechen verkörperten den Tod als Bruder des Schlafs, etwa in Gestalt eines nackten Jünglings oder eines Genius mit gesenkter Fackel (Thametos). Auch Darstellungen des Sterbens in Kampfszenen, Reliefs und Monumente des Totenkults, Darstellungen von Bestattungszeremonien auf Gefäßen bis zur Sarkophagkunst, die zu allen Zeiten blühte und von den Römern zu einem eigentlichen »Industriezweig« (W. Zschietzschmann, 1959) ausgebaut wurde, sind uns heute noch erhalten. Von den ägyptischen Pyramiden bis zu den großen Mausoleen, deren Tradition über die Etrusker in die graue Vorzeit zurückreicht, bis zu den heute noch anzutreffenden Familiengräbern, Totengruften in Kirchen und simplen Grabsteinen zeigt sich die Tendenz, nicht nur den Toten eine Heimstätte zu verschaffen, sondern auch ein ihrer Lebenssituation entsprechendes künstlerisches Andenken zu bewahren. Bemerkenswert ist vor allem die Tatsache, mit welcher Deutlichkeit auch der Bildhauer imstande ist, das »Erleben« des Sterbenden, beispielsweise im Gesichtsausdruck, festzuhalten.

Der Tod im
Volks-, Studenten- und
Soldatenlied

Johann Gottfried Herder gilt als Vater des *Volksliedes*, das bis heute keine genaue definitorische Bestimmung erfahren hat. Jedenfalls umspannt es eine Fülle von Zuordnungen, wobei oft die Melodie wichtiger ist als der Text. Es stammt häufig (nicht immer) von unbekannten Autoren und Komponisten und ist, wie der Name schon sagt, in der Volksseele verwurzelt; es bleibt lange Zeit erhalten, ja ist im eigentlichen Sinn zeitlos. Zumeist stammen die Volkslieder aus dem 15. und 16. Jahrhundert und erreichten ihre Hochblüte im Reformationszeitalter (Meyers Hdb. d. Musik, ⁴1971). Der Tod taucht als Motiv eher selten auf, doch finden sich einige Lieder, die sich in romantischer Weise mit ihm befassen. Bekannt ist beispielsweise »Der Tod von Basel«: »Als ich ein jung Geselle war...« Die meisten Volkslieder, die Sterben und Tod zum Inhalt haben, sind Balladen oder einfach Lieder, die von einem Sänger vorgetragen wurden, als Volkslieder aber trotzdem einen allgemeinen Bekanntheitsgrad besitzen. Dies mag nicht zuletzt davon herrühren, daß sie in unseren gängigen Schul- und

Liederbüchern aufgeführt sind. Der Tod erscheint als Schnitter, aber auch als Ritter oder hinterhältiger Bogenschütze.

Aus Regensburg stammt das von Walther Hensel vertonte Lied:

>»Es ist ein Schnitter, heißt der Tod,
Hat Gwalt vom großen Gott.
Heut wetzt er das Messer
Es schneidet schon viel besser
Bald wird er dreinschneiden,
Wir müssens erleiden.«

Auf die Ungewißheit des Todeszeitpunktes wird in diesem um 1638 entstandenen Text verwiesen, sowie auf die Abwehr der Todesangst:

>»Was heut noch grün und frisch dasteht,
Wird morgen weggemäht . . .
Trutz, Tod, komm her, ich fürcht dich nit!
Trutz! Komm und tu dein Schnitt!
Wenn er mich verletzt, so werd ich versetzet,
Ich will es erwarten im himmlischen Garten.«

Den unerbittlichen Tod zeichnet das folgende, zu Beginn des 17. Jahrhunderts, zur Pestzeit entstandene Volkslied:

>»Der grimmig Tod mit seinem Pfeil
Tut nach dem Leben zielen.
Sein Bogen schießt er ab mit Eil'
Und läßt nicht mit sich spielen.
Das Leben schwindt' wie Rauch im Wind,
Kein Fleisch mag ihm entrinnen.
Kein Gut noch Schatz findt bei ihm Platz,
Du mußt mit ihm von hinnen.

Kein Mensch auf Erd' uns sagen kann
Wann wir von hinnen müssen,
Wann kommt der Tod und klopfet an
So muß man ihm aufschließen.
Nimmt mit Gewalt hin jung und alt
Tut sich vor niemand scheuen;
Des Königs Stab bricht er bald ab
Und führt ihn an den Reihen.

Vielleicht ist heut der letzte Tag
Den du noch hast zu leben.
O Mensch veracht' nicht was ich sag:
Nach Tugend sollst du streben!
Wie mancher Mann wird müssen dran,

So hofft noch viel der Jahren,
Und muß doch heint (heut'), weil d'Sonne scheint,
Ins Grab hinunter fahren.«

Der moralisierende Sinn des Liedes ist hier unverkennbar, aber auch wiederum eine Todesergebenheit, das Eingeständnis der eigenen Ohnmacht gegenüber diesem letzten Ereignis im menschlichen Leben. Deutlicher noch findet sie sich in dem bekannteren, von Carl Loewe vertonten Gedicht »Die Uhr«: »Ich trage, wo ich gehe, stets eine Uhr bei mir...«, wo es am Schluß heißt: »Sieh', Herr, ich hab' nichts verdorben, sie blieb von selber stehn.« Bei diesem wie bei vielen anderen Volksliedern ist allerdings die Grenze zwischen Kunst und Kitsch nicht immer streng gewahrt (soweit dies überhaupt möglich ist), was zumeist nicht der Melodie, wohl aber dem Text zuzuschreiben ist. Ein Beispiel dafür ist das »Bergmannskind«:

»Geendet hat ein Bergmannsleben
Die Freunde trugen ihn zur Ruh,
Die letzte Fahrt, sie ist vorüber,
Die Erde deckt den Vater zu!
Und von dem Grabe tönt es weinend
So bitterlich: ›Lieb Mütterlein,
Wenn auch die Glocken abends läuten
Nun kommt der Vater nicht mehr heim!‹«

Eine »Posse mit Gesang« nennt dagegen Ferdinand Raimund das im »Verschwender« gesungene und populäre »Valentinslied« oder »Hobellied«, in dem der Abgang aus dieser Welt bedeutend weniger tragisch und kummervoll gezeichnet ist als in den sentimentalen Volksliedern:

»Zeigt sich der Tod einst mit Verlaub, und
zupft mich: Brüderl, kumm!
so stell ich mich im Anfang taub und
schau mich gar nicht um.
Doch sagt er: ›Lieber Valentin, mach keine Umständ',
mach keine Umständ', geh!‹
so leg' ich meinen Hobel hin und sag' der Welt: ›Ade‹.«

Ist das Verhältnis des Menschen zum Tod in den Balladen und Tondichtungen zumeist doch von einer ernsten Gestimmtheit getragen, so findet sich in anderen Liedern, besonders in den gemeinsam gesungenen, heiteren, auch eine mitunter satirisch-humorvolle Einstellung gegenüber dem Tod. Besonders das *Studentenlied* kennt keinen Respekt vor Tod und Sterben. Die Kommerslieder, vornehmlich von den Studentenkorporationen gesungen, können sich auf eine große Tradition berufen. Ursprünglich gab es über 600 typische Studentenlieder; unter ihren Textautoren finden sich berühmte Namen, wie beispielsweise Goethe, Arndt, Uhland, Viktor von Scheffel. Kompositionen stammen u.a. von Mozart, Zelter, Silcher, Otto Lob. Die spätere Vermischung mit den Volks- und Soldatenliedern ist unverkennbar. Zum Teil gehen die

Studentenlieder weit zurück, wie beispielsweise das »Gaudeamus igitur«, dessen dritte Strophe

> »Vita nostra brevis est
> brevi finietur«

ursprünglich als Bußlied gesungen wurde. Doch gibt es einige Texte, die deutlich auf das Bierstudententum bezogen sind und dessen Unbekümmertheit dem Tod gegenüber veranschaulichen, wobei es den Psychoanalytikern überlassen bleiben mag, dies als Symptom einer Abwehr des Todesgedankens deuten zu wollen. Von eher melancholischem Zuschnitt ist das Lied »Fiducit« von Briesewitz, komponiert von Elias Salomon:

> »Es hatten drei Gesellen ein fein Kollegium,
> da starb von den dreien der eine,
> der andre folgt' ihm nach
> und es blieb der dritte alleine
> in dem öden Jubelgemach...«

Überhaupt nicht melancholisch, hingegen ein beinahe blasphemisches Lied, dafür um so freudiger gesungen, ist »Des Trinkers Testament«, angeblich aus dem Jahr 1767 (Autor und Komponist unbekannt):

> »Ihr Brüder, wenn ich nicht mehr trinke,
> und matt von Gicht und Podagra,
> hin auf mein Krankenlager sinke,
> so glaubt, es sei mein Ende nah'.
> Sterb' ich nun heute oder morgen,
> so ist mein Testament gemacht,
> für das Begräbnis müßt ihr sorgen,
> doch ohne Glanz und ohne Pracht.
>
> Beim Sarge laßt es nur bewenden,
> legt mich nur in ein rhein'sches Faß,
> statt der Zitrone in den Händen,
> reicht mir ein volles Deckelglas!
> Im Keller sollt ihr mich begraben,
> wo ich so manches Glas geleert,
> den Kopf muß ich beim Zapfen haben,
> die Füße nach der Wand gekehrt.
>
> Und wollt ihr mich zu Grab geleiten,
> so folget alle Mann für Mann:
> um Gotteswillen laßt das Läuten,
> stoßt wacker mit den Gläsern an!
> auf meinen Grabstein setzt die Worte:
> Er ward geboren, wuchs und trank,

jetzt ruht er hier an diesem Orte,
wo er gezecht sein Leben lang.«

Noch respektloser und heiterer geht es in dem Liedchen zu, das nicht wenige Couleur-
studenten zu ihrem »Leibcantus« erkoren haben, entstanden um 1844 (Verfasser und
Komponist ebenfalls unbekannt): »Der Schlendrian«.

»Ich gehe meinen Schlendrian
bis an mein kühles Grab.
Und schlägt mir auch der Sensemann
den letzten Segen ab,
und sollt’ ich auch dereinst
in der Hölle wimmern,
so hat sich doch kein Mensch,
kein Mensch darum zu kümmern.«

Die Studentenlieder mögen heute, im Zeitalter der sozialen und politischen Jugendbe-
wegungen, an Bedeutung verloren haben. In den farbentragenden Studentenverbin-
dungen leben sie weiter, wie auch der Brauch des sogenannten »Totensalamanders« –
dessen Ursprung und Etymologie unbekannt, zumindest umstritten sind –, der höchsten studentischen Ehrenbezeugung. Der »Totensalamander« wird nach verschiedenen Riten gefeiert. Im verdunkelten Saal versammelt sich die Corona, wobei ein leerer
Stuhl und ein volles Glas für den verstorbenen Kommilitonen bereitstehen. In memo-
riam des Toten werden die vollen Gläser auf dem Tisch im Kreise »gerieben«, dann in
einem Zuge leergetrunken und wiederum auf den Tisch »getrommelt«. Der Vorsit-
zende trinkt dann das Glas des Verblichenen aus, wirft es zerschellend zu Boden,
löscht dessen Kerze, worauf »Commercium triste ex« geboten wird und die Versamm-
lung schweigend den Saal verläßt. Jede Verbindung hat ihr eigenes »Ususbuch«, wobei
immer auch ein kurzer studentischer Nachruf in die Zeremonie eingebaut ist. Hier
allerdings hebt sich die jugendliche Nonchalance dem Tod gegenüber wieder auf und
gibt doch einem tiefsinnigen Gedanken Raum: »So wie dein Leben zerbrach, zerbre-
che ich dieses Glas; so wie dein Augenlicht erlosch, lösche ich diese Kerze.«
Die Studentenlieder weisen die verschiedensten Gedanken und Gefühle auf, die ein
Mensch dem Sterblichsein gegenüber haben kann. Da zeigt sich einmal die Todessehnsucht:

»Zerbrochnes Glück, fahr’ wohl, ade! Ich läg am liebsten
unterm Gras und schliefe da mit meinem Weh, o Akademia.«

Dann wiederum der Aspekt des »Carpe diem«:

»Und kommt der letzte Augenblick, ich hab geliebt,
das war mein Glück; nun ist es aus mit Saus und Braus.«

oder:

»Wer weiß, ob nicht die Welt
morgen in Schutt zerfällt;
wenn sie nur heut noch hält;
heute ist heut!«

Schließlich die *funebrale Vorwegnahme*, wie sie im Lied »Ich schieß den Hirsch...« beschrieben wird:

»Und wenn ich einst gestorben bin
und lieg im kalten Schrein,
als braver Bursch, wie ich gelebt,
will ich begraben sein!«

oder:

»Nur am Rheine will ich sterben,
nur am Rhein grabt mir mein Grab,
und des letzten Glases Scherben
werft in meine Gruft hinab!«

Ernsthafter setzt sich das berühmte Studentenlied »Gaudeamus igitur« mit dem Leben und dem Tod auseinander, die bange Frage aufwerfend:

»Ubi sunt, qui ante nos
in mundo fuere?«

In der hervorragenden Übersetzung von Peter Wiesmann:

»Wo sind sie, die vor uns schon
auf der Welt gewesen?
Geht hinauf ins Himmelreich,
steigt hinab zum Höllenteich:
Wo sind sie? – Gewesen!
Kurz ist unsres Lebens Zeit,
bald ist es von hinnen.
Grausam naht sich uns der Tod
und bereit' uns große Not,
keiner wird entrinnen.«

Es mag erstaunen, wie oft und in welcher Weise gerade in Studentenliedern, im gemeinsam gesungenen Kantus, der Tod vorkommt. Dies gilt nicht nur für die typischen Studenten-, sondern allgemein für die Trinklieder. Es sei hier nur kurz auf die Benediktbeurer Lieder, die berühmten »Carmina Burana«, verwiesen, die in lateinischer und deutscher Sprache vorliegen. Der Hauptteil der Carmina Burana, von ihrem ersten Herausgeber 1847 so genannt, besteht aus Liebesliedern. Die Sammlung vereinigt Gedichte aus dem 12. und 13. Jahrhundert und wurde in einem oberbayerischen Kloster gefunden. Etwa zwei Dutzend der Lieder der Trinker, Spieler und Vaganten finden sich unter vielen anderen frommen, geistlichen und weltlichen Gedichten. Bekannt sind u. a.:

> »In taberna quando sumus,
> non curamus, quid sit humus,
> sed ad ludum properamus
> cui semper insudamus«
> (Wenn wir in der Kneipe stecken,
> Kann die Erdenlast nicht schrecken,
> Spiel allein soll uns erheben,
> Dem wir bis zum Tod ergeben ...)

oder:

> »Meum est propositum in taberna mori,
> ut sint via proxima morientis ori.
> Tunc cantabunt laetius angelorum chori:
> ›Sit Deus propitius huic potatori‹«
> (Mein Beschluß ist, und ich will in der Schenke sterben,
> daß, den Wein an unserm Mund, wir den Himmel erben.
> Dann singt froh der Engel Chor und wird für uns werben:
> Gott, laß dieses Säuferherz, gnädig, nicht verderben!)

In geradezu übermütiger Manier fordert auch der auf keinen Lebensgenuß verzichtende Student den Tod heraus, selbst seinen »Leibarzt« desavouierend:

> »Einst hat mir mein Leibarzt geboten:
> Stirb oder entsage dem Wein,
> Dem weißen sowohl wie dem roten,
> Sonst wird es dein Untergang sein.«

Er hat es »zwar heilig versprochen, auf etliche Jahre zwar nur – doch dann, nach zwei schrecklichen Wochen – vergaß er den albernen Schwur«.

> »Tod höre: man hat mir befohlen
> Stirb oder entsage dem Wein.
> Tod, wann du willst kannst du mich holen,
> Hier sitz' ich und schenke mir ein!«

Wenn in diesem Lied auch dem Leibarzt und dem Tod getrotzt wird, so doch nicht in solch enthusiastischer Weise wie in den *Soldatenliedern*. Bereits um 1718 ertönte das Lied der »Frommen Soldaten seligster Tod«:

> »Kein sel'ger Tod ist in der Welt,
> Als wer vorm Feind erschlagen
> Auf grüner Heid, in freiem Feld,
> Darf nicht hören groß Wehklagen;

Der Landsknecht und der Tod
Jakob Binck (1500 bis 1569), Kupferstich
Totentanzsammlung der Universität Düsseldorf

(rechts)
Krieger, Dirne und Tod
Urs Graf (um 1485 bis 1527), Kupferstich
Öffentliche Kunstsammlung, Kupferstich-
kabinett, Basel

340

Im engen Bett sonst einer allein
Muß an den Todesreihen,
Hier aber findt er Gesellschaft fein,
Falln mit wie Kräuter im Maien;
Ich sag ohn Spott,
Kein sel'ger Tod
Ist in der Welt,
Als so man fällt
Auf grüner Heid;
Ohn Klag und Leid,
Mit Trommeln Klang
Und Pfeifen Gesang
Wird man begraben,
Davon wir haben
Unsterblichen Ruhm.
Die Helden fromut
so setzen Leib und Blut.«

Eine Mischung von Studenten- und Soldatenlied ist wohl das bekannte, nicht mehr so heiter-fröhliche, sondern eher melancholische Lied des in den Kampf ziehenden Reiters:

»Die bange Nacht ist nun herum,
wir reiten still, wir reiten stumm
und reiten ins Vederben.
Wie weht so scharf der Morgenwind!
Frau Wirtin, noch ein Glas geschwind
vorm Sterben, vorm Sterben.
Dem Liebchen, doch das Glas ist leer,
die Kugel saust, es blitzt der Speer;
bringt meinem Kind die Scherben!
Auf! in den Feind wie Wetterschlag!
O Reiterlust, am frühen Tag
zu sterben, zu sterben!«

Der Wunsch, fürs Vaterland, für das Reich zu sterben, wurde nur noch übertroffen von Heinrich Heines »Grenadieren«, deren einer noch bereit ist, aus dem Grab wieder emporzusteigen, um für seinen Kaiser zu fechten:

»So will ich liegen und horchen still,
Wie eine Schildwach' im Grabe,
Bis einst ich höre Kanonengebrüll
Und wiehernder Rosse Getrabe.
Dann reitet mein Kaiser wohl über mein Grab,
Viel Schwerter klirren und blitzen;

Dann steig ich gewaffnet hervor aus dem Grab, –
Den Kaiser, den Kaiser zu schützen!«

Sowohl in den Volks- wie in den eigentlichen Studentenliedern spielt natürlich auch der Patriotismus eine wesentliche Rolle. Nirgends jedoch werden das Heldentum, der Mut, aber auch die Angst so sichtbar wie in den Soldatenliedern. 1916 wurde an der Front in Flandern der sogenannte Flandrische Totentanz, ein Landsknechtlied, gesungen, das um 1600 vermutlich aus einem Nonnentanzlied im Rheinland entstanden ist:

»Der Tod kann Rappen und Schimmel reiten
Der Tod kann lachend im Tanze schreiten
Er trommelt laut, er trommelt fein:
Gestorben, gestorben, gestorben muß sein!
In Flandern reitet der Tod, in Flandern reitet der Tod.«

Soldatenlieder mögen verschiedene Motive zum Ausdruck bringen. Soldat sein heißt den Tod vor Augen haben, bedeutet Mut angesichts des Todes zu beweisen, meint sein eigenes Leben (und nicht nur das des Feindes) einzusetzen. Dieser Einsatz hatte früher sicher eine andere Bedeutung als heute. In einer Zeit, da technische Waffensysteme Mut und Opferbereitschaft ersetzen, dürfte auch das Soldatenlied kaum mehr patriotische Begeisterung auslösen. Im Zweiten Weltkrieg waren sie noch an der Tagesordnung, beispielsweise der »Kamerad, der Tod«, nach einem Text von Max Mumenthaler, von Willi Kaufmann komponiert:

»Wer marschiert mit uns Soldaten durch die Nacht,
in die Schlacht?
Wer marschiert, wer marschiert im gleichen Schritt
stumm und still in uns'rer Mitte? Kamerad, der Tod!

Wer erlöst uns von den Leiden aus der Nacht,
aus der Schlacht?
Wer erlöst uns von den Schmerzen stumm und still
und kühlt die Herzen? Kamerad, der Tod!«

oder das bekanntere Lied »Eine Kompanie Soldaten«, von Alfred Hein und Willi Kaufmann:

»Und es fallen die Granaten
in die Kompanie Soldaten
und gar mancher beißt ins Gras.«

Und das wohl bekannteste Soldatenlied mit einem Text von Ludwig Uhland (1787–1862):

Der gute Kamerad

»Ich hatt' einen Kameraden,
einen bessern find'st du nit.
Die Trommel schlug zum Streite,

er ging an meiner Seite
im gleichen Schritt und Tritt.

Eine Kugel kam geflogen,
gilt sie mir oder gilt sie dir?
Ihn hat sie weggerissen,
er liegt zu meinen Füßen,
als wär's ein Stück von mir.

Will mir die Hand noch reichen,
derweil ich eben lad'.
Kann ihm die Hand nicht geben,
bleib' du im ew'gen Leben,
mein guter Kamerad.«

Ein kurzer Blick genügt bereits, um zu sehen, wie weit sich das Soldatenlied der
Neuzeit von der orgiastischen Heldenverehrung und Todesverachtung patriotischer
Hymnen entfernt hat. Hieß es früher noch: »O Reiterlust, am frühen Tag zu sterben,
zu sterben!«, so kann sich der heutige Soldat kaum noch an der Glorifizierung des
Sterbens aufrichten. Ideale, Vaterland und wofür immer man noch in den Krieg
ziehen mag, sind im Denken unserer jungen Generation zu stark relativiert worden,
um aus ihnen noch die Sehnsucht herauszulesen, daß das Sterben »am frühen Tag«
eine Lust sein könnte.

Der Tod in bedeutenden Musikwerken

Die Neuzeit brachte, abgesehen von den Opernwerken, die bereits besprochen wurden, hervorragende und ernsthafte Kompositionen zum Todesthema. Franz Liszt wie
auch Arthur Honegger komponierten einen »Totentanz«, Frédéric Chopin die Sonate
»La marche funèbre«, während wir Hector Berlioz eine »Symphonie funèbre et triom-
phale« sowie ein Requiem verdanken. Bekannt ist auch die »Totenklage« von Anton
Bruckner, der 2. Satz der Symphonie Nr. 7 in E-Dur, welche Ludwig dem Bayern
gewidmet ist.

»Der Todesgedanke in der Musik« (Karl Marguerre, 1978) läßt sich nur schwer
beschreiben, da das wesentlichste Element, eben die musikalische Bearbeitung,
schlechthin das durch die *Musik* Ausgedrückte, auf diese Weise nicht vermittelt werden kann. Trotzdem muß festgehalten werden, daß es gerade der Musik als Spiegel des
Daseins, ja als »tönendem Sein« (Georges, 1969, 1) im Sinn Wilhelm Diltheys (1933,
207) gegeben ist, die »Dynamik der Seelenzustände zum Ausdruck zu bringen«. Peter
Michael Hamel hält es für unbestritten, daß in den großen Werken der klassischen

Musikliteratur »eine geistige Kraft erfahrbar ist, welche die Grenzen des Normalbewußtseins sprengen kann... In allen früheren Weltkulturen stand die Musik ja im Dienst des Rituals, des Gottesdienstes, der Bewußtseinserweiterung und des Gewahrwerdens der Transzendenz, die in einer Überschreitung der Grenzen des sinnlich Erfahrenen, in einer Überschreitung des Diesseitigen besteht« (1979, 1086). Daß in dieser transzendentalen Erfahrung das Todesthema über das gesprochene Wort hinaus durch die Musik vermittelt werden kann, steht außer Frage.

Dies gilt besonders auch für die großen Bühnenwerke, in denen der Text an und für sich recht dürftig erscheinen kann, durch die Musik jedoch die ganze Todesgestimmtheit aufgehen läßt. Klassische Beispiele dafür sind die meisten Opern, die schon mehrfach erwähnt wurden. Der Tod im musikalischen Kunstwerk gibt im wesentlichen das Verhältnis des Komponisten zu seinem eigenen Sterblichsein wieder. Das Wissen um den eigenen Tod, der Tod naher Verwandter oder Freunde, schwere Krankheiten, Liebesleid, Enttäuschungen und Existenzsorgen beeinflussen das Werk. So wurde Verdi zweifellos vom Tod seiner Mutter Luigia und vom Tod seines Librettisten Cammarano beeindruckt, als er an der Musik zum Troubadour arbeitete.

Ganz besonders muß uns in diesem Zusammenhang Wolfgang Amadeus Mozart interessieren. Bereits in seiner ersten Meisteroper »Idomeneo« (1781) spielt der Tod eine makabre Rolle, indem der Vater gemäß einem einst abgelegten Schwur, das erste ihm begegnende Menschenwesen den Göttern zu opfern, sein eigenes Kind töten soll. Ganz im Gegensatz zu dieser tristen, auf einer alten Sage beruhenden Tötungsphantasie steht das Bild des Todes in der »Hochzeit des Figaro«, die eine Oper der Lebensfreude ist, in die nur einmal der Schatten des Todes fällt, nämlich in der Kavatine der Gräfin (in Es-Dur):

> »O mi rendi il mio tesoro, o mio lascia almen morir« –
> (Gib mir meinen Gatten wieder oder sende mir den Tod!)

»Figaro« ist eine Oper menschlicher Leidenschaften, Verwirrungen, Intrigen, aber auch von Liebe und Leid, kurz: eine Oper des Lebens. Der Tod ist hier bedeutungslos, höchstens noch als Sehnsucht auftauchend, wenn die Liebe gefährdet ist. Anders in »Don Giovanni«, wo Mozart den Tod dem Leben gegenüberstellt, und in der »Zauberflöte«. Im »Don Giovanni« geht es um Leben *und* Tod, ist der Tod der große Gegenspieler des Lebens.

Don Giovanni hat den Komtur, den Vater der von ihm verführten Donna Anna, im Zweikampf getötet. Nach einer Zeit fröhlichen Zechens, lasterhaften und unbekümmerten Lebensgenusses lädt er auf dem Friedhof das Standbild des Komturs in seinem Übermut zum Mahle ein. Seine exaltierte Todesverachtung kennt keine Grenze, das gelebte Leben ist ihm alles:

> »Mädchen und Rebenwein würzen das Leben,
> sie sind das Herrlichste auf dieser Welt«

schwärmt er abends beim köstlichen Nachtmahl. Die Einladung an den »närrischen Alten«, den Komtur, kommt ihm als Spaß gelegen. Denn

>Mag die Welt in Trümmer gehn,
Niemand soll mich zagen sehn!
Nein, ich bleib fest und trotz dem All!«

Erst als der Komtur wirklich erscheint, wird für Don Giovanni die Sache ernst.

>Beug deinen Sinn, bereue!
Dir schlug die letzte Stunde«

ruft der Komtur ihm zu, doch Don Giovanni ist bis zum Schluß uneinsichtig, selbst als ihn ein »ungewohntes Angstgefühl« beschleicht:

>Höllische Geister nahen sich,
Es stürmt das wilde Flammenmeer
Der Hölle her zu mir!
. . .
Was foltert so die Seele mir,
Was tobt in allen Adern mir?
Ich fühle Höllenqualen,
O Schrecken, welche Pein!«

Und so schließt die Oper, nach der Höllenfahrt Don Giovannis, mit der Weisheit:

>Also stirbt, wer Böses tat!
Wie im Leben so im Tode
Erntest du nach deiner Saat.«

Der Tod ist dem Wesen Don Giovannis immanent (Karl Marguerre, 1978, 60); Don Giovanni lebt, als gäbe es den Tod nicht. Die Intensität jedoch, mit der er lebt, weist auf die Unmöglichkeit hin, diesem Leben auch Sinn und Bewährung zu geben. Bewährung hat mit be-wahren und dieses wiederum mit »währen« zu tun. Ein solches Leben kann aber nicht währen, es ist dem Tod verfallen. Der Tod seiner Gegenspieler ist für Don Giovanni das Selbstverständlichste der Welt, ja die Bestätigung seines eigenen Lebens. Nicht einmal die Posaunenmahnung in der Kirchhofszene, die Voraussage des Endes, des Jüngsten Gerichts vermögen ihn vom Einbruch des Jenseits in des Menschen Dasein zu überzeugen, einem Einbruch, den Mozart in der Schlußszene für uns alle deutlich macht.

Auch die »Zauberflöte« weist, in milderer Form und nicht in der gleichen dramatischen Auseinandersetzung wie im »Don Giovanni«, Aspekte des Todesgedankens auf. Der Tod wird in dieser Oper als die andere Hälfte des Lebens aus dem tiefen Wesen seiner Notwendigkeit heraus bejaht. Nicht das schlichte Ende und das Gericht stehen im Vordergrund, sondern Taminos Todesangst[10], Papagenos Verzweiflung, die Todesschwüre der Königin der Nacht und schließlich Pamina, die in ihrer Verlassenheit den Tod als Erlöser erwartet.

>Ach, ich fühl's, es ist verschwunden,
Ewig hin der Liebe Glück!

Nimmer kommt ihr Wonnestunden
Meinem Herzen mehr zurück!
Sieh, Tamino, diese Tränen
Fließen, Trauter, dir allein.
Fühlst du nicht der Liebe Sehnen,
So wird Ruh' im Tode sein!«

Die großen Opern lassen gelegentlich vergessen, daß Mozart, sein Ende vorausahnend, ein leider nur zum Teil fertig erstelltes »Requiem« hinterließ. Die Mehrzahl seiner kirchenmusikalischen Werke schrieb Mozart in seinen Salzburger Jahren. Neben einer Reihe kleinerer Werke sind es vor allem 15 Messen in verschiedener Besetzung und verschiedenen Stilen. Seiner Gemütsverfassung vermochte er jedoch wohl am besten im »Requiem« und im »Ave verum« Ausdruck zu geben, die beide aus seinem Todesjahr stammen.[11] Das von seinem Schüler Süssmayr vollendete »Requiem« war von einem »großen Unbekannten« (in Tat und Wahrheit von einem Grafen) bestellt; Mozart äußerte sich mehrmals dahingehend, er wisse, daß er diese Arbeit für sich selber schreibe. Den Auftraggeber betrachtete er als einen Vorboten seines eigenen Todes. Großartig und von einmaliger Eindringlichkeit ist die erste Hälfte: die Doppelfuge des Kyrie, dann die Dämonie des Dies irae und die Steigerung bis zum Rex tremendae maiestatis. Die Tuba mira läßt die Majestät des Richters in ihrer ganzen Macht erkennen, der Schluß des Satzes gibt jedoch der Hoffnung auf die Gnade Raum. Das Recordare in F-Dur wird dem Rex tremendae maiestatis in g-Moll gegenübergestellt, die Hoffnung auf Jesus, die Überwindung der Angst. »Nimm Dich *meines* Endes an« verweist auf den Tod als Realität.

Mozarts Requiem gilt vielfach als *das* Requiem schlechthin. Dies mag damit zusammenhängen, daß es nicht nur die musikalische Genialität seines Schöpfers vertritt, sondern auch das letzte Werk eines dem Tod geweihten großen Meisters ist.

Horst Goerges (²1969) grenzt den Gestaltungsbereich Mozarts gegenüber der Welt Bachs mit ihrem religiösen Gemeinschaftsbewußtsein, gegenüber Händels »umfassendem Humanitätsgefühl« und Glucks im Rationalismus verankerter Musik ab.

Die Kantaten, Passionen und die h-Moll-Messe von Johann Sebastian Bach (1685–1750), die Opern und Oratorien im Werk von Georg Friedrich Händel (1685–1759) sowie die sinnbildliche Klanggestalt der Todesidee aus dem Geist des Aufklärungszeitalters in den Musikdramen von Christoph Willibald Gluck (1714–1787) werden von Goerges in den Kreis des dualistisch-transzendenten Todesbewußtseins gestellt. Bachs tiefe Religiosität läßt die Antithese von Tod und Leben, aber auch jene vom erlösenden Tod und vom Schreckensbild des ewigen Todes, der Todessehnsucht und der Todesangst, vom Tod als ersehntem Durchgang und als absolutem Ende immer wieder zum zentralen Thema seiner Kantaten werden. In der Osterkantate »Der Himmel lacht« ist das Grundmotiv der Gegensatz von Tod und Auferstehung; die aus derselben Zeit (1715) stammende Kantate »Komm, du süße Todesstunde« will den Tod als das eigentliche Ziel des Lebens erscheinen lassen. Goerges verweist in diesem Zusammenhang auf die große Einheitlichkeit in der Stim-

ORPHEA CVM SILVIS FLVVIOS ET SAXA MOVENTI
GRECIA LAETEOS FERT ADYSSE LTVIS
EVRYDICEN ILLIC VITAE REVOCASSE PRIORI
SERVASSET STIGIO SI MODO PACTA IOVI

Orpheus und Eurydike
Peter Vischer der Jüngere, um 1514, Bronzeplatte
Staatliche Museen Preußischer Kunstbesitz, Berlin

348

mung des 2. Verses der Ostermontagskantate »Christ lag in Todesbanden« von 1724 (das. 13).

> »Den Tod niemand zwingen kunnt
> bei allen Menschenkindern,
> das macht alles unsere Sünd
> kein Unschuld war zu finden.
> Davon kam der Tod so bald
> und nahm über uns Gewalt,
> hielt uns in seinem Reich gefangen.
> Halleluja.«

In den Großwerken Bachs, Johannespassion, Matthäuspassion und h-Moll-Messe, ist das Todeserlebnis weniger persönlich, dafür um so mehr repräsentativ-kirchlichen Charakters, doch nicht weniger mitreißend-ergreifend als in den Kantaten. Leiden, Tod und Auferstehung werden »zu einem gewaltigen Bekenntnis« (Goerges, das. 22) ausgebaut; die h-Moll-Messe stellt die ganze Glaubensgeschichte dar und »soll von deren ewiger, zeitlos lebendiger Gültigkeit Zeugnis ablegen«.

Der kontemplativen Religiosität in Bachs Werken steht die aktive Lebenshaltung Händels gegenüber, deren Wesen beispielhaft im »Messias« zur künstlerischen Darstellung kommt. Der Todesgedanke ist von Begriffen durchdrungen, die statt transzendentaler Aspekte die mitmenschliche Beziehung in den Mittelpunkt stellen: Opfer, Rache, Freiheit, Stolz, Sühne und Strafe. Diese finden auch ihren Niederschlag in Händels Opern.

Werden bei Händel bereits Anklänge an das rationalistische Zeitalter der Aufklärung sichtbar, so dürfte Gluck noch weiter von Bachs mystischer Entgrenzung und Todessehnsucht entfernt sein. Im »Orfeo« hat der Tod Eurydikes die Bedeutung der Strafe, der Sühne für den Verstoß gegen göttliches Gebot, jedoch nicht als eschatologische Darstellung und »weit entfernt« von der christlichen Vorstellung des Todes als »der Sünde Sold« und »von aller Schuld-, Todes- und Erlösungsproblematik des Wagnerschen Musikdramas«. Der Tod ist bei Gluck ein fremder, dunkler Bereich. Eine Einheit von Leben und Tod gibt es nicht. »Das Leben wächst in der Bekämpfung der Todesmacht, in dem Streben nach Aufhebung des Todesgesetzes kraft des sittlichen Bewußtseins des Menschen. Verliert der Mensch dieses Bewußtsein, so ist er seines Haltes beraubt, den dunklen Trieben ausgeliefert« (Goerges, 1969, 65). Der Tod ist Gegner des Lebens, was durchaus in ein Zeitalter paßt, das den Todesgedanken radikal von sich wies. Erst bei Mozart fand schließlich die Wandlung zur Immanenz des Todesbewußtseins statt, in welcher der Mensch mit seinem je eigenen Schicksal auch seine ihm zugehörige Beziehung zum Tod hat.

Mozarts letzte Gedanken, an seinem Todestag noch, galten dem von ihm nicht mehr vollendeten »Requiem«. Am Nachmittag hatte er mit Freunden daraus musiziert; am Abend weihte er seinen Schüler Süssmayr in die Pläne zur Vollendung des Werks ein. »Sein Letztes war es noch«, berichtet 35 Jahre später die Schwägerin Sophie, »wie er mit seinem Munde die Pauken in seinem Requiem ausdrücken wollte.«

Dann kam die Krise, das Bewußtsein schwand, und gegen ein Uhr morgens schlummerte er sanft ein, um nicht wieder zu erwachen (Fred Hamel, 1934, 231).

Die »Missa pro defunctis«, deren Text 1570 von Papst Pius V. festgelegt wurde, ist von großen Meistern vertont worden. Einige wurden bereits genannt, andere müßten hinzugefügt werden, etwa Cherubini im 19. Jahrhundert, der gleich zwei Requien schuf, dann jenes von Verdi und schließlich das Requiem von Johannes Brahms, zwischen 1861 und 1868 komponiert. Einer der ersten Hörer des »Deutschen Requiems«, der Schöpfer der modernen Volkschorbewegung Bernhard Scholz, hat seinen Eindruck von dem Werk sehr treffend in einem Brief an Brahms niedergelegt: »Mensch, das haben Sie herrlich gemacht! Die Pauke – erst wie der Tod an die Tür pochend, schließlich wie Freund Hein die Knochen zerschmeißend – wirkt geradezu fürchterlich. Das kann nur einer schreiben, der zwei Seelen in seiner Brust hat, und wer nicht in derber Liebeskunst sich an die Welt mit klammernden Organen hält, der wird auch nie die volle Nichtigkeit alles Irdischen begreifen« (Breslau, 12. August 1872).

Es besteht kein Zweifel darüber, daß die Darstellung des Todes im religiösen Bereich besonders in der christlichen Todesauffassung, in Dichtung, Kunst und Musik weihevoller und von ergreifender Schönheit, aber auch von besonderer Eindringlichkeit ist. Hier wird der Bezug zum Göttlichen das Hauptthema. Nicht von ungefähr findet sich auf christlichen Grabsteinen so häufig das »Requiescat in pace«, »Ruhe in Frieden«, welches auch als Schlußwort im Requiem verwendet wird. Dieses wurde in der katholischen Kirche dem »Introitus« der Totenmesse entnommen, später allgemein als Totenmesse konzipiert, für die Seelenruhe der Verstorbenen gelesen und gesungen, um für sie Tilgung oder Abkürzung zeitlicher Sündenstrafen zu erwirken. Bekannt ist das »De profundis clamavi ad te, domine«, »Aus der Tiefe rufe ich, Herr, zu dir«, ein Bußpsalm, der in das Totenofficium der römischen Liturgie aufgenommen wurde. In Anlehnung an diesen Trauergesang, Psalm 130, dichtete Luther das Lied »Aus tiefster Not schrei ich zu dir«. Musikalisch erhielt das Requiem bereits im 9. Jahrhundert die verbindliche Form, in welche im 13. Jahrhundert das heute noch im Chorgebet gesungene »Dies irae, dies illa«, eingeführt wurde. Diese Sequenz der römischen Totenmesse, »der Tag des Zorns, der letzte Tag, wird die Welt in Asche zerfallen lassen«, wird dem Franziskaner Thomas von Celano (gestorben um 1255) zugeschrieben.

Die Zeit des herannahenden Weltuntergangs, des Weltbrands und des Grauens wurde unter anderem von Carl Orff in seinem letzten großen Werk »De Temporum Fine Comoedia« (Das Spiel vom Ende der Zeiten) musikalisch dargestellt. Die Anachoreten und die letzten Menschen kommen zu Wort: »Ubique daemon, ubique daemon, – der Teufel geht um, der Teufel geht um ... bis ans End' aller Zeit, bis ans End' aller Zeit! – Wann endet die Zeit?« Anachoreten waren früher christliche Einsiedler, die der Prophezeiung des Weltgerichts ein leidenschaftliches Nein entgegenschleuderten. Das Ziel der Welt könne nicht im Schrecken des Jüngsten Gerichts liegen. Der Mensch muß nicht vor dem Tod zurückschrecken; er kann, durch das Grauen hindurchgeführt, auf Befreiung hoffen. »Kalón thanein«; »Schön ist es zu sterben«. Selbst

Luzifer, Symbol des Dualismus von Gut und Böse, kehrt reumütig zu Gott zurück: »Pater, peccavi.« Das »Ende aller Dinge« wird »aller Schuld Vergessung sein«, heißt es bereits auf der ersten Partiturseite der Comoedia.

Musikalisch bedeutsam für die Werke um die Welt des Schreckens – welche durch viele Komponisten unserer Zeit thematisch bearbeitet wurde – ist die Verwendung von Instrumenten, die früher lediglich Begleitfunktion hatten. Orff verwendete für die Comoedia gegen hundert verschiedene Schlaginstrumente aus allen Weltkulturen. Hamel nennt in diesem Zusammenhang den italienischen Komponisten Luigi Nono, den Koreaner Isang Yun und den Schweizer Claus Huber, die in ihre Musik »ohrenbetäubenden Lärm einer Fabrik« (Nono) und »schrille Töne« (Yun) einbauten, um damit die »Urangst« (Huber) auszudrücken und den Menschen »aufzustören aus seiner schon nahezu schizophrenen Selbstverständlichkeit«, mit der er sich an die Möglichkeit einer Selbstzerstörung des Menschengeschlechts gewöhnt hat. Olivier Messiaen schrieb 1943 im Konzentrationslager von Görlitz sein »Quartett über das Ende der Welt«, in welchem er sich von der Kraft christlich-gnostischer Mystik tragen und eine geistige Welt, umschrieben mit den Worten der christlichen Offenbarung, erklingen ließ.

Weltende, Weltgericht und Auferstehung finden ihren stärksten Ausdruck wohl in der zweiten Symphonie von Gustav Mahler (1860–1911), einem begnadeten, aber auch umstrittenen Komponisten, der, von Todesahnungen, Todesangst, Todesgewißheit und Todessehnsucht gequält, in sein Werk – auch als Auferstehungssymphonie bezeichnet – sein eigenes Empfinden einbrachte. Es ist die Aufbruchstimmung: »Sterben werd ich, um zu leben«, und der Glaube, nicht umsonst geboren zu sein. Im vierten Satz der Symphonie ertönt die sehnsuchtsschwere Weise zu dem Gedicht »Ulrich« aus »Des Knaben Wunderhorn« mit deren ergreifendem Sinn: »Ich bin von Gott und will wieder zu Gott.« Die Todessehnsucht wird übermächtig, Mahler wendet seine Gedanken dem »Jenseits« zu. So bringt der letzte Satz folgerichtig eine Darstellung des Jüngsten Gerichts. Der ganze Chor wird außer den Soli aufgeboten, die entsetzliche Stunde ist da, das Orchester gerät in Aufruhr, Schlaginstrumente dröhnen, die Gräber tun sich auf und speien ihre Toten aus. Arme und Reiche, Gerechte und Ungerechte, Priester, Päpste, Könige und Bettler vereinigen sich in einem endlosen Zug. Man hört den »Rufer in der Wüste«, das Lamento steigert sich in einen gellenden Schrei des Entsetzens – doch zuletzt erfüllt Hoffnung den Chor: »Auferstehn, ja auferstehn.«

Mahler war zeit seines Lebens vom Gedanken an den Tod verfolgt. Er ist das Musterbeispiel eines ruhelosen Wanderers. Zwischen der achten und der neunten Symphonie soll er sein Werk »Das Lied von der Erde« komponiert haben – er bezeichnete es selbst als »ein großes Lebewohlsagen, einen Abschied von Jugend, Schönheit und Freundschaft« (Reclams Konzertführer, 1982, 445).

Finden sich bei Mahler noch Aufbruchstimmung und Hoffnung, so gehört Robert Schumann (1810–1856) zu jenen großen Komponisten, die dem Tod mit Schrecken und Angst begegneten. In seinen Träumen und Halluzinationen wurde er von Engeln und Dämonen heimgesucht, die ihm einerseits »herrliche Offenbarungen« in wundervoller Musik machten, was in ihm eine »Seligkeit« auslöste, die von Clara Schumann als unnatürlich geschildert wird. Andererseits bedrängten sie ihn in Gestalten von Tigern und Hyänen; die Engel verwandelten sich in Dämonenstimmen mit gräßlicher Musik.

Nach einem Selbstmordversuch – er versuchte sich im Rhein zu ertränken – und seiner Rettung starb Schumann in der Heilanstalt in Endenich.

Kaum einer der großen Komponisten hat das Todesthema ausgelassen. Einige seien noch erwähnt: Benjamin Brittens 1939/40 entstandene Sinfonia da Requiem, eine bekenntnishafte, erschütternde Komposition; Edward Griegs zwei Suiten zu »Peer Gynt«, besonders »Ases Tod«. Im gleichen Atemzug ist Gottfried von Einem zu nennen, der »Dantons Tod« und Kafkas »Der Prozeß« zu Opern gestaltete, Kurt Weills »Das Berliner Requiem« und »Das ertrunkene Mädchen« (beide mit Texten von Bertolt Brecht) sowie Sergej Rachmaninows melancholische Tondichtung »Die Toteninsel«.

Einen besonderen Hinweis verdient Bernd Alois Zimmermann (1918–1970), der kompromißlos gegen den Krieg antrat (»Die Soldaten«), die Ubu-Musik (»Musique pour les Soupers du Roi Ubu«) schuf, sich selbst als eine rheinische Mischung von Mönch und Dionysos bezeichnete und als Expressionist und Avantgardist galt. Ihm verdanken wir ein »Requiem für einen jungen Dichter« und »Stille und Umkehr«, eines seiner letzten Stücke. Damals bereits unheilbar krank, so daß er 1969 nicht einmal mehr die Uraufführung seines »Requiem« erleben konnte, machte er fünf Tage nach Vollendung seiner letzten Komposition »Ekklesiastische Aktion« (mit Bachs Choral »Es ist genug« schließend), seinem Leben ein Ende.

Es bleibt noch als Abschluß unserer Betrachtungen Richard Strauß (1860–1911) zu erwähnen, der 1888/89 seine Tondichtung für Großes Orchester »Tod und Verklärung« schrieb, ein Werk, dem später ein Gedicht von Alexander Ritter zugrunde gelegt wurde:

> »Da erdröhnt der letzte Schlag von des Todes Eisenhammer!
> Bricht den Erdenleib entzwei, deckt mit Todesnacht das Auge.
> Aber mächtig tönet ihm aus dem Himmelsraum entgegen,
> was er sehnend hier gesucht:
> Welterlösung, Weltverklärung!«

Die Dichtung schildert zunächst die Armseligkeit des Sterbenden: »In der ärmlich kleinen Kammer ... liegt der Kranke auf dem Lager«, gefolgt von der Frage, was ihn jetzt beschäftigen mag, ein Traum an des Lebens Grenze von der Kindheit goldner Zeit? Der Tod jedenfalls rüttelt ihn grausam aus seinen Träumereien auf, »schlaflos, wie im Fieberwahn, sieht der Kranke nun sein Leben Zug um Zug und Bild um Bild am inn'ren Aug vorüberschweben«. Erst nach dem Durchlaufen aller Lebensstationen erfolgt der Schlag mit dem Eisenhammer: Der Tod kommt als Henker, nicht als Freund. Er kann jedoch nur das Erdenhafte, den Leib zertrümmern, vom (pantheistischen?) Himmelsraum tönt ihm die jedem Menschen innewohnende Sehnsucht nach Erlösung von dieser Welt entgegen.

FÜNFTES BUCH

Menschlich sterben in unmenschlicher Zeit

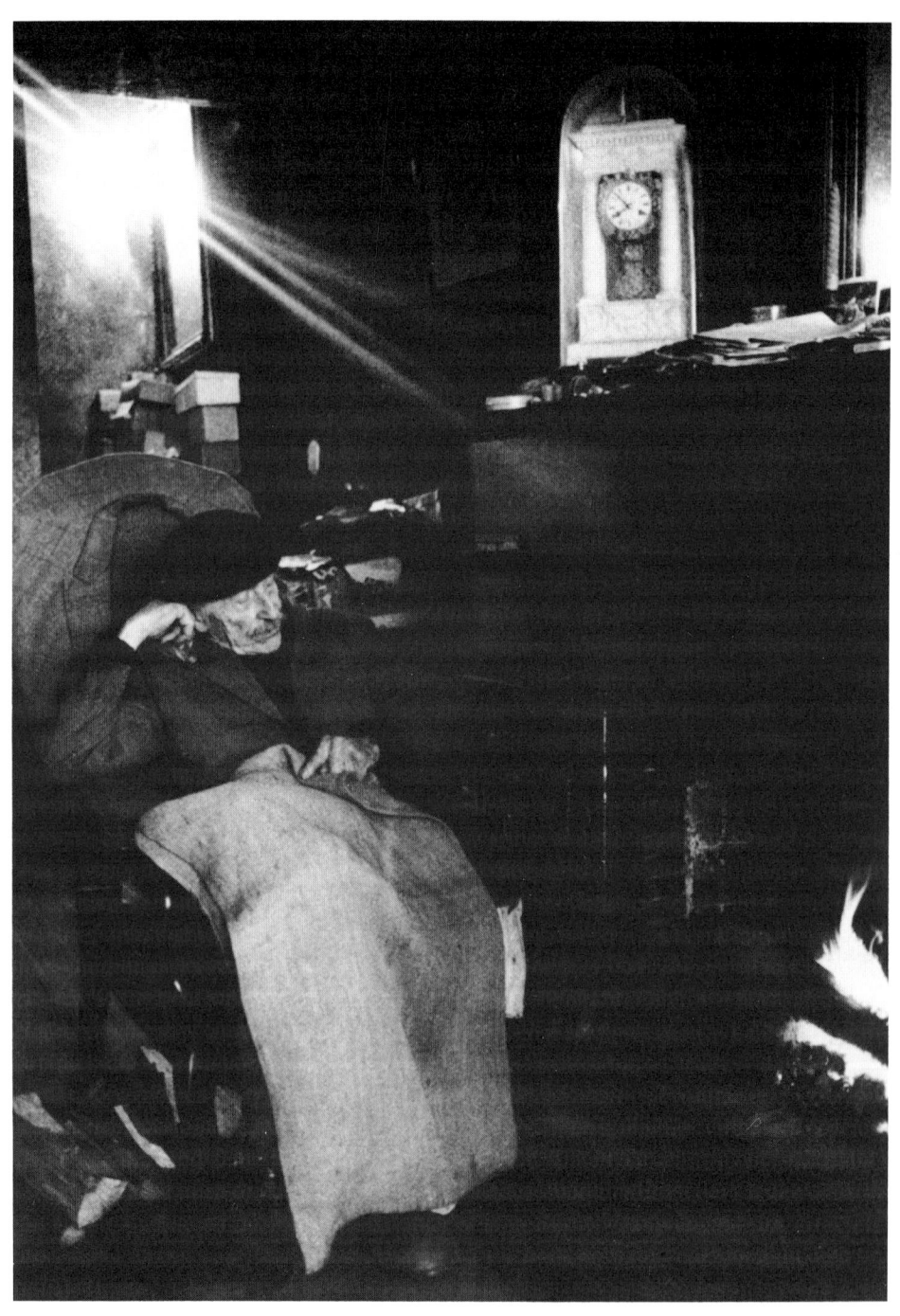

Aus **Paul et Clemence**
Edition 24 heures (Foto Marcel Imsand)

354

Das Recht auf
einen »natürlichen«
Tod?

Wenn vom Menschen gesagt wird, er besitze ein primäres Wissen um seinen Tod, so stellt sich unweigerlich die Frage, *woher* dieses Wissen eigentlich stamme. Der »Sterbliche«, als welcher der Mensch bezeichnet wird, ist nicht jener, der sterben kann, sondern einer, der eines Tages wirklich stirbt. Dieses wirkliche Sterben erfahren wir aber stets als das Sterben anderer. Eine eigene Sterbenserfahrung besitzen wir nicht. Noch kein Mensch ist wirklich gestorben und wieder ins Leben zurückgekehrt. Die Empirie läßt uns hier im Stich. Denn selbst die Feststellung, daß bisher alle Menschen gestorben sind, läßt lediglich den Analogieschluß zu, daß es uns vermutlich gleich ergehen wird. Max Scheler bezeichnet es daher als die Kernfrage einer Erkenntnistheorie des Todes, der Gewißheit des Sterbenmüssens nachzuforschen. Eine auf bloße Induktion, sich auf Empirie stützende Erklärung der Todesgewißheit lehnt er ab. Für ihn gibt es nur eine »intuitive Todesgewißheit« (1957, 22 und 26), ein »Wesenswissen« um den Tod, das unabhängig ist von aller Erfahrung, eine besondere Bewußtseinsart; das eigentliche Sterben ist dann nur die Bestätigung dessen, was der Mensch schon immer gewußt hat (G. Scherer, 1979, 44, sieht Schelers Gedanken in unmittelbarer Verwandtschaft zu E. Husserls »Phänomenologie des inneren Zeitbewußtseins«). Unbestimmt bleibt allerdings, was eigentlich »intuitiv« als Erkenntnismodus für den Menschen bedeutet und welchen Wirklichkeitswert dieses Adjektiv besitzt. Ebenso fragwürdig ist das »Wesenswissen«, es sei denn, damit werde das angesprochen, was Heidegger als Existential bezeichnet. In diesem Fall würde sich aber die Frage erübrigen, *woher* das Wissen um Tod und Sterblichkeit überhaupt stamme. Die Todesgewißheit wird nämlich dann zu einem Grundphänomen menschlichen Daseins und bedarf keiner weiteren Ableitung und Erklärung.

Wenn wir davon ausgehen, daß nur der Mensch um sein Sterblichsein weiß, daß demzufolge nur der Mensch in des Wortes wahrstem Sinn stirbt, dann ist auch jedes Sterben »menschlich«. Wie läßt sich jedoch dann die oft gehörte Äußerung erklären, daß der moderne Mensch das Sterben verlernt habe, daß unsere moderne Industriegesellschaft den Menschen dazu zwinge, unter »unmenschlichen« Bedingungen sterben zu müssen? Tatsächlich hat das Sterben heute in vielen Bereichen einen ganz anderen Stellenwert erhalten, als dies in früheren Zeiten der Fall war. Die gesellschaftlichen Umwälzungen der vergangenen Jahre, besonders seit dem Zweiten Weltkrieg, und die ungeheure technische Explosion haben in bezug auf das Sterben zweierlei bewirkt: Einerseits stirbt der Mensch unter anderen sozialen Umständen als früher, sofern er in einem sogenannt zivilisierten Land und unter optimalen technischen Bedingungen lebt. Die Zeiten scheinen vorbei zu sein, da der alternde Mensch, wohlvorbereitet im Schoß seiner Familie, nach Regelung aller sozialen Verpflichtungen und Aufsetzung eines Testaments, die Augen für immer schloß. Heute wird hauptsächlich in den

Spitälern gestorben, angeschlossen an lebenserhaltende oder schmerzlindernde Apparaturen, zumeist in einer recht distanzierten, anonymen Atmosphäre. Die letzten Begleiter des Sterbenden sind vornehmlich die Ärzte und das Krankenhauspersonal, es sei denn, ein Angehöriger ist – oft rein zufällig – zum Zeitpunkt des Todes am Krankenbett. Man spricht deshalb vom »weißen Tod«. Ob diese Art des Sterbens zu Recht oder zu Unrecht als »unmenschlich« oder »würdelos« bezeichnet werden darf, ist eine Frage, die sich nicht ohne weiteres beantworten läßt. Auf der einen Seite ist der Krankenhaustod für den Sterbenden ein trauriges Abschiednehmen von seiner Welt, da tatsächlich die sein Leben ausfüllenden mitmenschlichen Beziehungen durch die technische Zuwendung der modernen Medizin ersetzt werden. Andererseits dürfte es kaum je eine Zeit gegeben haben, in der sich die Medizin in einer derart intensiven Zuwendung des Sterbenden angenommen hat. Wenn auch der Kliniktod trotz der aufopfernden Betreuung durch das Pflegepersonal die »trostlose Vereinsamung« nicht aufheben kann, so scheint es doch fragwürdig zu sein, von einer »Scheinhumanität« zu sprechen, wie dies Johannes Schwartländer tut (1976, 11).

Das zweite Phänomen, welches das Verhältnis unserer Zeit zum Tod charakterisiert, scheint in einem gewissen Gegensatz zum erwähnten »weißen Tod« zu stehen. Der Mensch fordert heute mehr denn je eine humanere Begegnung der Medizin mit dem Kranken im allgemeinen und mit dem Sterbenden im besonderen. Diese Forderungen werden nicht etwa nur als Wunsch vorgetragen, sondern im Sinn eines Rechts gefordert. Wie widersprüchlich jedoch diese Situation ist, kann daraus ermessen werden, daß die Gesellschaft einerseits von der Medizin erwartet, Leben zu erhalten, wenn möglich zu verlängern, und andererseits für das Individuum den Anspruch erhebt, den eigenen Tod frei bestimmen zu können. So sind denn auch die Auffassungen über den »würdigen« Tod äußerst verschieden. Der eine möchte erst im hohen Alter eines »natürlichen« Todes sterben, der andere fürchtet sich vor dem Altern und wünscht frühzeitig aus dem Leben zu scheiden; ein dritter wiederum ängstigt sich dermaßen vor dem Sterben, daß er von der Medizin die künstliche Lebenserhaltung um jeden Preis verlangt, was so weit gehen kann, daß er sich am liebsten »einfrieren« ließe. Wiederum ein anderer beansprucht für sich das Recht auf Selbstvernichtung. Die große Illusion scheint nun tatsächlich der sogenannte »natürliche« Tod zu sein. Diese Forderung verleugnet nämlich die Tatsache, daß der Tod des Menschen nicht nur dessen biologisches Ende bedeutet. »Die aktualisierende Rede vom natürlichen Tod« orientiert sich einerseits »an einem human-biologischen Begriff von der Natur des Menschen« und enthält andererseits »ein gesellschaftskritisches Postulat« (Schwartländer, das. 20). Verhindert werden soll also jeder gewaltsame Tod durch Unfall, Verbrechen oder Krieg; verhindert werden soll der vorzeitige Tod durch Krankheit oder durch Mangel an notwendigen Lebensvoraussetzungen; verhindert werden soll die Zufälligkeit und Willkürlichkeit des Todes.

Friedrich Husemann spricht von einem »natürlichen« oder »physiologischen« Alterstod«, wenn Herz und Gehirn einer Altersatrophie unterliegen ([3]1977, 139ff.). Der Tod sei dann eine innere Notwendigkeit, »weil der Organismus seine Bildkräfte völlig für das Seelenleben hingegeben hat«. Andererseits gibt es einen »pathologischen

Tod«, der durch Krankheit oder äußere Lebensumstände herbeigeführt wird. Für die Annahme eines natürlichen Todes plädiert auch Walter Strasser mit der Begründung, daß viele Lebewesen ein Alter erreichen, in welchem das Wachstum »aus irgendeinem Grund aufhören muß« (1977, 2029 ff.); damit beginne das Altern der Zellen, das über kurz oder lang zum Tod des Individuums führen müsse. W. Doerr hält es für »unstreitig«, daß es einen »reinen«, das heißt natürlichen Tod durch Verbrauch (Alterung) der Organe gibt (1978, 7). »Solche Menschen sterben gar nicht, sie hören nur auf zu leben.«

Worin allerdings der Unterschied zwischen »sterben« und »aufhören zu leben« bestehen soll, wird nicht ausgeführt. Ebenso bleibt unklar, ob das »Altern« wirklich ein notwendiger physiologischer Prozeß, also ein natürlicher Vorgang ist oder nicht. Vorgängig schreibt Doerr nämlich, daß es »im Sinne unserer Betrachtung« zwischen Krankheit und Alterung »keinen durchgreifenden Unterschied« gebe.

G. Scherer dagegen macht auf einen Widerspruch aufmerksam, der mit dem Begriff des »natürlichen Todes« verbunden ist (1979, 21). Um den Tod hinauszuschieben, bis er allein durch den biologischen Alterungsprozeß bedingt eintritt, sind nämlich umfangreiche Maßnahmen notwendig. Damit gibt er Schwartländer recht, der erklärt, der heute geforderte »natürliche Tod« sei in Wahrheit der »künstlichste Tod«, da er die Frucht kunstvollster Selbstmanipulationen des Menschen darstelle. Über das Biologische hinaus verweist somit der »natürliche Tod« auf Freiheit, Sinn, Vernunft und auf die ethische Dimension der Existenz. Die gängige Vorstellung eines natürlichen Todes setzt die Verfügbarkeit des Menschen über seine Existenz voraus; eine solche allseitige »Bewältigung« schließt nach Scherer eine positive Stellungnahme zu »Widerfahrnissen« aus. Was nicht bewältigt werden kann, soll und darf nicht sein. Sogar der Tod soll bewältigt werden, planbar und verfügbar. Dies gilt nicht nur für den »Freitod«, sondern auch für den »natürlichen« Tod, der aus unserem Blickfeld zugunsten einer Lebensverlängerung à tout prix verschwindet. Tritt der Tod dann doch ein, nachdem wir alles versucht haben, was wir vermögen, um das Leben zu verlängern, wissen wir mit dem Sterbenden nichts mehr anzufangen. Er ist aus unseren Denkrastern herausgefallen (das. 23). Der Sterbende wird dann dem Verfallsprozeß überlassen – eben dem »natürlichen« Geschehen. »Es ist zuletzt das Ideal reiner Selbstbestimmung, welches uns veranlaßt, viele Sterbende in die Nacht ihrer Einsamkeit versinken zu lassen.«

Übersehen wird dabei jedoch, daß diese Forderung nach einer »Altersgarantie« weniger die Betroffenheit des Menschen durch den Tod als vielmehr »die Furcht vor dem Sterben« meint und daß es dabei gar nicht um ein Recht des Menschen auf das Leben geht. Des weiteren bedingt die Verwirklichung dieser Forderung nicht nur die totale Veränderung unserer Gesellschaft, was völlig utopisch wäre, sondern eine noch größere Perfektionierung der naturwissenschaftlich-technischen Medizin, gegenüber welcher der Mensch auch Vorbehalte anbringt. Wichtiger aber scheint mir zu sein, daß der »natürliche Tod« im Grund den totalen Tod bedeutet, das totale Ende.

Eine eigene, wenn auch fragwürdige Deutung gibt E. Jüngel dem »natürlichen« Tod (1971, 167). Das durch den Tod Christi vom Fluchtod befreite menschliche Leben habe »ein natürliches Ende«, das mit dem Ende unserer Lebenszeit eintrete. »Diesen und keinen anderen Tod zu sterben, hat der Mensch ein Recht.« Und es zähle zu den Pflichten des christlichen Glaubens, diesem Recht Geltung zu verschaffen. Zwischen der Verkündigung des Todes Jesu Christi und der *Fürsorge für einen natürlichen Tod* bestehe »ein unmittelbarer Zusammenhang«. Dieser »natürliche Tod« müsse politisch, sozial und medizinisch erarbeitet werden. »Den Tod verspotten – das ist zu verwirklichen in einer Strategie zugunsten eines *Lebens mit natürlichem Ende.*«

Den Tod verspotten? Heißt dies: ihn nicht ernst nehmen? Verspotten, verlachen, verhöhnen, verachten sind doch nichts anderes als Abwehrmaßnahmen des Menschen, die – psychologisch längst nachgewiesen – der Angstbewältigung dienen. Den Tod kann man nicht verspotten. Man kann ihn ernst nehmen, sofern man keine Angst vor ihm hat. Und ein natürlicher Tod ist wohl lediglich jener, dem der Mensch furchtlos, mit einem gewissen Gleichmut, in Gelassenheit ins Auge sehen kann.

Gewiß sind die Motive ehrenhaft, die Jüngel zu seinem Postulat eines natürlichen Todes bewegen. Er opponiert gegen die Tötung, gegen den Krieg; er spricht dem Staat, der Justiz, der Gesellschaft jegliches Recht ab, das Leben der Mitmenschen willentlich zu verkürzen. Darin sind wir mit ihm einig; nur, das ist noch nicht identisch mit dem Recht auf einen natürlichen Tod, schon gar nicht auf einen Tod aus Altersschwäche. Denn selbst wenn wir soweit wären, müßte doch die Medizin auch den Kampf gegen diese aufnehmen. Der Gedanke an eine Medizin, die den Tod tatsächlich abschafft, ist aber doch eher absurd.

Nach J. Baudrillard haben die »Wilden« keinen biologischen Begriff vom Tode (1982, 206). Die biologischen Fakten von Geburt, Krankheit, Tod hätten für sie »ganz einfach gar keinen Sinn«. Die aufgeklärte Menschheit (also *wir*) habe den Tod desozialisiert, bio-anthropologischen Gesetzen unterstellt, ihm die Immunität der Wissenschaft beigelegt und ihn als individuelles Schicksal verselbständigt. Die Wilden hingegen wüßten, daß der Tod eine *soziale Beziehung* ist. Die *Initiation* banne die Teilung von Geburt und Tod »und die mit ihr verbundene Fatalität, welche auf dem Leben lastet, solange es derartig geteilt ist«.

Mag man auch mit der Grundabsicht und Grundintention der Forderung nach einem »natürlichen« Tod durchaus sympathisieren, so ist die Frage nach dem Verständnis vom Tod, das ihr zugrunde liegt, doch unumgänglich. Zweifellos ist es nicht jene Auffassung, die von Heidegger als »Sein zum Tode« bezeichnet wurde. Vielmehr scheint die Sinnhaftigkeit des Seins wie auch jene des Todes ausgeklammert zu sein. Der Tod in dieser Sicht wird nicht mehr als zum Leben gehörend betrachtet. Auch Leiden und Krankheit, selbst die Freiheit des Menschen würden sinnlos, ebenso die den Menschen auszeichnende Trauerarbeit beim Tod anderer und damit die Besinnung auf das eigene Sterblichsein. Somit stellt sich für uns die ernsthafte Frage, in welcher Weise die Biologie überhaupt vom Tod spricht und ob der Tod eine biologische Notwendigkeit darstellt oder nicht.

Der natürliche Tod, so Jean Baudrillard, bedeutet keine Akzeptierung eines Todes, der zur »Ordnung der Dinge« gehört, sondern eine »systematische Leugnung des Todes« (1982, 255). Er unterliegt der »Rechtsprechung der Wissenschaft«; im Klartext bedeutet dies: »Der Tod ist unmenschlich, irrational und sinnlos, wie die ungebändigte Natur.« Das Ideal des natürlichen Todes ist ein guter, ein besiegter und dem Gesetz unterworfener Tod. Früher habe der Mensch einen Pakt mit dem Teufel für ein langes Leben, Reichtum und Genuß geschlossen; heute werde der natürliche Tod zu einem Gesellschaftsvertrag; die ganze Gesellschaft mit ihrer Wissenschaft und Technik werde für den Tod jedes Individuums gemeinsam verantwortlich gemacht. Ein unnatürlicher Tod wird dann zum gesellschaftlichen Skandal. In beiden Fällen ist jedoch das Resultat der Verträge das gleiche: Der Teufel gewinnt immer!

G. Scherer stimmt damit überein (1979, 20). Die Formel vom »natürlichen« Tod sei eine »radikale Absage an jede metaphysische Idee von Unsterblichkeit, aber auch an den christlichen Auferstehungsglauben«. Die Idee vom »natürlichen« Tod hat ihre Wurzeln im naturwissenschaftlichen Weltbild einerseits (in welchem der Mensch keine Sonderstellung in der Natur einnimmt), andererseits in einer philosophischen Anthropologie, welche (wie etwa Ludwig Feuerbach) am Jenseitsglauben des Menschen Kritik übt.

An sich müßte der Begriff eines »natürlichen« Todes nicht von sich aus, das heißt unbedingt, im Widerspruch stehen zu einem Glauben an das Jenseits. Die Naturwissenschaft kann nämlich, sofern sie ihre eigenen Grenzen kennt und anerkennt, über den Tod nichts aussagen. Alles, was sie beobachtet, ist die biologische Seite des Menschen. Insofern kann sie auch nur über das biologische Ende etwas aussagen. Für viele Naturwissenschaftler ist aber das Wesen des Menschen in dessen »Natur« begründet. Da »Natur« im Sinne der Naturwissenschaften jedoch oft biologisch verstanden wird, muß der Tod das absolute Ende des Menschen sein.

Eine ausführliche, kritische Schilderung des »natürlichen« Todes bietet Ivan Illich in seiner »Nemesis der Medizin« (1979). Seit 500 Jahren, genauer zwischen dem 16. und 20. Jahrhundert, hat sich diese Vorstellung in fünf Phasen entwickelt, und heute sei man im Begriff, in eine sechste einzutreten. Die Geschichte des natürlichen Todes sei die Geschichte der »Medikalisierung« des Kampfes gegen den Tod.

In den primitiven Gesellschaften galt der Tod als Folge einer Intervention von außen (etwa als Ergebnis der bösen Absicht eines Nachbarn, einer Hexe, eines Vorfahrs; daher die Angst vor den Toten); im christlichen und islamischen Mittelalter war der Tod von der persönlichen Intervention Gottes abhängig. Engel und Teufel kämpften um die Seele, die aus dem Mund der Sterbenden entwich. Erst im 15. Jahrhundert wurde dem Tod eine gesonderte Stellung zugesprochen; er wurde gegen das Leben ausgespielt, auf den Friedhöfen fanden Tänze statt, erotische Lieder und Verse holten ihren literarischen Stoff beim Tod. Alte Jedermann-Spiele und die Danse macabre wurden zu gesellschaftlichen Ereignissen; in den ersten Jahren der Holzschneidekunst beherrschten Skelette die Titelseiten der Erbauungsbücher, »ähnlich wie heute auf den Zeitschriften nackte Frauen dominieren« (Illich, das. 212). Im 15. und 16. Jahrhundert arbeitete der Arzt Hand in Hand mit der Natur; er konnte die »vis medicatrix naturae«, die heilende Kraft der Natur, nutzen oder die Anwesenheit des Todes anhand der »facies hippocratica« erkennen und sich zurückziehen. Der Sterbende gehörte nicht mehr in die Hand des Arztes, sondern in jene des Seelsorgers. Sterbekerzen und Sterbegebete, eine religiöse »ars moriendi«, Sterbegeläute und die Totenaufbahrung kamen auf. Von einer künstlichen Lebensverlängerung war man weit entfernt. Bei aller Transzendenz wurde der Tod jedoch immer mehr zu einem Naturphänomen, der Tote zum Leichnam. Wurde der Tote bisher als Person bezeichnet, die man sogar noch juristisch belangen konnte, geriet er im 17. Jahrhundert bereits unter das Skalpell der Anatomen. Schließlich wurde der natürliche Tod zu einem bürgerlichen Tod: Im 18. Jahrhundert hatten die Hypochondrie- und Hysterie-Epidemien ihren Höhepunkt erreicht; die Angst vor dem Scheintod grassierte bis zur Französischen Revolution; der gesellschaftliche Wert des Alters stieg. Es war das Zeitalter der Scharlatane, die in der Zeit der Aufklärung von den Klinikern abgelöst wurden. Stadtkliniker und Landärzte übernahmen die auch von den Gewerkschaften erhobenen Forderungen nach einem »natürlichen« Tod für alle, Forderungen, die ihre letzten Ausläufer in der Gesundheitsversorgung und Gesundheitsvorsorge des Sozialstaates von heute fanden. Die Bücher und Schriften über »Arzt und Tod« bilden einen wesentlichen Bestandteil der Todesliteratur. Der Kampf gegen den Tod ist durch die Sozialversicherung garantiert. Im Zeitalter, in dem der »Megatod« denkbar wird, tritt die Notfall- und Intensivmedizin auf den Plan.

Die Kritik Illichs an dieser Entwicklung ist bitter, böse und wohl übertrieben. Immerhin kann ihr eine gewisse Berechtigung nicht abgesprochen werden. Und nicht zu Unrecht erinnert er an Michel de Montaigne: »Welch müßige Vermessenheit, zu erwarten, an einem Verfall der Kräfte zu sterben, der doch stets nur die Folge des höchsten Alters ist, und uns keine kürzere Lebensspanne zugestehen zu wollen..., so als widerspräche es der Natur, zu erleben, daß ein Mann stürzt und sich den Hals bricht, bei einem Schiffbruch ertrinkt, von Pleuritis oder Pest dahingerafft wird... Wir sollten das allgemein Übliche und Universelle als natürlichen Tod bezeichnen.«

Was immer uns die Sterblichkeitsforschung bringen mag, was auch immer die Perfektionierung der Medizin und die präventive Gesundheitspolitik erreichen werden, so steht doch fest, daß der Traum eines »natürlichen« Todes nie in Erfüllung gehen wird. Es muß Schwartländer recht gegeben werden, wenn er einen solchen Tod als den »künstlichsten« Tod bezeichnet, da er lediglich die Frucht einer Selbstmanipulation des Menschen und seiner Lebensumstände sein müßte. Der Mensch müßte, auch nur um im biologischen Sinn weiterleben zu können, das Biologische übersteigen und künstlich weiterexistieren. Der natürliche Tod ist gerade nicht von der Natur, sondern von der technischen Effizienz des Menschen abhängig. Diese ist aber nicht »natürlich« im Sinn der Naturwissenschaften, sondern hebt lediglich den Menschen aus der Naturhaftigkeit heraus, wie sie etwa im tierischen und pflanzlichen Leben anzutreffen ist. Nicht von ungefähr vertreten Anhänger der Idee eines natürlichen Todes die Ansicht, der Mensch nehme in der Natur keine Sonderstellung ein und die biologische Deutung des Menschen beruhe auf einer als wissenschaftlich gesicherten Grundlage. Die Idee ist an sich nicht neu. Bereits von philosophischer Seite wurde die Idee eines »naturgemäßen« und »gesunden« Todes postuliert. Für Ludwig Feuerbach sollte dies der Tod sein, der im hohen Alter erfolgt, wenn der Mensch sein Leben satt hat und ihn herbeiwünscht. Georg Scherer bringt Feuerbachs Vorstellung in einen Zusammenhang mit dessen Anthropologie, »welche den Menschen von seinen sinnlichen Bedürfnissen her zu verstehen sucht« (1979, 20), und mit dessen Kritik am Jenseitsglauben, auf der später Karl Marx aufbaute. Es könnte aber sein, so Scherer (das. 179), daß die Frage nach dem Sinn unserer Existenz eine Antwort fordert, die deutlich werden läßt, »daß eine Anthropologie zu kurz greift, die den Menschen nur von seinen sinnlichen Bedürfnissen oder den gesellschaftlichen Produktionsverhältnissen und der Emanzipation von Zwängen der Natur und der Gesellschaft her versteht«. Nicht von ungefähr hat denn auch die frühmarxistische Dialektik mit dem Begriff des Todes praktisch nichts anzufangen gewußt. Kritik am Begriff des »natürlichen« Todes und vor allem am »Recht des Menschen auf einen ›natürlichen‹ Tod« übt u.a. auch Alfons Auer (1976). Wenn schon von einem »natürlichen«Tod gesprochen werde, könne auf keinen Fall ein altersbedingter biologischer Tod gemeint sein, da für den Menschen nur ein »menschenwürdiges Sterben« natürlich sein könne.[1] In Tat und Wahrheit kann es kein Recht auf etwas geben, das »unabwendbares Schicksal« ist, wohl aber ein Recht des Menschen, daß ihm ein »würdiger Vollzug dieses unabwendbaren Schicksals ermöglicht wird«.

Es liegt auf der Hand, daß diese Forderung das Problem der aktiven und passiven Euthanasie anspricht, des weiteren die Frage nach der ethischen Situation des den »Freitod« wählenden Menschen, die Tötung auf Verlangen, die Todesstrafe und letztlich die staatlich verfügte Verpflichtung zum Töten im Krieg.

Das Verhältnis des Menschen zur Todesgewißheit

Die Feststellung, daß weder die biologische Festlegung des Todes noch dessen biologische und soziale »Notwendigkeit« so recht zu überzeugen vermögen, bedeutet noch nicht, daß wir wesentlich mehr über den Tod wissen, wenn wir es auf philosophischem oder theologischem Wege versuchen. Für Martin Heidegger ist der Tod zwar das »Ende« des In-der-Welt-Seins (1927, 234). Anders jedoch als die biologische Bestimmung des »Endes« betrachtet er dieses Ende als »zur Existenz gehörig«. Der Tod ist also nicht vom Leben ausgeschlossen, sondern immer noch eine Möglichkeit der Existenz. »Der Tod als Ende des Daseins ist die eigenste, unbezügliche, gewisse und als solche unbestimmte, unüberholbare Möglichkeit des Daseins. Der Tod ist als Ende des Daseins im Sein dieses Seienden zu seinem Ende« (Heidegger, das. 258f.). Als »geworfenes« In-der-Welt-Sein ist das Dasein »je schon seinem Tod überantwortet. Seiend zu seinem Tode, stirbt es faktisch, und zwar ständig, solange es nicht zu seinem Ableben gekommen ist. Das Dasein stirbt faktisch, sagt zugleich, es hat sich in seinem Sein zum Tode immer schon so oder so entschieden« (das. 259). Man sagt, der Tod komme gewiß, aber vorläufig noch nicht. Heidegger nennt dies das »alltäglich verfal-

entrée dans le Monde jusqu'au moment de sa Disparition.

Déclinant

Age de Décadence

Enterrement

Age de Caducité.

Age de Décrépitude

Ans.

70 Ans

80 Ans

90 Ans

Communion

100 Ans. Age
d'Enfance et
d'Imbécillité

Die Stufen des Alters
Anonym, um 1810
handkolorierter Kupferstich
aus Frankreich
Privatbesitz
(Foto Dermond, Zürich)

363

lende Ausweichen vor ihm«, ein »uneigentliches« Sein zum Tode. Das »man«, womit Heidegger gerade die Alltäglichkeit meint, spreche nämlich durch das »vorläufig noch nicht« dem Tod die Gewißheit ab. Diese Alltäglichkeit schiebe den Tod hinaus auf ein »später einmal« und verdecke somit die Eigentümlichkeit der Gewißheit des Todes, »daß er jeden Augenblick möglich ist«. Eigentliches Sein zum Tode kann nicht ausweichen und verdecken.

Es sei zugegeben, daß Heideggers »Sein zum Tode« in der von ihm gemeinten existentialen Bedeutung nicht leicht nachzuvollziehen ist. Das ist im Rahmen dieses Beitrags auch nicht erforderlich; immerhin sei auf die eingehende Explikation von James M. Demske »Sein, Mensch und Tod« (1963) verwiesen, in der das Todesproblem bei Martin Heidegger ausführlich dargestellt ist.

Zwei Aussagen Heideggers bedürfen jedoch in diesem Zusammenhang der Erwähnung. Einmal die Beziehung zwischen »Sein zum Tode« und der Angst, dann das Verhältnis des »Sein zum Tode« zur Freiheit. »Im Vorlaufen zum unbestimmten gewissen Tode öffnet sich das Dasein für eine aus seinem Da selbst entspringende ständige Bedrohung... Die Befindlichkeit aber, welche die ständige und schlechthinnige, aus dem eigensten vereinzelten Sein des Daseins aufsteigende Bedrohung seiner selbst offen zu halten vermag, ist die Angst. In ihr befindet sich das Dasein vor dem Nichts der möglichen Unmöglichkeit seiner Existenz. Die Angst ängstet sich um das Seinkönnen des so bestimmten Seienden und erschließt so die äußerste Möglichkeit. Weil das Vorlaufen das Dasein schlechthin vereinzelt und es in dieser Vereinzelung seiner selbst der Ganzheit seines Seinkönnens gewiß werden läßt, gehört zu diesem Sichverstehen des Daseins aus seinem Grunde die Grundbefindlichkeit der Angst« (1927, 265f.). Und dann kommt der entscheidende Satz: »Das Sein zum Tode ist wesenhaft Angst.«

Die Angst stellt den Menschen tatsächlich vor das Nichts. Ver-nichtung heißt die Möglichkeit des Nicht-mehr-da-Seins, eben die Nicht-ung. Als endliches In-der-Welt-Sein ist das Dasein sterblich. So wie jedoch das Nichts nicht einfach »nichts« ist, etwa als Gegensatz zum Sein, gehört auch das Sterblichsein zum Leben. Das Sterblichsein durchwaltet die menschliche Existenz als eine ihr zugehörige Seinsmöglichkeit. Aus diesem Grund weiß der Mensch auch um sein Sterblichsein, selbst wenn nicht aus eigener Erfahrung, sondern nur durch das Sterben anderer. Die Menschen als die »Sterblichen« grenzen sich einerseits von den Dingen als bloß vorhandenen Seienden, andererseits von den »Unsterblichen«, von Hölderlin als die »Himmlischen«, die »Göttlichen« und die »Götter« bezeichnet, ab. Mit dem Begriff »die Sterblichen« wird eine wesentliche Seinsweise des Menschen erfaßt. »Der Mensch west als der Sterbliche. So heißt er, weil er sterben kann. Sterben können heißt: den Tod als Tod vermögen. Nur der Mensch stirbt – und zwar fortwährend, solange er auf dieser Erde weilt, solange er wohnt« (Heidegger, ³1967b, 70).

Dies bedeutet, daß das »Sein zum Tode« wesentlich ein Sich-zum-Tode-Verhalten meint. Dieses Verhalten setzt die »Freiheit zum Tode« voraus (Heidegger 1927, 266). Die meisten Menschen allerdings haben Mühe, sich zu ihrem Sterbenmüssen frei zu verhalten. Das Wissen um den Tod wird zumeist aus der Alltäglichkeit unseres Lebens verbannt. Auch wenn wir an die Endlichkeit unseres Daseins täglich durch das Sterben anderer erinnert werden, versuchen wir doch, uns diesem Wissen zu verschließen. Der eine geht in der Geschäftigkeit des Lebens auf und füllt dieses süchtig in immerwährender Leistungs- und Konsumgier aus; für den anderen beginnt das Leben eigentlich erst nach dem Tod. Im ersten Fall liegt die Vorstellung vom Tod als dem unwiderruflichen Ende, der totalen Destruktion, dem hereinbrechenden Nichts zugrunde. Im zweiten Fall verliert das Leben seine eigenständige Sinn- und Werthaftigkeit, gilt es doch lediglich als Vorbereitung auf ein Sein nach dem Tod: Der Mensch befindet sich gleichsam im Vorraum des eigentlichen Lebens.

So hat jeder sein eigenes Verhältnis zum Sterben, ein Verhältnis, das von Wissen und Glauben, von gesellschaftlichen, weltanschaulichen, religiösen und familiären Einflüssen abhängig ist, vom Erleben des Todes eines Angehörigen, von der eigenen »gesunden« oder »neurotischen« Lebensentwicklung. Die Sterbensgewißheit kann verdrängt werden oder aber den Menschen angstvoll lähmen. Corey unterschied vier Arten des Umgangs mit dem Wissen um die Sterblichkeit (1961): avoidance, acceptance, neutralization, suppression; das Bewußtsein des Sterbenmüssens kann demnach umgangen, angenommen, neutralisiert oder unterdrückt werden. Angeblich sollen junge Menschen eher zu acceptance beziehungsweise neutralization, alte mehr zu avoidance neigen. Zwei Wesensmerkmale des Sterbens sind für die Verarbeitung des Wissens um den Tod von besonderer Bedeutung: die »hora incerta« – die Ungewißheit des Todeszeitpunkts – und die Tatsache, daß man allein stirbt. Sartre erkannte, daß man auf den Tod nicht warten, sondern höchstens auf ihn gefaßt sein könne, denn das Wann des unbestimmten Todes könne jeder Augenblick sein. Jaspers hob die Einsamkeit des Todes für den Sterbenden wie für den Zurückbleibenden hervor. So ist das Erschreckende an der Todesahnung das Wissen um die Trennung von dieser uns vertraut gewordenen Welt, von unseren Lieben, von unserem Leben. Diesen »Tod« erlebt der Mensch aber immer wieder, zeit seines Lebens – das Kind etwa, das von seiner Mutter getrennt wird, der Liebende beim Abschied von der Geliebten.

Wenn davon auszugehen ist, daß der Mensch um sein In-der-Welt-Sein weiß, daß er ein *primäres* Seinsverständnis besitzt und daß dieses Sein immer schon ein Sein-zum-Tode ist, kann auch ein *primäres* Wissen um das Sterblichsein nicht geleugnet werden. Nur darf dieses Wissen nicht als eine »rationale« Erkenntnis mißverstanden und von einem »emotionalen«, gefühlsmäßigen Erfassen der Wirklichkeit getrennt gesehen werden. Das Sein zum Tode ist ein Existential, somit eine Grundverfassung des Menschenwesens. Es meint, daß sich der Mensch existierend immer in dieser oder jener Weise zum Tod verhält. Das faktische, ontische Verhalten dagegen ist unterschiedlich und veränderlich. So könnte man durchaus Max Scheler zustimmen, der den Tod als Wesensmerkmal des Lebens vom Tod als empirischem Faktum unterscheidet (1957, 22 u. 35). Das Wissen um den Tod als Wesensmerkmal, für Scheler der »natürliche« Tod, verdanke der Mensch nicht der Erfahrung und Beobachtung. Dieses Wissen sei ihm vielmehr intuitiv gegeben, fortwährend anwesend. Es ist im Grunde ein Wissen als *Gewißheit* und »unabhängig von den soziokulturell bedingten und historisch wechselnden Gliederungen des individuellen Lebens in Kindheit, Jugend,

Reife, Alter, unabhängig von allen Motivationen, unabhängig gar von der Todes-angst« (Fuchs, ²1979, 115f.). Letzteres ist allerdings fraglich, da ja nach Heidegger gerade die Angst die unüberholbare Möglichkeit des Daseins ist, die Endlichkeit menschlicher Existenz zu erfahren.

Die Kindheit

Die Beziehung des Menschen zur Gewißheit des Todes ist individuell verschieden. Dennoch lassen sich einige altersbedingte Besonderheiten erkennen, die einen gewis-sen, wenn auch keineswegs absoluten Allgemeinheitscharakter besitzen. Die empiri-sche Sozialforschung wies beispielsweise nach, daß Kinder im Alter zwischen ein und drei Jahren den Tod in seiner Bedeutung noch nicht erfassen. Zwischen dem fünften und neunten Lebensjahr konkretisiere sich das persönliche Sterben als Vorstellung einer irreversiblen Auflösung des Körpers. Die Möglichkeit des eigenen Sterbens werde bewußt. Im Vordergrund des Erlebens stehen jetzt die naiv-realistische Ein-schätzung des Todes und die Neugier für die Begleitumstände des Sterbens. Dies mag alles stimmen. Immerhin ist zu bedenken, daß bereits das Kleinkind, möglicherweise der Säugling, wenn auch nicht eine »abstrakte« Vorstellung vom Tod hat, so doch in einem Weltverhältnis aufwächst, das täglich der Gefährdung seiner Existenz ausge-setzt ist. Kleinkinder sind dermaßen auf die Fürsorge erwachsener Mitmenschen angewiesen, daß jedes Nachlassen einer solchen Schrecken und Angst auslöst – somit möglicherweise doch eine gewisse Todesahnung?

Gewiß erfährt das Kind den Tod in anderer Weise als der Erwachsene. Die Kinder-ärzte haben darüber reichliche Erfahrung gesammelt. Kaspar Kiepenheuer beschrieb die innere Welt des sterbenden Kindes (1978, 284ff.), W.H. Hitzig und Kiepenheuer veröffentlichten eine Studie (1976) »Das Kind und der Tod«. Robert A. Furmann meinte, daß sogar zwei- bis vierjährige Kinder mit dem Wesen des Todes vertraut gemacht werden sollten (1966), und C. Bennholdt-Thomsen legte klinische Beobach-tungen zum Sterben und Tod des Kindes vor (1956). Eindrücklich ist auch Ginette Raimbaults »Kinder sprechen vom Tod« (1980), ein Buch, in dem u.a. die klinischen Probleme der Trauer besprochen werden. Dazu kommt, daß die Kinder bekanntlich in den meisten ihnen erzählten Märchen mit dem Tod konfrontiert werden (vgl. auch S. 273).[2] Bei genauer Betrachtung sind ja die Märchen, wenn auch immer das Problem von Gut und Böse im Vordergrund steht, von unglaublicher Gewalttätigkeit und Todesunmittelbarkeit. Von »Schneewittchen und die sieben Zwerge« über »Hänsel und Gretel«, »Dornröschen« bis zu »Der Wolf und die sieben Geißlein« – um nur wahllos einige herauszugreifen – ist vom Tod die Rede. Daß dies beim Kind keine Reflexion über den eigenen Tod auslöst, mag für einige stimmen, für andere sicher nicht, wenn man an die Angstträume vieler Kleinkinder denkt, in denen sie vom »bösen Wolf« bedroht werden. Im übrigen zeugen die Zeichnungen vieler Kleinkinder von der Todeswirklichkeit, die ihnen, wenn auch unreflektiert, aufgeht. Es gibt auch beim Kind nicht wegzuleugnende Todesahnungen. Antoine de Saint-Exupéry hat sie im »Kleinen Prinzen« beschrieben. Nicht wenige Kinder erleben des weiteren Todesfälle in der eigenen Familie, das Sterben von Eltern oder Geschwistern, und schließlich wissen wir, daß selbst im Kindesalter, oft aufgrund geringfügiger Anlässe, Selbstmorde vorkommen. Dies alles sollte bedacht werden, wenn allzu leichtfertig behauptet wird, das Kind habe noch kaum oder nur undeutliche Vorstellungen vom Tod. Darin nämlich unterscheidet es sich wohl nicht von den meisten Erwachsenen. So scheint mir denn auch die von Medard Boss gemachte Äußerung höchst fragwürdig, daß sich die Kinder vor dem Eintritt der Pubertät »nicht vor dem Sterben zu fürchten pflegen« (²1975, 311). Begründet wird diese Ansicht damit, daß sich Kinder nicht »als rein auf sich gestellte, für sich bestehende und in sich abgeschlossene Subjekte« verstehen; sie wissen sich von übergreifender Mitmenschlichkeit getragen, vernehmen solches von ihren »allmächtigen« Eltern und lassen sich sterbend »gleichsam widerstandslos als Einzelwesen auslöschen«. Eine solche Deutung sieht zunächst an der Tatsache vorbei, daß auch eine Großzahl der Erwachsenen sich nicht als »Einzelsubjekte« verstehen und sich trotzdem der Todesangst nicht erwehren können. Zum anderen gibt es genügend Kinder, die sich gar nicht im »Übergreifenden« aufgehoben fühlen und demzufolge ebenfalls, vielleicht in noch höherem Maße, ahnungsvoll dem Todesgedanken ausgeliefert sind. Warum sollten nicht auch sie, die sich doch vor den kleinsten Versagungen fürchten, denen eine Spinne oder ein Wolf zum sie verschlingenden Ungeheuer wird, ausgerechnet vor dem Tod keine Angst empfinden?

Es ist sicher ebenso fragwürdig, die Kenntnisse des Kindes über den Tod zu verallgemeinern. D. Bürgin hat nicht zu Unrecht dazu bemerkt, daß die Bedeutung des Begriffes Tod und die Kenntnisse über den Tod sich mit der Entwicklung des Kindes ändern, wobei dessen Todeskonzept in der westlichen Zivilisation in engem Zusammenhang mit der allgemeinen Tabuisierung des Todes in unserer Gesellschaft und der damit verbundenen Erziehung sowie der Zugehörigkeit zu bestimmten sozioökonomischen Schichten steht (1978, 56ff. und 1981, 2510). Das vierjährige Kind besitze noch recht vage Vorstellungen vom Tod, beim fünfjährigen gestalte sich das Todeskonzept etwas detaillierter; für das Kind sei der Tod als eine Form von Ende zeitlich limitiert und reversibel. Zur Exploration dieses Zustandes gehören bereits Experimente mit Insekten, Indianerspiele, und – wie man gelegentlich bei Kinderspielen feststellt – Begräbnisrituale. Die Todesangst kann bereits in Form von Verstümmelungsideen, Bestrafungsängsten und Phantasien, getötet zu werden, in Erscheinung treten. Das sechsjährige Kind vermag sich, nach Bürgin, bereits mit Toten zu identifizieren, beim sieben- bis achtjährigen Kind heiße tot sein schlafen, still liegen und entfernt sein, während schließlich das neunjährige Kind bereits um das eigene Sterben weiß, jedoch kein besonderes Interesse daran zu zeigen scheint. Alle Zehnjährigen sollen sich schon in irgendeiner Weise mit dem Tod beschäftigt haben, aber erst mit vierzehn Jahren sei das Todeskonzept des Erwachsenen annähernd voll ausgebildet. Der Pubertätsverlauf entscheide dann weitgehend über die weitere Einstellung zum Tod, eine Ansicht, die auch von E. Stern vertreten wird (1957).

Die Vorstellungen über die Todesursachen sind im Kindesalter zudem sehr stark vom sozioökonomischen Status abhängig. In niederen sozioökonomischen Schichten sollen frühe und wiederholte Erfahrungen von Tod, chronischer Krankheit und Gewalt die Regel sein. Der Tod, besonders durch Umstände der Gewalt ausgelöst, ist denn auch in dieser Gruppe relativ häufig anzutreffen. Die Mittelklassekinder geben nach einer Untersuchung von M. McIntire et al. (1972), auf die sich Bürgin bezieht (1978, 63), als Todesursache vor allem Krankheit und hohes Alter an. Der Glaube an eine geistige Weiterexistenz findet sich am stärksten bei katholischen, am wenigsten bei jüdischen Kindern. Die Phantasien der Kinder über den Tod sollen gemeinhin mehr durch kulturelle Faktoren als durch spezifische Entwicklungsphasen bestimmt werden. Ebenso scheint es zwischen Mädchen und Knaben Unterschiede in der Todesinterpretation zu geben. Dies gilt besonders dann, wenn Schulkameraden sterben, mit denen sich die Knaben oder die Mädchen identifizieren können. Es muß allerdings zusammenfassend festgehalten werden, daß diese Angaben zumeist durch Befragung, oft mittels Fragebogen, beschafft wurden. Ihr Wert beziehungsweise die Aussagekraft derartiger Erhebungen ist immer relativ. Vor einer allzu apodiktischen Generalisierung ist in diesem Zusammenhang sicher zu warnen. Zusammenfassend könnte man sagen, daß Kinder bis zum Eintritt der Pubertät den Tod nicht in seiner ganzen Tragweite erfahren, zumindest nicht das gleiche »Todeskonzept« besitzen wie die Erwachsenen. Worauf dies beruht, läßt sich leicht aus dem speziellen Weltverhältnis verstehen, in dem die Kinder heranwachsen. Völlig verfehlt scheint es mir jedoch, daraus den Schluß zu ziehen, kleine Kinder würden keine Angst vor dem Tod kennen. Ausgehend von unserer Auffassung, daß es letztlich in jeder Angst um die eigene Existenz geht, daß jede Angst eben Todesangst ist, wird ersichtlich, daß auch dem Kind dieses Phänomen nicht fremd ist. Die Trennungsangst des Säuglings, der hilflos schreit, wenn die Mutter ihn verläßt, die Angst des Kleinkindes bei Verletzungen seiner psychischen und körperlichen Integrität, des Schulkindes vor dem leistungsmäßigen Versagen sind doch immer auch Ängste, in denen es um das Da-sein-Können geht.[3] Die Angst vor dem Tod setzt eben kein bestimmtes Todeskonzept voraus, schon gar nicht jenes der Erwachsenen. Diese selbst haben ja, individuell aufgrund ihrer Lebensgeschichte oder ihrer religiösen und kulturellen Tradition, verschiedene Todeskonzepte. Ob es überhaupt ein Konzept gibt, das die Todesangst bannen kann, ist mehr als fraglich.

Warum aber die (angebliche) Veränderung im Todesbewußtsein mit der Pubertät? Ist es wirklich die damit einsetzende »possessiv-subjektivistische Weltanschauung«, wie Boss behauptet? Kennzeichnend für den pubertären Weltbezug ist nicht primär das Auftreten einer vorher nicht gekannten Angst vor dem Tod oder, damit zusammenhängend, die Erfahrung eines in sich abgeschlossenen und auf sich allein gestellten Subjekts-Seins. Schon gar nicht kann die Behauptung belegt werden, daß Heranwachsende nach der Pubertät den Tod als die »endgültige Vernichtung« betrachten, demzufolge ein völlig nihilistisches Todeskonzept aufweisen. Pubertät und Adoleszenz führen zur Konsolidierung der Persönlichkeit des Jugendlichen, zur neuen Erfahrung der Liebe und der Sexualität, zur Ablösung von elterlichen und schulischen Autoritäten, zur Hinwendung zu neuen Formen des Gemeinschaftsgefühls, in welchem

Freundschaften und Ideale Vorrang vor Tradition und hergebrachten Normen haben. Es ist der eigentliche Beginn eines freiheitlichen Weltverhältnisses, eines oftmals überbordenden Lebensgefühls, mit allen Höhen und Tiefen, die diese Zeit aufweist. Die Stimmung ist oft »himmelhochjauchzend« oder »zu Tode betrübt«. Mit der Liebe und Erotik im besonderen erwacht ein neues Verhältnis zum Tod, zumeist nicht Angst, sondern Sehnsucht. Die Adoleszenz ist, darüber besteht kaum ein Zweifel, ein besonders krisenanfälliges Alter. Daran erinnern beispielsweise die den Psychiatern und Psychotherapeuten so bekannten und in ihrer Hoffnungslosigkeit erschütternden Fälle von Anorexia nervosa (der Pubertätsmagersucht), einer oft zum Tod führenden Krankheit, oder die suizidgefährdeten Depressiven, ganz zu schweigen von den Drogensüchtigen, die ihr Leben buchstäblich zerstören. Sie haben nicht Angst vor dem Tod, wohl aber vor dem Leben, dessen sie überdrüssig sind und dem sie, oft auch unreflektiert, entfliehen wollen. Magersüchtige wie Drogenabhängige haben ihr leibhaftiges Existieren bereits so eingeengt, daß man von einem chronischen Selbstmordprogramm sprechen kann. Suizidpatienten, die gerettet werden konnten, äußern sich kaum über den Tod (A. Reiner, 1971, 172). Die Angst mag einen gewissen Schutz vor einer Suizidhandlung bieten gerade dann, wenn Unsicherheit über das herrscht, was nachher kommt. »Wenn nach dem Tod alles sicher zu Ende wäre, wäre es leichter, einen Suizid zu begehen«, meinte eine Patientin in einem Gespräch mit Pfarrer Reiner (das. 173). Der Tod, und das scheint mir für diese Menschen, gleich welchen Alters, typisch zu sein, verliert gerade dort am ehesten seinen Angstcharakter, wo er als das endgültige Ende allen Seins betrachtet wird. Er wird zur Hoffnung, von allen Leiden und Konflikten befreit zu werden. Dies gilt auch für alle jene jungen Menschen, deren Suizidmotive im »taedium vitae«, in der Langeweile liegt, wo der Tod also als Erlösung aus einem sinnlosen Leben verstanden wird.

Die Phasenabfolge kindlichen und jugendlichen Wissens um Sterben und Tod wird von verschiedenen Autoren unterschiedlich beurteilt. Psychoanalytische Interpretationen und experimentell-statistische Untersuchungen werden zur Erklärung herbeigezogen, ohne daß sie allerdings zu überzeugen vermögen. Generell dürfte die Freudsche Konzeption, nach der die Todesangst aus dem Kastrationskomplex entsteht, heute als überholt gelten. Auch ein großer Teil der sozialpsychologischen Befragungsergebnisse ist nicht sehr aussagekräftig, da die Untersuchungsbedingungen zu verschieden und zudem von den Todesvorstellungen der Untersucher geprägt sind. Sterben und Tod lassen sich eben nicht »kognitiv« im Psycho-Labor erfahren, und Analogie-Experimente sind nicht konklusiv. Das Wissen des Kindes und Jugendlichen wird von verschiedenen Faktoren bestimmt, unter anderem durch die persönliche Erfahrung der Trauer beim Tod von nahen Bezugspersonen, aber auch durch die Konfrontation mit dem Tod durch Fernsehen und Illustrierte.

Wieweit Eltern und Erzieher dem Kind und Heranwachsenden ein einigermaßen »wahres« Bild vom Tod vermitteln können, hängt davon ab, welches Bild die Erwachsenen selbst davon haben, wie ihre eigene Beziehung zur Gewißheit des Todes ist, welche Vorstellungen sie von einem Sein (oder Nichtsein) nach dem Tod haben, welches ihr Glaube ist, und nicht zuletzt von der Beziehung, die sie zu ihren Kindern haben. Dazu kommt, daß Gespräche über den Tod häufig einem ähnlichen Tabu unterworfen sind wie Gespräche über die Sexualität.[4]

In der einschlägigen Literatur wird indessen nicht nur die kognitive Seite des Todes-Problems untersucht, sondern auch über die emotionale Entwicklung diskutiert – als ob sich das »Kognitive« vom »Emotionalen« trennen ließe. Fuchs (das. 126) meint denn auch, daß über das Sterblichkeitswissen hinreichende Übersicht bestehe, die Entwicklung der emotionalen Komponenten jedoch »ganz und gar« ungeklärt sei. Dies vorab in der Frage, »ob überhaupt und wenn ja, wann Todesangst entsteht«. Hier stehen sich tatsächlich zwei psychologische Positionen diametral gegenüber. Die einen gehen von der Voraussetzung aus, daß die Todesangst dem Menschen von Anfang an, geknüpft an den Selbsterhaltungstrieb, mitgegeben ist; die anderen bezeichnen sie als ein Sekundärphänomen, das sich erst im Lauf des Lebens einstellt. Gregory Zilboorg und A. Weber neigen der ersten, R. A. Furmann, Maria H. Nagy und Erich Stern hingegen eher der zweiten Auffassung zu. Daraus leiten letztere auch ihre Forderung nach einer wohldosierten rationalen und dem Alter angemessenen Aufklärung über die Todesnotwendigkeit und ihre (möglichen) Folgen ab. Dadurch solle es möglich werden, unvorhergesehene Begegnungen des Kindes mit der Realität des Todes erträglicher zu gestalten.

Das Adoleszenten- und frühe Erwachsenenalter

In der Adoleszenz und im frühen Erwachsenenalter ändert sich das Weltverhältnis des Menschen in grundlegender Weise. Das Leben verlangt Aktivität, die Probleme um die partnerschaftliche und berufliche Gegenwart und Zukunft stehen im Vordergrund des Interesses. Es ist das Alter der Leistung, der sportlichen Selbstbestätigung, der Konkurrenz. Gleichzeitig ist es aber auch ein Alter der »Bewegung« und des Gegensatzes. Das Interesse an der gesellschaftlichen Gestaltung der Welt führt zur Jugendrevolte und gelegentlich zu utopischen, gewaltsamen Weltverbesserungsversuchen. Gleichzeitig erlebt unsere Welt mit der Jugend genau das Gegenteil: nämlich eine Teilnahmslosigkeit, die sich bei einzelnen bis zur Langweiligkeitsneurose und zum Sinnverlust steigern kann, wie sie u. a. ausführllich von Ludwig Binswanger, Medard Boss, Solon Spanoudis sowie von Victor E. Frankl (1977) und Wilhelm J. Revers (1976) beschrieben wurde. Daß die Langeweile »tödlich« wirkt, ist allgemein bekannt. Aber ebenso tödlich ist der Versuch, ihrer mittels »bewußtseinserweiternder Drogen« zu entgehen. So jagen sich Langeweile und Lebensgier im Kreis, der Bewegungssturm steht dem vermutlich noch größeren Phänomen des Stupors einer schweigenden Mehrheit gegenüber, und in allem weist auch die Betriebsamkeit unserer gegenwärtigen Zivlisation in ihrer Hektik auf »das krankhafte Ringen« hin, dem »gähnenden Abgrund der Langeweile« zu entgehen (Revers, 1976, 183). Denn Langeweile ist Selbstzerstörung. Die Menschheit, die sich durch ihren ausschließlichen Leistungs- und Konsumzwang oder durch ihre Stumpfheit der Suche nach einem Lebenssinn entzieht, hat sich bereits dem Tod überantwortet. Dies gilt auch für eine Jugend, die sich im Sog der Erwachsenenwelt die Zukunft verbaut. Der Suizid einer als zivilisiert geltenden Welt ist nicht nur durch die atomare Aufrüstung voraussehbar; in größerem Maß ereignet er sich täglich vor unseren Augen. Und die Tatsache der Zunahme jugendlicher Selbstmörder ist nur die extreme Konsequenz dieser Tatsache.

Die Tendenz der Jugendlichen zum Selbstmord ist bekanntlich im Steigen begriffen. Dabei ist zu beachten, daß die Selbstmordfrage, wie das Verhältnis zum Tod überhaupt, in einem inneren Zusammenhang gesehen werden muß mit den Jugenderscheinungen unserer Tage überhaupt: mit dem Drogenproblem, den Jugendunruhen, der Kontestation und großen Verweigerung, der »Langweiligkeits«-Neurose unserer Zeit.

Selbstmorde Jugendlicher sind in den seltensten Fällen plötzliche, spontane, im Affekt durchgeführte Handlungen. Vielmehr hat die Suizidforschung ergeben, daß der Selbstmord bei Jugendlichen, wo es sich nicht um psychotische Entwicklungen handelt, das Ergebnis bewußter, rationaler Entscheidungen ist (M. Müller-Küppers und E. R. Schön, 1979). Gewiß gelingen nicht alle Selbstmordversuche. Ebenso gewiß ist, daß viele Jugendliche mit dem Selbstmordgedanken spielen, den Tod gleichzeitig wünschen und fürchten, sterben und leben möchten. Der vollendete Selbstmord ist dann eigentlich mehr ein »Unfall« und kennzeichnet die »Ambivalenz der Einstellung« zum Leben. Aber Selbstmorddrohungen und Selbstmordversuche sind immer ernst zu nehmen, auch dann, wenn deren appellativer Charakter deutlich in Erscheinung tritt, entgegen dem weit verbreiteten Glauben, harmlos zu sein. Die Vorstufe zum jugendlichen Selbstmord liegt vor allem in der Vereinsamung, in der Isolation, in partnerschaftlichen Enttäuschungen, sofern nicht durch den tödlichen Hungerstreik oder die Selbstverbrennung ein Fanal gesetzt werden soll, durch das sich der Jugendliche zum Märtyrer und Gewissen der Gesellschaft erhebt.

Die frühen Erwachsenenjahre sind durch eine einigermaßen stabile und ausgeglichene Lebensstruktur gekennzeichnet. Die Auseinandersetzung mit dem Tod beschränkt sich zumeist auf die Kenntnisnahme der Todesanzeigen in den Tageszeitungen, auf die Auseinandersetzung mit dem Sterben eigener Angehöriger, prominenter Persönlichkeiten und – was die eigene Person betrifft – auf die Beunruhigung durch den Tod in Träumen. Dies ist daher auch das Alter, das den Besinnlichen zu einer Psychoanalyse motiviert, die ihn mitten in der Geschäftigkeit seines Alltagslebens zur Sinnfrage seines Daseins führt.

Die Lebensmitte

Von Interesse mag auch die vielfach gemachte Beobachtung sein, daß ausgerechnet Menschen in der Lebensmitte am stärksten von der Todesangst befallen sind. Diese Angst vor dem Tod steht dann oft in Zusammenhang mit einer Krise der Lebensmitte. Der Mensch, dessen bereits gelebte Zeit etwa gleich groß ist wie die Zeit, die ihm noch verbleibt, wird »fast zwangsläufig mit der Endlichkeit seines Daseins konfrontiert. Die Frage nach dem, was er geleistet hat und was er in der verbleibenden Zeit noch zu leisten vermag, wird drängend, ohne jedoch kurzfristig beantwortet werden zu können« (Wittkowski, 1978, 78). Die Lebensmitte ist eine Phase der Umorientierung, des Übergangs, der Veränderungen beruflicher und persönlicher Art, die von Angst und Depressionen begleitet sein kann. In dieser Situation der Selbstprüfung und Neubewertung bisher gültiger Werte und Ziele setzt häufig eine allgemeine Labilisierung ein, die für die bedrohliche Vorstellung von Altern und Tod besonders empfänglich macht. Ganz in dieses Bild paßt die Feststellung ärztlicher Autoren auf psychosomatischem Gebiet (Condrau, ²1975, 197 ff.), daß Menschen im leistungsfähigsten Alter in besonderem Maß zu neurotischen und psychosomatischen Dekompensationen prädisponiert sind. Eine Erklärung dafür ist wohl darin zu suchen, daß auch zwischen Leistungsmotivation, Angst vor Versagen und Todesangst Beziehungen bestehen, ob diese nun empirisch signifikant nachgewiesen werden oder nicht. In diesem Zusammenhang mag interessieren, daß bei Menschen, die risikoreich leben, kein unmittelbar sichtbarer Zusammenhang zwischen Angst vor dem Tod und ihren risikoreichen Aktivitäten nachweisbar ist. Dies steht in einem gewissen Gegensatz zur allgemein verbreiteten Meinung, daß risikoreiches Verhalten, freiwillige Gefährdung des Lebens als Möglichkeiten der Angstbewältigung zu interpretieren seien.[5]

Einer der wichtigsten Adaptationsmechanismen an das Älterwerden scheint die Verleugnung des Todes bei den über Fünfzigjährigen zu sein, wobei Unterschiede in der Abhängigkeit von Religiosität und sozialer Integration erkennbar sind. Der Mensch im mittleren Lebensalter wird vom Alltag persönlich, beruflich und familiär, je nach sozialer und gesellschaftlicher Stellung, in anderer Weise absorbiert als der Jugendliche oder der alte Mensch, obzwar auch ihn die Lebensmitte durch deren erhöhte Krisenanfälligkeit immer wieder auf den Tod verweist. Der alternde und alte Mensch hingegen steht dem Sterbenmüssen besonders nahe; nicht selten erlebt er bereits den sogenannten »sozialen Tod«, bevor er wirklich gestorben ist, sei es durch physiologische Degenerationserscheinungen, Depressionen, die soziale und berufliche Isolierung. Doch gilt auch hier: Das Verhältnis zum Tod ist individuell ein völlig verschiedenes. Es gibt hier keine Gesetzmäßigkeiten.

Das Alter

Das Alter zeichnet sich in verschiedener Hinsicht durch eine besondere Nähe zum Tod aus. Einmal ist diese Nähe bereits zeitlich bestimmt. Jeder Mensch kann sich ausrechnen, daß »seine« Zeit kürzer geworden ist. Zum anderen treten doch, beim einen früher, beim andern später, physische und psychische Abbauerscheinungen auf, oft von der Umgebung eher bemerkt als vom alternden Menschen selbst. Zudem treten schwere, zum Tod führende Krankheiten gehäuft auf. Das Fehlen einer Todesbewußtheit in unserer Gesellschaft trägt das Ihre dazu bei, daß dem alten Menschen die Aussicht auf sein baldiges oder bereits bevorstehendes Ende nicht leichtgemacht wird. Das Schlimmste dürfte jedoch die mitmenschliche Isolation sein, welche den heutigen Menschen im Alter oft erwartet. Nicht nur ist einer der Partner im Alter bereits gestorben, auch der Bezug zur Gemeinschaft wird immer fragwürdiger. Wohl gibt es Seniorentreffen; wohl wird heute für die Älteren mehr getan als früher; meistens jedoch in einer Weise, die es ihnen verwehrt, am *tätigen* Leben teilzunehmen. Nicht von ungefähr spricht man gelegentlich vom sogenannten »Pensionierungstod«. Menschen, die nach dem erzwungenen Abschluß ihrer beruflichen Tätigkeit vergeblich nach dem weiteren Sinn ihres Lebens forschen, denen es nicht gelingt, kreative Möglichkeiten zu mobilisieren oder ihre Interessen zu erweitern, laufen Gefahr, dahinzusterben, zunächst psychisch, dann sogar physisch. Vergleichbar ist dies dem Voodoo-Tod.

Der Wiener Psychiater Erwin Ringel hat in einer Fernsehsendung auf den Voodoo-Tod hingewiesen und ihn in Beziehung zur heutigen Situation vieler Menschen gestellt. Der Ausgestoßene, der Verlassene, der von der Gesellschaft im Stich Gelassene ist bedroht, in dieser Ausgestoßenheit zugrunde zu gehen. Alte Menschen, denen eigentlich gar nicht besonders viel fehlt, werden in Spitäler abgeschoben. Für sie steht unsichtbar über der Eingangspforte ein Schild: »Ihr, die ihr eintretet, laßt jede Hoffnung fahren« – ähnlich wie über Dantes »Inferno«. Sie wissen nämlich: Drinnen wartet niemand auf sie, sie haben nichts zu erhoffen, keine Zukunft; so sterben sie, ohne daß die Pathologen bei ihrer Obduktion eine eigentliche Todesursache feststellen. Sie sterben an ihrer Hoffnungslosigkeit. Mit Hans Hoff zusammen nannte Ringel diesen Prozeß »psychosomatische Dekompensation«. In Afrika, auch in Neuguinea kennt man den Voodoo-Tod. Menschen, die gegen ein Tabu verstoßen, werden mit einem bösen Zauber belegt und verbannt; sie legen sich nieder, die vegetativen Funktionen erlöschen, bis sie sterben. Um diesen Voodoo-Tod zu sehen, braucht man nach Ansicht Ringels keineswegs zu den »primitiven« Völkern zu gehen. Er wird zu wiederholten Malen auch in unseren hochzivilisierten Gegenden gestorben. Eine klassische Darstellung des Voodoo-Todes ist in dem Film »Orfeo Negro« zu sehen: Die junge Euridice ist ein Voodoo-Opfer geworden, weil sie in eine bestehende Beziehung des Orpheus zu einer anderen Frau eingegriffen hat.

Auch der französische Soziologe Jean Baudrillard weist darauf hin, daß unsere Gesellschaft nicht in der Lage ist, einem Drittel der Menschheit, nämlich den Alten,

Punktum Bildarchiv, Zürich

374

einen Sinn zu geben (1982, 257). »Die dem Terrain des Todes abgerungenen Gebiete sind gesellschaftlich verwüstet. Das erst kürzlich kolonialisierte Greisentum der modernen Zeit lastet auf dieser Gesellschaft mit dem gleichen Druck wie die seinerzeit kolonialisierten Völker der Eingeborenen. Der Ausdruck Drittes Lebensalter sagt genau, was er beinhaltet: eine Art von ›Dritter Welt‹.« Damit wird das Alter zum »Vorfeld des Todes«. Die verlängerte Lebenserwartung hat zu einer Diskriminierung des Alters geführt. »Unter dem gewinnbringenden Zeichen des natürlichen Todes« hat die Gesellschaft aus ihm »einen vorweggenommenen *gesellschaftlichen Tod* gemacht.«

Der amerikanische Historiker Christopher Lasch meint zudem, die heutigen Altersprobleme resultierten weniger aus dem physischen Verfall als aus der Intoleranz der Gesellschaft alten Menschen gegenüber, »aus ihrer Weigerung, sich der Erfahrung der Alten zu bedienen«, und dem Versuch, sie in »Randbereiche des gesellschaftlichen Lebens« abzudrängen (1982, 259ff.). Zum Teil werde das Alter lediglich als eine »Frage von Gesundheit und Krankheit«, somit als ein Problem der Medizin betrachtet. Das Anwachsen der Lebenserwartung seit dem 18. Jahrhundert sei nach der Ansicht der meisten »Historiker und Demographen« jedoch nicht den Verbesserungen der medizinischen Technologie, sondern einer besseren Ernährung, Hygiene und einem höheren Lebensstandard zu danken. Die oberflächlich plausible Erklärung, daß das Absinken der Mortalität aus dem Fortschritt der Medizin resultiere, sei seit den Forschungen von Thomas McKeown und R.G. Brown 1955 »gründlich widerlegt« und seither auch von andern Autoren fallengelassen worden.

Lasch warnt davor, zu glauben, die Medizin habe es in der Hand, die Probleme des Alterns in naher Zukunft zu lösen – wie es von einigen Optimisten des wissenschaftlichen Fortschritts behauptet wird. Ebenso scheint ihm das Problem nicht durch die wohlgemeinten heutigen sozialen Hilfsmaßnahmen lösbar. Die Menschen fürchten sich bereits vor dem Altwerden, bevor sie überhaupt die mittleren Lebensjahre erreicht haben. »Die sogenannte ›Midlife crisis‹ präsentiert sich als die ängstliche Einsicht, daß das Alter schon hinter der nächsten Ecke droht.« Viele Menschen, meint er, erleben bereits ihren vierzigsten Geburtstag als Anfang vom Ende. Die irrationale Bedrohung durch Alter und Tod sei eng verbunden mit der Ausprägung der narzißtischen Persönlichkeit »als der häufigsten Charakterstruktur unserer heutigen Gesellschaft«. Die Leugnung des Alters kulminiere in einer »Langlebigkeitsbewegung«, die das Alter »ganz und gar« abzuschaffen hoffe. »Nicht nur mit ihrer narzißtischen Gleichgültigkeit gegen kommende Generationen, sondern auch mit ihrer überwältigenden Vision einer technologischen Utopia ohne Alter belegt die Langlebigkeitsbewegung ihre phantastische Vorstellung von der ›absoluten, sadistischen Macht‹, die laut Kohut das narzißtische Lebensgefühl so nachhaltig prägt.« Die Langlebigkeitsbewegung, die »aus krankhaften Ideen entstand und mit abergläubischer Inbrunst an die Rettung durch die Medizin glaubt«, sei das »typische Beispiel für die Ängste einer Zivilisation, die keine Zukunft mehr für sich sieht« (das. 271). Bereits zuvor (das. 21) weist Lasch auf die verhängnisvolle Zeiterscheinung hin, daß das Gefühl einer historischen Kontinuität, das Wissen, in einer Folge von Generationen zu stehen, die aus der Vergangenheit kommen und in die Zukunft weiterführen, immer mehr verlorengeht. Der Mensch lebt tatsächlich nur noch im Hier und Jetzt. Daß dies eine, im besonderen für das Alter, trostlose Situation heraufbeschwört, ist nicht von der Hand zu weisen. »Für den Augenblick, für sich selbst zu leben und nicht für Vorfahren oder Nachwelt – das ist die heute vorherrschende Passion.« Diese geht einher mit der Verdrängung des religiösen durch therapeutisches Denken. »Das zeitgenössische Klima ist nicht religiös, sondern therapeutisch.« Die Menschen sehnen sich nicht nach Erlösung, sondern nach »der momentanen Illusion von persönlichem Wohlbefinden, von Gesundheit und seelischer Geborgenheit«.

Wir müssen uns der Tatsache bewußtbleiben, daß das »kalendarische Alter« (Dieter Platt, 1981, 309) weder mit dem biologischen noch mit dem psychologischen Alter übereinstimmen muß. Es gibt junge Menschen, die »alt« sind, weil bei ihnen Abbauprozesse sehr früh seinsetzen, alte Menschen, die »jung« sind, weil der Degenerationsvorgang der Organe und Gewebe sehr spät einsetzt. Es gibt aber auch »junge« Menschen, die in frühem Alter eine ihrer biologischen Lebenszeit weit vorauseilende Reife erreicht haben, und »alte«, die in ihrer geistigen Vitalität jung geblieben sind. Letzteres hat nicht das geringste mit der Angst vor dem Altwerden und dem Trend, jung zu bleiben, zu tun.

Beim alten Menschen wird allzu gern angenommen, sein Verhältnis zum Tod sei gerade durch die dem Alter gemäße Gelassenheit ein harmonisches. Daß dies in vielen, wenn gar in den meisten Fällen nicht zutrifft, mag verschiedene Gründe haben. Beim einen ist das Soll seiner Lebensbuchhaltung noch nicht erreicht, beim anderen findet eine späte Lebensrenaissance statt, die sich zu Lebensgier steigert, wenn es gilt, Versäumtes nachzuholen. In »Alkestis« sagt Euripides es unverblümt:

»Nur scheinbar wünschen Greise sich den Tod,
Schmäh'n auf das Alter, lange Lebensfrist;
Doch ruft der Tod, so hört ihn keiner gern.
Verschwunden ist des Alters schwere Last.«

Die »Veränderung von Altern und Tod« (Jürg Wunderli, 1981), das Altwerden und die Vergänglichkeit als Kränkung, die mangelnde oder gar fehlende Bereitschaft zum Leiden und zur Trauer verführen allzu oft – und nicht nur den alten Menschen – zu einer oft sinnlosen Geschäftigkeit, die nicht anders denn als psychische Abwehr der Angst vor dem Sterben gedeutet werden kann. Cicero meinte dagegen doch recht weise: Das Gefühl, genug gelebt zu haben, bringe die Zeit herbei, wo man für den Tod reif sei. Er vermeine, das Wesen des Todes um so klarer zu erkennen, je weniger weit er von ihm entfernt sei. Es kann im Alter aber auch zu einer Vertiefung und Verinnerlichung kommen, wie etwa Verdis Spätwerke »Othello« und »Falstaff« oder Michelangelos Pietà zeigen (Condrau, ²1977, 70). Dies alles täuscht aber nicht darüber hinweg, daß alte Menschen ebenso ungern sterben wie junge, daß auch alte Menschen den Tod fürchten und ihn so lange wie möglich abwehren. Das Weiterleben alter Menschen ist jedoch häufig nur noch ein »Überleben«, sofern es nicht ausgefüllt ist von jenen Inhalten, die das Leben erst lebenswert machen. Nicht nur die Jugendselbstmorde haben in unserem Zeitalter zugenommen, sondern auch die Suizidrate der Alten. Die

Zunahme der Altersdepressionen beschäftigt die heutige Psychiatrie in noch nie dagewesenem Maß. Viele alte Menschen fürchten die Sterbestunde, da ihnen bereits vorher, möglicherweise seit langem, die volle Lebenswirklichkeit genommen wurde. In ihrer Hilflosigkeit sind sie nicht nur in der Erfüllung ihrer Interessen eingeschränkt, sie sind zudem auf die Hilfe anderer, ihnen zumeist fremder Helfer angewiesen.

Die gängige Auffassung, wonach Menschen, die infolge ihres Alters dem Tode näher stehen, sich auch intensiver mit ihm beschäftigen, wird aufgrund thanatopsychologischer Untersuchungen bestritten. Lebenserfahrung und der Tod anderer mögen zwar Gedanken an Tod und Sterben bei älteren Menschen häufiger auftreten lassen als bei jüngeren. Im übrigen bringen uns aber die statistischen Arbeiten nicht viel weiter, da sie nicht nur zu abweichenden, sondern sogar gegensätzlichen Ergebnissen führten. Wittkowski meint, daß zahlreiche Untersucher implizit »intensive« Beschäftigung mit dem Tod in demselben Sinn verstehen wie »angstvolle« Beschäftigung mit dem Tod, was Mißverständnisse begünstige (1978, 39). So sind auch jene Untersuchungen widersprüchlich, die den Versuch unternehmen, Beziehungen zwischen Todesbewußtsein und Religiosität, Geschlechtsspezifität, sozialer Stellung sowie der Persönlichkeitsstruktur herzustellen. Wittkowski kommt zum Schluß, die Ergebnisse empirischer Forschung zur Angst vor Tod und Sterben seien »hochgradig widersprüchlich«, so daß fundierte Aussagen kaum möglich scheinen (das. 117). Immerhin zeichnen sich generell einige gehäuft vorkommende Beobachtungen ab: Die Angst vor dem Tod nimmt in hohem Alter nicht zu, sondern eher ab, Frauen haben stärkere Angst vor dem Tod als Männer; hinsichtlich der Religiosität zeichnet sich ein »Zwei-Seiten-Effekt« ab, indem diese sowohl angstreduzierend wie angstinduzierend wirkt. Angst vor dem Tod soll bei Gesunden schwächer ausgeprägt sein als bei Kranken; Sterbende scheinen vergleichsweise geringe Angst vor dem Tod zu haben. Bei all diesen Untersuchungsergebnissen ist zu berücksichtigen, daß eine Angst vor dem *Tod* von einer Angst vor dem *Sterben* unterschieden werden muß. Letztere wiederum hat verschiedene Aspekte: Angst vor Schmerzen, Angst vor Isolation, Angst vor Hilflosigkeit und Abhängigkeit. Bromberg und Schilder fanden augrund ihrer Fragebogenerhebungen, daß die Angst vor dem Sterben ausgeprägter ist als die Angst vor dem Tod (1933, zit. n. Wittkowski, das. 110). Der Sterbevorgang drücke die Vorstellung, aus dem Land der Lebenden entfernt zu werden, stärker aus als das Totsein. Auch in dieser Hinsicht gibt es jedoch gegensätzliche empirische Befunde. Immerhin ist zu bedenken, daß viele Menschen den Wunsch äußern, lieber einen plötzlichen Tod zu erleiden als ein langsames Sterben.

Todesangst und Sterbensangst lassen sich wohl nie gänzlich voneinander trennen. Immerhin mögen gezielte Abklärungen für die Sterbehilfe wichtig sein. Gespräche mit Sterbenden oder mit Menschen, die zwar noch nicht im Sterben liegen, aber an einer todbringenden Krankheit leiden, sollten diesem Problem nicht ausweichen.[6] Hier ist die Anmerkung Moltmanns zu bedenken, jeder wisse, daß menschliches Leben sterblich sei, nur wenige jedoch wüßten, wo und wie heute gestorben werde (1973). Es fehlt, je länger, je mehr, die bewußte Einstellung zum Tod. Während früher die direkte Erfahrung des Todes anderer einen Teil der eigenen Lebenserfahrung bildete, verschwinden heute bereits die Schwerkranken aus dem aktiven Leben der Familie in die Krankenhäuser und Sterbekliniken. Zudem leben die Alten immer häufiger unter ihresgleichen in Altersheimen. Die Bestattung mit den entsprechenden Ritualen wird an Beerdigungsinstitute delegiert, und so entgleitet die Todeserfahrung dem Individuum. Man erwartet vom modernen Menschen, daß er sich immer beherrscht gibt und funktionstüchtig erhält, auch wenn er einen geliebten Menschen verloren hat. Überdies soll jeder, wie I. E. Meyer schreibt, möglichst lautlos, ohne Aufsehen und Last für andere, abtreten (^{2}1982). Der moderne Mensch hat tatsächlich kaum mehr Gelegenheit, sich an das Sterben zu »gewöhnen«. Durch die Wandlungen der Begräbnisriten, die ursprünglich der Trauerarbeit dienten, wurden Sterben und Tod aus dem Blickfeld der Lebenden entfernt und damit »dem Menschen eine lebensbegleitende Vertrautheit mit dem Sterben« unmöglich gemacht. Heute wird anders gestorben als früher. Schon findet kaum mehr ein Trauerzug hinter dem Sarg statt, häufig wird nur noch »still beigesetzt«. Ich habe noch als Kind erlebt, daß die Leiche meiner Mutter während dreier Tage und Nächte im Wohnzimmer aufgebahrt lag; daß das ganze Dorf an diesem Tod teilgenommen hat; daß an der offenen Bahre Tag und Nacht, 24 Stunden lang, gebetet wurde. Heute verschwinden die Leichen nach wenigen Stunden im Leichenhaus. Der Tote ist aus dem Wohnbereich der Lebenden verbannt.[7]

Es wurde bereits darauf hingewiesen, daß der Versuch, die Todesangst abzuwehren, dem Gegenteil Vorschub leisten kann, nämlich der Versuchung, der Todesfaszination zu verfallen. Die Flucht *vor* dem Tod ist im Grund eine Flucht *in* den Tod. Medard Boss hat dies in überzeugender Weise (1976, 25ff.) dargestellt. Flucht weg vom Tod und Flucht in den Tod, bei oberflächlicher Betrachtung einander entgegengesetzte Verhaltensweisen, sind nur zwei verschiedene Möglichkeiten des Fliehens vor ein und derselben Sache. Beide Male nämlich wird der vollen Entfaltung menschlichen Existierens ausgewichen.

Geschäftigkeit und Todesverleugnung

Das Verhältnis des Menschen unseres Industriezeitalters zum Tod bestimmt auch seine Beziehung zum Sterbenden. Man stirbt, wie gesagt, nicht mehr zu Hause, sondern im Krankenhaus. Man stirbt den »weißen Tod« in der Klinik. Das Sterben ist »hygienisch« geworden. Der Mensch stirbt angesichts von Unbekannten. Gewiß wäre es ungerecht, den Krankenhausärzten und dem Pflegepersonal jegliches Mitgefühl abzusprechen. Aber irgendwie müssen sie sich doch, um des eigenen seelischen Überlebens willen, innerlich vom Sterben des anderen distanzieren. Daher rührt wohl auch zu einem großen Teil die Geschäftigkeit auf den Krankenhausabteilungen, die Schwerkranke beherbergen. Die moderne Medizin muß, wenn sie überhaupt effizient sein will, weitgehend mitmenschliches Gefühl durch rationales Verhalten ersetzen.

Die Geschäftigkeit kennzeichnet jedoch keineswegs nur das Verhalten der Medizin zum Sterben, sondern in noch weit größerem Maß jenes der Gesellschaft als Kollektiv, des Menschen als Individuum. Die Medizin ist ja immer in die Gesellschaft eingebettet, sie vertritt die Meinung der Gesellschaft und wird von ihr mitbestimmt. Der Gaube an die Machbarkeit der Dinge, an die Allmacht der Technik, der Biologie und Chemie ist inhärenter Bestandteil moderner »Weltanschauung«. Diese bestimmt weitgehend auch das durchschnittliche alltägliche Verhalten des Menschen gegenüber dem Tod, den er je als eigenen zu bestehen hat. In vielen Belangen kann sich der Mensch vertreten lassen, nie jedoch im Sterben. Ist es da nicht erstaunlich, daß er immer wieder versucht, diesem seinem Schicksal auszuweichen, den Tod zu verleugnen? Hängt dies tatsächlich, wie Boss meint, mit unserer »heutigen possessiven Leistungsgesellschaft« zusammen, in der das Leben, wie alles, was es gibt, nur noch als Besitz gesehen werden kann (1979, 458)? Die vielen Verhaltensweisen der Todesverleugnung sind uns bekannt. Das völlige Aufgehen des Menschen im Leistungs- und Konsumzwang, das süchtige Raffen materieller Güter, die Gier nach einem aktiven Ausfüllen der Freizeit, verbunden mit dem Unbehagen vor der Ruhe des Nichtstuns, die Verachtung der Faulheit, verbunden mit der sinnlosen Hochschätzung von Arbeit, Ehrgeiz und Erfolg, sind nur oberflächliche Anzeichen der Flucht vor dem Sterbenmüssen. In ihnen zeigt sich ja gerade nicht ein freies Verhältnis zum Leben, ein sinnvolles Ausfüllen der uns diesseitig zugestandenen Zeit, in welcher sowohl Leistung wie Genuß in vernünftigem Rahmen durchaus ihren Platz hätten. Es ist nicht die Zuwendung zu einem wahrhaft menschlich gelebten Leben in Harmonie und Gelassenheit in diesem Verhalten zu sehen, sondern gerade deren Gegenteil, nämlich ein hektisches, die Zeit im wahrsten Sinn des Wortes »totschlagendes« und damit auch das Menschliche des menschlichen Lebens desavouierendes Gebaren. Aber nicht nur diese Seite des Abwehrverhaltens gegenüber dem Tod ist feststellbar. »Wir können unser eigenes Sterblichsein auch dadurch in einer gewissen Entfernung halten, daß wir das Sterben psychologisch untersuchen« (Boss, das. 458). Im Grund untersuchen die Psychologen tatsächlich nur das Verhalten der Lebenden zum Tod. Dieser selbst ist nämlich, wie wir gesehen haben, höchstens einer philosophischen Betrachtung zugänglich.

Zum Sterblichsein, zum »Sein zum Tode« hat der Mensch aber nicht nur eine philosophische Beziehung, etwa indem er über den Tod meditiert, schreibt, malt, dichtet oder komponiert. Jeder Mensch verhält sich zu seinem Sterblichsein, selbst dann, wenn er nicht denkend dabei verweilt. Zeit und Raum verweisen ihn in ihrer Veränderlichkeit und Vergänglichkeit auf die Möglichkeit, nicht mehr »da«, nicht mehr »anwesend« zu sein; Leiden und Krankheit, die gemüthaften Verstimmungen, aber auch die Freude, Lebenslust und das ständige Wahrnehmen der Natur in all ihrer Schönheit sind nur möglich, solange der Mensch »sterblich« ist. Ein »unsterblicher« Mensch ist das Un-Denkbarste, was es gibt. Er wäre zu tödlicher Langeweile verurteilt. Es gäbe keine »Grenzsituation« mehr, die Suche nach dem Sinn des Lebens wäre überflüssig, weil ein solcher Sinn gar nicht existierte.

Trotzdem scheint sich der Mensch, der heutige im besonderen, nicht recht mit seinem Sterblichsein abzufinden. Im Zeitalter der Naturwissenschaften und der Technik wird mehr nach »Lebensqualität« als nach »Lebenssinn« gefragt. Die gesellschaftlichen Veränderungen unserer Zeit, ja nur der letzten zwanzig Jahre, mit dem Verlust der tradierten Familienstrukturen, der Entwertung weltanschaulicher Werte, der Aufhebung sinngebender religiöser Institutionen, mit andern Worten: die totale Säkularisierung unserer Welt haben auch dem Verständnis des modernen Menschen für Sterben und Tod ihren Stempel aufgedrückt. Eigentlich müßte man von einem »Mißverständnis« sprechen. Es wäre allerdings verfehlt, anzunehmen, daß die Begegnung mit dem Tod anderer, daß die Besinnung auf das eigene Sterblichsein, das Wissen um seinen eigenen Tod den Menschen nur in die Abwehr treibt. Es gibt auch heute, in unserer durchaus rationalen, technokratischen und säkularisierten Zeit, vermutlich mehr Menschen, als wir gemeinhin annehmen, die dem Tod mit ruhiger Gelassenheit entgegensehen, die aufgrund ihrer Reife, aufgrund ihres religiösen Glaubens oder eines vertieften Innewerdens ihrer Existenz das Sterbenmüssen als eine ihnen zugehörige Existenzweise akzeptieren können. Demske wies darauf hin, daß es Menschen gibt, die den Tod als Vollzug einer Existenzmöglichkeit sehen, welche das Dasein in seiner Ganzheit umfaßt und abschließt, wenn sie auch in einem Unverfügbaren gründet (1963).

Gelassenheit

Dies führt naturgemäß zu der Feststellung, daß ein freies Verhältnis zum Tod ein freies Verhältnis zum Leben voraussetzt. Wer Angst vor dem Tod hat, hat auch Angst vor dem Leben. Dies ist an sich nichts Neues. Bereits Seneca stellte in seinem Brief an Lucilius (XXX, 10) fest: »Vivere noluit, qui mori non vult« – »Wer nicht sterben will, wollte auch nicht leben«.

Sterben wollen? Bedeutet dies in Wirklichkeit ein freies Verhältnis zum Tod? Oder könnte darin nicht gerade das Gegenteil sichtbar werden, nämlich eine andere Art der Todesabwehr, eine Verleugnung des Seins zum Tod? Seneca meinte es gewiß nicht in diesem Sinne. Ihm ging es darum, aufzuweisen, daß der Mensch sein Schicksal als Sterblicher im wahrsten Sinn des Wortes, das heißt bereits im Leben, akzeptieren muß. Es entspricht dies auch der bereits erwähnten Erfahrung, daß jene Menschen sich am meisten vor dem Tod fürchten, die auch vor dem vollen Austrag ihrer Freiheit beziehungsweise ihres Lebens Angst haben. Trotzdem muß in Betracht gezogen werden, daß es die Stoa war, die aus ihrem »Gleichmut« dem Tod gegenüber auch die Selbstvernichtung als sittliche Tat nicht ausschloß. Es wäre die Frage zu prüfen, ob nicht das Verhältnis jener Zeit zum Tod gewisse Parallelen zu unserem Zeitalter aufweist. Gleichmut ist nicht unbedingt mit »Freiheit« identisch, obwohl es sprachlich in die Nähe dessen kommt, was Heidegger als »Gelassenheit« bezeichnet. Nun ist Gelassenheit ein »Sein-Lassen«, während Gleichmut verschiedene Bedeutungen hat. Es kann

Gelassenheit und Ausgeglichenheit bedeuten, aber auch Stumpfheit und Resignation. Von einem gleichmütigen Menschen sagt man auch, er sei »unerschütterlich« und »unbeweglich«. Kann man sich, selbst wenn das Sterblich-Sein als ontologisch bestimmtes Existential, als ein Grundzug des Daseins, akzeptiert wird, diesem Wissen gegenüber unerschütterlich und somit gleichmütig verhalten? Ist nicht auch die Angst eine unabdingbare menschliche Möglichkeit, so wie es die Freiheit und Offenständigkeit ist? Zilboorg und viele andere, unter ihnen Max Scheler, betrachteten die Angst vor dem Tod, sogar den Verdrängungsprozeß, als zweckmäßig und für das soziale Funktionieren als notwendig (Condrau, [2]1977). Nun sind Angst und Verdrängung sicher nicht das gleiche. Es ist auch fraglich, ob ein Verdrängungsprozeß für ein wirklich »soziales«, das heißt mitmenschliches Verhalten notwendig ist. Im Begriff »Gelassenheit«, die für Heidegger ein gleichzeitiges Ja- und Nein-Sagen ist (1959), ist die Möglichkeit enthalten, etwas vollständig hinzunehmen und dem Akzeptierten gleichzeitig zu verwehren, daß es uns ausschließlich beansprucht und somit unser Wesen verwirrt. In der Gelassenheit ist folglich das freie Verfügenkönnen enthalten. Der moderne Mensch leitet aus dieser Freiheit ein »Recht auf ...« ab. So auch u.a. ein »Recht auf den Tod«. Für das Verhältnis des Menschen zum Tod scheint nun in besonderer Weise immer auch die Einstellung der menschlichen Gesellschaft zur Frage der Selbstvernichtung und der Fremdvernichtung, hier nicht einfach im Sinn des Mordes, sondern in jenem der aktiven Euthanasie, aufschlußreich zu sein. Die Forderung nach einem Recht auf den eigenen Tod, die heute vielerorts erhoben wird, sowie die von den Philosophen formulierte »Freiheit zum Tode« stellen den Menschen unvermittelt vor die Frage nach der ethisch-sittlichen Zulässigkeit von Selbstmord und aktiver Euthanasie, in weiterführendem Maße auch nach der staatsethischen Zulässigkeit der Todesstrafe.

Die Gesellschaft unserer modernen Welt bietet den Alten und den Toten keinen Platz mehr. Sie sind ausgeschlossen aus der Rationalität unserer Kultur. Noch radikaler ist die Ausschließung der Toten und des Todes. Für die Toten ist weder im physischen noch im geistigen Raum der neuen Städte Raum vorgesehen. »Denn es ist heute nicht normal, tot zu sein.« Der Tod »ist ein Verbrechen, eine unheilbare Verirrung«. Andererseits sind die Friedhöfe – sofern sie nicht einfach zu Immobilen-Objekten geworden sind – oft noch die einzigen grünen und freien Flächen »im Ghetto der Städte«.

Todesträume

Der Tod im Traum hat den Menschen schon immer beschäftigt, dies besonders auch aus der alten, wenn auch falschen Vorstellung heraus, dem Traum komme eine prophetische Bedeutung zu. Selbstverständlich träumen Menschen jeglichen Alters sogenannte Todesträume, sei es, daß sie im Traum selbst sterben, sei es, daß für sie wichtige Bezugspersonen, beispielsweise die Eltern oder Kinder, sterben. Häufig verweisen solche Träume auf wichtige Grenzsituationen menschlicher Reifung, im Sinn des »Stirb und Werde« (V. E. von Gebsattel, 1954) auch auf einen Neubeginn. Nicht selten erfährt sich der Mensch träumend als tot und lebendig zugleich. Jedenfalls geben Todesträume immer auch Aufschluß über das wache Verhältnis des Menschen zum Tod. Nicht selten allerdings träumen Menschen, daß ihnen der Tod in leibhaftiger Gestalt begegnet. Der Tod wird dann, wie in den Totentanzdarstellungen, personifiziert erfahren, was in unserer »aufgeklärten« Zeit doch eher merkwürdig anmutet, besonders, wenn solche Träume Menschen beunruhigen, die von ihrem akademischen Wissen und ihrer reifen Persönlichkeit her in einem ganz anderen Weltverhältnis zur Gewißheit des Sterbenmüssens stehen.

Zwei Beispiele sollen dies kurz beleuchten. Eine 40jährige Ärztin war im Traum mit einer 20jährigen Begleiterin unterwegs, eine Wagenladung Holz hinter sich herziehend. Auf einmal bemerkte sie einen unheimlich wirkenden Mann hinter sich, in dem sie den Tod erkannte. Die Träumerin wollte, von Angst gepackt, davonrennen. Sie beschloß jedoch, mit ihrer Begleiterin weiterzuziehen, langsam und stillschweigend. Der Tod holte sie ein und half ihnen, den schweren Wagen festzuhalten und zum Stillstand zu bringen. Dann prüfte er das jüngere Mädchen, das unter seinem Blick schrumpfte, klein und knochig wurde. Der Tod nahm es auf den Arm wie eine Puppe; es war hart wie Holz und leblos geworden. Die Träumerin selbst fühlte sich jedoch gesund und stark. Sie empfand keinerlei Furcht mehr vor dem Tod, dachte jedoch, sie könne schließlich auch nichts dagegen unternehmen, wenn er sie holen wolle.

In ähnlicher Weise träumte eine 30jährige Psychologin, daß sie sich auf dem Weg durch eine Stadt befand, in der munteres Karnevalstreiben herrschte. Plötzlich wurde ihr bewußt, daß sie von jemandem verfolgt wurde. Sie sah sich um und gewahrte eine ganz in Schwarz gekleidete männliche Gestalt mit schwarzem Schlapphut und weitem Mantel. Die Träumerin wußte sofort, daß dies der Tod war. Sie beschleunigte ihren Schritt, versuchte zu entkommen, doch die Gestalt blieb immer in gleichem Abstand hinter ihr. In einem völlig einsamen Stadtteil, fern vom Fastnachtsrummel, wußte sie, daß sie von niemandem Hilfe erwarten konnte. So wandte sie sich um und blieb, mit dem Rücken an eine Haustür gelehnt, stehen. Die dunkle Gestalt kam näher, und sie wußte, sie müßte sterben, falls der Tod sie berührte. Sie hatte so große Angst, daß ihr Herz »bis zum Hals hinauf« schlug. Blitzartig kam ihr jedoch der Gedanke: »Wenn der mich berührt, mich, die ich am Leben bin, dann töte ich im gleichen Augenblick den Tod.« Die Berührung durch den unheimlichen Tod war denn auch »furchtbar«, wie eine Explosion, in die auch der Tod hineingesogen wurde, der sich darin auflöste.

Die beiden Träume haben etwas Gemeinsames. Beide Träumerinnen befanden sich zur Zeit ihrer Träume in den besten Jahren, beide waren physisch kerngesund, und beide träumten den Tod »menschlich«, das heißt in einer Weise, daß man ihm standhalten konnte. Im einen Fall allerdings gelang es dem Tod, ein junges, blühendes Mädchen zu zerstören, nicht jedoch die Träumerin selbst. Im zweiten Fall löste sich der Tod in der Berührung mit der Träumerin explosionsartig in Nichts auf. Für beide Träumerinnen aber war die Begegnung mit dem Tod im Traum eine Erfahrung, die sie auch im Wachen beschäftigte und nach Klärung verlangte.

Überprüft man die Arbeiten zur Traumdeutung und Thanatologie, so läßt sich leicht feststellen, daß den Todesträumen nur wenig Raum gewährt wird. Freud (1900) befaßte sich nur sporadisch mit Todesträumen, die er im übrigen seiner Theorie unterstellte, wonach jeder Traum letztlich ein »Wunschtraum« sei. Es sollte seiner Ansicht nach zwei Klassen von Träumen geben, die den Tod geliebter Menschen betreffen: einerseits solche, in denen man von Trauer unberührt bleibe, so daß man sich nach dem Erwachen über seine Gefühllosigkeit wundere, andererseits Träume, bei denen man tiefen Schmerz über den Todesfall empfinde. Dort, wo der Tod geliebter Menschen im Traum von Schmerz und Trauer begleitet ist, besage ihr Inhalt den Wunsch, daß die betreffende Person sterben möge. Allerdings müsse dieser unbewußte Wunsch nicht im Zeitpunkt des Traumes vorhanden sein; er könne vielmehr sich auf eine Zeit beziehen, die weit zurückliege, möglicherweise sogar in der frühen Kindheit zu suchen sei. So berichteten zwei Patientinnen Freuds über Träume, in denen jeweils ein Kind starb; ein junges Mädchen träumte, es sehe ihren kleinen Neffen tot in einem kleinen Sarg liegen; eine andere Frau sah im Traume ihre einzige, 15jährige Tochter tot in einer Schachtel liegen.

Zur ersten Kategorie von Träumen zählte Freud den erstgenannten, in welchem die Tante im Traum den einzigen Sohn ihrer Schwester aufgebahrt sieht. Da angeblich keinerlei Affekt mit dem Trauminhalt verbunden war, bedeute dieser Traum nicht, daß die Träumerin gegen den kleinen Knaben Todeswünsche hege. Die Wunscherfüllung sollte vielmehr, wie Freud aus der Kenntnis der Vorgeschichte der Patientin ableitete, darin bestehen, einen langersehnten Freund wiederzusehen, den sie im wachen Leben früher einmal bei der Beerdigung eines anderen Neffen nach langer Wartezeit wieder getroffen hatte. Die Träume dieser ersten Gruppe dürfe man beiseite lassen. Sie hätten keinen Anspruch, als typisch zu gelten. Im zweiten Fall lasse sich zum Zeitpunkt des Träumens bei der Träumerin zwar kein Todeswunsch gegen ihre Tochter ermitteln, doch erinnerte sie sich, daß sie während ihrer Schwangerschaft das Kind eigentlich gar nicht wollte. Sie habe sogar den Wunsch gehabt, das Kind möge ihr im Mutterleib absterben. Die Tatsache, daß sich beide Patientinnen gegen Freuds Todeswunschdeutungen wehrten, berührte ihn wenig. Es spiele nämlich, so meinte er, keine Rolle, ob die Träumenden um ihre Todeswünsche wüßten oder nicht, da es sich schließlich um »unbewußte« Vorgänge handle.

Charakteristisch für die psychoanalytische Wunschtraumtheorie – die nicht nur für die Todesträume gilt, sondern generell für alle Träume – ist die Tatsache, daß sie sich nicht aus dem Trauminhalt her ergibt, sondern aufgrund einer nicht beweisbaren, sekundär und theoretisch der Freudschen Metapsychologie entlehnten Supposition entspringt, daß nämlich der erinnerte Traum einer zensurierten Entstellung des eigentlich Geträumten entspreche. Der manifeste Trauminhalt müsse nämlich dechiffriert werden, damit die latenten Traumgedanken bewußtgemacht werden könnten. Auf eine Kritik dieses Vorgehens sei hier verzichtet; sie wurde in der Literatur mit aller Gründlichkeit angebracht. Ohne die Voraussetzung einer solchen »Traumarbeit« – ohne die Hypothese einer Traumumwandlung durch Zensur – findet sich in den eben beschriebenen Träumen nicht der geringste Anhaltspunkt dafür, daß ihnen ein »Todeswunschcharakter« zukommt. Daran ändert auch die Feststellung nichts, daß die beiden genannten Träumerinnen schließlich, nach Widerstreben, die Deutung Freuds akzeptierten. Gleichermaßen fragwürdig ist die »Zwei-Klassen-Theorie« Freuds. Es scheint, daß hier versucht wird, die Wunscherfüllungstheorie um jeden Preis durchzusetzen, auf welch verschlungenen Wegen auch immer. Gänzlich aus der Luft gegriffen ist wohl auch die Behauptung, die Wurzeln eines (im Zeitpunkt des Träumens nicht mehr vorhandenen Todeswunsches) seien in einer früheren Lebensphase zu suchen.

C.G. Jung hat die Traumdeutung bekanntlich ebenfalls als ein wesentliches Element betrachtet, um Einblick in das Seelenleben des Menschen zu gewinnen. Für ihn, wie im übrigen für alle psychotherapeutischen Schulen nach Freud – außer der klassischen Psychoanalyse – gibt es keine hinter dem erzählten, also manifesten Trauminhalt verborgenen, durch eine innere Zensur ferngehaltenen, latenten Traumgedanken. Der erinnerte Traum wurde von nun an – gleichzeitig mit der Adlerschen Auffassung vom Traumleben – zum wirklich und unverfälscht Geträumten. Damit jedoch gab sich Jung wiederum nicht zufrieden. Der Traum, so führte er aus, sei nicht nur die Sprache des individuellen, sondern in gewissen Fällen auch des kollektiven Unbewußten. So gebe es neben weniger bedeutsamen sogenannte »archetypische« Träume, die einen wichtigen Reifungsprozeß im Seelenleben des Menschen anzeigten. Zur Deutung solcher Träume ist in der Jungschen Therapie die Kenntnis der Symbole und der Mythologie unerläßlich. Daß Todesträume in ihrer Gesamtheit als archetypische Träume zu betrachten sind, ist im Hinblick auf den Individuationsprozeß selbstverständlich. Dieser nämlich ist »nicht nur eine Schule des Lebens, sondern, wenn er richtig verstanden wird, auch eine Vorbereitung auf den Tod« (Aniela Jaffé, 1980, 12). Träume, in denen man stirbt, könnten einerseits als Todes-Vorbereitung aufgefaßt werden, andererseits sei auch ein Sterben in das Leben hinein gefordert.

Um gleich bei letzterem zu bleiben: Der eigene Tod im Traum bedeutet nicht immer ein Abgestorbensein, sondern gibt vielfach einen Hinweis darauf, daß tatsächlich gewisse Persönlichkeitszüge endgültig aufgegeben werden sollten, ganz im Sinn des Goetheschen »Stirb und Werde«. Nach Jung indessen deuten Todesträume daneben nicht selten tatsächlich den nahenden leiblichen Tod an. Jung erzählt die Geschichte eines Arztes, der ihn wegen seiner Traumdeuterei zu necken pflegte (1958, 160):

Anläßlich eines zufälligen Zusammentreffens habe ihm dieser einen »blödsinnigen Traum« erzählt, in welchem er auf einen hohen Berg gestiegen sei. Je höher er gelangte, desto größer wurde sein Glücksgefühl. Auf dem Gipfel des Berges angelangt, fühlte er eine derartige Erhobenheit, daß er sogar in die Luft und in den Weltraum steigen konnte. Darauf erwachte er in völliger Ekstase. Für Jung war alles ein sogenannter Wunschtraum. Der Arzt, ein begeisterter Alpinist, stürzte drei Monate später bei einem Abstieg über eine Wand »buchstäblich durch die Luft« zu Tode.

Mag man noch einer weiterführenden Deutung folgen, daß sichein Mensch sowohl träumend wie wachend verstiegen hat, so bleibt es jedem überlassen, im oben beschriebenen Traumgeschehen und dem späteren Todessturz mehr als ein zufälliges Geschehen zu sehen. Einen Beweis dafür kann jedoch auch Jung nicht liefern.

»Gott sei Dank! Dies war nur ein Traum«, mögen sich viele sagen, die nach einem Schlaf erwachen, der ihnen einen schweren Alptraum bescherte. Alpträume müssen nicht immer Todesträume sein, sie beziehen sich aber zumeist auf eine panikerzeugende Gefährdung der eigenen oder einer fremden Existenz. Ganz besonders erleichtert sind Menschen, nicht nur im Stadium des Überganges vom träumenden in den wachen Zustand, sondern nach Erreichen der vollen Wahrheit, wenn sie vom Tod lieber Angehöriger oder Partner geträumt haben. Trotzdem bleibt nicht selten ein leiser Zweifel, ob denn der Traum nicht doch einen Bezug zur wachen Wirklichkeit habe. Wie mancher, der an sich Traum und Traumdeutung in das Reich der Phantasie abschiebt, vergewissert sich doch noch, ob der im Traum gestorbene Mensch noch am Leben und gesund ist. Dazu kommt der Aberglaube, daß sich sterbende Angehörige bei ihren Lieben im Traum melden. Mag einer dies, sofern es ihn nicht selbst angeht, als dummes Geschwätz verspotten, so ist er im eigenen Fall keineswegs dagegen gefeit. Ähnlich verhält es sich bei Träumen, in denen der Träumer schwer erkrankt oder sogar selbst stirbt. Wer hat noch nicht von dem alten Glauben gehört, daß es prophetische Träume gibt, daß sich im Traum Gegenwärtiges, Vergangenes und *Zukünftiges* ankündigt? Ist ein solcher Traum nicht ein Zeichen dafür, daß man sich schleunigst einer ärztlichen Untersuchung unterziehen sollte?

Nach Helmut Hark sind Todesträume »eigentlich Wandlungsträume, wo es um ein Sterben und Neuentstehen geht« (1983, 180ff.). Hier allerdings muß der Einwand gemacht werden, daß Hark von zwei Annahmen ausgeht, die einer phänomenologischen Traumauslegung nicht standhalten würden. Zum einen wird eine »Weisheit der Seele, einen Menschen auf das Kommende vorzubereiten« postuliert; so kündige sich der durch Krebserkrankung herannahende Tod (anhand eines Beispiels erläutert) durch Träume an. Sieht man sich die geschilderten Träume jedoch näher an, so ist in ihnen vom Tod zumeist, das heißt bis auf einen, überhaupt nicht die Rede. Diesem Dilemma weicht der Autor durch eine zweite Annahme aus, indem er sich auf die symbol-psychologische Betrachtungsweise beruft. Als Beispiel dafür wird der Traum eines 45jährigen, an Straßenangst leidenden, aber auch an einem Lymphdrüsenkrebs erkrankten Mann geschildert. Etwas verkürzt lautet der Traum folgendermaßen:

Der Träumer tritt in einen Obstladen ein, wo er aber nichts findet, das ihn befriedigt. Schließlich wählt er eine kleine Ananasfrucht und versucht es noch mit einigen Äpfeln, die allerdings häßlich sind. Auch keine Apfelsinen, Pfirsiche sind vorhanden. »Haben Sie nichts Schöneres«, fragt er den Ladenbesitzer. Dieser schlägt Fruchtsaft vor, holt eine Holzschale und löffelt in diese den Saft. Zuvor hatte er die Ananasfrucht hineingelegt. Langsam verschwindet die Frucht im Saft. Der Träumer findet diese

Lösung auch jetzt noch nicht optisch schön, denkt aber: Der Saft schmeckt bestimmt gut, aber ob der Müller den mag? (Zu Beginn des Traumes befand sich der Träumer mit seinem Sohn, der ein Fahrrad vor sich herschob, auf dem Weg zu K. Müller, um ihm zum Geburtstag zu gratulieren und in der Absicht, ihm ein Buch als Geschenk mitzubringen. Da es Samstag, kurz vor 13 Uhr, war, hatten die Geschäfte, bis auf diesen Obstladen, aber geschlossen.) Schließlich kauft der Träumer noch ein Brot.

Für Hark bedeutet nun der Obstkorb das Einsammeln der »Lebensfrüchte«. Der Obstladen ist leicht als Raum der Therapie zu erkennen; im Bild der Obstschale mit dem Saft, in dem sich die ausgewählte Frucht auflöst, kündigt sich der tragische Tod an. Die Ananas nämlich, noch im 18. Jahrhundert als Königsapfel bezeichnet, werde vom Träumer als »Selbst-Symbol« gewählt, die sich auflösende Ananasfrucht stelle das sich durch den Lymphdrüsenkrebs auflösende Leben des Träumers dar. Zum Brot fielen dem Analytiker »aus dem religiösen Symbolfeld Brot und Wein ein, als Elemente bei der Kommunion und als ›Wegzehrung‹ für den letzten Weg aus diesem Leben«.

Man kann mit Hark durchaus die Meinung teilen, daß bei der Sterbehilfe die Träume einzubeziehen seien. Trotzdem bin ich der Meinung, daß durch solche spekulativ-symbolisierende Traumdeutung eben gerade keine Sterbehilfe geleistet wird. Bleibt man nämlich beim erzählten Trauminhalt, so deutet nichts, aber auch gar nichts auf eine Todesankündigung hin. Ganz im Gegenteil, der Träumer befindet sich auf dem Weg zu einem *Geburtstag*. Er ist in der Stimmung des Schenkens, und wenn schon von Obst und Brot, von Saft und Früchten die Rede ist, dann verweisen diese auf das Leben, nicht auf das Sterben. Vor allem aber ist die Analogie zwischen einer sich auflösenden (in Saft übergehenden) Ananasfrucht und einem Lymphdrüsenkrebs wohl sehr abwegig.

Die Frage aber bleibt: Ist es von Bedeutung, welcher Art Traumdeutung wir den Vorzug geben, da wir wissen, daß dem Patienten ohnehin nur noch eine gering bemessene Lebenszeit gegeben ist? Sollte man ihn mit der Möglichkeit des Sterbens anhand einer Traumdeutung konfrontieren?

Ich meine, daß die Deutung eines Traumes als »Todestraum« zumindest einen Einfluß auf den Traumdeuter selbst hat und damit auch dessen Verhalten hinsichtlich des zu betreuenden Kranken beeinflußt. Es scheint mir jedenfalls wenig sinnvoll zu sein, den Tod bereits vorwegzunehmen, wenn er sich noch gar nicht zeigt. Und doch wird dies gerade durch die sogenannten Symboldeutungen immer wieder getan. Ein anderer Patient beispielsweise erzählte dem Autor, der ihn als Seelsorger im Krankenhaus aufsuchte, er sei im Traum unterwegs zu den »Blauen Bergen« gewesen, wobei er einen Begleiter bei sich hatte, der den Weg kannte. Für Hark erweckte dieser Traum die Ahnung, daß der Kranke »unterwegs war zu seiner ›Ewigkeit‹, die in dem Sinnbild der ›Blauen Berge‹ angedeutet wurde« (das. 176). Wie das Blau des Himmels seien auch die Blauen Berge ein symbolischer Ort für das Jenseitige. Dies bewog den Seelsorger, sein eingehendes tröstendes Gespräch mit den Worten des 121. Psalms zu schließen.

Über Todesträume etwas auszusagen fällt zumeist deshalb besonders schwer, weil wir im Grund über den Tod überhaupt so gut wie gar nichts aussagen können. So fließen denn auch spekulative Momente in fast jeden Versuch ein, Todesträume zu deuten. Als einfachstes Beispiel nannten wir die Vorstellung, solche Träume entsprächen einer Todesahnung, wären also als Warnträume oder gar prophetische Träume aufzufassen, hätten telepathischen Charakter usw. Auf die Fragwürdigkeit solcher Deutungen habe ich hingewiesen. Aber eben: Mehr als fragwürdig können sie nicht sein, andererseits verweist die Fragwürdigkeit darauf, daß sie einer Frage würdig sind. Wie auch immer: Auch die Parapsychologie weiß uns darüber keine eindeutigen Antworten zu liefern. Selbst ein wissenschaftlich anerkannter Forscher wie Werner F. Bonin schreibt in seinem »Lexikon der Parapsychologie« (1976, 495) zum Begriff »Todesahnung«: »Wie bei Ahnung und Vorahnung finden wir im Modus der Todesahnung optische und akustische Erfahrungen oder ein bloßes emotionales Gestimmtsein, das entsprechend gedeutet wird.« Das läßt nun alles offen. Igor A. Caruso hat den Versuch einer »Phänomenologie des Todes« gewagt (1968). Für ihn ist sie gleichbedeutend mit der »Trennung der Liebenden«. Trennung und Tod führen zur Auseinandersetzung des Menschen mit seiner Existenz; diese Auseinandersetzung verläuft nur selten friedlich und harmonisch. Letztlich aber muß auch hier die Liebe obsiegen. So fordert denn Caruso abschließend nichts Geringeres als die »Aufhebung des Todes« (das. 309). Die Entfremdung des Menschen werde so lange nicht zur Gänze aufhören, »als die vom Menschen abgetrennte und beherrschte Natur« stärker ist als seine »Liebe und Schöpfungskraft«. Wer dies vor Augen hat, wird auch begreifen, daß Todesträume in Wirklichkeit Lebensträume sind. Dies ist für die psychotherapeutische Deutung von entscheidender Wichtigkeit. Der Traum beweist: Wenn das Sein ein »Sein zum Tode« ist, dann gehört der Tod in das Leben, dann verweist er gerade auf das Leben, auf das, was ist, und nicht auf das, was nicht ist.

»Freiheit zum Tode«
und Selbstvernichtung

Zweifellos beruht die heutzutage festzustellende Zunahme der »Suizidrate«, wie sich die Selbstmordforschung ausdrückt, nicht auf der wissentlich und willentlich vollzogenen Befreiung, die ein »Recht auf den eigenen Tod« oder gar die »Freiheit zum Tode« meint. Der Selbstmord ist zum überwiegenden Teil gerade nicht der existentielle Austrag eines Freiseins und Freiwerdens, sondern eine Tat der Verzweiflung, der Flucht aus diesem Leben, das aus verschiedensten Gründen unerträglich geworden ist oder seinen Sinn verloren hat. Im Suizid ist der Tod kein »Sein zum Tode« mehr, sondern eine Abkehr vom Leben. Der Selbstmörder sucht die Selbstvernichtung. Ob geplant und bedacht oder spontan aus einer aktuellen Notsituation heraus, ob infolge einer länger dauernden Depression, einer akuten Verstimmung, oder in der Panik – er ist die letzte Konsequenz einer wirklich oder scheinbar ausweglosen Situation. Dies war vermutlich zu allen Zeiten so und wird es auch in Zukunft bleiben. Von daher gesehen, gehört der Selbstmord beziehungsweise die Selbstmordforschung in den Bereich der Psychiatrie und Psychotherapie sowie der Sozialforschung. Diese Problematik kann im Rahmen dieses Beitrags nur gestreift werden. Eine ausführliche soziologische Interpretation des Selbstmords ist Emile Durkheim zu verdanken (1973). Es seien nur einige Feststellungen entnommen. Die eine ist, daß in jeder Gesellschaft eine bestimmte Zahl von Menschen innerhalb eines bestimmten Zeitabschnittes freiwillig in den Tod geht, die andere, daß sowohl Wirtschafts- und Finanzkrisen wie auch deren gegenteilige gesellschaftlich-ökonomische Entwicklung, die Konjunkturen, die Selbstmordzahlen nach oben treiben. Dies legt Durkheim dahingehend aus, daß die Selbstmorde »einfach wegen der Krisen« zunehmen, »das heißt wegen der Störungen der kollektiven Ordnung« (das. 278). »Störungen der kollektiven Ordnung« werden jedoch heute nicht nur als Folge konjunktureller Schwankungen betrachtet, sondern auch als gesellschaftsinhärente Phänomene der Gegenwart. Die Zunahme der Depressionen, der Langweiligkeitsneurosen, der Zuflucht zu den Drogen, des Alkoholismus einer rast- und ratlosen Jugend kann keinesfalls nur als ein Anwachsen individueller neurotischer Entwicklungen betrachtet werden. Die Erscheinungen sind in den gesellschaftlichen Gesamtzusammenhang zu stellen und rufen demzufolge nach einer gesellschaftspolitischen Überprüfung unseres Zeitgeschehens.

Ebenso wäre es fragwürdig, die erschreckende Zunahme der Selbstmorde lediglich einer (anonymen) Gesellschaftsordnung zuschreiben zu wollen. Der Mensch, der junge wie der alte, ist nicht einfach Spielball seiner Gesellschaft. Allzuoft muß diese als Alibi dafür herhalten, eigenes, individuelles Versagen zu decken. Erwin Ringel, der sich besondere Verdienste um die Selbstmordforschung und -prophylaxe durch die Errichtung eines eigens dafür geschaffenen Instituts erworben hat, meint denn auch, daß es sich beim Selbstmord um ein enorm kompliziertes, ein »komplexes« Problem handle (1976, 244). Die praktische Erfahrung lehre aber immerhin, daß der Selbstmord »in der überwiegenden Mehrzahl der Fälle in einer seelisch krankhaften Verfassung« begangen werde, für die dementsprechend der Mediziner, insbesondere derjenige, der sich mit der Psyche beschäftigt, also der Psychiater und Tiefenpsychologe, zuständig sei. Die immer wieder gestellte Frage, ob auch ein seelisch Gesunder, also »Normaler«, Selbstmord begehen könne, wird von ihm bejaht. Die Erfahrung lehre jedoch, daß dies in der Praxis nur »äußerst selten« vorkomme. Der Verfasser selbst hat in seiner Dissertation (Condrau, 1944) die Frage nach einem »psychologischen« beziehungsweise »Bilanz«-Selbstmord in eher negativem Sinn beantwortet. In dem dort gemeinten Sinn scheint ihm dies auch heute noch richtig zu sein. Trotzdem ist eine gewisse Revision der Auffassung angezeigt, wonach nicht auch durchaus gesunde Menschen sich zu einem freiwilligen Ausscheiden aus dem Leben entschließen können. Diese Überprüfung ist in unserer Zeit insofern notwendig, als sich sowohl der Begriff »Gesundheit« gewandelt hat als auch die Situation, in die der Mensch heute geraten kann. Damit sei nicht einfach das Wort jenen Bewegungen gesprochen, die jeden Selbstmörder aus ihren Reihen zu einem Mord-Opfer der bürgerlichen Gesellschaft emporstilisieren (Brenner u. a., 1981). Andererseits darf nicht jeder jugendliche Selbstmörder als »psychiatrischer Fall« eingestuft werden.

Der Suizid ist zu einer der häufigsten Todesursachen geworden. Seit 1975 starben in der Schweiz und in der Bundesrepublik Deutschland mehr Menschen durch Selbsttötung als durch Verkehrsunfälle. In Deutschland (Zahlen Bundesrepublik) wird täglich mit über dreißig Suizidtoten gerechnet. Die Zahl der Selbstmord*versuche* ist noch erheblich größer. Dazu kommen die bekannten »Todesspiele« im Sport: Autorennen, Alpiner Skirennsport, Alpinismus können unschwer mit einem »russischen Roulette« verglichen werden. Wer dort noch zu Weltruhm aufsteigen will, muß sein Leben riskieren. Auf solche Ambivalenzkonflikte hatte bereits Freud hingewiesen.

Felix Böcker hat die Suizide und Suizidversuche in der Großstadt untersucht (1973). Selbstmorde überwiegen deutlich bei Männern, Selbstmordversuche bei den Frauen. Für beide Geschlechter gilt, daß der Altersgipfel bei Suizid*versuchen* in den frühen Lebensabschnitten, der Altersgipfel bei *Suiziden* in den späteren Lebensabschnitten liegt. Nach Ida Cermak beträgt das Verhältnis der Suizide zu den Suizidversuchen 1 : 8 (1972, 66). Täglich sterben in der ganzen Welt 1000 Menschen durch Selbstmord, und täglich versuchen 8000 Menschen, sich das Leben zu nehmen. (In diesen Zahlen sind die Dunkelziffern nicht enthalten; lange nicht alle Selbstmorde und schon gar nicht alle Selbstmordversuche werden bekannt.)

In der Psychiatrie hat sich der Begriff des »präsuizidalen Syndroms« etabliert. Man möchte gerne wissen, ob ein Mensch, und allenfalls wann, selbstmordgefährdet ist. Erwin Ringel nennt dazu drei Momente (1981, 1405): die situative Einengung (durch ausweglose Situationen oder neurotische Persönlichkeitsstruktur), die gehemmte und gegen die eigene Person gerichtete Aggression sowie die zunehmenden Selbstmordphantasien. Die Reduktion des Selbstwertgefühls führt besonders bei Jugendlichen zu suizidalem Verhalten. Verlust der Eltern- oder Partnerliebe, Position des »Abweichlers« oder »Aussteigers«, die »dynamische Einengung« und vor allem der Verlust aller zwischenmenschlichen Beziehungen sind zu beachten. Paul Valéry soll gesagt haben, für den Selbstmörder bedeute jeder andere nur Abwesenheit.

Lawrence A. Pervin verweist darauf, daß es viele psychoanalytische Deutungen des Selbstmordes gibt, eine gewichtige Erklärung jedoch laute, daß er eine gegen sich selbst gerichtete Feindseligkeit darstelle (1981, 323). Jeder Selbstmord sei »in gewissem Sinne ein potentieller Mord«; die Feindseligkeit werde statt gegen andere wegen Angst und Schuldgefühlen gegen die eigene Person gerichtet. Damit wird aber indirekt einmal mehr die psychoanalytische These vertreten, eine Intention (Mord) ändere ihr Objekt (anstelle des anderen trete das eigene Selbst). Pervin nimmt dazu in diesem Zusammenhang keine Stellung, verweist hingegen auf die Persönlichkeitskonstrukttheorie von George A. Kelly, der den Selbstmord als eine Handlung interpretiert, die dazu dient, das eigene Leben zu validieren, oder als Akt der Selbstaufgabe. Einem Menschen, dessen Blick eingeschränkt ist und dessen Welt zu zerfallen beginnt, erscheine der Tod als die »einzig sofortige Sicherheit, die er erreichen kann«.

Es ist gewiß richtig, daß alle die genannten Phänomene im Umgang mit suizidgefährdeten Menschen bedeutungsvoll sind. W. Pöldinger ist noch einen Schritt weiter-

Selbstbildnis eines zwölfjährigen, hochbegabten Gymnasiasten, der während einer depressiven Reaktion im Verlauf seiner sehr krisenhaften Pubertät einen ernsthaften, lange Zeit vorher geplanten Selbstmordversuch unternahm.

Aus «Die Zeichnung im Kindesalter und ihre Bedeutung für die Arzt-Patient-Beziehung», Basel gegangen und hat eine eigentliche »Risikoliste« aufgestellt, die dem Angehörigen oder dem Arzt helfen soll, Suizidgefährdete zu erkennen. Aber Hanspeter Padrutt und Hans Kind haben bereits 1970 anhand eigener Untersuchungen an 237 Patienten, die ernsthafte Selbstmordversuche unternommen hatten, die praktische Unbrauchbarkeit, ja den gelegentlich sogar irreführenden Charakter dieser »Risikofaktoren-Liste« nachgewiesen. Es zeigt sich, daß eine sichere Prognose in kaum einem der Fälle gestellt werden kann, und die Erfahrung vieler Menschen, einschließlich der Psychiater, ist die, daß Menschen ausgerechnet in einem Zeitpunkt Suizid begehen, da man es am wenigsten erwartet.

Suizidgefährdete sind äußerst schwer zu behandeln. Gewiß ist die Einrichtung von Krisenberatungszentren sinnvoll und hilfreich. Auch die Telefonseelsorge in den Großstädten leistet Hervorragendes. Inwiefern sie jedoch wirklich selbstmordverhütend wirken, ist fraglich. Der zum Selbstmord Entschlossene hält sich nicht für behandlungsbedürftig, nicht für krank. Nur selten sucht der Selbstmordgefährdete spontan ärztliche Hilfe auf, und ebenso selten hält er sich nach einem Selbstmordversuch und geglückter Rettung noch für behandlungsbedürftig (Cermak, 1972, 67). Dazu kommt die ambivalente Haltung der Umwelt, die mit Verdrängung und Schuldgefühlen reagiert. »Das Widersprüchliche der Situation liegt im krassen Gegensatz von extremer Gefahr und Negation der Hilfeleistung« (das. 71). Für den Suizidanten selbst kann das Erlebnis des Suizidversuchs sowohl eine Gefahr wie eine positive Möglichkeit für die Zukunft bedeuten. »Die Gefahr besteht darin, die seelischen Kräfte nicht entwickeln zu können, die zur Krisenbewältigung nötig sind, und womöglich in einem selbstdestruktiven Verhalten zu verharren. Die positive Möglichkeit liegt im Gewinn von Einsichten, in der Reifung und Vertiefung der Persönlichkeit« (M. Stieler, 1922, 81).

Nun ist der Selbstmord keineswegs lediglich ein Problem der Ärzte und Psychotherapeuten. Seine Bedeutung reicht weit in kulturgeschichtliche, religiöse und philosophische, ja selbst rechtliche Aspekte hinein. Insbesondere wird davon auch die Euthanasie-Diskussion berührt.

In der Geschichte der Religion fand der Selbstmord in verschiedener Hinsicht seinen Niederschlag. Im Hinduismus erweist sich der Tod als »direkter Anstoß für das Erlösungsstreben des Menschen« (v. Stietencron, 1976, 155), womit er auf die mögliche Überwindung des Lebens hindeutet. Der Sterbende löst sich von seiner »grobstofflichen Daseinsform, um sich auf eine neue, vielleicht bessere, vorzubereiten«. Zum einen wird somit eine Indifferenz gegenüber dem Tod und dem Leben geopfert, zum anderen führte der Erlösungsaspekt in Indien zeitweilig auch zur Legitimierung des religiösen Selbstmordes, der zumeist an heiligen Stätten ausgeführt wurde.

Antikes Griechentum und Römertum stellten den Selbstmord wiederum in den Bezug zur Tragödie einerseits, in den Zusammenhang mit dem schuldbeladenen Helden, in jenen zur Philosophie und zur Staatsraison andererseits. Aristoteles und Platon wehrten sich zwar gegen die Meinung, den Selbstmord für zulässig zu halten, vermochten jedoch nicht durchzudringen. Aristoteles' Ablehnung beruhte allerdings nicht auf philosophischer Logik. Der Selbstmord, so meinte er, sei gemäß Urteil der menschlichen Vernunft ein Übel und demzufolge nur erlaubt, wenn ihn die Staatsgesetze gebieten würden. Da sie dies nicht täten, sei die Selbsttötung ein Unrecht. Immerhin mußte aber Sokrates – letztlich auch aus Gründen der Staatsraison – seinen Schierlingsbecher trinken. In diesem Zusammenhang ist auch Seneca zu erwähnen, der sein Leben auf Befehl seines ehemaligen Zöglings, des Kaisers Nero, beendete, worüber Tacitus im 15. Buch seiner »Annalen« berichtet. In ähnlicher Weise muß auch der Selbstmord des greisen Cato gesehen werden, der in ihm den letzten Weg erblickte, sich dem Dolch der Caesarianer zu entziehen. Sosehr beide den Freitod als Sache der persönlichen Freiheit in ihren philosophischen Gesprächen immer wieder hervorgehoben haben, so darf die Tragik doch nicht übersehen werden, daß ihre »Freiheit« zu sterben auch von der kaiserlichen Gnade abhing, von ihr Gebrauch zu machen. Benz beschreibt die »tragische Parallelität« dieser beiden Männer, die, am Ende ihrer politischen Karriere angelangt, um den Erfolg ihrer Lebensarbeit betrogen, sich nur mühsam in die große Freiheit des Todes begeben konnten: »als ob ihnen das Schicksal in einer schlimmen Ironie ihre Tat erschweren und verhöhnen wollte« (1929, 111 ff.). Beide hatten größte Mühe, den Selbstmord zu vollenden. Cato mußte sich die durch das Schwert beigebrachten Wunden aufreißen und seine Gedärme zerzerren; Seneca schnitt sich die Adern auf, nahm Gift und mußte sich schließlich im Dampfbad ersticken. Im Rom der späten Kaiserzeit, als das Denunziantentum seine Blütezeit erlebte, wurde die Selbsttötung für viele zu einer Notwendigkeit, um sich den unerträglichen Folgen einer Urteilsvollstreckung zu entziehen, die ihnen nur Ehrverlust und Güterentziehung zusätzlich zum Tod eingebracht hätte. So erfüllte der Selbstmörder auch eine Pflicht gegenüber seiner Familie. Erst unter Kaiser Hadrian (76–127 n.Chr.) nahm die Selbstmordwelle in Rom etwas ab; trotzdem galt der Selbstmord auch weiterhin als eine sittlich erlaubte Tat.

Eine grundlegende Umwälzung in der Wertung und Beurteilung des Selbstmords gab es erst durch das Christentum. Der Christ betrachtet das Leben als ein Geschenk Gottes, als ein Lehen. Somit kann es kein größeres Verbrechen geben, als eben dieses Lehen zu veräußern, dieses Geschenk wegzuwerfen. Besonders die Kirchenlehrer haben eindeutig gegen den Selbstmord Stellung bezogen. Augustinus (354–430) berief sich auf das göttliche Gesetz: »Du sollst nicht töten.« Für ihn war der Selbstmord ein »Mord«, und er mußte auch dementsprechend bestraft werden. In seinem großen Werk »De Civitate Dei« ging er ausführlich dieser Frage nach. Selbst Judas habe durch seinen Selbstmord nach dem Verrat an Christus nichts gutgemacht, sondern seine Sünde nur vergrößert. Aber auch eine Selbsttötung aus »sittlichen« Motiven lehnte Augustinus ab. Am berühmt gewordenen Fall Lucretias, die sich durch ihren Selbstmord der Schändung entzogen hatte, argumentierte er dafür, daß das Leben den Vorrang auch vor solcher Konfliktlösung genieße. Der Selbstmord als sittliche Heldentat, wie er im sogenannten »Heidentum« berühmt wurde, selbst jener Catos, fand bei Augustinus nur Verdammnis. Die Lehren der Kirche wurden diesbezüglich in späteren Synoden, in Orléans 533, in Braga 563, bestätigt. Es wurde festgelegt, daß alle, die sich gewaltsam den Tod brachten, im Opfer keine Erwähnung finden sollten, daß ihre Leichen keines kirchlichen Begräbnisses und ihr Seelenheil keines Gebetes würdig seien. Eine Ausnahme sollten nur jene Selbstmorde bilden, die aufgrund einer schweren Geisteskrankheit begangen wurden. Von der kirchlichen Selbstmordauffassung wurde später auch das deutsche Recht beeinflußt; in England stand bis vor wenigen Jahren noch eine Strafdrohung auf der Selbsttötung.

Eine von dieser Lehre abweichende Haltung nimmt Schwartländer ein, der die Ansicht vertritt, man müsse zwischen Selbstmord und »Selbsttötung aus sittlicher Verantwortung« unterscheiden (1976, 28). In diesem Sinn nimmt er Cato in Schutz, dessen Selbsttötung angesichts der hereinbrechenden Diktatur »als überzeugtes Bekenntnis zur römischen Republik«, zu ihrer politischen Freiheit und Gerechtigkeit verstanden werden könne. Er verweist auf die Selbstverbrennung des tschechischen Studenten Jan Palach im Jahr 1969, der durch sein Selbstopfer seinem Volk Mut und Kraft spenden wollte, für die politische Freiheit zu kämpfen. Auch denkt Schwartländer »an den politischen Gefangenen, der sich das Leben nimmt, weil er fürchten muß, unter Anwendung der Folter, der ›modernen‹ medizinischen Manipulationstechniken, seine Freunde zu verraten und ihr Leben zu gefährden«. In einem solchen Fall vollziehe sich doch offensichtlich eine personale Verantwortung, die gleichzeitig einen tieferen Sinn menschlicher Freiheit vergegenwärtigen könne, »als dies jede Art von Selbstbehauptung vermag«.

Kann die »Freiheit zum Tode« wirklich Selbstmord ethisch begründen? Immanuel Kant bestritt dies und Martin Heidegger ebenfalls. Jede Selbstentleibung ist für Kant eine Selbstzerstörung der Persönlichkeit; diese zu vernichten bedeutet, die Sittlichkeit aus der Welt vertilgen. Heidegger vertrat die Ansicht, der Tod sei »als Mögliches« kein Zuhandenes oder Vorhandenes, sondern eine Seinsmöglichkeit des Daseins (1927, 261). Wenn nämlich das Sein zum Tode den Charakter eines »besonderen Aus-seins auf seine Verwirklichung« hätte, müßte »das Besorgen der Verwirklichung dieses Möglichen« eine Herbeiführung des Ablebens bedeuten. Damit aber entzöge sich das Dasein »gerade den Boden für ein existierendes Sein zum Tode«.[8]

Jaspers dagegen vertrat die Ansicht, der Selbstmord deute auf die menschliche Freiheit hin (1962, 474). »Daß der Mensch, nur der Mensch sich das Leben nehmen kann in hellem, reinem Entschluß, ohne Trübung durch Affekt, vielmehr sich selber treu, darin liegt eine Würde... Die Bereitschaft zum Selbstmord macht frei.«

Jaspers' Beurteilung des Selbstmordproblems sollte nicht unabhängig von seinem persönlichen Schicksal betrachtet werden. Mit einer Jüdin verheiratet, als »Staatsfeind« aktenkundlich betrachtet, konnte er die Zeit der nationalsozialistischen Ära in Deutschland nur in der ständigen Auseinandersetzung mit der Alternative »Auswandern« oder »Tod« bewältigen. Zur Auswanderung konnte er sich nicht entschließen. Die Gründe dafür hat er in seinem Tagebuch 1939–1942 dargelegt. So blieb ihm nur der Tod und eine vage Hoffnung, diesem zu entgehen. Die Kapseln, die ihn und seine Frau im Fall einer Verhaftung der irdischen Ungerechtigkeit entziehen sollten, lagen jahrelang auf dem Nachttisch bereit. Er wollte in Würde und in seinem geliebten Vaterland sterben. »Das neue Leben ist nur noch möglich in Selbstmordbereitschaft«, schrieb er am 11. 2. 1939 (1967, 146). »Die philosophischen Gründe gegen den Selbstmord hören auf, wo der Untergang ohnehin gewiß ist, unmittelbar bevorsteht und keinen Spielraum eines hervorbringenden Lebens läßt – und wo die Nähe von Menschen, die unser Dasein bedingungslos wollen, fehlt.« Jaspers' Zwiespalt gründete 1939 noch in einem »undefinierbaren Vertrauen zum Genius des Vaterlandes, der nicht zu böse gegen uns wüten kann ...« (das. 153); »... mit Liebe zum Land und zum Grund der Geschichte« könne er »nur in Deutschland leben«, selbst wenn er es jetzt auch gerne verlassen würde. In Deutschland bleiben dürfe er aber nur, wenn er bereit sei, in einem gegebenen Augenblick mit Gertrud (seiner Gattin) zu sterben. Was aber auch immer geschehe, geschehe in Deutschland – der Tod im Ausland sei ein »bodenloser« Tod.

Die Selbstmordfrage beschäftigte Jaspers die ganze Zeit von 1939 bis 1942 (und vermutlich noch länger). Immer wieder geht es ihm um den Versuch, den Suizid auch philosophisch zu rechtfertigen. Die christliche Forderung, man dürfe sich unter keinen Umständen das Leben nehmen, bezeichnete er als eine Verführung. Sie erlaube auch die Feigheit, am Leben bleiben zu wollen, wenn der geliebteste Mensch von Menschen ruiniert werde. Jaspers, der immer nur in Gemeinsamkeit mit seiner Frau den Selbstmord in Betracht zog, stellte die Liebe über das Leben. »Wenn am Maßstab menschlicher Würde ein Weiterleben unter den noch zugelassenen Bedingungen nicht möglich ist, so trifft die Vernichtung gemeinsam die, welche wirklich solidarisch sind, weil ihr Bund ... keine Vorbehalte kennt« (das. 159).

Jaspers ging es aber bei der Selbstmordbegründung nicht nur um die Würde des Bundes. Er spricht sogar von einer Schuld, in Unwürde weiterleben zu wollen. »Es ist für den Menschen von Würde nicht möglich, das Leben um jeden Preis zu wollen ... auch das Duldenmüssen kann einen Inhalt gewinnen, der dem Duldenden gegen seine Würde geht ... Wir können nicht ändern, was geschieht und was von andern getan wird, aber wir können sterben.« Es sei »menschenwürdig und erlaubt, in hoffnungsloser Lage dem Todesurteil zuvorzukommen«, der Selbstmord sei nicht Selbstmord, »wenn er die würdige Vorwegnahme einer wie immer gearteten Hinrichtung ist«. Selbst der Selbstmord, um Folterqualen und einer langgezogenen Hinrichtung auszuweichen, sei »kaum noch echter Selbstmord, sondern erzwungene Tat«.

Daß diese Auffassung sowohl persönlicher Rechtfertigung als auch philosophischer Besinnung entsprang, ist bei Jaspers leicht nachweisbar. Allerdings haben viele vor und nach ihm bewiesen, daß man auch Folterungen, Qualen und Hinrichtungen in Würde bestehen kann und daß nicht wenige, die sich durch Selbstmord der Konfrontation mit schwerem psychischem und physischem Leid entzogen, unwürdig starben. Doch wer würde es wagen, in dieser Frage den Schiedsrichter zu spielen? Warum ist ein Pater Alfred Delp S.J., vom nationalsozialistischen »Volksgerichtshof« zum Tod verurteilt, gefoltert und am 2. Februar 1945 hingerichtet, nicht diesen Weg gegangen? Der eigentliche Grund seiner Verurteilung, so schrieb er in einem letzten Brief an seine Mitbrüder, war der, »daß ich Jesuit bin und geblieben bin« ([10] 1976). Eine Beziehung zum 20. Juli war ihm nicht nachzuweisen. Er starb durch den Henker – in Würde. »Sein zum Tode« und »Freiheit zum Tode« sind somit nicht zwei verschiedene Weisen des Seins. Die Freiheit zum Tode im Sinn Heideggers ist weder Grundlage noch Aufforderung zur Selbsttötung. Anders sieht es Karl Löwith, der dem Menschen die spezifische Möglichkeit zuspricht, sich zu seinem Leben und Ableben als dem Seinen verhalten zu können (1969, 167). Er habe die Freiheit, »das Faktum seines leibhaftigen Daseins nicht bloß hinzunehmen, sondern es eigens anzunehmen oder abzulehnen und das Nichtmehrdasein in Gedanken, oder auch in der Tat, vorwegzunehmen«. Er räumt allerdings ein, daß eine solche Vorwegnahme des Todes »keine Freiheit zu ihm, sondern Angst vor ihm« bedeute. Diese Angst gelte aber nur für denjenigen, der glaubt, eine »Seele« zu haben, die den Zerfall des Leibes überlebe. Heute denke man die Seele mit dem Leib zusammen »psychosomatisch«; wer nicht an die Unsterblichkeit der Seele glaube und somit die Endlichkeit auf den ganzen Menschen beziehe, werde auch die Freiheit zum Tode »in dem Sinne behaupten müssen, daß der Mensch ein Recht auf Selbstvernichtung hat«. Löwith wirft Heidegger die »Moral des ›sich-selbst-Übernehmens‹ und damit der Verantwortung für das Faktum des eigenen Daseins, an dem ich nicht schuld bin« vor. Denn die »Freiheit zum Tode« beruhe bei Heidegger gerade darauf, daß kein menschliches Dasein je frei darüber entschieden habe, ob es ins Dasein kommen wolle oder nicht. Der Mensch »ist in sein Da geworfen und muß sich darum selbst mit seinem nichtigen Ende übernehmen, um frei existieren zu können und sich auf seine Möglichkeiten zu entwerfen«. Die wirkliche Freiheit zum Tode kann sich nach Löwith aber »sowohl in der Selbstvernichtung bezeugen wie in dem Gleichmut zum bevorstehenden Ende« (das. 176). Es sei das Verdienst von David Hume, in seiner Schrift über den Selbstmord diese beiden Möglichkeiten wieder zu Ehren gebracht zu haben.

In ähnlicher Weise argumentieren heute teilweise auch Psychotherapeuten, allerdings von etwas anderer Warte aus. Es scheint sich allmählich die Ansicht durchzusetzen, daß es nicht nur unmöglich ist, einen zur Selbstvernichtung entschlossenen Menschen an der Ausführung seiner Tat zu hindern – Selbstmorde kommen selbst unter bester Überwachung in geschlossenen Abteilungen der psychiatrischen Institutionen vor –, sondern daß dem Menschen auch diese Freiheit zu gewähren sei. Eine solche Ansicht ist zwar nicht unumstritten. Immer noch wird erwartet, daß der Psychiater seinen Patienten aus der Verzweiflung und Hoffnungslosigkeit retten und ihm wieder einen Lebenssinn vermitteln könne. Dies ist zweifellos oft der Fall, es setzt jedoch ein Minimum an Kooperationsbereitschaft des Hilfesuchenden voraus. Wo diese nicht vorhanden ist, kann man nur hoffen, daß der zwangsweise Aufenthalt in einer Klinik eine solche heranreifen lasse. Der Arzt gerät in jedem Fall in ein Dilemma zwischen seinem Berufsethos, das ihn zwingt, Leben zu erhalten, und seinem Berufsziel, den Menschen für die Freiheit offen werden zu lassen. Im ersten Fall ist es seine Pflicht, unter allen Umständen den Kampf gegen den Tod aufzunehmen, der bei Menschen, die keine Bereitschaft zum Gespräch zeigen, lediglich ein zeitliches Hinausschieben des Todeszeitpunkts bedeutet. Im zweiten Fall geht es darum, die zur Depression und Verzweiflung führenden Konflikte aufzudecken, zur Sprache zu bringen, zu lösen und möglicherweise auch den Sinn des Lebens mit einzubeziehen. Solches kann häufig nur geschehen, wenn die Möglichkeit des »Freitods« dem Gesprächspartner nicht von vornherein genommen wird. Daß dadurch wiederum Konflikte mit der Umgebung des Patienten, selbst mit der Rechtsprechung entstehen können, liegt auf der Hand.

James Hillman hat in einer Studie als Psychotherapeut auf dieses Dilemma des Arztes hingewiesen (1966, 23). »Der Standpunkt, den das medizinische Vorstellungsbild den Arzt einzunehmen verpflichtet, ist hochstehend und achtenswert, aber seine Grenzen werden dort sichtbar, wo es sich um die Erforschung des Selbstmords handelt. Selbstmord ist Tod – und der ist der Feind. Vom medizinischen Denkmodell aus wird der Selbstmord a priori verurteilt. Er kann medizinisch nur als Symptom, als eine Verirrung, verstanden werden, der man einzig und allein im Sinn der Verhütung begegnen kann.«

Dieses Verhalten der Medizin kennzeichnet über den Selbstmord hinaus die Begegnung des Arztes mit dem todkranken Patienten. Die Medizin wäre überfordert, wenn sie die Sinnhaftigkeit des Sterbens in ihr Denken einbeziehen müßte. Anders verhält es sich in der Psychotherapie. Da deren Selbstverständnis nicht ausschließlich naturwissenschaftlichen Kriterien unterworfen ist, sieht sie ihre Aufgabe anders, selbst wenn dies in unserem rationalistischen Zeitalter von der Gesellschaft nicht voll akzeptiert wird. Das Verhältnis des Psychotherapeuten zum Selbstmord wird getragen von den eigenen Erfahrungen mit Menschen, die Selbstmordabsichten äußern, die Selbstmordversuche überlebt haben, die von ihrem eigenen Selbstmord träumen oder den Selbstmord ihnen nahestehender Menschen emotional zu verarbeiten haben. Er kennt aber auch die Berichte über den Selbstmord bekannter Schriftsteller, berühmter Gestalten der Weltgeschichte, er weiß um die heroischen Taten, die in vollem Bewußtsein zum eigenen Tode führten.

Gewiß: Jeder Selbstmord eines Menschen ist ein erschütterndes Ereignis wie letztlich auch jeder Tod eines geliebten Menschen. Der Mensch muß sich hier dem Unfaßbaren, dem Unergründlichen der menschlichen Natur beugen. Dies hat weder mit einer Verherrlichung noch mit einer Verdammung des Selbstmordes zu tun. Er ist, und hierin ist Hillman beizupflichten, »eine menschliche Möglichkeit«, er »kann gewählt« werden. Was sich dahinter verbirgt, kann nur erahnt werden. Denken wir an Cesare Pavese, an Ernest Hemingway, an Klaus Mann, deren Selbstmorde uns, gerade wegen ihrer »literarischen« Bedeutung, ein hohes Maß an Einsicht in das Seelenleben des am Leben verzweifelten Menschen gewähren. Hans Jürgen Baden hat sie dargestellt und gedeutet (1965). Er will durch die Einbeziehung des »schöpferischen einzelnen«, das heißt des Schriftstellers, das »anthropologische Feld auf eine bemerkenswerte Weise erweitern und der Selbsterkenntnis einige Türen öffnen, die gemeinhin verschlossen bleiben«. Denn, das sei hinzugefügt, der Selbstmord gehört immer noch in den Bereich des Unaussprechbaren, des Verschwiegenen, des Schamhaften. Früher wurde die Sexualität mit dem Mantel des Schweigens verhüllt, heute ist es der Tod. Innerhalb der Sexualität ist die Onanie, die »Selbstbefriedigung«, bis in unsere Tage im Vulgärverständnis der Allgemeinheit eine »Selbstbefleckung« und innerhalb des Sterbens der Selbstmord eine Angelegenheit, über die nicht öffentlich gesprochen werden darf. Geoffrey Gorer beschrieb dieses Verhalten als »Pornographie des Todes« (1956). Nur selten, wenn überhaupt, werden in Abdankungsreden beim Begräbnis von Selbstmördern die Beweggründe, für sich selbst den Tod zu wählen, in angemessener Weise gewürdigt. Es wäre für den Pfarrherrn, die Angehörigen und die Trauergemeinde zu

»peinlich«. Die Schriftsteller genießen da ein Ausnahmerecht. Von ihnen darf man einiges mehr über ihre seelische Verfassung erfahren, da sie dies ja in einer »literarischen« oder »künstlerischen« Form anbieten. »... auf dem literarischen Friedhof nimmt die Ecke der Selbstmörder einen beträchtlichen Raum ein...« (Baden, das. 227). Baden denkt hier auch an Stefan Zweig, Kurt Tucholsky und andere, deren Selbstmorde jedoch nicht zur »Rechtfertigung« des Selbstmords dienen könnten, weil diese Autoren eigentlich politische Opfer waren, die möglicherweise unter normalen geschichtlichen Verhältnissen nie die Hand gegen sich erhoben hätten.

Die eingehende Betrachtung der Selbstmorde von Pavese, Mann und Hemingway läßt allerdings Zweifel darüber aufkommen, ob der Suizid des Schriftstellers anders zu bewerten sei als jener eines »beliebigen« Zeitgenossen. Gewiß ist der Versuch einer »Rechtfertigung«, der bereits im theologischen Bereich so oft diskutierten »iustificatio«, ein zentrales Anliegen der genannten Schriftsteller. Pavese nahm sich 1950 das Leben zu einem Zeitpunkt, da er bereits zu den bedeutendsten Prosaisten Italiens zählte. In seinem Werk, besonders in seinen Tagebüchern und in den »Gesprächen mit Leuko«, dringt die tiefe Einsamkeit eines Mannes durch, der vergeblich danach trachtete, »den Kerker seiner selbst zu sprengen« (Baden, das. 232). Der Wille zu sterben dringt darin durch. Die Rettung in das Engagement oder den Mythos war ihm verschlossen. Eine unglückliche Liebesgeschichte mag den Todeswunsch noch beeinflußt haben. Pavese konnte die Absurdität des Lebens nicht mehr ertragen, er starb den Tod, den viele vor ihm gestorben sind, vermutlich in ebenso depressiver Weise wie diese. Ähnliches kann von Klaus Mann gesagt werden, dem Sohn von Thomas Mann, dessen Autobiographie durch das Thema der Sehnsucht nach dem Tod beherrscht wird. Abgesehen von der Häufung des Selbstmords in seiner Familie und bei seinen Freunden ist bei ihm eine persönlich zunehmende Einsicht in die Sinnlosigkeit des Lebens nachweisbar, die schon Jahre vor seinem Freitod literarischen Niederschlag fand. In seinen Tagebüchern finden sich 1942 Eintragungen über eine »furchtbare Traurigkeit«. Er »wünsche sich den Tod, das Leben sei ihm unangenehm, er möge nicht mehr leben«. Alles schien ihm »umsonst«, ein Stichwort, von dem er zeit seines Lebens nicht mehr wegkam. Dieses »Umsonst« führte schließlich auch Ernest Hemingway 1961 ins Verhängnis. Der Jagdunfall, den seine Frau nach seinem Tode inszenierte, erwies sich bald als Täuschung. Inwiefern vielerlei persönliche Erfahrungen, die kurz vor seinem Tod festgestellte körperliche Krankheit, auch wiederum die familiäre »Selbstmord-Anlage« eine Rolle spielten, ist in diesem Zusammenhang von sekundärer Bedeutung. Richtig dürfte sein, daß der Schriftsteller sich wie kaum ein anderer Mensch mit seinem Werk identifiziert und daß er im Zeitpunkt, da er nicht mehr von seinem Werk getragen wird, dem Leben keinen Sinn mehr abgewinnen kann.

So bleibt schließlich der Selbstmord ein Rätsel. Die Sehnsucht nach dem Tod ist letztlich eine Absage an das Leben. In dieser Hinsicht ist es unerheblich, ob wir von Selbstmord, von Selbsttötung, von Selbstentleibung oder nach einem Vorschlag Amérys vom Freitod[9] sprechen. Von ebensolcher Fragwürdigkeit bleiben alle Versuche, den Selbstmord »psychologisch« als Umkehrung des Aggressionstriebes auf die eigene

Person oder als »narzißtische Krise« (Henseler, 1974) zu bestimmen. Daß er die letzte Konsequenz einer totalen Hilflosigkeit, Verlassenheit und Ohnmacht ist, ist ein Wissen, das keiner psychologischen Deutung bedarf. Der Entscheid zum Tode ist auch für den Selbstmörder schwer. Jean Améry schreibt, daß der Freitod im Grund als ebenso natürlich oder unnatürlich zu werten sei wie jeder Tod (1976, 57). Wenn in allen fortgeschrittenen Gesellschaften die Minderheiten als vollwertig akzeptiert würden, so sei es nicht einzusehen, »warum der Suizidäre der letzte große Außenseiter beiben soll«.

Außenseiter oder nicht: Der Mensch, der freiwillig aus dem Leben geht, nimmt immer ein Stück von den anderen mit in den Tod. So ist der Selbstmord – wie im übrigen jeder Tod – nie die Angelegenheit eines einzelnen, sondern immer ein Geschehen, das in unser Sein als »Mitsein« einbricht. Insofern ist die Rede vom »Außenseiter« richtig und falsch zugleich. Richtig deshalb, weil sich der Suizidale ausschließt aus der Gemeinschaft der Mitmenschen, falsch, weil er, solange er lebt, auch wenn der Entschluß zum Suizid gefaßt ist, immer noch in dieser Gemeinschaft steht. Der Mensch, der sich zum Tod des »anderen« zu verhalten hat, verhält sich auch zum Selbstmord des anderen. Wie verarbeiten Eltern den Suizid ihres Kindes, die Kinder jenen des Vaters, der Mutter, von Geschwistern? Welche Trauerarbeit müssen Menschen leisten, denen ein Freund durch den Selbstmord die Freundschaft kündigt? Wieviel an Schuldgefühlen wird wach, wie groß ist der Trennungsschmerz, den Selbstmörder den Hinterbliebenen bereiten? Immer mischen sich in den persönlichen Erlebnissen angesichts eines Selbstmords Gefühle der Schuldhaftigkeit mit jenen der Aggression. Warum hat er sich in seiner Not nicht an mich gewendet, der ich am Abend zuvor noch mit ihm zusammensaß? Warum habe ich selbst nicht gemerkt, wie es um ihn stand, warum habe ich nicht hinter seine joviale Fassade gesehen? Hätte ich es verhindern können? Warum hat er mir, seiner Familie, seinen Freunden dies angetan? Der Selbstmörder betrügt seine Freunde. Aber nicht nur er. Jeder, der geliebt wird, betrügt die, die ihn lieben, wenn er aus dem Leben scheidet.[10]

Die daseinsanalytische Auffassung des Suizids ist nicht trennbar von der Grundeinsicht, daß das Sein immer als Mitsein konstituiert ist. In diesem Mitsein erhalten letztlich auch jedes Kranksein und Leiden ihren Sinn. Menschliche Not ist nicht nur die Not des einzelnen, sondern die des anderen, der aufgerufen ist, zu helfen. Sein ist grundsätzlich Mitsein. Aus diesem Mitsein scheren jene Menschen aus, die in die Isolation der Melancholie versinken, von der halluzinatorischen Welt der Schizophrenie überwältigt werden oder Suizid begehen. Auf diese Bezüge hat unter anderem Ludwig Binswanger hingewiesen (1957, 1960). Das Grundthema ist und bleibt der »Verlust«. Es läßt sich nicht trennen »von den so leidenschaftlich geschilderten Themen des qualvollen Leidens, der unaushaltbaren Angst und des unwiderstehlichen Drangs zum Selbstmord« (1960, 50). Wenn das Licht ausgelöscht ist, wenn man auf der Welt nichts mehr hat, kein »Worüber«, an dem man sich halten und verankern kann, die Angst vorherrscht – wenn man sich so selber aufgebe und aus seinem Haushaltungsbuch auslösche, dann komme man wirklich »zum vollen und ganz eindeutigen Entschluß des Selbstmordes« (das. 54). Der Suizid ist ein Bankrott, ein

Ausweichen vor dem Leben, eine Resignation. Aber nicht nur das, er ist ein »volles und eindeutiges ›Worüber‹, als das letzte ›Brennmaterial‹, das noch ›in den Schmelzofen des Leidens‹ geworfen werden kann, und zwar nachdem man ›sich schon selbst ausgelöscht und aus dem Haushaltungsbuch gestrichen‹ hat. Das Thema Selbstmord ist ... das letzte, das ›unüberholbare‹ Worüber, zu dem das Dasein sich aufzuraffen, das heißt im vollsten Sinne des Wortes noch zum ›vollen und ganzen eindeutigen‹ Entschluß zeitlich zu konstituieren vermag.« An anderer Stelle meint Binswanger, der Suizid sei als Entschluß bereits ein Sprung »aus dem Dasein ins Nicht-da-Sein«. Ist ein solcher Sprung nun die Folge des Mutes, des Versuches, die Erstarrung des Daseins, den Kerker des Lebens noch einmal zu durchbrechen, zu sprengen? Oder ist er der Austrag einer Angst, die nicht mehr erträglich scheint, die ihren Sinn verloren hat, die den Menschen nicht mehr an seine Vergänglichkeit, an sein Sein zum Tode gemahnt, sondern in die Flucht davor treibt? Der Selbstmord ist nicht eine Bewegung zum Tod hin, sondern eine Bewegung vom Sein zum Tode weg.

Die Todesstrafe

Bestehen schon hinsichtlich des Selbstmordes ethische, philosophische und juristische Bedenken, so müssen diese auch hinsichtlich der Todesstrafe, des »Fremdmords«, untersucht werden. Selbst der Verbrecher und im besonderen der politische Gegner hat ein unbezweifelbares Recht auf Leben. Mit der zunehmenden Verbreitung des Terrorismus wurden in der Öffentlichkeit vermehrt Stimmen laut, welche für die Wiedereinführung der Todesstrafe plädieren. Die politischen Morde in den USA, in Italien und in der Bundesrepublik Deutschland, die kriminellen Handlungen einzelner schüren die Volkswut. Dazu kommt das psychologische Moment, daß Hinrichtungen schon immer die Massen in ihren Bann zogen. Seit die Henker, wie man sagt, pensioniert wurden, haben die großen Prozesse und Gerichtsverhandlungen deren Rolle übernommen. Die Todesstrafe und deren Vollstreckung übt immer noch eine große Faszination aus, die allerdings zumeist hinter der heuchlerischen Fassade der »gerechten Vergeltung« versteckt bleibt.

Die Situation bei Volksbefragungen ergibt ähnliche Resultate wie jene bei der aktiven Euthanasie. Selbst in der Schweiz, wo seit Einführung des Strafgesetzbuches am 1. Januar 1942 die Zuchthausstrafe als schwerste Freiheitsstrafe gilt, sollen sich nach einer Meinungsumfrage 48 Prozent der Bevölkerung für und nur rund 45 Prozent gegen die Wiedereinführung der Todesstrafe aussprechen. Ein parlamentarischer Vorstoß im Nationalrat, der in diesem Sinn gemacht wurde, konnte allerdings – nicht ohne ausgiebige Diskussion – ad acta gelegt werden. Ich habe selbst daran teilgenommen. Die Gründe, welche gegen die Einführung der Todesstrafe sprechen, faßte ich unter folgenden fünf Punkten zusammen:

1. Die Todesstrafe ist aus philosophisch-ethischen Gründen abzulehnen. Wir haben

anläßlich der Euthanasiediskussion in diesem Rat mit aller wünschenswerten Deutlichkeit das Prinzip vertreten, daß keinem Menschen das Recht zusteht, über Leben und Tod eines anderen zu entscheiden. Insbesondere steht keinem Menschen das Recht zu, einen anderen zu töten, es sei denn in einer lebensbedrohlichen Situation als letzte Notwehrmaßnahme. Wenn Terroristen und/oder andere Kriminelle sich außerhalb dieses ethischen Grundsatzes stellen, so darf dies kein Grund für die staatliche Gewalt sein, Gleiches mit Gleichem zu vergelten. Nicht die Gründe für das Töten sind maßgebend, sondern das Töten an sich als unethische Handlung!

2. Die Todesstrafe ist aus rechtsstaatlichen Gründen abzulehnen. Vor 25 Jahren ist die Europäische Menschenrechtskonvention in Kraft getreten. Ein zentraler Grundsatz derselben sowie anderer internationaler Rechtsinstrumente ist das Verbot »grausamer, unmenschlicher oder erniedrigender Behandlung oder Strafe« in jeder ihrer Formen. Christian Broda, der österreichische Bundesminister für Justiz, hat denn auch deutlich gesagt, die Todesstrafe unterminiere die ethischen und rechtlichen Fundamente einer Gesellschaft, weil Grausamkeit nur Grausamkeit hervorbringen könne. Daß die Verhängung eines Todesurteils, das Warten auf die Hinrichtung, schließlich die Vollstreckung nichts anderes sind als eine exemplarische Form grausamster, unmenschlichster und erniedrigendster Behandlung, ist kaum zu bezweifeln. Abgesehen davon bin ich der Meinung, daß bereits der Begriff »Todesstrafe« mehr als fragwürdig ist. Die Tötung eines Menschen ist nicht einfach eine »Strafe«, sondern schlicht und einfach die Vernichtung einer menschlichen Existenz, so defizitär dieselbe auch sein mag. Steht uns das Recht zu, ein Leben, auch das Leben eines Mörders etwa, als »lebensunwert« zu betrachten? Der Begriff der Strafe im Rechtsstaat ist doch nicht mehr lediglich Ausruck des Rache- und Sühnegedankens, sondern auch der Vermittlung von Einsicht und Reue, der Wiedereingliederung in die menschliche Gesellschaft. All dies fällt aber naturgemäß bei der Todes-»Strafe« weg.

3. Die Todesstrafe ist aus humanitären Gründen abzulehnen. Dies hat nichts mit sogenannter »Gefühlsduselei« zu tun, wie gelegentlich behauptet wird. Alle politischen Parteien treten für eine vermehrte Achtung der Menschenwürde ein. Täglich lesen und hören wir, daß diese in unmenschlichster Weise verletzt wird. Aber nicht nur von Menschen, die sich außerhalb jeglicher Rechtsordnung stellen, nicht nur von Gewaltverbrechern, sondern auch durch Organe von Staaten selbst. Amnesty International berichtete kürzlich, daß in diesem Jahrzehnt über 5000 Menschen hingerichtet worden sind. Sosehr wir uns über Gewalttaten von Geiselnehmern, Terroristen, Kriminellen aller Art entsetzen, sosehr müßten wir uns auch entsetzen über staatlich legalisierte Exekutionen. Wir haben einen weltweiten Kampf gegen die Folter verlangt. Wir fordern einen weltweiten Kampf gegen die Gewalt, wir dürfen nicht Gewalt gegen Gewalt einsetzen. Es gibt meines Erachtens keinen Unterschied zwischen illegaler und legalisierter Gewalt.

4. Die Todesstrafe erfüllt nicht die in sie gesetzten Erwartungen. Es wird behauptet, die Todesstrafe besitze eine abschreckende Wirkung auf potentielle Gewaltverbrecher. Dieser »Abschreckungseffekt« ist jedoch keineswegs bewiesen. Er muß schon deshalb bestritten werden, weil der Gewalttäter zunächst gar nicht mit seiner Gefangennahme

rechnet oder weil er, durch seine Triebhaftigkeit bedingt oder durch seinen Fanatismus motiviert, selbst diese Möglichkeit, das eigene Leben zu riskieren, einkalkuliert. Weltweit durchgeführte Untersuchungen beweisen, daß die Gewaltverbrechen inLändern, welche die Todesstrafe wieder einführten, wie beispielsweise Kanada für Morde an Polizisten, zahlenmäßig nicht zurückgingen. Ob die Todesstrafe eine Abschreckungswirkung auf Jugendliche hat, die von Terrorgruppen »rekrutiert« werden, ist zumindest unbewiesen, ich würde sagen, zweifelhaft. Nachdem wir einiges über die höchst persönlichen Beweggründe wissen, die insbesondere weibliche Terroristen auf deren Laufbahn gelenkt haben, ist kaum anzunehmen, daß es eine Generalprävention gegen eine solche Lebensentwicklung gibt.

Wenn zusätzlich behauptet wird, die Möglichkeit der Todesstrafe habe unzweifelhaft eine »Sicherheitswirkung« in dem Sinn, daß inhaftierte Terroristen nicht mehr durch Geiselnahmen freigepreßt werden könnten, so scheint mir genau das Gegenteil der Fall zu sein. Die Freipressung inhaftierter Terroristen wäre bei Wiedereinführung der Todesstrafe geradezu obligatorisch für terroristische Organisationen, ganz abgesehen davon, daß durch die Vollstreckung von Todesurteilen ein höchst fragwürdiges und unerwünschtes Märtyrertum entstehen könnte. Letztlich sei auf die nicht unbedeutsame Sachlage hingewiesen, daß mit der Todesstrafe auch die Möglichkeit der Begnadigung verknüpft ist, und ich möchte niemandem im eidgenössischen Parlament wünschen, an einer solchen Entscheidung teilnehmen zu müssen.

5. Das Parlament hat in dieser Frage wegweisend zu wirken. Umfragen in allen Ländern, auch in der Schweiz, haben leider die Tatsache erwiesen, daß große Anteile unserer Bevölkerung für die Einführung der Todesstrafe plädieren. Die Gründe dafür sind zweifelsohne in der Natur des Menschen selbst zu suchen. Auf der einen Seite ist es verständlich, daß die Taten von Terrororganisationen, deren Zeugen wir in den letzten Jahren wurden, Abscheu und Entsetzen, Gedanken der Vergeltung und Rache hervorrufen. Gefühlsmäßig wünscht man jenen, die solcher Taten überführt werden, das gleiche Schicksal, wie sie es ihren Opfern zugefügt haben. Darüber hinaus, auch dies sei nicht zu verschweigen, ist wohl kaum eine menschliche Seele frei von eigener Gewalttätigkeit. Die Tiefenpsychologie hat diese menschliche Seite längst aufgedeckt. Gerade dies aber scheint mir einer der wesentlichen Gründe dafür zu sein, daß die Parlamente aller Staaten, auch unser Parlament, eine Pionierrolle übernehmen und nicht einfach zu Sklaven von Meinungsumfragen werden. Hüten wir uns beizeiten vor unseren eigenen Gewaltregungen!

Während sich Amnesty International eindeutig und bedingungslos gegen jede Form der Todesstrafe wendet, hat diese Forderung bisher weder im Volksbewußtsein noch bei den Vertretern der christlichen Kirchen einen eindeutigen Niederschlag gefunden. Amnesty International veröffentlichte 1979 eine eindrückliche Dokumentation, wobei folgende Hauptgründe gegen die Todesstrafe angeführt wurden:

1. Die Todesstrafe ist unwiderruflich; sie wird von fehlbaren Menschen nach fehlbaren Prozessen verhängt. Justizirrtümer sind nicht ausgeschlossen, überdies bereits vorgekommen.

Das Hochgericht
Urs Graf, 1412, Federzeichnung
Graphische Sammlung Albertina, Wien

(rechts)
Todeszelle mit elektrischem Stuhl
Sunday Times Magazine, London

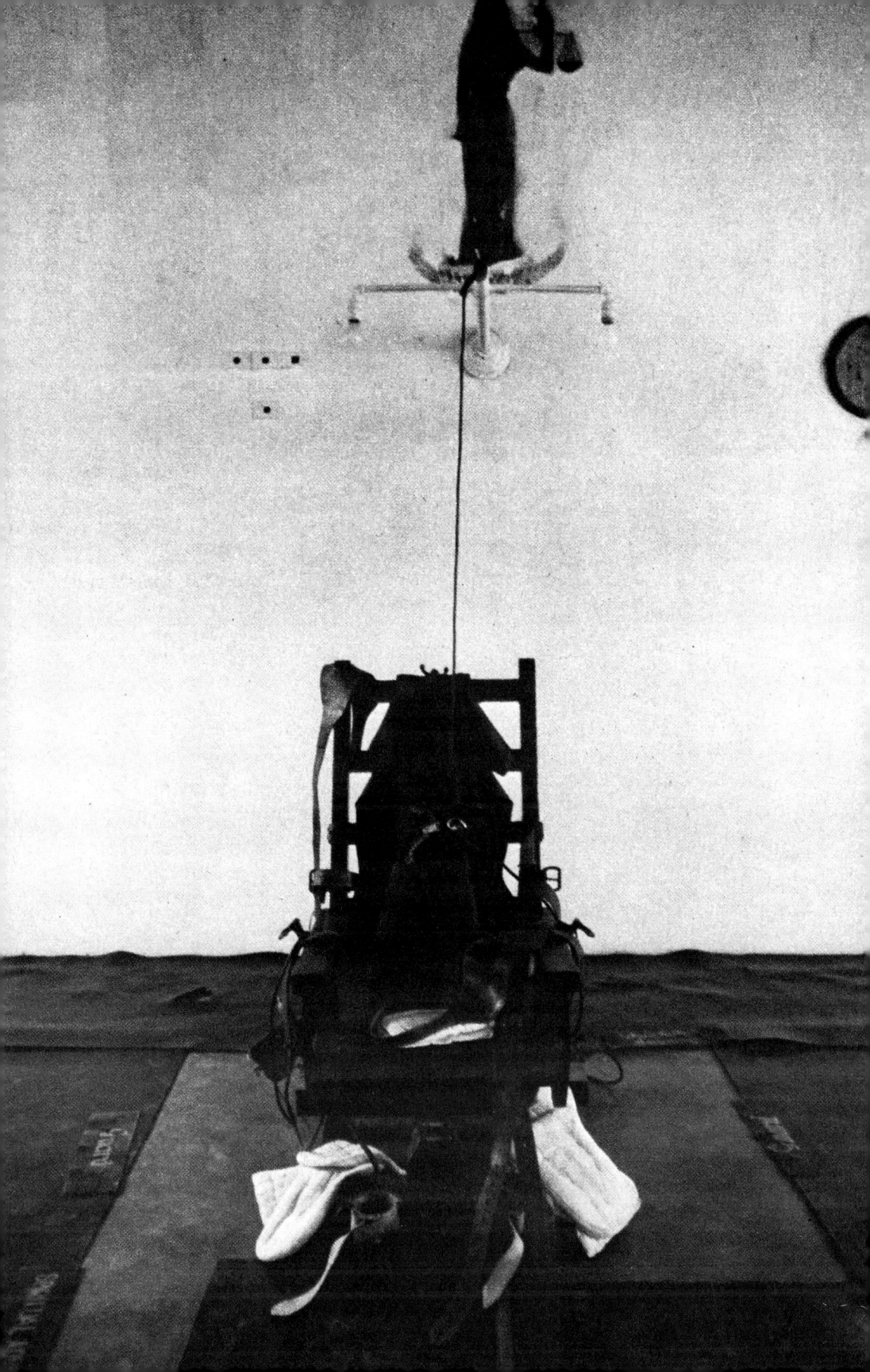

2. Es fehlt an überzeugenden Beweisen, daß die Todesstrafe abschreckend wirkt.

3. Die Hinrichtung ist eine grausame, unmenschliche und erniedrigende Form der Bestrafung.

Daß diese klaren Aussagen in öffentlichen Diskussionen oft wenig Anklang finden, liegt wohl darin, daß sich der einzelne in verständlicher Weise mit den Opfern (und deren Angehörigen) innerlich identifiziert. Daß dann irrationale Rachegefühle jegliche rationale Argumentation blockieren, liegt auf der Hand. Ein eindrückliches Beispiel lieferte 1982 der Prozeß »Bachmeier« in der Bundesrepublik Deutschland. Die Mutter eines einem Verbrechen zum Opfer gefallenen Kindes erschoß im Gerichtssaal den mutmaßlichen Täter, bevor dieser abgeurteilt werden konnte. Daß dieser Fall von Selbstjustiz im europäischen Blätterwald zur Sensation aufgebauscht, die »Story« für hohe Summen vermarktet und in mehreren Versionen verfilmt wurde, kann in unserer sensationslüsternen Zeit nicht verwundern. Wichtiger scheint mir die Feststellung zu sein, daß die Stimmen für einen Freispruch dieser Frau, welche die Todesstrafe für den Täter in die eigene Hand nahm, gegenüber jenen, welche die Rechtsstaatlichkeit verteidigten, gewaltig überwogen.

Auffällig ist immer noch das Verhalten der offiziellen Kirchen gegenüber der Todesstrafe. Von ihnen würde man als Vertreter ethischer Prinzipien eine klare Stellungnahme erwarten. Zum Teil mag ihre Zurückhaltung historisch begründet sein. Das Christentum hatte sich frühzeitig gegen die Todesstrafe ausgesprochen. Das Tötungsverbot ist im Neuen Testament zwar nicht eindeutig proklamiert. Aber an dem Tag, als der Gottessohn die Todesstrafe erlitt, hat er sie abgeschafft – meinte Victor Hugo wohl zu Recht.

Die katholische Zeitschrift »Civiltá Cattolica« (1981, 425) ist jedenfalls dieser Ansicht. Jesus habe sich gegen alle Formen der Gewalt gewendet. In diesem Sinn habe er sich, unter anderem, gegen das Mosaische Gesetz (Aug' um Auge, Zahn um Zahn) gewandt. Seine Antwort auf die gegen ihn verhängte Todesstrafe war die Verzeihung.

B. Schüller und W. Molinsky stellen dagegen fest, das Neue Testament beziehe keine eigentliche Stellung zur Todesstrafe (1965 bzw. 1969). Die sittlich-ethische Erlaubtheit der Todesstrafe blieb bis auf den heutigen Tag in der abendländischen Theologie und Geistesgeschichte umstritten. Das kirchliche Lehramt hat seit dem 13. Jahrhundert dem Staat das Recht auf Verhängung der Todesstrafe bestätigt und sich seither nicht veranlaßt gesehen, sein Urteil zu revidieren. Während Rom in der Kampagne gegen die Abtreibung unmißverständliche und klare Stellung bezieht, fehlt eine solche ex cathedra in bezug auf die Todesstrafe. Diskussionen und Erklärungen darüber fanden bisher nur auf der Ebene der Bischofskonferenzen, vornehmlich in den USA und in Frankreich (J.M. Aubert, 1978; G. Caprile, 1979) statt. Es bleibt zu hoffen, daß auch das höchste Lehramt der Kirche in naher Zukunft der Todesstrafe ein ebenso klares und ausnahmsloses *Nein* entgegensetzt. Als Entschuldigung, daß dies nicht längst geschehen ist, wird gelegentlich angeführt, die Kirche äußere sich zu Fragen der Ethik nur dann, wenn ein aktueller Anlaß dazu bestehe. Zweimal hat sie dies getan: einmal in der »Professio Fidei«, ein gegen die Waldenser gerichtetes Manifest, ein zweites Mal in einem Schreiben an die deutschen und österreichischen Bischöfe im Zusammenhang mit den tödlichen Duellen. Im Jahr 1208 erklärte Papst Innozenz III.: »Was die weltliche Gewalt betrifft, so bestätigen wir, daß sie das Recht hat, die Todesstrafe vorzunehmen unter der Bedingung, daß diese nicht aus Haß, sondern aus Weisheit, nicht unbedacht, sondern nach reiflicher Überlegung verhängt wird« (Denzinger, 1967, 795). Sechzig Jahre später vertrat Thomas von Aquin in der Summa theologica (II–II, 64, art. 2) die Ansicht: »Wenn ein Mensch aufgrund eines Verbrechens der Gemeinschaft zur Gefahr und zum Verderben wird, ist es vernünftig und heilsam, ihn zu töten, damit das Gemeinwohl gerettet werde.« Das allgemeine Wohl gehe über das besondere Wohl.

Diese von Thomas vorgeschlagene Lösung hat sich über die Jahrhunderte erhalten und ist, nicht nur in der katholischen Welt, auch heute noch verbreitet, Papst Pius XII. bestätigte sie in seinen Ansprachen vom 12. 11. 1942 und 13. 9. 1952 (W. Molinski, 1969, 930). Schon Leo XIII. hatte am 12. 9. 1891 in einer Epistel »Pastoralis officii ad episcopos Germaniae et Austriae« unter der Überschrift »De duello« das Töten gemäß göttlichem Gesetz strikt verboten, mit Ausnahme des öffentlichen Interesses – »extra causam publicam hominem interimat« (Denzinger, Schönmetzer, 1967, 636).

Gewiß ist bei der Beurteilung der Todesstrafe durch die Kirche immer wieder darauf hingewiesen worden, diese dürfe *nur* durch den Staat beziehungsweise durch die Gesellschaft im Sinn einer Notwehr ausgesprochen werden. Das Recht auf »Todesstrafe« ergebe sich primär weder wegen des Vorranges der Gesellschaft über das Individuum noch aus den Zwecken und der Natur der Strafe im allgemeinen. Es lasse sich nur »aufgrund des Rechts auf Selbstverteidigung im Notfall vertreten« (F. X. Linsenmann, 1978); J. Leclerc spricht von einer »legitimen Selbstverteidigung der Gesellschaft« (1955, zit. nach F. Compagnoni, 1978, 663). Was aber heißt »legitime Selbstverteidigung der Gesellschaft«? Zunächst ist es nicht eine »Gesellschaft«, welche die Todesstrafe ausspricht, sondern immer der Staat, somit also ein Machtgefüge. Zum andern stellt sich die Frage, *wer* sich denn eigentlich bedroht fühlt: die (anonyme) Gesellschaft, ein bestimmtes, vielleicht an sich schon unmenschliches, die Freiheit des einzelnen einschränkendes System, die Bürokratie eines staatlichen Machtapparates? Mißbrauchen nicht gerade diktatorische Systeme dieses »Selbstverteidigungsrecht«? Hat nicht auch der Nationalsozialismus Angriffe auf seine Gesellschaft mit der Todesstrafe geahndet? Die sozialistischen Staaten des Ostblocks, mittel- und südamerikanische Staaten, Länder der Dritten Welt kennen heute noch die Todesstrafe. Was in Staaten geschieht, in denen Regierung und geistliches Oberhaupt identisch sind, haben wir während der islamischen Revolution zur Genüge gesehen. Das Argument der »Selbstverteidigung« des Staates fällt schon aus der historischen und aktuellen Erfahrung in sich zusammen. Aber auch aus grundsätzlichen Erwägungen fällt es dahin. Molinski meint zu Recht, alle Theorien, die dem Staat ein grundsätzliches Recht zur Verhängung der Todesstrafe zuschrieben, gingen von einem Staatsverständnis aus, »nach dem der Staat der Sittenordnung unbedingte Geltung zu verschaffen hat und demzufolge der Staat in der Konsequenz göttliches Strafhandeln vollzieht, da er in seinem (partiellen) Aufgabenbereich die unmittelbare Stellvertretung Gottes wahrnimmt. In Wirklichkeit aber muß der Staat der Sittenordnung nur bedingte Geltung verschaffen« (das. 930).

Die Diskussionen um die Todesstrafe haben nicht nur in der katholischen Kirche hohe Wellen geworfen, sondern in ebensolchem Maß in der reformierten. Luther selbst hat sich für die Anwendung der Todesstrafe ausgesprochen, sie könne sogar ein notwendiges »fremdes Werk«, ein »opus alienum« der Liebe und Barmherzigkeit sein; er führt aber auch überzeugende Argumente gegen die Todesstrafe an (M. Honecker, 1978, 671). Im übrigen ist das Verhältnis der evangelischen Theologie zur Todesstrafe weitgehend historisch durch zwei Richtungen bestimmt: den deutschen Idealismus mit der metaphysischen Begründung der Todesstrafe, fußend auf den philosophischen Ansichten Hegels und Kants (der es als »Ehre« für den Verbrecher ansieht, durch die Kapitalstrafe sein Recht zu erhalten), dann durch Schleiermacher und Karl Barth, welche den Vorrang der Person vor der Rechtsordnung postulieren und der Todesstrafe jeglichen Sühnecharakter absprechen. Sühne sei exklusiv Gottes Tat im Tod Christi gewesen. Honecker meint denn nicht zu Unrecht, *für* die Todesstrafe spreche »kein einziges vernünftiges Argument« und auch die Forderung einer Bevölkerungsmehrheit sei »gewiß kein sittliches Beweismittel« (das. 670).

Die gleiche Aussage muß auch für die aktive Euthanasie gelten. Sterbenachhilfe ist keine Sterbehilfe. Auch bei der passiven Euthanasie kann es nur darum gehen, den Sterbevorgang nicht unnötigerweise *künstlich* zu verlängern. Als Tötungsversuch allein wäre auch sie ethisch-sittlich zu verwerfen.

Aktive
und passive Euthanasie:
»Sterbenachhilfe«

Ein Problem, das durch die Verbrechen des Nationalsozialismus ins Bewußtsein gehoben und durch verschiedene Vorkommnisse in den letzten Jahren aktuell geworden ist und die Öffentlichkeit in den letzten Jahren in zunehmendem Maß beschäftigt hat, ist die Euthanasie, fälschlicherweise »Sterbehilfe« genannt. Richtiger- und ehrlicherweise müßte es »Sterbenachhilfe« heißen. Unter »aktiver« Euthanasie versteht man die Tötung durch eine Handlung, unter »passiver« Euthanasie die Tötung durch Unterlassung einer Handlung. So kann ein dem Tod Geweihter – wie man so schön zu sagen pflegt – mittels einer »Todesspritze« »ad exitum« gebracht werden. Dann handelt es sich um eine aktive Euthanasie. Oder man erhält den Sterbenden nicht mehr künstlich am Leben. Dann handelt es sich um passive Euthanasie.

Die Frage der aktiven Euthanasie ist bis heute noch keineswegs endgültig beantwortet, obwohl diese praktisch überall unter Strafe gestellt ist. Sie wird die Rechtsgelehrten, Ärzte, Politiker und Philosophen, möglicherweise sogar die Theologen noch lange beschäftigen, aber auch das Volksempfinden in Atem halten. Umfragen in der Bundesrepublik Deutschland haben ergeben, daß es dem Bürger gar nicht schwerfällt, ein »Recht« auf Tötung unheilbar Kranker und dem Tod Geweihter in extremer Situation zu fordern.

Ähnliche Diskussionen fanden über die Legalisierung oder Verwerfung der Todesstrafe statt, die wiederum eine Kluft zwischen dem Volksempfinden und der gesetzgebenden Behörde aufbrechen ließ. Die Widersprüchlichkeit, die dem Problem inhärent ist, zeigt sich auch bei jenen, die die Todesstrafe bejahen, aber die Euthanasie ablehnen. Felix Hammer sagt nicht ohne eine gewisse Berechtigung: »Wer Todesstrafe oder Kriegseinsatz verteidigt, spricht der Gesellschaft, die dem einzelnen das Leben ebensowenig gab wie er selbst, zu, was er dem Individuum verweigert« (1976, 120).

»Euthanasie« war ursprünglich lediglich der sanfte, leichte, leidlose Tod. Schopenhauer faßte diesen noch als ein »allmähliches Verschwinden und Verschweben aus dem Dasein« auf, das sich im hohen Alter »auf unmerkliche Weise« und natürlich vollziehe (zit. n. Saner, 1976, 10). Erst seit Beginn des 17. Jahrhunderts wird der Begriff auch als ein »Hinwirken auf einen sanften und leichten Tod« verstanden. Damit ist aber eine Eskalation eingeleitet, die mit der ärztlichen »Sterbehilfe« kaum mehr etwas gemeinsam hat.

Im November 1977 wurde im Kanton Zürich eine Volksinitiative gestartet, welche die *aktive* Euthanasie legalisieren sollte. Sie enthielt die Forderung nach einer Abänderung der Bundesgesetzgebung in dem Sinn, daß »die *Tötung* eines Menschen auf eigenes Verlangen straffrei« sei. Voraussetzung für die Straffreiheit allerdings mußte das Vorliegen einer unheilbaren, schmerzhaften und mit Sicherheit zum Tod führenden Krankheit sein, die von zwei Ärzten urkundlich bestätigt zu werden habe. Ebenso wäre der Kranke verpflichtet worden, seinen Sterbewunsch in einer öffentlichen Urkunde niederzulegen.

In einer zweiten Urkunde »mit gleich strengen Formvorschriften« nach Ablauf von mindestens 72 Stunden hätte dann ein Psychiater die Urteilsfähigkeit des Patienten beglaubigen müssen, wenn dieser, in der Lage, seinen Sterbewunsch zu widerrufen, trotzdem an seinem Sterbewunsch festgehalten hätte. Den Abschluß bildete dann die Forderung, die Sterbehilfe müsse durch einen diplomierten Arzt vorgenommen werden, der nicht mit den vorher urkundlich beigezogenen Ärzten identisch sein dürfe.

Das Erstaunliche an der ganzen Sache ist nicht deren Motivation. Die Forderung nach straffreier Euthanasie ist wie die Forderung nach indikationsloser Abtreibungsmöglichkeit, der sogenannten »Fristenlösung«, offenbar ein Zeichen des Mißtrauens der staatlichen Justizgewalt gegenüber, aber auch das Ergebnis moderner Emanzipationsbestrebungen. Wie unsicher sich jedoch die Initianten selbst fühlen mußten, als sie die praktische Verwirklichung ihres Anliegens formulieren wollten, geht aus den »Sicherheitsbestimmungen« hervor. Man konnte das Initiativbegehren als unmenschlich einstufen oder nicht. Über die Unmenschlichkeit der Ausführungsgesetzgebung, die geplant war, kann kein Zweifel bestehen. Einmal mehr hätten die Ärzte über Leben und Tod entscheiden müssen, einmal mehr wären die Psychiater zum Zuge gekommen und einmal mehr die Bürokratie. Im eidgenössischen Parlament wurde denn auch die vom Volk unterstützte Initiative begraben. Das Leben, so wurde argumentiert, entziehe sich »grundsätzlich der Verfügbarkeit des Menschen«. Das »Recht auf Leben« sei ein »oberstes Grundrecht des Menschen« und habe somit als »Grundvoraussetzung für alle anderen Rechte« zu gelten. Dies sei der tiefere Sinn der Menschenrechtsdeklaration, »ein vorstaatliches, jeder Person einmalig zugestandenes Recht auf Selbstverwirklichung«. Wo die grundsätzliche Unantastbarkeit des menschlichen Lebens preisgegeben werde, würden die Fundamente des Rechtsstaates erschüttert und die Menschenrechte als solche in Frage gestellt. Aktive Sterbehilfe bedeute Tötung: bewußt und gewollt den Tod eines Menschen herbeizuführen, gezielt sein Leben zu verkürzen, erklärte Bundesrat Kurt Furgler in seinem abschließenden Votum. Die aktive Sterbehilfe, Tötung auf Verlangen, der »Gnadentod« ist somit in der Schweiz weiterhin strafbar. Die Initiative, so wurde gesagt, verurteile im Grunde den Arzt zum Henker.

Wenn die Gesetzgebung demnach klar und eindeutig die aktive Euthanasie unter Strafe setzt, so muß festgehalten werden, daß damit lediglich die juristische Seite des Problems geregelt ist. Wie aber verhält es sich mit der »passiven Sterbehilfe«? Wird dort, durch die Verweigerung weiterer lebenserhaltender Maßnahmen, nicht auch eine Handlung vollzogen, die »bewußt und gewollt« den Tod eines Menschen herbeiführt? Und wo verläuft in der Praxis die Grenze zwischen »aktiver« und »passiver« Euthanasie, und was bedeutet es, daß die aktive Sterbehilfe im Volk so starken Rückhalt findet? Inzwischen sind nämlich in vielen Ländern der westlichen Welt, die im übrigen ihre Rechtsstaatlichkeit hochhalten, Gesellschaften entstanden, die der aktiven Sterbehilfe das Wort reden, wenn ihre Formulierungen auch noch so ungenau sind. Die »Deutsche Gesellschaft für Humanes Sterben« fordert die gesetzliche Zulassung des sogenannten »Gnadentodes«. Dagegen wehrt sich allerdings der »Marburger Bund« (Grassi, 1981, 1629) mit Vehemenz: Die aktive Teilnahme bei der Hilfe *zum* Sterben könne und dürfe nicht zu einer ärztlichen Aufgabe erklärt werden. Nicht wesentlich anders verhält es sich in den USA, wo man der Euthanasie allerdings unbefangener gegenübersteht als in Europa (W. Schweisheimer, 1979). Der Staat Kalifornien erließ bereits 1977 ein Gesetz über »The Right to Die«, das Ärzten und Krankenhausinstitutionen unter bestimmten Umständen gestattet, das Leben unheilbar Kranker durch Unterlassung lebenserhaltender Maßnahmen abzukürzen. In anderen Staaten der USA werden ähnliche Gesetze beraten oder in Kraft gesetzt. Das öffentliche Interesse an der Euthanasiefrage wurde durch den tragischen Fall der 22jährigen Karen Ann Quinlan verstärkt, die während Jahren in schwer komatösem Zustand durch Intensivmaßnahmen am Leben erhalten wurde. Obwohl auch in Amerika von verschiedenen Seiten die aktive Sterbehilfe gefordert wird, spricht sich jedenfalls das kalifornische Gesetz ausdrücklich gegen den »Gnadentod« aus.

In der Schweiz sind in Zürich und Genf im Frühjahr 1982 zwei Vereinigungen unter dem Namen »Exit« entstanden, die sich für ein »humanes Sterben« einsetzen. Ausgelöst wurden diese Bestrebungen ursprünglich durch die »Affäre Haemmerli«. Gegen Professor Urs Haemmerli, Chefarzt am Zürcher Stadtspital Triemli, wurde 1975 eine

Strafuntersuchung wegen vorsätzlicher Tötung eingeleitet. Diese wurde später eingestellt, da bei den 27 Patienten, die vor ihrem Tod nur eine »Nullkaloriendiät« erhielten, nicht erwiesen war, daß dadurch der Tod herbeigeführt wurde.

Die »Exit«-Vereinigungen begnügen sich nicht mit der legalen Anerkennung der
passiven Sterbehilfe. Sie verlangen vielmehr die Legalisierung der Euthanasie und
vermitteln bereits heute Anleitung zum Suizid.

Der Zentralpräsident der schweizerischen Ärztegesellschaft, K. Zimmermann, hat
denn auch 1982 seine Bedenken gegen »Exit« deutlich formuliert. In einer Zeit, da die
Todesstrafe im europäischen Abendland nach langwierigen rechts- und staatsphiloso-
phischen Diskussionen praktisch inexistent geworden sei, da eine Friedensbewegung
sich vor allem gegen das Töten als letztes Mittel der Machtpolitik wende, mute es
seltsam an, daß unter dem Banner des »Rechts auf humanes Sterben« einem Mitmenschen zugemutet werden solle, eine Tötung vorzunehmen. Er stellt denn auch die
bezeichnende Frage: »Exit – aktive Sterbehilfe an der Ethik?«

Nun haben sich die Massenmedien längst des Themas bemächtigt. Demoskopische
Umfragen werden gemacht. Das Institut für Demoskopie Allensbach befragte im
Auftrag einer großen deutschen Illustrierten (»Stern«) einen repräsentativen Quer-
schnitt der Bevölkerung nach ihrer Ansicht über Sterbehilfe und Lebensverlängerung.
Drei von vier Deutschen sind für die gesetzliche Zulassung der sogenannten »passiven« Euthanasie, die Mehrheit der Bundesbürger wünscht sogar, daß »ein Todkranker das Recht haben soll, den Arzt um die erlösende Spritze zu bitten« (Werner Höfer,
1979). Nicht zu übersehen ist dabei der große Unterschied der Generationen. Von den
16- bis 29jährigen lehnen 90 Prozent die Lebensverlängerung bei Todkranken ab; ab
60 Jahren tun dies nur noch 67 Prozent. Unter den jüngeren fordern 63 Prozent das
Recht auf die erlösende Spritze, von den Senioren verlangen dies nur noch 48 Prozent;
immerhin sind 39 Prozent der Ansicht, der Leidende habe keinen Anspruch auf solche
Hilfe.[11]

Dagegen machte unter anderem folgender Vorfall Schlagzeilen: Die schwedische
Journalistin Berit Hedeby gab Sven-Erik Handberg, einem 44jährigen Mann, der bis
zum Hals hinauf gelähmt war, mit Digitalis, Valium und Insulinspritzen den Tod. Der
Arzt, der ihr die Mittel verschafft hatte, klagte sich (1977) selbst an, um ein Gerichts-
urteil zu erzwingen. Das Landgericht Stockholm verurteilte – die Journalistin wegen
Totschlags, den Arzt wegen Beihilfe – beide zu acht Monaten Gefängnis ohne Bewährung. Der »Stern« verbreitete die Meldung unter dem Titel »Totschlag aus Barmherzigkeit« und meinte nicht zu Unrecht, daß selten geschriebenes Recht und öffentliche
Meinung so kraß voneinander abwichen wie in der Beurteilung dieses Falls. Der an
Multipler Sklerose leidende Mann hatte bereits mehrere Suizidversuche unternommen; er wurde jeweils unter Einsatz aller medizinischen Möglichkeiten ins Leben
zurückgeholt. Berit Hedeby blieb nach der Verurteilung bei ihrer Überzeugung: »Ich
bereue nichts, ich habe ein gutes Gewissen.«

Der Fall zeigt mit aller Deutlichkeit auf, daß Situationen eintreten können, da
Menschlichkeit sich gegen das Gesetz wenden kann.[12] Die Gesetzesvorschriften kennen wir. Die Menschlichkeit? Jedenfalls sind die Berichte über Euthanasievorfälle, die

in den Medien breit ausgeschlachtet werden, auch eine Möglichkeit für den Leser, sich mit den damit verbundenen Problemen auseinanderzusetzen. Das Tabu »Tod« scheint gestorben zu sein; vielfach werden Sinnfragen des Lebens und Sterbens ernsthaft diskutiert; die Gefahr besteht jedoch, daß sie zerredet werden und damit wiederum einer Abwehrfunktion des Menschen dienen. Man kann nämlich beides: die Angst vor dem Sterben durch Tabuisierung des Themas verbergen, man kann aber auch in rationaler Weise so viel und so lange darüber reden, daß die Angst ebenso verdrängt wird.

Während somit im Bereich der aktiven Euthanasie noch manches offenbleibt und auf uns zukommen wird, haben besonders die Ärztegesellschaften zumindest die Frage der *passiven* Euthanasie durch »Richtlinien« geregelt. *Die der Schweizerischen Akademie der medizinischen Wissenschaften lauten:*

Richtlinien für die Sterbehilfe

I. Einleitung
Zu den Pflichten des Arztes und des Pflegepersonals, welche Heilen, Helfen und Lindern von Leiden als hohes Ziel auffassen, gehört auch, dem Sterbenden bis zu seinem Tode zu helfen. Diese Hilfe besteht in Behandlung, Beistand und Pflege.

II. Behandlung
a) In bezug auf die Behandlung ist der Wille des *urteilsfähigen* Patienten nach dessen gehöriger Aufklärung zu respektieren, auch wenn er sich nicht mit medizinischen Indikationen deckt.
b) Beim bewußtlosen oder sonst *urteilsunfähigen* Patienten dienen medizinische Indikationen als Beurteilungsgrundlage für das ärztliche Vorgehen im Sinne einer Geschäftsführung ohne Auftrag. Hinweise auf den mutmaßlichen Willen des Patienten sind dabei zu berücksichtigen. Dem Patienten nahestehende Personen müssen angehört werden; rechtlich aber liegt die *letzte Entscheidung beim Arzt.* Ist der Patient unmündig oder entmündigt, so darf die Behandlung nicht gegen den Willen der Eltern oder des Vormundes eingeschränkt oder abgebrochen werden.
c) Bestehen bei einem auf den Tod Kranken oder Verletzten Aussichten auf eine Besserung, kehrt der Arzt diejenigen Maßnahmen vor, welche der möglichen Heilung und Linderung des Leidens dienen.
d) Beim Sterbenden, auf den Tod Kranken oder lebensgefährlich Verletzten,
   – bei dem das Grundleiden mit infauster Prognose einen irreversiblen Verlauf genommen hat und
   – der kein bewußtes und umweltbezogenes Leben mit eigener Persönlichkeitsgestaltung wird führen können
   lindert der Arzt die Beschwerden. Er ist aber nicht verpflichtet, alle der Lebensverlängerung dienenden therapeutischen Möglichkeiten einzusetzen.

III. Beistand
Der Arzt und das Pflegepersonal bemühen sich, ihrem auf den Tod kranken, lebensgefährlich verletzten oder sterbenden Patienten, mit dem ein Kontakt möglich ist, auch menschlich beizustehen.

IV. Pflege
Der auf den Tod kranke, lebensgefährlich verletzte und der sterbende Patient haben einen Anspruch auf die ihren Umständen entsprechende und in der gegebenen Situation mögliche Pflege.

Die Richtlinien, besonders die Erläuterungen dazu, regeln die ärztliche Handlungspflicht beim *urteilsfähigen* Patienten. »Voluntas aegroti suprema lex esto«, lautet der Grundsatz: »Der Wille des Kranken sei oberstes Gesetz.« Ist der tödlich Kranke *nicht* mehr *urteilsfähig*, so sind die Bemühungen des Arztes »entsprechend dem mutmaßlichen Willen des Patienten« auszuführen. Dies entspricht rechtlich einer »Geschäftsführung ohne Auftrag«. Eventuell vorliegende *schriftliche Erklärungen* des Patienten

410

können wichtige Indizien für die Ermittlung seines Willens abgeben. Maßgebend ist jedoch die sorgfältige Abklärung des gegenwärtigen Zustandes. Eine solche schriftliche Erklärung kann beispielsweise nach einem Vorschlag des Zentralvorstandes der Verbindung der Schweizer Ärzte als *Patientenverfügung* folgendermaßen aussehen:

Patientenverfügung

Wenn ich in einen Lebenszustand gerate, in welchem ich meine Urteils- und Entscheidungsfähigkeit unwiderruflich verloren habe, so will ich, daß man auf Maßnahmen verzichtet, die nur noch eine Sterbens- und Leidensverlängerung bedeuten würden. Mein Leben soll sich in Würde und Stille vollenden.

Für jeweilige auftretende Probleme, die Entscheidungen über das weitere Vorgehen bedürfen, verlange ich, daß die verantwortlichen Ärzte mit folgenden Personen und/oder folgendem Arzt meines Vertrauens Rücksprache nehmen:...

Mit ihrer obenstehenden Unterschrift bestätigen diese Personen, daß sie von meiner Patientenverfügung Kenntnis genommen haben und daß ich diesen letzten Willen in absoluter geistiger Frische und Unabhängigkeit unterschrieben habe.

Jedenfalls war die Schweizerische Akademie der medizinischen Wissenschaften vom Grundgedanken geleitet, die *primäre* Verpflichtung des Arztes bestehe darin, dem Patienten »in jeder möglichen Weise helfend beizustehen«. Während des *Lebens* sollte die Hilfe auf die Erhaltung und Verlängerung des Lebens ausgerichtet sein. Beim *Sterbenden* hänge die *bestmögliche Hilfe* von einer Anzahl von Gegebenheiten ab, deren angemessene Würdigung und Abwägung den Arzt vor schwere Entscheidungen stellen könne. In seinen Überlegungen habe der Arzt unter anderem folgende Gesichtspunkte zu beachten:

– die Persönlichkeit oder den ausgesprochenen oder mutmaßlichen Willen des Patienten,
– seine Belastbarkeit durch Schmerzen und Verstümmelung,
– die Zumutbarkeit medizinischer Eingriffe,
– die Verfügbarkeit therapeutischer Mittel,
– die Einstellung der menschlichen und gesellschaftlichen Umgebung.

Im übrigen sei dem Arzt jedoch ein breiter Ermessensspielraum für sein Handeln zuzugestehen, wenn die Lebensgrundlagen des Patienten derart betroffen sind, »daß jegliche Fähigkeit entfällt, Subjekt oder Träger eigener Handlungen zu sein, d.h. sein Leben selbst zu bestimmen«, und der Tod wegen lebensgefährdender Komplikationen unmittelbar bevorstehen könne. Eine frühere schriftliche Erklärung, worin der Patient auf jede künstliche Lebensverlängerung verzichtet, könne für die Ermittlung seines Willens ein gewichtiges Indiz abgeben. Entscheidend sei jedoch der gegenwärtige mutmaßliche Wille, der nur aufgrund einer sorgfältigen Abwägung aller Umstände des Falles gefunden werden könne. Verbindlich sei die frühere Erklärung schon deshalb nicht, weil sie zu jeder Zeit rückgängig gemacht werden kann. Somit müsse stets danach gefragt werden, ob der Patient die Erklärung im gegenwärtigen Augenblick vernünftigerweise widerrufen würde oder nicht. Dem Patienten nahestehende Personen seien anzuhören. (Nahestehende Personen sind in der Regel, doch nicht ausschließlich, die nächsten Verwandten des Patienten.) Die letzte Entscheidung liege rechtlich allerdings beim Arzt. (»Ist der Patient unmündig oder entmündigt, so darf die Behandlung nicht gegen den Willen der Eltern oder des Vormundes eingeschränkt oder abgebrochen werden.«)

Fast gleichlautende Richtlinien wurden 1979 in der Bundesrepublik Deutschland durch die Bundesärztekammer veröffentlicht. Inhaltlich decken sie sich mit denjenigen der schweizerischen Ärzteschaft. Auffallend bei diesen Richtlinien ist in gewisser Hinsicht, daß sie sich ausschließlich auf die Beurteilung der passiven Euthanasie beschränken, die aktive wohl kurz (juristisch) streifen, ohne sie aber weitergehend zu erörtern. Ob man sich da gewisse Türen für eine zukünftige Entwicklung offenhalten will oder der Meinung ist, dies sei ein ausschließlich rechtsstaatliches Problem?

Aktive und passive Sterbehilfe sind Probleme der ethischen, juristischen und rechtsstaatlichen Diskussion. Vom ethischen Gesichtspunkt aus lassen sich vermutlich alle Formen der Sterbehilfe mit den nötigen Einschränkungen vertreten. Juristische, das heißt strafrechtliche Normen werden aufgrund des Volkswillens und der rechtsstaatlichen Übereinkunft aufgestellt. Bereits heute ist dem Richter ein breiter Spielraum für die Strafzumessung bei der Euthanasie gegeben. Das Volk selbst sieht kaum einen Unterschied zwischen aktiver und passiver Euthanasie und beweist dadurch auch ein feineres Gespür für die essentielle Situation: daß es im Grund lediglich darum geht, dem Sterbenden zum Tod zu verhelfen. Auf welche Weise dies geschieht, scheint ihm eher gleichgültig zu sein. Nur so sind die fast überall anzutreffenden Divergenzen zwischen Volksbefragungen und Parlamentsentscheiden zu verstehen.

Dazu kommt ein zweites Element. Der Tod ist heute im Bewußtsein des Menschen weitgehend relativiert. Zwar wird vielerorts ein »Recht auf Leben« gefordert, mit ebensolcher Vehemenz aber auch ein »Recht auf den eigenen Tod«. In beiden Fällen müßte aber untersucht werden, auf *wen* sich das »Recht« auf Leben und das »Recht« auf Tod bezieht, und allenfalls, was für ein Recht gemeint ist. »Recht auf Leben« bezieht sich sicher einmal auf das ungeborene Leben und richtet sich gegen jede Form legalisierter Abtreibung (selbst dort, wo eine »Güterabwägung«, zum Beispiel eine sozialmedizinische Indikation, vorliegt). Konsequenterweise müßte diese Bewegung auch die Euthanasiebestrebungen bekämpfen. In diesem Falle ginge es nicht mehr lediglich um ein »Recht« auf Leben, sondern um eine »Verpflichtung« zum Leben. Erst recht müßte eine solche Bewegung immer und in jedem Fall die Todesstrafe ablehnen. In welcher Weise und wieweit all diese Rechte juristisch und in der Praxis relevant werden können, ist schwer zu beantworten. Vorläufig begnügt sich der Gesetzgeber mit der Gegenüberstellung von »aktiv« und »passiv« sowie mit dem Versuch, dem Entscheidungswillen der freien Person zu entsprechen.

Am 10. Oktober 1948 wurden die allgemeinen Menschenrechte in einer Deklaration der Vereinten Nationen als Grundsatzerklärung ohne verbindliche Rechtswirkung festgehalten. Der Europarat verfaßte am 4. November 1950 eine weitergehende »Europäische Konvention zum Schutze der Menschenrechte und Grundfreiheiten«, die 1953 in Kraft trat und von allen 18 Mitgliedstaaten ratifiziert wurde. Sie ist rechtsverbindlich. Schließlich legte der Europarat zwei Dokumente vor mit dem Titel »Die Rechte des Kranken und Sterbenden« (1967), in welchen das Selbstbestimmungsrecht des Patienten als »fundamentales Menschenrecht« festgehalten wird. Ein »Recht« ist eine »Option des Individuums – etwas, was es ausüben kann, wenn es will, auf dessen Ausübung es aber auch verzichten kann, wenn es will« (U.P. Haemmerli, 1977).

Die fünf Rechte der Kranken und Sterbenden sind:

- Das Recht auf Freiheit (Annahme oder Ablehnung einer medizinischen Behandlung)
- Das Recht auf persönliche Würde und Integrität (Diskretion)
- Das Recht auf Information (Diagnose, Prognose)
- Das Recht auf angemessene Behandlung (auch in der menschlichen Betreuung)
- Das Recht, nicht leiden zu müssen.

Daß diese Grundrechte im endgültigen Text des Europarats nicht gesondert betrachtet und ganz auseinandergehalten werden können, liegt auf der Hand. Sie überschneiden sich in der Praxis. Das Recht auf Information bildet beispielsweise die Basis zur Ausübung des Rechts über Annahme oder Ablehnung einer vorgeschlagenen Behandlung. Eine vom Patienten in bestimmten Fällen gewünschte volle Information über seine vielleicht tödlich verlaufende Krankheit wird vom Arzt zwar korrekt gegeben, in der Form aber doch so, daß dem Patienten nie die letzte Hoffnung genommen wird, was wiederum dem Recht des Patienten auf angemessene Behandlung entspricht. Dem gleichen Recht entspricht es auch, daß volle Information nicht Pflicht des Arztes ist, wenn der Kranke dies gar nicht wünscht (Haemmerli, das.).

Mit der Formulierung eines Rechts, »nicht leiden zu müssen«, hat der Europarat zweifellos das Problem der Euthanasie anvisiert, ohne diesen Begriff zu verwenden. Dies wurde als »mutiger Schritt« (Haemmerli) taxiert, dürfte jedoch nicht überall so bewertet werden. Besteht denn nicht die Gefahr, daß durch ein solches »Recht« das Leiden jeglichen menschlichen Sinn verliert? Man braucht nicht so weit zu gehen, im Leiden nur Sinnvolles zu sehen und dieses als »Nachfolge Christi« und »Sündentilgung« zu glorifizieren. Trotzdem wirft die Formulierung des Europarats Fragen auf, die nicht einfach zu beantworten sind. Es gibt nicht nur physisches Leiden, sondern auch psychisches. Die Psychotherapie beispielsweise spricht von einem die Behandlung fördernden »Leidensdruck«. Kann es tatsächlich im menschlichen Leben ein Recht darauf geben, nicht leiden zu müssen? Müßte es dann nicht auch ein Recht darauf geben, nicht trauern zu müssen, da die Trauer sicher auch ein »Leiden« ist?

Dem Europarat ging es sicher nicht um diese Überlegungen. Vordergründig stand bei ihm wohl das Leiden am und beim Sterbeprozeß zur Diskussion. Zu unterscheiden wäre es demnach vom Leiden eines Schwerkranken, das aber nicht unmittelbar zum Tod führt. Daß hier Schmerzbekämpfung Priorität hat, ist wohl nicht zu bezweifeln. Dann aber gilt es auch zu unterscheiden zwischen dem Leiden des unheilbar Kranken (des »Moriturus« im engeren Sinn des Begriffes gemeint) und jenem des Sterbenden (des »Moribundus«), wo die schmerzstillende Therapie den Tod des Patienten in Kauf nimmt. Von da an ist es nur ein kleiner Schritt zur Leidensminderung durch die Aussetzung medizinisch-therapeutischer Maßnahmen, zur passiven Euthanasie. Grundsätzlich haben wir somit fünf Tatbestände zu unterscheiden:

1. Den freiwilligen Verzicht des Kranken auf jegliche medizinische Behandlung, insbesondere auf eine Krankenhauseinweisung. Dies ist ein allgemein anerkanntes Recht.
2. Die Leidensminderung durch Medikamente und Eingriffe, welche eine Verkürzung oder Beendigung des Lebens in Kauf nehmen (nicht intentionale passive Euthanasie).
3. Die Leidensminderung durch vorsätzlichen Verzicht auf lebenserhaltende Maßnahmen (intentionale passive Euthanasie).
4. Die um der Leidensminderung willen vorgenommene vorsätzliche Tötung durch aktive Maßnahmen (aktive Euthanasie).
5. Die Vernichtung angeblich »lebensunwerten Lebens«, die verhängte Tötung.

Die Form der nicht intentionalen passiven Euthanasie gibt heute kaum mehr zu Diskussionen Anlaß, obwohl auch dagegen lange Zeit Bedenken angeführt wurden. In der Praxis hat sich oftmals die Schwierigkeit gezeigt, diese Art der Leidensminderung gegenüber der aktiven Euthanasie abzugrenzen. Die weitergehende Möglichkeit, die passive Euthanasie, wird dagegen heute, trotz der eindeutigen Tötungsintention, medizinisch, juristisch und menschlich akzeptiert. Grundsätzlich scheint sie mir ebenso fragwürdig zu sein wie die vorläufig noch überall abgelehnte dritte Form, die aktive Euthanasie. In der Praxis hat sie sich jedoch durchgesetzt und wird zumeist auch von den Kirchen anerkannt. Offensichtlich ist man bestrebt, einerseits dem Selbstbestimmungsrecht des Menschen recht weit entgegenzukommen, andererseits jedoch eine unmißverständliche Grenze zu ziehen. Undiskutabel und als gräßliches Relikt aus vergangenen Zeiten zu bewerten ist sodann die nicht auf Selbstbestimmung gegründete Tötung »lebensunwerten« Lebens. Dies allerdings führt uns zur umstrittenen Frage einer Berechtigung der Todesstrafe.

Sterbebeistand –
Sterbehilfe

Rezepte für eine ärztliche Sterbehilfe gibt es nicht. Die Ausbildung der Medizinstudenten an unseren Fakultäten kann keinerlei Richtlinien zur Auseinandersetzung mit diesem Problem vermitteln.[13] In Notfällen, dies sei hier gleich beigefügt, wirkt die distanzierte naturwissenschaftliche Haltung des Arztes oft lebenserhaltend. Für die Rettung von Selbstmordkandidaten genügt aber zum Beispiel weder die Magenspülung noch die chirurgische oder internistische Intervention. Hier ist, bei vollem Bewußtsein des Patienten, das ärztliche Gespräch dringend erforderlich, das möglicherweise in eine eigentliche Psychotherapie überführt. Beim todkranken Kind gilt es, auch die Eltern psychologisch zu betreuen. Schwieriger wird dies bei der Aussprache mit den erwachsenen Angehörigen der sterbenden Patienten, welche »die Wahrheit« wissen sollen. »In einer solchen Situation«, sagt Barnard, »ist der Arzt immer der Verlierer« (1981, 23). Wenn er nämlich dem Drängen der Verwandten nachgibt und diese dann ein Verhalten heimlichen Einvernehmens an den Tag legen, fühlt sich der Sterbende verstärkt isoliert.

Das Verhalten des Menschen dem Tod gegenüber zeigt sich aber nicht nur in der Beziehung zu seinem eigenen Sterblichsein, sondern in besonderer Weise in der Hilfe, die er als Mitmensch einem Sterbenden zuteil werden läßt. Zumeist sind es heute die Ärzte, denen die eigentliche Sterbehilfe obliegt, nachdem die theologische Seelsorge diese Aufgabe zwar keineswegs ablehnt, aber doch weitgehend der Medizin übergeben hat. Der Begriff »ärztliche Sterbehilfe« ist allerdings, wie wir gesehen haben, mehrdeutig geworden, nämlich im Sinn des Beistands für den sterbenden Patienten und im Sinn der Euthanasie – der Bei- und Nachhilfe zum Sterben –, die ihrerseits nicht nur heftig diskutiert, sondern in diesen Diskussionen auch noch differenziert wird. Sie läßt sich allerdings, wie bereits dargelegt wurde, in ethischer Sicht nicht so klar trennen, und das Problem der Euthanasie besteht keineswegs allein als juristischer Diskussionsgegenstand, sondern ist ebensosehr von der Frage abhängig, wie der Patient, der Arzt und die Gesellschaft zum Tod eingestellt sind – ist also letztlich ebenfalls ein philosophisch-medizinisch-psychologisches Problem. Die Begegnung des Arztes mit dem Sterbenden ist vielfältig; am häufigsten fordert sie wohl den Notfallarzt und den Allgemeinpraktiker heraus – letzteren vornehmlich auf dem Lande –, sei es, daß er alte Patienten – gelegentlich natürlich auch Kinder – sterben sieht, sei es, daß er zu einem tödlichen Unfall gerufen wird. Der Hausarzt ist zumeist persönlich engagiert; oft hat er den Patienten gekannt, ihn vielleicht jahrelang behandelt, oft ist ihm auch dessen Familie bereits vertraut. Im Krankenhaus, auf den Intensivstationen und in den Abteilungen für chronisch Kranke gestaltet sich diese Begegnung unpersönlicher. Der Sterbende geht in der Anonymität des Krankenhauses unter, nicht selten räumlich abgesondert und allein gelassen.

Dies hat sich in neuester Zeit, das darf nicht verschwiegen werden, gebessert.[14] Das

Unbehagen über die Anonymität im Krankenhaus hat zu besserer psychosozialer Betreuung geführt. Holländische Ärzte gaben eine Broschüre als Anleitung für einen »sanften Tod« heraus, wobei die »Sanftheit« des Sterbens allerdings durch Medikamente gewährleistet werden soll. Für eine bessere Gesprächskommunikation mit sterbenden Menschen wirbt eine in der Schweiz herausgegebene Schrift (Herzig, 1978), die auch Anleitungen zu der Frage gibt, wie der Arzt mit der »Wahrheit« umgehen soll.[15] Robert Buchman hat sich mit seinem Buch (»Was wir für Sterbende tun können«, 1990) ebenfalls um dieses Thema verdient gemacht. »Allen diesen Bemühungen zum Trotz«, schreibt der Chefarzt einer medizinischen Klinik (Senn, 1981, 295), »muß doch klar gesagt werden, daß das psychosoziale Betreuungsniveau unserer... Kliniken immer noch hinter dem fachlich-technischen Niveau unseres ärztlich-pflegerischen Behandlungsangebots zurückbleibt.« Er empfiehlt denn auch die Rückführung bzw. primäre Nichthospitalisierung »potentiell Sterbender«, die terminale Pflege im häuslichen Milieu. Andererseits entstehen Kliniken, die sich speziell der Sterbenden annehmen, sogenannte »Sterbekliniken«. In England wurde im April 1967 das St. Christophers Hospice eröffnet mit dem Ziel, die Einsamkeit des Todes in der Gesellschaft zu überwinden und dem Sterbenden etwas von seiner Würde zurückzugeben. Dieses »Hospiz« nimmt Patienten auf, deren Lebenserwartung im Durchschnitt noch etwa zwei Wochen beträgt, also Kranke, die von den Ärzten aufgegeben worden sind. Trotzdem soll in diesem Krankenhaus keine Friedhofstimmung herrschen, sondern eine lebensbejahende Atmosphäre. Keiner der Patienten weiß angeblich, daß er in einer »Sterbeklinik« ist; das Wort »Krebs« wird nie ausgesprochen. Schwestern und über hundert freiwillige Helfer verrichten hier ihre Arbeit.[16]

Schwierigkeiten in der häuslichen Pflege führten, neben anderen Gründen, dazu, daß sterbende Patienten heute mehr als früher im Krankenhaus bleiben, obwohl eine angenehmere Umgebung sinnvoller wäre. Nach Eichler starben in Deutschland 1910 etwa 10% der Bevölkerung in einem Krankenhaus, 1966 in der Bundesrepublik bereits 57% (1979, 2411). In den Städten sterben heute etwa 80% der Menschen in Krankenhäusern und 15% in Altersheimen; auch in ländlichen Bezirken nimmt die Tendenz zu, Sterbende in Krankenhäuser zu verlegen. Dies sind zum Teil die Gründe, welche zur Alternativlösung der speziellen Heime und Hospize führten. Die Bezeichnung »Hospiz« stammt von dem berühmten Hospiz auf dem Großen St. Bernhard, wo Mönche Reisende in Not gastlich aufnahmen und pflegten. In den englischen Hospizen (beispielsweise in Sydenham) wurde erstmals die sogenannte »Brompton-Mixtur« benutzt (wie sie auch in der Schweiz, beispielsweise im Zürcher Stadtspital Triemli, verabreicht wurde): eine Mischung von Morphin, Cocain und Alkohol mit Neuroleptika. Die Patienten bleiben bis zu ihrem Tod, im Durchschnitt 16 Tage, im Hospiz. In den USA wurde das erste Hospiz in New Haven (Connecticut) eingerichtet. Inzwischen sind gegen hundert solcher Einrichtungen geschaffen worden. Den Patienten werden zwei Versprechen gegeben: Sie werden frei von Schmerzen sein, und sie werden nicht einsam sterben. In New York gibt es das St. Rosa-Heim, ein Haus, in welchem unheilbar Krebskranke von Hawthorne-Dominikanerinnen gepflegt werden. Die Patienten erhalten Gelegenheit, sich im Rahmen einer Beschäftigungstherapie kreativ zu betätigen. Neben seelsorgerlicher und pflegerischer Hilfe wird ihnen auch die Brompton-Mixtur angeboten. Im übrigen ist jeder Patient frei, sich auf sich selbst zurückzuziehen und Urlaubstage einzuschalten. Ein Patient (Jack) erklärte der Ärztin E. Kübler-Ross anläßlich eines Besuchs, es sei besser, sich nicht mit anderen Patienten anzufreunden, da »man dauernd Abschied nehmen« müsse (1980, 122). Die Hospize haben den Vorteil, daß sie den Patienten und dessen Angehörige finanziell weit weniger belasten als ein Krankenhausaufenthalt. Das Team von E. Kübler-Ross richtete zudem 1977 in Escondido (Kalifornien) ein Zentrum zur »Einübung in Leben, Tod und Übergang« unter dem Namen »Shanti Nilaya« ein, in welchem unter anderem Kurse für Leute abgehalten werden, die sich speziell der Betreuung todkranker und sterbender Patienten widmen. »Erwachsene aller Bildungsstufen sollen hier lernen können, wie sie bis zum Tode wirklich leben können« (E. Kübler-Ross, [5]1990, 150). »Shanti Nilaya« bedeutet »das letzte Heim des Friedens«.

Trotzdem setzt sich auch Elisabeth Kübler-Ross dafür ein, daß die Kranken in ihren letzten Lebenstagen vermehrt in das häusliche Milieu eingegliedert werden – trotz der Institutionen, die sie zum Teil selbst ins Leben gerufen hat.

Die Untersuchungen von E. Kübler-Ross ergaben, »daß in unserer Gesellschaft heute immer noch 75 Prozent der Menschen in Krankenhäusern, Heimen oder Anstalten sterben und daß die überwiegende Mehrzahl von ihnen lieber zu Hause stürbe«. Dabei sei es im Grunde so einfach, »die Angehörigen auf das Nachhausekommen eines Todkranken vorzubereiten und den Patienten selbst so weit zu bringen, daß er sich zu Hause wohl fühlt und ohne unnötige Angst und Aufregung lebt«.

Letzterem dürfte wohl nicht widerspruchslos zugestimmt werden. So einfach, wie es E. Kübler-Ross darstellt, ist es nach allgemeiner Erfahrung nicht, die Angehörigen unserer Gesellschaft davon zu überzeugen, daß der Sterbende ein Anrecht darauf hat, daheim den Tod zu erwarten. Dabei kann ihnen dies gar nicht immer zum Vorwurf gemacht werden. Die Pflege todkranker Familienmitglieder ist im allgemeinen nicht so einfach, wie es Frau Kübler-Ross darstellt. Die Sauerstofflasche genügt zumeist nicht; die Apparaturen, Verbandwechsel und sonstigen medizinischen Maßnahmen können in den meisten Fällen nicht durch ungeübte Familienmitglieder in technisch einwandfreier Weise bedient bzw. vorgenommen werden. Grundsätzlich benötigen »solche Patienten« zumeist eine fachgerechte Behandlung. Das heißt im Klartext, daß das »Sterben zu Hause« immer noch eine medizinische Angelegenheit ist und von der Gewährleistung einer entsprechenden medizinischen Versorgung abhängt. E. Kübler-Ross hat dies in indirekter Form auch zugegeben, wenn sie darauf hinweist, daß den Patienten morphiumenthaltende Analgetika zur Schmerzlinderung abgegeben wurden. Zumindest ist dies bereits eine ärztliche Maßnahme, sogar dann, wenn die Kranken diese Brompton-Mixtur in Flaschen nach Hause nehmen konnten und selbst dosieren durften. Die Schmerzbekämpfung ist aber nur die eine Seite der Hilfe beim Sterbevorgang. Wer selbst erfahren hat, was das wochen- oder monatelange Sterben eines Familienangehörigen bedeutet, was es heißt, täglich nicht nur den körperlichen und seelisch-geistigen Verfall mitzuerleben, sondern auch die finanziell-wirtschaftlichen Folgen und Sorgen zu tragen, der allein kann ermessen, welche persönlichen

Opfer damit verbunden sind. So schön es klingen mag, zu Hause sterben zu dürfen, so schwierig gestaltet sich dies in der Praxis. Im Krankenhaus ist die Situation immerhin eine andere. Der Angehörige des Sterbenden verbringt mit diesem, so wie es seine berufliche und persönliche Belastbarkeit erlaubt, einige Stunden täglich. Dazwischen jedoch kann er sich von dem ihn belastenden Besuch wenigstens einigermaßen erholen. Dies ist zu Hause nicht möglich. Die Belastung, denken wir beispielsweise an die endlosen Nächte, kann unerträglich werden. Das Resultat: Schuldgefühle und in deren Folge vermehrtes Engagement, bis der schließlich eintretende Tod zur Erlösung nicht nur des Patienten, sondern auch seiner Angehörigen wird. Frau Kübler-Ross spricht meines Erachtens zuviel von jenen Patienten, die »in völligem Frieden und ohne jede Resignation« sterben. Sie sind seltener, als wir es wahrhaben wollen.[17]

Dies heißt keineswegs, daß Sterben und Tod in die Krankenhäuser verbannt bleiben sollen. Es muß ein Ziel der Thanatotherapie sein, das Sterben zu Hause wieder jenen zu ermöglichen, die dies wünschen. Dazu bedarf es jedoch nicht nur einer zusätzlichen, bisher kaum vorhandenen krankenhausexternen, fachkundigen Pflegeeinrichtung, sondern auch einer gesellschaftlichen Veränderung. Den Sterbenden in der eigenen Familie zu behalten oder wieder aufzunehmen, das erfordert eine Einstellung dem Sterben gegenüber, die in unserer modernen Industriegsellschaft längst abhanden gekommen ist. Das Sterben des anderen, eines uns nahestehenden Menschen, ist immer auch ein Stück weit eigenes Sterben.

Die Frage, ob Sterbende aus den Krankenhäusern nach Hause zu entlassen seien, ob die Angehörigen die Aufgabe der Pflege wieder übernehmen sollten, zieht zudem andere Fragen nach sich. Warum sollten dann schwer behinderte Kinder oder Schwererziehbare nicht auch ein Anrecht auf ein familiäres Zuhause anstele der Pflegeheime haben, Geisteskranke, Epileptiker und andere statt in psychiatrischen Institutionen, Alte statt in Altersheimen nicht in familiärer Geborgenheit leben dürfen? Geht durch die soziale Verdrängung dieser Mitmenschen nicht auch eine positive Potenz unserer Gesellschaft verloren?

Für gänzlich fragwürdig halte ich das Projekt, Sterbekliniken einzurichten für Menschen, die für sich den »sanften« Euthanasietod wünschen (Ringel, 1976).

Einiges Aufsehen erregt hat das Buch von Jo Roman »Exit House« (1980), das unter dem nicht ganz sachgerechten Titel »Freiwillig aus dem Leben« (1981) in deutscher Sprache erschienen ist. Die Autorin, die im Alter von 62 Jahren Suizid beging, plädiert darin für eine Institution (eben ein »Exit-House«), die denjenigen, die gewillt sind, aus dem Leben zu scheiden, mit Rat und Tat beisteht, damit sie ihr Vorhaben durchführen können. Sie selbst hat sich bereits sehr früh mit Suizidgedanken beschäftigt, zunächst persönlich, dann wohl mehr rationalisierend für die Allgemeinheit. Ihren eigenen Suizid plante sie für das Jahr 1992 (im Alter von 75 Jahren). Als jedoch 1978 bei ihr ein Brustkrebs diagnostiziert wurde, beschloß sie, das Todesdatum auf das Jahr 1979 vorzuverlegen. Der Tod selbst sei für sie nicht erschreckend, der Verlust der Lebensqualität aber furchtbar. Die Selbsttötung bezeichnet sie mehrfach als einen »rationalen, verantwortungsbewußten Akt« (das. 71). Das ganze Buch ist aber ein erschütterndes Dokument einer Frau, die fast zeitlebens von Selbstmordgedanken gequält und schließlich, an ihrer zum Tode führenden Krankheit verzweifelnd, ihre »Trauerarbeit« dadurch leistet, daß sie monatelang nach der schmerzlosesten und sichersten Todesart und Mithelfern sucht. »Du sollst wissen, daß wir dir helfen werden, den besten Augenblick und den besten Weg zur Beendigung deines Lebens zu finden. Und wenn Selbstmord deine Wahl ist, laß uns dir helfen, unverzüglich und voller Selbstachtung zu sterben« (das. 25). Am 10. Juni 1979 entschlief sie sanft nach Einahme von 4500 mg Seconal. Postum erhielten am Tag ihres Todes dreihundert Freunde und Familienmitglieder einen Brief von ihr, in welchem sie nicht nur Abschied nahm, sondern auch die Forderung bekräftigte, »daß der überlegte Freitod als ein grundlegendes Menschenrecht anerkannt« werden möge. Das Buch selbst widmete sie unter anderem »ganz besonders der Jugend«!

Thanatologie und Thanatotherapie

Forschungen über Sterben und Tod werden unter dem Begriff »Thanatologie« zusammengefaßt. Als solche erhebt die Thanatologie den Anspruch, eine Wissenschaft zu sein; philosophische Reflexionen, religiöse Glaubensinhalte werden ausgeklammert. »Das Sterben« und »der Tod« sind »Gegenstände« wissenschaftlicher Erforschung. Daß diese nicht einer einzigen der konventionellen Fachdisziplinen zugeordnet werden können, liegt auf der Hand. Medizin, Psychologie, Ethnologie und Soziologie sind am Thema interessiert, wobei im Schrifttum wohl der Psychologie der Primat zugestanden wird. Wittkowski spricht denn auch richtigerweise von »Thanatopsychologie« (1978). Diese untersucht »die affektiven Erlebens- und Verhaltensweisen, die durch das Wissen um und die Begegnung mit Tod und Sterben ausgelöst werden«, wobei »vornehmlich« auf Ergebnisse empirischer Forschungen abgestellt wird. Auf eine über diese Kennzeichnung des Untersuchungsgegenstandes hinausgehende *Definition* von Tod und Sterben sowie auf deren *Abgrenzung* könne verzichtet werden, »da Tod und Sterben nicht als physiologische Prozesse, sondern als teilweise im Individuum und teilweise auch außerhalb des Individuums zu lokalisierende Stimuli aufgefaßt werden, die sich mit individuellen Reaktionsweisen vermischen und im Erleben eines Menschen nicht klar getrennt werden können«. Im Verlauf der Darstellungen experimentell-psychologischer Ergebnisse wird dann allerdings, auch ohne Definition, beispielsweise bei der Angst, doch zwischen Tod und Sterben unterschieden. Welche Untersuchungsfelder umfaßt also die Thanatologie? Ina Spiegel-Rösing spricht von »Landkarten der Thanatologie«, um »die Heterogenität und Vielfalt« des multidisziplinären Forschungsbereiches anzudeuten (1980, 9).

Als »Gegenstand der Thanatologie« wird »der Mensch« angegeben, »und zwar ein bestimmter Ausschnitt aus dem Lebenszyklus des Menschen: sein Ende«. Dazu kommen noch die *Trauer*, der gewaltmäßige Tod durch Selbstmord, Mord und Krieg sowie der »vorgestellte« Tod, die Todeseinstellungen und die Todesbilder. Daraus geht bereits hervor, daß sich die Thanatologie eigentlich *nicht* mit dem Ende des Menschen, sondern mit dessen *Sein* zu diesem Ende, also mit dem Sein zum Tode befaßt. In welcher Weise sie dies tut, und ob ihre Methode dem »Gegenstand«, nämlich eben diesem Sein zum Tode, adäquat ist, bleibt abzuklären.

Eine erste, von Spiegel-Rösing selbst aufgeworfene Frage ist jene nach der *Zielsetzung* solcher wissenschaftlichen Arbeit, womit sie unter anderem die ethische Fragwürdigkeit anspricht. Ethisch legitimiert, meint sie, sei lediglich die Zielsetzung, einen besseren Kontext für die Sterbehilfe zu erreichen. Die Amerikaner, die ja auch im Bereich der thanatologischen Forschung wie andernorts Pionierarbeit geleistet haben (R. Kastenbaum und R. Aisenberg, 1972, werden immer wieder erwähnt), sprechen bereits von Death Education. Die Literatur hat sich seit den sechziger Jahren vervielfacht; der Forschungsbereich ist institutionalisiert. Zeitschriften, Forschungs- und Lehrstätten an amerikanischen Universitäten vermitteln den neuesten Stand der Thanatologie-Forschung, wobei lediglich bedauert wird, daß die »kognitive Institutionalisierung« hinter der sozialen nachhinkt. Es wird mehr Rigorosität gefordert, mehr Kohärenz und Systematik – es ist Spiegel-Rösing zugute zu halten, daß sie demgegenüber die Forderung aufstellt, »die mehr theorie-geleiteten Konzepte der thanatologischen Forschung systematisch für die Praxis zu reflektieren«.

Grundsätzlich ist zu diesen Forschungen das gleiche zu bemerken, was generell zur naturwissenschaftlich orientierten Systematisierung menschlichen Verhaltens zu sagen ist. Zweifellos erbringen sie viele wertvolle Einsichten, teilweise sogar allgemeingültigen Charakters. Über das Wesen der von ihnen erhobenen Befunde vermögen sie jedoch nichts auszusagen. Was bedeutet es schon für das Verständnis der Todesangst, wenn altersspezifische Angaben darüber gemacht werden können? Abgesehen davon, daß die Ergebnisse experimentell-statistischer Untersuchungen widersprüchlich sind – wie Wittkowski mehrfach nachgewiesen hat (1978) –, sagen sie auch dort nichts aus, wo Übereinstimmung herrscht. Nicht von ungefähr kann uns die Thanatologie keine Definition des Sterbens und des Todes geben. Beides nämlich, der Sterbevorgang beim Menschen wie dessen Tod, entzieht sich dem naturwissenschaftlichen Verständnis, erst recht dem Experiment. Über die Fragwürdigkeit von »Fragebogen« muß wohl nicht erst diskutiert werden. Spiegel-Rösing erwartet jedoch, »daß in dem Maß, in dem die humanistische Psychologie sich durchsetzt, auch praxisorientierte Beiträge aus der Psychologie kommen werden« (das. 103). Ein erster Schritt dazu ist der Versuch, den Bereich der Thanatologie aus der einseitig psychologischen Betrachtungsweise herauszulösen und auch auf andere »Disziplinen« anzuwenden. Sie hat dies in einer Skizze übersichtlich dargestellt (das. 105).

Die praxisbezogene Bedeutung der Thanatologie findet, wie angedeutet, ihren Niederschlag in der Thanatotherapie. Es handelt sich somit um den Einbau thanatologischer Forschungsergebnisse in das Konzept einer Psychotherapie mit todgeweihten und sterbenden Patienten. Es dürfte kaum eine psychotherapeutische Richtung geben, die nicht aufgrund ihrer »Metapsychologie« beziehungsweise ihrer Theorie vom Menschen auch ein thanatotherapeutisches Modell entwickelt hätte. Sowohl die klassische Psychoanalyse wie deren neoanalytische Weiterentwicklungen, die verschiedenen Formen der sogenannten humanistischen Psychologien, bis zur Daseinsanalyse (M. Boss,

²1975; G. Condrau, ³1974) haben sich des Themas angenommen. Zumeist allerdings erweisen sich die thanatologischen Erkenntnisse als wenig fruchtbar für eine merkbare Neuorientierung der therapeutischen Konzepte; vielmehr wurden letztere unverändert oder höchstens mit geringfügigen Modifikationen auch bei Sterbenden beibehalten. Beispiele dafür liefern E. Dreifuß und F. Meerwein, die als Inhalt psychoanalytischer Psychotherapie mit Sterbenden den drohenden Verlust der inneren und äußeren Objekt-Welt sehen, die Verletzungen des Selbstwertgefühls, Angst vor Regression, Aggression, Isolation, Enthumanisierung und Einsamkeit sowie den Wunsch nach Überwindung des (meist archaischen) Neids auf die Gesunden und Überlebenden, nach Versöhnung mit der familiären und klinischen Umwelt und schließlich nach Wiederherstellung eines intakten Selbstgefühls (1984).

Die von Dreifuß und Meerwein dargestellten Fälle sind eindrucksvoll, auch wenn man die psychoanalytische Deutungsarbeit in Frage stellen möchte. Wesentlich sind wohl nicht die terminologischen Formulierungen, sondern die empirisch festgestellten Phänomene, wie beispielsweise die Angst vor dem leiblichen Zerfall oder die Isolation von der Umwelt. Der Therapeut tritt, dem psychoanalytischen Konzept der Übertragung gemäßt, die Rolle der umsorgenden Mutter an, er muß »in zunehmendem Maß wie eine Mutter Ich-Funktionen übernehmen«, er wird »internalisiert«. Daraus erklärt sich wiederum die ständige Angst vor dem Verlassenwerden durch den Therapeuten. Eine Patientin bot ihrem Therapeuten Schokolade an, die sie als Geschenk erhalten hatte, aber selbst nicht zu essen vermochte. »Durch diese ›Fütterung‹ des Therapeuten«, so Dreifuß und Meerwein, »suchte sie unbewußt eine Internalisierung beim und durch den Therapeuten zu veranlassen und so zu verhindern, daß sie für ihn gestorben sei, und zu erreichen, in ihm als Bedürfnis befriedigender Mitmensch weiterzuleben.«

Es ist hier nicht der Ort, auf die Deutung einer »unbewußten Internalisierung« einzugehen oder gar dem Gedankengang zu folgen, daß die Patientin durch die »Fütterung« des Therapeuten in ihm »als Bedürfnis befriedigender Mitmensch« weiterleben möchte. Schon die einfache Zuwendung des Schokoladengeschenks dürfte weit über ihre simple Bedeutung hinaus interpretiert werden, wenn ihr die Absicht untergeschoben wird, »zu verhindern, daß sie für ihn gestorben sei«. Aber warum denn dieses Beispiel? Einfach deshalb, weil der weitere Verlauf dieser unscheinbaren Geschichte meines Erachtens signifikant ist: »Ihre Aufforderung, die Schokolade mitzunehmen, lehnte der Therapeut mit der Begründung ab, die Schokolade an ihrem Krankenbett lassen zu wollen, um bei seinem nächsten Besuch wieder davon zu essen. Damit sicherte er der Patientin ein Weiterleben und ein Bestehen ihrer gegenseitigen Verbindung trotz gleichzeitigem, unverleugnetem Wissen um den nahen Tod erneut zu.«

Auffallend an dieser Darstellung ist zunächst, abgesehen von den psychoanalytischen Deutungen, die agierende Haltung des Therapeuten angesichts des »nahen Todes« einer krebskranken Frau, die trotz ihrer 54 Jahre in der terminalen Phase ihres Lebens wie ein kleines Kind behandelt wird. Dabei handelt es sich um eine Patientin, die Jahre zuvor eine psychoanalytische Behandlung »erfolgreich« beendet hatte und ihren Therapeuten lediglich noch sporadisch in Krisensituationen aufsuchte. Dieser hatte denn auch ihre psychotherapeutische Betreuung anläßlich der Hospitalisierung erneut übernommen. Die Übertragung der Patientin hatte den Charakter der »Idealisierung«; Mutter- und Vaterbeziehung wurden aktualisiert und bearbeitet, Strafängste und Schuldgefühle abgebaut. Mit zunehmender »Idealisierung« und »Internalisierung« des Therapeuten traten die durch Metastasierung verursachten Schmerzen und Suizidimpulse in den Hintergrund. In diesem Zusammenhang werden auch die Beziehungsprobleme des Therapeuten selbst, von der Psychoanalyse als Gegenübertragung bezeichnet, offenbar. Wie stand es in Wirklichkeit mit der »Idealisierung« und »Internalisierung« des Therapeuten?

»Der Psychotherapeut sah die Patientin zweimal wöchentlich zu einer Konsultation. Dabei kamen Konflikte mit ihrer Schwester, ihrer Tochter und Enkelin zur Sprache, sowie nächtliche halluzinatorische Erlebnisse«, in denen sie den Eindruck hatte, als ob Tiere an der Krankenzimmerdecke ihr Unwesen trieben. Der Therapeut deutete ihr den nächtlichen Tierspuk als Angst, die »innere Kontrolle über manche vielleicht als ›tierisch‹ erlebten inneren Impulse zu verlieren und deswegen bestraft zu werden«, worauf sich die Patientin weitgehend beruhigte. Hier zeigt sich einmal mehr, daß die *Autorität* der psychoanalytischen Deutung mehr Effekt erzielen kann als deren *Richtigkeit.* Denn was ein nächtlicher Tierspuk, wie er nicht selten bei Kindern und kranken Erwachsenen, warum nicht auch einmal bei Gesunden, auftreten kann, mit der Kontrolle innerer Tierhaftigkeit zu tun hat, bleibt wohl das Geheimnis des Psychoanalytikers. An der Autorität des Therapeuten darf jedoch offenbar nicht gezweifelt werden. Dies auch dann nicht, wenn dieser die Enttäuschung der Kranken über die oft zwei bis drei Tage dauernden Abstände zwischen den einzelnen Konsultationen anspricht, obwohl sie von der Patientin immer negiert wird. Selbst die bloße Interpretation als solche, daß sie wegen seiner Abwesenheit verzweifelt war und ihre Suizidimpulse »Ausdruck der Wünsche nach seiner Gegenwart und der damit verbundenen Schuldgefühle seien«, scheint die Patientin beruhigt zu haben. Daraufhin bot sie dem Therapeuten die Schokolade an. Wollte sie *ihn* beruhigen?

Die Ambivalenz des Therapeuten, von allen psychoanalytischen Autoren übereinstimmend als kennzeichnend für die Gegenübertragung bei sterbenden Patienten beschrieben, soll verschiedene Quellen haben. Sie gründe »oft in der Mobilisierung eigener, kindlicher Todeswunschphantasien«, sodann darin, daß am Ende der gemeinsamen Wegstrecke nicht die Genugtuung stehe, »einem Menschen zu verbesserter Autonomie und reiferen Objektbeziehungen verholfen zu haben«. Am Ende stehe »ein Verlust, um welchen auch der Therapeut zu trauern hat«. Schließlich könne der Therapeut auch »mit Schuldgefühlen seines eigenen Überlebens wegen, um welches ihn der Kranke beneidet, vielleicht sogar haßt, konfrontiert sein«. In diesem Zusammenhang wird auf die Erfahrung hingewiesen, daß Ärzte oder Krankenschwestern, welche Sterbende betreuen, nicht selten davon träumen, an demselben Leiden wie ihre Patienten erkrankt zu sein, was als Wunsch nach Identifikation mit dem Kranken gedeutet wird. Darin sei die Abwehr der Gefahr zu sehen, die mit dem eigenen Überleben und mit der unbewußten Schuld am Tod des Patienten verbunden sei.

422

Zu den eben beschriebenen Ambivalenz-Motivationen der Therapeuten wäre verschiedenes festzustellen. Zunächst ist schon der Begriff »Ambivalenz« in diesem Zusammenhang fragwürdig. Gemeint ist damit wohl, daß der Therapeut angesichts des Sterbenden von widersprüchlichen Gefühlen befallen wird, mit anderen, der Sache gemäßeren Worten: daß sein auf das Sterben bezogenes Weltverhältnis nicht einheitlich, sondern wechselnd gestimmt ist. Der Volksmund sagt, der Mensch sei in einer solchen Stimmungslage zwischen verschiedenen Gefühlen hin- und hergerissen. »Ambivalenz« ist ein Terminus, der in der Psychiatrie gebraucht wird – insbesondere als Charakteristikum für die Schizophrenie –, und bedeutet nach E. Bleuler das Nebeneinanderbestehen von zwei Gefühlen und Strebungen, die einander ausschließen, zum Beispiel von Liebe und Haß, Abwehr oder Angezogensein. Aus der Ambivalenz heraus resultieren Entschlußunfähigkeit und Zwiespältigkeit. Zweifellos kann die Begegnung mit dem Tod verhältnismäßig zwiespältig verarbeitet werden. Ebenso ist auch das Verhältnis des Therapeuten, des Pflegepersonals und der Angehörigen zum sterbenden Patienten oft zwiespältig. Daß eigene Ängste und Abwehrhaltungen mobilisiert werden können, liegt auf der Hand. Die Konfrontation mit dem Tod des anderen ist immer auch eine Konfrontation mit dem eigenen Sterblichsein. Dazu kommt, zumindest für den Therapeuten, die Frage, in welcher Weise er sich seinem Patienten zuwenden kann, welche Rolle ihm überhaupt bei dessen Sterbeprozeß zufällt, was seine Kompetenzen sind und wo diese aufhören. In den thanatotherapeutischen Berichten wird oft der Eindruck erweckt, der Therapeut sei der Hauptverantwortliche für die Sterbehilfe. Daß häufig Freunde, Angehörige, Seelsorger Wesentliches leisten können, wird übersehen.

Ist die gefühlsmäßige Anteilnahme des Therapeuten zwiespältig, dann braucht es zur Erklärung dieses Beziehungsphänomens keine »unbewußten Todeswünsche« noch irgendwelche »Schuldgefühle wegen des eigenen Überlebens«. Der Eindruck ist nicht von der Hand zu weisen, daß die psychoanalytischen Deutungsversuche der »Gegenübertragung« einer *Abwehr* dienen, nicht der erwähnten »Gefahren«, sondern der *Betroffenheit*, die den nicht gänzlich abgebrühten Menschen angesichts des Sterbens und des Todes erfaßt. Betroffenheit ist jedoch alles andere als »affektive Ambivalenz«. Betroffensein von einem Ereignis oder einer Begegnung ist alles andere als Abwehr. Betroffensein und Betroffenheit verweisen auf das in besonderer, zumeist schmerzlicher Weise Berührtwerden. Von da stammt wohl auch das Wort »Rührung«, womit eine »innere Bewegtheit«, Mitgefühl, Empathie gemeint ist. Gänzlich unverständlich ist jedoch die Behauptung, ein Sterbender könne durch therapeutische Hilfe nicht zu »verbesserter Autonomie und reiferen Objektbeziehungen«, mit anderen Worten: nicht zu einer reiferen Persönlichkeit heranwachsen. Wäre es nicht denkbar, daß gerade die Todesnähe dem Menschen Wege zu einer reiferen Mitmenschlichkeit freilegt? Wie mancher Sterbende hat sich mit seinen Familienangehörigen ausgesöhnt, hat alte mitmenschliche Schuld abgetragen, ein harmonisches Verhältnis zu seiner Umwelt gefunden. Nicht jeder Sterbende fühlt sich verpflichtet, noch angesichts des Todes seine Eltern anzuklagen und für die todbringende Erkrankung verantwortlich zu machen, wie es Fritz Zorn in seinem Buch »Mars« getan hat.

Steht wirklich am Ende lediglich ein »Verlust«, um welchen auch der Therapeut zu trauern hat? Oder könnte vielleicht gerade die Begleitung eines Sterbenden in seinen schweren Stunden auch für den Therapeuten einen Reifungsprozeß bedeuten, eine Auseinandersetzung mit seiner eigenen Sterblichkeit? Dann allerdings wäre das Ende der gemeinsamen Wegstrecke nicht lediglich durch den Tod des Kranken »markiert«, sondern durch ein Erlebnis intensivster Art, wie es in den Psychotherapien »gesunder Kranker« nie in solcher Intensität möglich ist. Anhand eines eigenen Beispiels soll dies veranschaulicht werden:

Ein 35jähriger Bankangestellter suchte mich wegen verschiedener Beschwerden auf. Er litt unter Brechreiz, Würgegefühlen, Appetitlosigkeit, wozu sich eine apathische Interesselosigkeit gesellte. Er fühlte sich kraftlos, willenlos, kontaktlos. Früher ein Tatmensch, war er nun ein »Eigenbrötler geworden, ohne Grundsätze«, ein »richtiger Lump«. Zudem hatte er Schwierigkeiten beim Denken, es passierten ihm Fehler im Beruf. Schuldgefühle plagten ihn, weil er im Interesse der Bank im Münzgeschäft Transaktionen vornehmen mußte, die, wie er sagte, nicht ganz »stubenrein« waren. Er habe schon oft Selbstmordgedanken gehabt, sei aber zu feige gewesen, Suizid zu begehen. Er habe nämlich gräßliche Angst vor dem Tod. Die analytische Behandlung dieses sympathischen Mannes, der – wie sich im Verlauf der Behandlung herausstellte – an einer schweren Zwangsneurose mit fast schizoid anmutender Kontaktarmut litt, ließ sich recht gut an. Er kam gerne in die Therapie, fühlte sich auf der Psychiater-couch geborgen und zufrieden, »wie er es noch nie zuvor im Leben gewesen war«. Auf die Darstellung der Lebensgeschichte und der neurotischen Fehlentwicklung, bei wel-cher sexuelle Momente eine ausschlaggebende Rolle spielten, sei hier verzichtet, da sie für das Verständnis der nachfolgenden Geschehnisse unerheblich sind. Immerhin dauerte die analytische Behandlung dieses sexuell impotenten und infantil gebliebenen Mannes, der zudem an Schmutzphobie und Waschzwang litt, mehrere Jahre. Sein Verhältnis zum Analytiker beschrieb er in einem Brief mit den Worten: »Ich habe mehr und mehr das Verlangen, jemanden zu haben, mit dem ich mich aussprechen darf, ohne abgewiesen, unterbrochen oder gar beschimpft zu werden. Mehr und mehr sehe ich einen Vater in Ihnen, vielleicht besonders darum, weil ich mit meinem leib-lichen erneut auf gespanntem Fuß lebe.«

Schließlich verlobte sich der Patient. Er hatte sich inzwischen selbständig gemacht und in kurzer Zeit ein ansehnliches Vermögen erarbeitet. In der Beziehung zu seiner Braut erlebte er wechselvolle und dramatische Zeiten; nach etwa dreijähriger Bekannt-schaft kam es trotzdem zur Heirat. Die analytische Behandlung wude damals noch fortgesetzt, jedoch in größeren Zeitabständen.

Nach einem weiteren Jahr, zu einer Zeit, da die Beendigung der Therapie bereits besprochen war, wurde dem Patienten durch einen Dermatologen ein Naevus pigmen-tosus am Nacken operativ entfernt. Da ein Rückfall auftrat, ließ er sich im Kranken-haus operieren, wo ihm nach der histologischen Untersuchung mitgeteilt wurde, seine Krankheit sei nicht harmlos, er müsse bestrahlt werden. Der Kranke war nun sehr beunruhigt und träumte in der gleichen Nacht, er werde zerstückelt. Nun wünschte er, daß ich mich beim Chefarzt des betreffenden Krankenhauses über die Natur seines

Leidens erkundige. Ich erfuhr, daß mein Schützling an Hautkrebs leide. Die Lebenserwartung des Patienten betrage noch etwa sechs bis acht Monate.

Wahrheit und Richtigkeit

Hier spätestens stellt sich die Frage nach der *Wahrheit*. Eugen Ansohn hat ein aufschlußreiches Buch über die »Wahrheit am Krankenbett« (²1969) geschrieben, das in keiner Arztbibliothek fehlen sollte. Auch R. Leuenberger hat sich mit ihr in einem Kapitel seines Buches »Der Tod. Schicksal und Aufgabe« (1971) auseinandergesetzt. In diesem Zusammenhang sei auch noch einmal auf das Buch von Robert Buchman »Was wir für Sterbende tun können« (1990) hingewiesen. In bezug auf diese »Wahrheit« stehen sich zwei Auffassungen gegenüber: die, wonach der Patient über seinen Zustand nichts erfahren soll, und jene, derzufolge er informiert werden muß.

Für die erste Ansicht werden als Gründe die Schonung des Patienten, die »moralische Schweigepflicht« des Arztes, die Unsicherheit der Prognose, die Begrenztheit des ärztlichen Handelns, die Sicherung des leichten Sterbens (der »schöne Tod«) ins Feld geführt. Der Kranke wolle die Tatsache gar nicht kennen, zumindest dürfe keine Hoffnung zerstört werden, und schließlich habe der Arzt der Natur zu dienen. Immer wieder wird darauf verwiesen, daß Menschen nach Mitteilung der »Wahrheit« Selbstmord begingen. Das Mißtrauen der Kranken gegenüber der Aufrichtigkeit ihres Arztes entspreche ihrem Nichtwissenwollen. Der Arzt als »minister naturae« solle dem Kranken keinesfalls mehr mitteilen als die Natur selbst – und die schweige bekanntlich. Zur Tröstung der Seele bedürfe es zudem höherer Kategorien, als sie der Biologie und damit der ärztlichen Kunst zur Verfügung stehen.

Die andere Ansicht wird damit begründet, daß die Wahrhaftigkeit Aktivität und Widerstandskraft auslöse und mit ihr die Persönlichkeit des Kranken geachtet werde, wohingegen die Autorität des Arztes durch Lügen zerstört werde.

Es dürfte klar sein, daß weder die Begründung für die schonungslose Aufklärung noch die für das Verschweigen gänzlich zu überzeugen vermögen. Eine allgemeingültige Antwort auf diese Frage gibt es, wie auch Buchman ausführt, wohl nicht. Wichtig ist, wie reif ein Patient ist, die Wahrheit zu hören, und wie reif der Arzt ist, darüber in der rechten Weise zu sprechen. Das Annehmen der Wahrheit ist jedoch letztlich notwendig; die Klarheit über den eigenen Zustand kann dem Patienten eine ungeahnte seelische Kraft erschließen. Die meisten Menschen besitzen mehr Mut und Vitalität, als sie sich selbst zutrauen und als normalerweise von ihnen erwartet wird. Einen Todkranken der Möglichkeit zu berauben, dem Ende gefaßt entgegensehen zu können, widerspricht ärztlicher Ethik. Hier ist eine kurze Reflexion über den Begriff der Wahrheit angezeigt. Wahrheit heißt in altgriechischer Sprache »aletheia«, was bei Heidegger auf deutsch das »Unverborgene« bedeutet. Es muß also ein Tatbestand so ausgesagt werden, wie er sich de facto verhält, und er muß voll erschlossen werden. Die alleinige Benennung eines Sachverhalts, beispielsweise die Mitteilung einer Diagnose, deren Bedeutung entweder nicht voll erfaßt oder aber verdrängt würde, entspräche nicht dieser Definition der Wahrheit, obwohl sie exakt wäre. Ansohn unterscheidet denn auch zu Recht zwischen »Wahrheit« und »Richtigkeit«. »Wahrheit«, sagt Heidegger, »ist mehr als ›Richtigkeit‹« (³1954). Auch die Formulierung der Krankheitsprognose ist lediglich richtig, nicht aber wahr. »Wahrheit am Krankenbett ist niemals die Ankündigung des Sterbens, Wahrheit am Krankenbett bedeutet die Sinnerschließung des Sterbens. Erst damit wird der Schritt in die volle Wirklichkeit getan« (Ansohn, ²1969, 61). Die Sinnerschließung des Sterbens jedoch ist unabhängig vom Zeitpunkt des Sterbens, ist unabhängig von Gesundheit oder Krankheit. Sie ist ein Prozeß der Wahrheitsfindung, der Seinserschließung menschlicher Existenz und damit wesenhaft von medizinpsychologischer Bedeutung für den Arzt. Die Erfassung der *Wahrheit* ist »nicht eine Sache des Augenblicks« (P. Becker, 1979, 11), sondern ein zeitlich andauernder Prozeß, ein Procedere, »ein Miteinander-Voranschreiten, eine Auseinandersetzung«. Ein Patient Beckers meinte einmal nach neunmonatiger Sterbebegleitung, man müsse die Wahrheit kommen lassen, ohne von ihr überwältigt zu werden.

Zurück zu meinem Beispiel:

Begreiflicherweise wollte auch mein Patient nun die »Wahrheit« erfahren. Ich versuchte ihm klarzumachen, daß diese Wahrheit nicht durch die einfache Mitteilung der Diagnose oder Prognose gegeben sei, daß wir uns vielmehr mit der Frage beschäftigen müßten, woran er wirklich leide. Dieses »wirkliche« Leiden entpuppte sich als eine ihn verzehrende Todesangst. Der Tod, so meinte er, sei das Ende allen Existierens, der totale Untergang, die Vernichtung. Gläubig war er schon lange nicht mehr, ein Leben nach dem Tod konnte er sich nicht vorstellen. Die Gespräche, die wir in der folgenden Zeit intensiv über das Sterben und über den Tod führten, beruhigten ihn etwas und lenkten die Aufmerksamkeit von seiner Krankheit ab. Dann kam jedoch die Zeit, da er mehrfach operiert werden mußte, da immer mehr Melanomknötchen auftraten. Er hatte das Gefühl, auseinanderzufallen. Endoxanbehandlung und Bestrahlung blieben ohne Erfolg. Der Patient mußte hospitalisiert werden und erfuhr bei dieser Gelegenheit die genaue Diagnose, welche wir ihm nicht mitgeteilt hatten. Anfänglich besuchte ich ihn alle zwei Tage, später täglich, wobei gesagt werden darf, daß mir das Schicksal dieses Mannes sehr ans Herz ging. Aus dem ehemaligen Patienten war ein Freund geworden.

Seine Untergangsstimmung kam vor allem in den Träumen zum Ausdruck, in denen er beispielsweise in Staumauern von Kraftwerken eingeschlossen war oder sich in Vernichtungslagern befand, wo Menschen gequält, gemordet und zerstückelt wurden. In einem andern Traum sah er einen stolzen Hirsch von einer Hundemeute gejagt und zerfetzt werden. Als sein Zustand eine Zeitlang stationär blieb, begab sich der Patient nach Hause, wo er, zwar bettlägrig, immerhin einige geschäftliche Angelegenheiten erledigen konnte. Eines Tages überraschte er mich mit der Frage, ob er ein Kind zeugen dürfe, da seine Frau und er dies sehnlichst wünschten. Dieses Problem führte zu einem markanten Wendepunkt im Verhalten des Patienten. Erstmals ging ihm ganz spontan die Ernsthaftigkeit seiner Krankheit auf. Es wurde ihm mit aller Klarheit bewußt, daß er über kurz oder lang sterben würde. Dies führte zunächst zu einer gesteigerten Aktivität. Er erledigte noch seine bisher nicht abgeschlossenen Geschäfte, ordnete sein Vermögen, klärte seine Frau über die finanzielle Situation auf, versöhnte sich mit seiner Schwester und machte einen recht zufriedenen Eindruck. Schließlich kam die endgültige Hospitalisierung. Ich begleitete ihn diesmal selbst ins Krankenhaus und blieb an diesem Tag mehrere Stunden bei ihm. Einige Wochen später erlebte er einen »Probetod« anläßlich einer Lymphographie. Er hatte das Gefühl zu sterben und fühlte sich dabei »ganz leicht und glücklich«. Von da an war die Angst vor dem Sterben völlig verschwunden. Einige Tage später, zwei Jahre nach der Feststellung der Diagnose, starb der Patient.

Sterben und Sterbebegleitung im Krankenhaus

In deutschen Städten, so stellt eine Studie aus Ulm fest, sterben drei Viertel aller Menschen im Krankenhaus. Dies wird in anderen Industrieländern kaum anders sein. R. Metzger, zum Zeitpunkt der Studie Leiter der psychiatrischen Ambulanz der Universität Ulm, fordert dementsprechend eine bessere Vorbereitung von Ärzten und Pflegepersonal im Hinblick auf den Umgang mit Sterbenden. Heute unterscheidet sich dieser nämlich in keiner Weise von dem der Laien. Das »verlogene Theater« wirke sich immer auch auf die Angehörigen und schließlich auf die Patienten selbst aus. Auch Th. Ammann-Ferrari spricht das Wesentliche aus: »Sich im Spital mit dem Sterben auseinanderzusetzen bedeutet, den Gegensatz von medizinischer Machbarkeit und Ohnmacht einzugestehen, sich den daraus folgenden Fragen zu stellen mit dem Ziel, Probleme und Fehlverhalten im Banne der beiden Gegenpole zu erkennen und zu korrigieren« (1983, 1668). Mit der Feststellung der Unmöglichkeit einer Heilung des Kranken steht der Arzt bereits mitten im Problem der Sterbehilfe. Aber »je mehr man sich mit diesem Problem beschäftigt, je mehr man danach ringt, Grundsätzliches festzulegen, Regeln zu finden, die Klarheit schaffen sollen, um so unklarer wird alles. Für den Fall des einen Kranken scheint alles klar zu sein, und schon beim nächsten merkt man, daß alles wieder andersartig betrachtet werden muß... Im ganzen Problemkreis der medizinischen Maßnahmen beim auf den Tod kranken Menschen darf eines nicht vergessen werden: Es gibt weder *den* Kranken noch *die* Krankheit, noch *den* Tod, sondern jedes Schicksal ist einzeln, besonders, einzigartig, jeder Mensch hat seine eigene, nur ihm eigene Geschichte und ihren Verlauf, worin nichts, aber auch gar nichts programmierbar ist, absolut voraussehbar wäre. Immer bleibt ein Rest von Ungewißheit im Raume stehen, wie überhaupt im menschlichen Dasein nichts mit Sicherheit voraussehbar ist, und daran ändert sich auch während einer Krankheit und am Ende des Daseins nichts« (das. 1674). Diese Sätze enthalten wohl das Wesentlichste, das über die Betreuung Sterbender zu sagen ist. Es gibt kein »Lehrfach Sterbehilfe« und wird es wohl nie geben. Es gibt nur die Möglichkeit, menschliche Anteilnahme am Krankenbett walten zu lassen, denn der Sterbende ist immer noch ein

428

Eingang zum Aachener Großklinikum
(Foto Aß, Aachen)

Kranker, nicht ein Toter. Zu Recht zitiert Ammann-Ferrari in diesem Zusammenhang Jeanne Hersch: »Je mehr man sich mit dem Problem der Sterbehilfe befaßt, um so schwieriger scheint es, Regeln aufzustellen, die zugleich präzis und allgemeingültig sind.«

Bei all dem sollen die Versuche nicht kritisiert werden, Kurse für Sterbebegleitung durchzuführen. Im November 1979 begann als erstes Schweizer Krankenhaus das Kantonsspital Luzern eine Gruppe von freiwilligen Helfern in Sterbebegleitung auszubilden. Diesem Versuch folgte 1981 das Kantonsspital Baden. Grundsätzlich geht aus den Unterlagen hervor, daß diese Laienhelfer sowohl im pflegerischen Einsatz (Nachtwache usw.) wie in der Gesprächsführung (Wut, Aggression, Feilschen, Trauer, Rollenspiele) ausgebildet wurden. Das Ziel war, keinen Menschen mehr allein sterben zu lassen, außer es sei dies sein ausdrücklicher Wunsch. Ich zweifle nicht an der Sinnhaftigkeit solcher Kurse; dennoch scheint mir ihre praktische Bedeutung für eine wirkliche Hilfe im Krankenhaus nicht mit dem Idealismus und der Opferbereitschaft Schritt zu halten, sondern eher dem »Begleiter« zu helfen, sein eigenes Sterblichsein besser zu verkraften. Im Zeitpunkt des Sterbens nämlich wünschte ich mir keine noch so aufopfernde und liebenswerte fremde Person an meiner Seite, sondern einen Menschen, den ich kenne und liebe.

Daß die Betreuung Sterbender – »begleiten« kann man niemanden in den Tod – trotz allem ein ungelöstes Problem ist, steht außer Zweifel.

Die Schwierigkeiten, das Sterben im Krankenhaus menschlicher zu gestalten, sind vielfach nicht nur auf menschliches Versagen der Pflegepersonen zurückzuführen, sondern auch rein institutioneller Natur. Da ist einmal zu unterscheiden, ob der Patient auf einer Intensivstation oder in einem allgemeinen Krankenhaus neben weniger schwer Kranken, ob er auf einer allgemeinen Abteilung mit anderen Patienten im gleichen Zimmer oder allein in einem Raum liegt, oder ob er in einem Chronisch-Krankenheim dem Tod entgegensieht. Auf der Intensivstation ist der Patient zumeist in einem Stadium, das die Pflege auf die vorwiegend somatische Ebene einschränkt. Dies heißt nicht, daß der Kranke das, was um ihn herum vorgeht, nicht bemerkt. Zumeist registriert er scheinbar Unwichtiges in einem Maß, das sogar dem Pflegepersonal entgeht. Er entnimmt beispielsweise der sorgenvollen Miene einer Schwester, welche die Nadel seiner Tropfinfusion wechselt, daß nicht alles so klappt, wie es sollte. Er hört Gespräche mit, die fast lautlos zwischen dem Abteilungsarzt und der Schwester geführt werden, nimmt Gesprächsfetzen auf und deutet dies meist zu seinen Ungunsten. Andererseits mag es für viele Patienten eine Erlösung sein, daß das qualvolle Nichtstun und Warten durch die Geschäftigkeit, durch die medizinischen Anordnungen und Techniken ein Ende findet, daß die trüben Gedanken im Zusammenhang mit dem möglichen nahen Ende verdrängt werden können. Trotzdem bleibt vieles ungeklärt, und nur wenige Kranke können ihre Gefühle, die sie auf der Intensivstation erleben, ausdrücken. Einer, der es konnte, war der Schriftsteller Walter Matthias Diggelmann, der über sein Empfinden in einer autobiographischen Erzählung folgendes schrieb: »Ich begreife allmählich, warum das hier Intensivstation heißt. Es ist der Innenkreis, ist der Kern aller Qualen, die ein Mensch durchleiden kann, wenn er einmal in diese Kreise geraten ist. Es heißt auch Intensivtherapie. Nur bleibt die Frage: Was ist Therapie hier? Je intensiver sie dir beibringen, wie krank du bist und wie schmerzhaft das ist, desto intensiver erlebst du auch, wie krank du bist. Ich kann mir ein mittelalterliches Irrenhaus nicht qualvoller vorstellen. Wenn sie dich auf die Intensivstation bringen, dann mußt du damit rechnen, daß du zwar mit dem nackten Leben davonkommst, aber frage nicht, um welchen Preis. Du wirst halb zerschmettert sein hinterher, geschwächt und zerschmettert.«

Soweit die Intensivstation. Im »Normalfall« liegt der Schwerkranke mit vielen anderen, mehr oder weniger kranken Menschen, in einer zufällig entstandenen Gemeinschaft auf einer »Abteilung«. Die medizinische und pflegerische Betreuung konzentriert sich nicht mehr in der gleich intensiven Weise auf ihn; er muß sie mit anderen teilen. Es können Gespräche entstehen, man gewöhnt sich an den Bettnachbarn, vielleicht sogar an dessen Besucher. Aber die Nachbarn wechseln, die Besucher ebenfalls, entstandene menschliche Beziehungen verlieren sich wieder. Intime Gespräche mit eigenen Angehörigen sind kaum mehr vertraulich, da andere zuhören. Die familiäre Situation wird öffentlich. Anteilnahme am Leiden des anderen ist da, kann aber das eigene Kranksein nicht in Vergessenheit geraten lassen. Die Langeweile schleicht sich ein; man wird des Lesens müde; die pflegerische Routine mit Waschen, Zähnereinigen, Stuhlen, Umbetten, Verbandwechsel, Frühstück, Mittagessen, Abendessen, dazwischen befohlene Ruhe, gelegentlich ein Stück Zwieback mit Tee, die Arztvisite – dies sind die kleinen Abwechslungen im Leben eines Krankenhauspatienten. Wenn es ernst wird, sind bereits Zweierzimmer zu groß. Dann kommt die Isolation. Man stirbt normalerweise auch im Krankenhaus nicht im gleichen Zimmer, in dem sich andere, noch Lebende befinden. Es muß nicht das sprichwörtliche Badezimmer der Abteilung sein, aber doch irgendwie ein Raum, der sonst für andere Zwecke gebraucht wird. Von vielen Übeln ist dies noch das kleinste. Wie verheerend müßte es sich auswirken, wenn die Krankenhäuser noch eigene Sterbezimmer einrichten würden!

Sterbephasen

Chronisch Kranke mit infauster Prognose (zum Tode führender Krankheit) machen mehrere Phasen durch, die jede für sich ein angepaßtes, unterschiedliches Verhalten des Arztes erfordern. In der *Anfangsphase* steht das Vertrauensverhältnis im Vordergrund, damit der Patient nicht von Praxis zu Praxis geht oder schließlich Opfer von Kurpfuschern und Wundertätern wird. Während dieser Zeit ist bei dem Kranken eine Tendenz zur Verleugnung und Aufhebung des »Todes-Urteils« vorhanden als die einzig mögliche Form der Abwehr. Solche Abwehrtendenz sollte meines Erachtens nicht aufgebrochen werden. Es wäre sinnlos, jetzt dem Patienten die »Wahrheit« mitteilen zu wollen. Sowohl Diagnose wie Prognose gehören in den Bereich des ärztlichen Geheimnisses. Es besteht kein Aufklärungszwang! Allzuoft teilen Ärzte dem Patienten selbst oder dessen Angehörigen Befund und Prognose mit, aus Furcht, sie könnten später dafür belangt werden, weil sie die Diagnose nicht frühzeitig genug gestellt hätten. Dagegen ist zu empfehlen, das Untersuchungsergebnis eventuell einem zweiten Arzt mitzuteilen oder entsprechende Unterlagen selbst unter Verschluß aufzubewahren. Im übrigen genügt im allgemeinen das kunstgerechte Verhalten, um spätere Anklagen gegenstandslos werden zu lassen. Gelegentlich kann man jedoch eine Vertrauensperson des Kranken, meist einen Angehörigen, auf den Ernst der Situation aufmerksam machen. Dabei gilt es, dessen Belastungstoleranz möglichst richtig einzuschätzen.

Zumeist folgt auf die Anfangsphase eine sogenannte *Latenzperiode*. Der Abwehrmodus ist in diesem Zeitabschnitt die Verdrängung. Nach anfänglicher Aufregung finden sich Patient und Umgebung mit dem Leiden ab, man gewöhnt sich an die Krankheit. In der *terminalen Phase* dagegen bricht die Abwehr vollständig zusammen. Hier nun besteht die Gefahr der Isolierung – die Gefahr, daß der Patient vom Arzt und von den Angehörigen aufgegeben wird. Eine völlige Geheimhaltung wäre jetzt – sowohl dem Kranken wie den Angehörigen gegenüber – sinnlos. Häufig sind noch dringende Geschäfte zu erledigen; zudem bedeutet der Tod oft wirklich eine Erlösung für den Patienten und die Familie.

Nach Elisabeth Kübler-Ross vollzieht sich der psychische Sterbeprozeß in fünf Phasen (1973). Sie lassen sich wie folgt darstellen:

1. *Verneinung und Isolierung:* Nicht-wahr-haben-Wollen der Gegebenheit des kommenden Todes.
2. *Zorn und Auflehnung gegen das Schicksal:* Dies zeigt sich unter anderem in aggressiven Verhaltensweisen gegenüber Angehörigen und Helfern.
3. *Verhandeln* mit dem Schicksal: Versuche, mit Hilfe von hochspezialisierten Fachärzten, religiösen Gelübden, Heilpraktikern und anderem dem drohenden Schicksal zu entrinnen oder dieses hinauszuzögern.
4. *Depression:* Traurigkeit – Vereinsamung – großes Bedürfnis nach Kontakt und Nähe eines verständnisvollen Menschen.
5. *Annahme* des Todes: Bejahung der unabwendbaren Realität.

Paul Sporken meint dazu, der Sterbeweg werde bei Kübler-Ross zu spät angesetzt, da die Phaseneinteilung erst dort beginne, wo der Patient bereits um sein Todesurteil *weiß* (1980, 102). Dies möge für die Vereinigten Staaten von Amerika genügen, wo die Kranken frühzeitig und umfassend über ihren Zustand orientiert werden. Zumeist jedoch bemerken die Patienten mit infauster Prognose – schon lange bevor ihnen die »Wahrheit« eröffnet wird – am veränderten Verhalten der Umgebung den Ernst der Lage. So stellt Sporken *vor* die Phaseneinteilung von Kübler-Ross noch seine vier eigenen Etappen auf dem Sterbeweg:

1. *Unwissenheit* des Kranken: Arzt und einige aus der Umgebung wissen Bescheid.
2. *Unsicherheit:* Phase des einerseits/andererseits – stärker werdende Unruhe.
3. *Unbewußte Leugnung:* unbewußter Widerstand gegen die immer deutlicher werdenden Zeichen, daß die Krankheit keinen guten Verlauf nehmen wird.

432

4. *Entdeckung* und Besprechung der schon vermuteten Wahrheit über die Unheilbarkeit der Krankheit.

Zu ergänzen wäre, daß zu den hier geschilderten Phasen im Anschluß an jene von Kübler-Ross noch eine weitere, letzte hinzukäme, die, durch Wiedererlangung von Integrität und Würde gekennzeichnet, als Phase der *Erfüllung* (Swanson, 1975, zit. n. Wittkowski, 1978, 49) beschrieben wird.[18]

Die Einteilung des Sterbevorgangs in Phasen, gedacht unter anderem als Hilfe für den Betreuer, »den Kranken dort abzuholen, wo er sich gefühlsmäßig befindet« (Sporken, das. 103), gibt lediglich Anhaltspunkte für das Verständnis gewisser Verhaltensweisen von Menschen angesichts des bevorstehenden Todes. Es wäre ein Mißverständnis, anzunehmen, sie müßten notwendigerweise immer, und noch dazu in der genannten Reihenfolge, auftreten. Die »Phase« meint nicht einen Zeitraum, sondern eine Situation, einen je so oder anders gestimmten Weltbezug zum Tod.[19] Es ist für Angehörige und Helfer wichtig zu wissen, daß Feindseligkeit und Haß, Neid, Wut- und Zornausbrüche von Todkranken im Zusammenhang mit dem Prozeß des Sterbens stehen und demzufolge einerseits in bezug auf die eigene Person relativiert, andererseits akzeptiert werden sollten. Bei alldem ist nie zu vergessen, daß irgendwo in jedem Kranken immer noch eine *Hoffnung* lebt; wenn diese aufgegeben wird, tritt der Tod meist bald ein.

Der Arzt wird der Herausforderung durch seine sterbenden Patienten nur in dem Maß gewachsen sein, wie er stets die eigene Sterblichkeit vor Augen hat. Das Verhältnis nämlich zur eigenen Endlichkeit, zum eigenen Sterben, zum eigenen Tod bestimmt auch das Verhalten des Arztes gegenüber dem Sterben des von ihm betreuten Kranken. Doch selbst nach dessen Tod besteht die ärztliche Aufgabe weiter: Noch immer gilt es, Selbstbeschuldigungen, Schuldgefühle und die Trauer der Hinterbliebenen zu sehen. Ihnen muß der Arzt ebenfalls beistehen, ohne dabei zu vergessen, daß er ja auch nur ein Mensch ist, kein über Leben und Tod erhabener Gott. Nur wer zur eigenen Not steht, zur eigenen Angst, der kann die Angst und die Not des andern verstehen.

Sterbeerfahrungen

Es mag nicht erstaunen, daß die Frage, was beim *Todeseintritt* und nach dem *Tod* mit dem Menschen eigentlich geschieht, wesentlich sowohl das thanatologische Schrifttum wie auch die Praxis der Thanatotherapie beeinflußt. Nicht wenige Psychotherapeuten haben, aufgrund ihrer Erfahrungen mit Menschen, die einen »klinischen Tod« erlitten und wiederbelebt wurden, Schlußfolgerungen gezogen, die zwar beachtenswert sind, nichtsdestoweniger aber nicht sehr überzeugend wirken.

Eckart Wiesenhütter hat in beeindruckender Weise eine ihn selbst betreffende »Todeserfahrung« und das Wiedererwachen zum Leben beschrieben (1973, [4]1977). Im Verlauf einer schweren Ornithose (Papageienkrankheit) erlitt er zwei Lungeninfarkte.

433

Der letzte Gedanke vor dem Schwinden des Bewußtseins, nach dem unerträglichen Schmerz und der sich steigernden Todesangst, war: »Ach, so ist das mit dem Sterben.« Er schien »einmal wie zu einem Punkt zusammenzuschrumpfen«, sich aber gleichzeitig »wie ins Unendliche auszuweiten und in dieses hinüberzufließen«. Mit diesem Erleben war »ein zunehmendes Befreiungs- und Glücksgefühl verbunden«, das sich mit Worten nicht schildern ließ. Vom Zeitpunkt dieser Erfahrung an war bei Wiesenhütter die ihn »bis zu dieser Krankheit fast ständig begleitende Furcht vor dem Sterben« völlig verschwunden. Das Sterben (das. 19) erschien ihm von da an in einem neuen Licht, nämlich »als Vollendung der Selbsthingabe«, als »das größte Erlebnis schlechthin« und letztlich als »ein Liebesakt« im Sinn Paul Tillichs als »Drang zur Wiedervereinigung des Getrennten«. Zweifellos hat Wiesenhütter hier in einzigartiger Weise seine eigenen Erfahrungen in einer Grenzsituation wiedergegeben. Falsch scheinen mir lediglich die Titel der beiden Arbeiten zu sein: Wiesenhütter hat, da er nicht gestorben ist, weder eine »Selbsterfahrung im Sterben« (1973) gemacht noch einen »Blick nach drüben« ([4]1977) getan.

Liliane Frey-Rohm vergleicht das Wiedererwachen eines Todkranken aus dem Koma mit den Sterbevisionen der Mystiker, die im Grenzzustand der Ekstase die Erfahrung von Sterben und Wiedergeburt machen (anschaulich geschildert von Meister Eckart) (1980, 57).

Raymond Moody analysierte 150 Berichte von »Sterbeerfahrungen« und interviewte selbst etwa 50 Menschen, die einen klinischen Tod überlebt hatten. Dabei konnte er gewisse Regelmäßigkeiten im Erleben dieser Personen feststellen. Zunächst berichteten die meisten bedauernd über die Unaussprechlichkeit dieser Ereignisse, was diese in die Nähe zu mystischen Zuständen und psychedelischen Erfahrungen bringt. Dazu gehörte auch das Gefühl, den eigenen Körper zu verlassen und Distanz zur Umwelt zu bekommen. Manche beschrieben sich als »amorphe Wolke, als Energiemuster oder als reines Bewußtsein«, andere wiederum behielten zwar ihren Leib, der aber durchsichtig, unsichtbar war. Ekstatische Gefühle der Zeit- und Raumlosigkeit, der Schwerelosigkeit, der »gelassenen Heiterkeit« und Ruhe; Visionen und »Begegnungen« mit bereits Verstorbenen wurden erwähnt wie auch Angst, Konfusion und Verlangen nach Wiedererwachen. Daß diese Menschen jedoch keineswegs tot waren, beweist ihre Wahrnehmung dessen, was um sie herum vor sich ging. Sie hörten beispielsweise, wenn auch scheinbar aus großer Distanz, die Gespräche der Ärzte, Krankenschwestern und Angehörigen, wenn diese am Krankenbett über ihren Zustand diskutierten. Die verschiedenen Aktivitäten der Pflegepersonen wurden beobachtet, wobei die Genauigkeit dieser Wahrnehmungen nachträglich bestätigt werden konnte.

P. Becker verweist im Zusammenhang mit Beobachtungen an reanimierten Suizidanten darauf, daß die (oft übereinstimmenden) Sterbeerfahrungen, wie sie auch von Moody und anderen geschildert werden, nicht nur auf somatischen Gegebenheiten beruhen (1979, 21). Der Lebensweg, die Persönlichkeitsentwicklung, Herkunft, berufliche und familiäre Situation spielten dabei eine Rolle. Den geretteten Suizidanten fehlten »fast immer positive Sterbeerfahrungen«, dafür hätten sie eher das Gefühl einer »grauen Farblosigkeit« in Erinnerung. »Klinisch Tote sind reanimierbar, der

Hirntod und damit der endgültige Tod war bei ihnen noch nicht eingetreten«. Daraus schließt Becker zu Recht, daß deren Erfahrungen und Erlebnisse keinen Beweis für das Überleben des Todes liefern. Ein solcher Beweis sei »unmöglich und auch nicht notwendig«. K. Osis ist der Ansicht, daß bei Sterbepatienten die Anoxie, die mangelnde Sauerstoffzufuhr zu den Geweben und eine Anhäufung von Kohlendioxid als häufigste Ursachen von Visionen, Erscheinungen und ungewöhnlichen Erfahrungen anzusehen sind.

Bei aller Anerkennung der Arbeit von E. Kübler-Ross im Bereich der praktischen Sterbehilfe fällt es schwer, ihren philosophischen Anschauungen zu folgen. Kritik wurde vor allem an dem durch sie propagierten Slogan »Sterben ist schön« geübt, dann vor allem an ihrer angeblich wissenschaftlich begründbaren Überzeugung, mit dem Tod höre die Beziehung des Menschen zu seinen Mitmenschen keineswegs auf. Die Menschen, die man im Leben am meisten geliebt habe und die einem im Tod vorangegangen seien, würden einen erwarten und einem beim Übergang helfen; der Mensch gehe nicht allein durch den Tod hindurch.

»Es ist wunderbar, daß wir den Eltern von sterbenden Kindern versichern können: ›Macht euch keine Sorgen. Es wird dort jemand auf euer Kind warten und es in Obhut nehmen‹« (aus einer Biographie über Elisabeth Kübler-Ross von Derek Gill, 1981, 8). Wie viele berühmte Leute vor ihr, stellte sich auch Frau Kübler-Ross dem amerikanischen Männermagazin Playboy (Mai 1981) für ein Interview zur Verfügung. Darin beteuerte sie erneut, daß der Mensch nach dem Tod, nachdem er aus dem körperlichen »Kokon« geschlüpft sei, sich vorübergehend in einem ätherischen Leib befinde, um dann auch diesen zu verlieren und als reine Seelenform weiter zu existieren. Dieses »Selbst« sei eine Energie-Struktur (energy pattern) und bestehe zeit- und raumlos, unsterblich und ewig. Als solches sei dieser Zustand »comfortable and familiar«. Sie selbst habe zweimal bereits solche »incredibly beautiful energy pattern« – die offenbar ständig um uns herum sind – gesehen, ein mystisches Erlebnis, über das sie sehr genau Auskunft zu geben weiß. Ihre Ausführungen erinnern Satz für Satz an die östlichen Todesvorstellungen. So soll auch die Seele des Verstorbenen wiederum in anderer Gestalt ins diesseitige Leben gerufen werden, wenn sie nicht den »Test« bestanden und nicht alle notwendigen Erfahrungen in der physischen Welt gemacht habe. Der allerletzte Schritt sei dann die Rückkehr zu Gott. Unnötig sei es, hinzuzufügen, daß der Mensch selbst die geschichtliche Epoche seines irdischen Lebens, seine Eltern, das Land, die Umgebung auswählt, die zu seinem Schicksal werden. Da die Existenz des Toten immer auf ein reiferes Dasein hin tendiere, revidieren die Wiedergeborenen die Fehler ihres früheren Verhaltens angeblich. Auch Hitler, davon ist sie überzeugt, werde als »a great leader« wiederkommen, auch wenn er wegen seiner Untaten 3000 bis 5000 Jahre warten müsse! (»Then he will probably be the greatest leader who ever existed.«) Auf die Frage des Interviewers, woher sie all dieses Wissen habe, meinte sie, von ihrer direkten Kommunikation mit den verstorbenen Seelen, die sie als ihre »spirit guides« bezeichnet.

Reinkarnationsforschung und Reinkarnationstherapie

In neuester Zeit häufen sich die Bücher und Berichte über die Reinkarnation. Es sind fast durchwegs Psychiater und Psychotherapeuten sowie Parapsychologen, die sich mit diesem Thema befassen, was in einer Welt, die sich dem religiösen Weltbild des Abendlandes immer mehr entfremdet, nicht ungewöhnlich ist. Jeder, der sich mit der Psyche des heutigen, säkularisierten Menschen zu befassen hat, erkennt hinter der rationalistischen Fassade des Menschen dessen geheimen Drang zum Irrationalen, zum Unaussprechlichen, mehr Erahnten als Beweisbaren. So entsteht zur Zeit ein neuer, moderner Mystizismus, wohl als Reaktion auf das naturwissenschaftlich-technologische Weltbild unserer Industriegesellschaft.

So ganz neu ist dies indessen nicht. Die Frage nach der Reinkarnation hat die alten Kulturen beschäftigt, die Formen religiösen Glaubens mit Inhalten gefüllt, des Menschen Dasein über Jahrtausende mit dem Tod versöhnt. Das Christentum hat allerdings die vom Kirchenlehrer Origenes im 3. Jahrhundert verkündete Reinkarnationslehre im Jahr 533 am Konzil von Konstantinopel als mit dem christlichen Glauben unvereinbar abgelehnt. In der Renaissance tauchte dann der Glaube, daß wir nicht nur einmal leben, wieder auf; in gewissen religiösen Sekten (Theosophie, Christian Science) ist diese Überzeugung heute noch erhalten.

Die »wissenschaftliche« Reinkarnationslehre hat zwei geistige Fundamente. Das eine, philosophisch-weltanschaulicher Art, bezieht sich auf die Vorstellungen östlicher Religionen; das zweite fußt auf Erfahrungen und Thesen der frühen Psychoanalyse Freuds. Beide Bezüge erweisen sich jedoch bei näherem Zusehen als fragwürdig. Die Autoren der Reinkarnationstheorie und -therapie erwähnen ausnahmslos den tibetanischen Bardo-Thödol und die buddhistisch-hinduistische Reinkarnationslehre. Allerdings werden hier Einschränkungen gemacht. So wurde zwar beobachtet, daß Menschen ihr früheres Leben als Tiere beschrieben, nie aber »gehört, daß jemand von einem menschlichen zurück zu einem tierischen« Dasein gegangen wäre, was als direkter Widerspruch zur Karmalehre betrachtet wird (M. Netherton und N. Shiffrin, 1979, 229). Man wäre hier versucht, dafür verantwortlich zu machen, daß die Tiere nicht hinsichtlich ihrer früheren Existenzformen – eventuell sogar als Menschen – befragt werden können (auf die Frage, ob denn diese Menschen *ursprünglich* als Tiere gelebt haben oder in einem noch früheren Stadium doch Menschen waren, gehen die Autoren nicht ein). Wichtiger Unterschied zur östlichen Todesauffassung scheint jedoch zu sein, daß die modernen Vertreter der Reinkarnationslehre über den Zwischenzustand, das heißt über die Zeit im Totenreich zwischen den Lebenszeiten auf dieser Erde, nichts Konklusives auszusagen wissen. Während Erinnerungen an die pränatale Zeit, an die Geburt, ja selbst an frühere Lebenszeiten bis zu einem gewissen Grad als nachprüfbar gelten, ist der Zeitraum zwischen den Leben »wissenschaftlicher Verifizierbarkeit völlig entzogen« (Netherton und Shiffrin, das. 181). Den Lebenden unzu-

Rad des Lebens
Tibetische Malerei auf Baumwolle, 17. Jahrhundert
Das Lebensrad ist das Abbild des tibetischen Glaubens. Es zeigt im äußeren Rand die Lebensstadien und gleichzeitig die Bewußtwerdungsprozesse des Menschen. Je nach seinem Tun wird er in der Welt der Götter, der Menschen oder in der Hölle wiedergeboren.
The Newark Museum, Newark

gänglich, bleibe er im wahrsten Sinn des Wortes »unmeßbar«. Die Patienten würden zwar ihr Leben außerhalb des Körpers bereitwillig schildern; er (Netherton) lasse sie jedoch selten in diesem »Gebiet« verweilen, schon deshalb nicht, weil dieser Zwischenzustand keineswegs besonders interessant zu sein scheine. »Die Probleme, die ein bestimmtes Leben belasteten, werden in dieses ›Leben zwischen Raum und Zeit‹ mitgenommen. Unsere Unfähigkeit, mit diesen Problemen fertigzuwerden, beeinflußt die Wahl des nächsten Körpers, des nächsten Lebens.« Das einzige, was doch etwas über diesen Zustand aussagen könnte, ist die (unbewiesene und unbeweisbare) Annahme, »daß man selbst die Ursache seines Lebens ist« (das. 230), dieses selbst wählt und »nicht die Eltern oder irgendein Schöpfer«, ja daß man selbst Ort und Zeitpunkt des Gezeugt- und Geborenwerdens bestimmt.

Doch nicht nur der Vergleich mit dem Buddhismus und Hinduismus hinkt. Noch fragwürdiger scheint mir die theoretische Abstützung auf die Psychoanalyse zu sein. »Am Anfang steht das Trauma«, lautet die Grundformel der Reinkarnationstherapeuten. Dieses Trauma »muß überall gelöscht werden, in der Vergangenheit, in der pränatalen Phase und im gegenwärtigen Leben« (Netherthon und Shiffrin, das. 227). Die meisten Schwierigkeiten sollen ihre Wurzel »in Toden aus früheren Leben« haben; ist ihre Bedeutung gelöscht, »lösen sich viele Störungen einfach in Luft auf« (das. 179). Die Reinkarnationstherapie beschäftigt sich nach einer Definition von Netherton und Shiffrin (das. 11) »mit Wiedergeburt, mit einer Flut von traumatischen Erlebnissen also, die sich offensichtlich im Unbewußten festgesetzt haben, obwohl sie Hunderte, ja manchmal Tausende von Jahren zurückliegen«. Selbst Jan Stevenson berichtet über mehrere Fälle, in denen frühere Inkarnationen angeblich körperliche Narben hinterlassen haben ([3]1979). Für Thorwald Dethlefsen ist das »Suchen nach einem Trauma oder mehreren Traumata« das »Grundmodell« seines Vorgehens ([4]1981, 80). Dies sei keineswegs neu, sondern liege »fast allen tiefenpsychologischen Therapien« zugrunde.

Hier allerdings täuscht er sich. Freud selbst hat bereits früh die »Trauma-Theorie« über die Entstehung von Neurosen aufgegeben, nachdem er entdeckt hatte, daß vielen »traumatischen Erfahrungen« keine realen Erlebnisse, sondern Phantasien zugrunde lagen.

Beruht die Gemeinsamkeit der modernen westlichen Reinkarnationslehre mit den alten östlichen Lehren praktisch nur noch auf dem Glauben an eine leibliche Wiedergeburt nach dem Tod, so reduziert sich ihre Verwandtschaft mit der Psychoanalyse auf die Annahme eines »Unbewußten« und die kausalgenetische Entstehungslehre seelischer, psychosomatischer und organischer Leiden. »Das Unbewußte« spielt tatsächlich in der Metapsychologie Freuds und in der Praxis der Psychoanalyse eine entscheidende Rolle. Es beinhaltet eben alles, was im »psychischen Apparat« nicht ins Bewußtsein gelangen darf oder dorthin aus dem Bewußtsein verdrängt wurde – zumeist unangenehme Wünsche oder Erfahrungen, die dem herrschenden Moralkodex der Gesellschaft nicht entsprechen. Für Netherton und Shiffrin (das. 28) arbeitet das Unbewußte »wie ein Tonbandgerät«. Es registriere und bewahre alles auf, was sich ereignet. »Wenn das Unbewußte ›eingeschaltet‹ wird und mit dem ›Rückspulen‹ beginnt, merken wir plötzlich, daß wir Geschehnisse abrufen können, die lange vor unserem Leben liegen. Die Einzelheiten dieser Rückerinnerungen formen sich zu Szenen, die der Patient dann während einer Reinkarnationssitzung noch einmal durchlebt.«

Ging Freud noch von der Hypothese aus, die Wurzeln der Neurosen seien auf frühkindliche Fehlentwicklungen zurückzuführen (also nicht auf einzelne Traumata), so finden die Reinkarnationstherapeuten diese Zeitspanne für die Erklärung ungenügend. Zunächst wird Otto Rank bemüht, dessen Theorie vom Geburtsschock zwar längst überholt ist; dann die pränatale Phase von der Zeugung bis zur Geburt. Diese gliedert sich in vier Abschnitte: den Augenblick der Empfängnis (»Die Erziehung des Kindes beginnt bei der Zeugung«, Dethlefsen, 1981, 91), die Zeitspanne, da die Mutter vermutet, daß sie schwanger ist, den Augenblick der Gewißheit und die verbleibenden Monate bis zur Geburt. Jede dieser Phasen soll für eine bestimmte Art von Trauma anfällig sein. Eine nähere Bestimmung wird jedoch nicht angegeben. Geburt und pränatale Zeit stehen im Zusammenhang mit einem früheren Leben. Für die Therapie bedeutet dies, im umgekehrten Sinn, daß jedes frühere Leben, auf das der Kranke im Lauf der Behandlung trifft, mit einem Vorfall in der pränatalen Periode dieses Lebens in Zusammenhang stehen *muß*. »Wir können den Patienten nicht von früheren Leben ablösen, ohne ihn auch von dem pränatalen Vorfall abzulösen, der seine unbewußte Erinnerung daran aktiviert hat« (Netherton und Shiffrin, das. 153).

Die Kausalkette reicht also in der Reinkarnationstheorie bedeutend weiter zurück als in der Psychoanalyse und beginnt immer mit einem Trauma. Das »unbewältigte Todestrauma« gilt als Hauptursache für Verhaltensstörungen; eine klaustrophobe (weiße) Patientin war in ihrem früheren Leben als »schwarze« Sklavin eingesperrt, in einem anderen Leben als Prostituierte durch einen Zuhälter ihrer Freiheit beraubt worden. Sexuelle Schwierigkeiten eines Mannes ließen sich auf Demütigungen in einem früheren Leben (»Du bist zu langsam bei den Weibern«) zurückführen, Kopfschmerzen und Strafen für »Unbelehrbarkeit« (bei einem Patienten, der früher als Indianer gelebt haben soll), und Arthritis beruht auf Folgen einer Folterung in einem andern Leben. Thorwald Dethlefsen behauptet, »daß man fast automatisch auf frühere Inkarnationen stößt, wenn man nur konsequent genug nach der wirklichen Ursache eines Symptoms forscht« (1981, 107). Diese »Behauptung« sei »durch jeden Fachmann leicht nachprüfbar«. Leider gibt Dethlefsen nicht bekannt, wen er allenfalls als »Fachmann« anerkennen würde. Er begnügt sich vielmehr mit der einfachen Feststellung: »Meine Erfahrungen zeigen, daß der überwiegende Teil aller Symptome seinen Ursprung in früheren Inkarnationen hat und nicht aus diesem Leben stammt.«

Während Dethlefsen seine Patienten in Hypnose versetzt, gehen Netherton und Shiffrin nach der alten analytischen Regel (Couch, freie Assoziationen bei vollem Bewußtsein) vor. Interessant ist ihre Angabe, es sei »für den Erfolg der Therapie buchstäblich irrelevant«, ob der Patient an Reinkarnation glaube oder nicht. Dethlefsen beschreibt fünf Phasen seiner Therapie:

1. *Die Diagnose:* Diese beinhaltet Symptombeschreibung, kurze Anamnese sowie ein Horoskop.

2. *Die Hypnose:* Sie erfolgt bereits in der zweiten Sitzung, um in den nächsten Sitzungen vertieft zu werden.
3. *Das Symboldrama:* Der Patient lernt die Technik des Tagträumens. Das Vorgehen entspricht dem Katathymen Bilderleben nach W. H. Leuner und der Selbsthypnose im Autogenen Training nach K. Thomas.
4. *Die Geburt:* Beherrscht der Patient das Bilderleben, so durchläuft der Therapeut mit ihm seine (des Patienten) eigene Geburt. Hierbei treten zumeist körperliche Empfindungen auf. Danach werden die einzelnen Monate des Embryonalzustandes und schließlich die Empfängnis bewußtgemacht.
5. *Inkarnations-Regression:* In dieser Phase werden Traumata aus früheren Lebenserfahrungen aufgesucht. Diese Sitzungen werden mit einem Gerät zur Messung des psychogalvanischen Hautreflexes kontrolliert. Mit etwas Erfahrung sehe man am Gerät, »wo ein Trauma liegt, wieviel Ladung es hat, ob es bereits konfrontiert werden kann und wieviel Energie dabei abgeht« (das. 140).

Zusammenfassend stellt Dethlefsen fest, seine Reinkarnationstherapie benötige aufgrund dieser zeitsparenden Methoden oft nur dreißig bis sechzig Stunden.[20]

Etwa drei Monate, bei einer Sitzung pro Woche (zwei bis zweieinhalb Stunden pro Sitzung), dauert die Reinkarnationstherapie bei Netherton. Wie gesagt verzichtet er auf die Hypnose, sondern läßt die Patienten wie bei der klassischen Psychoanalyse auf der Couch liegen. Seine Therapie besteht aus vier grundlegenden Elementen:

1. Abrufen von Daten aus dem Unbewußten bei vollem Bewußtsein des Patienten.
2. Intensive Reaktivierung des erlittenen Schmerzes und des emotionalen Traumas.
3. Wiederholungs- und Ablösungsprozeß.
4. Aufdeckung von Erfahrungen und Sätzen aus der pränatalen Phase, der Geburt und der Kindheit, die die Erinnerung an entsprechende Erlebnisse aus den früheren Leben ausgelöst haben.

Was ist nun von der Reinkarnationsforschung und -therapie zu halten?

Für die wissenschaftliche Abklärung von Reinkarnationserinnerungen sind die Parapsychologen zuständig. Karlis Osis und Erlund Haraldsson unternahmen den Versuch, die Erfahrung von Sterbenden in der Stunde des Todes wissenschaftlich zu erforschen; gleichzeitig ging es ihnen um die wissenschaftliche Erklärung der Möglichkeiten eines Weiterlebens nach dem Tod. Einige Forscher, wie beispielsweise Jan Stevenson, halten die Hypothese eines Lebens nach dem Tod für erwiesen, andere (zum Beispiel J. B. Rhine, zit. nach Osis und Haraldsson, das. 1978, 19) machen geltend, daß dieses Problem nicht bis zu einem schlüssigen Beweis erforscht werden könne, das heißt, »daß es außerhalb jener Grenzen liegt, in denen die Wissenschaft mit den verschiedenen Methoden forschen kann«. Auch das Projekt von Osis und Haraldsson hatte »sicherlich nicht das Ziel, Beweise für ein Leben nach dem Tod zu liefern, die alles andere ausschließen« (das. 21). So bleibt es im Grund dem einzelnen überlassen, die Forschungsergebnisse der Parapsychologen anzunehmen oder abzulehnen.[21]

Auch die erwähnten Reinkarnationstherapeuten lassen letztlich diese Frage offen. Netherton und Shiffrin betonen, die Wiedergeburt sei keine erwiesene Tatsache; dennoch ist Netherton davon überzeugt, daß Reinkarnation tatsächlich stattfindet (das. 12). Dethlefsen beruft sich auf eigene Experimente, wonach Personen *nach* den hypnotischen Sitzungen, also völlig wach, sich weiterhin an ihre früheren Leben erinnern. Der Mensch könne »sehr wohl zwischen einem Traum und der Wirklichkeit unterscheiden« (das. 57). Deshalb verwirft er die Suggestions-Hypothese, die Telepathie, die Annahme eines Erbgedächtnisses (daß Erlebnisse der Vorfahren mittels eines genetischen Codes auf die Nachkommenschaft übertragen würden) wie auch die »Phantasie-Hypothese« als Erklärungsgrundlagen für die Reinkarnation.

Es steht jedoch zweifelsfrei fest, daß der Mensch keineswegs immer zwischen »Traum« und »Wirklichkeit« unterscheiden kann. Im Gegenteil erfahren viele Menschen Dinge, von denen sie später nicht mehr mit Sicherheit sagen können, ob sie »wirklich« waren oder Produkte ihrer Phantasie. Dies hat die Psychoanalyse bereits seit Freud immer wieder deutlich nachgewiesen.[22]

Bleibt somit die »Reinkarnation« als solche eine Glaubensfrage, so sind die mit der auf ihrer Annahme basierenden Therapie erzielten Heilerfolge nicht wegzudiskutieren. Hier jedoch gilt das für alle psychotherapeutischen Richtungen geltende Gesetz, daß der Behandlungserfolg keinen Beweis für die Richtigkeit der *Theorie* darstellt. Alle psychotherapeutischen Richtungen melden, trotz ihrer oft völlig divergierenden Theorie, Therapieerfolge. Wesentlich ist wohl die Beziehung des Patienten zu seinem Therapeuten und die Möglichkeit, sich auszusprechen, schmerzhafte Erlebnisse seines Lebens kathartisch zu bearbeiten. Dieser »Reinigungsprozeß« kann auch in der Reinkarnationstherapie erfolgen, unabhängig davon, ob die Patienten früher gelebt haben oder nicht. Dethlefsen weist selbst darauf hin. Zu Beginn einer psychotherapeutischen Behandlung »verbünden sich Patient und Therapeut, um gemeinsam die Reise in die Seele anzutreten« (⁴1981, 133). Durch die »Verbindung mit dem Therapeuten« werde der Patient für diese Reise gestärkt. Er pflege meist schon in der ersten Stunde dem Patienten zu sagen, »daß alles, was in der Therapie geschieht, er selbst machen muß und ich für ihn überhaupt nichts machen kann«. Der Therapeut könne lediglich versuchen, »ein guter Reisebegleiter und ein guter Wegweiser« zu sein. Darin also unterscheidet sich Dethlefsen nicht im geringsten von der Anleitung, die auch ein klassischer Psychoanalytiker oder ein Daseinsanalytiker seinem Patienten geben kann. Widersprüchlich scheint es jedoch zu sein, wenn einerseits von »Ursache« und »Traumata« gesprochen wird, andererseits der Patient für alles, was mit ihm geschieht, selbst verantwortlich sein soll. »Alles, was der Patient weiß und erzählen kann, ist mit Sicherheit niemals die Ursache des Symptoms. Der gesamte Informationswert aller Erzählungen eines Patienten beschränkt sich darauf, daß ich weiß, woran es bestimmt nicht liegt« (das. 139). Es gilt somit, jene Ursachen zu finden, die der Patient nicht kennt. Lernt er sie kennen, dann verschwindet das Symptom, denn »Alles, was bewußt ist, kann nicht mehr weh tun« (das. 87). So einfach ist das! Aber dann wiederum ist der »Mittelpunkt der Therapie« doch die »menschliche Begegnung«, die es dem Patienten ermöglicht, sich selbst kennenzulernen, die Projektionen auf die Umwelt, »die er bisher immer für eine von außen kommende Realität hielt« (das. 141) abzubauen, selbst Verantwortung zu übernehmen. Denn die Umwelt sei nur »Spiegelfläche seiner selbst«. Der Mensch nämlich sei keineswegs Produkt der Umwelt; für sein Schicksal gebe es keinen Schuldigen als ihn selbst. Wozu aber dann die Suche nach Traumata und erst noch in einem früheren Leben?

Ein wesentliches Heilungsziel scheint die Reinkarnationstherapie zu erreichen: Die Geheilten berichten übereinstimmend, keine Todesangst mehr zu empfinden.

Netherton meinte denn auch in einem bestimmten Fall (die Patientin litt an einem Gebärmutterkrebs), seine ganze Hoffnung sei gewesen, ihr ein friedliches Sterben zu ermöglichen, »das ihr helfen mochte, ein glücklicheres, untraumatisches nächstes Leben zu wählen« (Netherton und Shiffrin, 1979, 172). Mehr kann von einer Psychotherapie wohl nicht erreicht werden.

Einspringende und vorspringende Fürsorge

Nicht von ungefähr stellt sich heute immer dringender die Frage, wie einem Menschen, der in der Anonymität des modernen technischen Zeitalters »zugrunde« zu gehen droht, geholfen werden kann. Das Problem des Sterbebeistands ist zu einem der dringendsten Anliegen nicht nur der modernen Medizin, sondern unserer Gesellschaft ganz allgemein geworden. »Die Sterblichen wohnen«, sagt Heidegger, »insofern sie ihr eigenes Wesen, daß sie nämlich den Tod als Tod vermögen, in den Brauch dieses Vermögens geleiten, damit ein guter Tod sei. Die Sterblichen in das Wesen des Todes geleiten, bedeutet keineswegs, den Tod als das leere Nichts zum Ziel zu setzen; es meint auch nicht, das Wohnen durch ein blindes Starren auf das Ende verdüstern« ([3]1967, 24f.).

»Die Sterblichen in das Wesen des Todes geleiten« – damit meint Heidegger gewiß nicht die heute so mannigfaltig propagierte ärztliche und seelsorgerische Sterbehilfe. Es geht ja nicht nur darum, einen Sterbenden in den faktisch bevorstehenden, individuellen Tod zu »geleiten«, sondern um die Aufgabe, dem Sterblichen als dem Menschen, der lebt, unabhängig vom Zeitpunkt seines Lebens, das Wesen des Todes aufgehen zu lassen. Dieses Wesen ist gerade nicht das »Ende«, das »Nichts«. Der Mensch »wohnt« im Sein, aber immer als Sterblicher. Heidegger sagt es wiederholt: »Der Mensch west als der Sterbliche«, er stirbt »fortwährend, solange er auf dieser Erde weilt, solange er wohnt« ([3]1967b, 70).

Sterbehilfe heißt somit in einer ersten Bestimmung eigentlich Lebenshilfe. Für diese wiederum gibt es kein Rezept. Echtes Leben ist im freien Verhaltenkönnen des Menschen dem ihm Begegnenden gegenüber (nicht nur dem Sterblichsein) gegeben. Solches zu vermitteln ist Aufgabe des Psychotherapeuten, gleich welcher Schulrichtung er angehört. Die Weise, in der er dies tut, ist nicht so sehr von der Theorie der psychoanalytischen Schule her gegeben, als vielmehr von der Persönlichkeit und Weltanschauung des Therapeuten selbst, von dessen Reife und Weltkenntnis.

Heidegger hat in »Sein und Zeit« (1927, 122) bereits zwei Möglichkeiten der »Fürsorge für den anderen« dargelegt, die als Grundlage für jede therapeutische Haltung gelten können. Er spricht von der »einspringend-beherrschenden« und der »vorspringend-befreienden« Fürsorge. Die »einspringende Fürsorge« übernimmt das, was zu besorgen ist für den anderen, während die »vorspringende Fürsorge« für den anderen »nicht so sehr einspringt, als daß sie ihm in seinem existentiellen Seinkönnen vorausspringt, nicht um ihm die ›Sorge‹ abzunehmen, sondern erst eigentlich als solche zurückzugeben«. Das alltägliche Miteinandersein der Menschen bewegt sich meist im Bereich der positiven Fürsorge. Im allgemeinen warnt Heidegger jedoch vor der allzu großen Bereitschaft, dem Mitmenschen im Sinn der »einspringenden Fürsorge« beizustehen. Der andere nämlich, dem geholfen werden soll, »wird dabei aus seiner Stelle geworfen, er tritt zurück, um nachträglich das Besorgte als fertig Verfügbares zu übernehmen, beziehungsweise sich ganz davon zu entlasten. In solcher Fürsorge kann der andere zum Abhängigen und Beherrschten werden, mag diese Herrschaft auch eine stillschweigende sein und dem Beherrschten verborgen bleiben. Die einspringende, die ›Sorge‹ abnehmende Fürsorge bestimmt das Miteinandersein in weitem Umfang, und sie betrifft zumeist das Besorgen des Zuhandenen.« Nun ist das Sterben keineswegs etwas »Zuhandenes«, sondern, wie bereits mehrfach ausgeführt, eine Seinsmöglichkeit menschlichen Existierens. Trotzdem sucht die moderne ärztliche Sterbehilfe immer mehr nach Möglichkeiten einer »einspringenden Fürsorge« für die Schwerkranken. So ist auch das Verleugnen der Wahrheit am Krankenbett, das Vermitteln falscher Hoffnungen, die Tröstung, die Abgabe von bewußtseinsmindernden Medikamenten oder neuerdings sogar die Verabreichung von LSD (Grof, Halifax, 1980) im Sinn dieser Art von Fürsorge zu sehen. Eine Einschränkung gegenüber Heideggers Formulierung muß aber doch gemacht werden. Wenn auch für das Verhalten eines Analytikers die »vorspringende Fürsorge« prinzipiell die einzig richtige Haltung ist, so gibt es doch Menschen, denen diese Art der Therapie nicht genügen kann. Dies gilt beispielsweise für Kinder, für Depressive, für konstitutionell benachteiligte Menschen, denen eine selbständige Reifung weder spontan noch durch eine analytische Therapie möglich ist oder die willentlich darauf verzichten, ohne deshalb abhängig werden zu müssen. Im besonderen aber scheint mir, daß der Schwerkranke und der Sterbende ein Anrecht auf eine solche Hilfe haben.

Gespräche mit Sterbenden sollten sich von jenen oberflächlichen Unterhaltungen unterscheiden, die im allgemeinen bei Visiten und Untersuchungen im Krankenhaus geführt werden. Wichtig ist dabei die Hilfe bei der Bewältigung »unerledigter Dinge«. Denn erst, wenn ein Patient sich nicht mehr mit Unerledigtem herumzuquälen braucht, ist er »von einem Gefühl des Friedens und der Harmonie getragen« (E. Kübler-Ross, [2]1980, 55).

Wenn von Thanatotherapie die Rede ist, muß zwischen zwei verschiedenen Situationen unterschieden werden. Im psychoanalytischen Schrifttum treffen wir vor allem Fallberichte an, welche Beginn und Verlauf todbringender Krankheiten beschreiben, die während oder nach einer therapeutischen Analyse aufgetreten sind, einer Therapie also, die aus verschiedensten Persönlichkeits-Motivationen begonnen wurde. In diesen Fällen liegt demnach bereits eine besondere Beziehung zwischen Therapeut und Patient sowie ein festgelegtes Behandlungsmodell vor. Wieweit bei veränderter Krankheitssituation die Beziehung ebenfalls eine Wandlung durchmacht, ist nicht generell feststellbar. Immerhin ist diese Wandlung, wie bereits gesagt, wahrscheinlich. Auffällig ist jedoch, daß die psychoanalytischen Autoren fast durchwegs am Behandlungsmodell festhalten, das ihnen aufgrund der metapsychologischen Theorie über den Menschen zur Verfügung steht. Da sich daraus Konflikte ergeben, müssen für sterbende Patienten »technische Ausnahmen« von der üblichen Behandlungsregel festgelegt werden.

Anders ist die Situation dort, wo der Therapeut sich ausschließlich der Betreuung Sterbender, zumeist in einer Klinik, widmet. Dort werden verschiedenste psychotherapeutische Verfahren angeboten, wie beispielsweise Kunstpsychotherapie (E. Dreifuß, 1981) bei Pflegeverweigerung von Sterbenden (H.H. Whitman und S.J. Lukes, 1975), Katathymes Bilderleben (H. Eibach, 1979), Gestalttherapie, Ton-, Poesietherapie und kreative Medien (H.G. Petzold, 1980).[23] Eine umfassende und kritische Übersicht über die verschiedenen Formen der Thanatotherapie gibt Ina Spiegel-Rösing: Gruppenpsychotherapie, im besonderen auch das Psychodrama werden erwähnt, wobei allerdings die thanatotherapeutische Betreuung der Angehörigen Sterbender »als Instrument der Trauerarbeit« im Vordergrund steht (1980). E. Engelke meint, die Grenzen, das Psychodrama selbst anzuwenden, seien sehr eng gezogen, weil Sterbende ihre ganze ihnen noch verfügbare Kraft benötigten, um ihr Sterben leisten zu können (1979). Psychodrama sei keine neue Heilslehre, die von Schmerzen und Leid erlösen und ein schönes, friedvolles Sterben garantieren könne. Das Sterben verliere durch das Psychodrama »nichts von seinem Beängstigenden und Leidvollen«. Diese Ansicht, wonach das Sterben durch die verschiedenen thanatotherapeutischen Methoden »nichts von seinem Beängstigenden und Leidvollen« verliere, wird nach Spiegel-Rösing von den meisten thanatotherapeutisch arbeitenden Psychotherapeuten nicht geteilt (das. 126). Die Bedeutung des Psychodramas für die Sterbebegleitung wird von H.B. Weiner »enthusiastisch« hochgespielt; als Paradebeispiel wird die »Szenerie« um den sterbenden Moreno, den Begründer des Psychodramas, angeführt. Ausgesprochen optimistisch werden auch die Bemühungen der Logotherapie (»existential counseling«) beurteilt, wobei Spiegel-Rösing, allgemein für die Flut thanatotherapeutischer Arbeiten, darauf hinweist, daß das, was in diesen als Zielsetzungen und als Wirkungen genannt wird, »nicht immer von kritischer Distanz geprägt« ist (das. 128). Es sei von Harmonie und Einheit, von Versöhnung und innerem Frieden, von Ekstase und kosmischer Ordnung die Rede. Man höre nichts von gescheiterter Therapie, mißlungenen und vergeblichen Ansätzen, von den entscheidenden Grenzen (Schwäche, Schmerzen, Erschöpfung des Sterbenden) dieser therapeutischen Ansätze. Dadurch sei eine gewisse Tendenz der »Verherrlichung« der thanatotherapeutischen Möglichkeiten nicht zu übersehen. Daß in diesem Zusammenhang auch eine kritische Haltung gegenüber den sogenannten Evaluierungsmethoden zu Recht geäußert wird, liegt auf der Hand. Ebenso sind Zweifel an der ethischen Begründbarkeit thanatotherapeutischer Experimente berechtigt. Dies gilt wohl insbesondere dort, wo mit Hilfsmitteln gearbeitet wird. Bekannt geworden ist in diesem Zusammenhang die Verwendung von LSD »als therapeutisches Instrument« der Thanatotherapie. Stanislav Grof und seine Frau Joan Halifax haben an einem amerikanischen Krankenhaus die Wirkungsweise von LSD bei unheilbar Krebskranken beobachtet (1980). Die psychedelische Therapie soll es Sterbenden ermöglichen, die letzte Zeit ihres Lebens gefaßt, mit einer Art spiritueller Neugier und oft auch schmerzfrei zu erleben. Die Autoren sind der Auffassung, daß mit Hilfe von LSD die individuellen Erfahrungen des Sterbens vorweggenommen werden können: Schrecken, Angst, Aggression und Ekstase, aber auch jener selige Zustand, der an das Eingehen ins »Nirwana« und die Möglichkeit der Wiedergeburt mahnt. Grof verweist denn auch auf die Todesveranstaltungen der Mysterien-Religionen, der schamanitischen Initiation, der »Rites de Passage«, der Totenbücher (»Bardo Thödol«) wie auf deren europäisches Gegenstück, die mittelalterliche ars moriendi-Literatur (1980, 159). In den antiken und vorindustriellen Kulturen waren das individuelle Sterben »mit einem den Tod transzendierenden, vitalen, religiösen oder philosophischen System« ausgerüstet, wobei »wahrscheinlich ausgiebige Übungserfahrungen in veränderten Bewußtseinszuständen« vorausgingen. Die Totenbücher vermittelten ja nicht nur ein Wissen über das Leben nach dem Tode, sondern auch Anleitungen zu einem Leben *auf* den Tod hin. Sie umfaßten auch »symbolische Konfrontationen mit dem Tode«. Genau diese sollen durch die psychedelischen Erfahrungen ermöglicht werden. Im Grunde, so meint Grof, ist das psychedelische Erlebnis – physiologisch erklärbar durch eine mögliche Beeinträchtigung des Sauerstofftransportes auf subzellulärer Ebene – mit den Erfahrungen bei Überlebenden eines klinischen Todes identisch. Die uralte Weisheit der antiken Mysterien, der spirituellen Praktiken und der »Rites de Passage« der Eingeborenen würde jetzt von der experimentellen Psychiatrie durch eine systematische Untersuchung des psychedelischen Prozesses wiederentdeckt.

Den Vorschlag, psychedelische Substanzen bei der Behandlung sterbender Patienten einzuführen, machte erstmals eine Kinderärztin russischer Herkunft, Valentina Pawlovna Wasson (1957), und zwar aufgrund persönlicher Erfahrungen mit mexikanischen Drogen anläßlich einer aztekischen Zeremonie (Grof, 1981, 162). Später schlug der bekannte Schriftsteller und Philosoph Aldous Huxley nach eigenen Experimenten mit Meskalin und LSD das gleiche vor (1963). Als er selbst im Sterben lag, bat er seine Frau Laura, ihm 100 mcg LSD zu geben. Sie hat 1968 in einem Buch »This timeless moment« diese bewegenden Augenblicke beschrieben. Unabhängig von Wasson und Huxley hat dann Eric Kart an der Chicago Medical School LSD in seine Forschung über Analgetika und Narkotika einbezogen. Die ersten Berichte über die Wirkung von LSD stammten allerdings aus der Schweiz. Damals war man noch weit davon entfernt, LSD therapeutisch einzusetzen. Diesbezügliche Untersuchungen wurden später von einem aus Ärzten und Psychologen bestehenden Forschungsteam am Maryland Psychiatric Center in Zusammenarbeit mit dem Oncology Department des Sinai Hospitals in Baltimore vorgenommen. Als Indikationen für eine psychedelische Therapie galten Symptome deutlicher Erschöpfung, Depressionen, Angst, Schlaflosigkeit, allgemeine Spannung, sozialer Rückzug, Todesangst sowie physischer Schmerz (die Versuche wurden mit Krebspatienten durchgeführt). Voraussetzung war »eine realistische Lebenserwartung von mindestens drei Monaten«, damit die LSD-Wirkung langzeitlich beobachtet werden konnte. Als Kontraindikationen galten kardiovaskuläre Leiden, organische Gehirnschäden und zerebrale Metastasen, Psychosen und Borderline-Symptome.

Grof beschreibt das Vorgehen wie folgt (1980, 164): Nach einer gewissen Vorbereitungszeit, in der eine Vertrauensbasis im Arzt-Patienten-Verhältnis hergestellt wurde, fand eine erste psychedelische Sitzung statt. Der Kranke erhielt eine Dosis LSD (Lysergsäurediäthylamid) zwischen 200 und 500 mcg oder eine intramuskuläre Injektion von 90 bis 120 mg DPT. Er wurde angehalten, die Augen zu schließen »und ausgewählte Stereomusik zu hören«. Ein männlicher und ein weiblicher Therapeut blieben während der ganzen Sitzungszeit, die bei LSD zwischen 8 bis 15 Stunden, bei DPT zwichen 4 und 6 Stunden dauerte, beim Patienten, dem sie nötigenfalls eine »emotionale Unterstützung« durch Streicheln, Handhalten oder Wiegen gaben. Nonverbale Mittel erwiesen sich als wirkungsvoller als das Sprechen. »Worte wurden nur sehr wenig in der ganzen Zeit der pharmakologischen Aktion benutzt«, und wenn schon, dann meist, um die Patienten zu ermutigen, sich tiefer in die Erfahrung einzulassen und Widerstände aufzugeben. In den folgenden Tagen und Wochen wurden die psychedelischen Erfahrungen durchgearbeitet und in den Alltag integriert. Der Kontakt mit dem Patienten blieb erhalten; war die eine Sitzung »nicht ganz erfolgreich« oder wurde ihr Effekt schwächer, konnte sie zu einem späteren Zeitpunkt wiederholt werden. Einige Kranke machten innerhalb mehrerer Jahre bis zu sechs Sitzungen mit.

Sollen somit die Todesvorstellungen der Antike und der »Primitiv«-Gesellschaften eine wissenschaftliche Begründung finden? Dies dürfte kaum der Fall sein. Daß die psychedelische Therapie Bewußtseinsveränderungen erzeugt, ist allgemein bekannt. Auch über die Wirkung von LSD ist man sich heute weitgehend im klaren. Zu beachten bleibt jedoch, daß diese Wirkungen und Bewußtseinsveränderungen keineswegs uniform sind, ja daß sie sehr gegensätzlicher Natur sein können. So erleben viele keinen »good trip«, sondern einen schlimmen »trip«, ihrer je besonderen psychischen Verfassung entsprechend, in der sie die Droge zu sich nehmen. Grof berichtet, daß die auffälligste Wirkung der psychedelischen Therapie »Veränderungen in der Vorstellung vom Tod und in der Einstellung zum Tod« gewesen seien (das. 166). Dies mag durchaus stimmen, ist doch der sterbende Patient ohnehin im »Weltverhältnis« des Sterbenmüssens gefangen. »Psychedelisch« stammt aus dem Griechischen und bedeutet »Weitung des Bewußtseins«. Insofern ist es durchaus möglich, daß die im nüchternen Wachzustand erlebte Einengung auf den Todesgedanken unter LSD-Einwirkung einer Distanzierung und stimmungsmäßigen Aufhellung Platz macht. Daß dies aber keinesfalls immer der Fall ist, muß auch Grof zugeben. »Während eine emotionale Verbesserung oder Erleichterung von Schmerzen nach jeder Art von psychedelischer

Erfahrung stattfand, wurde eine tiefgehende neue Bewertung des Todes nur bei denjenigen Patienten beobachtet, die Erfahrungen von Tod und Wiedergeburt oder tiefe transpersonale Erfahrungen gemacht hatten. Sie wurden plötzlich empfänglich für Vorstellungen wie den Primat des Geistes über die Materie, die Fortdauer des Bewußtseins nach dem Tode, die wesenhafte Identität zwischen dem Individuum und dem ganzen kosmischen Netzwerk oder für die Vorstellung der Reinkarnation.« Zudem fanden spezifische Veränderungen »in der Hierarchie von Grundwerten« statt, »ein klarer Wechsel« von Grübeln über die Vergangenheit und sorgenvoller Erwartung für die Zukunft »zu einer stärkeren Bezogenheit auf das Hier und Jetzt und zu einer vollen Erfahrung von jedem Augenblick«. Beobachtet wurde zudem ein nachlassendes Interesse an Status, Macht und Eigentum, dafür ein steigendes Interesse an den einfachen und gewöhnlichen Dingen des Lebens.

Es ist wohl überflüssig zu sagen, daß alle diese Veränderungen auch bei sterbenden Menschen beobachtet werden, die keine psychedelischen Erfahrungen gemacht haben. Eine reifere Einstellung zum Tod ist nicht abhängig von Drogen oder gar von Reinkarnationserlebnissen. Daß die Angst vor dem Tod nach einem »Probesterben«, wie es der von uns betreute Patient erfahren hat, gemildert werden oder gänzlich verschwinden kann, ist ein häufig beobachtetes und psychologisch durchaus verständliches Phänomen. Dazu gehören auch die Erlebnisse, welche von wiederbelebten »klinisch Toten« berichtet werden. Nur darf man meines Erachtens nicht von »Erfahrungen von Tod und Wiedergeburt« sprechen. Denn die klinisch Toten sind, sofern sie wieder erwachen, eben nicht tot gewesen. Aus diesem Grund kann auch nicht von der Erfahrung einer Reinkarnation gesprochen werden. Keiner der Berichte über Reinkarnation und Wiedergeburt vermag zu überzeugen, wie groß auch die Literatur zu diesem Themenkreis ist. Wenn Grof aufgrund seiner psychedelischen Thanatotherapie die Behauptung aufstellt, es gebe »innerhalb des gegenwärtigen medizinischen Modells keinen Grund, die Möglichkeit eines Bewußtseins nach dem Tode auszuschließen« (das. 172), so kann er auch keinen plausiblen Grund dafür angeben, daß der menschliche Geist den biologischen Tod überlebe. Daran ändert seine durchaus richtige Aussage nichts, das Bewußtsein sei nicht lediglich ein »Epiphänomen der Materie«, ein »Produkt der physiologischen Prozesse des Gehirns«, sondern eine »primäre Eigenschaft der Existenz«.

Paul Becker hat in einem Beitrag zu Elisabeth Kübler-Ross' »Leben bis wir Abschied nehmen« ([2]1980, 160) ganz im Sinn der »vorspringenden Fürsorge« festgehalten, wir dürften uns in unserer Zuwendung zum Sterbenden nicht von der Vorstellung leiten lassen, »daß wir immer und in jedem Fall in der Lage wären, ihnen (den Sterbenden) all diese Sorgen abzunehmen und dadurch zu erledigen«. Wichtiger sei, »daß wir durch unser Zuhören, Verstehenwollen und Solidarisieren« den Betroffenen klarmachen, daß wir sie zu verstehen versuchen, ihnen nicht aus dem Wege gehen und sie nicht allein lassen. »Dadurch versetzen wir sie in die Lage, ihr Leben nicht einfach aufzugeben, sondern es selbst wieder in die Hand zu nehmen und in eigener Kreativität bis zum Ende so zu gestalten, wie es ihrer eigenen Persönlichkeit und Lebensgeschichte entspricht.« Dadurch gehen wir jeder Gefahr der Bevormundung oder gar

Entwürdigung aus dem Wege und vermitteln den Hilfesuchenden »eine letzte Chance zur Selbstverwirklichung, indem ihnen Vereinsamung, Mutlosigkeit, Selbstaufgabe und Resignation erspart bleiben«.

Um eine solche Haltung gewährleisten zu können, bedarf es für den Therapeuten »der ehrlichen persönlichen Auseinandersetzung mit dem Tode«. Damit ist jedoch eine Schwierigkeit verbunden. Niemand, auch kein Arzt, Psychologe oder Theologe, verfügt über eine eigene, wirkliche Sterbeerfahrung. Niemand kann somit als Begleiter eines Sterbenden diesem einen Weg weisen, den er aus eigener Begehung kennt. Während wir in unserer analytisch-therapeutischen Arbeit die Wegstrecke, welche wir unseren Analysanden zumuten, in einer eigenen »Lehranalyse« zurückgelegt haben und demzufolge kennen, bleiben Sterben und Tod ein Geheimnis, das – wenn überhaupt – uns erst enthüllt wird, wenn wir einmal unser eigenes Sterben bestanden haben. Daran ändern auch die Berichte von wiederbelebten klinisch Toten nichts, die – wie unser Patient – ein »Probe-Sterben« erfahren haben. Unser Wissensmangel über Sterben und Tod wird auch durch die Forschungen der Thanatologie keineswegs behoben. So bleibt denn nur die andere Möglichkeit, nämlich die *Sterbehilfe* als eine *Lebenshilfe* aufzufassen. Darin sollte der Betreuer von Sterbenden dem Hilfesuchenden voraus sein. Dies bedeutet auch im wahrsten Sinn ehrliche persönliche Auseinandersetzung mit dem Tod. Sterben ist ein Akt des Lebens. Der Sterbende *lebt*, solange er stirbt. Wer sein Leben vorher aufgibt, stirbt zu früh.

Echte Sterbehilfe scheint nach wie vor durch die »vorspringende« Fürsorge gewährleistet zu sein. Diese kann nur darin bestehen, daß es demjenigen, der sie zu leisten hat, gelingt, das »Sein zum Tode« vorzuleben. Wer selbst noch mit seinem Sterbenmüssen nicht ins klare gekommen ist, kann auch dem Sterbenden keine Hilfe anbieten. In dieser Hinsicht ist der Therapeut oder Seelsorger allein auf sein eigenes Weltverhältnis zum Tod angewiesen. Hier helfen keine intellektuellen Diskussionen und hypothetischen Erörterungen über den Tod, sondern nur die oft unaussprechliche, aber erspürte Freiheit und Gelassenheit dem Unabwendbaren des Schicksals gegenüber. Wichtiger als alles andere ist, daß sich auch die Sterbehilfe immer noch an einen Lebenden wendet. Leben ist aber in der Isolation nicht möglich. So bedeutet Sterbehilfe letztlich nichts anderes als die menschliche Zuwendung zum Kranken, als die bis zum Ende durchgehaltene Wärme und Liebe, als ein faktisch gelebtes Mit-Sein mit dem Sterbenden, die Möglichkeit, dessen Ängste, dessen Traurigkeit, dessen Verzweiflung, aber auch dessen Hoffnungen mit ihm zu teilen.

In der Ruhe und Sicherheit des Begleiters erst kann der Sterbende seinem Ende entgegensehen. Keine Glorifizierung ist angebracht, aber auch keine Panik. Hans Saner hat meines Erachtens zu Recht darauf hingewiesen, daß sich im Schatten der Ungewißheit über den Tod eine »neue frohe Botschaft vom Sterben« entwickelt habe, die Lehre, »daß Sterben schön ist«, jenes End-Erleben nämlich, in dem sich im Gefühl absoluter Befreiung und Seligkeit die Seele oder der Astralleib über die sterbliche Hülle erhebe (1980). »Dürftig«, so schreibt er, »scheint mir diese Sterbelehre im Vergleich mit den religiösen Sterbe- und Todesmythen zu sein, weil sie bloß über einen ängstigenden Augenblick hinwegtröstet, ohne von ihm her dem Leben neue Sinngehalte zu geben.« Ebenso fragwürdig wie die Verherrlichung des Sterbens ist aber auch die Aussage von Cesare Pavese: »Nichts kann uns über den Tod hinwegtrösten. Das große Gerede, das man macht von der Notwendigkeit, von Geltung und Wert dieses Schrittes, läßt ihn immer nackter und schreckenerregender zurück und ist nichts als ein Beweis seiner Ungeheuerlichkeit – ist wie das verächtliche Lächeln des Verdammten« (zit. n. Hahn, 1975, 205). Sterben ist weder ein herrliches noch ein ungeheuerliches Erlebnis.

Elisabeth Kübler-Ross hat einen *Kreuzzug* um die Welt gegen die Todesangst angetreten. Überall, wo sie vor die ihr zuströmenden Massen tritt und ihre Bücher signiert, wird sie von einer Welle der Begeisterung getragen. An ihrem persönlichen Engagement ist nicht zu zweifeln. Trotzdem bleibt ein ungutes Gefühl. Wird hier nicht auch mit dem Tod ein Geschäft gemacht? Gewiß nicht aus lauter Gewinnsucht, aber doch ein Geschäft? Falls mich ein sterbender Freund und dessen behandelnder Arzt nicht sträflich angelogen haben, soll eine 20minütige Konsultation eine unerhörte Summe kosten. Der Patient hätte es zahlen können, zweifellos. Vielleicht hätte er für viele andere bezahlt, die nichts aufbringen können. Aber warum diese kommentarlose Forderung? »Alles, was wir von unseren Kranken hören, kann im Laboratorium wissenschaftlich bestätigt werden. Es gibt eine Methode, ärztlich-experimentell aus dem Körper zu treten, aber die gebe ich nicht bekannt. Sie können aber die Adresse des Instituts haben«, sagte Kübler-Ross in einem Interview. So hat eben alles zwei Seiten. Nicht abzusprechen ist Elisabeth Kübler-Ross, daß sie vermutlich Hunderttausenden von Menschen eine Lebenshilfe bietet, die ihnen das Sterbenmüssen nicht mehr so angstbeladen und qualvoll erscheinen läßt. Daneben müssen alle übrigen Fragwürdigkeiten verblassen.

Daß im Rahmen der Sterbehilfe dem kirchlichen *Seelsorger* eine überragende Bedeutung zukommt, ist auch in unserer säkularisierten Zeit nicht von der Hand zu weisen. Viele, wenn auch längst nicht alle Sterbenden wünschen und bedürfen des seelsorgerisch-religiösen Beistands angesichts ihres bevorstehenden Todes. Dies gilt auch für Menschen, die möglicherweise zeitlebens areligiös gelebt haben. P. Becker meint dazu, man solle natürlich »nicht in letzter Minute zu einer religiösen Handlung manipuliert werden«, die man vorher ein Leben lang nicht akzeptieren konnte (²1980, 171). Seelsorgerische Sterbehilfe sei ein falsch verstandenes Engagement, würde der Versuch unternommen, noch in letzter Minute eine Bekehrung zustande zu bringen. Anders verhält es sich dort, wo der Wille, sich mit Gott auszusöhnen, vom Sterbenden selbst ausgeht.

Die katholische Kirche kennt das Sakrament der letzten Ölung. Sakramentale Handlungen haben allgemein tiefgehende Wirkungen; in Grenzsituationen sind diese von besonderer Bedeutung. Die Reaktionen auf die letzte Ölung werden von der Kirche in dreifacher Weise festgehalten: Einmal ermöglicht sie durch die definitive Kenntnisnahme des bevorstehenden Todes ein leichteres Sterben; dazu kommt eine Befreiung von Furcht und Schuldgefühlen; schließlich sollen leichte Veränderungen im Körperhaushalt hervorgerufen werden, »die eine Änderung des Krankheitsbildes nach sich ziehen« (M.K. Bowers, 1971, 18).

Gewiß darf die Wirkung der letzten Ölung, verbunden mit der sakramentalen Beichte, nicht als allzu spezifisch katholische Sterbehilfe betrachtet werden. Andere Religionen und Kulturen haben ähnliche Bräuche. Es entspricht offenbar dem Wunsch nach einem Sterben in Frieden, Ordnung in das Lebensgefüge zu bringen. »Wie ein Mensch den Tod erfährt, hängt davon ab, worin er den Sinn seines Lebens sieht« (das. 22). Für nicht wenige Menschen taucht diese Sinnfrage erst am Ende ihres Lebens zu voller Bewußtheit auf. Die Bekannten werden dann sagen, im Sterben sei er »gläubig« geworden.

Die theologische Seelsorge hat jedoch mehr anzubieten als die sakramentale Handlung. Seelsorgerischer Trost, Sterbegebete, Gespräche über Gott, den Menschen und die Welt vermitteln dem, der dafür offen ist, innere Ruhe und ein Gefühl von Geborgenheit und Frieden, von Aufgehobensein in einer höheren Ordnung. Für den religiösen Menschen ist dann der Tod nicht das Ende, sondern die Vollendung (Johannes B. Lotz, 1976; Albert Mauder, 1973; Robert Leuenberger). Karl-Heinz Bloching hat ein ausgezeichnetes Arbeitspapier im Rahmen theologischer Erwachsenenbildung zur Frage der Sterbehilfe herausgegeben (1973). Paul Sporken weist darauf hin, daß Sterben und Tod »aus der Sicht der christlichen Botschaft eine besondere Bedeutung« hätten (1980, 105). Der Beistand zu einem wahrhaft menschlichen Sterben sei die unentbehrliche Voraussetzung für die Verkündigung der Heilsbotschaft, »daß der vom Tode auferstandene Jesus dem Sterben einen tieferen Sinn verliehen und dem Sterbenden eine neue Zukunft eröffnet hat« (das. 113).

Aus christlicher Sicht ist Sterbehilfe somit immer auch Lebenshilfe: Für Franz Böckle (1979, 48) ist die Antwort auf die Frage nach Gott gleichzeitig die Frage, »was das Nicht-Sein des Menschen im Tod für den Menschen wirklich bedeutet«. In der Nachfolge Christi liegt die Möglichkeit, dem Sterben und damit dem Leben einen Sinn zu verleihen. Hans Küng wandelt ein berühmtes altrömisches Sprichwort (»Si vis pacem, para bellum – wenn du den Frieden willst, bereite den Krieg vor«) um: »Si vis vitam, para mortem – Wenn du das Leben willst, bereite den Tod vor« (1982, 218). Auch er verweist auf das Sterben Christi als Beispiel für ein christenwürdiges Sterben. Der Christ müsse keineswegs wie der Stoiker Emotionen unterdrücken, Leidenschaften verleugnen und Gelassenheit »vorspielen«, wenn es ans Sterben gehe. Jesus von Nazareth sei nicht »in leidenschaftsloser Abgeklärtheit« gestorben, nicht schmerzlos, sondern unter großen Qualen »mit dem Schrei des Gottverlassenen«. Angesichts solchen Todes brauche der Christ Angst und Zittern nicht zu verleugnen, aber er dürfe sicher sein, »daß auch diese Angst und dieses Zittern von Gott, der die Liebe ist, umfangen sind, verwandelt werden zur Freiheit der Kinder Gottes«. Die Einstellung des Christen zum Tod werde dann in der Tat die Einstellung zu einem veränderten Tod sein. Ernst Jüngel spricht davon, daß dem Tod durch Christus die Macht genommen sei, daß er seinen Stachel in Gott zurücklassen mußte (1900, 349). »Ohne Glauben kann man den Tod in der Tat nur hassen – oder aber ihm gegenüber resignieren.« Im Glauben hingegen verwandle sich »der Haß auf den Tod in Spott«, wie es in einem Osterlied Luthers heißt. Küng meint, seit der Auferweckung Christi dürften wir »vertrauensvoll davon ausgehen, daß wir nicht in eine Finsternis, eine Leere, in ein Nichts hinaussterben, sondern in ein neues Sein, in die Fülle, das Pleroma, das Licht eines ganz anderen Tages und daß wir dabei nicht etwas Neues leisten müssen, sondern uns nur rufen, geleiten, tragen lassen dürfen« (das. 220).

Wer aber teilt diese Sicht in unserer heutigen Welt? Wer, außer den Theologen katholischer und protestantischer Heilslehre, hat noch diesen Glauben? Und haben ihn alle Theologen? Böckle verweist auf die »Meditatio mortis« von Wilhelm Kamlah, der sich zum Anwalt epikureischen Gedankenguts macht (das. 44). Der Tod sei nun einmal für alle Lebewesen jene Katastrophe, durch die sie für immer zu leben aufhören. Darüber könnten auch der christliche Glaube und alle Erklärungen der Theologen nicht hinwegtäuschen. Die Vorstellung eines Lebens nach dem Tod finde kaum noch Gläubige in einer Zeit, in der an der Vorherrschaft des katastrophischen Todesverhältnisses nicht mehr zu zweifeln sei.

Hier allerdings muß die Diskussion abgebrochen werden. Es ist wohl auch ein Zeichen unserer Zeit, zumindest ihrer Autoren, daß unbewiesene und unbeweisbare Verallgemeinerungen die Szene beherrschen. Wer würde schon den Nachweis erbringen, daß der Großteil unserer Menschheit jeglichen Glauben an ein Leben nach dem Tod verloren hat? Und wer könnte das Gegenteil beweisen?

Die theologische Diskussion ist noch lange nicht abgeschlossen; uns interessiert hier vor allem die praktische Sterbehilfe. Der Persönlichkeit des Arztes kommt dabei eine entscheidende Rolle zu. In einer testpsychologischen Untersuchung wurde festgestellt, daß Mediziner den Tod in der Regel mehr fürchten als eine Vergleichsgruppe von Patienten. Es ist sogar behauptet worden, verdrängte, massive Todesangst sei – als »unbewußtes Motiv« – für ihre Berufswahl ausschlaggebend. So etwas muß zu einem ärztlichen »Allmachtsideal« führen, das wirkliche Offenheit für ein Sterbenkönnen des Mitmenschen/Patienten unmöglich macht. Der Arzt kann aber – das sei hier mit aller Deutlichkeit gesagt – nur dann dem Sterbenden so beistehen, wie er selbst in der gleichen Situation behandelt werden möchte, wenn er die eigenen Verleugnungen und Rationalisierungen zu meistern vermag.

Für den Arzt ergibt sich daraus, was Margaretta K. Bowers in unübertrefflicher Weise formuliert hat (1971): die Bedeutung des Lebens *und* des Todes zu bedenken, so, daß der Patient die persönliche Erfüllung und eine vollkommenere Verwirklichung seines Selbst sogar angesichts des Todes finden kann. Es geht dabei letztlich um die offene Konfrontation mit den existentialen Werten, die nicht nur im Leben, sondern auch im Sterben erlangt werden können. »Wie ein Mensch den Tod erfährt, hängt davon ab, worin er den Sinn seines Lebens sieht.« Die Auseinandersetzung mit dem Tod bleibt die wichtigste, jedoch nie erlernbare Aufgabe des Arztes. Sie ist Teil seiner eigenen Persönlichkeit. Wer erahnen will, wie diese Auseinandersetzung wahrhaftig stattfindet, möge weniger bei medizinischen und thanatologischen Büchern Zuflucht suchen als die Selbstzeugnisse von Menschen ergründen, die sich während schwerer Krankheit und im Angesicht des Todes ihre dichterische Gabe bewahrt haben. Der Dichter hat wie kaum ein anderer die Fähigkeit, das Ihn-Angehende, Ihn-Bewegende, Ihn-Erfüllende zu beschreiben. Hier möchte ich besonders auf das Buch von Ida Cermak »Ich klage nicht« hinweisen. Den Titel des Buches »Ich klage nicht« ent-

Geburt
Max Beckmann, 1937, Öl auf Leinwand
Nationalgalerie, Staatliche Museen Preußischer
Kulturbesitz, Berlin (Foto: Jörg P. Anders,
Berlin) © VG Bild-Kunst

Tod (Seite 450–451)
Max Beckmann, 1938, Öl auf Leinwand
Nationalgalerie, Staatliche Museen Preußischer
Kulturbesitz, Berlin © VG Bild-Kunst, Berlin

nahm die Autorin einem Zitat von Franz Kafka, das in vollem Wortlaut so heißt: »Klage ich? Ich klage nicht, mein Anblick klagt.«[24]

Am Sterbebett muß im übrigen daran gedacht werden, daß möglicherweise auch (scheinbar) Bewußtlose noch am Leben ihrer Umgebung teilhaben. Das bedeutet, daß auch dann die Anwesenheit geliebter Mitmenschen wahrgenommen wird, daß auch dann noch ein Zuspruch von Pflegepersonen sinnvoll sein kann. Das Hörvermögen Bewußtloser soll am längsten und intensivsten erhalten bleiben (P. Becker, 1979, 16).

Dann allerdings kommt die Zeit des Schweigens und Trauerns. Schon mit wachen Sterbenden muß nicht immer gesprochen werden. Schweigen kann unter Umständen die »intimste Form der Kommunikation« (Becker) sein, es ist vergleichbar der lautlosen und doch sprechenden Innigkeit der Liebenden. In der Liebe geht letztlich auch die Trauer auf, die innere Verbundenheit mit dem Toten, die dessen Sterben überdauert.

»Gebundenheit an die Organe, Beschränkung durch das Temperament, seelische Krankheiten sind nicht eigentlich tragische Probleme, sondern pädagogisch-medizinische. Die Vererbungstragödie ist erledigt. Die Milieutherapie hat abgewirtschaftet. Heute muß der freie Mensch dargestellt werden. Tragisch wird er gerade dadurch, daß er frei geworden ist und aus seiner Freiheit heraus handelt« (A. Steffen, 1943, 22). Der freie Mensch ist aber auch der zumeist verkannte. Die Freiheit untersteht keinem Kausalitätsgesetz. Für die Freiheit gibt es keine physiologische Grundlage, kein genetisches Muster. Und die Umwelt? Ist nicht sie »schuld« im Sinn einer »Ursache« für das Maß an Freiheit und Unfreiheit, das der Mensch im Lauf seines Lebens erreicht? Man müßte es anders sehen: Die Freiheit des Menschen findet ihre Grenze an der Unfreiheit der anderen, Grund und Grenze sind jedoch nicht identische Phänomene. Eine Begrenzung von Freiheit, Unfreiheit also, kann es nur dort geben, wo Freiheit gegeben ist. Unfreiheit verweist geradezu auf die Freiheit, wie der Schatten auf das Licht verweist. Die Freiheit ist ein Grundzug menschlichen Daseins und demzufolge nicht weiter rückführbar auf eine dahinterliegende »Ursache«. Dies gilt auch für die Freiheit zum Tode.

Anmerkungen

1. BUCH

1 Henri Prat bezeichnet die beiden Weltkriege als »einen Kaiserschnitt« (1965, 15); sie hätten die Welt von morgen, die sich bis dahin »im Zustand langsamen Heranreifens« befand, als »Frühgeburt« ans Licht gebracht. Sie haben jedoch noch anderes bewirkt, nämlich den unaufhaltsamen Anstieg der naturwissenschaftlich-technischen Grundlagenforschung. Die Ausnutzung der Atomenergie und der Einsatz interplanetarischer Raketen wären heute noch Theorie, wenn das Rennen nach der »absoluten Waffe« nicht die Wissenschaften – »unter rücksichtsloser Hintanstellung der individuellen Bedürfnisse« der Bevölkerung – einseitig technisch vorangetrieben hätte.

2 Weltweit soll es von 1945 bis 1982 nach einer englischen Studie 141 größere und kleinere Kriege gegeben haben (Tages-Anzeiger Nr. 161, 15. 7. 1982).

3 Erich A. Kägi spricht von der »unzufriedenen Gesellschaft« (1978). Den Hauptgrund für die grassierende Unzufriedenheit sieht er im *Machbarkeitswahn*. Dem Tüchtigen gehört, einem bekannten Sprichwort entsprechend, eben die Welt. Das »Leistungssyndrom«, der Geltungsdrang, die Überbewertung von Prüfungen, die maßlose Überschätzung des Wertes der Kritik lassen keinen Raum mehr für die »Zufriedenheit« (Bollner) oder die »Gelassenheit« (Heidegger).

4 Kybernetik, schreibt Walter Traupel, ist an sich die Lehre von den Regel- und Steuerungsvorgängen in beliebigen Systemen (1969, 44f.). Zu den kybernetisch reagierenden Systemen gehören insbesondere auch lebende Organismen, sogar die Menschen, »und zwar sowohl Individuen als auch Gruppen von Menschen, eine Firma, ein Staat, die menschliche Gesellschaft überhaupt«. Damit werden wir in die mechanistische Weltschau des 19. Jahrhunderts zurückgeführt. Einmal mehr in seiner Geschichte sei der denkende Menschengeist seinem Hang zur einseitig vereinfachenden Schau erlegen, wenn er meint, mit der Kybernetik den Schlüssel zum eigentlichen und wahren Wirklichkeitsverständnis in der Hand zu haben. Das ganze Managertum sei ein Ausfluß dieser Weise des Denkens. Ihr Ungeist offenbare sich gerade darin, daß sie für sich beansprucht, auf Wissenschaft zu gründen. Im ganzen gesehen seien aber die Wissenschaftler keine Denker, sondern Fachleute. »Wenn die simplen Denkformen des kybernetischen Materialismus von so vielen Intellektuellen übernommen werden, manchmal so weit, daß sie zwischen dem menschlichen Denken, dem Leben der Geschöpfe und dem Funktionieren und Reagieren eines Computers keinen grundsätzlichen Unterschied mehr sehen, so gibt sich darin eines zu erkennen: die klägliche Dürftigkeit ihres Geisteslebens. Diese ist die wahre Bildungskatastrophe ...«

5 Theodor Richard (1980) hat in einem Artikel in der Neuen Zürcher Zeitung (Nr. 60, 12. 4. 1980) die beängstigende Frage gestellt, ob die »Intellektuelle Technologie« als Fortschritt oder Bedrohung aufzufassen sei. In seinem Ausblick betont er die Warnung, daß sich komplexe Computer-Systeme selbständig machen und der Kontrolle des Menschen entgleiten könnten (Ausdruck des modernen Zeitgeistes ist wohl die Ernennung des »Computers« zum »Mann des Jahres 1982« durch das amerikanische Nachrichten-Magazin TIME). Die Entwicklung und Verbreitung der intellektuellen Technologie (Lernautomaten) werde wohl kaum gestoppt. Schon heute peile man die beängstigende Realisierung von Einrichtungen an, die durch symbiotische Kopplung zwischen Automaten und organischen Nervensystemen direkt »intelligenzverstärkend« wirken sollen. Die grundsätzliche Frage laute somit nicht, was wir in Zukunft verwirklichen *können*, sondern was wir überhaupt *in Betrieb setzen* sollen.

6 Am 28. Dezember 1981 widmete »Der Spiegel« dem wohl berühmtesten Wahrsager aller Zeiten, Doctor Michel de Notredame, latinisiert Nostradamus, und anderen Katastrophen-Hellsehern eine historische Studie unter dem Titel »Die Lust am Weltuntergang«. Der iranische Zoroaster (bei Nietzsche »Zarathustra«, in der Zauberflöte »Sarastro«) verhieß dem Gerechten in der Endzeit das »Haus des Gesanges«, dem Bösen das ewige Feuer. Zoroaster beeinflußte die Eschatologie des Prophetentums im Alten und im Neuen Testament. Das Buch Daniel (etwa 160 v.Chr.) und die Apokalypse des Evangelisten Johannes (um 95 n.Chr.) sind Offenbarungen einer Droh- und Rachevision für das Ende aller Tage. Die Frühchristen erwarteten in »naher« Zeit den Weltuntergang, das Wiedererscheinen Jesu, das Tausendjährige Reich. Die Magie der Zahl Tausend gab Anlaß zu Weltuntergangsspekulationen. Kaiser Otto III. ging im Jahr 1000 auf eine reinigende Wallfahrt. Bilder von der Endzeiterwartung sind unter anderem im Dom von Orvieto erhalten. Aber bis spät in die Neuzeit hinein traten immer wieder – und in kürzeren Abständen – Weltuntergangsstimmungen auf und trieben Menschen zu endzeitlichen Ekstasen (Geißelbrüder um 1350; englische Puritaner 1666). Girolamo Savonarola prophezeite vor seinem Tod am Galgen »einer verrotteten Welt und Kirche« die apokalyptische Rute. Am 22. Oktober 1844 erwarteten amerikanische Adventisten, die vorher Haus und Hof verschleudert hatten, gemeinsam die letzte Stunde. Die von ihnen abstammenden Zeugen Jehovas sowie andere Sekten erwarteten mehrmals vergeblich den Untergang dieser Welt. Die Weltuntergangsangst des modernen Menschen nährt das Interesse an Okkultismus und Parapsychologie. Georg Kohler prangert dahingegen in der Besprechung eines Buches von C.F. von Weizsäcker diese ganze

Zeiterscheinung als »unverantwortlich-resignatives Apokalypsengeschwätz« an, »das derzeit in Mode ist« (NZZ, 10. 3. 1982).

7 Gemeint ist E. Blechschmidt, Direktor des Anatomischen Instituts Göttingen (siehe G. Condrau, 1977, 141).

8 Ein Artikel von Rita Schwarzer in der Weltwoche vom 17. Dezember 1980 trug denn auch den bezeichnenden Titel »Der Mensch – ein Ersatzteillager?«.

9 Jost Herbig schrieb ein aufschlußreiches, wenn auch aggressives Buch zur Frage der Genmanipulation (1978). Er setzt sich im besonderen mit der vielgerühmten »Freiheit der Wissenschaften« auseinander. Wissenschaftler, so führt er (das. 238) aus, witterten hinter jedem Kontrollversuch einen Angriff auf ihre Freiheit. »Die Parole von der ›Freiheit der Wissenschaft‹, die erhalten bleiben müsse, täuscht darüber hinweg, daß Wissenschaftler mit zunehmender Anwendungsnähe eines Forschungsgebiets ihre Freiheit stückchenweise selbst über Bord werfen und sich freiwillig in die Abhängigkeiten begegeben, in denen freie Wissenschaft erstickt«.

10 Der Moraltheologe Franz Böckle prägte nicht von ungefähr den bedeutsamen Satz: »Der Mensch kann mehr, als er darf« (1983, 14).

11 José M. R. Delgado beschwört aufgrund seiner experimentellen Versuche an Katzen, Ratten, Stieren und Affen eine auch für den Menschen fragwürdige Manipulierbarkeit herauf (1971). Unter Umgehung der Sinnesorgane könnte das menschliche Gehirn direkt von Computern gesteuert werden. Am Ende dieser Entwicklung könnte ein Informationsaustausch stehen. Aber auch die Ausschaltung und Vergewaltigung von Bewußtsein und Willen. Das Buch trägt den bezeichnenden Titel »Gehirnschrittmacher«.

12 Am 6. Mai 1983 verabschiedete der Senat der Schweizerischen Akademie der Medizinischen Wissenschaften folgende »Richtlinien für die Definition und die Diagnose des Todes« (Schweiz. Ärztezeitung 64, v. 25. 5. 83):

»Definition und Diagnose des Todes

4. Ein Mensch ist als tot zu betrachten, wenn eine oder beide der folgenden Bedingungen erfüllt sind:
   a) Irreversibler Herzstillstand mit dadurch unterbrochener Blutzirkulation im Organismus und damit auch im Gehirn.
   b) Vollständiger, irreversibler Funktionsausfall des Gehirns.

5. Der vollständige und irreversible Funktionsausfall des Gehirns, einschließlich des Hirnstammes, trotz vorhandener Herzaktion, ist anzunehmen beim normo- oder hypothermen menschlichen Organismus, wenn jeglicher Einfluß von muskelrelaxierenden oder zentralnervös dämpfenden Substanzen, jegliche Vergiftung und jegliches Koma metabolischer Ursache mit Sicherheit ausgeschlossen und die nachfolgenden Todeszeichen gleichzeitig und während mindestens 6 Stunden vorhanden sind:
   5.1 Tiefe Bewußtlosigkeit genau bekannter Ursache.
   5.2 Beide Pupillen weit und lichtstarr.
   5.3 Fehlen des oculo-zephalen Reflexes (Fehlen von Bulbusbewegungen bei rascher passiver Kopfrotation).
   5.4 Fehlen des Kornealreflexes.
   5.5 Fehlen jeglicher Reaktion auf schmerzhafte Trigeminusreizung (starker Druck auf die Austrittsstelle des zweiten Astes, unterhalb des Orbita-Unterrandes).
   5.6 Fehlen des Hustenreflexes (beim Absaugen in den Bronchien) und des Pharyngealreflexes (beim Berühren der Pharynxhinterwand).
5.7 Fehlen der Spontanatmung: Apnoe (siehe ›Spezielle Anmerkungen‹).
   5.8 Das Weiterbestehen rein rückenmarksbedingter Reflexe und Rückzugsbewegungen der Gliedmaßen bei schmerzhafter Reizung ist mit der Diagnose des Hirntodes vereinbar.

6. Die unter 5.1 bis 5.8 erwähnten klinischen Zeichen genügen zur Erhärtung der Hirntoddiagnose, wenn eine eindeutige primäre Hirnschädigung vorliegt.

7. Im Falle einer Hirnschädigung durch Anoxie oder schwere metabolische Störung müssen die unter 5.1 bis 5.8 erwähnten Zeichen während mehr als 48 Stunden nachweisbar sein. Im Falle einer Vergiftung muß die Ausscheidung des Giftes bewiesen sein.

8. Weitere Kriterien des Hirntodes sind:
   8.1 Totaler intrakranieller Kreislaufunterbruch, nachgewiesen durch Kontrast-Arteriographie der 4 Hirnarterien oder Radioisotopen-Angiographie.
   8.2 Ein intrakranieller Druck, der bei fortlaufender Messung den systolischen Blutdruck während mehr als 20 Minuten übersteigt.

9. Als Zeitpunkt des Todes gilt derjenige der Diagnose des Todes.

10. Nur ein Arzt ist befähigt, den Tod festzustellen.

11. Da der Hirntod dem Tod gleichgesetzt ist,
   a) ist der Arzt befugt, die künstliche Beatmung und die Kreislaufunterstützung endgültig abzusetzen;
   b) ist die Entnahme überlebender Organe zulässig.

12. Ist bei primärem Hirntod die Entnahme von Organen vorgesehen, so muß er durch einen für die Diagnose zuständigen, vom Transplantationsteam unabhängigen Arzt bestätigt werden.

Spezielle Anmerkungen:

a) Apnoe-Test:
Der spontane Atemstillstand kann nur festgestellt werden bei einem Patienten mit einer pa Co_2, größer als 50 mm Hg (6,65 Kpa), und einem arteriellen Blut-pH, tiefer als 7,4. Bei Anwendung der Technik der Sauerstoffzufuhr durch Diffusion kann der Apnoe-Test ohne die Gefahr einer Hypoxämie durchgeführt werden.

b) Die Hirntoddiagnose bei Kindern (bis zum 5. Lebensjahr):
Die oben erwähnten Kriterien des Hirntodes sind auch bei Kindern anzuwenden, obwohl sie hauptsächlich am Erwachsenen erarbeitet worden sind. Man muß sich jedoch bewußt sein, daß die Ursachen einer Hirnschädigung und die Mechanismen der Bewußtlosigkeit beim Kind, insbesondere beim Neugeborenen, sich häufig von denjenigen des Erwachsenen unterscheiden und daß die funktionellen Erholungsmöglichkeiten des kindlichen Gehirns diejenigen eines Erwachsenen übersteigen. Aus diesem Grunde müssen die neurologischen Zeichen des Hirntodes beim Kind während mindestens 24 Stunden nachweisbar sein. Zusätzliche Untersuchungen zum Nachweis des Unterbruchs des zerebralen Blutkreislaufes können in gewissen Fällen nötig sein.

c) Spezialfall Hypothermie:
Eine primäre Hypothermie mit einer Temperatur unter 32,2° C muß ausgeschlossen sein, da sie einen Hirntod vortäuschen kann. Dagegen ist eine sekundäre Hypothermie infolge einer Hirnzerstörung ein weiteres Hirntod-Kriterium.

d) Elektroenzephalogramm:
Ein Elektroenzephalogramm kann zum Beispiel bei metabolischem Koma die klinische Untersuchung vervollständigen. In diesen Fällen muß das Elektroenzephalogramm im Abstand von 24 Stunden zweimal das völlige Fehlen jeglicher Hirnstromaktivität zeigen. Die Diagnose einer Nullkurve muß durch einen Spezialarzt verifiziert werden. Sie kann nur gestellt werden, wenn die durch die Schweizerische Vereinigung für Elektroenzephalographie und klinische Neurophysiologie definierten technischen Vorschriften und Methoden befolgt werden.«

Diesen Richtlinien wurde folgender Kommentar beigegeben:
»Wir haben uns bemüht, ausschließlich klinische Kriterien vorzuschlagen, die sowohl den Ärzten der Regional- als auch der Universitätsspitäler erlauben, die Diagnose des Hirntodes zu stellen. Aus diesem Grunde haben wir die zusätzlichen Untersuchungen wie die Angiographie und das EEG als zweitrangig eingestuft. Wir haben dafür eine höhere Genauigkeit bei der Definition der klinischen Kriterien erreicht. Diese gleichen klinischen Kriterien sind übrigens neuerdings in der Bundesrepublik Deutschland, in Großbritannien und in der Mehrzahl der Bundesstaaten der USA anerkannt.
Man muß wissen, daß der Tod kein zeitlich genau definiertes Ereignis ist, sondern daß es sich um einen Entwicklungsprozeß handelt. Es geht deshalb darum, den Zeitpunkt zu bestimmen, in welchem im Ablauf dieser Entwicklung der unwiderrufliche Zustand des kompletten, andauernden und irreversiblen Versagens des Gehirns und des Hirnstammes eingetreten ist. Die klinische Untersuchung der Funktionen des Hirnstammes ist besonders wichtig, weshalb wir die am leichtesten zu prüfenden Reflexe im Detail aufgeführt haben und weshalb wir so großen Wert darauf legen, daß die Bedingungen für die Definition der Apnoe genau festgelegt sind. Die klinischen Kriterien müssen absolut zuverlässig feststellbar sein; die Möglichkeit von falsch positiven Befunden kann nicht akzeptiert werden. Eine kürzlich in England durchgeführte Studie mit mehr als 600 Patienten in drei verschiedenen Zentren hat gezeigt, daß die auch von uns verwendeten klinischen Kriterien hundertprozentig zuverlässig sind für die Diagnose des Todes. Genau wie in unseren Richtlinien erlauben auch diese Kriterien das Fortbestehen einer Rückenmarksaktivität.
Als allgemeine Regel glauben wir, daß keine unnötige Eile geboten ist, diese Diagnose zu stellen; deshalb schlagen wir auch genaue Zeitabschnitte vor, während denen die klinischen Zeichen bestehen müssen. Es ist wichtig, zwischen dem »primären« Hirntod, basierend auf einem klar ersichtlichen Grund, und dem »sekundären« Hirntod oft unklarer Genese zu unterscheiden. In diesem zweiten Fall muß die klinische Beobachtungsdauer länger sein, und es kann zu zusätzlichen Untersuchungen wie der Angiographie und dem EEG gegriffen werden. Diese Untersuchungen ersetzen aber niemals die klinische Untersuchung und gestatten es alleine nicht, die Diagnose des Todes zu stellen. Wir haben ebenfalls ganz deutlich auf die Besonderheiten bei Kindern hingewiesen; die Möglichkeit der Wiederherstellung der Funktionen des zentralen Nervensystems übertrifft diejenige der Erwachsenen bei weitem, selbst nach langen Perioden der Bewußtlosigkeit.«
Zur Definition des Todes: Vor 3000 Jahren bedeutete der Stillstand des Zwerchfells, das als Sitz des Seele angesehen wurde, den Tod, vor 300 Jahren der Kreislaufstillstand. Im Grenzbereich zwischen Leben und Tod kann der Glaube an die Machbarkeit der Dinge in gut ausgerüsteten Kliniken den Arzt in Versuchung bringen, routinemäßig das ganze Repertoire der modernen Medizin einzusetzen. Ein solcher Weg bringt dem behandelnden Arzt keine Konflikte und kann doch zutiefst inhuman sein (H. Mattern, 1979).

13 Todesursachen-Statistik 1989 (nach Mitteilung des Bundesamtes für Statistik in der Schweiz): Herz- und Kreislaufleiden 44,4%; bösartige Tumoren 27,2%; Unfälle aller Art 5,8%. Krankheiten der Atmungsorgane haben zugenommen, ebenso die Zahl der Selbstmorde und Drogentoten.

2. BUCH

1 Die hier von Biran angesprochene »Unsterblichkeit« ist lediglich als psychologisches Phänomen zu betrachten. Josef Pieper (1979, 53) macht sehr differenziert darauf aufmerksam, daß »Unsterblichkeit« sinnvollerweise nicht einer »Seele«, sondern dem »ganzen Menschen aus Leib und Seele« zugesprochen werden muß. Dies entspreche dem Wortgebrauch des Neuen Testaments, in dem kein einziges Mal von der »unsterblichen Seele« die Rede ist. P.L. Landsberg vermerkt aber durchaus auch im Sinn Birans, daß die Angst vor dem Tod unbegreiflich wäre, »wenn die fundamentale Struktur unseres Daseins nicht aus sich selbst heraus auf ein Fortleben hingebaut wäre« (1973, 38).

2 Ich verwende in dieser Arbeit die Begriffe »Angst« und »Furcht« synonym. Die Begründung dafür habe ich bereits in der ersten Auflage von »Angst und Schuld als Grundprobleme der Psychotherapie« (1962) ausführlich dargetan. In der neueren Literatur werden (nach Wittkowski, 1978, 57) Berechtigung und Zweckmäßigkeit einer Unterscheidung von Angst und Furcht wiederholt in Frage gestellt. Für die empirische Psychologie – aber auch für die Tiefenpsychologie – erweisen sich wesentliche Unterscheidungsmerkmale »als wenig tragfähig«. Selbst L.J. Pongratz lehnt die Unterscheidung von Angst und Furcht ab, da eine solche dem Prinzip der Intentionalität der psychischen Vorgänge widerspreche (1973).
Auch J. Choron weist darauf hin, daß im gewöhnlichen Sprachgebrauch »Furcht« und »Angst« austauschbar sind (1963, 242). Bei Heidegger bezieht sich Furcht nur auf Seiendes in der Welt, während das »Wovor der Angst das In-der-Welt-sein als solches« ist; sie hat kein bestimmtes »Hier« und »Dort«, sie ist nah und nirgends; wenn sie sich gelegt hat, pflegt die allgemeine Rede zu sagen: »Es war eigentlich nichts« (1927, 187 ff.). Die Furcht dagegen »ist an die ›Welt‹ verfallene, uneigentliche und ihr selbst als solche verborgene Angst. Die Angst betrifft somit das ›Sein zum Tode‹; das Sein zum Tode ist wesenhaft Angst ... In ihr befindet sich das Dasein vor dem Nichts der möglichen Unmöglichkeit seiner Existenz ...« (das. 266). Die Angst entspringt aus dem Dasein, mehr noch, »sie ist das Dasein selbst, demnach ganz und gar nichts Psychologisches« (Choron, das. 242).
Choron (das. 325) meint in diesem Zusammenhang, Heideggers Anspruch, vor ihm habe noch nie jemand zwischen dem Phänomen der Angst und der Furcht unterschieden, beweise »nicht nur eine erstaunliche Selbstüberschätzung, sondern auch seine völlige Unkenntnis des Werkes von Sigmund Freud«. Eine solche Unkenntnis kann jedoch dem Verfasser von »Sein und Zeit« kaum zur Last gelegt werden, wurde doch Freuds Schrift »Hemmung, Symptom und Angst«, in welcher er diese Unterscheidung vornahm, zur gleichen Zeit geschrieben und nur knapp vor Heideggers Werk veröffentlicht. Richtiger und wichtiger wäre es doch, auf Kierkegaard hinzuweisen als auf Freud. Des weiteren unterläßt Choron den Quellennachweis für den angeblichen »Anspruch« Heideggers; dieser selbst verweist nämlich in einer Fußnote in »Sein und Zeit« (das. 190) auf die christliche Theologie, im besonderen auf Augustinus, auf Luther und Sören Kierkegaard. Im übrigen stellt auch H. Häfner im Historischen Wörterbuch der Philosophie (1971, I, 310) in Anlehnung an M. Wandruszka fest, die verbreitete Scheidung zwischen Angst als gegenstandslosem, frei flottierendem Gefühl und Furcht als einem gegenstandsgerichteten lasse sich »weder im Hinblick auf die Verwendung der Begriffe in der gesamten Literatur noch vom allgemeinen Sprachgebrauch her aufrecht erhalten«. Eine solche begriffliche Unterscheidung besitze lediglich heuristischen Wert: Zur Scheidung der existentiell oft tief verwurzelten unbestimmten Angst, die dann Furcht genannt wird. Selbst dieser »heuristische« Wert muß aber meines Erachtens in Zweifel gezogen werden, da er sich in der empirischen tiefenpsychologischen Erfahrung in nichts auflöst.

3 Gaetano Benedetti weist auf einige Besonderheiten im Angstverhalten hin, das Mensch und Tier deutlich voneinander unterscheidet (1970). Das Tier kennt die Möglichkeit der stetigen erotischen Ansprechbarkeit nicht, während der Angst- und Fluchtkreis dauernden Charakter besitzt; das Tier verharrt im Zwang der Feindvermeidung. Es kennt jedoch im Gegensatz zum Menschen nicht die Angst vor Artgenossen, das heißt vor Seinesgleichen. Der Mensch dagegen besitzt eine spezifische Struktur der Sexualität mit permanentem Ansprechbarkeitscharakter und Inzestverbot; der Mensch verbleibt im Gegensatz zum Tier in langjähriger Abhängigkeit von seinen Eltern. Diese und andere bio-psychologischen Strukturen bilden die »Grundlage einer Angststruktur, die bei Tieren in solchem Ausmaße wie beim Menschen kaum anzutreffen ist«.

4 Es dürfte sich hier lohnen, dem Literaturkritiker Lionel Trilling zu folgen, der ebenfalls deutlich macht, daß Freuds Über-Ich nicht mit dem Gewissen gleichzusetzen ist (1980, 141 ff.). Seine Autorität leitet es zwar in gewissem Sinne von der Gesellschaft her, deren Surrogat es ist, doch stellt es weit strengere Forderungen der Versagung als diese, die ja weitgehend praktische Zwecke hat und deswegen nur der Vernunft kontrolliert wird. Über-Ich und Gewissen decken sich nur bis zu einem gewissen Punkt. »Die Äußerungen des Gewissens sind durch seine praktischen sozialen Intentionen bestimmt, während das Über-Ich nicht in dieser Weise eingeschränkt ist und seine Handlungsweise folglich alles andere als rational ist.« Der Gedankengang Freuds über die Entstehung des Über-Ich umfaßt allerdings »Widersprüche und Umkehrungen der unvordenklichen Dialektik zwischen dem Trieb, die lebende Substanz zu erhalten und zu immer größeren Einheiten zusammenzufassen«, als Eros bezeichnet, und dem angenommenen Todestrieb, von dem die Aggression ausgeht. Trilling findet in diesem Zusammenhang den Hinweis für angebracht, daß Freud im Unterschied zu späteren Autoren, die dem Eros den Todestrieb als Thanatos gegenüberstellten, das griechische Wort selbst nie gebraucht hat, »vielleicht weil er wollte, daß dieser spekulative und mancherlei Widerstand weckende Begriff mit der unvermittelten Kraft der Alltagssprache auftrat«. Die Verankerung der menschlichen Natur in der Dialektik von Eros und Todestrieb

wurde auch für das persönliche Leben Freuds von entscheidender Bedeutung, was sich in seiner langen, schmerzhaften und todbringenden Krankheit äußerte (das. 147).

5 »Schuldigsein ist im voraus zu aller konkreten Verschuldung die ursprüngliche Nichtigkeit des Daseins. Nichtig aber ist das Dasein, insofern es nicht alles mögliche sein kann, sondern stets nur als je dieses Dasein existiert.« In dieser Weise zitiert J. Splett Heidegger und weist zu Recht darauf hin, daß existentiales nicht existentielles Verstehen ist (²1981, 105).

6 Auch der Psychoanalytiker Gustav Bally verweist auf Heidegger, der das Problem des existentiellen Schuldigseins radikal gestellt hat (1960, 309). »Wir können gar nicht sein, ohne Bestimmtes zu sein, das heißt aber ohne bestimmt vieles nicht zu sein. Insofern wir dieses sind und anderes nicht, dieses da geworden sind und anderes entschlossen nicht geworden sind, sind wir faktisch verfallen. Wir sind, wie man sein soll. Man ist, wie *man* zu sein hat ›man selbst‹. Als dieses, das ich ja schon bin, darf ich nun aber nicht einfach sein, ich bin vielmehr im Gewissensruf dazu aufgerufen, das geworfene Seiende, das ich bin, als meinen Grund zu verstehen, den ich als nie verwirklichbare Möglichkeit in meiner Existenz zu übernehmen habe. So bin ich existierend schuldig, das heißt, ich bin in der existentiellen Schuld, nichtiger Entwurf eines nichtigen Grundes zu sein…«

7 In ähnlicher Weise stellt es Guntram Knapp dar (1970, 126ff.): Der Mensch bleibt immer hinter seinen an ihn herangetragenen und aus ihm selbst entstehenden Ansprüchen zurück; ich kann immer nur ganz wenigen gerecht werden und kann es in einem anspruchsvollen Sinn niemals allen »recht machen«. Das bedeutet: »Der Mensch ist immer schon ›schuldig‹.« Und weiter: »Daß es überhaupt Sitte und Moral gibt, gründet in der aufgezeigten Struktur des Mensch-Seins, das immer schon ›schuldig‹ ist. Von dort her entsteht die Notwendigkeit, zu wählen. Diese Notwendigkeit kommt nur dem Menschen zu, kein Tier könnte jemals in sie geraten. Da diese Wahl gewissermaßen das alltägliche Dasein über Gebühr beansprucht, bedarf jede menschliche Gesellschaft einer Regelung, die in einer Vorwahl die jeweilige Wahl geregelt hat.« Regeln stellten jedoch zumeist eine Oberflächenstruktur dar, die erforderlich ist, damit überhaupt menschliches Miteinandersein möglich wird. Andernfalls würde dieses in einen »chaotischen« Zustand hineingeraten. Diese Regelung hat somit ihre Berechtigung, aber ist niemals selbstverständlich. Der Sachverhalt, daß sie selbst in einer Wahl entstanden ist, weist darauf hin, daß Sitten, Moral und Gesetze niemals eine gleichbleibende Form aufweisen, sondern einem dauernden Wandel unterworfen sind.

8 Ausführlich hat sich René Goetschi mit dem Schuldverständnis der Psychotherapie in seiner Bedeutung für Theologie und Seelsorge auseinandergesetzt (1976). Abgesehen von einigen Fehlern, die ihm passierten, wie beispielsweise die Zuordnung von Gustav Bally und Ernst Blum zur daseinsanalytischen Psychotherapie, ist seine Auseinandersetzung durchaus ernst zu nehmen. Leider ist aber auch ihm das Mißgeschick widerfahren, einen wesenhaften Unterschied zwischen der Schuld als »debitum« und Schuld als »culpa« sehen zu wollen (das. 301) sowie nicht klar zwischen Sünde und Schuld zu unterscheiden. Die Daseinsanalyse hat sich noch nie veranlaßt gesehen, den Begriff der Sünde im religiös-kirchlichen Sinn deuten zu wollen. Im Gegenteil habe ich selbst bereits 1962 deutlich auf die Unterschiede zwischen dem moraltheologischen und dem psychotherapeutischen Umgang mit der Schuld gesprochen. Gewiß, und darin hat Goetschi recht, ist existentielle Schuld nicht mit sittlicher Schuld gleichzusetzen. Aber letztlich muß auch Goetschi zugeben, daß ein sittlicher Akt (culpa) auch einen Mangel (debitum) impliziert; »sittliche Schuld ist insofern immer auch existentielle Schuld« (das. 300). Leider helfen uns die Hinweise auf R. Egenter und J.M. Hollenbach nicht weiter, da diese in ihrer Kritik an H. Häfners »Schulderleben und Gewissen« ein Neuroseverständnis vertreten, das durch die anthropologischen Schulen längst ad acta gelegt ist. Nachzufragen bleibt jedoch gerade Goetschis Behauptung, sittliche Schuld sei immer auch existentielle Schuld. Wenn »sittlich« sich auf »Gesetz und Ordnung« (das. 229) bezieht, was immerhin andeutungsweise für die Moraltheologie als Gegensatz zur Psychotherapie postuliert wird, dann widerspricht der oben erwähnte Satz dieser Auffassung mit aller Deutlichkeit.

Bei all dem ist aber Goetschis großes Verständnis für das Anliegen der Daseinsanalyse festzustellen. Weniger einfühlbar ist jedoch wohl Eugen Drewermanns Kritik am Ziel der »von Heidegger beeinflußten sogenannten Daseinsanalyse« (1980, II, 8). Diese verlasse die therapeutische Zurückhaltung denn doch rasch, wenn sie – einem Zitat L. Binswangers gemäß – den Kranken in existentieller Erschütterung erfahren lasse, »wann und wiefern er die Struktur des Menschseins verfehlt« habe (zit. nach G. Condrau, 1963, 46). Man mag darüber streiten, ob der Ausdruck »Struktur des Menschseins« die einzig mögliche Aussage für das Gemeinte ist. Sicher hat aber auch Binswanger nicht daran gedacht, daß die Struktur des Menschseins »hier und jetzt für jedermann schon feststünde«, wie es Drewermann ihm unterstellt. Und von einem Verlassen der therapeutischen Zurückhaltung kann in diesem Zusammenhang wohl schon gar nicht die Rede sein, denn sonst müßte wohl jede »Erfahrung« auf einen manipulativen Eingriff des Therapeuten zurückzuführen sein. Muß man Drewermann hier eine gewisse Oberflächlichkeit aus der offensichtlichen Unkenntnis der daseinsanalytischen Methode und Zielsetzung bescheinigen, so erst recht dort, wo er Heideggers Schuldbegriff der »Trivialität« und »Harmlosigkeit« bezichtigt (das. III, 451). Was Kierkegaard das Geheimnis der Sünde nannte, werde hier »zu einem wertfreien Existential ohne jede Qualifikation, innerhalb dessen der ontologische Schuld Heideggers lediglich die *Möglichkeit* einer Selbstverfehlung impliziert, nicht aber deren entsetzliche *Wirklichkeit*«. Daß die Gegenüberstellung des christlichen Sündenbegriffs Kierkegaards und des existentialen Schuldbegriffs Heideggers in der von Drewermann vorgenommenen Weise mehr als fragwürdig ist, belegt er selbst: »das Existential der Schuld ist jenseits dessen, was moralisch oder theologisch Schuld heißt, und offen für Heiligkeit und Tugend ebenso wie für Sünde und für Laster«. Ist dies »trivial« oder »harmlos«?

9 Hari und Kaiser (1980, 197) erscheint meine Sicht, wonach letztlich jede Angst, im besonderen die Todesangst, Schuldangst ist, als eine zu einfache und zu stark simplifizierende Sichtweise. Leider bleiben sie jedoch die Erklärung für diese Aussage schuldig, so daß man ihnen wohl eine sehr vereinfachende Zitierung vorwerfen muß. Erstens ist bei mir in diesem Zusammenhang nirgends von Schuld*gefühlen* die Rede, sondern von der Schuld als einem Existential im Sinn Heideggers. Als Existential bildet dieses Grundphänomen den Grund und Boden für jede existentielle Schuld und natürlich auch für Schuldgefühle. Die Schuld als Existential kann jedoch im Lauf eines Menschenlebens nie gänzlich abgetragen werden. Anders jedoch bei der auf ihr basierenden ontischen, d. h. existentiellen, also individuellen Schuld. Bei dieser kommt es darauf an, wieviel sich ein Mensch in seinem eigenen, faktisch gelebten Leben schuldig geblieben ist, das heißt tatsächlich, wie es die beiden Autoren vermuten, inwieweit der einzelne hinter den Möglichkeiten seiner eigenen Selbstverwirklichung zurückgeblieben ist. Vor dem Tod wird ihm dies wohl deutlicher und klarer ins Bewußtsein gelangen als in der Geschäftigkeit der täglichen Arbeit des Gesunden. Aber auch die Angst ist eine Grundbefindlichkeit des menschlichen Daseins; sie ist keinesfalls lediglich irgendeine Gemütsstimmung unter vielen. Die Angst legt bei Heidegger gerade die Grundstruktur der menschlichen Existenz frei und zwingt den Menschen dadurch, sein Leben »jenseits der kategorialen Verschleierungen und Beruhigungen selbst in die Hand zu nehmen« (Drewermann III, 1980, 451). Nun kann man die Existentialien nicht einfach getrennt voneinander betrachten. Sie bilden alle zusammen und in eins das Wesen des Menschen als Ek-sistenz. Je geringer der Boden ist, auf dem wir uns befinden, je größer somit die existentielle Schuld, desto mehr ist unsere Existenz bedroht, desto mehr wird sie in den unheimlichen Bannkreis der Todesangst gesogen.

10 Jungs Haltung in der Frage nach einem Weiterleben nach dem Tod ist nicht ganz geklärt. Die Frage der Reinkarnation ließ er offen (von Franz, 1979, 142). Wenn wir allenfalls annehmen dürften, daß es nach dem Tod weitergehe, so könne er sich keine andere Existenz denken als eine psychische; denn das Leben der Psyche allein bedürfe keines Raumes und keiner Zeit. Das Unbewußte und das Totenland seien Synonyme. Vom psychologischen Gesichtspunkt erscheine das Leben im Jenseits »als eine konsequente Fortsetzung des psychischen Lebens im Alter«. Mit zunehmendem Alter nämlich spielten Beschaulichkeit, Reflexion und die inneren Bilder natürlicherweise eine immer größere Rolle. Dies sei »wie eine Vorstufe oder eine Vorbereitung zu einer Existenz im Jenseits« (Jung, 1962, 322ff.). Es liegt auf der Hand, daß die Auffassung Jungs, wie er sie hier beschreibt, lediglich hypothetischer Natur sein kann. Immerhin hat sie eine gewisse Bedeutung erhalten im Hinblick auf seine Deutung der sogenannten »Todesträume« und vor allem auf die Feststellung, die Individuation des Menschen sei auch als Vorbereitung auf das große Abenteuer »Tod« zu verstehen.

3. BUCH

1 F. Weinreb betont, daß der Tod auch im Weltbild der jüdischen Überlieferung nicht das absolute Ende bedeutet (1980, 1981). Er wird nur sinnvoll durch den Gedanken der Auferstehung, ohne die das Leben nicht Leben, also nicht chajim wäre. »Auferstehung« meint auch die Wiederbelebung des Körpers, daß nämlich alles, was einmal war, wiederkommt.

2 Eine Sammlung römischer Grabinschriften wurde von Hieronymus Geist gesammelt und von Gerhard Pfohl (²1976) herausgegeben. Darin finden sich an den Grabbesucher gerichtete Begrüßungsworte des Toten, die sich an den vorübergehenden Wanderer richten. Friedhöfe in unserem Sinn, als abgeschlossene und stille Ruheorte für die Toten, kannten die Römer nicht. Die Gräber wurden vielmehr am Rand belebter Landstraßen, außerhalb der Stadttore, angelegt. Durch die Inschriften, welche die Aufmerksamkeit der Spaziergänger auf sich zogen, sollte die Erinnerung an die Verstorbenen erhalten bleiben. Unter die Angaben von Namen, Stand und Alter der Toten setzten die Angehörigen gelegentlich noch ein ehrendes Gedicht, ein »carmen funebre«, das nach Hieronymus Geist der Grabschrift einen würdigen Abschluß geben sollte und bisweilen eine echt römische Friedhofspoesie vermittelte.

3 Hans-Joachim Klimkeit hat darauf hingewiesen, daß zwei Vorstellungen die iranische Todesauffassung mit dem alttestamentlichen Boden des Judentums und des Christentums verbanden (1978, 62), nämlich »die Hoffnung auf eine endzeitliche Verklärung und Erneuerung der Welt und die Hoffnung auf eine Auferstehung der Toten«. Im jüngeren Avesta ist die Auferstehung der Toten sogar eindeutig mit der Welterneuerung verbunden. Im Tod trennt sich die Seele vom Körper, um im Himmel zu reisen; sie erhält jedoch einen neuen Leib, so daß der Leichnam bewußt zerstört werden darf. Als radikale Gegenposition zur ägyptischen Mumifizierungspraxis gehen die iranischen Totenbestattungsriten auf die totale Vernichtung des Körpers zu – um einer totalen Erneuerung des Menschen den Boden zu bereiten. In den »Türmen des Schweigens« der Parsen werden die Verstorbenen den Vögeln zum Fraß vorgesetzt.

4 Paul Arnold gelang die Entzifferung eines der wenigen Maya-Manuskripte, welche die Spanier im 16. Jahrhundert nach Europa brachten. Im »Totenbuch der Maya« (1980) beschreibt er die Verwandtschaft der Maya-Kultur mit der frühen ostasiatischen. Das Volk der Maya (wie auch die Azteken) glaubte an die Seelenwanderung und Reinkarnation. Das Leben wurde lediglich als die Station einer endlosen Kette von Wiedergeburten und der Tod als ein Übergang in eine andere Existenzform gedeutet. Der Priester hatte die Fähigkeit, die Seele nach ihrer Trennung vom Körper bis zur Reinkarnation im Leib einer schwangeren Frau zu begleiten. Im Gegensatz zum tibetanischen Glauben galt den Maya das irdische Leben als Segen. Der Totenbegleiter der Maya, der Chilam (im

Bild eines Jaguars dargestellt), bestärkt die Sehnsucht des Toten nach Wiedergeburt und hilft ihm, den Weg in einen Mutterschoß zu finden. Arnold vermittelt durch die Entschlüsselung des »Pariser Codex« einen Einblick in das religiöse Denken einer Welt, die seinerzeit durch eine Handvoll geldgieriger Söldner aufs schrecklichste zerstört worden ist.

5 In der gesamten eschatologischen Mythologie ist das Gericht über die Toten ein immer wiederkehrendes Thema. Es erscheint nicht nur im antiken ägyptischen Polytheismus, im Christentum, Islam, Hinduismus, im japanischen, chinesischen und tibetanischen Buddhismus sowie in den mittelamerikanischen Religionen, sondern in allen religiösen und kulturellen Systemen. Die Idee von einem Aufenthalt, von einer postmortalen Reise der Seele, von Hölle, Fegefeuer (Purgatorium), Himmel und Paradies ist universal verbreitet.

6 Diese Archetypen sind »etwas wie Organe einer prärationalen Psyche«, ewig vererbte, identische Formen und Ideen ohne spezifischen Inhalt, der sich jeweils erst im individuellen Leben und der persönlichen Erfahrung ergebe. Die Archetypen gelten als Dominanten des Unbewußten; die Schicht der unbewußten Seele, die aus diesen dynamischen Formen besteht, nannte Jung eben das kollektive Unbewußte. Der archetypische Initiationsprozeß, der während einer Analyse stattfindende Wandlungsprozeß des Unbewußten, wäre dann das natürliche Analogon der künstlich durchgeführten religiösen Initiationen, welche sich vom natürlichen Vorgang dadurch prinzipiell unterscheiden, daß sie die natürliche Entwicklung vorwegnehmen und an Stelle der natürlichen Symbolproduktion absichtlich gewählte, durch Tradition festgelegte Symbole setzen, wie dies z. B. bei den Exerzitien des Ignatius von Loyola oder bei den buddhistischen und tantrischen Yoga-Meditationen der Fall sei.

7 Das Wort »Psyche« läßt sich, nach Heidegger, nicht übersetzen (1942/43, 147). »Auch wenn wir erläuternd sagen, gemeint sei das Wesen des Lebendigen, erhebt sich sogleich die Frage, wie das Wesen des ›Lebens‹ im griechischen Sinne zu denken sei.« »Psyche« meine »den Grund und die Weise des Bezuges zum Seienden«.

8 Nach Alfred Dihle ist es unbezweifelbar, daß Platons »Apologie« eine Fülle biographischen Materials über Sokrates enthält, auch wenn dessen Verteidigungsrede möglicherweise nicht authentisch ist (1956).

9 Eine religionsgeschichtliche Darstellung von Tod und Leben im Alten und Neuen Testament vermitteln Otto Kaiser und Eduard Lohse (1977). Ihrer Ansicht nach läßt sich das »mit dem rätselhaften Wort ›Scheol‹ bezeichnete Reich« (das. 28) nicht ohne weiteres mit dem Schattenreich der griechisch-lateinischen Dichtung und Philosophie vergleichen; andererseits wäre es verkehrt, aus der Charakterisierung menschlichen Todesloses, wie es etwa bei Hiob (14,1 – 2.7 – 12.19 – 2) dargestellt ist, den Schluß zu ziehen, der Mensch würde nach israelitischem Glauben bei seinem Tod vollständig vernichtet. Allerdings ist die Vorstellung, was »sich da unten« aufhalte, sei nicht einfach nichts, »sondern ein schemenhafter Doppelgänger des Lebenden«, seine Totenseele, nicht ganz überzeugend, selbst wenn im Alten Testament von Totengeistern und -beschwörern die Rede ist.

10 L. Kolakowski meint, daß sich im Koran kaum Ansätze finden lassen, das Profane vom Sakralen zu sondern (1980, 25). Alle Einzelheiten des weltlichen Lebens würden direkt in der Form religiöser Vorschriften reguliert, theokratische Ansprüche seien dem Islam »sozusagen auf natürliche Weise immanent« – im Gegensatz etwa zum Christentum. Die »islamische Intoleranz«, deren »erschreckende Beispiele« uns nicht nur aus entfernter Vergangenheit, sondern auch aus der Gegenwart bekannt sind, lasse sich »aus dem Inhalt der islamischen Offenbarung stärker rechtfertigen«.

11 Philippe Ariès unterstellt den »Bettelmönchen« mehr Einfluß auf die mittelalterliche Todesangst als der hohen Mortalität der Bevölkerung (1980, 160ff.). Er behauptet sogar, die Angst vor dem Tode »und die gleichsam magischen Rezepte, um über ihn zu triumphieren…« hätten sich nämlich »dank der skandalösen Propaganda der Bettelmönche beträchtlich gemehrt« (das. 388).

12 Nach Irving Fetscher (in einem Vorwort zu Ferdinand Reisingers »Der Tod im marxistischen Denken heute«, 1977) hatte sich Marx schon in seiner Doktordissertation zu einem epikuräischen Standpunkt bekannt, wonach die Endlichkeit des Lebens eine natürliche Daseinsbedingung darstellt. Demzufolge sollte sich alle Energie auf die Gestaltung des Diesseits konzentrieren.

13 Eine eingehende Würdigung der Todeswirklichkeit im zeitgenössischen marxistischen Denken findet sich bei Ferdinand Reisinger (1977). So verdienstlich es sein mag, die neomarxistischen Ansätze zur Seinsfrage des Lebens (und damit des Todes) einer breiten Öffentlichkeit bekannt zu machen, darf doch nicht übersehen werden, daß es sich allemal um Autoren handelt, die im politisch-marxistischen System kaum eine Rolle spielen (drei der vier Autoren Reisingers waren bereits bei Erscheinen seines Buches aus der Partei ausgeschlossen); in den philosophischen Lexika der marxistisch-leninistischen Philosophie fehlt das Stichwort »Tod«; eine den Tod sinnvoll gestaltende Philosophie für das »gemeine Volk«, die Arbeiterklasse, hat der Staatssozialismus nicht anzubieten.

14 Jörg Splett meint, die Schilderung der Hölle entspreche lediglich Bildern der Vorstellungsbreite ihrer Zeit, »daß diese Bilder aber, einander in Widersprüchen zerbrechend, auf etwas hinweisen, das über alle Bilder hinausgeht« (²1981, 141 f.). So häufe sich das Grauenvolle und Schreckliche in der Schilderung jenes Zustands, in dem ein Mensch endgültig sein Ziel und den Sinn seines Lebens verfehlt hat. Aber hat man uns nicht anders gelehrt? Ist die Hölle wirklich lediglich die Sinnkrise des Lebens (vgl. dazu: G. Condrau,. 1959, 124), ein Ort, den wir ständig mit uns herumtragen? »Möglich« müsse die Hölle sein, meint Splett. Wie es aber um deren Wirklichkeit bestellt ist, bleibt als Frage offen. Wir könnten die endgültige Verdammnis nicht begreifen; freilich »ahnen wir, wie gesagt, irgendwie, daß sie möglich sein muß« (das. 146).

462

15 Karl Lehmann macht Heidegger den Vorwurf, den Tod in ein Naturphänomen Tod und einen spezifisch menschlichen Tod aufgespalten und damit nicht das Ganze des Daseins in den Blick bekommen zu haben, weil er nur die Grenze, nämlich den Tod, nicht aber die Geburt in sein Denken einbezogen habe (1938, 79 und 82). Dies ist allerdings nicht ganz zutreffend. Martin Heidegger hat in »Sein und Zeit« auf die Geburtlichkeit des Menschen hingewiesen und darauf, daß Geburt und Tod daseinsmäßig zusammenhängen.

16 Hier wäre unter anderem auf die Heidegger-Kritik Herbert Marcuses oder Theodor W. Adornos zurückzukommen. Nach Marcuse wird die neue Thanatologie zu einem Instrument der Herstellung und Stabilisierung von Herrschaftsverhältnissen – »unter tätiger Mithilfe der Ideologen des Todes« (H. Ebeling, 1979, 28). Eine Philosophie hingegen, »die nicht als Handlangerin der Unterdrückung« arbeite, reagiere auf die Tatsache des Todes mit der »Großen Verweigerung«; der Tod könne zum »Wahrzeichen der Freiheit« werden (H. Marcuse, 1959, 227 ff.). Adornos »Theodizee des Todes« geht noch schärfer gegen Heidegger auf die Barrikaden. »Der Tod wird zum Stellvertreter Gottes, für den der Heidegger von Sein und Zeit noch sich zu modern war. Auch nur die Möglichkeit der Abschaffung des Todes zu denken, wäre ihm blasphemisch; das Sein zum Tode als Existential ist von der Möglichkeit seiner bloß - bloß! – ontischen Abschaffung ausdrücklich getrennt ... Regrediert wird auf den Todeskultus...« ([8]1977, 111). Adorno zitiert zudem, völlig danebengreifend, Horkheimer, der »Bescheid« gab, Heidegger habe doch wenigstens den Menschen endlich wieder vor den Tod gebracht. Ludendorff habe das viel besser besorgt. »Über das Nächste und Trivialste im Verhältnis von Dasein und Tod, ihre Nichtidentität schlechthin: daß der Tod Dasein zerstört, wahrhaft negiert« – darüber gleite die Daseinsanalyse hinweg, »ohne ihrerseits der Trivialität sich zu entwinden...«. Heideggers Rede vom Tod entspreche dem Reden der Gymnasiallehrer aus Wedekinds »Frühlings Erwachen«. Welchen »Jargon« benutzt hier wohl Adorno in seinem »Jargon der Eigentlichkeit«?

17 Guido Jenny geht über Heidegger hinaus. Das wahre »Sein zum Tode« sei da, wo das Dasein über sich selbst hinausstrebt (1961, 143). Dann bedeute der Tod wohl das Ende des Begrenzten, Geworfenen, zugleich aber den Beginn des »ewigen«, das heißt »eines im Gedanken an den Tod sich ewig erneuernden Lebens«.

4. BUCH

1 Wolf H. Friedrich (1956, 4) hat sich eingehend mit der Frage nach Homers Verständnis von Tod und Verwundung auseinandergesetzt, nicht in physiologischer Hinsicht zwar, sondern eher im Hinblick auf deren realistische Schilderung. Er verweist auf die Mediziner, »die immer wieder die Wirklichkeitsnähe der homerischen Beschreibungen von Tod und Wunden gerühmt hätten«. Mit diesen Fragen hat sich vor allem O. Körner befaßt (1929), der sogar in der Münchner Medizinischen Wochenschrift (69, 1922, 1484 ff.) eine von Küchenmeister geäußerte Ansicht zu begründen versuchte, Homer und die Homeriden hätten bereits am menschlichen Kadaver Sektionen vorgenommen. Die ganze Arbeit ist jedoch wohl mehr von kriegschirurgischem als von philosophischem oder literaturgeschichtlichem Interesse.

2 Ähnlich drückt es später Ovid in der »ars amatoria« (3,63) aus:
Nec quae praeteriit, iterum revocabitur unda,
Nec quae praeteriit, hora redire potest:
Utendum est aetate.
Eilte die Welt dahin, so rufst du nimmer sie wieder.
Eilte die Stunde dahin, kehrt sie dir nimmer zurück:
Auf und benutze die Zeit!

3 So etwa Heinrich von Kleist in »Penthesilea« oder Franz Grillparzer in »Sappho« und »Medea«. Zu nennen wäre unter anderem auch Thornton Wilders »Alkestiade« und selbstverständlich Goethes »Iphigenie auf Tauris«, Racines »Iphigenie in Aulis« und Hölderlins »Empedokles«, ein Stück, das nur bruchstückhaft und fragmentarisch erhalten ist. Von Jean Giraudoux stammten »Kein Krieg in Troia« und »Elektra«, und Eugene O'Neill schrieb die Trilogie »Trauer muß Elektra tragen«.

4 Die Einstellung zum Tod scheine »im Rahmen sehr großer Zeitspannen nahezu unveränderlich zu sein«. Sie mute »gleichsam zeitlos an«. Trotzdem aber würden zu bestimmten Zeitpunkten Veränderungen in Erscheinung treten, häufig langsam und unbewußt, heute jedoch schneller und zielstrebiger« (Ariès, 1976).

5 Im Werk sollen Motive aus Homers Odyssee nachweisbar sein.

6 Stefan Heim hat die »Ahasver«-Geschichte zu einem hochaktuellen Roman verarbeitet, der teils historische, teils zeitgemäße, aber mit der biblischen Geschichte verknüpfte Elemente enthält (1981).

7 Der Minnesang kennt nach Hans Rolf nur in Liedern, die die erfüllte Liebe besingen, das Bedrohtsein der verborgenen Liebe durch die höfische Umwelt als gemeinsames Leid der Liebenden (1974, 301).

8 Der Basler Meister war dafür bekannt, seine Werke häufig in neuen Versionen darzustellen, was ihm fälschlicherweise als »Wiederholungen« ausgelegt wurde. Die »Toteninsel« malte er insgesamt fünfmal; die Benennungen wechselten ebenfalls. Die Wiederaufnahme der Themen bedeutete für Böcklin, nach einer Deutung von Dorothea Christ, die Suche »nach einer runderen, geschlosseneren Fassung« und entsprach seiner Grundabsicht, »den Bildgedanken zu klären«, bis er der »geistigen Thematik« vollen Ausdruck verlieh (1977, 38).

9 Im 19. Jahrhundert wurden im Zug eines neuen Realismus in Europa (Hans A. Lüthy, 1982, 148ff.) auch Totenbilder anonymer, eben »alltäglicher« Menschen und Begräbnisse gemalt. Friedrich Groß vergleicht in einem Beitrag zur Realismusdebatte das Monumentalgemälde von Gustave Courbet »Ein Begräbnis in Ornans« (1850) mit dem kleineren »Leichenzug im Walde« (1852) von Ludwig Knaus (1983, 65). Courbet stellt die durch soziale, religiöse und politische Gegensätze bestimmte Gemeinschaft seines Heimatortes Ornans dar und konfrontiert die Landbourgeoisie mit dem knienden protestantischen Totengräber, während Knaus eine »poetisch verklärte Trauer-Dorfnovelle« beschreibt. Hans A. Lüthy verweist weiterhin auf Albert Ankers »Kinderbegräbnis« und »Die kleine Freundin« sowie auf Carl Friedrich Schicks »Das tote Kind«. Auch Ferdinand Hodler hatte bereits 1877 einen anonymen Toten als Leichnam dargestellt, einen Bauernknecht aus dem Kanton Bern, »a pitiless portrayal of a corpse, without any symbolic overtones« (Lüthy, das. 183). Andere Werke, unter anderem das Bild einer Frau auf dem Totenbett, folgten. Anker dagegen gilt als einer der ersten Künstler, die eigene Familienangehörige im Tod im Bild festhielten (1869 war sein zweijähriger Sohn Rudolf gestorben).

10 Hamel spricht von einer Musik »als Spiegel der Angst«, geprägt vom Bild des Unterganges, des Grauens und der Unterdrückung, die als notwendiger Durchgang auf dem Weg zur Selbstfindung, Erkenntnis und Erleuchtung angesehen wird (1967, 30). Sie ist ein Teil eines Prozesses, der den esoterischen Einweihungsriten der Welt entspricht, die eine Durchreitung der Nacht fordern. In den Mysterien-Einweihungen der Weltmythen muß der Einzuweihende stets einen Gang durch die Unterwelt oder eine Höllenfahrt bestehen. Mozart hat dies symbolisch in der Wasser- und Feuerprobe in der »Zauberflöte« dargestellt.

11 Von Mozart stammen die Worte von der Überwindung des Todes, den er als den Schlüssel zur wahren Glückseligkeit erfuhr: »Da der Tod genau zu nehmen der wahre Endzweck unseres Lebens ist, so habe ich mich seit ein paar Jahren mit diesem wahren, besten Freunde des Menschen so bekannt gemacht, daß sein Bild allein nichts Sehenswertes mehr für mich hat, sondern recht viel Beruhigendes und Tröstendes« (zit. nach Hamel, 1976, 30).

5. BUCH

1 Der Tod, sagt Arnold Metzger, ist »Grenze und Maßstab« ([2]1972, 2). Das Leben kommt durch den Tod zum Abschluß, aber es erhält »durch den Abschluß zugleich seine Bestimmung«. Der Tod setzt dem Leben eine Grenze »und, Grenze setzend, gibt er ihm Maß«.

2 Agnes Gutter hat sich eingehend mit diesem Problem befaßt (1980, 1981). Auch Werner Fuchs verweist auf die Übermittlung des Sterblichkeitswissens durch Märchen, Sagen, Massenmedien, darüber hinaus auf den Unterricht in Kindergarten, Schule und Kirche ([2]1979).

3 W. Muensterberger vertritt die gleiche Ansicht (1963/64). Schon die Angst des Säuglings vor der Trennung von der mütterlichen Brust sei Angst vor der endgültigen Trennung vom Leben. Auch in frühen Stadien der Eltern-Kind-Beziehung beziehen sich Ängste (J.E. Meyer, 1973, 59) auf Furcht vor Vernichtung. Todesangst soll übrigens nach J. Bowlby (1961/62) in gestörten Familien bereits im dritten Lebensjahr nachweisbar sein. Die Thanatophobie ist somit keineswegs dem Kindesalter fremd.

4 Der von vielen vergötterte, von andern belächelte Bhagwan Shree Rajneesh befaßte sich in seinen Ermahnungen an die Anhänger ausführlich auch mit dem Tod – den er gegenüber dem Sex abgrenzte, aber auch mit ihm in Verbindung brachte. »Das Tabu der armen Gesellschaftssysteme ist Sex, das der reichen ist Tod« (1980, 11). »Indien ist eine Todes-orientierte Zivilisation.« Man dürfe über den Tod reden; Leichen von Bettlern dürften am Straßenrand liegen, ohne daß sich jemand darum kümmert. Der Tod sei zudem das Lieblingsthema aller sogenannten Heiligen Indiens. Dort jedoch, wo eine sex-orientierte Zivilisation herrsche, wie beispielsweise in Amerika, sei der Tod tabu. So würden eben Sex und Tod gegeneinander ausgespielt, dabei seien »Sex und Tod ein und dieselbe Energie« (das. 40). Sex und Tod bildeten keinen Gegensatz. Sex und Tod seien zwei Seiten einer Medaille; das Leben ist eine Gelegenheit, beides, nämlich Sex und Tod, zu erfahren.

5 Interessante Details darüber erfahren wir bei Extremalpinisten, etwa bei Reinhold Meßner oder bei Walter Pause, der den Tod als »Seilgefährten« bezeichnet. Auffälligerweise sollen Raumfahrer nie, Bergsteiger immer vom Sterben sprechen.

6 Choron meint, die Psychoanalyse habe zwar zur Erhellung der Todesfurcht Wesentliches beigetragen, jedoch den ganzen Fragenkomplex um die Angst »nicht im entferntesten geklärt...« (1967, 279). Aus diesem Grund bleibe es auch der Philosophie überlassen, die »Wunden des Herzens« zu heilen, besonders, wenn diese Wunden vom Tod, dem eigenen oder dem eines geliebten Menschen, geschlagen wurden. »Wir sollten es deshalb ablehnen, diese Wunden allein den Psychoanalytikern und Psychotherapeuten zur Behandlung zu überlassen.«

7 Eine eindrückliche Schilderung, wie es noch in den zwanziger Jahren unseres Jahrhunderts auf dem Lande war, hat Josef Zihlmann dem interessierten Leser vermittelt (1982).

8 Zur Frage des sogenannten Freitodes hat auch Robert Scherer Stellung genommen (1983, 17ff.). Wer den Freitod wähle, suche zwar die Unverfügbarkeit des Lebens zu leugnen, indem er den Zeitpunkt seines Lebensendes selbst bestimme. Dabei übersehe er jedoch, daß er durch seinen Entschluß gerade seine Selbstverfügung endgültig eingrenzt. »Die Illusion, daß der Mensch über sein Leben und seine Lebenszeit verfügen könnte, ergibt sich aus der Perspektive menschlicher Selbstherrlichkeit, die bis in unsere Zeit noch weithin dominiert, obwohl erwiesen

ist, daß die menschliche Freiheit vom je eigenen Erfahrungs- und Einsichtshorizont her konkret begrenzt ist.« Allerdings gibt es auch für Scherer »ausweglose Situationen« (zu denen er u.a. unerträgliche Schmerzen, zwanghafte psychische Erkrankungen zählt), in denen von einer Entscheidungsfreiheit des Menschen »nicht mehr die Rede sein kann«. Dies seien Fälle, bei denen eine »erbetene Tötung oder eine Selbsttötung in keines menschlichen Richters Zuständigkeit« mehr falle. Ob Scherer allerdings unter »erbetener Tötung« auch die aktive Euthanasie meint, wird in diesem Zusammenhang nicht ausgeführt.

9 Alfred Döblin wandte sich gegen die Verwendung des Begriffs »Selbstmord«, weil darin die Freiheit der Entscheidung nicht zum Ausdruck komme (1962, 76). »Selbstmörder sind nicht durchaus Verzweifelte. Der Ausdruck Selbstmord ist schon in gewisser Hinsicht irreführend, und ihm liegt ein einseitiges Werturteil zugrunde...; wer freiwillig sterben will, begeht keinen Mord; zum Mord gehört ein Widerstreben, ein brutales Überrumpeln. Es gibt und gab zu allen Zeiten einen Freitod. Freitod übt, wer besonnenen Geistes, aus klaren übersichtlichen Motiven ohne Affekt sein Leben beendet. Die Möglichkeit des Freitodes gehört zur Freiheit jedes Menschen. Er kann sich nicht gegen die Geburt wehren, aber gegen ein bestimmtes Weiterleben.«
Hans Kunz dagegen spricht der Möglichkeit des Selbstmordes im Grunde den freien Entscheidungscharakter ab (1975, 110). Obgleich der Mensch nämlich das Sterben als Ziel eines willentlichen und absichtlichen Handelns vorzeitig, das heißt vor seinem »natürlichen« Eintritt zu verwirklichen vermag, so kann er dies »nur aufgrund des jeder Entscheidung entzogenen Endenmüssens«. Diesem »Müssen« erliegen wir zuletzt, »ob wir wollen oder nicht«. Und so vermag desgleichen die freie Entscheidungsfähigkeit »den sie tragenden und einräumenden Geschehnischarakter unseres Menschseins niemals aufzuheben: wir bleiben ihm als der in uns anwesenden ursprünglichen Natur ausgesetzt«. Wir haben uns in unserem Menschsein nicht selbst hervorgebracht; ein wesentliches Zeugnis dafür ist dessen Geschehnischarakter, der seinerseits durch die Unausweichlichkeit des sich ereignenden Todes bestimmt ist. Der Freitod, muß man folgerichtig hinzufügen, ist nicht die freiwillige Übernahme des Sterbens, sondern lediglich dessen zeitliche Vorwegnahme.

10 P.L. Landsberg meint dazu, in der entscheidenden Erfahrung vom Tod des Nächsten liege etwas wie das Empfinden einer tragischen *Untreue* von seiner Seite, wie denn auch eine Erfahrung vom Tod in dem Erleiden der Untreue selbst gegeben sei (1973, 28). Und zu Recht, denn wenn man sagt: »Der ist für mich gestorben«, »der ist für mich tot«, dann ist dies keine bloße Redeweise, sondern das Aufdecken eines Abgrunds.

11 Heribert Berger hält die Euthanasie gemeinhin für eine Bedrohung des Menschen (1983, 1675ff.). Er lehnt nicht nur die aktive Euthanasie ab, sondern erhebt schwere Bedenken auch gegenüber der passiven Euthanasie. Die Ärzte verfügten nicht über ausreichende Kriterien, nach welchen sie eine so schwerwiegende Entscheidung treffen könnten, wie es der Verzicht auf lebensverlängernde Maßnahmen bei Todkranken darstellt. Er erwähnt als Beispiel einen jungen Skispringer, der nach einem schweren Sturz einen Schädelbruch mit schwerer Hirnverletzung erlitt, operiert wurde und mit einem apallischen Syndrom über Monate bewußtlos war, sich erholte, die Sprache wiedergewann und einem einfachen Beruf nachgehen konnte. Eine gar vor dem Sterben vortestamentlich abgegebene Erklärung eines Menschen, man möge bei ihm, wenn er einmal todkrank sei, keine lebensverlängernden Maßnahmen mehr ergreifen, hält er für »menschlich und rechtlich unhaltbar, weil niemand von uns vorzeitig gültig festlegen kann, wie er in einer solchen Stunde der Lebensgefahr schließlich wirklich entscheiden würde...«. Leider vermischt Berger einmal mehr die Euthanasie mit dem Schwangerschaftsabbruch, die im Grund nichts miteinander zu tun haben. Des weiteren sind seine Ausführungen wohl allzusehr von seiner eigenen moralisierenden Lebenshaltung durchsetzt, so daß eine differenzierte Auseinandersetzung auf einer medizinisch-ethischen Ebene gar nicht stattfinden kann. Wenn nur alles in der Welt so einfach wäre, wie es der Autor sich vorstellt. Ich habe nichts gegen Sonntagspredigten, nur sollten sie als solche deklariert werden.

12 Ariès berichtet über einen Jesuitenpater, François de Dainville, der 1973 an Leukämie erkrankte (1976, 201). Mit seinem Chefarzt im Krankenhaus war er übereingekommen, daß ihm im Terminalstadium keine »Sonderbehandlung« zuteil werden dürfe. In ein anderes Spital verbracht, in der Intensivstation an Apparate angeschlossen, befreite er plötzlich die festgeschnürten Arme, riß sich die Atemmaske ab und rief: »On me frustre de ma mort« – »Ich werde um meinen Tod betrogen«.

13 E. Wiesenhütter bemerkt zu Recht, der Mediziner werde schon mit dem Studium zum Gegner von Krankheit und Sterben erzogen, »als hätten diese zu verschwinden oder als dürfte es sie gar nicht geben« (1977, 58). Besonders deutlich sei das bei jenen Ärzten ausgeprägt, die den beim Patienten eintretenden Tod »fast wie eine Beleidigung empfinden«, nachdem sie bis zum letzten Atemzug um das Leben gekämpft haben. »Nicht viel Verständnis zeigen sie, wenn man ihnen gegenüber den Standpunkt vertritt, der Mensch habe nicht nur ein Recht zu leben, sondern auch zu sterben.«

14 P. Becker vom St. Vincenz-Krankenhaus in Limburg läßt keinen Sterbenden mehr in ein spezielles Sterbezimmer verlegen. Ist ein Mitpatient im Krankenzimmer nicht in der Lage, das Sterben seines Zimmergenossen auszuhalten, so wird er, nicht der Sterbende verlegt. Wichtig ist auch die möglichst ständige Zulassung von Angehörigen der Sterbenden sowie die Vermeidung einer hektischen Tätigkeit der Pflegepersonen. Von gleicher Wichtigkeit ist eine Kontinuität der behandelnden Ärzte, damit ein persönliches Vertrauensverhältnis entstehen kann (J. Eichler, 1979, 2411).

15 Nach Monika Burkhart ist das Recht, in Würde zu sterben, ein Menschenrecht (1983). Menschenwürde besteht ja in der Anerkennung des Menschen als Handlungssubjekt, Persönlichkeit, sozialer Partner und als Glied einer humanen Gesellschaft, Elemente, die auch in der Begegnung mit dem Sterbenden grundlegend sind. Diesem

kommt das Selbstbestimmungsrecht, das Recht auf Behandlung und Pflege, auf Schmerzlinderung und auf Beistand zu. Burkhart befürwortet die passive Sterbehilfe; eine aktive Euthanasie lehnt sie ab, da diese einen klaren Verstoß gegen das Recht auf Leben darstelle. Hingegen kann sie einer indirekten Sterbehilfe zustimmen, die u.a. in der Abgabe von hochwirksamen, eventuell den Tod herbeiführenden Medikamenten besteht.

16 Anja Lundholm, eine junge schwedische Journalistin, beschrieb ihre Erfahrungen in einer englischen Sterbeklinik in Romanform: »Mit Ausblick zum See« (Hamburg 1979). Der Aufenthalt in Hillroad Mansion bewirkte bei ihr bzw. bei der Romanheldin einen Prozeß der »Selbstfindung« und eine völlig neue Haltung dem Leben und dem Tod gegenüber.

17 Das »Sterben zu Hause« wird drastisch und realistisch in einem Roman »Josef stirbt« von Ulla Berkewicz (1982) dargestellt. Der alte, 90jährige Josef ist schon tot vor dem Tod. Die Familie wollte ihn zum Kliniktod fortschikken, doch er darf zu Hause sterben. Aber es ist eine grausame Entwürdigung und Entmündigung eines Nochnicht-ganz-Toten durch die Familie (Paul Kersten im »Spiegel« vom 4. Oktober 1982).

18 Kübler-Ross und Sporken sind bei weitem nicht die einzigen, die eine »Phasentheorie« des Sterbens aufgestellt haben. Es müßten hier unter anderem Glaser und Strauß (1974), Munnichs (1966), van der Geest (1981), Pattison (1978) erwähnt werden. Große Unterschiede sind nicht feststellbar, und die wissenschaftliche Absicherung der Phasentheorie ist unzulänglich. Die Theorien besitzen jedoch große Popularität, was auch von ihren Kritikern, vorab Kastenbaum (1975), bestätigt wird. Er erklärt dieses Phänomen mit der angstreduzierenden Funktion der Phasentheorie. Das Sterben werde nun weniger als »etwas Unbestimmtes, Übermächtiges und Erschreckendes gesehen, sondern als ein erfaßbarer, strukturierter Prozeß. Die Theorie vermöge Leute, die mit Sterbenden zu tun haben, vorzubereiten und ihnen sogar gewisse Verhaltensregeln zu geben« (zit. n. Hari und Kaiser 1980, 55).
Der Umgang mit der Angst vor dem Tod führte, wie bereits ausgeführt, zur Geburt einer neuen »Wissenschaft«, der Thanatologie. Es gibt denn auch bereits eine umfangreiche Literatur zum Thema »Sterben«, »Tod« und »Sterbehilfe«. Erwähnt seien hier stellvertretend für viele lediglich die Arbeiten von Elisabeth Kübler-Ross (⁴1978; ⁷1978), die durch ihre Arbeit mit Sterbenden weltweite Anerkennung gefunden hat. Eine umfassende Darstellung soziologischer Art gibt Jean Ziegler mit seinem Buch »Die Lebenden und der Tod« (1977), aus christlicher Sicht Ladislaus Boros mit »Mysterium mortis« (²1963) und »Erlöstes Dasein« (1965); die »Kunst des Sterbens« (⁵1979) von Albert Mauder bietet eine Sterbehilfe mittels des christlichen Gebets an, während Ulrich Eibachs »Recht auf Leben – Recht auf Sterben« (²1977) die anthropologische Grundlegung einer medizinischen Ethik anspricht. Eine sozial-philosophische und wissenschaftsphänomenologische Analyse bietet Arnold Metzgers »Freiheit und Tod« (²1972), und wer sich für die neuere Reinkarnationsforschung interessiert, möge sich an den Schriften Raymond A. Moodys (1977 und 1978), Thorwald Dethlefsens (⁸1981), Morris Netherton und Nancy Shiffrin (1979) sowie an J. Martin Sorges »Reise gegen die Zeit« (1980) orientieren. Ebenso interessant ist das Buch von Karlis Osis und Erlendur Haraldsson »Der Tod – ein neuer Anfang« (1978), zu welchem Elisabeth Kübler-Ross eine Einführung schrieb.

19 Sporken selbst bemerkt zu Recht, daß der Begriff »Phasen« Anlaß zu Mißverständnissen geben könne, »wenn und insofern er primär als Bestimmung eines chronologischen Verlaufs verstanden wird« (das. 101).

20 Anläßlich eines Vortrages am Daseinsanalytischen Seminar der Universität Zürich vom 9. 5. 1983 berichtete Vera Leiteß über ihre eigenen Erfahrungen mit der Reinkarnationstherapie bei Dethlefsen. Zur Ausbildung gehörte eine Einführung in Esoterik, Astrologie, Homöopathie und Meditation. Die Hypnose soll inzwischen nicht mehr angewendet werden. Während der Zeit der Behandlung sollten sich die Patienten möglichst von der Umwelt zurückziehen, keiner beruflichen Tätigkeit nachgehen und fasten. Leiteß verhehlte nicht, daß die intensive Behandlung (zwei Stunden täglich) zu einer »Inflation der Persönlichkeit« oder zu Erschöpfungsdepressionen führen könne. Daneben seien jedoch bedeutende Einsichten in früheste Stadien der Entwicklung möglich geworden, sogar der Moment der Befruchtung könne wiedererlebt werden. Die noch körperlose Entität schaue den kosenden Eltern zu und werde wie von einem Wirbelsturm erfaßt, dann mit spiralenförmigen Bewegungen in die Gebärmutter gesaugt zu werden. Sie selbst erlebte frühere Reinkarnationen, u.a. als junges Mädchen im alten Ägypten. Als Gehilfin eines Priesters verwaltete sie die Opfergaben und nahm an Ritualen teil. Auf einer dem Sonnengott geweihten Nilfahrt bei strahlendem Wetter und leichtem Wind überraschte sie einen andächtigen jungen Priester mit einem Kuß auf die Wange. Später erkannte sie, daß dies ihr Bräutigam werden sollte, doch mit dieser unüberlegten Handlung verlor sie seine Liebe und ihre eigene Achtung. – In einem anderen Leben erkannte sie sich als Indianerjungen, der an einer Initiation teilnehmen mußte. Als sie einen Stein nach einem Vogel warf und diesen auch traf, wurde sie in eine Höhle eingesperrt und isoliert. Sie spürte, wie sich ihre Backenknochen schmerzhaft erweiterten. Ihr Lehrtherapeut schlug ihr am nächsten Tag vor, wieder in dieses Leben zurückzukehren. Sofort dehnten sich ihre Backenknochen (d.h. eigentlich jene des Indianerjungen, der sie war) wieder schmerzhaft zu einem indianischen Gesicht. Sie war inzwischen älter und durfte wiederum an einem Ritual teilnehmen. Der Priester hielt vor einem Altar eine Riesenschlange hoch. Die Gegend entsprach jener, die sie später einmal im Fernsehen anläßlich einer Berichterstattung über Humboldt sah; »es lief mir kalt den Rücken hinunter, als ich mein Heiligtum vor Augen hatte«. Eine Erklärung für diese Phänomene gab Vera Leiteß nicht. Sie habe aber die Erfahrung gemacht, daß sie ihre Patienten besser verstehe, da sie hellhöriger geworden sei für Inhalte, die aus den tieferen Schichten des Bewußtseins kommen, wie beispielsweise Träume, Phantasien oder Ahnungen.

21 Milan Ryzl vertritt die Ansicht, die Frage nach dem Tod und einem möglichen Weiterleben danach sei für die Parapsychologie »entweder verfrüht oder gar keine wissenschaftliche Frage« (1981, 61 ff.). Trotzdem, und obwohl die naturwissenschaftliche Methode sie nicht beantworten könne, müsse sich die Parapsychologie auch damit befassen. Sein Interesse am Problem sei jedoch »rein *akademischer* Art, unpersönlich und leidenschaftslos«. Das wachsende Interesse der Allgemeinheit am Tod und am Sterben bringe die Dringlichkeit der Frage zu Bewußtsein, eine fesselnde Frage, die beantwortet werden müsse. Zu den falschen Vorstellungen gehöre das gegenwärtige Interesse an hypnotischer Rückführung; solche Erlebnisse sind, wie auch außerkörperliche Erfahrungen, nach Ryzl »nur phantastische Träume«. »Oder nehmen Sie die Sterbevisionen und die Visionen von Menschen, die für klinisch tot erklärt und später ins Leben zurückgeholt wurden. Ich glaube, wir haben es hier gleichfalls nur mit einem logischen Trugschluß zu tun, vielleicht mit einem unschuldigen Irrtum, vielleicht aber auch mit einer absichtlichen Irreführung der Menschen.«

Wenn auch Ryzl zu Recht alle angeblichen »Beweise« für ein Weiterleben nach dem Tod ins Reich der Träume verweist, so ist seine Auffassung, wonach unsere physikalische Welt der Materie nur Teil einer von Raum, Zeit und Stofflichkeit unabhängigen höheren Welt sei und der Mensch in diesem geistigen Universum höherer Dimensionen – als geistige Entität, die wir »Seele« nennen – nach dem Tod weiterlebt, wissenschaftlich nicht wesentlich besser gesichert. Zudem sei doch die Frage erlaubt, ob die Frage nach einem Weiterleben nach dem Tod wirklich beantwortet werden muß, oder ob es nicht gerade zum Wesen des Todes gehört, daß der Mensch *nichts* darüber *weiß*. Zumindest ist das »wachsende Interesse der Allgemeinheit« kein zwingender Grund für die Wissenschaft, eine Frage beantworten zu müssen, die seit Jahrtausenden gestellt wurde und immer nur im *Glauben* der Völker eine Antwort gefunden hat.

22 Unter dem Titel »Naturwissenschaftler bestätigen Re-Inkarnation« versuchte Werner Trautmann 1983 die leibliche Wiedergeburt als wissenschaftlich gesichert darzustellen. Allerdings stützt er sich zunächst auf die Untersuchungen Stevensons und die Reinkarnationstherapie Nethertons, selbst Pythagoras, Heraklit und Platon werden bemüht. Während die geschichtlichen Daten über die Re-Inkarnationsvorstellung im Verlauf der Menschheitsgeschichte sowie das übrige, von großer Kenntnis zeugende und mit Akribie gesammelte Material zur Reinkarnationslehre beeindruckend sind, kann sich der Autor trotzdem nicht rühmen, den von den exakten Wissenschaften erforderten Grad der Beweisführung auch nur im entferntesten erreicht zu haben. Trautmann beruft sich vor allem auf den französischen Atomphysiker E. Charon, der seinerseits, Teilhard de Chardin bestätigend, von der Geist-Materie-Identität her zur Hypothese einer möglichen Re-Inkarnation stößt. Eine Hypothese ist aber noch kein Beweis. Insofern mögen »Naturwissenschaftler« an die Reinkarnation als Möglichkeit glauben, die »Naturwissenschaft« selbst beweist sie nicht. Dessen ungeachtet gibt Trautmann, so scheint mir, die bisher beste Übersicht über die Problematik und deren Auswirkungen auf eine vernünftige, gesunde und sinnvolle Lebensgestaltung.

23 Auch Erika Lindau berichtet über »Sterbehilfe mit dem Katathymen Bilderleben« (1980), wobei sie von der Voraussetzung ausgeht, daß kreative Menschen sich offenbar mit dem bevorstehenden Tod konfrontieren können, und daß es gilt, die relativ kurze Zeitspanne eines Sterbenden zu nutzen, dessen kreative Fähigkeiten freizulegen. Anhand eines Beispiels zeigt sie eindrücklich, auf welche Weise und mit welchen Deutungen dieses Ziel erreicht werden kann, wobei die Autorin dort am überzeugendsten ist, wo fernab jeder psychologischen Interpretation die unmittelbare mitmenschliche Kommunikation mit der Therapeutin zum Tragen kommt. Ähnliches gilt für Gerhard Szonns »Trauerarbeit mit dem Katathymen Bilderleben« (1980), das in einem Sammelband von Hanscarl Leuner erschienen ist.

24 Wissenschaftlich wenig beachtet sind die psychischen Störungen bei akuten körperlichen Erkrankungen, im besonderen jene, welche unter der Bezeichnung des akuten exogenen Reaktionstypus (Karl Bonhoeffer) bekannt wurden. Manfred Bleuler hat sie im besonderen beschrieben (1966). H. R. Bühler wählte für seine Untersuchung in einer medizinischen Klinik 15 Sterbende aus und stellte fest, daß die Agonie, der Todeskampf, zu psychischen Erscheinungen führte, die sich restlos in den akuten exogenen Reaktionstypus eingliedern ließen (1966). Allerdings wurden die psychopathologischen Erscheinungen nicht durch die Natur der tödlichen Krankheit bestimmt, sondern durch die Persönlichkeit des Kranken, die sein Leben geprägt hat, und durch die Auseinandersetzung mit der körperlichen Bedrohung. Mit anderen Worten, die Erscheinungen hängen davon ab, wie sehr im Verlauf dieser Auseinandersetzung Gelassenheit, Ruhe und Zuversicht erkämpft werden konnten, und schließlich davon, wie sehr man dem Kranken dabei sogar im Todeskampf helfen kann. Daß es schwierig ist, die psychischen Veränderungen in der Agonie »wissenschaftlich« zu erfassen, braucht nicht besonders hervorgehoben zu werden. Bühler schreibt dann auch eindrücklich und zu Recht, daß die Ehrfurcht vor dem großen Mysterium des Sterbens und die ethische Haltung exakte wissenschaftliche Untersuchungsmethoden zu unterlassen gebieten, »da sie die Leiden der schwergeprüften Kranken vergrößern würden« (das. 204). Immerhin dürfe mit Fug gesagt werden: »Es gibt so viele Arten des Sterbens, wie es Individuen gibt – die einen zerbrechen daran und überlassen sich völlig der Verzweiflung, demonstrieren eine gewisse Leistungsverminderung und übertreiben mit ihren Klagen, andere nehmen bis zum bitteren Ende eine kämpferische Haltung ein oder scheinen nach langen inneren Kämpfen an ihrem Leiden zu wachsen, zu einer weisen Annahme ihres Schicksals zu gelangen, wobei ihnen die Verankerung in einer religiösen Überzeugung häufig eine große Hilfe ist.«

Literaturverzeichnis

ABRAHAM, K.: Giovanni Segantini. Ein psychoanalytischer Versuch, Leipzig, Wien 1911.

ADLER-VONESSEN, H.: Angst in der Sicht von S. Kierkegaard, S. Freud und M. Heidegger. Psyche 25, 1971, S. 692–715.

ADORNO, TH. W.: Jargon der Eigentlichkeit. Frankfurt/M. [8]1977.

AMÉRY, J.: Über das Altern. Revolte und Resignation. Stuttgart 1971.

AMÉRY, J.: Hand an sich legen. Diskurs über den Freitod. Stuttgart 1976.

AMÉRY, J.: Weiterleben, aber wie? Stuttgart 1982.

AMMANN-FERRARI, TH.: Sterben im Spital. Schweiz. Ärztezeitung 64, 1983, S. 1668–1674.

AMNESTY INTERNATIONAL: Die Todesstrafe. Reinbek/Hamburg 1979.

ANDERS, G.: Die Antiquiertheit des Menschen. München 1961.

ANSOHN, E.: Die Wahrheit am Krankenbett. Grundfragen einer ärztlichen Sterbehilfe. Salzburg, München [2]1969.

APPERT, K.: Aktive Sterbehilfe-Versuchung für Gesetzgeber, Schweiz. Ärztezeitung 8. 2. 1978.

AQUIN, TH. VON: Summa Theologica, Bd. 6, Salzburg 1937.

ARIÈS, PH.: Studien zur Geschichte des Todes im Abendland. München 1976.

ARIÈS, PH.: Geschichte des Todes. München, Wien 1980.

ARISTOTELES: Ethica Nicomachea. Leipzig 1912.

ARISTOTELES: De Arte Poetica. Oxford 1938 (Stuttgart 1978).

ARISTOTELES: Metaphysik. Stuttgart 1970.

ARNOLD, P.: Das Totenbuch der Maya. Bern, München, Wien 1978.

ARTAUD, A.: Die Kunst und der Tod. Neue Rundschau 22, 1961, S. 570–595.

AUBERT, J. M.: Chrétiens et Peine de Mort. Paris 1978.

AUER, A.: Das Recht des Menschen auf einen »natürlichen« Tod. In: Schwartländer, J. (Hrsg.): Der Mensch und sein Tod. Göttingen 1976, S. 82–93.

AUGUSTINUS: Confessiones/Bekenntnisse. München [2]1960.

AUGUSTINUS: De civitate Dei/Gottesstaat. Stuttgart 1965.

AURELIUS ANTONIUS MARCUS: Selbstbetrachtungen. (Übers. von Albert Wittstock) Stuttgart, Baden-Baden 1949, S. 1241–1242.

BACHMANN, D.: Besichtigung eines Gebirges. Tages-Anzeiger-Magazin, 6. 12. 1980.

BADEN, H. J.: Literatur und Selbstmord. In: Wege des Menschen, 17, 1965, S. 225–242.

BADEN, H. J.: Ist der Mensch sterblich? Das Todesproblem in der zeitgenössischen Literatur. In: Poesie und Theologie. Hamburg 1971, S. 149–175.

BALLY, G.: Das Schuldproblem und die Psychotherapie. Schweiz. Arch. Neur. Psych. LXX, 1952, S. 227–238.

BALLY, G.: Schuld und Existenz. In: Wege zum Menschen. [12]1960, S. 305–315.

BALLY, G.: Das Todesproblem in der wissenschaftlich-technischen Gesellschaft. In: Wege zum Menschen, [18]1966, S. 129–138.

BALTHASAR, H. U. VON: Der Tod im heutigen Denken. Anima II, 1956, S. 292–299.

BARNARD, CH.: Glückliches Leben – Würdiger Tod. Bayreuth 1980.

BARTELS, M.: Totentänze – Kunsthistorische Betrachtung. In: Jansen, H. W. (Hrsg.): Der Tod in Dichtung, Philosophie und Kunst. Darmstadt 1978, S. 79–93.

BAS, H.: Ist Vorbeugen billiger als Heilen? Neue Zürcher Zeitung, 23. 9. 1981.

BATAILLE, G.: Der heilige Eros, Frankfurt/M. 1974.

BAUDRILLARD, J.: Der symbolische Tausch und der Tod. München 1982.

BAUER, E., DÜMOTZ, I., GOLOWIN, S.: Lexikon der Symbole. Wiesbaden [3]1982.

BAUM, S.: Der verborgene Tod. Auskünfte über ein Tabu. Frankfurt/M. 1976.

BAUMGARTNER, A.: Freiheit wie noch nie. Schweiz. Ärztezeitung 62, 1981, S. 3110–3112.

BAUMGARTNER, H. M.: Die Unzerstörbarkeit der Seele. Platons Argumente wider den endgültigen Tod des Menschen im Dialog »Phaidon«. In: Luyten, N. A. (Hrsg.): Tod – Ende oder Vollendung? Freiburg i. Br., München 1980, S. 67–100.

BECKER, E.: Dynamik des Todes. Die Überwindung der Todesfurcht. Ursprung der Kultur. Olten, Freiburg i. Br. 1976.

BECKER, P.: Sterbebeistand – Lebenshilfe. In: Kübler-Ross, E.: Leben bis wir Abschied nehmen. Stuttgart [5]1990, S. 157–174.

BECKER, A., REINER, A.: Beobachtungen und Hilfen am Sterbebett aus ärztlicher und seelsorgerischer Sicht. Heidelberg 1979.

BENEDETTI, G.: Über den sozialen Ursprung der menschlichen Angst. In: Organ des Schweizerischen Verbandes Diplomierter Pfleger (SVDP) 45, 1970, S. 17–26.

BENN, G.: Ges. Werke, Bd. VII, Wiesbaden 1968.

BENNHOLDT-THOMSEN, C.: Sterben und Tod des Kindes. In: Deutsche Med. Wochenschrift 84, 1959, S. 1437–1442.

BENZ, A.: Das Todesproblem in der stoischen Philosophie. Stuttgart 1929.

BERGER, H.: Euthanasie als Bedrohung des Menschen. Schweiz. Ärztezeitung 64, 1983, S. 1675–1680.

BERGFLETH, E.: Baudrillard und die Todesrevolte. In: Baudrillard, J.: Der symbolische Tausch und der Tod. München 1982, S. 365–430.

BERLINGER, R.: Das Nichts und der Tod. Frankfurt/M. [2]1972.

BETULIUS, W.: Was ist »Sepulkralkultur«? Tages-Anzeiger, 24. 9. 1983.

BETZ, I.: Der Tod in der deutschen Dichtung des Impressionismus. Würzburg 1937.

BHAGWAN, S. R.: Das Tabu Tod. Sannyas 12. Margarethenried 1980.

BIBEL: (Hrsg. Sternberger, G., Prager, M.) Salzburg 1975.

BIBEL: Glaubensverkündung für Erwachsene (Holländischer Katechismus). Utrecht 1966.

BINDER, H.: Die menschliche Person. Bern, Stuttgart 1964.

BINSWANGER, L.: Der Fall Ellen West. In: Schweiz. Archiv Neur. Psych., LIII, LIV, LV, 1945, S. 3–131.

BINSWANGER, L.: Schizophrenie, Pfullingen 1957.

BINSWANGER, L.: Manie und Melancholie. Pfullingen 1960.

BINSWANGER, L.: Traum und Existenz. In: Ausgewählte Vorträge und Aufsätze. Bern [2]1961, S. 74–97.

BIRAN, S.: Versuch einer Psychologie der Todesfurcht. Confinia psychiatrica 11, 1968, S. 154–176.

BITTER, W. (Hrsg.): Lebenskrisen. Stuttgart 1971.

BLEULER, M., WILLI, J., BÜHLER, H. R.: Akute psychische Begleiterscheinungen körperlicher Krankheiten. Stuttgart 1966.

BLOCH, E.: Das Prinzip Hoffnung. Werke, Bd. V, Frankfurt/M. 1959.

BLOCHING, K. H.: Tod. Mainz 1973.

BLOCK, W.: Der Arzt und der Tod in Bildern aus 6 Jahrhunderten. Stuttgart 1966.

BLOS, R.: Adoleszenz. Stuttgart [2]1978.

BLUM, E.: Freud und das Gewissen. In: Das Gewissen. Studien aus dem C. G. Jung-Institut, Zürich 1958. S. 167–184.

BLUMENBERG, H.: Der Sinnlosigkeitsverdacht. Neue Zürcher Zeitung, 19./20. 12.1981.

BÖCKER, F.: Suizide und Suizidversuche in der Großstadt, dargestellt am Beispiel Köln. Stuttgart 1973.

BOECKLE, F.: Fundamentalmoral. München 1977.

BOECKLE, F.: Menschenwürdig sterben. Zürich, Einsiedeln, Köln 1979.

BOECKLE, F.: Biotechnik und Menschenwürde. Schweiz. Rotes Kreuz, 15. 8. 1983, S. 14–19.

BÖHLER, E.: Das Gewissen im Wirtschaftsleben. In: Das Gewissen. Studien aus dem C. G. Jung-Institut, Zürich 1958, S. 53-87.

BOLLNOW, O. F.: Der Tod des andern Menschen. In: Universitas 19, 1964, S. 1257–1264.

BONAPARTE, M.: Edgar Allen Poe. Psychoanalytische Studie. Wien 1934.

BONIN, W. F.: Lexikon der Parapsychologie. Bern, München 1976.

BORNEWASSER, M., HESSE, F. W., MIELKE, R., MUMMENDEY, H. D.: Einführung in die Sozialpsychologie. Heidelberg [2]1979.

BOROS, L.: Erlöstes Dasein. Mainz [10]1968.

BOROS, L.: Erlöstes Dasein. Olten [10]1973a.

BOROS, L.: Mysterium Mortis. Der Mensch in der letzten Entscheidung. Olten [10]1973b.

BOROS, L.: Das Sein zum Tode aus theologischer Sicht. In: Condrau, G. (Hrsg.): Transzendenz, Imagination und Kreativität. Zürich 1979, S. 472–479.

BOSS, M.: Sinn und Gehalt der sexuellen Perversionen. Bern 1947.

BOSS, M.: Psychoanalyse und Daseinsanalytik. Bern 1957.

BOSS, M.: Lebensangst, Schuldgefühle und psychotherapeutische Befreiung. Bern, Stuttgart 1962.

BOSS, M.: Arzt und Tod. Ein daseinsanalytischer Versuch. In: Psychosomatische Medizin 4, 1972, S. 2–12.

BOSS, M.: Grundriß der Medizin und der Psychologie. Bern, Stuttgart, Wien [2]1975.

BOSS, M.: Der korrespondierende Wandel von Gesellschaftsqualität und Neurosenformen im 20. Jahrhundert. In: Condrau, G., Hicklin, A. (Hrsg.): Individuum – Familie – Gesellschaft im Spannungsfeld zwischen Zwang und Freiheit. Göttingen, Zürich 1977a, S. 153–167.

BOSS, M.: Die Ontogenese des Menschen – aus der Sicht des Daseinsanalytikers. In: Condrau, G., Hicklin, A. (Hrsg.): Das Werden des Menschen. Bern 1977b, S. 105–120.

BOSS, M.: Praxis der Psychosomatik. Bern 1978.

BOSS, M.: Das Sein zum Tode aus tiefenpsychologischer Sicht. In: Condrau, G. (Hrsg.): Transzendenz, Imagination und Kreativität. Zürich 1979, S. 454–463.

BOSS, M., CONDRAU, G., HICKLIN, A.: Leiben und Leben. Bern 1977.

BOWERS, K. (Hrsg.): Wie können wir Sterbenden helfen? Stuttgart 1971.

BOWLBY, J.: Die Trennungsangst. Psyche 15, 1961/62, S. 411–464.

BRANDT, P.: Sehen und Erkennen. Leipzig [7]1929.

BRAUN, A.: Krankheit und Tod im Schicksal bedeutender Menschen. Darmstadt 1969.

BRENNER, H. (Hrsg.): Alternative, 24, 1981, H. 136.

BROCHER, T.: Stufen des Lebens. Stuttgart 1977.

BRUESCHWEILER, J.: Ferdinand Hodler, Le cycle de la mort d'Augustine Dupin (1909). In: Jahresbericht und Jahrbuch des Schweiz. Instituts für Kunstwissenschaft 1966, S. 161–171.

BRUESCHWEILER, J.: Hodler-Ausstellungs-Katalog, Basel 1976.

BUBER, M.: Urdistanz und Beziehung. Heidelberg [4]1978.

BUCHMAN, R.: Was wir für Sterbende tun können. Zürich 1990.

BÜHLER, H. R.: Psychische Veränderungen in der Agonie. In: Bleuler, M. et al.: Akute psychische Begleiterscheinungen körperlicher Krankheiten. Stuttgart 1966, S. 159–205.

BÜRGIN, D.: Wie denkt das Kind über den Tod? Schweiz. Ärztezeitung 58, 1978a, S. 2031–2035.

BÜRGIN, D.: Das Kind, die lebensbedrohende Krankheit und der Tod. Bern, Wien, Stuttgart 1978b.

BÜRGIN, D.: Kind und Tod. Schweiz. Ärztezeitung 62, 1981, S. 2510–2511.

BÜRGIN, D.: Die Arbeit mit dem sterbenden Kind. Noch unveröffentlichtes Manuskrip. 1982.

BURKHART, M.: Das Reart 1978b.

BURKHART, M.: Das Recht, in Würde zu sterben – ein Menschenrecht. Zürich 1983.

BUTLER, R. N.: Die Lebensrückschau: Eine Interpretation der Erinnerung beim alten Menschen. In: Integrative Therapie 6, 1980, S. 141–156.

CAMPENHAUSEN, H. VON, SCHÄFER, H.: Was ist der Tod? Erkenntnisse und Meditationen über den Tod.

11 Beiträge und eine Diskussion nach einer Sendereihe des Studios Heidelberg. München 1969.

CAMUS, A.: Der glückliche Tod. Reinbek/Hamburg 1972.

CAPRILE, G.: Recenti orientamenti episcopali sul problema della pena capitale. La Civiltà Cattolica 130, 1979, S. 148–163.

CARY, R. G.: Leben bis zum Tod. Ein Hilfs- und Forschungsprogramm für Todkranke. In: Kübler-Ross, E.: Reif werden zum Tode. Stuttgart ⁴1978. S. 118–132.

CARUSO, A.: Die Trennung der Liebenden. Eine Phänomenologie des Todes. Bern, Stuttgart, Wien 1968.

CASTELBERG, M. VON: Lebensgeschichte. Welt-Erfahrung und Therapie eines schizophrenen Mädchens. Therapeutische Umschau 33, 1976, S. 489–508.

CERMAK, I.: Suizid und Suizidversuch. In: Praxis der Psychotherapie 17, 1972, S. 66–71.

CERMAK, I.: Ich klage nicht. Wien 1972.

CHAPPUIS, CH.: Ein persönliches Erlebnis aus einer Sterbeklinik. Schweiz. Ärztezeitung 1978, S. 773.

CHORON, J.: Der Tod im abendländischen Denken. Stuttgart 1967.

CHRIST, D.: Arnold Böcklin. Ausstellungskatalog. Kunstmuseum Basel 1977.

CICERO, M.: Tulli Ciceronis orationes in M. Antonium Philippicae XIV. Leipzig 1909.

CICERO: Gedanken über Tod und Unsterblichkeit. Hamburg 1969.

CICERO: Cato der Ältere über das Greisenalter. Stuttgart 1977.

CIVILTÀ CATTOLICA: Riflessi sulla pena di morte, 132, 1981, S. 417–428.

COMPAGNONI, F.: Folter und Todesstrafe in der Überlieferung der römisch-katholischen Kirche. Concilium 14, 1978, S. 657–666.

CONDRAU, G.: Selbstmord als Unfallfolge, speziell nach Hirntrauma. Dissertation. Disentis 1944.

CONDRAU, G.: Das Erlebnis der Hölle im psychotherapeutischen Geschehen. In: Jahrbuch für Psychologie, Psychotherapie und Med. Anthropologie, 8, 1959, S. 124–135.

CONDRAU, G.: Psychosomatik der Frauenheilkunde. Bern, Stuttgart ²1969.

CONDRAU, G.: Gesellschaft – Alter – Tod. In: Schweizer Monatshefte 53, 1973, S. 388–398.

CONDRAU, G.: Der sterbende Patient – eine Herausforderung für den Arzt. In: Hexagon-Roche 3, 1975a, S. 15–24.

CONDRAU, G.: Medizinische Psychologie, München ²1975b.

CONDRAU, G.: Angst und Schuld als Grundprobleme der Psychotherapie. Frankfurt/M. ²1976.

CONDRAU, G.: Aufbruch in die Freiheit. Bern ²1977.

CONDRAU, G.: Der Januskopf des Fortschritts. Bern ²1977.

CONDRAU, G.: Die Ontogenese des Menschen und ihre politisch relevanten Aspekte. In. Condrau, G., Hikklin, A. (Hrsg.): Das Werden des Menschen. Bern 1977, S. 131–170.

CONDRAU, G.: Film und Psychiatrie. In: Condrau, G. (Hrsg.): Transzendenz, Imagination und Kreativität. Kindlers Enzyklopädie »Die Psychologie des 20. Jahrhunderts«. Bd. XV, Zürich 1979, S. 886–926.

CONDRAU, G.: Entwicklung und Reifung. In: Herder-Enzyklopädie »Christlicher Glaube in moderner Gesellschaft«. Freiburg i. Br. 1981, S. 29–71.

CONDRAU, G.: Lebensphasen, Lebenskrisen, Lebenshilfen. In: Herder-Enzyklopädie »Christlicher Glaube in moderner Gesellschaft«. Bd. 6, Freiburg i. Br. 1981, S. 74–107.

CONDRAU, G.: Psychotherapeutische Arbeit mit Sterbenden: Der Beitrag der Daseinsanalyse. Noch unveröffentlichtes Manuskript. 1983, S. 29–71.

CONDRAU, G. (Hrsg.): Medard Boss zum siebzigsten Geburtstag. Bern 1973.

CONDRAU, G. (Hrsg.): Transzendenz, Imagination und Kreativität. Bd. XV der Enzyklopädie »Die Psychologie des 20. Jahrhunderts«. Zürich 1979.

CONDRAU, G., HICKLIN, A. (Hrsg.): Individuum, Familie, Gesellschaft im Spannungsfeld zwischen Zwang und Freiheit. Göttingen, Zürich 1977.

CONDRAU, G., HICKLIN, A. (Hrsg.): Der Mensch – Gegenstand der Naturwissenschaft. Bern 1978.

CONDRAU, G., HICKLIN, A. (Hrsg.): Das Werden des Menschen. Bern 1977.

CONDRAU, G., SPORKEN, P.: Sterben – Sterbebeistand. In: Christlicher Glaube in moderner Gesellschaft. Freiburg i. Br. 1980, S. 85–116.

COREY, L. C.: An Analogue of resistance to death awareness. In: Geront. 16, 1961, S. 59–60.

COSACCHI, S.: Makabertanz. Der Totentanz in Kunst, Poesie und Brauchtum des Mittelalters. Meisenheim/ Glan 1965.

COTTIER, G.: Die Todesproblematik bei einigen Existentialphilosophen. In: Luyten, N. A.: Tod – Ende oder Vollendung? Freiburg i. Br., München 1980, S. 111–159.

COX, H.: Stirb nicht im Warteraum der Zukunft. Aufforderung zur Weltverantwortung. Stuttgart ²1968.

DELGADO, J. M. R.: Gehirnschrittmacher. Direktinformation durch Elektroden. Frankfurt/M., Berlin 1971.

DELP, A.: Im Angesicht des Todes. Frankfurt/M. ¹⁰1976.

DEMSKE, J. M.: Sein, Mensch und Tod. Das Todesproblem bei Martin Heidegger. Freiburg i. Br., München 1963.

DENZINGER, H., SCHÖNMETZER, A.: Enchiridion Symbolorum. Freiburg i. Br. 1967. (⁷1976).

DESCARTES: Traité des passions de l'âme. Paris 1649.

DESHIMURA-ROSHI, T.: Zen in den Kampfkünsten Japans. Berlin 1978.

DETHLEFSEN, TH.: Das Leben nach dem Leben. Gespräche mit Wiedergeborenen. München ⁸1974.

DETHLEFSEN, TH.: Das Erlebnis der Wiedergeburt. Heilung durch Reinkarnation. München 1981.

DETTMERING, P.: Selbstaufgabe und Selbstzerstörung. In: Praxis der Psychotherapie 21, 1976, S. 131–138.

DIELS, H.: Der antike Pessimismus. Berlin 1921.

DIELS, H., KRANZ, W.: Die Fragmente der Vorsokratiker. ⁸1956.

DIHLE, A.: Studien zur griechischen Biographie. In: Abh. der Akademie der Wissenschaften in Göttingen. Göttingen 37, 1956, S. 1–121.

DILTHEY, W.: Das Erlebnis und die Dichtung. Leipzig 1906.

DILTHEY, W.: Von deutscher Dichtung und Musik. Leipzig, Berlin 1933.

DIRSCHAUER, K.: Der totgeschwiegene Tod. Bremen 1973.

DÖBLIN, A.: Die Zeitlupe. Freiburg i. Br. 1962.

DOELLE, W.: Der manipulierte Tod. Möglichkeiten und Grenzen der Sterbehilfe in medizinischer Sicht. In: Schwartländer, J. (Hrsg.): Der Mensch und sein Tod. Göttingen 1976, S. 45–60.

DOERR, W.: Arzt und Tod. In: Jansen, H. H. (Hrsg.): Der Tod in Dichtung, Philosophie und Kunst. Darmstadt 1978, S. 1–11.

DREIFUSS, E.: Die Bedeutung der Kunstpsychotherapie in der Behandlung Krebskranker. Schweiz. Rundschau Medizin 24, 1981, S. 1095 ff.

DREIFUSS, E.: Verlust- und Trauerarbeit in der jüdischen Tradition. Schweiz. Ärztezeitung 64, 1983, S. 1928–1935.

DREIFUSS, E., MEERWEIN, F.: Die Psychotherapie mit Sterbenden – der Beitrag der Psychoanalyse. Noch unveröffentlichtes Manuskript. 1982.

DREWERMANN, E.: Strukturen des Bösen. 3 Bde., Paderborn 1977.

DURKHEIM, E.: Der Selbstmord. Neuwied, Berlin 1973.

DÜRRENMATT, E.: »Ein Monument aus helvetischem Bernergips«. Ansprache. Tages-Anzeiger, 9. 1. 1981.

EBELING, E.: Tod und Leben nach den Vorstellungen der Babylonier. I. Teil (Texte): Berlin, Leipzig 1931.

EBELING, H. (Hrsg.): Der Tod in der Moderne. Königstein 1979.

ECCLES, J. C.: Das Problem von Gehirn und Geist. In: Kindlers Enzyklopdäie, »Die Psychologie des 20. Jahrhunderts«. Bd. VI. Zürich 1978, S. 1131–1177.

ECCLES, J. C., ZEIER, H.: Gehirn und Geist. München 1980.

EDEBAU, F.: James Ensor und der Tod. In: Jansen, H. H. (Hrsg.): Der Tod in Dichtung, Philosophie und Kunst. Darmstadt 1978, S. 133–143.

EIBACH, H.: Sterbehilfe in der Klinik unter Einsatz des Katathymen Bilderlebens. Psychotherapie Medizinische Psychologie 29, 1979, S. 96–104.

EIBACH, U.: Recht auf Leben – Recht auf Sterben. Wuppertal [2]1977.

EIBL-EIBESFELDT, I.: Die Entwicklung der destruktiven Aggression. In: Materia Medica Nordmark 32, 1980, S. 16–29.

EICHLER, J.: Humanes Sterben – auch im Krankenhaus? Schweiz. Ärztezeitung 60, 1979, S. 2411–2412.

EIGEN, M.: Leben. In: Meyers Enzyklopädisches Lexikon. Wien, Zürich, Mannheim 1975.

EIGEN, M.: Das Gesetz der Evolution. Neue Zürcher Zeitung 17./18. 4. 1982.

EIGEN, M., WINKLER, R.: Das Spiel. Naturgesetze steuern den Zufall. München, Zürich [3]1975.

EIGEN, M., GARDINER, W., SCHUSTER, P., WINKLER, R.: Ursprung der genetischen Information. In: Spektrum der Wissenschaft. Weinheim 1981, S. 37–56.

EINSTEIN, A.: Mein Weltbild. Amsterdam 1934.

EISSLER, K. R.: Der sterbende Patient. Zur Psychologie des Todes. Stuttgart 1978.

ELIAS, N.: Über die Einsamkeit der Sterbenden. Frankfurt/M. 1982.

ELIOT, A.: Mythen der Welt. Zürich 1978.

ELZE, M.: Spätmittelalterliche Predigt im Angesicht des Todes. In: Lohse, B., Schmidt, H. P.: Leben angesichts des Todes. Tübingen 1968.

ERPEN, H.: Die Sucht mager zu sein. Der Kampf mit dem eigenen Körper. Zürich 1990.

ESER, A.: Der manipulierte Tod? Möglichkeiten und Grenzen der Selbsthilfe aus rechtlicher Sicht. In: Schwartländer, J. (Hrsg.): Der Mensch und sein Tod. Göttingen 1976, S. 82–93.

ESSLIN, M.: Das Theater des Absurden. Frankfurt/M. [2]1967.

EVANS-WENTZ, W. Y. (Hrsg.): Das Tibetanische Totenbuch. Olten, Freiburg i. Br., [12]1978.

FALLER, A.: Biologisches von Sterben und Tod. Anima 11, 1956, S. 260–268.

FALLER, A.: Die Ontogenese des Menschen – aus der Sicht des Biologen. In: Condrau, G., Hicklin, A. (Hrsg.): Das Werden des Menschen. Bern 1977, S. 77–94.

FEHR, K.: Leben und Tod bei Gottfried Keller. Schweiz. Monatshefte 30, 1950, S. 565–580.

FETSCHER, I.: Der Tod im Lichte des Marxismus. In: Paus, A.: Grenzerfahrung Tod. Graz 1976, S. 28.

FETSCHER, I.: Vorwort zu Reisinger, F. (Hrsg.): Der Tod im marxistischen Denken. München 1977.

FEUERBACH, L.: Gedanken über Tod und Unsterblichkeit (Anonym) 1830.

FINK, E.: Metaphysik und Tod. Stuttgart 1969.

FISCHLI, L., HINSHAW, R. (Hrsg.): Im Umkreis des Todes. Zürich 1980.

FORD, A.: Bericht vom Leben nach dem Tode. München, Zürich 1980.

FRÄNKEL, H.: Dichtung und Philosophie des frühen Griechentums. München [3]1969.

FRANKL, V. E.: Das Leiden am sinnlosen Leben. Freiburg i. Br. 1977.

FRANZ, M. L. VON: Archetypische Erfahrungen in der Nähe des Todes. In: Fischli, L., Hinshaw, R.: Im Umkreis des Todes. Zürich 1980, S. 97–135.

FRANZ, M. L. VON: C. G. Jungs Auffassung von Alter und Tod und ihre Bedeutung für die analytische Therapie alter Menschen. In: Petzold, H., Bubolz, E.: Psychotherapie bei alten Menschen. Paderborn 1979, S. 131–143.

FREUD, S.: Tatbestanddiagnostik und Psychoanalyse. (1906) GW VII Frankfurt/M. [5]1972, S. 1–15.

FREUD, S.: Bemerkungen über einen Fall von Zwangsneurose. (1909) GW VII Frankfurt/M. [5]1973, S. 379–463.

FREUD, S.: Totem und Tabu. (1912) GW IX Frankfurt/M. [5]1973, S. 1–194.

FREUD, S.: Das Motiv der Kästchenwahl. (1913) GW X Frankfurt/M. [6]1973, S. 23–37.

FREUD, S.: Zeitgemäßes über Krieg und Tod. (1915) GW X Frankfurt/M. [6]1973, S. 324–355.

FREUD, S.: Vorlesungen zur Einführung in die Psychoanalyse. (1918) GW XI Frankfurt/M. [6]1973, S. 1–482.

FREUD, S.: Jenseits des Lustprinzips. (1920) GW XIII Frankfurt/M. 1972, S. 1–69.

FREUD, S.: Das Ich und das Es. (1923) GW XIII Frankfurt/M. ⁷1972, S. 235–289.

FREUD, S.: Hemmung, Symptom und Angst (1926) GW XIV Frankfurt/M. ⁵1972, S. 111–205.

FREUD, S.: Das Unbehagen in der Kultur. (1930) GW XIV Frankfurt/M. ⁵1972, S. 419–506.

FREUD, S.: Abriß der Psychoanalyse. (1953) GW XVII Frankfurt/M. 1954, S. 63–138.

FREY-ROHM, L.: Sterbeerfahrungen psychologisch beleuchtet. In: Fischli, L., Hinshaw, R. (Hrsg.): Im Umkreis des Todes. Zürich 1980.

FRIED, E.: Warngedichte. München 1964.

FRIEDRICH, W. H.: Verwundung und Tod in der Ilias. Homerische Darstellungsweisen. In: Abh. der Akademie der Wissenschaften in Göttingen. Göttingen 38, 1956, S. 1–121.

FRIEDRICH, H.: Die ärztliche Sterbehilfe aus strafrechtlicher Sicht. In: Saner, H., Holzey, H.: Euthanasie. Basel, Stuttgart 1976, S. 69–94.

FRISCH, M.: Tagebücher 1946–1949 und 1966–1971. Werkausgabe, Frankfurt/M. 1975.

FRITSCH, B.: Wir werden überleben. Orientierungen und Hoffnungen in schwieriger Zeit. München, Wien 1981.

FROMM, E.: Die Revolution der Hoffnung. Für eine Humanisierung der Technik. Reinbek/Hamburg 1974.

FUCHS, W.: Todesbilder in der modernen Gesellschaft. Frankfurt/M. ²1979.

FURGER, F.: Wie erhalten ethische Grundsätze Relevanz für die Forschung? Neue Zürcher Zeitung, 25. 3. 1980.

FURMANN, R. A.: Der Tod und das Kind. Psyche 20, 1966, S. 766–777.

GABOR, D., COLOMBO, U.: Das Ende der Verschwendung. Zur materiellen Lage der Menschheit – ein Tatsachenbericht an den Club of Rome. Stuttgart 1976.

GALVIN, J.: Tod, Trauer und Begräbnis. Psyche 3, 1950, S. 796–800.

GAMPER, V.: Werden der Persönlichkeit, Reifung und Individuation. In: Kindlers Enzyklopädie »Der Mensch« Bd. IV. München 1981, S. 438–503.

GEBSATTEL, V. VON: Prolegomena einer medizinischen Anthropologie. Berlin, Göttingen, Heidelberg 1954.

GEBSATTEL, V. VON: Die phobische Fehlhaltung. In: Handbuch für Neurosenlehre und Psychotherapie, Bd. II, München, Berlin 1959, S. 102–124.

GEBSATTEL, V. VON: Die anakastische Fehlhaltung. In: Handbuch für Neurosenlehre und Psychotherapie, Bd. II., München, Berlin 1959, S. 125–142.

GEEST, H. VAN DER: Unter vier Augen, Zürich 1981.

GEIST, H.: Römische Grabinschriften. München ²1976.

GEISTLICH, A.: Sterben im Spital. Betreuung Todkranker als Spezialdisziplin? Neue Zürcher Zeitung, 19. 11. 1980.

GERMANN, G.: Sterbebilder um 1500. Schweiz. Ärztezeitung 58, 1977, S. 2038–2041.

GIGON, O.: Der Ursprung der griechischen Philosophie von Hesiod bis Parmenides. Basel 1945.

GIGON, O.: Sokrates. Bern 1947.

GIGON, O.: Einleitung zu Aristoteles' »Poetik«. Stuttgart 1961.

GILL, D.: Elisabeth Kübler-Ross. Wie sie wurde, wer sie ist. Stuttgart 1981.

GLASER, B. B., STRAUSS, A.: Interaktion mit Sterbenden. Göttingen 1974.

GLOOR, A.: (Hrsg.): Die Zukunft im Angriff. Frauenfeld, Stuttgart 1971.

GODA, G., JUNOT, H. P.: Die Psychologie des betagten Patienten. In: Folia psychopratica 9, Basel 1979, S. 1–19.

GOERGES, H.: Das Klangsymbol des Todes im dramatischen Werk Mozarts. München 1969.

GOETSCHI, R.: Der Mensch und seine Schuld. Das Schuldverständnis der Psychotherapie in seiner Bedeutung für Theologie und Seelsorge. Zürich, Einsiedeln, Köln 1976.

GOLLWITZER, H.: Exkurs über das Todesproblem im Marxismus. Almanach für Literatur und Theologie 5. 1971.

GOMBRICH, E. H.: Die Geschichte der Kunst. Wien 1959.

GORDON, A.: Die jüdische Auffassung des Todes. Richtlinie für die Trauer. In: Kübler-Ross, E.: Reif werden zum Tode. Stuttgart ⁸1988, S. 80–89.

GORER, G.: Die Pornographie des Todes. In: Der Monat 8, 1956, S. 58–62.

GÖRES, J.: Goethes Gedanken über den Tod. In: Jansen, H. H. (Hrsg.): Der Tod in Dichtung, Philosophie und Kunst. Darmstadt 1978, S. 202–212.

GOSZTONIYI, A.: Versuchsobjekt Mensch. Neue Zürcher Zeitung, 2. 9. 1971.

GOVINDA, A.: Die Bedeutung des Bardo Thödol vom religiösen, historischen und textkritischen Standpunkt aus. In: Evans-Wentz, W.Y.: Das tibetanische Totenbuch. Olten, Freiburg i.Br. ²1978, S. 21–40.

GRÄF, E.: Auffassungen vom Tod im Rahmen islamischer Anthropologie. In: Schwartländer, J. (Hrsg.): Der Mensch und sein Tod. Göttingen 1976, S. 126–145.

GRAHAM, P.: Wissenschaftler warten auf Signale aus dem Universum. Schweiz. Ärztezeitung 61, 1980, S. 3133–3135.

GRASSI, C.: Entschließungen des Marburger Bundes. Schweiz. Ärztezeitung 62, 1981a, S. 1629–1631.

GRASSI, C.: Internationale Zusammenarbeit auf dem Gebiet der Depressionsbehandlung. Bedeutung und Arbeit des Internat. Comitees für Prophylaxe und Therapie der Depression. Schweiz. Ärztezeitung 62, 1981b, S. 299–301.

GRESHAKE, G.: Tod und Auferstehung. In: Christlicher Glaube in moderner Gesellschaft, Bd. 5. Freiburg i.Br., Basel, Wien 1980, S. 63–130.

GROF, S.: Die Erfahrungen des Todes. In: Integrative Therapie 2/3, 1980, S. 157–180.

GROF, S., HALIFAX, J.: Die Begegnung mit dem Tod. Stuttgart 1980.

GROSS, F.: Realisten des 19. Jahrhunderts als »Idylliker«. Auch ein Beitrag zur Realismusdebatte. In: Kritische Berichte 11, 1983, 2, S. 58–80.

GUERRY, L.: Le thème du »Triomphe de la mort« dans la peinture italienne, Paris 1950.

HAAS, A. M.: Die Auffassung des Todes in der deutschen Literatur des Mittelalters. In: Gerontologie 11, 1978, S. 633–644.

HAEMMERLI, U.P.: Medizin und Menschenrechte. In: Höfer, W. (Hrsg.): Leben müssen – sterben dürfen. Bergisch-Gladbach 1977.

HÄFNER, H.: Angst, Furcht. In: Ritter, H. (Hrsg.): Historisches Wörterbuch der Philosophie, Bd. 1, Basel, Stuttgart 1971, S. 311–314.

HÄGNI, R.: Gesammelte Gedichte. Stäfa 1980.

HAHN, G.: Vom Sinn des Todes. Texte aus drei Jahrtausenden. Zürich 1975.

HAIER, U.: Maschinen, Macht und Menschen. Schweiz. Handelszeitung (Interview), 8. 9. 1981.

HAMEL, F.: Geschichte der Musik im europäischen Kulturkreis. In: Hamel, F., Hürlimann, M. (Hrsg.): Das Atlantisbuch der Musik. Berlin, Zürich 1934, S. 101–400.

HAMEL, F., HÜRLIMANN, M. (Hrsg.): Das Atlantisbuch der Musik. Berlin, Zürich 1934.

HAMEL, P.M.: Durch Musik zum Selbst. Bern, München, Wien 1976.

HAMEL, P.M.: Musik als Träger transzendentaler Erfahrung. In: Condrau, G.(Hrsg.): Transzendenz, Imagination und Kreativität. Kindlers Enzyklopädie des 20. Jahrhunderts. Bd. XV. Zürich 1979, S. 1086–1093.

HAMMER, F.: Euthanasie philosophisch beurteilt. In: Saner, H., Holzhey, H. (Hrsg.): Euthanasie. Basel, Stuttgart 1976, S. 95–141.

HARK. H.: Träume als Ratgeber. Olten 1983.

HART-NIBBRIG, CH.L.: Tränen auf Papier. Notizen zur Geschichte literarischer Trauerarbeit. Schweizer Monatshefte 62, 1982, S. 433–450.

HASELOFF, O.W.: Struktur und Dynamik des menschlichen Verhaltens. Stuttgart 1970.

HASELOFF, O.W., JORSWIECK, E.: Psychologie des Lernens. Berlin 1970.

HAUSMANN, M.: Liebe, Tod und Vollmondnächte. Zürich 1980.

HEIDEGGER, M.: Sein und Zeit. Tübingen 1927.

HEIDEGGER, M.: Über den Humanismus, Frankfurt/ M. 1947.

HEIDEGGER, M.: Vom Wesen der Wahrheit. Frankfurt/ M. [3]1954.

HEIDEGGER, M.: Gelassenheit. Pfullingen 1959.

HEIDEGGER, M.: Was ist Metaphysik? Frankfurt/M. [8]1960.

HEIDEGGER, M.: Der Ursprung des Kunstwerkes. Stuttgart 1962.

HEIDEGGER, M.: Bauen, Wohnen, Denken. In: Vorträge und Aufsätze II. Pfullingen 1967a, S. 19–36.

HEIDEGGER, M.:... Dichterisch wohnt der Mensch... In: Vorträge und Aufsätze II. Pfullingen 1967b, S. 61–78.

HEIDEGGER. M.: Moira (Parmenides VIII, 34–44). In: Vorträge und Aufsätze III. Pfullingen [3]1967c, S. 27–52.

HEIDEGGER, M.: Logos (Heraklit, Fragmente 50). In: Vorträge und Aufsätze III. Pfullingen [3]1967d, S. 3–25.

HEIDEGGER, M.: Aletheia (Heraklit, Fragmente 16). In: Vorträge und Aufsätze III. Pfullingen [3]1967e, S. 53–78.

HEIDEGGER, M.: »Nur noch ein Gott kann uns retten«. Der Spiegel (Interview), 31. 5. 1976.

HEIDEGGER, M.: Hölderlins Hymne »Andenken«. GA Bd. 52, Frankfurt/M. 1982.

HEIDEGGER, M.: Parmenides, 1942/43. GA Bd. 54. Frankfurt/M. 1982.

HEILMANN, A.: Texte der Kirchenväter IV. München 1964.

HEITSCH, E.: Parmenides. Die Fragmente. München 1974.

HELLER, Z.I.: Die jüdische Auffassung des Todes. Richtlinien für das Sterben. In: Kübler-Ross, E.: Reif werden zum Tode. Stuttgart [8]1988, S. 73–79.

HENSELER, H.: Narzißtische Krisen. Zur Psychologie des Selbstmords. Hamburg 1974.

HENTIG, H. VON: Der nekrotope Mensch. Vom Totenglauben zur morbiden Todesnähe. Stuttgart 1964.

HERBIG, J.: Die Gen-Ingenieure. München, Wien 1978.

HERDER-VERLAG: Im Angesicht des Todes leben. Mit einem Essay von Robert Scherer. In: Christlicher Glaube in moderner Gesellschaft. Quellenband 6, Freiburg i.Br. 1983.

HERRIGEL, E.: Zen in der Kunst des Bogenschießens. Weilheim [20]1981.

HERSCH, J.: Ethik und Medizin. In: C.W.: Die Fortschritte der Medizin und die Menschenwürde. Neue Zürcher Zeitung, 2. 4. 1980.

HERSCHE, O. (Hrsg.): Was wird morgen anders sein. Wissenschaftler sehen die Zukunft. Zürich 1969.

HERZOG, E.: Psyche und Tod. Zürich, Stuttgart 1960.

HERZOG-DÜRCK, J.: Der Depressive und die Hoffnung. In: Sborowitz, A., Michel, E.: Der leidende Mensch. Düsseldorf, Wien 1960.

HICKLIN, A.: Des Menschen Zeit und Beginn. In: Condrau, G., Hicklin, A. (Hrsg.): Das Werden des Menschen. Bern 1977, S. 121–130.

HICKLIN, A.: Unveröffentlichter Vortrag. Berlin 1978.

HICKLIN, A.: Phänomenologie des Gewissens. In: Condrau, G. (Hrsg.): Transzendenz, Imagination und Kreativität. Zürich 1979, S. 446–453.

HICKLIN, A.: Begegnung und Beziehung. Bern 1982.

HICKLIN, A.: Narzißmustheorien und Daseinsanalyse. In: Daseinsanalyse I, 1984, S. 81–131.

HILGA, H.: Der Traum von Liebe und Tod. Marburg 1979.

HILLMANN, J.: Selbstmord und seelische Wandlung. Zürich 1966.

HIRSCH, S.L.: Ferdinand Hodler, München 1981.

HISHINUMA: zit. n. Kupper, J.: Sterblichkeitsforschung im Wandel der Zeit. Schweiz. Ärztezeitung 61, 1980, S. 2087–2090.

HITZIG, W.H., KIEPENHEUER, K.: Das Kind und der Tod. In: Hexagon-Roche, Basel 4, 1976, 7, S. 1–10.

HÖFER, J., RAHNER, K.: Lexikon für Theologie und Kirche. Bd. X, Freiburg i.Br. 1965.

HÖFER, W. (Hrsg.): Leben müssen – sterben dürfen. Bergisch-Gladbach 1977.

HOLDEREGGER, A.: Selbstmord bei Jugendlichen – Anzeichen der Erkennung. In: Informatio 26, 1981, S. 57–69.

HÖLSCHER, U. (Hrsg.): Parmenides. Vom Wesen des Seienden. Die Fragmente, griechisch und deutsch. Frankfurt/M. 1969.

HOLZ, H.H.: Betrachtungen eines Atheisten über Sterben und Tod. In: Kindlers Enzyklopädie »Der Mensch«, Bd. IV., Zürich 1981, S. 713–722.

473

HOLZKAMP, K.: Kritische Psychologie. Franfurt/M. 1972.

HONECKER, M.: Die Todesstrafe in der Sicht evangelischer Theologie. Concilium 14, 1978, S. 666–671.

HORAZ: Werke. München [8]1979.

HORNUNG, E. (Hrsg.): Das Totenbuch der Ägypter. Zürich, München 1979.

HÜGLI, A.: Zur Geschichte der Todesdeutung. Versuch einer Typologie. In: Studia Philosophica XXXII. 1972, S. 1–28.

HUIZINGA, J.: Herbst des Mittelalters, Stuttgart [5]1939.

HUSEMANN, F.: Vom Bild und Sinn des Todes. Geschichte, Physiologie und Psychologie des Todesproblems. Stuttgart [3]1977.

ILLICH, I.: Die Nemesis der Medizin. Reinbek/Hamburg 1977.

ILLICH, I.: Tod kontra Tod. In: Ebeling, H. (Hrsg.): Der Tod in der Moderne. Königstein 1979, S. 184–209.

JAEGER, W.: Die Theologie der frühen und griechischen Denker. Stuttgart 1953.

JAFFÉ, A.: Der Tod in der Sicht von C.G. Jung. In: Fischli, L., Hinshaw, R. (Hrsg.): Im Umkreis des Todes. Zürich 1980, S. 29–95.

JANKELEVITCH, V.: La vie et la mort dans la musique de Débussy. Neuchâtel 1968.

JANSEN, H.H. (Hrsg.): Der Tod in Dichtung, Philosophie und Kunst. Darmstadt 1978.

JASPERS, K.: Der philosophische Glaube. München 1948, [6]1974.

JASPERS, K.: Philosophie, Bd. II und Bd. III. Berlin, Göttingen, Heidelberg 1956.

JASPERS, K.: Der philosophische Glaube angesichts der Offenbarung. München 1962.

JASPERS, K.: Einführung in die Philosophie. Zürich [4]1963.

JASPERS, K.: Schicksal und Wille. Autobiographische Schriften. München 1967.

JENNY, G.: Auf der Suche nach Wahrheit. Zürich 1961.

JORES, A.: Lebensangst und Todesangst. In: Die Angst. Studien aus dem C.G. Jung-Institut. Zürich, Stuttgart 1959, S. 175–187.

JUNG, C.G.: Erinnerungen, Träume, Gedanken, Olten 1962.

JUNG, C.G.: Psychologischer Kommentar zu Das Tibetanische Totenbuch der großen Befreiung (1939) GW XI, Zürich 1963,S. 550–567.

JUNG, C.G.: Über die Energetik der Seele. (1928) GW VIII, Zürich 1967, S. 1–73.

JUNG, C.G.: Das Gewissen in psychologischer Sicht. In: Das Gewissen. Studien aus dem C.G. Jung-Institut. Zürich 1958, S. 185–207.

JUNG, C.G.: Praxis der Psychotherapie. Zürich 1958.

JUNG, C.G.: Mysterium Coniunctionis. (1954) GW XIV/I, Zürich 1968.

JUNG, C.G.: Die Beziehungen zwischen dem Ich und dem Unbewußten. (1928, [2]1934) GW VII, Zürich 1964, S. 131–264.

JUNG, C.G.: Briefe II. Olten 1973.

JUNG, C.G.: Geleitwort und psychologischer Kommentar zum Bardo Thödol. In: Evans-Wentz, W.Y.

(Hrsg.): Das Tibetanische Totenbuch. Olten, Freiburg i.Br. [12]1978, S. 41–56.

JÜNGEL, E.: Zum Ursprung der Analogie bei Parmenides und Heraklit. Berlin 1964.

JÜNGEL, E.: Tod. Stuttgart 1971.

JÜNGEL, E.: Der Tod als Geheimnis des Lebens. In: Schwartländer, J. (Hrsg.): Der Mensch und sein Tod. Göttingen 1976a, S. 108–125.

JÜNGEL, E.: Der Tod als Geheimnis. In: Paus, A.: Grenzerfahrung Tod. Graz 1976b, S. 9–36.

KÄGI, E.A.: Die unzufriedene Gesellschaft. Neue Zürcher Zeitung, 23./24. 12. 1978.

KAISER, O., LOHSE, E.: Tod und Leben, Stuttgart 1977.

KAMLAH, W.: Meditatio mortis. Stuttgart 1976.

KAMLAH, W.: Meditatio mortis. In: Ebeling, H. (Hrsg.): Der Tod in der Moderne. Königstein 1979, S. 210–225.

KAST, V.: Trauern. Stuttgart [10]1989.

KASTENBAUM, R., AISENBERG, R.: The psychology of death. New York 1972.

KAUTZKY, R. (Hrsg.): Sterben im Krankenhaus. Aufzeichnungen über einen Tod. Freiburg i.Br. [7]1981.

KELEMAN, S.: Lebe Dein Sterben. Hamburg 1977.

KERENYI, K.: Sophokles. In: Kindlers Enzyklopädie »Die Großen der Weltgeschichte«. Bd. I, Zürich, 1971, S. 484–495.

KERNBERG, E.F.: Objektbeziehungen und Praxis der Psychoanalyse. Stuttgart 1981.

KERNER, D.: Krankheiten großer Musiker. Bd. 2, Stuttgart, New York [2]1977.

KIELHOLZ, P.: Prophylaxe der Altersdepressionen. Schweiz. Ärztezeitung 62, 1981, S. 2580–2605.

KIENECKER, F.: Der Tod in der Dichtung des zwanzigsten Jahrhunderts. In: Paus, A.: Grenzerfahrung Tod. Graz 1976, S. 129–176.

KIEPENHEUER, K.: Die innere Welt des sterbenden Kindes. In: Familiendynamik. Stuttgart 1978, S. 284–298.

KIERKEGAARD, S.: Die Krankheit zum Tode. Düsseldorf. 1957.

KIERKEGAARD, S.: Der Begriff Angst, Düsseldorf 1958.

KIND, H.: Früherkennung des Suizidrisikos und prophylaktische Maßnahmen. In: Praxis der Psychotherapie 16, 1971. S. 175–184.

KIRSCHBAUM, E.: Lexikon der christlichen Ikonographie. Rom, Freiburg i.Br., Basel, Wien 1972.

KLES, H.: Totenglauben und Jenseitsvorstellungen der alten Ägypter. Berlin 1956.

KLIMKEIT, H.J. (Hrsg.): Tod und Jenseits im Glauben der Völker. Wiesbaden 1978.

KLUGE, A.: Neue Geschichten. »Unheimlichkeit der Zeit«. Frankfurt/M. 1979.

KNAPP, G.: Mensch und Krankheit. Stuttgart 1970.

KOESTLER, A.: Der Mensch – Irrläufer der Evolution. Bern, München 1978.

KOHLER, G.: Die Gefahr der achtziger Jahre. Aufsätze von C.F. von Weizsäcker. Neue Zürcher Zeitung, 10. 3. 1982.

KOHUT, H.: Die Heilung des Selbst. Frankfurt/M. 1981.

KOLAKOWSKI, L.: Der Mensch ohne Alternative. München 1976.

KOLAKOWSKI, L.: Toleranz und Absolutheitsansprüche. In: Christlicher Glaube in moderner Gesellschaft. Bd. 26. Freiburg i. Br. 1980, S. 5–38.

KOPKA, D.: Die Andern, die Liebe, der Tod. Gedichte. Darmstadt 1973.

KÖRNER, O.: Die ärztlichen Kenntnisse in Ilias und Odyssee. München 1929.

KOWALSKI, E.: Wurzeln und Folgen der Technikfeindlichkeit. Neue Zürcher Zeitung, 28. 4. 1982.

KRAFT, H.: Objektverlust und Kreativität – eine Darstellung anhand Ferdinand Hodlers Werkzyklus über Valentine Godé-Darel. In: Psychoanalyse und Psychosomatische Medizin 27, 1981, S. 390–400.

KROLL, E.: Die Oper. Ein Gang durch ihre Geschichte. In: Hamel, F., Hürlimann, M. (Hrsg.): Das Atlantisbuch der Musik. Berlin, Zürich 1934, S. 301–796.

KRUSCHE, D.: Reclams Filmführer. Stuttgart ³1977.

KÜBLER-ROSS, E.: Menschlich sterben. In: Paus, A.: Grenzerfahrung Tod. Graz 1976, S. 339–347.

KÜBLER-ROSS, E.: Was können wir noch tun? Antworten auf Fragen nach Sterben und Tod. Stuttgart, ⁶1983.

KÜBLER-ROSS, E.: Interviews mit Sterbenden. Stuttgart ¹⁷1989.

KÜBLER-ROSS, E.: Leben bis wir Abschied nehmen. Stuttgart, ⁵1990.

KÜBLER-ROSS, E. (Hrsg.): Reif werden zum Tode. Stuttgart ⁸1988.

KÜBLER-ROSS. E.: Playboy (Interview), Mai 1981.

KÜBLER-ROSS. E.: Verstehen, was Sterbende sagen wollen. Stuttgart ⁵1990.

KÜBLER-ROSS. E.: Kinder und Tod. Zürich ⁴1990.

KÜNG, E.: Ist unsere westliche Welt dekadent? Schweizer Monatshefte 62, 1982a, S. 313–322.

KÜNG, H.: Ewiges Leben? München, Zürich 1982b.

KUNZ, H.: Grundfragen der psychoanalytischen Anthropologie. Göttingen 1975.

KÜNZLER, D.: Sterblichkeitsforschung im Wandel der Zeit. Was bringt die Zukunft? Schweiz. Ärztezeitung 61, 1980, S. 2445.

KUPPER, J.: Sterblichkeitsforschung im Wandel der Zeit. Schweiz. Ärztezeitung 61, 1980, S. 2087–2090.

KÜPPERS, B.O.: Wie die toten Moleküle einst den Sprung ins Leben lernten. Die Welt, 2. 6. 1979.

KURZ, G.: Traum-Schrecken. Kafkas literarische Existenzanalyse. Stuttgart 1980.

LABHARDT, F.: Grenzen der Medizin. Schweiz. Ärztezeitung 61, 1980, S. 67–68.

LANDAU, E.: Sterbehilfe mit dem Katathymen Bilderleben. In: Leuner, H. (Hrsg.): Katathymes Bilderleben. Bern, Stuttgart, Wien 1980, S. 255–262.

LANDSBERG, P. L.: Die Erfahrung des Todes. Frankfurt/M. 1973.

LASCH, CH.: Das Zeitalter des Narzißmus. München 1982.

LAU, E. E.: Tod im Krankenhaus. Köln 1975.

LEFRANÇOIS, G. R.: Psychologie des Lernens. Berlin 1976.

LEHMANN, K.: Der Tod bei Heidegger und bei Jaspers. Heidelberg 1938.

LESHAN, L.: Psychotherapie gegen den Krebs. Stuttgart 1982.

LEUENBERGER, R.: Der Tod – Schicksal und Aufgabe, Zürich 1971.

LEUNER, H. (Hrsg.): Katathymes Bilderleben. Bern, Stuttgart, Wien 1980.

LEWIS, C. S.: Über die Trauer. Zürich, Einsiedeln, Köln 1982.

LINDEN, J.: Der letzte Brief, Berlin 1919.

LINTZEL, M.: Liebe und Tod bei Heinrich von Kleist. In: Berichte über die Verhandlungen der Sächsischen Akademie der Wissenschaften zu Leipzig. Berlin 1950.

LOHFF, W.: Theologische Erwägungen zum Problem des Todes. In: Lohse, B., Schmidt, H. P.: Leben angesichts des Todes. Tübingen 1968, S. 157–170.

LOHMANN, R.: Bilder der Angst. In: Praxis der Psychotherapie X, 1965, S. 49–60.

LOHSE, B., SCHMIDT, H. P. (Hrsg.): Leben angesichts des Todes. Festschrift für H. Thielicke. Tübingen 1968.

LOOSLI, G. K.: Ferdinand Hodler – Leben, Werk, Nachlaß. 4 Bde. Bern 1921–1924.

LOTZ, J. B.: Tod als Vollendung. Von der Kunst und Gnade des Sterbens. Frankfurt/M. 1976a.

LOTZ, J. B.: Der Tod in theologischer Sicht. In: Paus, A.: Grenzerfahrung Tod. Graz 1976b, S. 73–82.

LOTZ, J. B.: Wider den Unsinn. Zur Sinnkrise unseres Zeitalters. Frankfurt/M. 1977.

LOTZ, J. B.: Theologie des Todes. In: Jansen, H. H. (Hrsg.): Der Tod in Dichtung, Philosophie und Kunst. Darmstadt 1973, 23–36.

LÖWITH, K.: Die Freiheit zum Tode. In: Campenhausen, H. von, Schäfer, H.: Was ist der Tod? Heidelberg, München 1969, S. 167–178.

LÜBBE, H.: Wissenschaftsfeindschaft und Wissenschaftsmoral. Uni 4, Juni 1979.

LÜBBE, H.: Wissenschaftsfeindschaft und Wissenschaftsmoral. Neue Zürcher Zeitung, 22./23. 11. 1980.

LÜBBE, H.: Technik und Gesellschaft. Ideologie und Politik. Tages-Anzeiger, 16. 3. 1982a.

LÜBBE, H.: Darwin oder die weltanschaulichen Folgen einer wissenschaftlichen Revolution. Neue Zürcher Zeitung. 17./18. 4. 1982b.

LUNDHOLM, A.: Mit Ausblick zum See. Hamburg 1979.

LÜOND, K.: Fürchtet euch nicht, denn Sterben ist schön (Elisabeth Kübler-Ross im Kongreßhaus Zürich), Züri-Woche 16. 6. 1983.

LÜSSI, P.: Atheismus und Neurose. Göttingen 1979.

LÜTHY, H. A.: National and International Aspects of Realist Painting in Switzerland. In: Weisberg, G. P. (Hrsg.): The European Realist Tradition. Bloomington 1980, S. 145–186.

LÜTHY, H. A.: Zur Ikonographie der Katastrophe in der Malerei. In: DU 33, 1973, S. 73–117.

LUYTEN, N. A.: Die Phylogenese des Menschen – aus philosophischer Sicht. In: Condrau, G., Hicklin, A. (Hrsg.): Das Werden des Menschen. Bern 1977, S. 65–67.

LUYTEN, N. A. (Hrsg.): Tod – Ende oder Vollendung? Freiburg i. Br., München 1980a.

LUYTEN, N. A. (Hrsg.): Todesverständnis und Menschenverständnis. Zum Todesverständnis von K. Rahner und L. Boros. In: Luyten, N. A. (Hrsg.): Tod – Ende oder Vollendung? Freiburg i. Br., München 1980b, S. 161–189.

LUYTEN, N. A. (Hrsg.): Tod, Preis des Lebens? Freiburg i. Br. 1982.

MACH, R. R., GSELL, O.: Die Bildung von medizinisch-ethischen Kommissionen. Schweiz. Ärztezeitung 61, 1980, S. 254–261.

MAIENHÖFER, F.: Man stirbt. Zum Verständnis des Todes im dramatischen Werk Ionescos. In: Jansen, H. (Hrsg.): Der Tod in Dichtung, Philosophie und Kunst. Darmstadt 1978, S. 225–233.

MANN, U.: Der Tod in der religiösen Vorstellungswelt der Zeiten und Kulturkreise. In: Pause, A. (Hrsg.): Grenzerfahrung Tod. Graz 1976, S. 41–71.

MARCEL, G.: Homo viator. Düsseldorf 1949.

MARCEL, G.: Das ontologische Geheimnis. Stuttgart 1964a.

MARCEL, G.: Gegenwart und Unsterblichkeit. Frankfurt/M. 1961.

MARCEL, G.: Philosophie der Hoffnung. Die Überwindung des Nihilismus. München 1964b.

MARCUSE, H.: Eros und Kultur. Stuttgart 1957.

MARCUSE, H.: Die Ideologie des Todes. In: Ebeling, H. (Hrsg.): Der Tod in der Moderne. Königstein 1979. S. 106–115.

MARGUERRE, K.: Der Todesgedanke in der Musik. In: Z. Gerontologie 11, 1978, S. 525–531.

MATTERN, H.: Der Hausarzt im Grenzbereich zwischen Leben und Tod. Schweiz. Ärztezeitung 60, 1979, S. 2492–2496.

MAUDER, A.: Kunst des Sterbens. Regensburg 1979.

MAURER, E.: Ekstasen und Ohnmachten. Neue Zürcher Zeitung, 12./13. 11. 1983.

MAY, R.: Antwort auf die Angst. Leben mit einer verdrängten Dimension. Stuttgart 1982.

MCINTIRE, M. S.: Zit. n. Bürgin, D.: Das Kind, die lebensbedrohende Krankheit und der Tod. Bern, Stuttgart, Wien 1978.

MCLUHAN, M.: Wohin steuert die Welt? Wien 1978.

MEADOWS, D. (Hrsg.): Die Grenzen des Wachstums. Bericht des Club of Rome zur Lage der Menschheit. Stuttgart 1972.

MEERWEIN, F.: Die Psychologie des Krebskranken. Folia psychopractica 7, Basel 1978.

MEERWEIN, F. (Hrsg.): Einführung in die Psycho-Onkologie. Bern ²1981.

MEERWEIN, F., LEUENBERGER, R.: Trauer und Trost. In: Christlicher Glaube in moderner Gesellschaft. Bd. 10. Freiburg i. Br., Basel, Wien 1980, S. 117–139.

MELCHINGER, S.: Nachwort zu Strindbergs »Totentanz«, Stuttgart 1978, S. 117–126.

MENSE, J. H.: Die Bedeutung des Todes im Werk Franz Kafkas. Frankfurt/M. 1978.

MERTENS, W.: Sozialpsychologie des Experimentes. Das Experiment als soziale Interaktion. Hamburg 1975.

METZGER, A.: Freiheit und Tod. Freiburg i. Br. ²1972.

MEYER, J. E.: Tod und Neurose. Stuttgart 1973.

MEYER, J. E.: Todesangst und das Todesbewußtsein der Gegenwart. Berlin, Heidelberg, New York ²1982.

MILLER, A.: Das Drama des begabten Kindes. Frankfurt/M. 1979.

MINTOSCH, W.: Famous last words. In: Tintenfaß 4. Zürich 1981. S. 283–289.

MIYUKI, M.: Dying isagi-yoku (Sterben in Würde). In: Humanistic Psychology 18, 1978. S. 37–44.

MIYUKI, M.: Self-Realization in ten Exherding Pictures. In: Quadrant, 1982, S. 25–46.

MOLINSKI, W.: Todesstrafe. Sacramento mundi 4., Freiburg i. Br. 1969, S. 927–934.

MOLTMANN, J.: Die Menschlichkeit des Lebens und des Sterbens. Schweiz. Ärztezeitung 54, 1973, S. 367–370 und 400–403.

MOODY, R.: Leben nach dem Tod. Hamburg 1977.

HOODY, R.: Nachgedanken über das Leben nach dem Tod. Hamburg 1978.

MOOR, P.: Die Freiheit zum Tode. Reinbek/Hamburg 1977.

MOUNIER, E.: Angst und Zuversicht des XX. Jahrhunderts. Heidelberg 1955.

MÜLLER, H. J.: Das erbkranke Kind. Schweiz. Ärztezeitung 60, 1979, S. 674–676.

MÜLLER-KUPPERS, M., SCHÖN, E. R.: Selbstmord und Selbstmordversuche bei Jugendlichen. In: Psyche und Soma. CIBA Basel 1979, S. 1–15.

MÜLLER-SCHWEFE, H. R.: Tod und Leben in der modernen Dichtung. In: Lohse, R., Schmidt, H. P.: Leben angesichts des Todes. Tübingen 1968, S. 223–242.

MUMFORD, L.: Mythos der Maschine. Wien 1974.

MUNNICHS, J. M. A.: Konfrontation mit dem Tode. Sterbebeistand. In: Fisseni, H. J.: Gerontologische Z. 13, 1980, S. 97–104.

MÜNSTERBERGER, W.: Vom Ursprung des Todes. In: Psyche 17, 1963/64, S. 149–184.

MUNZ, W.: Der Arzt und der todkranke Patient – soll der Arzt die Wahrheit sagen? Schweiz. Ärztezeitung 60, 1979, S. 2093–2098.

MUSCHG, W.: Tragische Literaturgeschichte. Bern, München ⁴1969.

NAEF, A. P.: Das Gespräch zwischen Krebs-Chirurg, seinem Patienten und dessen Lebensgefährten. Schweiz. Ärztezeitung 61, 1980, S. 1963–1965.

NAGY, M. H.: The childs view of death. New York 1959.

NEILL, S.: Die Macht und die Bewältigung des Todes in Hinduismus und Buddhismus. In: Lohse, B., Schmidt, H. P.: Leben angesichts des Todes. Tübingen 1968, S. 283–305.

NETHERTON, M., SHIFFRIN, N.: Bericht vom Leben vor dem Leben. Reinkarnations-Therapie. Bern, München 1979.

NEUMANN, K. E.: zit. n. Hahn, G., Zürich 1975, S. 69.

NICHOLS, R. UND J.: Begräbnisse. Eine Zeit der Trauer und der Reife. In: Kübler-Ross, E.: Reif werden zum Tode. Stuttgart ⁸1988, S. 133–144.

NICKEL, E.:Was »weiß« die Naturwissenschaft und was darf man von ihr erwarten? In: Vierteljahresheft für Heilpädagogik 48, 1979. S. 259–271.

NORTON, J.: Die Behandlung einer sterbenden Patientin. Psyche 22, 1968, S. 68–86.

OERTER, R.: Moderne Entwicklungspsychologie. Donauwörth ¹²1973.

OSIS, K., HARALDSSON, E.: Der Tod – ein neuer Anfang. Freiburg i. Br. 1978.

OZOLS, J.: Über die Jenseitsvorstellungen des vorgeschichtlichen Menschen. In: Klimkeit, H. J. (Hrsg.):

Tod und Jenseits im Glauben der Völker. Wiesbaden 1978, S. 14–39.

PADRUTT, H.P., KIND, H.: Die Abschätzung der Suizidalität. Überprüfung der praktischen Brauchbarkeit einer Risikoliste zur Abschätzung der Suizidalität. Schweiz. Rundschau für Medizin 1976, S. 5–39.

PATTISON, U.: zit. na. Devron, M.: Sterbebegleitung. Zürich 1982.

PAULING, L.: Leben oder Tod im Atomzeitalter. Wien 1960.

PAUS, A. (Hrsg.): Grenzerfahrung Tod. Graz 1976.

PECCEL, A. (Hrsg.): Das menschliche Dilemma. Zürich 1980.

PEITGEN, W.: Sterben zu Hause. In: Herder-Verlag: Im Angesicht des Todes leben. Christlicher Glaube in moderner Gesellschaft. Quellenband 36, Freiburg i.Br. 1983, S. 235–242.

PERVIN, L.A.: Persönlichkeitstheorien. München 1981.

PETZOLD, H.G.: Integrative Arbeit mit einem Sterbenden mit Gestalttherapie, Poesietherapie und kreativen Medien. In: Integrative Therapie 2/3, 1980, S. 181–193.

PIEPER, J.: Tod und Unsterblichkeit. München 1979.

PLATON: Die Werke des Aufstiegs. Zürich 1948.

PLATT, D.: Alter, Altern und Tod. Kindlers Enzyklopädie »Der Mensch«. Bd. IV. Zürich 1981, S. 305–325.

PÖLDINGER, W.: Familie und Suizid. Schweiz. Ärztezeitung 63, 1982, S. 668–673.

PÖLDINGER, W.: 10 mögliche Fehler im Umgang mit suizidalen und depressiven Patienten. Schweiz. Ärztezeitung 64, 1983, S. 412–415.

PÖLDINGER, W.: Warnsignale des Suizides. CIBA-Revue 1981, S. 4–5.

PÖLDINGER, W.: Abschätzung der Suizidalität. Huber, Bern [2]1982.

PONGRATZ, L.J.: Lehrbuch der klinischen Psychologie. Psychologische Grundlagen der Psychotherapie. Göttingen 1973.

PRAT, H.: Explosion und Verwandlung der Menschheit. Olten, Freiburg i.Br. 1965.

RADDATZ, F.J.: Eros und Tod. Hamburg 1980.

RAHNER, K.: Zur Theologie des Todes. Quaestiones Disputatae. Freiburg i.Br. 1958, [2]1959.

RAHNER, K.: Schriften zur Theologie II. Einsiedeln, Zürich, Köln [4]1960.

RAHNER, K.: Tod. In: Höfer, J., Rahner, K.: Lexikon für Theologie und Kirche. Bd. X, Freiburg i.Br. 1965, S. 222–2226.

RAIMBAULT, G.: Kinder sprechen vom Tod. Klinische Probleme der Trauer. Frankfurt/M. 1980.

RECLAMS KONZERTFÜHRER: Stuttgart [12]1982.

REGENBOGEN, O.: Schmerz und Tod in den Tragödien Senecas. Vortrag Bibl. Warburg 7. Warburg 1930.

REHM, W.: Der Todesgedanke in der deutschen Dichtung vom Mittelalter bis zur Romantik. Halle 1928. Nachdruck Tübingen 1967.

REHM, W.: Orpheus. Der Dichter und die Toten. Selbstdeutung und Todeskult bei Novalis, Hölderlin und Rilke. Düsseldorf 1950.

REICH, W.: Charakteranalyse. Frankfurt/M. [3]1976.

REINER, A.: Einstellung zum Tod in den verschiedenen Lebensaltern. Praxis der Psychotherapie 16, 1971, S. 166–175.

REISINGER, F.: Der Tod im marxistischen Denken heute. München 1977.

REMARQUE, E.M.: Im Westen nichts Neues. Frankfurt/M. 1983.

REST, F.R.: Den Sterbenden beistehen. Heidelberg 1951.

RETHEL, A.: Auch ein Totentanz. Stuttgart 1957.

REVERS, W.J.: Zeit und Zeiten des Menschen. In: Paus. A. (Hrsg.): Grenzerfahrung Tod. Graz 1976. S. 177–199.

RICHARD, TH.: Intellektuelle Technologie. Fortschritt oder Bedrohung? Neue Zürcher Zeitung, 12. 3. 1980.

RICHTER, G.: Kitsch-Lexikon von A bis Z. Gütersloh, Berlin, München, Wien 1972.

RICOEUR, P., MARCEL, G.: Gespräche. Frankfurt/M. 1970.

RINGEL, E.: Selbstmordverhütung. Bern, Stuttgart, Wien 1969.

RINGEL, E.: Suizid und Euthanasie. In: Paus, A. (Hrsg.): Grenzerfahrung Tod. Graz 1976, S. 241–317.

RINGEL, E.: Die Beurteilung des Suizidrisikos. Schweiz. Ärztezeitung 62, 1981, S. 1405ff.

RINSUM, A. UND W. VON: Dichtung und Deutung. München [4]1968.

ROGERS, M.: Genmanipulation – das größte Risiko seit der Atombombe. Bern, Stuttgart 1979.

ROHDE, E.: Psyche. Seelenkult und Unsterblichkeitsglaube der Griechen. Tübingen 1921.

ROHDE, J.J.: Soziologie des Krankenhauses. Stuttgart 1962.

ROHNER, A.: Woher kommt der Mensch? Zürichsee-Zeitung, 13. 3. 1979.

ROLF, H.: Der Tod in mittelhochdeutschen Dichtungen. München 1974.

ROMAN, J.: Exit House. Choosing Suicide as an Alternative. New York 1980. (Deutsche Übersetzung: Freiwilig aus dem Leben. München 1981).

ROSENFELD, H.: Der Tod in der christlichen Kunst. In: Jansen, H.H. (Hrsg.): Der Tod in Dichtung, Philosophie und Kunst, Darmstadt 1978, S. 94–106.

ROZELAAR, M.: Das Leben mit dem Tode in der Antike. In: Paus, A. (Hrsg.): Grenzerfahrung Tod. Graz, Wien, Köln 1976, S. 83–127.

RÜDIGER, H.: Griechische Lyriker. Zürich 1970.

RUDOLF, R.: Ars moriendi. Von der Kunst des heilsamen Lebens und Sterbens. Köln, Graz 1957.

RUELLAN, A.: Die Kunst zu sterben. Wiesbaden 1966.

RYZL, M.: Der Tod und was danach kommt. Weiterleben aus der Sicht der Parapsychologie. Genf 1981.

SAAZ, J. VON: Der Ackermann aus Böhmen (ca. 1401). In. Sanz, W.: Der Humanismus und die deutsche Dichtung des 14. Jahrhunderts. Bd. 2, Wien 1960, S. 35–47.

SAGASTER, K.: Grundgedanken des tibetischen Totenbuches. In: Klimkeit, H.J. (Hrsg.): Tod und Jenseits im Glauben der Völker. Wiesbaden 1978, S. 175–189.

SANER, H.: Vom Anspruch auf ein humanes Sterben. In: Saner, H., Holzhey, H.: Euthanasie. Basel, Stuttgart 1976, S. 9–23.

SANER, H.: Moody, Kübler & Co., Tages-Anzeiger Magazin, 22. 3. 1980.

SANER, H.: Das Sein zum Tode aus philosophischer

477

Sicht. In: Condrau, G. (Hrsg.): Transzendenz, Imagination und Kreativität. Zürich 1979, S. 464–471.

SANER, H.: Sterbehilfe. Schweiz. Ärztezeitung 1977, S. 1616–1623.

SANER, H., HOLZHEY, H. (Hrsg.): Euthanasie. Basel, Stuttgart 1976.

SANZ, E.: Der Humanismus und die deutsche Dichtung des 16. Jahrhunderts. 2. Bd.: Von der Renaissance zum Rokoko. Wien 1960.

SARTRE, J. P.: Das Sein und das Nichts. Hamburg 1962.

SAUER, A.: Kleists Todeslitanei. Hildesheim 1973.

SBOROWITZ, A., MICHEL, E.: Der leidende Mensch. Düsseldorf, Wien 1960.

SCHACHENMEYR, F.: Die minoische Kultur des alten Kreta. Stuttgart, Berlin, Köln, Mainz ²1979.

SCHADEWALDT, H.: Tod und Liebe. In: Die Waage 13, 1974, S. 45–54.

SCHARFENBERG, J.: Die Freiheit zu sterben. In: Monatsschrift für Pastoraltheologie 55, 1966, S. 366–371.

SCHAUB, K.: Albert Camus und der Tod. Zürich 1968.

SCHAUER, A.: Frühgriechischer Totenglaube. Untersuchungen zum Totenglauben der mykenischen und homerischen Zeit. Hildesheim 1970.

SCHEFFCZYK, L.: Die Überwindung von Sünde und Tod in der Auferstehung Jesu Christi. In: Luyten, N. A. (Hrsg.): Tod – Ende oder Vollendung? Freiburg i. Br., München 1980, S. 227–251.

SCHELER, M.: Gesammelte Werke X. Schriften aus dem Nachlaß I. Bern ²1957.

SCHERER, G.: Das Problem des Todes in der Philosophie. Darmstadt 1979.

SCHERER, K.: Der Tod in der deutschen Kunst. In: Westermanns Monatshefte 119, H. 711., Braunschweig 1915.

SCHERER, R.: Einführung zum Quellenband 6 der Enzyklopädie »Christlicher Glaube in moderner Gesellschaft« Herder-Verlag (Hrsg.): »Im Angesicht des Todes leben«. Freiburg i. Br. 1983.

SCHERER, V.: Der Tod in der deutschen Kunst. Westermanns Monatshefte 119, S. 349–361.

SCHIEB, A.: Welchen Preis fordert die Technik vom Menschen? In: Luyten, N. A.: Tod – Ende oder Vollendung? Freiburg i. Br., München 1980, S. 11–54.

SCHIPPERGES, H.: Medizin im Übergang von der Heiltechnik zur Heilkunde. Schweiz. Ärztezeitung 64, 1983, S. 1681–1686.

SCHLETTE, H. R.: Skeptische Religionsphilosophie. Freiburg i. Br. 1972.

SCHLÜTER, J.: Heidegger und Parmenides. Bonn 1979.

SCHMID, P.: Geist ist unbeliebt. Neue Zürcher Zeitung, 9./10. 9. 1978.

SCHMIDT, H. M.: Künstler und Tod – Selbstbildnisse. In: Jansen, H. H. (Hrsg.): Der Tod in Dichtung, Philosophie und Kunst. Darmstadt 1978, S. 120–132.

SCHMIDT, H. P.: Todeserfahrung und Lebenserwartung. In: Lohse, B., Schmidt, H. P.: Leben angesichts des Todes. Tübingen 1968, S. 191–222.

SCHMITT, W. CH.: Reise ans Ende der Angst. Erlebnisse mit der Todesangst. München 1980.

SCHNEIDER, CH. I.: Das Todesproblem bei Hermann Hesse. Marburg 1973.

SCHNEIDER, P. B.: Die Psychologie des Chronischkranken. In: Folia psychopratica 6, Basel 1978, S. 1–20.

SCHNELLMANN, P. W.: Das Mysterium des Todes. Schweiz. Ärztezeitung 58, 1977, S. 2036–2037.

SCHÖB, TH.: Sterben und Tod im Wort und in der Struktur der Tragödien Senecas. Unveröffentlichte Akzeßarbeit, Bern 1944.

SCHÖCK, G.: Seneca für Manager. Zürich, Stuttgart 1970.

SCHOLL, N.: Tod und Leben, München 1974.

SCHOLZ, H.: Der platonische Philosoph auf der Höhe des Lebens und im Anblick des Todes. Tübingen 1931.

SCHOPENHAUER, A.: Über den Tod. In: Die Welt als Wille und Vorstellung. Dresden 1819.

SCHUBERT, TH.: Wer darf sterben? In: Schweiz. Rotes Kreuz 83, 1974, S. 10–11.

SCHÜLLER, B.: Todesstrafe. Lexikon für Theologie und Kirche, Bd. 10. Freiburg 1965, S. 229–230.

SCHULZ, W.: Wandlungen der Einstellung zum Tode. In: Schwartländer, J. (Hrsg.): Der Mensch und sein Tod. Göttingen 1976, S. 94–107.

SCHUSTER, P.: Selbstorganisationsprozeß in der Biologie und ihre Beziehung zum Ursprung des Lebens. In: Mathematisch-naturwissenschaftlicher Unterricht. Bern 1977, S. 324–335.

SCHÜTZINGER, H.: Tod und ewiges Leben im Glauben des Alten Zweistromlandes. In: Klimkeit, H. J. (Hrsg.): Tod und Jenseits im Glauben der Völker. Wiesbaden 1978, S. 48–71.

SCHWARTLÄNDER, J.: Der Tod und die Würde des Menschen. In: Schwartländer, J. (Hrsg.): Der Mensch und sein Tod. Göttingen 1976, S. 14–33.

SCHWARTLÄNDER, J. (Hrsg.): Der Mensch und sein Tod. Göttingen 1976.

SCHWARZER, R.: Der Mensch – Ein Ersatzteillager? Die Weltwoche, 17. 12. 1980.

SCHWEISHEIMER, W.: Vom Recht auf Sterben. Ein neues Gesetz in den USA. In: Materia Medica Nordmark 31, 1979, S. 43–44.

SCHWEISHEIMER, W.: Plötzlicher Tod – Wie kann der Arzt das der Familie mitteilen? Schweiz. Ärztezeitung 62, 1981, S. 1684–1685.

SENECA: De brevitate vitae. Stuttgart 1980.

SENN, H. J.: Leiden und Sterben bei chronischen intermedizinischen Krankheiten. Schweiz. Ärztezeitung 62, 1981, S. 290–296.

SIEBENTHAL, W. VON: Schuldgefühle und Schuld bei psychiatrischen Erkrankungen. Zürich 1956.

SILOMON, H.: Einige aktuelle Probleme des Krankseins. In: Materia Medica Nordmark 25, 1973, S. 117–125.

SIMONTON, C. O., MATTHEW SIMONTON, S., CREIGHTON, J.: Wieder gesund werden. Reinbek/Hamburg 1982.

SKINNER, B. F.: Beyond freedom and dignity. New York 1972.

SORGE, J. M.: Reise gegen die Zeit. Ergebnisse neuester Jenseits- und Reinkarnationsforschung. Genf 1980.

SPANOUDIS, S.: Langweiligkeitsneurose. In: Condrau, G. (Hrsg.): Medard Boss zum siebzigsten Geburtstag. Bern 1973, S. 140–146.

SPERLING, E.: Beitrag zur Frage eines »psychogenen« Todes bei Magersucht. In: Praxis der Psychotherapie 9, 1964, S. 25–31.

SPIEGEL-RÖSING, I.: Landkarten der Thanatologie. In: Integrative Therapie 2/3, 1980a, S. 95–122.

SPIEGEL-RÖSING, I.: Thanato-Therapie. In: Integrative Therapie 2/3, 1980b, S. 123–140.

SPLETT, J.: Konturen der Freiheit. Zum christlichen Sprechen vom Menschen. Frankfurt/M. ²1981.

SPORKEN, P.: Die Sorge um den kranken Menschen. Düsseldorf 1977.

SPORKEN, P.: Hast du denn bejaht, daß ich sterben muß? Düsseldorf 1981.

SPORKEN, P. (Hrsg.): Was Sterbende brauchen. Freiburg i. Br. 1982.

STALDER, G., BÜHLER, E.: Erbberatung in der Praxis. Therapeutische Umschau 36, 1979, S. 765–774.

STEFFEN, A.: Der Genius des Todes. Dornach 1943.

STERN, E.: Kind, Krankheit, Tod. München, Basel 1957.

STERN, M. M.: Trauma, Todesangst und Furcht vor dem Tod in psychoanalytischer Theorie und Praxis. In: Psyche 26, 1972, S. 901–928.

STERNBERGER, D.: Über den Tod. Frankfurt/M. 1981.

STERNBERGER, D.: Der verstandene Tod. Eine Untersuchung zu Martin Heideggers Existential-Ontologie. 1934. In: Sternberger, D.: Über den Tod. Frankfurt/M. 1981, S. 70–264.

STEUERWALD, A.: Das Todesproblem in der Dichtung Conrad Ferdinand Meyers. Heppenheim 1933.

STEVENSON, I.: Reinkarnation. Freiburg i. Br. ³1979.

STEVENSON, V.: The Music Makers. Deutsch: Die Musik, 100 Jahre illustrierte Musikgeschichte. München 1979.

STIELER, M.: Behandlung nach Suizidversuch. Praxis der Psychotherapie, XVII, 1972, S. 72–81.

STIETENCHRON, H. VON: Vom Tod und vom Leben im Tode: Bemerkungen zur hinduistischen Auffassung vom Tod. In: Schwartländer, J. (Hrsg.): Der Mensch und sein Tod. Göttingen 1976, S. 146–161.

STIRNIMANN, F.: Plädoyer für die Menschlichkeit. Civitas 36, 1981, S. 486–497.

STRASSER, W.: Gibt es einen natürlichen Tod? Schweiz. Ärztezeitung 58, 1977, S. 2029–2031.

STROLZ, W.: Zeiterfahrung und Sterblichkeit. Die Menschenkunde in Pindars Dichtung. Neue Zürcher Zeitung, 1./2. 10. 1983.

STÜBER, K.: Commendatio animae – Sterben im Mittelalter. Bern 1976.

STUMPFE, K. D.: Der psychogene Tod. Stuttgart 1973.

SZONN, G.: Trauerarbeit mit dem Katathymen Bilderleben. In: Leuner, H. (Hrsg.): Katathymes Bilderleben. Bern, Stuttgart, Wien 1980, S. 263–272.

TAMM, J.: Angst und Subjektivität. Bern, Stuttgart, Wien 1979.

THEISSING, H.: Dürers Ritter, Tod und Teufel. Berlin 1978.

THEUNISSEN, M.: Der Begriff Ernst bei Sören Kierkegaard. Freiburg i. Br. 1958.

THIELICKE, H.: Tod und Leben. Tübingen 1946.

THOMAS, D. M.: The White Hotel. London 1981.

THÜRKAUF, M.: Gedanken zum Erkenntnisbereich der modernen Naturwissenschaften. In: Condrau, G., Hicklin, A. (Hrsg.): Der Mensch – Gegenstand der Naturwissenschaften. Bern 1978, S. 9–22.

TOFFLER, A.: Der Zukunftsschock. Zürich 1970.

TOPITSCH, E.: Aufstand der Unvernunft. Realitätsflucht gefährdet Wissenschaft und Technik. Rheinischer Merkur, 3. 7. 1981.

TRAUPEL, W.: Bewältigt der Mensch die exakte Wissenschaft? In: Schweiz. Aktion für Menschenrechte (Hrsg.): Ein Zeitalter des Menschen. Hoffnungen und Grenzen. Zürich 1969, S. 41–60.

TRAUTMANN, W.: Naturwissenschaftler bestätigen Re-Inkarnation. Olten, Freiburg i. Br. 1983.

TRELASE, M. L.: Sterben unter den Indianern Alaskas. Eine Sache der freien Wahl. In: Kübler-Ross, E. (Hrsg.): Reif werden zum Tode. Stuttgart ⁸1988, S. 67–72.

TRILLING, L.: Das Ende der Aufrichtigkeit. München, Wien 1980.

UEDA, S.: Der Tod im Zen-Buddhismus. In: Schwartländer, J. (Hrsg.): Der Mensch und sein Tod. Göttingen, 1976, S. 162–172.

UEXKÜLL, TH. VON: Das Menschenbild der Humanmedizin. Schweiz. Ärztezeitung 61, 1980, S. 3441–3452.

UHLIG, L.: Der Todesgenius in der deutschen Literatur. Tübingen 1975.

ULLMANN, L. (Hrsg.): Der Koran. München 1959.

UNGER, R.: Herder, Novalis und Kleist. Studien über die Entwicklung des Todesproblems im Denken und Dichten von Sturm und Drang zur Romantik. Frankfurt/M. 1922.

USLAR, D. VON: Konzepte des Psychischen in der Geschichte des abendländischen Denkens. In: Kindlers Enzyklopädie »Der Mensch«, Bd. IV. Zürich 1981, S. 359–414.

VERGIL: Äneis. München 1977.

VOGEL, C.: Tod und Jenseits nach der Lehre des Buddhismus. In: Klimkeit, H. H. (Hrsg.): Tod und Jenseits im Glauben der Völker. Wiesbaden 1978, S. 145–157.

WAGNER, F. (Hrsg.): Menschenzüchtung – Das Problem der genetischen Manipulierung des Menschen. München 1971.

WALDNER, R.: Manipulation der Geschlechter in Sicht? Tages-Anzeiger, 6. 5. 1980.

WANDRUSKA, M.: Was weiß die Sprache von der Angst? In: Bitter, W. (Hrsg.): Angst und Schuld. Stuttgart 1959.

WARTBURG, W. P. VON: Recht auf Gesundheit? Neue Zürcher Zeitung, 22./23. 3. 1975.

WASSON, V. P.: An interview. Zit. n. Grof, S.: Die Erfahrung des Todes. In: Integrative Therapie 2/3, 1980.

WEBER, A.: Zum Erlebnis des Todes bei Kindern. In: Monatsschrift Psychiatrie und Neurologie 107, 1943, S. 192–225.

WEBER, K.: Der terminal kranke Patient. Schweiz. Ärztezeitung 59, 1978, S. 772–773.

WEINER, H. B.: Living experiences with death – a journeymans' view through psychodrama. Omega 6, 1975, S. 251–274.

WEINREB, F.: Gedanken über den Tod und Leben. Bern 1980.

WEINREB, F.: Gedanken über den Tod im Weltbild der jüdischen Überlieferung. Arch. di Filosofia Roma 1981, S. 447–459.

479

WEISBERG, G.P.: The Realist Tradition. French Painting and Drawing 1830–1900. Bloomington 1980.

WEISCHEDEL, E.: Skeptische Ethik. Frankfurt/M. 1976.

WEIZSÄCKER, C.F. VON: Der bedrohte Friede. München, Wien 1981.

WELTE, B.: Der Ernstfall Hoffnung. Freiburg i.Br. 1980.

WENTZLAFF-EGGEBERT, F.W.: Der triumphierende und der besiegte Tod in der Wort- und Bildkunst des Barock. Berlin, New York 1975.

WERTHEIMER, M.: Kurze Geschichte der Psychologie. München 1970.

WESSELY, J.E.: Die Gestalten des Todes und des Teufels in der darstellenden Kunst. Leipzig 1976.

WHITMAN, H.H., LUKES, S.J.: Behavior modification for terminally ill patients. American J. of Nursing, 75, S. 98–101.

WIESENHÜTTER, E.: Selbsttötung als Element menschlicher Freiheit? In: Praxis der Psychotherapie 16, 1971, S. 194–205.

WIESENHÜTTER, E.: Selbstporträt der Psychotherapie. In: Praxis der Psychotherapie 20, 1975, S. 140–152.

WIESENHÜTTER, E.: Selbsterfahrung im Sterben. Blick nach drüben. Hamburg ⁴1977. (S. auch Praxis der Psychotherapie 18, 1973, S. 7–11 und S. 54–63).

WIESMANN, P.: Kleine Schriften. Chur 1979.

WIND, E. DE: Begegnung mit dem Tode. In: Psyche 22, 1968, S. 423–446.

WIPLINGER, F.: Wahrheit und Geschichtlichkeit. Freiburg i.Br., München 1961.

WIPLINGER, F.: Der personal verstandene Tod. Todeserfahrung als Selbsterfahrung. Freiburg i.Br. 1970.

WIRTH, J.: La jeune fille et la mort. Paris 1979.

WITTGENSTEIN, L.: Tractatus logico-philosophicus. (1921). Frankfurt/M. 1970.

WITTKOWSKI, J.: Tod und Sterben. Ergebnisse der Thanatopsychologie. Heidelberg 1978.

WOLF, F.O.: Der Tod der Philosophen. In: alternative (Linke und Tod). Berlin 1981, 24, S. 40–54.

WOLF, H.F.: Verwundung und Tod in der Ilias. Göttingen 1956.

WOODROFFE, J.: Die Wissenschaft vom Tode. In: Evans-Wentz, W.Y. (Hrsg.): Das Tibetanische Totenbuch. Olten, Freiburg i.Br. ¹²1978, S. 57–75.

WUNDERLI, J.: Euthanasie oder über die Würde des Sterbens. Stuttgart 1974.

WUNDERLI, J.: Legalisierung der aktiven Sterbehilfe? Neue Zürcher Zeitung, 30. 12. 1974.

WUNDERLI, J.: Die Verdrängung von Altern und Tod. Neue Zürcher Zeitung, 11./12. 4. 1981.

WUNDERLI, J.: Die Verantwortung des Arztes gegenüber dem sterbenden und todkranken Patienten. Schweiz. Ärztezeitung 54, 1973, S. 1538–1540.

WUNDERLI, J.: Vernichtung oder Verwandlung? Der Tod als Verhängnis und Hoffnung. Stuttgart 1976.

WURBACHER, G.: Sozialisation und Personalisation. Stuttgart ³1974.

ZENTNER, W.: Einleitung zu Wagners »Tristan und Isolde«. Stuttgart 1978, S. 3–8.

ZIEGLER, A.J.: Über die sogenannte Zeitkrankheit. Der Herzinfarkt als Paradigma. Zürich 1964.

ZIEGLER, H.: Beistand im Angesicht des Todes. Stuttgart 1970.

ZIEGLER, J.: Die Lebenden und der Tod. Darmstadt, Neuwied 1977.

ZIELKOWSKI, TH.: Strukturen des modernen Romans. München 1972.

ZIHLMANN, J.: Wie sie heimgingen. Hitzkirch 1982.

ZIMMER, D.E.: Edgar Allen Poe. In: Kindlers Enzyklopädie »Die Großen der Weltgeschichte« Bd. VII, Zürich 1976, S. 776–787.

ZIMMERMANN, K.: Exit – aktive Sterbehilfe an der Ethik? Schweiz. Ärztezeitung 63, 1982, S. 1037–1938.

ZINKIN, L.: »Der Tod in Venedig«: ein Jungscher Aspekt. In: Analytische Psychologie 13, 1982, S. 165–182.

ZINSLI, P.: Manuels Totentanz. Bern ²1979.

ZOLLINGER, A.: Der Tod als Kurgast. Gesammelte Prosa. Zürich 1961.

ZSCHIETZSCHMANN, W.: Hellas und Rom. Eine Kulturgeschichte des Altertums in Bildern. Tübingen 1959.

ZULLIGER, H.: Zur Psychologie der Trauer- und Bestattungsbräuche. Wien 1924.

ZULLIGER, H.: Die Angst unserer Kinder. Stuttgart ⁷1969.

ZWINGMANN, CH.: Zur Psychologie der Lebenskrisen. Frankfurt/M. 1962.

Gion Condrau, Prof. Dr. med. und phil., geb. 1919 in Disentis (Schweiz). Medizinstudium in Fribourg, Bern und Zürich; Philosophie- und Psychologie-studium in Zürich. Habilitation an der medizinischen Fakultät Zürich und an der philosophischen Fakultät Fribourg, Titularprofessor 1967. Fachausbildung in Psychiatrie und Neurologie in Zürich, Paris, Lissabon und Providence (USA).

Mitbegründer und Direktor des Daseinsanalytischen Instituts für Psychotherapie und Psychosomatik in Zürich. Seit 1953 in eigener Praxis tätig.

Verfasser zahlreicher wissenschaftlicher Schriften und Bücher. Mitherausgeber verschiedener großer Enzyklopädien. Herausgeber und mit dem Buch „Das verletzte Herz" Autor der Reihe „Psyche & Soma" im Kreuz Verlag Zürich.

Titelbild:
„König und Tod beim Schachspiel"
Meister BR (tätig um 1480/90), Kupferstich,
zeitgenössisch koloriert,
Kupferstichkabinett, Staatliche Museen
Preußischer Kulturbesitz, Berlin
Foto: Jörg P. Anders

Umschlaggestaltung: Atelier Reichert, Kornwestheim

Pressestimmen zu
Gion Condrau

Der Mensch und sein Tod =
Certa Moriendi Condicio

Für Condrau wird so der Versuch, über den Tod nachzudenken, zu einer Frage nach dem Sinn des Lebens ... Das Buch ersetzt eine kleine Bibliothek und gibt eine Fülle von Anregungen zum Weiterdenken.
(Westdeutscher Rundfunk)

Das Buch konfrontiert und rüttelt auf ... Es macht anhaltend nachdenklich, was Not wendet heute. Dies allerdings nicht nur durch das geschriebene Wort. Das Buch hat im Text einen zweiten Teil - eine wohl bis jetzt einmalige in diesem Ausmaß für viele zugängliche Sammlung von Todesbildern ... - vorbehaltloser Respekt dem Autor und dem Verlag.
(Norddeutscher Rundfunk)

Gerade durch seine Vielschichtigkeit regt das vorliegende Buch zu eigenem Denken und Bedenken eigener Standpunkte an. Ganz besonders auch dort, wo die Stellungnahme G. Condraus sich nicht mit gängigen und geläufigen Vorstellungen deckt. Das Provozierende des Fragens, Hinterfragens und In-Frage-Stellens - ein Charakteristikum aller Bücher Gion Condraus - ist mehr als ein Stilelement auch dieses Buches. Sie gründen in einer zutiefst kritischen und ständig unruhigen und beunruhigenden Geisteshaltung, die nicht um der Antwort willen fragt, sondern das Fragen als den Anstoß zum Denken betrachtet. So gibt uns das Buch über den Menschen und seinen Tod nicht in erster Linie Antworten, sondern leitet uns an, über Sterben und Tod denkend unser Leben zu bedenken. Es ist ein Buch für Gedenk- und Bedenkstunden.
(Schweizerische Ärztezeitung)